"十二五"国家重点图书出版规划项目

 中国社会科学院创新工程学术出版资助项目

总主编：金 碚

经济管理学科前沿研究报告系列丛书

THE FRONTIER REPORT ON THE
DISCIPLINE OF
ENERGY ECONOMICS

史丹 白玫 朱彤 主编

能源经济学学科前沿研究报告

经济管理出版社

ECONOMY & MANAGEMENT PUBLISHING HOUSE

图书在版编目（CIP）数据

能源经济学学科前沿研究报告 2013/史丹，白玫，朱彤主编．—北京：经济管理出版社，2017.4
ISBN 978 - 7 - 5096 - 5031 - 8

Ⅰ.①能…　Ⅱ.①史…②白…③朱…　Ⅲ.①能源经济学—研究　Ⅳ.①F407.2

中国版本图书馆 CIP 数据核字（2017）第 060694 号

组稿编辑：张永美
责任编辑：王格格
责任印制：黄章平
责任校对：董杉珊

出版发行：经济管理出版社
　　　　　（北京市海淀区北蜂窝 8 号中雅大厦 A 座 11 层　100038）
网　　　址：www. E - mp. com. cn
电　　　话：（010）51915602
印　　　刷：北京银祥印刷厂
经　　　销：新华书店
开　　　本：787mm × 1092mm/16
印　　　张：28.5
字　　　数：641 千字
版　　　次：2017 年 11 月第 1 版　　2017 年 11 月第 1 次印刷
书　　　号：ISBN 978 - 7 - 5096 - 5031 - 8
定　　　价：98.00 元

《经济管理学科前沿研究报告》
专家委员会

主　任：李京文

副主任：金　碚　黄群慧　黄速建　吕本富

专家委员会委员（按姓氏笔划排序）：

方开泰	毛程连	王方华	王立彦	王重鸣	王　健	王浦劬	包　政
史　丹	左美云	石　勘	刘　怡	刘戒骄	刘　勇	刘伟强	刘秉链
刘金全	刘曼红	刘湘丽	吕　政	吕　铁	吕本富	孙玉栋	孙建敏
朱　玲	朱立言	何　瑛	宋　常	张　晓	张文杰	张世贤	张占斌
张玉利	张屹山	张晓山	张康之	李　平	李　周	李　晓	李子奈
李小北	李仁君	李兆前	李京文	李国平	李春瑜	李海峥	李海舰
李维安	李　群	杜莹芬	杨　杜	杨开忠	杨世伟	杨冠琼	杨春河
杨瑞龙	汪　平	汪同三	沈志渔	沈满洪	肖慈方	芮明杰	辛　暖
陈　耀	陈传明	陈国权	陈国清	陈　宪	周小虎	周文斌	周治忍
周晓明	林国强	罗仲伟	郑海航	金　碚	洪银兴	胡乃武	荆林波
贺　强	赵顺龙	赵景华	赵曙明	项保华	夏杰长	席酉民	徐二明
徐向艺	徐宏玲	徐晋涛	涂　平	秦荣生	袁　卫	郭国庆	高　闯
符国群	黄泰岩	黄速建	黄群慧	曾湘泉	程　伟	董纪昌	董克用
韩文科	赖德胜	雷　达	廖元和	蔡　昉	潘家华	薛　澜	魏一明
魏后凯							

《经济管理学科前沿研究报告》
编辑委员会

总主编： 金 碚

副总主编： 徐二明 高 闯 赵景华

编辑委员会委员（按姓氏笔划排序）：

万相昱	于亢亢	王 钦	王伟光	王京安	王国成	王默凡	史 丹
史小红	叶明确	刘 飞	刘文革	刘戒骄	刘兴国	刘建丽	刘 颖
孙久文	孙若梅	朱 彤	朱 晶	许月明	何 瑛	吴冬梅	宋 华
张世贤	张永军	张延群	李 枫	李小北	李俊峰	李禹桥	杨世伟
杨志勇	杨明辉	杨冠琼	杨春河	杨德林	沈志渔	肖 霞	陈宋生
陈 宪	周小虎	周应恒	周晓明	罗少东	金 准	贺 俊	赵占波
赵顺龙	赵景华	钟甫宁	唐 镶	徐二明	殷 凤	高 闯	康 鹏
操建华							

序 言

为了落实中国社会科学院哲学社会科学创新工程的实施，加快建设哲学社会科学创新体系，实现中国社会科学院成为马克思主义的坚强阵地、党中央国务院的思想库和智囊团、哲学社会科学的最高殿堂的定位要求，提升中国社会科学院在国际、国内哲学社会科学领域的话语权和影响力，加快中国社会科学院哲学社会科学学科建设，推进哲学社会科学的繁荣发展具有重大意义。

旨在准确把握经济和管理学科前沿发展状况，评估各学科发展近况，及时跟踪国内外学科发展的最新动态，准确把握学科前沿，引领学科发展方向，积极推进学科建设，特组织中国社会科学院和全国重点大学的专家学者研究撰写《经济管理学科前沿研究报告》。本系列报告的研究和出版得到了国家新闻出版广电总局的支持和肯定，特将本系列报告丛书列为"十二五"国家重点图书出版项目。

《经济管理学科前沿研究报告》包括经济学和管理学两大学科。经济学包括能源经济学、旅游经济学、服务经济学、农业经济学、国际经济合作、世界经济、资源与环境经济学、区域经济学、财政学、金融学、产业经济学、国际贸易学、劳动经济学、数量经济学、统计学。管理学包括工商管理学科、公共管理学科、管理科学与工程三个学科。工商管理学科包括管理学、创新管理、战略管理、技术管理与技术创新、公司治理、会计与审计、财务管理、市场营销、人力资源管理、组织行为学、企业信息管理、物流供应链管理、创业与中小企业管理等学科及研究方向；公共管理学科包括公共行政学、公共政策学、政府绩效管理学、公共部门战略管理学、城市管理学、危机管理学、公共部门经济学、电子政务学、社会保障学、政治学、公共政策与政府管理等学科及研究方向；管理科学与工程包括工程管理、电子商务、管理心理与行为、管理系统工程、信息系统与管理、数据科学、智能制造与运营等学科及研究方向。

《经济管理学科前沿研究报告》依托中国社会科学院独特的学术地位和超前的研究优势，撰写出具有一流水准的哲学社会科学前沿报告，致力于体现以下特点：

（1）前沿性。本系列报告能体现国内外学科发展的最新前沿动态，包括各学术领域内的最新理论观点和方法、热点问题及重大理论创新。

（2）系统性。本系列报告囊括学科发展的所有范畴和领域。一方面，学科覆盖具有全面性，包括本年度不同学科的科研成果、理论发展、科研队伍的建设，以及某学科发展过程中具有的优势和存在的问题；另一方面，就各学科而言，还将涉及该学科下的各个二级学科，既包括学科的传统范畴，也包括新兴领域。

（3）权威性。本系列报告由各个学科内长期从事理论研究的专家、学者主编和组织本领域内一流的专家、学者进行撰写，无疑将是各学科内的权威学术研究。

（4）文献性。本系列报告不仅系统总结和评价了每年各个学科的发展历程，还提炼了各学科学术发展进程中的重大问题、重大事件及重要学术成果，因此具有工具书式的资料性，为哲学社会科学研究的进一步发展奠定了新的基础。

《经济管理学科前沿研究报告》全面体现了经济、管理学科及研究方向本年度国内外的发展状况、最新动态、重要理论观点、前沿问题、热点问题等。该系列报告包括经济学、管理学一级学科和二级学科以及一些重要的研究方向，其中经济学科及研究方向 15 个，管理学科及研究方向 45 个。该系列丛书按年度撰写出版 60 部学科前沿报告，成为系统研究的年度连续出版物。这项工作虽然是学术研究的一项基础工作，但意义十分重大。要想做好这项工作，需要大量的组织、协调、研究工作，更需要专家学者付出大量的时间和艰苦的努力，在此，特向参与本研究的院内外专家、学者和参与出版工作的同仁表示由衷的敬意和感谢。相信在大家的齐心努力下，会进一步推动中国对经济学和管理学学科建设的研究，同时，也希望本系列报告的连续出版能提升我国经济和管理学科的研究水平。

金 碚

2014 年 5 月

目　录

第一章　能源经济与能源政策研究热点 ………………………………………… 001

　　第一节　国际能源经济学研究热点 ………………………………………… 001

　　第二节　国内能源经济与政策研究热点 …………………………………… 005

第二章　2013 年能源经济学科期刊论文精选 ………………………………… 013

　　第一节　中文期刊论文精选 ………………………………………………… 013

　　　　要素市场扭曲对能源效率的影响 ……………………………………… 014

　　　　能源使用、碳排放与我国全要素碳减排效率 ………………………… 032

　　　　能源回弹效应的理论模型与中国经验 ………………………………… 050

　　　　政府干预、经济集聚与能源效率 ……………………………………… 070

　　　　中国能源型企业海外投资的非经济风险问题研究 …………………… 091

　　　　能源替代弹性与中国经济结构调整 …………………………………… 109

　　　　基于 DEA 窗口模型的中国省际能源与环境效率评估 ……………… 127

　　　　基于能源消费的中国省级区域碳足迹时空演变分析 ………………… 144

　　　　美国对华新能源产业实施"双轨制反补贴"战略研究 ……………… 160

　　　　改革能源定价机制以保障可持续发展——以煤电联动政策为例 …… 173

　　　　FDI、环境监管与能源消耗：基于能耗强度分解的经验检验 ……… 189

　　　　金砖国家能源合作机理及政策路径分析 ……………………………… 209

　　　　一次能源消费结构变动对碳强度影响的灵敏度分析 ………………… 219

　　　　非再生能源资源使用者成本：一个新的估计 ………………………… 233

　　　　中国的能耗结构、能源贸易与碳减排任务 …………………………… 245

　　第二节　英文期刊论文精选 ………………………………………………… 257

第三章　2013 年能源经济学图书精选 ………………………………………… 279

　　第一节　中文图书精选 ……………………………………………………… 279

　　第二节　英文图书精选 ……………………………………………………… 301

第四章　**2013 年能源经济学会议综述** ·································· 331

　　第一节　国内会议 ·· 331

　　第二节　国际会议 ·· 340

第五章　**2013 年能源经济学研究文献索引** ·························· 349

　　第一节　中文期刊文献索引 ·· 349

　　第二节　英文期刊文献索引 ·· 360

后　记 ··· 443

第一章　能源经济与能源政策研究热点

2013 年，中外能源经济学者的研究兴趣趋于收敛，关键词是气候变化、二氧化碳减排、中国能源问题、石油价格、可再生能源等。但中外也有些差异，中国学者在能源国际合作、能源回弹效应方面的研究兴趣比较高，国外学者在二氧化碳减排、公众参与能源转型等方面的研究兴趣比较高。比较有亮点的是，能源转型下的电网监管机制研究、能源转型的空间经济学研究、能源转型的成本研究等。

第一节　国际能源经济学研究热点

综观 2013 年国际重要的能源期刊《能源政策》、《能源经济》、《资源与能源经济》等，从被引用频率较高的文章来看，主要集中在能源转型、二氧化碳排放、中国与德国的能源低碳转型、石油价格等。其中，《能源政策》（Energy Policy）杂志共发表论文 1060 篇，热点领域是可再生能源与低碳转型，电力、天然气和能源政策也是研究的热点，从经济体角度，主要讨论欧盟、中国、德国、巴西、印度和美国的能源转型。《能源经济》（Energy Economics）杂志共发表论文 271 篇，热点领域是能源价格、二氧化碳排放、石油和电力等，主要讨论中国和德国的能源问题。《资源与能源经济》（Resource and Energy Economics）上有关能源的文章比较少，不足 10 篇。

1. 能源转型研究方法探索

能源转型和新能源替代的研究中，成本和价格是最重要的。因此，有关如何评价新能源和可再生能源成本、如何制定有效的价格机制以有利于能源转型等的研究是能源经济学的研究热点。

光伏发电成本评价。近年来，光伏发电安装在全球高速增长。如何评价光伏发电成本的竞争力？Reichelstein S. 和 M. Yorston（2013）提出了一种更加全面的评价光伏成本竞争力的方法。根据 2011 年上半年的数据，作者发现公用光伏发电并没有比化石燃料电厂更具有成本竞争力。相比之下，商用光伏发电项目已经取得了成本平价，换句话说，光伏发电成本已经可以与商业用户电力零售价格相比,至少在美国的一些地区是这种情况。这个结论表明,当前太阳能联邦税收补贴和太阳能设施安装的理想地理位置,在光伏发电成本竞争力中起到至关重要的作用。作者认为,公用光伏发电有望在 10 年内具有成本竞争力。同时,如果取消光伏发电的激励措施,即联邦税政策,那么商用光伏发电成本将在 10 年内下降至与传统发电成本相当。

动态定价。Dütschke E. 和 A. G. Paetz(2013)研究了动态定价。动态定价,作为一种电力需求侧管理(DSM)的方法,对于纳入更多可再生能源进入电力系统至关重要。同时,在这方面很少有有关消费者偏好的研究:消费者最有可能选择哪一种定价方式并且为什么?作者主要基于两个来自德国的实证研究对这个课题进行探讨:①一份包括联合分析设计的问卷调查;②对于一个家庭智能实验室的田野实验调查。这些结果显示消费者欢迎动态定价,但是相对于复杂和高动态更偏向于简单的范式。智能家庭技术包括需求自动化则被认为是电力需求侧管理的前期条件。该研究预测如果消费者有机会实际体验如何在日常生活中具体应用,消费者愿意接受更加动态的定价系统。同时,这些项目的个人和社会优势对于消费者并不明显。因此,任何推广展示都需要配之有说服力的沟通和信息推广来保证这些优势可以被凸显。

能源低碳转型的空间维度。Bridge G. 等(2013)在能源转型研究中引入空间概念,主要研究了作为一种地理过程的能源转型,包括现如今经济和社会活动模式和规模重新构建。他们的研究主要来自作者在 2009~2011 年所举办的有关"能源转型的地理格局:安全、气候和政府管理"的研讨会,该研讨会开启了能源和人文地理学的相互对话。他们把研究聚焦于英国政府能源低碳转型政策,并提供了相关概念术语以描述和评估低碳能源转型的空间意义,这些概念包括地点、地形、区域性、空间差异、定标和空间嵌入等。文中例子主要用来说明未来低碳经济的地理格局并没有被确定,一系列互不相同且冲突的潜在地理因素在其中起重要的作用。这种分析框架,使得理解以下的空间行为变得容易:越来越多的低碳经济转型空间/地区将提供低碳生活,并且也将有助于对现有的选择和途径进行评估。

2. 居民消费者参与能源转型

中国农村用能低碳转型。Liu W. 等(2013)研究了降低中国农村家庭能源消耗的环境影响。该研究是非常复杂的课题,因为它直接与日常生活密切相关,并且在很大程度上依赖现有能源供应的基础设施。为了评估农村家庭用能低碳发展的可能性,作者首先估算农村家庭的二氧化碳排放总量,之后对于家庭不同能源使用的情况进行更加深入的描述和界定,发现供暖用能排放在中国北方家庭能源消费排放中占比最大。作者从能源供给与能源需求两个方面讨论了低碳发展的可能性。在需求方面,供暖用能采用更加有效的科技和更加清洁的能源,对于实现低碳家庭更加有效;在供给方面,通过向家庭提供可再生和更加清洁的能源来源和科技可以更加有效地支持减少农村家庭二氧化碳排放。低碳能源的方案需要考虑农村家庭（收入）的特点和生活习惯。

能效的回弹效应。能源效率的提高有助于节约能源而降低能源消费总量，因此，各国均将改进能源效率视为缓解经济快速发展与能源供给日益紧缺矛盾，以及应对气候变化挑战的有效途径。Chitnis M. 等（2013）通过节能和减少排放提高家庭能源效率，可能产生回弹效应。直接的回弹效应来自对于廉价能源服务需求的提高，间接的回弹效应来自对于需要能源来维持的商品和服务的需求的提高。大多数研究主要关注前者，但是两者对于气候变化都很重要。本研究主要评价用于提高英国住户能源效率的方法的直接和间接回弹效应。主要通过对 16 种家庭用品和服务的收入弹性和温室气体进行评估，考虑能源效率措施带来的排放量，以及这些措施的资本成本。回弹效应主要通过温室气体进行考核，它与英国一般家庭所采用的措施息息相关。作者研究发现这些措施的回弹效应通常在 5% ~ 15%，且是间接效应。这在很大程度上是因为电器的温室气体排放支出大于其他商品和服务的支出。

能源消费合约。Gangale F. 等（2013）从消费者在欧洲智能电网项目参与的视角，研究能源消费合约。研究项目主要来自收录于 JRC 报告《欧洲智能电网项目：经验总结和现今发展》目录下的项目。分析表明，在欧洲范围内，消费者参与项目的兴趣度和在住宅领域的关注逐渐增长，公共补贴和资助对于这些项目起关键性的作用。研究表明，涉及消费者的项目通常有以下两个主要目标：获得更多有关消费者行为的信息（观察和理解消费者），以及鼓励和授权消费者使之成为积极的能源消费者（与消费者互动）。作者讨论了实现消费者参与所面临的困难和这些项目所采用的战略。包括旨在处理这些问题、强调建立消费者信任的需求和考察不同消费群体的有目标的市场推广的战略。

对风电的态度。Bidwell D.（2013）研究了公众对向风电转型的态度。对于可再生能源的强制命令引起了极大争议，因为实现这些规定需要可再生能源生产设备的发展。对于一种常见的可再生能源，商业风电场的提议总是面临着当地的强烈反对。基于这些反对的过分简单化解释的不满意，社会科学研究者极力主张对于公众在风电和其他可再生能源的态度上有更加细分的理解。基于对密歇根湖岸居民的调查，作者探究了整体价值观和信仰在形成对于调查对象地区潜在的商用风力能源项目的态度所扮演的角色。结构方程模型展现了对于商用风力能源的支持主要来自认为风电厂能够给社区提供经济效益的看法。利他价值观支持了风力能源，然而传统主义的价值观则会减少风力能源的支持。价值观对于可再生能源的态度的重要性可以为这些发展过程提供更多的参与性。

对核电的态度。Siegrist M. 和 V. H. M. Visschers（2013）通过对公众接受核电的情况进行调查，从而对福岛核电事故的影响进行评估。作者主要通过使用纵向研究设计，考察 2011 年日本福岛核危机导致的公众对核能源接受的变化和对不同比例核能源相关的情境评估影响。作者在瑞士的德语区进行平信调查，对公众的调查进行了三次，共 463 人参与了这三次调查。第一次调查始于福岛核危机之前的 2010 年秋，第二次调查是在事故发生不久后的 2011 年 3 月，第三次调查则是在事故发生半年之后的 2011 年 10 月。调查表明，福岛核事故使公众对核能源的接受有负面影响，但平均变化不显著。各测量点之间的联系较高，即参与者在这三次测量中，之前的想法和态度对于该事故的解读至关重要。

3. 中国能源转型

二氧化碳减排任务分解。中国能源转型成为能源学术研究的热点。随着中国经济的快速增长，随之而来的是全球二氧化碳排放总量占比提高。中国碳减排的努力对于实现全球气候变化目标至关重要。Wang K. 等（2013）对中国以省为单位的二氧化碳减排任务进行了以省为单位的研究。作者旨在探索中国实现《联合国气候变化框架公约》下哥本哈根协议中减排目标的途径，也就是到 2020 年将万元 GDP 碳排放量减少 40% ~45%，包括通过向中国各省分配减排指标而减少能源强度、提高非化石燃料的使用比例。由于中国减排目标的实现主要是总体减排配额分配的问题，因此作者提出一种改进的零和收益数据包络分析优化模型，可以用于处理持续的总量资源分配。通过该模型和基于中国经济发展、二氧化碳排放和能源消耗的各种情况，作者提出一个 2020 年以中国各省份为单位的排放量分配计划。这些分配结果表明不同省份需要承担在减排强度的降低、能源强度的减少和非化石燃料比例的提高等不同方面的不同的减排目标。

钢铁行业能源效率。He F. 等（2013）研究了中国钢铁行业的能源效率和生产率变化情况。作者采用了中国钢铁行业的 50 家企业的数据来评估能源效率和生产率变化。本研究首先采用了传统的数据分析模型和曼奎斯特生产率指数来衡量 2001 ~2008 年的能源效率和生产率变化。结果显示很多工厂存在低效情况，能源平均效率仅为 61.1%。该阶段的年生产率增长率为 7.96%，并且技术改革是增长的主要动力。该研究还通过 MLPI 指数，考察了 2006 ~2008 年非期望产出的生产率变化。忽略非期望产出可能导致有偏差的效率和技术改变。作者同时认为环境规制会对技术革新有积极作用。

4. 能源效率与二氧化碳减排

气候变化是全球性议题，危及人类的生存和发展，世界各国都需要减少化石能源消费和 CO_2 排放，走低碳发展的道路，这是协调经济社会发展与生态环境保护的根本途径和战略选择。提高能源利用效率是二氧化碳减排最重要的手段。

Zhang N. 等（2013）对韩国化石能源发电的能源效率、二氧化碳排放和技术差距进行研究。作者提出了一种全方位非径向距离函数，用于模拟发电过程中能源消耗和二氧化碳排放。作者将几种标准化指数用来测算全要素能源效率、二氧化碳排放量和发电技术差距；评估在不同的科技条件假设下，能源利用和二氧化碳排放的潜在减少。作者利用这一方法对韩国化石燃料发电进行了实证研究。结果显示，煤炭发电比燃油发电有更高的全要素能源效率和二氧化碳排放量。在这种全方位技术假设下，燃煤电厂之间的技术差别比燃油发电厂的差别小。建议韩国政府应该提高科技创新以缩小燃油发电厂之间的科技差距，从而减少能源和二氧化碳排放，实现电力发电产业的能源减排目标。

5. 能源转型下的电网监管

LoSchiavo L. 等（2013）以改变监管方式，促进技术创新，发展智能电网、智能计量和电动车为研究视角，研究在能源转型、智能电网环境下的电网监管问题。在相当长一段时间，电力系统被认为是技术成熟的产业。但是，随着对气候变化问题的关注，电力系统技术也处于快速变革之中，智能电网、智能计量和电动车进入电力系统。很多研究认为，当前对于自然垄断电网的监管，并不能促使电网运营者（和电网使用者）积极参与电力系统创新。以意大利为例，作者分析了能源监管是如何促进电力体系改革，从而满足能源转型的需要的。作者重点阐述了旨在促进电网创新的监管规定，主要是促进智能电网、智能电表和电动车发展的监管规制。这些监管规制在现有文献研究和实际监管中都没有得到足够重视。作者所观察的过程，在所有关注的新领域都很重要，并且监管者承诺为投资者在示范项目中提供恰当的激励措施，经验的获取被认为对于之后使用更加复杂的监管工具至关重要。智能电网、智能电表和电动车的发展、监管也将适用于电网使用者（传统用户和新用户）。

第二节　国内能源经济与政策研究热点

综观国内三大经管类期刊《管理世界》、《经济研究》和《中国工业经济》，发表的能源论文分别为 6 篇、7 篇和 8 篇，研究的内容集中在能源效率与节能、电价与电价政策、能源海外投资、气候变化与碳排放、天然气开发利用等。综观国内主要的能源杂志《中国能源》、《中国电力》、《国际石油经济》、《煤炭经济》等，论文主要集中在可再生能源发展、能源效率、能源转型，以及能源合作等领域。知网中以可再生能源、能源效率、能源合作和能源转型为篇名的论文分别有 374 篇、179 篇、146 篇和 74 篇。

1. 节能、能源效率与回弹效应

关于能源效率与节能，研究主要分为四个方向：①讨论政府干预、经济集聚、要素市场扭曲、技术进步、环境规制、能源结构、FDI 等因素对能源效率的影响；②能源效率的地区差异；③节能政策与国外节能经验；④能源效率的回弹效应。

关于能源效率的回弹效应，既是国家制定能源政策必须考虑的重要问题，也是中外学术界研究的热点。回弹效应的定义以 Khazzoom（1987）所作的定义运用比较广泛，其定义是：在技术进步提高的情况下，能源使用率提高，以此可以使能源使用量减少，但是随着技术进步的提高，经济也快速增长，由此使能源的需求量不断增加，结果导致经济增长促使的能源消耗量大于效率提高引起的能源节约量。关于中国节能的回弹效应,很多学者做了大量的研究。

地区用能视角。中国各地区能源回弹效应出现较为明显的集聚特征:第一类是经济发展水平最高的能源消费地区,这些省份同时也是主要的能源输入地区或能源相对匮乏地区;第二类是资源构成较为单一、能源消费量较少的能源输入地区;第三类是经济发展水平居中的能源输入地区;第四类是经济欠发达的能源主要输出地区(赵楠,2013)。姚鹏(2013)根据新古典经济增长理论,把 C – D 函数作为测算的基础,用索洛余值的方法对新疆 1978~2011 年的技术进步贡献率进行估算;在此基础上估算了新疆能源消费的回弹效应。实证结果表明:新疆工业能源消费的回弹效应较大。

家庭用能视角。姜晓运、查冬兰和陈姣(2013)通过实地调研数据进行分析,测算家庭用车的短期能源回弹效应。研究发现:能源效率回弹效应在中低收入群体中普遍存在;高收入群体不存在能源效率回弹效应,但因其追求舒适便利往往倾向更高排量的汽车,故能源消耗也在不停地增高。

方法创新。林伯强和杜克锐(2013)针对既有研究未将能源效率内生化处理的关键缺陷,构建了一种基于"干中学"思想的能源回弹效应理论模型,并利用时变参数状态空间模型测算了我国宏观经济层面的长短期回弹效应。研究表明,在能源效率内生化条件下,C – D 生产函数对于研究回弹效应具有足够的灵活性和解释力;改革开放前回弹效应总体上表现为逆反效应,而改革开放期间则表现为部分回弹效应,且呈曲折下降趋势;通过提高能效降低能源消费的思路在我国是总体可行的,但潜在节能效果中有相当一部分被经济快速增长所带来的新一轮能源消费所抵消,使得长期回弹效应偏高,我国宏观经济层面尚存在很大的节能空间;单纯依靠改进能效的节能政策只能解决部分问题,还必须引入价格、税收等一系列市场导向型的辅助性政策组合对回弹效应加以限制,以促使能效提高所获得的潜在节能效果最大限度地实现。

2. 能源国际合作与投资

中国能源对外依存度不断提高,外部环境对中国能源安全的挑战日益严峻,如何有效应对来自外部的能源压力是维护能源安全的重要议题。国际社会围绕能源这一主题形成了形式多样的正式和非正式的制度安排,对国际能源格局发挥着日益重要的影响。

国际能源合作的基础。中国能源需求量大,对外依存度高;俄罗斯和中亚国家有着丰富的铀资源储藏量,石油天然气资源极为丰富。为保障能源安全,寻求与中亚国家及俄罗斯的能源合作(张新华,2013),合理利用中亚国家在国际能源市场中的定价地位、维护我国西北边疆稳定并带动我国西北欠发达地区是中国与中亚国家能源合作的基础(柴利,2013)。中亚国家能源丰富,但经济发展水平低,需要通过能源贸易来提升经济实力;俄罗斯能源丰富,恢复经济需要稳定的能源出口国,中国是其最佳合作伙伴(张新华,2013);资金、技术、资源和市场等要素的结构性互补是中非新能源合作的基础(张永宏等，2013）。美国和中国在能源和环境领域的合作基础，源于双方利益和优势条件的互补关系（周云亨、杨震，2013），美国在能效技术的开发与应用领域不乏成熟的商业模式，对能源需求不断增加的中国来说非常需要。

国际能源合作的复杂性。中美新能源合作呈现复杂性，机遇与挑战并存。寻求博弈均衡之道需要双方避免单向思维，彼此之间应该在更多理解沟通的基础上寻找能够最终实现双赢的均衡之策（姜姝、李庆四，2013）。中非新能源合作面临诸多挑战：发达国家抢占新能源技术和市场，中国、非洲能源结构转型压力大，国际机制存在不平等性和失衡状态，非洲新能源利用尚未广泛进入国家战略体系（张永宏等，2013）。

中国与俄罗斯及中亚国家能源合作。贷款换石油模式、产量分成模式、联合经营模式和技术服务模式等能源合作模式比较适合中国与俄罗斯及中亚五国的能源合作（毛汉英，2013）。为推动中国与中亚国家及俄罗斯能源深层次的合作，以及提高中国在能源定价方面的话语权，需要中国与中亚国家及俄罗斯加大能源安全防护合作，探索能源贸易合作新方式，加快建立以人民币计价的"石油人民币"体系，构建能源合作新机制（张新华，2013）。

中国与中亚国家的能源"双轨"合作。中国在中亚国家的油气投资与贸易将达到峰值，中国面临着内陆能源通道何以为继的问题，为解决这一问题，徐海燕（2013）分析认为，可考虑中国与中亚国家的能源"双轨"合作，将中亚国家可再生能源与可耗竭能源一并纳入"丝路"能源通道，实施能源"双轨"引进。在双方合作开发上可采取风电先行，光、生并举的基础方针，最终达到可再生能源资源接替可耗竭能源资源的最终目的。

中非能源合作。中非能源合作是以援助带合作，通过"以技术换市场"的方式推进（张永宏等，2013）。作者提出四大对策：以援助带合作，进一步加大中国对非洲的新能源技术援助力度；以技术换市场，推动中国新能源技术向非洲的转移；利用新能源技术促进中非间的产业转移；依托重点项目、优势技术龙头企业，以集群的方式推动中国新能源企业进入非洲，加强中国与非洲的新能源合作等。中非能源合作成果丰硕，但也面临巨大挑战。既有国家政策层面的挑战，还有来自竞争国的挑战，也有来自非常国家石油公司的挑战（刘立涛，2013）。

中澳能源合作。中国是世界第一大煤炭生产国和消费国，澳大利亚则是全球最大的煤炭出口国。两国煤炭供需状况、储量与质量、资源分布，以及煤炭运输基础设施、地理位置、政治经济状况等因素构成了双方煤炭贸易坚实的合作基础。随着中澳煤炭贸易不断深入和多样化，双方的合作将受到多方因素的影响，应采取各种措施保持并拓展（杨佩桦，2013）。

中美能源合作。姜姝和李庆四（2013）分析了中美清洁能源技术开发与转让和节能减排目标，确定了两大新能源合作关键议题的合作困境，并使用"博弈均衡"这一概念，讨论促进中美新能源合作的关键对策。作者认为，一方面可以通过建立技术开发与转让的相关机制来实现"制度式均衡"，另一方面可以通过不断重复"囚徒困境"博弈以达到

"重复式均衡"的最优结果，以更好地推动中国与美国关系的建设性发展。两国政府应积极开展对话，鼓励并优先推广那些在经济环境中能体现成本效益的先进能源技术。

更广泛的国家能源合作。金砖国家可从加强能源需求管理、建立实质性能源合作机制、共同开发新能源等方面广泛开展能源合作（刘文革，2013）。拉美地区国家具有与中国合作的强烈意愿，拉美地区的能源一体化为中拉合作提供了新的契机，新能源为中拉合作提供了更多的空间（徐惠菲，2013）。

3. 气候变化与能源低碳转型

化石能源的使用在给人类社会带来巨大进步的同时，也带来了严峻的资源环境和气候变化问题（杜祥琬，2013）。能源转型无疑是重要的研究主题，建设安全、清洁、低碳、高效的现代能源体系，是推动绿色低碳循环发展的重要内容。我国正处于转变发展方式的关键期，发展道路的选择至关重要，以过多消耗资源与牺牲环境为代价的粗放发展难以为继。应对气候变化的"减缓"和"适应"战略，为转型发展提供了长远视角和动力。

能源转型的障碍。俊峰等（2013）认为，中国在能源转型问题上存在着理念缺失、机制障碍等问题。在缺乏环境观和低碳观等观念背景下，缺乏能源转型的体制机制保障，尚未建立鼓励清洁能源多发多用的市场机制；难以推动形成可反映环境外部性的价格体系，煤电价格较大幅度地低于非化石能源，在很大程度上制约了非化石能源对化石能源的替代进程；现行电力系统运行机制难以保障清洁能源全额上网。

经济低碳转型绩效评价。李婧、朱承亮和安立仁（2013）构建了一个能同时包含"稳增长"、"低能耗"、"低排放"多元目标的可持续发展分析框架，基于 1985～2010 年全国 27 个省份投入产出面板数据，运用基于 DDF 的 ML 生产率指数和增长核算法，对我国经济低碳转型绩效进行了评估。研究发现，不考虑环境因素会高估生产率及其对经济增长的贡献，从而对我国低碳转型绩效做出较为乐观的判断；绿色全要素生产率（GTFP）增长主要来源于技术进步，且受制度因素水平效应影响，考察期内 GTFP 增长率呈现"先升，后降，再平稳"的时间趋势特征；GTFP 是经济增长的重要驱动力之一，考察期内我国经济低碳转型绩效明显，受边际转型成本影响近年来有趋缓回落趋势，我国仍属于资本和能源双重驱动的粗放型经济增长方式；我国经济低碳转型绩效地区差异明显，部分欠发达省份也表现出了较高的转型绩效，但这种地区差距具有相对稳定性，仅在两次危机期间表现出了较大波动。我国经济低碳转型任重而道远，但艰难与希望并存。

碳排放。王锋、冯根福和吴丽华（2013）运用对数平均 Divisia 指数分解法，测算了1997～2008 年中国 30 个省份及其相关经济变量对全国碳强度下降的贡献。每个省份的碳强度变动、能源强度变动、燃料结构调整、产值份额变动和碳排放份额变动共同决定了全国碳强度的变动；一个省份对全国碳强度下降的贡献主要取决于其能源效率提高的程度；在当前以化石能源支撑经济增长的发展模式下，区域碳强度下降与全国碳强度下降在特定情况下存在不一致性；为了顺利实现全国碳强度目标，需要及时评估各省份对全国碳强度下降的贡献，重点关注产值份额和碳排放份额较大的省份，同时构建以绿色 GDP 为核心的国民经济核算体系。

鲁万波、仇婷婷和杜磊（2016）运用基于 LMDI 的"两层完全分解法"对中国 1994～2008 年的碳排放量进行分解，从产业结构的角度探究了六大产业部门对碳排放的贡献，分析了能源结构、能源强度、产业结构和总产值四大因素对碳排放的影响。结果表明：工业部门对二氧化碳排放量的助长贡献最大；综合来看，交通邮政部门对二氧化碳排放量的助长贡献次之，其他产业部门对二氧化碳排放量的助长贡献较小。从各分解因素对各阶段二氧化碳排放量的影响来看，总产值和产业结构为第一、第二助长因素，能源强度和能源结构为第一、第二制约因素。因此，作者给出了注重产业间、产业内均衡发展，引进先进技术、提高能源利用率和不断开发清洁能源、扩大使用范围的政策建议及不同阶段的具体措施。

发达国家能源转型。美国再工业化客观要求转变能源体系。要以节能增效为基础，以提高国内石油产量为辅助支撑，以推进清洁能源革命为核心，试图促使石油化石能源体系依次向天然气和石油共同主导的化石能源体系、可再生能源主导的清洁能源体系转变，以支持美国再工业化和国家经济持续发展（唐志良、刘建江，2013）。

应对气候变化可以限制落后产能，推动技术进步；限制粗放发展，促进科学发展；限制环境污染，推动生态文明建设；并带动基础设施的完善和基础研究水平的提高（杜祥琬，2013）。

参考文献

［1］Bidwell, D. The role of values in public beliefs and attitudes towards commercial wind energy［J］. Energy Policy, 2013（58）：189 – 199.

［2］Bridge, G. , et al. Geographies of energy transition：Space, place and the low – carbon economy［J］. Energy Policy, 2013（53）：331 – 340.

［3］Chitnis, M. , et al. Turning lights into flights：Estimating direct and indirect rebound effects for UK households［J］. Energy Policy, 2013（55）：234 – 250.

［4］Dütschke, E. and A. – G. Paetz. Dynamic electricity pricing – Which programs do consumers prefer？［J］. Energy Policy, 2013（59）：226 – 234.

［5］Gangale, F. , et al. Consumer engagement：An insight from smart grid projects in Europe［J］. Energy Policy, 2013（60）：621 – 628.

［6］He, F. , et al. Energy efficiency and productivity change of China's iron and steel industry：Accounting for undesirable outputs［J］. Energy Policy, 2013（54）：204 – 213.

［7］Liu, W. , et al. Energy consumption practices of rural households in north China：Basic characteristics and potential for low carbon development［J］. Energy Policy, 2013, 55（4）：128 – 138.

［8］Lo Schiavo, L. , et al. Changing the regulation for regulating the change：Innovation – driven regulatory developments for smart grids, smart metering and e – mobility in Italy［J］. Energy Policy, 2013（57）：506 – 517.

［9］ Reichelstein, S. and M. Yorston. The prospects for cost competitive solar PV power ［J］. Energy Policy, 2013（55）：117 - 127.

［10］ Siegrist, M. and V. H. M. Visschers. Acceptance of nuclear power：The Fukushima effect ［J］. Energy Policy, 2013（59）：112 - 119.

［11］ Wang, K., et al. Energy efficiency and productivity chage of China's iron and steel industry：Accounting for undesirable outputs ［J］. Energy Policy, 2013, 54：204 - 213.

［12］ Wang, K., et al. Regional allocation of CO_2 emissions allowance over provinces in China by 2020 ［J］. Energy Policy, 2013（54）：214 - 229.

［13］ Zhang, N., et al. Energy efficiency, CO_2 emission performance and technology gaps in fossil fuel electricity generation in Korea：A meta - frontier non - radial directional distance functionanalysis ［J］. Energy Policy, 2013（56）：653 - 662.

［14］ 柴利. 构建我国与中亚国家能源合作机制的动因与基础［J］. 新疆财经, 2013（1）：62 - 69.

［15］ 陈剑, 王自力. 阶梯电价前沿问题研究——"全国阶梯电价理论与政策研讨会"观点综述［J］. 中国工业经济, 2013（12）：71 - 77.

［16］ 陈正惠. 生态文明建设背景下的我国天然气开发利用［J］. 管理世界, 2013（10）：1 - 5, 18.

［17］ 杜祥琬. 气候变化问题的深度：应对气候变化与转型发展［J］. 中国人口·资源与环境, 2013（9）：1 - 5.

［18］ 龚晓菊, 赵云平. 区域产业布局与重化工产业西移［J］. 管理世界, 2013（8）：169 - 170.

［19］ 郭国峰, 王彦彭. "十二五"时期工业节能潜力与目标分析［J］. 中国工业经济, 2013（3）：46 - 58.

［20］ 姜姝, 李庆四. 从光伏拉锯到风能之争——中美新能源合作的博弈解读［J］. 国际论坛, 2013（2）：61 - 66, 81.

［21］ 李强, 王洪川, 胡鞍钢. 中国电力消费与经济增长——基于省际面板数据的因果分析［J］. 中国工业经济, 2013（9）：19 - 30.

［22］ 李友田, 李润国, 翟玉胜. 中国能源型企业海外投资的非经济风险问题研究［J］. 管理世界, 2013（5）：1 - 11.

［23］ 梁波, 王海英. "权力游戏"：产业变迁中的微观政治——以中国石油产业市场参与格局变迁为例［J］. 管理世界, 2013（7）：80 - 93.

［24］ 林伯强, 杜克锐. 要素市场扭曲对能源效率的影响［J］. 经济研究, 2013（9）：125 - 136.

［25］ 刘文革, 王磊. 金砖国家能源合作机理及政策路径分析［J］. 经济社会体制比较, 2013（1）：74 - 82.

［26］ 鲁万波, 仇婷婷, 杜磊. 中国不同经济增长阶段碳排放影响因素研究［J］. 经济研究, 2013（4）：106 - 118.

［27］ 毛汉英. 中国与俄罗斯及中亚五国能源合作前景展望［J］. 地理科学进展, 2013（10）：1433 - 1443.

［28］ 潘家华. 新型城镇化道路的碳预算管理［J］. 经济研究, 2013（3）：12 - 14.

［29］ 萨涅耶夫, 罗巴金娜, 孙名蕊. 俄罗斯远东和中国能源合作的优先方向［J］. 学习与探索, 2013（2）：98 - 101.

［30］ 邵帅, 杨莉莉, 黄涛. 能源回弹效应的理论模型与中国经验［J］. 经济研究, 2013（2）：

96 – 109.

[31] 师博，沈坤荣. 政府干预、经济集聚与能源效率[J]. 管理世界，2013（10）：6 – 18，187.

[32] 涂正革，谌仁俊. 工业化、城镇化的动态边际碳排放量研究——基于 LMDI "两层完全分解法"的分析框架[J]. 中国工业经济，2013（9）：31 – 43.

[33] 王锋，冯根福，吴丽华. 中国经济增长中碳强度下降的省区贡献分解[J]. 经济研究，2013（8）：143 – 155.

[34] 王锋，冯根福. 基于 DEA 窗口模型的中国省际能源与环境效率评估[J]. 中国工业经济，2013（7）：56 – 68.

[35] 王克强，武英涛，刘红梅. 中国能源开采业全要素生产率的测度框架与实证研究[J]. 经济研究，2013（6）：127 – 140.

[36] 徐海燕. 中国与中亚的能源"双轨"合作[J]. 国际问题研究，2013（6）：90 – 99.

[37] 叶泽，袁玮志，李湘祁. 低电价陷阱：电价水平与经济发展的关系实证研究[J]. 中国工业经济，2013（11）：44 – 56.

[38] 于立宏，贺媛. 能源替代弹性与中国经济结构调整[J]. 中国工业经济，2013（4）：30 – 42.

[39] 张成，蔡万焕，于同申. 区域经济增长与碳生产率——基于收敛及脱钩指数的分析[J]. 中国工业经济，2013（5）：18 – 30.

[40] 张伟，朱启贵，李汉文. 能源使用、碳排放与我国全要素碳减排效率[J]. 经济研究，2013（10）：138 – 150.

[41] 张新华. 中国与中亚国家及俄罗斯能源合作探析——以丝绸之路经济带建设为视角[J]. 新疆社科论坛，2013（6）：21 – 28.

[42] 张永宏，梁益坚，王涛，杨广生. 中非新能源合作的前景、挑战及对策[J]. 国际经济合作，2013（2）：14 – 19.

[43] 邹安全，罗杏玲，全春光. 基于 EIO – LCA 的钢铁产品生命周期碳排放研究[J]. 管理世界，2013（12）：178 – 179.

第二章　2013 年能源经济学期刊论文精选

第一节

中文期刊论文精选

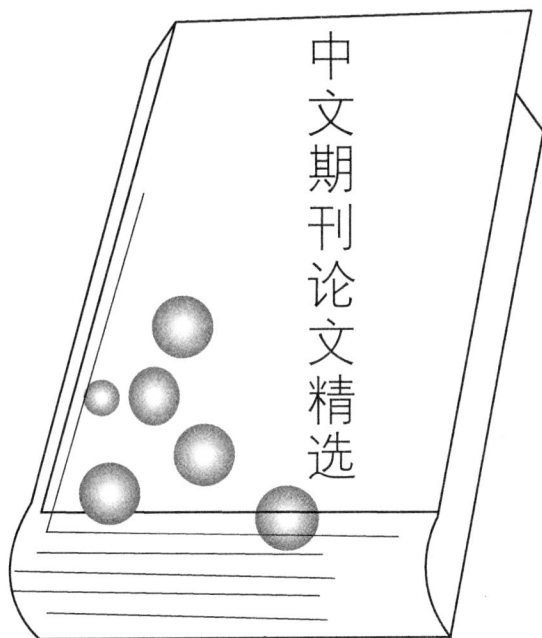

中文期刊论文的选择范围主要根据南京大学发布的 CSSCI 来源期刊确定，并经过以下程序最终选定：首先，重点考虑学术界公认的《中国社会科学》、《经济研究》、《管理世界》、《经济学》（季刊）、《中国工业经济》等权威期刊中的能源经济学文章；其次，参考其他期刊中文章的引用率进行候选期刊的补充；最后，在文章来源充足的情况下，尽可能地考虑能源经济学不同研究领域进行选择。根据以上原则，综合选择出 2013 年期刊论文 189 篇，在此基础上，经专家组讨论最终优选出以下 15 篇文章。

要素市场扭曲对能源效率的影响[*]

林伯强　杜克锐

【摘　要】节能是我国现阶段能源战略最主要的部分。在"十二五"期间政府关闭落后产能等行政措施的操作空间将大大减小的情况下，需要进一步完善要素市场，系统性考虑能源效率问题，才能有效地激发节能潜力。本文利用面板数据的固定效应 SFA 模型和反事实计量的方法，对我国 1997～2009 年要素市场扭曲的能源效应进行实证分析。研究结果表明，要素市场扭曲对我国能源效率的提升有显著负面影响；消除要素市场扭曲年均可提高 10% 的能源效率和减少 1.45 亿吨标准煤的能源浪费；要素市场扭曲的能源损失量占总能源损失的 24.9%～33.1%。因此，进一步推动我国要素市场市场化进程，提高能源效率，发挥市场对资源的配置作用，对建设节约型社会具有重大的现实意义。

【关键词】要素市场扭曲；能源效率；能源损失；固定效应；SFA 模型

一、引言

改革开放以来，我国经济一直保持高速增长，取得了举世瞩目的成就。但长期以来，高投入、高能耗的粗放型经济增长模型，让我们付出了巨大的能源代价。现阶段我国还处于城市化和工业化的快速发展阶段，能源需求还在迅速增长而且具有刚性，能源供需矛盾日趋紧张，经济的持续增长将面临越来越严重的能源约束问题。因此，要实现我国经济的

* 原文发表于《经济研究》2013 年第 9 期。

作者简介：林伯强，闽江学院新华都商学院，厦门大学能源经济与能源政策协同创新中心，中国能源政策研究院，邮政编码：350108，电子信箱：bqlin@ xmu. edu. cn；杜克锐，厦门大学能源学院，邮政编码：361005，电子信箱：caike22@126. com。

基金项目：本文研究得到了多项研究资金的支持，包括新华都商学院低碳项目、国家社科基金重大项目（No. 12&ZD059）、美国能源基金会项目（G - 1305 - 18257）、教育部重大项目（No. 10GBJ013）。感谢匿名审稿意见，文责自负。

持续增长，我们势必要提高能源效率，减少能源浪费。

许多研究对我国的能源效率现状及其影响因素进行了分析。但尚未有文献注意到我国经济转轨过程中存在的特殊现象：我国地区的要素市场普遍存在扭曲，要素市场的市场化进程不但滞后于产品市场的市场化进程（张曙光、程炼，2010；张杰等，2011a、2011b），而且不同地区的要素市场市场化进程也很不一致（赵自芳，2006）。我们自然会产生这样的疑问：要素市场扭曲是否抑制了我国能源效率的提升？地区间的要素市场市场化进程的不一致是否为地区能源效率差异的重要原因？由于要素市场的扭曲，我们白白浪费了多少能源？本文试图对这些问题进行解答。

从理论上讲，要素市场扭曲对能源效率的影响主要存在以下三个方面的机理：第一，要素价格扭曲对粗放增长模式具有锁定效应。一方面，要素价格的低估使得本应被淘汰的落后产能仍然有利可图；另一方面，低成本要素使得企业可以通过增加要素投入来获得利润，抑制了企业进行研发和技术投资的动力（张杰等，2011a）。由此可见，要素市场扭曲阻碍了地区产业的升级及转型，形成粗放增长模式的锁定，进而影响到生产中能源效率的提升。第二，由于自然资源的国有性质，地方政府掌握了资源的初始分配权，在现阶段政府官员监督体制不完善的情况下，容易滋生企业的寻租行为。这意味着与政府关系密切的企业能够以更低的成本获得生产要素，然而没有证据表明有政治关联的企业生产效率要高于普通企业；相反，由于政治关联带来的额外收益会抑制企业自身能力建设的动力（杨其静，2011），我们更有理由相信有政治关联的企业生产效率往往要低于没有政治关联的企业。例如，聂辉华和贾瑞雪（2011）的研究发现国有企业全要素生产率要低于其他企业，是资源误置的主要因素。要素市场的这种扭曲违背了市场优先将资源分配给效率高的企业的原则，使得资源没有得到最有效的利用。第三，以增长为竞争的地方政府为了本地区经济的增长倾向于将要素优先配给辖区内企业生产，并对其他地区企业实行价格歧视，不利于地区间生产的分工。基于此，我们提出本文的研究假说：要素市场扭曲阻碍我国能源效率的提升；地区间要素市场化进程的不同步是地区能源效率呈现差异的重要原因。

本文的主要贡献在于：①基于我国地区要素市场普遍存在扭曲并且不同地区的要素市场市场化进程也很不一致的典型事实，对要素市场扭曲与能源效率之间的关系进行经验研究，丰富了研究视角，是对现有研究的有益补充；②采用反事实计量的方法首次测度了我国要素市场扭曲的能源效率损失和能源损失；③本文采用 Wang 和 Ho（2010）的固定效应随机前沿模型，有效地控制了个体不可观察的特征，使模型估计结果更加可靠。

本文余下部分结构安排如下：第二部分分别对要素市场扭曲和能源效率的相关文献进行回顾；第三部分介绍研究采用的模型、变量和数据；第四部分对实证结果进行分析并采用不同的方法进行稳健性分析；第五部分对要素市场扭曲的能源损失进行测度；第六部分是本文的主要结论和政策建议。

二、文献回顾

（一）要素市场扭曲的成因及后果

改革开放以来，我国经济体制从计划经济逐渐向市场经济转变，总体的市场化程度不断提高，产品市场已经基本实现市场化，但在生产要素领域，政府仍然主导着要素资源的初始配置及要素价格的制定，特别是土地、电力、天然气等自然资源价格的制定仍受到政府的管制，价格长期以来处于低估状态，要素市场的改革滞后于产品市场的改革进程（张杰等，2011a、2011b）。张曙光和程炼（2010）从政治经济学的角度论证了我国要素市场扭曲的原因及其对财富转移的影响，认为除了体制的惯性外，要素市场的管制在很大程度上是"增长"和"稳定"两大经济政策导向的产物；低廉的生产要素扩大了其使用者的利益，不但有利于刺激投资、扩大生产，而且还是中国产品在国际市场中竞争力的主要来源；另外，通过对要素价格的管制能够在一定程度上抑制由经济过热导致的物价上涨。因此，"以增长为竞争"的地方政府普遍存在通过管制要素价格来推动经济短期增长的动机。

现有的经济理论告诉我们，要素市场的扭曲将导致资源配置的无效率，进而影响经济运行的效率。近年来，许多文献对此进行了经验研究。例如，赵自芳和史晋川（2006）以 1999~2005 年全国 30 个省（市、区）的制造业为样本，对要素市场扭曲导致的技术效率损失进行测算，研究结果显示：如果消除要素市场的扭曲，在投入不变的情况下，可以使全国制造业总产出至少提高 11%。Hsieh 和 Klenow（2009）对中国和印度两国要素市场扭曲的生产率效应进行分析，其研究结果认为，如果中国和印度两国的要素配置像美国一样配置给效率高的企业，那么中国和印度的制造业 TFP 将能够分别提高 30%~50% 和 40%~60%。陈永伟和胡伟民（2011）的研究表明，因要素价格扭曲导致的制造业间的资源错配大约造成了实际产出和潜在产出之间 15% 的缺口。张杰等（2011a）发现，要素市场扭曲所带来的寻租机会削弱了企业 R&D 的投入，要素市场越不完善的地区，要素市场扭曲对企业 R&D 的抑制效应越大。因此，地方政府对要素市场的管制虽然可以短期促进本地经济的增长，但不利于经济的长期发展。张杰等（2011b）与施炳展和冼国明（2012）实证发现，要素市场扭曲激励我国本土企业的低价出口，不利于我国的可持续发展。

（二）能源效率定义、测算方法及影响因素研究

有关能源效率的研究一直以来是能源经济学的一个热点问题，这方面的国内外文献汗牛充栋。从能源效率的不同界定范围来看，能源效率指标可以划分为两类：单要素能源效

率指标和全要素能源效率指标（杨红亮、史丹，2008）。

单要素能源效率指标，主要是以能源投入产出比或者产出与能源投入比来度量能源效率：前者是我们通常所说的能源强度，度量了单位 GDP 能源消耗；后者被称为能源生产率，测度的是单位能源的产出。单要素能源效率指标的优点是定义直观，计算简单，容易运用，而且能够通过不同的分解方法考察产业结构、技术进步等因素对能源效率变化的贡献。因此，有大量的文献基于此展开研究，代表性文献有史丹等（2008）、宋旭光和习玮（2010）、刘佳骏等（2011）。然而，单要素能源效率指标只是能源投入与产出之间的简单比例关系，没有考虑到劳动与资本对产出的贡献及不同生产要素之间的替代作用，受到许多研究者的批评。

全要素能源效率指标，是在新古典生产理论的框架下，将劳动和资本等生产要素也同时纳入效率的分析之中，考虑了能源与其他生产要素之间的替代效应，具有综合多维度的特征。其基本思路如下：首先，通过对生产可能集（生产技术）进行定义；其次，利用各生产单位的投入产出数据构造出前沿生产边界；最后，分析各生产单位与前沿生产边界之间的关系，如果偏离前沿生产边界，则该生产单位的资源没有得到充分使用，存在帕累托改进的空间。由此可见，全要素能源效率指标实质上是属于技术效率的范畴，与单要素能源效率指标的最大不同之处在于：后者分析的是能源与 GDP 之间的投入产出关系，而前者讨论的是能源及其他生产要素的利用效率。

随着我国能源供需矛盾的日益凸显，有关能源浪费和能源效率的问题越来越受到人们的关注。近年来，更多的文献采用全要素能源效率指标对我国地区和工业行业的能源效率及其影响进行测度和实证分析。主要的代表性文献有魏楚和沈满洪（2007）、师博和沈坤荣（2008）、李国璋和霍宗杰（2009）、孙广生等（2011）、何晓萍（2011）、Lin 和 Yang（2013）。然而，上述文献所定义的全要素能源效率指标实质上只是在传统经济效率测度上加入能源投入作为生产要素，是包含所有生产要素的综合利用效率。因此，从严格意义上讲，如果在全要素能源效率指标中我们不能将劳动和资本等投入要素的无效率分离出来，我们便不能获知现实经济中的能源浪费程度或可节能的空间。

三、模型、变量及数据来源

（一）能源效率的界定

假设一个地区经济以劳动（L）、资本（K）和能源（E）作为投入要素生产单一商品（Y），其生产技术可以表示为 T = $\{(L, K, E, Y) \mid (L, K, E)$ 可以生产出 $Y\}$。一般而言，集合 T 为有界闭集且投入产出满足强可处置性。

针对已有能源效率界定及测度上的缺点，Zhou 等（2012）定义了以下基于能源投入的谢泼德方向距离函数（The Shephard Distance Function）：

$$D_E(L, K, E, Y) = \text{sub}\{\theta \mid (L, K, E/\theta, Y) \in T\} \tag{1}$$

由式（1）及生产技术的强可处置性，我们可以得到以下两个性质：①$D_E(L, K, E, Y) \geqslant 1$；②能源距离函数$D_E(L, K, E, Y)$是能源投入（E）的线性齐次函数。

能源距离函数反映了一个地区在现行技术条件下保持劳动、资本投入和产出不变时能源投入的最大可缩减比例。[①] $E/D_E(L, K, E, Y)$是该地区能源投入最有效时的能源投入量，即理论上最优的能源投入。最优的能源投入与实际能源投入之间的比值反映了该地区能源投入偏离最优生产所需能源投入的程度；当$1/D_E(L, K, E, Y)$为1时，实际能源投入量与最优投入量相等，因此生产活动是能源有效的；当$1/D_E(L, K, E, Y)$越小时，实际生产活动偏离最优能源投入的程度越大，能源投入越无效。因此，我们可以将之定义为能源效率EEI，即$EEI = 1/D_E(L, K, E, Y)$。相应地，$(1 - EEI) \times E$就是该地区能源无效率的损失，即可减少的能源投入量。

（二）实证模型

为了采用SFA方法对能源效率进行估计，我们需要对能源方向距离函数的形式进行假设。为降低函数形式误设的风险，本文采用更加灵活的超越对数函数[②]，具体形式如下：

$$\begin{aligned}
\ln D_E(L_{it}, K_{it}, E_{it}, Y_{it}) = {} & \beta_0 + \beta_1 \ln L_{it} + \beta_2 \ln K_{it} + \beta_3 \ln E_{it} + \beta_4 \ln Y_{it} + \beta_5 [\ln L_{it} \times \ln K_{it}] + \\
& \beta_6 [\ln E_{it} \times \ln K_{it}] + \beta_7 [\ln E_{it} \times \ln L_{it}] + \beta_8 [\ln E_{it} \times \ln Y_{it}] + \\
& \beta_9 [\ln L_{it} \times \ln Y_{it}] + \beta_{10} [\ln K_{it} \times \ln Y_{it}] + \beta_{11} [\ln E_{it}]^2 + \\
& \beta_{12} [\ln L_{it}]^2 + \beta_{13} [\ln K_{it}]^2 + \beta_{14} [\ln Y_{it}]^2 + v_{it}
\end{aligned} \tag{2}$$

其中，v_{it}是随机扰动项，满足经典计量假设，即$v_{it} \sim \text{i. i. d} V(0, \sigma_u^2)$。

利用$E/D_E(L, K, E, Y)$是E线性齐次函数的性质，可以将式（2）进一步整理为：[③]

$$\begin{aligned}
\ln(1/E_{it}) = {} & \alpha_0 + \alpha_1 \ln L_{it} + \alpha_2 \ln K_{it} + \alpha_3 \ln Y_{it} + \alpha_4 [\ln Y_{it} \times \ln L_{it}] + \\
& \alpha_5 [\ln Y_{it} \times \ln K_{it}] + \alpha_6 [\ln L_{it} \times \ln K_{it}] + \alpha_7 [\ln L_{it}]^2 + \\
& \alpha_8 [\ln K_{it}]^2 + \alpha_9 [\ln Y_{it}]^2 - u_{it} + v_{it}
\end{aligned} \tag{3}$$

其中，$u_{it} = \ln D_E(L_{it}, K_{it}, E_{it}, Y_{it}) \geqslant 0$，反映了该地区实际生产活动中的能源无效率。相应地，能源效率$EEI_{it} = \exp(-u_{it})$。假设u_{it}服从特定的分布，式（3）就是典型的SFA模型。Battese和Coelli（1995）进一步假定u_{it}由一些外生影响因素决定，并通过

---

① 这与已有文献所定义的全要素能源效率指标不同。传统的全要素能源效率指标要求所投入要素相同比例的缩减，因而会存在一个短板效应，不能反映出真实的能源效率。例如，假设存在这样的一个经济系统，在保持产出不变的情况下，其资本、劳动和能源可以分别缩减50%、60%和70%，那么所有投入的共同缩减程度是50%。但是在允许资本和劳动投入不变的情况下，我们可以减少70%的能源投入。

② 超越对数函数可以作为一般函数的二阶近似。C - D函数可以视为超越对数函数的一种限定形式。

③ 限于篇幅，具体的推导过程略去。如有需要，可向作者索取。

联立的极大似然法进一步估计模型的所有参数。Battese 和 Coelli（1995）提出的该模型不但可以测算出决策单元的技术效率，而且能够对决策单元的效率影响因素进行分析，因此在效率分析中得到广泛的应用。但该模型并没有考虑不可观察的地区个体效应，会使模型得不到一致的估计（Kumbhakar，1990）。例如，不同地区的经济发展水平不一样，其技术水平也很可能不相同，因此，不同地区有不同的生产前沿边界。如果忽略了个体异质性，所有地区以同一生产前沿边界为基准，则会使无效率项的估计出现较大偏差。

基于以上考虑，本文采用 Wang 和 Ho（2010）提出的面板数据的固定效应 SFA 模型。我们在式（3）中加入反映个体异质性的参数 c_i，令 $b_i = \alpha_0 + c_i$，则模型进一步表示为：

$$\ln(1/E_{it}) = b_i + \alpha_1 \ln L_{it} + \alpha_2 \ln K_{it} + \alpha_3 \ln Y_{it} + \alpha_4 [\ln Y_{it} \times \ln L_{it}] +$$
$$\alpha_5 [\ln Y_{it} \times \ln K_{it}] + \alpha_6 [\ln L_{it} \times \ln K_{it}] - u_{it} + v_{it} \tag{4}$$

为了实证分析要素市场扭曲对能源效率的影响，我们进一步假设：

$$u_{it} = h_{it} u_i^*, \quad h_{it} = \exp(\delta FAC_{it} + Z'_{it}\gamma), \quad u^* \sim N^*(\mu, \sigma_u^2) \tag{5}$$

其中，FAC 表示要素市场扭曲的变量；Z 表示影响能源无效率的其他影响因素向量，作为控制变量；u_i^* 服从在 0 处截断的非负正态分布，当 $\mu = 0$ 时，u_i^* 就是非负的半正态分布。

式（4）和式（5）构成了一个面板数据的固定效应随机前沿模型，本文利用了 Wang 和 Ho（2010）提出的组内均值变换法进行估计。[①]

在得到模型参数后，通过式（6）便可获得能源效率值的估计：

$$EEI_{it} = \exp(-\hat{u}_{it}), \quad \hat{u}_{it} = E[u_{it} | \tilde{\varepsilon}_i] \tag{6}$$

（三）变量及数据来源

本文以我国内地 29 个省（市、区）[②] 为研究对象，以 1997～2009 年为时间窗口。采用的基础数据来自 CEIC 中国经济数据库、《新中国 60 年统计资料汇编》、历年《中国统计年鉴》、各省（市、区）历年统计年鉴、历年《中国人口统计年鉴》和《中国人口和就业统计年鉴》。

1. 投入产出变量

经济产出（Y），以各省实际 GDP 表示。利用各省的名义 GDP 及生产总值指数计算得到 GDP 平减指数，以 1997 年的价格作为基期对名义 GDP 进行缩减得到实际 GDP。劳动投入（L），考虑到从业人员数不能反映出劳动质量上的差别，我们用平均受教育年限[③]和从业人员数的乘积作为劳动投入的代理变量。资本投入（K），采用年均资本存量来度量。1997～2006 年采用单豪杰（2008）的测算结果，并根据其方法测算 2006 年之后的各地区资本存量，然后以 1997 年的价格为基期进行平减。能源投入（E），采用各省年度能源消费量，数据来自 CEIC 中国经济数据库。

---

① 具体的估计方法请参阅 Wang 和 Ho（2010）。
② 西藏和海南部分变量数据缺失严重，故不在本文考察范围之内。
③ 从业人员的受教育程度划分为大学教育、高中教育、初中教育、小学教育四类，各类受教育程度的平均累计受教育年限分别界定为 16 年、12 年、9 年及 6 年。

2. 能源效率影响变量

要素市场扭曲 FAC 是本文研究的核心变量。由于缺少历年的产品价格和要素投入量，很难对我国地区的要素市场扭曲程度进行直接的测度。因此，张杰等（2011a）提出通过樊纲等《中国市场化进程指数报告》中对于总体市场、产品市场和要素市场的市场程度评分来构造要素市场扭曲指标。张杰等（2011a）构造如下两个衡量要素市场扭曲的指标：FAC1 =（产品市场的市场化指数 – 要素市场发育指数）/产品市场的市场化指数；FAC2 =（总体市场的市场化指数 – 要素市场发育指数）/总体市场的市场化指数。虽然该测度方法考虑到了地区要素市场的市场化进程滞后于产品市场的事实，但通过观察总体市场的市场化指数、产品市场的市场化指数与要素市场发育程度数据，我们发现要素市场发育程度低的地区，其产品市场和总体市场的市场化程度也比较低。[①] 因此，采取张杰等（2011a）的指标构造方法会抹平地区间的要素市场相对扭曲程度。鉴于此，本文直接采用各地区要素市场发育程度与样本中要素市场发育程度最高之间的相对差距作为要素市场扭曲的代理变量。具体而言，本文构造的要素市场扭曲指标为 $FAC_{it} = [\max(factor_{it}) - factor_{it}]/\max(factor_{it}) \times 100$，其中 $factor_{it}$ 为要素市场发育程度指数。显然，我们构造的要素扭曲指标不但可以体现出地区间要素市场扭曲程度的相对差异，还反映了地区要素市场扭曲自身随时间的变化。[②] 要素市场发育程度数据来自樊纲等（2012）。

图 1 画出了要素市场扭曲中位数、最小值和最大值的走势。比较最大值、中位数和最小值的走势，我们可以发现 2007 年前最小值的变化速度快于中位数和最大值，即要素市场发育程度高的地区要素市场的市场化进程更快。此外，我们还注意到最小值在 2007~2008 年有大幅度的上升，一个可能的原因是 2008 年遭遇金融危机，经济处于低谷，政府对要素市场的干预程度增强了。图 2 刻画了主要年份要素市场扭曲的核密度函数：从图 2 可以看出要素市场扭曲的分布呈现明显的右偏，即少数地区的要素市场扭曲程度远远小于其他地区，说明我国地区要素市场的市场化进程相当不一致。此外，要素市场扭曲的分布整体随时间左移，反映了我国整体要素市场在逐步完善，要素市场的扭曲程度在逐渐减弱。

在控制变量方面，借鉴已有文献的研究，我们加入了以下能源效率影响变量：[③]

（1）产业结构（INDUSTRY）。与以工业为主的第二产业相比，第三产业的单位能源消耗较低，随着我国经济的发展，第三产业在国民经济中的比重将不断上升，这将对我国能源效率的提升产生积极的影响。因此，本文将第三产业比重作为产业结构的代理变量。

[①] 要素市场的发育程度指数与总体市场的市场化指数和产品市场的市场化指数之间的相关系数分别为 0.8993 和 0.6020，高度正相关。

[②] 本文所定义的要素市场扭曲是相对扭曲的概念，即以要素市场发育程度最高的 2007 年的上海市（值为 11.93）为标准。当然这并不意味着 2007 年的上海市要素市场就不存在扭曲，实际情况很可能恰恰相反，因而我们这里定义的要素市场扭曲程度可能低于真实值，会导致我们低估要素市场导致的能源损失。但在绝对扭曲不可获得情况下，本文的方法也不失为一种可取的办法。

[③] 影响能源效率的因素可能有很多，我们不可能将所有影响因素都包含进来，而且在回归方程中放入过多的影响变量往往会引致多重共线性的风险。此外，本文采用了固定效应的 SFA 模型，可以在一定程度上控制未纳入回归方程的地区特征。

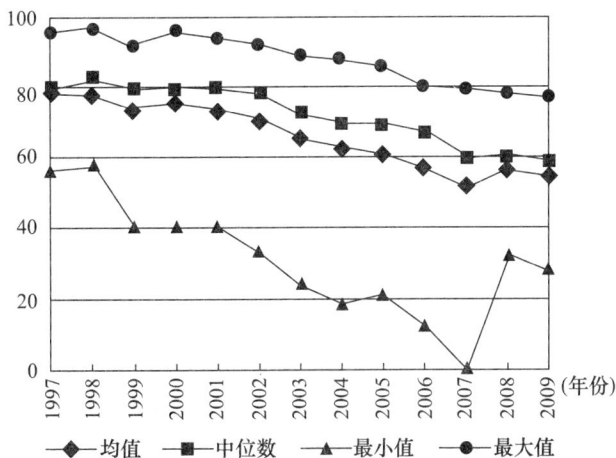

图 1　要素市场扭曲程度的时间趋势

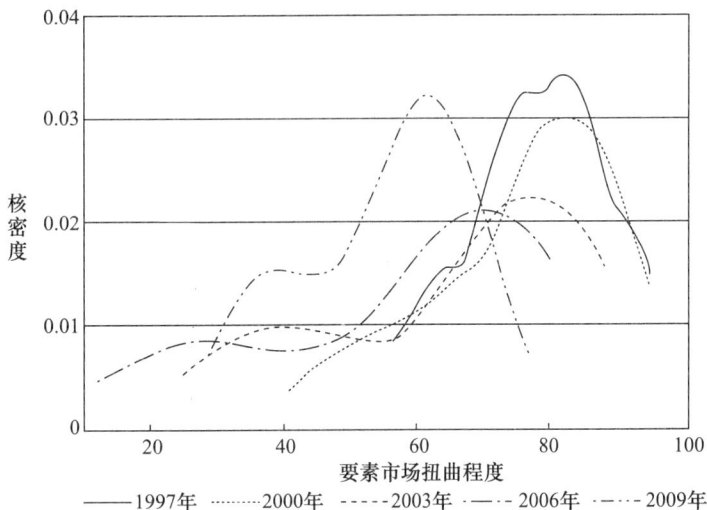

图 2　主要年份的地区要素市场扭曲核密度

（2）外商直接投资（FDI）。一方面，外商直接投资不但具有技术溢出效应，而且能够为本地企业带来先进的管理经验，有利于本地企业生产率的提高；另一方面，随着发达国家环境规制强度的上升，外商直接投资往往会带来高耗能、高污染的产业，进而导致能源消费的增加。因此，外商直接投资对能源效率存在双重的影响，其净效应还有待进一步的分析。为此，本文选取外商直接投资占地区国内生产总值的比重作为外商直接投资的代理变量。

（3）能源价格（PRICE）。能源价格的上升有助于企业提高节能意识，减少能源浪费和推动企业采取更加节能的生产技术，促进能源效率的提升。Fisher – Vanden 等（2004）

的研究都表明能源价格的上升是我国推动能源强度下降的一个重要因素。鉴于数据的可获得性，本文以原材料、燃料、动力购进价格指数作为能源价格的代理变量。

（4）政策虚拟变量（POLICY）。考虑到我国政府在"十一五"规划中更加注重对能源的有效利用，出台了各种节能的政策措施，我们加入政策虚拟变量，用于检验政策的作用，具体设置是"十一五"期间（2006～2009年）政策变量取值为1，其他年份取值为0。

四、实证结果及稳健性分析

（一）实证结果分析

表1给出了不同模型的回归结果。模型1和模型2只在无效率函数中放入要素市场扭曲程度（FAC）一个变量；模型1假设无效率项u服从非负的半正态分布，而模型2的无效率项服从的是在0处截断的非负正态分布。在模型1和模型2中，要素市场扭曲程度的系数都为正，且在1%水平下显著不为0，说明要素市场扭曲程度与能源无效率正相关，即要素市场扭曲对能源效率有负的影响，要素市场扭曲程度大的地方能源效率低，初步验证了我们的假说。

表1　实证检验结果

距离函数	Model 1	Model 2	Model 3	Model 4	Model 5	Model 6
$\ln Y$	3.951*** (0.270)	4.117*** (0.269)	3.496*** (0.313)	3.247*** (0.303)	-0.824*** (0.039)	-0.821*** (0.040)
$\ln K$	-4.051*** (0.206)	-4.151*** (0.205)	-3.916*** (0.245)	-3.737*** (0.234)	-0.111*** (0.029)	-0.109*** (0.030)
$\ln L$	-1.070*** (0.339)	-1.204*** (0.343)	-0.273 (0.414)	-0.173 (0.372)	-0.276*** (0.046)	-0.283*** (0.047)
$\ln Y \times \ln K$	-0.034 (0.040)	-0.023 (0.037)	-0.006 (0.062)	-0.012 (0.037)		
$\ln L \times \ln K$	0.323*** (0.025)	0.334*** (0.025)	0.280*** (0.025)	0.265*** (0.025)		
$\ln Y \times \ln L$	-0.415*** (0.032)	-0.428*** (0.032)	-0.390*** (0.035)	-0.363*** (0.035)		

距离函数	Model 1	Model 2	Model 3	Model 4	Model 5	Model 6
$[\ln Y]^2$	−0.063** (0.027)	−0.071*** (0.025)	−0.082** (0.040)	−0.076*** (0.026)		
$[\ln L]^2$	0.108*** (0.028)	0.116*** (0.028)	0.052 (0.033)	0.039 (0.031)		
$[\ln K]^2$	0.090*** (0.017)	0.084*** (0.016)	0.100*** (0.025)	0.099*** (0.017)		
无效率函数						
FAC	0.033*** (0.003)	0.030*** (0.004)	0.006*** (0.001)	0.006*** (0.001)	0.003*** (0.001)	0.004*** (0.001)
INDUSTRY			−0.044*** (0.005)	−0.046*** (0.005)	−0.028*** (0.003)	−0.036*** (0.005)
FDI			0.033*** (0.005)	0.036*** (0.006)	0.022*** (0.003)	0.026*** (0.004)
PRICE			−0.004*** (0.001)	−0.004*** (0.001)	−0.003*** (0.001)	−0.005*** (0.001)
POLICY			−0.008 (0.025)	−0.012 (0.021)	−0.043*** (0.013)	−0.060*** (0.019)
C_v	−4.703*** (0.022)	−4.713*** (0.022)	−4.946*** (0.022)	−4.952*** (0.022)	−4.895*** (0.022)	−4.904*** (0.022)
C_u	−8.316*** (0.726)	−2.237*** (1.615)	1.304*** (0.286)	1.854*** (0.477)	1.327*** (0.179)	3.294*** (1.322)
μ		−7.992 (12.359)		−1.541 (1.355)		−12.041 (18.026)
对数似然值	306.847	309.254	343.059	343.231	330.957	331.271

注：括号内是标准差；***、**、*分别表示在1%、5%和10%水平下显著；$C_v = \log(\sigma_v^2)$，$C_u = \log(\sigma_u^2)$。

  模型3和模型4分别在模型1和模型2的基础上加入了产业结构、外商直接投资、能源价格和政策虚拟变量。回归结果显示加入了控制变量后，要素市场扭曲变量的系数在1%水平下仍然显著为正。从其他变量的回归结果来看，第三产业比重的系数为负，并且在模型3至模型6中都至少能够在1%水平下拒绝值为0的假设，说明了第三产业的发展有助于能源效率的提升。现阶段我国第三产业还滞后于经济的发展，过度依赖工业的发展模式限制了能源效率的提升。外商直接投资的回归系数为正，并且在1%水平下显著。由此可见，外商直接投资的产业转移效应超过了其溢出和示范效应，这一发现也在一定程度上支持了"污染天堂假说"。无论是在超越对数距离函数模型（模型3至模型4）还是在

C－D 距离函数模型（模型 5～模型 6）中，能源价格的系数都在 1% 水平下显著为负，即能源价格的上升有助于提高能源效率。这一结果与我们的直觉非常相符。一般而言，能源价格的上升，有助于提高人们的节能意识，进而减少能源的过度消费及浪费。此外，政策虚拟变量的回归系数虽然为负，但在模型 3 和模型 4 中都不能拒绝值为 0 的原假设，即政府在"十一五"期间的节能减排政策实质上并没有明显降低能源的无效率，这说明了地方政府在"十一五"期间的行政手段式期间的节能减排，虽然起到减少部分能源投入量的作用，但对能源效率的改善并不明显。

模型 5 和模型 6 采用了 C－D 形式的距离函数，其回归得到的结论也基本与前几个模型一致。因此，综上所述，要素市场扭曲抑制了我国能源效率的提升；现阶段我国地区要素市场的市场化进程的不同步是地区间能源效率差异的一个重要原因；调整产业结构，推动第三产业的发展对能源效率的提升有积极的作用；外商直接投资的引进不利于能源效率的提升；政府"十一五"期间的节能减排政策对能源效率影响并不显著。

以模型 4 为一般模型，其他模型都可以表示为它的限制形式，因此我们可以通过广义似然比统计量对不同模型设定进行检验。表 2 给出了不同模型设定的检验结果。第 1 个检验和第 2 个检验是针对模型 1 和模型 2 的检验，其似然比统计量都大于 5% 显著性水平下的卡方分布临界值，拒绝零假设，说明除要素市场扭曲程度外，能源无效率还受到产业结构、外商直接投资、能源价格和政策的影响。第 3 个检验和第 4 个检验是针对模型 5 和模型 6 的检验，即检验方向距离函数是否使用 C－D 形式更合适，检验结果拒绝了值为 0 的假设，说明我们最初的距离函数形式设定基本恰当。第 5 个检验是对模型 3 的检验，即无效率项 u 服从非负的半正态分布；其似然比统计量为 0.0328，小于自由度为 1 的卡方分布在 10% 显著水平的临界值，不能拒绝值为 0 的假设；此外，从模型 4 中的显著性来看，也不能拒绝值为 0 的假设，因此，我们可以认为能源无效率项服从的是非负的半正态分布。

表 2　模型设定检验

零假设 H_0	似然比统计量	$\chi^2_{0.05}$ 临界值	$\chi^2_{0.1}$ 临界值
H_{01}：$\mu=\gamma_2=\gamma_3=\gamma_4=\gamma_5=0$	72.768	11.07	9.236
H_{02}：$\gamma_2=\gamma_3=\gamma_4=\gamma_5=0$	67.954	9.488	7.779
H_{03}：方向距离函数为 C－D 形式	24.548	7.815	6.251
H_{04}：方向距离函数为 C－D 形式且 $\mu=0$	23.92	9.488	7.779
H_{05}：$\mu=0$	0.344	3.841	2.706

注：γ_1、γ_2、γ_3 和 γ_4 分别是产业结构、外商直接投资、能源价格和政策虚拟变量的系数。

（二）稳健性分析

前文我们利用 SFA 方法对模型进行估计，需要对模型的函数形式及无效率项和随机误差项的分布做特定的假设。为了检验模型结论的稳健性,在本节我们采用 DEA 的两阶段分析法对我们的研究假说进行检验:第一阶段用 DEA 方法估计各地区的能源效率;第二阶段利用 Tobit 模型对能源效率影响因素进行回归。

利用线性规划[①],我们分别求得常规模回报(CRS)和可变规模回报(VRS)技术下的能源效率。图 3 刻画了能源效率与要素市场扭曲的散点图。从图 3 中可以看出,无论是 CRS 还是 VRS 技术下的能源效率都与要素市场发育程度呈明显的负相关。

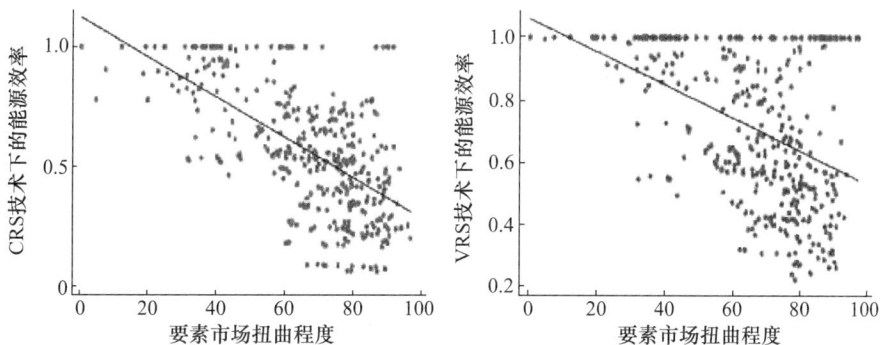

图 3   能源效率与要素市场扭曲散点图

表 3 给出了稳健性分析的回归结果。模型 7 和模型 8 采用常规模回报技术下的能源效率作为因变量;模型 9 和模型 10 采用可变规模回报技术下的能源效率作为因变量。模型 8 和模型 10 分别在模型 7 和模型 9 的基础上加入了省份虚拟变量以控制个体不可观察异质性或尚未纳入模型检验中的影响因素。从回归结果来看,模型 7 和模型 9 要素市场扭曲的回归系数都为负,而且至少在 10% 水平下显著;在加入省份虚拟变量后,其系数的绝对值虽然有所下降,但仍在 1% 水平下显著为正。因此,本文的稳健性检验更进一步支持了前文的结论:要素市场扭曲抑制了我国能源效率的提升。此外,观察其他变量的回归结果,我们可以发现:除了模型 7 外,第三产业比重与能源效率呈显著的正向关系;而其他变量在不同模型中并没有得到一致的结论。

表 3   稳健性检验结果

变量	CRS 技术下的能源效率		VRS 技术下的能源效率	
	Model 7	Model 8	Model 9	Model 10
FAC	− 0.0081 ***	− 0.0022 ***	− 0.0027 *	− 0.0022 ***
	(0.0009)	(0.0005)	(0.0012)	(0.0006)
INDUSTRY	− 0.0006	0.0050 **	0.0085 ***	0.0070 **
	(0.0016)	(0.0018)	(0.0023)	(0.0023)

① 具体的线性规划问题形式请参阅 Zhou 等(2012)。

变量	能源效率（CRS）		能源效率（VRS）	
	Model 7	Model 8	Model 9	Model 10
FDI	0.1940***	−0.0637	0.2400***	−0.1510**
	(0.0579)	(0.0371)	(0.0663)	(0.0469)
PRICE	−0.0039***	−0.0004	−0.0012	0.0001
	(0.0007)	(0.0004)	(0.0009)	(0.0006)
POLICY	0.0532	0.00488	0.0165	−0.0138
	(0.0364)	(0.0167)	(0.0478)	(0.0270)
常数项	1.5110***	0.6460***	0.6400***	0.6080***
	(0.1510)	(0.1070)	(0.1830)	(0.1440)
个体效应	—	已控制	—	已控制
对数似然值	37.0217	340.8074	−84.4350	202.0788

注：括号内是稳健标准差：***、**、*分别表示在1%、5%和10%水平下显著。

五、要素市场扭曲的能源损失

通过面板数据的固定效应 SFA 模型和 DEA 的两阶段分析方法，我们验证了我国目前存在的要素市场扭曲是能源无效率的重要原因，抑制了我国能源效率的提高。本节我们尝试对要素市场扭曲的能源损失进行测算。

我们主要采用反事实计量[①]的方法。基本思路如下：首先，根据模型设定检验结果，选择模型 3 作为基准模型，利用模型估计得到的参数值及各变量值代入式（6），获得实际情况下的各地各年份能源效率值 EEI_{it}^0，全国实际能源效率 $EEI_t^0 = \sum (EEI_{it}^0 \times E_{it}) / \sum E_{it}$。其次，在其他条件不变的前提下，我们假定所有地区各年份的要素市场发育程度都为可以达到的最高水平，要素市场不存在相对扭曲，即要素市场扭曲变量的值为 0；利用假想的要素市场扭曲变量和其他影响变量及模型参数代入式（6），计算不存在要素市场扭曲情形下的各地区能源效率值 EEI'_{it} 及全国能源效率 EEI'_t。简单起见，我们称为反事实能源效率。最后，用反事实能源效率减去实际能源效率便可获得要素市场扭曲导致的能源效率损失；相应地，要素市场扭曲的能源损失量可以由（$EEI'_t - EEI_t^0$）E_t 计算得到。

图 4 至图 6 给出了我们对要素市场扭曲的能源效应的测算结果。从图 4 可以看出我国

---

① 反事实计量被广泛应用于对历史事件影响的定量分析，如 Fogel（1962）将之用到 19 世纪铁路对美国经济的影响研究。

实际能源效率从 1997 年的 0. 67 缓慢上升到 2009 年的 0. 83；而假定不存在要素市场扭曲
的反事实能源效率则从 1997 年的 0. 78 上升到 2009 年的 0. 87；反事实能源效率始终高于
实际能源效率，但随着我国各个地区要素市场的逐步完善，两者之间的差距在逐步缩小。
图 4 说明消除要素市场的扭曲可以促进能源效率的明显提升。①

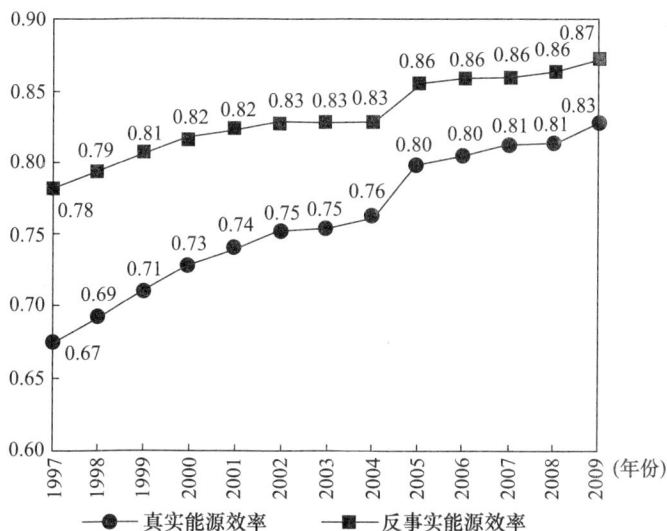

图 4　中国能源效率走势

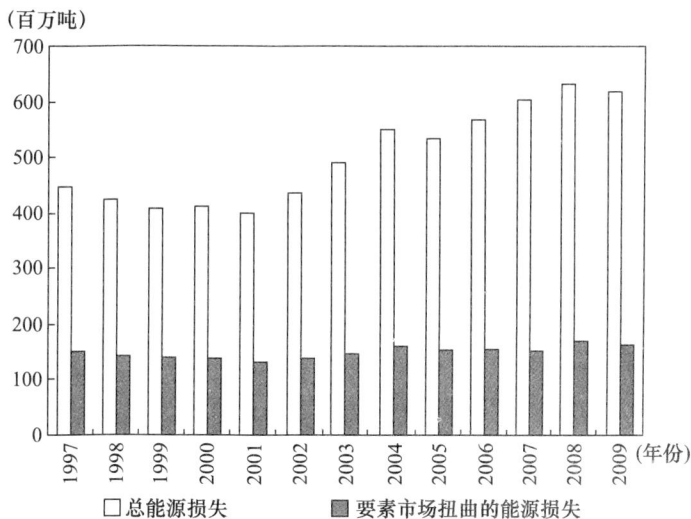

图 5　总能源损失与要素市场扭曲的能源损失

① 消除要素市场扭曲可以使 1997 ~ 2009 年的能源效率年均提升 10% 。

　　图5刻画了我国各年的总能源损失和要素市场扭曲所导致的能源损失。如图所示，我国各年由能源无效所产生的总能源损失为4.5亿~6.2亿吨标准煤，而要素市场扭曲导致的能源损失量为1.2亿~1.6亿吨标准煤（年均损失量为1.45亿吨标准煤）。虽然总体上我国的能源效率是在上升的，但由于能源投入总量在不断地增加，能源损失总量和要素市场扭曲导致的损失量并没有出现下降的趋势。随着我国能源需求的不断增加，这势必将影响到我国能源的供给平衡。而通过完善要素市场可以显著降低我国的能源损失量，缓解能源约束，有助于经济的可持续发展。从图5可以看出，要素市场扭曲导致的能源损失占总能源损失的比重始终在25%以上；随着我国要素市场的不断完善，这一比重总体上有缓慢下降的趋势，从1997年的32.7%下降到2009年的26%。因此，就目前而言，通过完善要素市场可以显著地提高能源使用效率和减少能源浪费。

六、主要结论与政策建议

　　基于我国要素市场的市场化进程滞后于产品市场的市场化进程，而且地区要素市场发育程度差异较大这一典型事实，本文首先对要素市场扭曲对能源效应的影响机理进行简要分析，并提出研究假说——要素市场扭曲抑制了我国能源效率的提升；其次分别利用Wang和Ho（2010）的固定效应SFA模型和DEA两阶段分析方法对假说进行检验和稳健性分析；最后利用反事实计量的方法对要素市场扭曲的能源效率损失和能源损失量进行测算。我们得到以下几个主要研究结论：①要素市场扭曲确实阻碍了我国能源效率的提升。②在要素市场扭曲情形下，我国能源效率从1997年的0.62缓慢上升到2009年的0.833；如果将各个地区要素市场发育程度提升到上海市2007年的要素市场发育水平，则我国能源效率年均将有10%的上升。③我国要素市场扭曲的能源年损失量为1.2亿~1.6亿吨标准煤，占能源总损失的24.9%~33.1%。由此可见，由于要素市场的不完善，我们为此付出了巨大的能源代价。

　　本文试图从另一个角度引起我国节能政策的思考：相比"十一五"期间的以行政手段为主的节能措施，通过进一步推动要素市场的市场化，使市场配置资源的作用得到充分的发挥，才是标本兼治的方法。特别是在"十二五"期间政府关闭落后产能等行政措施的操作空间将大大减小的情况下[①]，只有进一步完善要素市场，系统性地考虑能源效率问题，才能有效地激发节能潜力，实现节能目标。

　　具体而言，在政策层面上，首先，推动要素价格改革，构建合理的要素价格体系，使

---

　　① "十一五"期间，地方政府甚至采取了"拉闸限电"的手段才勉强完成了能源强度下降20%的目标。"十二五"规划中能源强度下降16%的目标，对于地方政府是一个不小的挑战。

要素价格成为市场配置资源的信号①；其次，在初始资源的分配上，采用更加公开透明的招投标方式，加强监督管理，降低寻租的发生，使要素能够按照市场的规律优先配给效率高的生产者；最后，推动地区要素市场一体化，使要素能够充分地流动，促进地区间的分工。总之，要素市场在生产中占据基础性的地位，进一步推动我国要素市场的市场化进程，发挥市场对资源的配置作用，对建设节约型社会和我国经济的可持续发展具有重大的现实意义。

当然，本文对要素市场扭曲的能源效应的研究还仅局限于经验分析，没有对要素市场扭曲对能源的作用机制进行更深入的分析是本文主要不足之处。如何在动态一般均衡的框架下，构建一个要素市场扭曲的能源效应理论模型，对要素市场扭曲的能源作用机理进行分析，仍是一项非常值得探索的工作。

参考文献

［1］陈永伟，胡伟民．价格扭曲、要素错配和效率损失：理论和应用．经济学（季刊），2011，10（4）．

［2］樊纲，王小鲁，朱恒鹏．中国市场化指数：各地区市场化相对进程2011年报告．北京：经济科学出版社．

［3］何晓萍．中国工业的节能潜力及影响因素．金融研究，2011（11）．

［4］李国璋，霍宗杰．中国全要素能源效率、收敛性及其影响因素——基于1995~2006年省际面板数据的实证分析．经济评论，2009（6）．

［5］林伯强，刘希颖，邹楚沅，刘霞．资源税改革：以煤炭为例的资源经济学分析．中国社会科学，2012（2）．

［6］刘佳骏，董锁成，李宇．产业结构对区域能源效率贡献的空间分析——以中国大陆31省（市、自治区）为例．自然资源学报，2011（12）．

［7］聂辉华，贾瑞雪．中国制造业企业生产率和资源误置．世界经济，2011（7）．

［8］单豪杰．中国资本存量K的再估算：1952~2006年．数量经济技术经济研究，2008（10）．

［9］师博，沈坤荣．市场分割下的中国全要素能源效率：基于超效率DEA方法的经验检验．世界经济，2008（9）．

［10］施炳展，冼国明．要素价格扭曲与中国工业企业出口行为．中国工业经济，2012（2）．

［11］史丹，吴利学，傅晓霞，吴滨．中国能源效率地区差异及其成因研究——基于随机前沿生产函数的方差分解．管理世界，2008（2）．

［12］宋旭光，习玮．中国能源生产率增长中的结构变化——基于shift - share方法的分析．财经问题研究，2010（10）．

［13］孙广生，杨先明，黄玮．中国工业行业的能源效率（1987~2005）变化趋势——节能潜力与影响因素研究．中国软科学，2011（11）．

［14］杨红亮，史丹．能效研究方法和中国各地区能源效率的比较．经济理论与经济管理，2008（3）．

---

① 由于能源的开采利用具有外部性，合理的能源要素价格体系不但要求政府减少对能源价格的管制和干预，而且需要通过开征一定的资源税来解决能源的外部性问题（林伯强等，2012）。

［15］杨其静．企业成长：政治关联还是自身能力建设？经济研究，2011（10）．

［16］张杰，周晓艳，李勇．要素市场扭曲抑制了中国企业 R&D？经济研究，2011（8）．

［17］张杰，周晓艳，郑文平．要素市场扭曲是否激发了中国企业出口．世界经济，2011（8）．

［18］张曙光，程炼．中国经济转轨过程中的要素价格扭曲与财富转移．世界经济，2010（10）．

［19］赵自芳，史晋川．中国要素市场扭曲的产业效率损失——基于 DEA 方法的实证分析．中国工业经济，2006（10）．

［20］Battese, G. E. , T. J. Coelli. A Model for Technical Inefficiency Effects in a Stochastic Frontier Production Function for Panel Data. Empirical Economics, 1995（20）：325 – 332.

［21］Hsieh, C. T. , P. J. Klenow. Misallocation and Manufacturing TFP in China and India. Quarterly Journal of Economics, 2009, 124（4）：1403 – 1448.

［22］Fisher – Vanden, Karen, Gary H. Jefferson, Hongmei Liu, Quan Tao. What Is Driving China's Decline in Energy Intensity? Resource and Energy Economics, 2004（26）：77 – 97.

［23］Fogel, Robert W. A Quantitative Approach to the Study of Railroads in American Economic Growth：A Report of Some Preliminary Findings. Journal of Economic History, 1962, 22（2）：163 – 197.

［24］Kumbhakar, S. C. Production Frontiers, Panel Data, Time – varying Technical Inefficiency. Journal of Econometrics, 1990（46）：201 – 211.

［25］Lin, Boqiang, Yang Lisha. The Potential Estimation and Factor Analysis of China's Energy Conservation on Thermal Power Industry. Energy Policy, 2013.

［26］Wang, H. J. , C. W. Ho. Estimating Fixed – effect Panel Stochastic Frontier Models by Model Transformation. Journal of Econometrics, 2010, 157（2）：286 – 296.

［27］Zhou, P. , B. W. Ang, D. Q. Zhou. Measuring Economy – wide Energy Efficiency Performance：A Parametric Frontier Approach. Applied Energy, 2012（90）：196 – 200.

The Energy Effect of Factor Market Distortion in China

Lin Boqiang[a,b] and Du Kerui[b]

（a：Minjiang University； b：Xiamen University）

Abstract：In this paper, we apply the fixed – effect panel SFA model and counterfactual measurement method to analyze theeffect of factor market distortions on the energy in China from 1997 to 2009. The main findings are：The factor market distortions have a significant negative impact on the improvement of China's energy efficiency；On average, eliminating the factor market distortions can increase energy efficiency by 10% and reduce energy consumption by 145 Mtce per year; The energy loss contributed to factor market distortions is accounting for 24.9% – 33.1% of the total energy loss. Therefore, speeding up the process of marketization of China's factor markets to allow more effective resource allocation, has a great practical significance on building an energy conservation – oriented society.

Key Words: Factor Market Distortion; Energy Efficiency; Energy Loss; Fixed – effect Panel; SFA Model

能源使用、碳排放与我国
全要素碳减排效率[*]

张　伟　朱启贵　李汉文

【摘　要】本文基于生产理论的 CO_2 减排效率的因素分解模型，对影响我国 CO_2 减排效率的因素进行分解，分析能源使用和 CO_2 排放两种技术的进步与效率对我国 30 个省市区 CO_2 减排效率的影响，并运用环境方向性距离函数建立以资本、劳动力和能源为投入要素，以 GDP 和 CO_2 排放为产出的分别基于投入导向和产出导向的规模报酬不变的 DEA 模型，分别测度全国 30 个省市区 1995～2010 年全要素 CO_2 的减排效率。在此基础上，对我国 30 个省市区的全要素 CO_2 减排效率的影响因素进行实证分析。本文发现，1995～2010 年，在全国 30 个省市区中，能源使用和碳排放的技术因素对 CO_2 减排效率和 CO_2 减排效率的变化率有较强的正影响，现阶段提高能源使用及碳排放的技术效率和技术水平是提升我国全要素碳减排效率的关键因素。

【关键词】全要素 CO_2 减排效率；因素分解模型；CO_2 减排技术；能源使用技术

一、引言

近年来，随着全球气候变暖问题的日益严峻，以及中国 CO_2 排放量增长迅速，对全球气候影响日益增加的状况，学术界对碳排放总量和部门碳排放量的研究日益深入。在碳

＊　原文发表于：《经济研究》2013 年第 10 期。

作者简介：张伟，贵州财经大学欠发达地区经济发展研究中心，邮政编码：550025，电子信箱：wzha1968@126. com；朱启贵，上海交通大学安泰经济与管理学院，邮政编码：200030，电子信箱：qgzhu@ sjtu. edu. cn；李汉文，贵州财经大学财税学院，邮政编码：550025，电子信箱：LiHanWen4830@ sina. com。

基金项目：作者感谢国家社科基金重点项目（13AZD014）、国家社科基金重点项目（11AZD031），以及国家自然科学基金项目（71363011）的资助，感谢匿名审稿人对本文提出的建设性修改意见，文责自负。

排放总量方面，Zhou 和 Ang（2008）、Li（2010）基于生产理论，运用 Shephard 距离函数分解出影响二氧化碳排放量的七大因素。伯强等（2011）运用 Kaya 恒等式，采用 LMDI 方法直观地解释二氧化碳排放量变动的原因，并对我国 2020 年二氧化碳排放量进行预测和影响因素分析。在部门碳排放量方面，Ang 等（1998）、Liu 等（2007）运用 LMDI 分解法对包括八个行业的中国工业部门 1985 ~ 1990 年排放的 CO_2 进行分析。王锋等（2010）基于 Wu 等（2005）的"三层完全分解法"的思路，运用 LMDI 分解法，对我国 1995 ~ 2007 年六大部门 CO_2 排放增长的驱动因素进行分析。涂正革（2012）基于优化的 Laspeyres 指数分析法，用国民经济八大部门的能源消费与产出数据，根据 16 种能源的碳排放因子，计算出各行业的碳排放数据。

但是，一方面，国内学者并没有对涉及 CO_2 减排效率的能源使用和 CO_2 排放两种技术的进步与效率如何影响我国 CO_2 排放方面进行系统深入的研究，而在未来相当一段时间里我国将处于刚性的高碳产业结构约束之下，这一因素对提升我国 CO_2 减排效率和政策抉择将会产生重要影响；另一方面，国内学者对 CO_2 减排效率的研究大多是基于碳排放强度进行研究的，而没有从生产理论的角度对 CO_2 减排效率进行研究，缺乏考虑参与生产过程的 CO_2 减排效率的研究。为此，本文以我国 30 个省市区为研究对象[①]，在 Fare 等（2007）提出的环境生产技术函数的基础上，建立 CO_2 减排效率的 DEA 模型，对国内现有的 CO_2 减排效率的研究进行拓展：一是以生产理论为基础，运用环境方向性距离函数建立以资本、劳动力和能源为投入要素，以 GDP 和 CO_2 排放为产出，分别基于投入导向和产出导向的规模报酬不变的 DEA 模型，测度全国 30 个省市区 1995 ~ 2010 年能源投入的全要素效率和 CO_2 排放的全要素效率；二是运用 Zhou 和 Ang（2008）提出的基于生产理论的 CO_2 减排效率的因素分解模型，对影响我国 CO_2 减排效率的因素进行分解，着重分析影响我国 CO_2 减排效率的能源使用和 CO_2 排放两种技术的进步与效率。

本文以下的结构安排是：第二节介绍全要素 CO_2 减排效率，建立我国 30 个省市区的环境方向性距离函数模型，计算 Malmquist 生产率指数，并进一步将其分解为技术效率变化和技术进步变化，在此基础上，对影响我国 CO_2 减排效率的因素进行分解；第三节对本文所使用的变量和数据进行说明；第四节运用第二节的模型进行实证研究；第五节对全要素 CO_2 减排效率及其增长率进行计量分析；第六节对全要素 CO_2 减排效率的增长率的影响因素进行计量分析。

二、研究方法

本文以 Fare 等（2007）提出的环境生产函数（EDF）和环境方向距离函数（EDDF）

[①] 由于缺少西藏相关年份的能源消费数据和 CO_2 排放数据，因此，本文的研究范围限于除西藏外的全国 30 个省市区。

为基础，将能源消费作为投入要素，CO_2 排放作为生产过程产生的副产出纳入生产理论，并运用"多投入—多产出"的 DEA 模型，考察全要素 CO_2 减排效率的变动趋势及其影响因素。

（一）全要素 CO_2 减排效率

CO_2 的排放主要来自生产过程中能源的使用。能源创造经济产出（如 GDP），而与此同时，由于技术和管理的原因，能源的不完全利用将导致 CO_2 的排放。基于数据包络分析的思想，本文提出全要素 CO_2 减排效率，即全要素 CO_2 减排效率是在全要素生产关系的框架内研究 CO_2 减排效率，它衡量的是在既定生产要素投入（包括能源）下，实际 CO_2 排放与最小可能 CO_2 排放的比率，或者是在给定产出条件下，CO_2 排放能够减少的程度。这里所得的 CO_2 减排效率是考虑资本（K）、劳动力（L）和能源（E）三种投入要素共同作用下得到的，它是全要素效率，不仅反映了 GDP 与 CO_2 排放之间的比例关系，还比较全面地揭示了资源禀赋对 CO_2 排放的影响。

（二）我国 30 个省市区环境方向性距离函数模型

本文采用数据包络分析法（DEA）分析全国 30 个省市区全要素 CO_2 减排效率，我们把全国 30 个省市区中的每一个省市区看作一个生产决策单位来构造每一个时期全国 30 个省市区生产的最佳实践边界。本文将运用规模报酬不变（CRS）的 DEA 方法分别测度全国 30 个省市区 1995～2010 年全要素能源效率和全要素 CO_2 减排效率。基于投入导向的测度全要素能源效率的 CRS – DEA 模型为：

$$Min\lambda = \left[D_O^s(K_i^t, L_i^t, E_i^t, Y_i^t, C_i^t) \right]^{-1}; s.t. \sum_{i=1}^{30} z_i E_i^s \leq \lambda E_i^t; \sum_{i=1}^{30} z_i K_i^s \leq K_i^t;$$

$$\sum_{i=1}^{30} z_i L_i^s \leq L_i^t; \sum_{i=1}^{30} z_i Y_i^s \geq Y_i^t; \sum_{i=1}^{30} z_i C_i^s = C_i^t; z_i \geq 0, i = 1,\cdots,30; s.t. \in \{0,T\} \quad (1)$$

基于产出导向的测度全要素 CO_2 减排效率的 CRS – DEA 模型为：

$$Min\theta = \left[D_I^s(K_i^t, L_i^t, E_i^t, Y_i^t, C_i^t) \right]^{-1}; s.t. \sum_{i=1}^{30} z_i E_i^s \leq E_i^t; \sum_{i=1}^{30} z_i K_i^s \leq K_i^t;$$

$$\sum_{i=1}^{30} z_i L_i^s \leq L_i^t; \sum_{i=1}^{30} z_i Y_i^s \geq Y_i^t; \sum_{i=1}^{30} z_i C_i^s = \theta C_i^t; z_k \geq 0, i = 1,\cdots,30; s.t. \in \{0,T\} \quad (2)$$

模型（1）和模型（2）中 0 表示计算全要素效率的初始期，T 表示计算全要素效率的目标期，I 表示投入导向，O 表示产出导向。在用 CRS – DEA 方法测度全要素能源效率和全要素 CO_2 减排效率的过程中，为避免多个评价单元同处于前沿面而相对都有效情况的出现，本文运用 Andersen 等（1993）建立的超效率 DEA 模型，通过将决策单元排除在决策单元参与集之外的方法，对全国 30 个省市区的全要素能源效率和全要素 CO_2 减排效率进行测算。

（三）M – L 生产率指数

式（1）的环境方向性产出距离函数模拟我国 30 个省市区在给定生产技术、合意产出 GDP 和 CO_2 排放的情况下减少能源消耗的行为，式（2）的环境方向性产出距离函数模拟我国 30 个省市区在给定生产技术、合意产出 GDP 和能源消耗的情况下降低 CO_2 排放的行为。我们可以基于式（1）的环境方向性产出距离函数值，通过构建 M – L 生产率指数来度量我国 30 个省市区的全要素能源效率变化 $EUPCH_t^{t+1}$，并进一步将其分解为技术效率变化（$EUTEECH_t^{t+1}$）和技术进步变化（$ESTECH_t^{t+1}$）两个部分；基于式（2）的环境方向性产出距离函数值，通过构建 M – L 生产率指数来度量我国 30 个省区的全要素 CO_2 减排效率变化 $CEPCH_t^{t+1}$，并进一步将其分解为技术效率变化（$CETEECH_t^{t+1}$）和技术进步变化（$CATECH_t^{t+1}$）两个部分。该指数的计算与传统 Malmquist 生产率指数相同，以上这些指数是环比发展指数形式，它们大于（或小于）1 分别表明全要素能源效率和全要素 CO_2 减排效率的跨期增长（或下降），以及技术跨期进步（或退步）、技术效率跨期提高（或降低）。本文运用当期 DEA 方法计算了我国 30 个省市区 1995～2010 年全要素能源效率和全要素 CO_2 减排效率指数，以及它们的技术效率变化指数和技术进步指数。

（四）基于能源使用与 CO_2 减排技术的因素分解

借鉴 Zhou 和 Ang（2008）提出的 CO_2 排放变化的因素分解模型，可对我国 CO_2 排放变化率进行因素分解：

$$D_i = (C_i^T - C_i^0)/C_i^0 = C_i^T/C_i^0 - 1 = \left(\frac{C_i^T/E_i^T}{C_i^0/E_i^0}\right) \times \left(\frac{E_i^T/Y_i^T}{E_i^0/Y_i^0}\right) \times \frac{Y_i^T}{Y_i^0} - 1$$

$$= \left(\frac{[C_i^T/D_0^0(Tdata_i)] \cdot (1/E_i^T)}{[C_i^0/D_0^0(0data_i)] \cdot (1/E_i^0)}\right) \times \left(\frac{[E_i^T/D_1^0(Tdata_i)] \cdot (1/Y_i^T)}{[E_i^0/D_1^0(0data_i)] \cdot (1/Y_i^0)}\right) \times \left(\frac{Y_i^T}{Y_i^0}\right) \times$$

$$\left(\frac{D_0^0(Tdata_i)}{D_0^0(0data_i)}\right) \times \left(\frac{D_1^0(Tdata_i)}{D_1^0(0data_i)}\right) - 1 \tag{3}$$

在式（3）中，D_i 表示 i 省市区目标期 T 时 CO_2 排放量与初始期 0 时 CO_2 排放量的变化率，$D_0^0(\cdots)$ 表示以初始期 0 时的生产技术作为参考技术计算得到的基于产出导向的 CO_2 排放的全要素效率值，$D_0^0(\cdots)$ 表示以初始期 0 时的生产技术作为参考技术计算得到的基于投入导向的能源的全要素效率值。用 $Tdata_i$ 表示（$K_i^T, L_i^T, E_i^T, Y_i^T, C_i^T$），$0data_i$ 表示（$K_i^0, L_i^0, E_i^0, Y_i^0, C_i^0$）。通过式（3），以初始 0 时生产技术作为参考技术，可将影响我国 CO_2 排放变化的因素分解为五个因素：潜在的 CO_2 排放变化（减排技术效率提高导致 CO_2 的减排）、潜在的能源强度变化（能源使用技术效率提高导致的能源强度的降低）、GDP 变化（经济增长导致 GDP 增加）、CO_2 减排技术效率、能源使用技术效率。以上五个因素分别对应于式（3）中第一项（$PCFCH_i^0$）、第二项（$PEICH_i^0$）、第三项（$GDPCH_i^0$）、第四项（$CEPCH_i^0$）、第五项（$EUPCH_i^0$）。式（3）可改写为：

$$D_i = PCFCH_i^0 \times PEICH_i^0 \times GDPCH_i^0 \times CEPCH_i^0 \times EUPCH_i^0 - 1 \tag{4}$$

式（4）是以初始期 0 时的生产技术作为参考技术，对我国 30 个省市区 CO_2 排放变化率影响因素进行的分解。同理，将目标期 T 时的生产技术作为参考技术，对我国 30 个省市区 CO_2 排放变化率影响因素进行分解的公式为：

$$D_i = PCFCH_i^T \times PEICH_i^T \times GDPCH_i^T \times CEPCH_i^T \times EUPCH_i^T - 1 \tag{5}$$

为避免选择参考技术的任意性，可以采用式（4）和式（5）的几何平均数计算 D_k：

$$D_i = PCFCH_i \times PEICH_i \times GDPCH_i \times CEPCH_i \times EUPCH_i - 1 \tag{6}$$

式（6）中 $CEPCH_i$ 是基于产出的 CO_2 排放的 Malmquist 生产率指数，$EUPCH_i$ 是基于投入的能源使用的 Malmquist 生产率指数。根据 Fare 等（1994）对 Malmquist 生产率指数的定义及分析，我们可将我国 30 个省市区的 $CEPCH_i$ 和 $EUPCH_i$ 进一步分解为：

$$CEPCH_i = \left(\frac{D_0^T (Tdata_i)}{D_0^0 (0data_i)} \right) \times \left(\left[\frac{D_0^0 (Tdata_i)}{D_0^T (Tdata_i)} \cdot \frac{D_0^0 (0data_i)}{D_0^T (0data_i)} \right]^{1/2} \right) \tag{7}$$

$$EUPCH_i = \left(\frac{D_I^T (Tdata_i)}{D_I^0 (0data_i)} \right) \times \left(\left[\frac{D_I^0 (Tdata_i)}{D_I^T (Tdata_i)} \cdot \frac{D_I^0 (0data_i)}{D_I^T (0data_i)} \right]^{1/2} \right) \tag{8}$$

式（7）右边第一项表示的是 i 省区从初始期 0 时到目标期 T 时 CO_2 排放技术效率的变化（$CETEECH_i$），第二项表示的是 0 时到 T 时 CO_2 减排技术进步（$CATECH_i$）；式（8）右边第一项表示的是 i 省区从初始期 0 时到目标期 T 时能源节约技术效率的变化（$EUTEECH_i$），第二项表示的是 0 时到 T 时能源节约技术进步（$ESTECH_i$）。将式（7）和式（8）带入式（6），可得 i 省区从初始期 0 时到目标期 T 时 CO_2 排放的变化率为：

$$D_i = PCFCH_i \times PEICH_i \times GDPCH_i \times CETEECH_i \times CATECH_i \times EUTEECH_i \times ESTECH_i - 1 \tag{9}$$

从式（9）可以看出，影响我国 30 个省市区 CO_2 排放变化率的因素有七个。由于在基于产出的生产理论 $D_0 (K, L, E, Y, C) = \sup \{\theta: (K, L, E, Y, C/\theta) \in T\}$ 中，CO_2 减排变化率直接影响全要素 CO_2 减排效率，因此，影响 CO_2 排放变化率的因素也同样影响全要素 CO_2 减排效率。这七个因素中除 $GDPCH_i$ 外，其余六个因素实质上都是技术因素，$PCFCH_i$ 涉及 CO_2 排放技术效率，$PEICH_i$ 涉及能源节约技术效率，$CETEECH_i$ 代表 CO_2 排放技术效率的变化，$CATECH_i$ 代表 CO_2 减排技术进步，$EUTEECH_i$ 代表能源节约技术效率的变化，$ESTECH_i$ 代表能源节约技术进步。利用式（15），我们可以对能源使用技术和 CO_2 减排技术影响全要素 CO_2 排放效率的程度进行分析。

基于模型（1）和模型（2）计算得到的效率值，运用式（7）和式（8）可以得到基于产出导向和投入导向的 Malmquist 生产率指数（M 指数），它们分别表示全要素 CO_2 减排效率的变化率和全要素能源使用效率的变化率，并分别将它们进一步分解为 CO_2 减排技术效率变化（CATEECH）和 CO_2 减排技术进步（CATECH）变化，以及能源使用技术效率变化（EUTEECH）和能源使用技术进步变化（EUTECH）。本文运用当期 DEA 方法计算了我国 30 个省市区 1995～2010 年全要素 CO_2 减排效率和全要素能源使用效率、CO_2 减排技术和能源使用技术效率变化指数、CO_2 减排技术和能源使用技术进步指数。

三、变量与数据说明

本文的研究对象是全国 30 个省市区。根据前面的理论模型，本文采用年度面板数据，样本区间为 1994～2010 年。假定生产过程中需要三种生产要素：资本存量、劳动力、能源，产出由合意产出 GDP 和非合意产出 CO_2 排放组成。本文计算的数据来自《新中国 55 年统计资料汇编》、《新中国 60 年统计资料汇编》、《中国国内生产总值核算历史资料 1952～1995》、《中国国内生产总值核算历史资料 1952～2004》，以及 1995～2011 年《中国能源统计年鉴》和各个省市区统计年鉴。

第一，资本存量。根据张军（2004）提出的我国各个省区资本存量的估算方法，采用"永续盘存法"来估算按可比价格计算的每年的资本存量。第二，劳动力。在衡量劳动力投入时，劳动力素质和劳动时间是影响劳动力投入的重要因素，但是由于这两方面的数据较难获得，因此，本文仅以各个省区历年的从业人数作为劳动力投入量指标。第三，能源消耗。使用各个省市区每年的能源消耗量作为能源投入，由于各个省区的能源消费种类不一，所以统计上把煤炭、石油制品、热力、电力等能源的消费量转换成统一单位"吨标准煤"加总而成。为了与表 1 中各种能源消费排放的 CO_2 对应，本文使用的能源消费数据不是合计数据，而是分类数据。第四，合意产出 GDP。各个省区每年的 GDP 采用的是以 1994 年的不变价格计算的实际 GDP。第五，非合意产出 CO_2 排放。本文采用《IPCC 国家温室气体排放清单指南（2006）》中 CO_2 排放的计算方法，根据能源消费中三种主要的排放 CO_2 的化石能源煤炭、石油和天然气的消费量，并利用这三种不同化石能源的低位热值、碳排放因子和碳氧化比率估算出各个省区 1995～2010 年 CO_2 的排放量。

表1 化石能源的低位热值、碳排放因子与碳氧化比率

种类	原煤	焦炭	焦炉煤气	原油	汽油	煤油	柴油	燃料油	液化石油气	炼厂干气	其他石油产品	天然气
低位热值	20908	28435	17972	41816	43070	43070	42652	41816	50179	46055	30066	38931
碳排放因子	26.8	29.2	12.1	22	20	18.9	19.5	20.2	21.1	17.2	20	15.7
碳氧化率	0.9	0.9	0.99	0.98	0.98	0.98	0.98	0.98	0.98	0.98	0.98	0.99

资料来源：低位热值取自《中国能源统计年鉴（2006）》含碳量与氧化率采用 IPCC（2006IPCC guidelines for national greenhouse gas inventories ［R］. IGS, Japan：the National Cvreanhouse Gas Inventories Programme, 2006），低位热值的单位：kJ/kg, kJ/m³；碳排放因子单位：kg/GJ。

四、实证结果分析

（一）全要素能源效率

以资本、劳动力和能源作为投入要素，GDP 作为合意产出，CO_2 排放作为非合意产出，基于投入的超效率 DEA 模型，运用 EMS 软件，计算得到我国 30 个省市区 1994 ~ 2010 年的全要素能源效率。图 1 和图 2 给出了全国 30 个省市区 1994 ~ 2010 年全要素能源效率变动趋势、产业结构、能源结构、能源使用技术效率，能源使用技术进步是导致以上全要素能源变动趋势的主要因素。随着产业结构的升级，二次产业占比下降，带动能源结构中煤炭等低效能源占比下降，能源使用技术效率的提高和能源使用技术进步是上海等地区全要素能源效率处于前沿线之上的主要原因。而与此相反，产业结构升级缓慢、二次产业占比较高、能源结构中煤炭等低效能源占比过高、能源使用技术效率不高和能源使用技术进步缓慢是贵州、云南和青海等地区全要素能源效率较低的主要原因。但是，随着低能效地区产业结构升级加快，能源结构的调整力度加大，以及能源使用技术效率和能源使用技术的加速提升，高能效地区与低能效地区的全要素能源效率呈现不断收敛的趋势。

（二）全要素 CO_2 排放效率

以资本、劳动力和能源作为投入要素，GDP 作为合意产出，CO_2 排放作为非合意产出，基于产出的超效率 DEA 模型，运用 EMS 软件，计算得到我国 30 个省市区 1994 ~ 2010 年的 CO_2 排放全要素效率。[①] 图 3 和图 4 给出了全国 30 个省市区 1994 ~ 2010 年全要素、CO_2 排放效率变动趋势。在全要素能源效率变动的趋势上，CO_2 减排技术效率及其技术进步是导致以上全要素 CO_2 排放效率变动的主要作用因素。在全要素能源效率变动的趋势上，CO_2 减排技术效率的提高及其技术进步加快是上海等省市区全要素能源效率处于前沿线之上的主要原因。与此相反，CO_2 减排技术效率不高及其技术进步缓慢的是贵州、云南和青海等省区全要素 CO_2 排放效率较低的主要原因。但是，在全要素能源效率不断收敛的趋势下，随着这些低碳排放效率地区 CO_2 减排技术效率的提高及其技术进步的加快，高碳排放效率地区与低碳排放效率地区的全要素 CO_2 排放效率呈现不断收敛的趋势。

---

① 设基于产出的超效率 DEA 模型计算得到的效率值为 ϕ，$\phi - 1$ 表示产出可以包括 CO_2 排放在内的产出的提高比例。由于 CO_2 排放越少，其效率值越高，因此，$\phi - 1$ 越高表明 CO_2 排放全要素效率越高。鉴于此，在这里我们用 $2 - \phi$ 表示 CO_2 排放全要素效率，用 $2 - \phi$ 表示主要是考虑将效率值用正数表示。

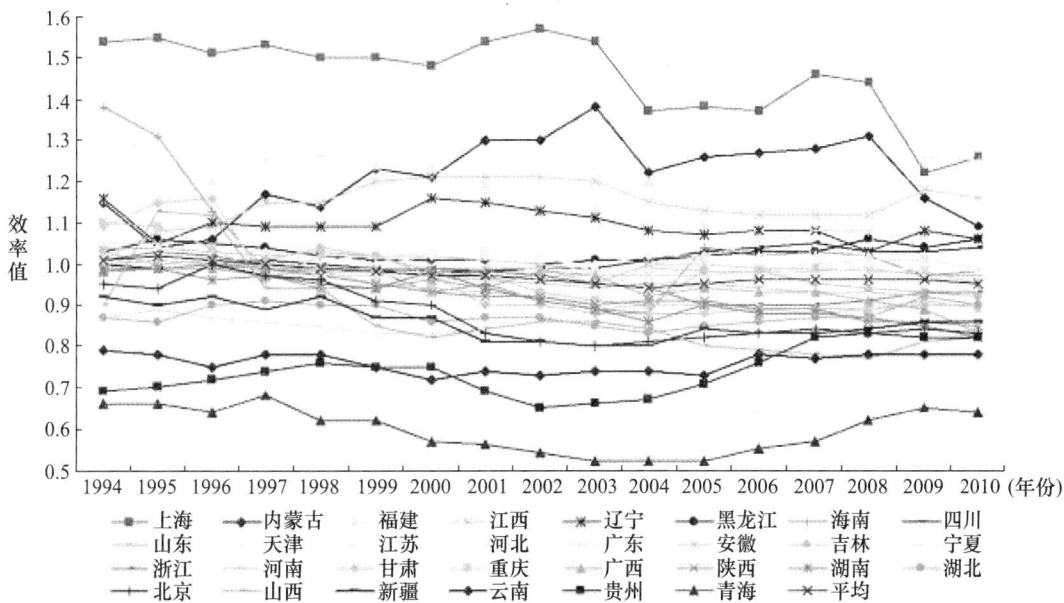

图1　全国30个省市区全要素能源效率（1994～2010年）

注：数据运用 EMS 计算而得，平均值指30个省市区某一年份的全要素能源效率的平均值。

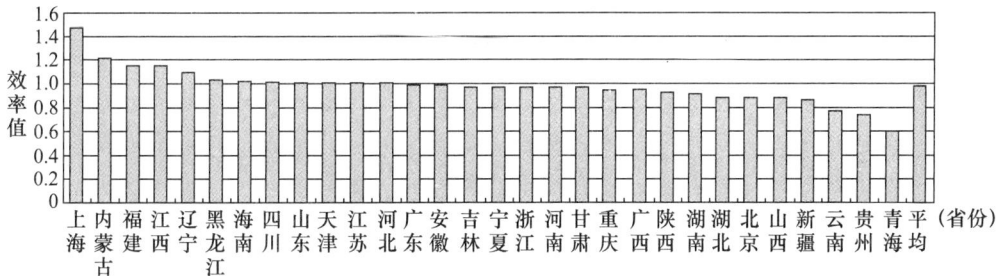

图2　全国30个省市区1994～2010年全要素能源效率平均值

（三）Malmquist 生产率指数

运用 EMS 软件，本文计算了30个省市区1994～2010年的 Malmquist 生产率指数，结果见表2。根据前面的分析，Malmquist 生产率指数包括 CEPCH 和 EUPCH，它们分别测量的是 CO_2 减排效率的变化率和能源使用效率的变化率。在本节第一部分和第二部分，我们计算的是全要素能源效率和全要素 CO_2 的减排效率。根据两者的含义，全要素效率测度的是既定时期各个城市与生产边界的相对关系，它是一种静态分析。而全要素效率变化率（包括 CO_2 减排和能源使用）分析的是每个城市与生产边界的相对位置变化（效率变化），以及生产边界的移动（技术进步），它是一种动态分析（王兵等，2010）。

表2　全国30个省市区全要素CO₂减排效率增长率分解（1994～2010年）

省份	CO$_2$减排效率增长率	CO$_2$减排技术效率增长率	CO$_2$减排技术进步增长率	能源使用技术效率增长率	能源使用技术进步增长率
北京	0.0722	0.1260	0.4067	0.1441	0.2891
天津	0.1368	0.0786	0.6266	0.0854	0.3852
河北	0.0027	- 0.0180	- 0.2920	0.0180	- 0.4130
山西	0.0240	0.0934	- 0.4030	0.1032	- 0.6750
内蒙古	0.0853	0.0568	- 0.2370	0.0603	- 0.3100
辽宁	- 0.0381	0.0861	- 0.0610	0.0943	- 0.0650
吉林	- 0.2781	0.1068	- 0.2340	0.1195	- 0.3060
黑龙江	- 0.0175	- 0.0310	- 0.2300	- 0.0300	- 0.2990
上海	0.2139	0.1811	1.3527	0.2209	0.5749
江苏	0.1186	0.0267	0.3209	0.0275	0.2430
浙江	0.0902	0.0795	0.3542	0.0864	0.2616
安徽	- 0.0155	0.0374	- 0.1440	0.0388	- 0.1680
福建	- 0.1008	- 0.0774	0.4694	- 0.0840	0.3195
江西	- 0.1358	- 0.1460	- 0.2900	- 0.1280	- 0.4080
山东	- 0.0312	0.0713	- 0.0330	0.0767	- 0.0350
河南	0.0107	0.1046	- 0.3290	0.1168	- 0.4900
湖北	0.0577	- 0.0390	0.1170	- 0.0380	0.1320
湖南	0.1066	0.1641	- 0.3000	0.1961	- 0.4290
广东	0.1922	0.0522	0.3924	0.0550	0.2818
广西	- 0.1146	0.1497	- 0.0413	- 0.1762	0.0396
海南	- 0.0040	- 0.2862	0.5934	- 0.4010	0.3724
重庆	- 0.0829	0.1874	- 0.1240	0.2307	- 0.1420
四川	0.0631	- 0.0430	- 0.0950	- 0.0410	- 0.1040
贵州	- 0.1561	- 0.1880	- 0.4980	- 0.1580	- 0.9900
云南	- 0.0960	0.0181	- 0.2010	0.0185	- 0.2520
陕西	0.0659	0.1349	- 0.2890	0.1558	- 0.4060
甘肃	- 0.0240	0.1755	- 0.5040	0.2129	- 1.0170
青海	- 0.0952	0.0305	- 0.1760	0.0315	- 0.2140
宁夏	- 0.1224	- 0.4420	- 0.3410	- 0.3070	- 0.5190
新疆	0.0806	0.0634	- 0.0140	0.0678	- 0.0140
平均	0.0036	0.0494	- 0.0118	0.0695	- 0.1540

资料来源：第二列至第四列运用EMS计算而得，平均值指30个省市区某一年的平均值。第一列CO$_2$减排效率增长率是指1994年到2010年单位能源碳排放效率的变化率。

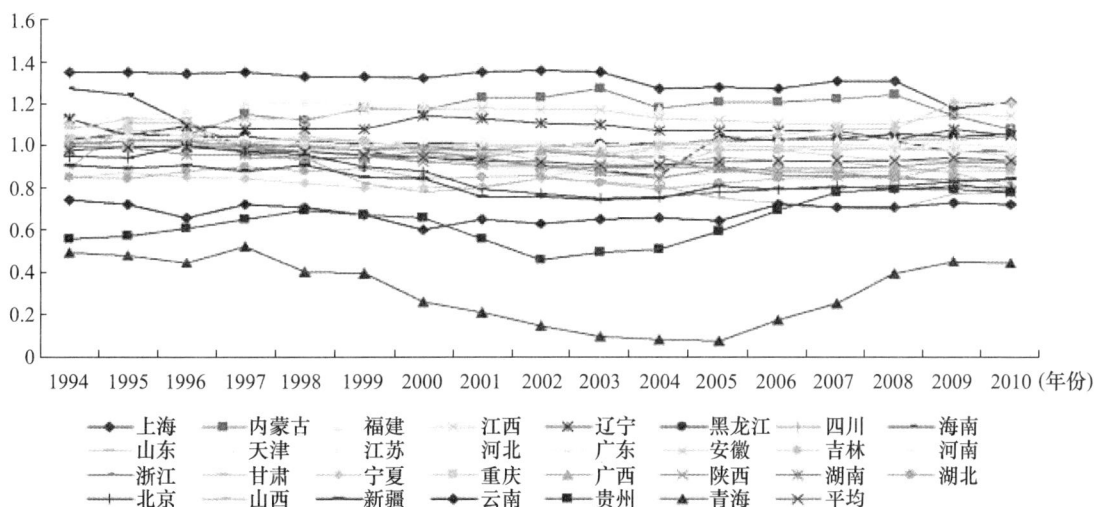

图3 全国30个省市区全要素 CO_2 排放效率

注：运用 EMS 计算而得，平均值指 30 个省市区第一年的全要素 CO_2 排放效率的平均值。

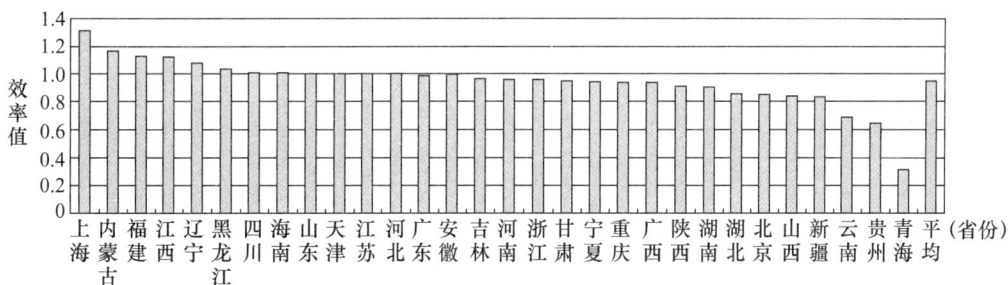

图4 全国30个省市区 1994～2010 年全要素 CO_2 排放效率平均值

从表2可以看出：第一，30个省市区中有15个省市区单位能源碳排放强度下降，下降幅度最大的为上海达到21.39%，下降幅度最小的为河北只有0.27%；其余15个省市区单位能源碳排放强度上升，上升幅度最大的为吉林达到27.81%，上升幅度最小的为海南达到0.4%。整个30个省市区平均单位能源碳排放强度降低0.36%。第二，从平均变化趋势来看，碳减排技术效率增长率和能源技术效率增长率的提高对加快降低单位能源碳排放强度做出贡献，而在此期间，碳减排技术进步的速度和能源使用技术进步的速度在降低，影响了单位能源碳排放强度降低的速度。第三，从省市区之间的变化趋势来看，处于工业化中后期低碳产业（如服务业、高新技术产业等）高速发展的省市区，如上海、天津、北京、江苏、浙江和广东等地区，它们的 CO_2 减排技术进步增长率和能源使用技术进步增长率都较高，技术进步加快成为这些地区 CO_2 减排效率增长率提高的重要因素。这说明，这些地区在产业转型升级过程中，注重 CO_2 减排技术和能源使用技术的引进和革新，依靠

技术进步推动 CO_2 的减排。而一些正处于工业化初中期高碳产业（如重化工产业）高速发展的西部省区，它们的 CO_2 减排技术进步增长率和能源使用技术进步增长率降低，技术进步减慢成为这些地区 CO_2 减排效率增长率降低的重要因素。这说明，这些地区在工业化加速过程中，对 CO_2 减排技术和能源使用技术的进步重视不够，注重产出增加。

五、全要素 CO_2 减排效率及其增长率计量分析

（一）变量数据说明

下文根据已有的国内外对 CO_2 排放量及 CO_2 排放强度研究的相关文献，以及我国 30 个省市区经济发展水平、产业发展状况和能源使用特点来确定影响我国全要素 CO_2 减排效率的因素：

第一，经济发展水平。我国 30 个省市区经济发展水平存在差距，这势必会影响它们的 CO_2 排放量和 CO_2 排放强度。本文中经济发展水平用人均 GDP 的对数（ln（PERG-DP））表示。第二，生产要素禀赋水平。资本、劳动力和能源是一个地区基本的生产要素，它们决定一个地区生产率的高低和全要素 CO_2 排放效率水平。本文用资本/劳动比的对数（PERCAPITAL = LN（K/L））和人均能源使用量（PERENERGY）表示全国 30 个省市区的生产要素禀赋水平。第三，产业结构。考虑到我国进入工业化中后期的状况，以及各个省市区工业比重高的特点，本文产业结构用各个省区第二产业总产值占 GDP 的份额（INDUSTR）表示。第四，能源结构。考虑到不同省区能源结构存在差异，并且煤炭消费占比大的特点，本文用各个省市区中煤炭在能源终端消费中的占比表示能源结构（ENER-GYSTR）。第五，能源使用技术进步率与能源使用技术效率增长率。本文以 1994 年为基准，分别计算相对于 1994 年的累积的能源使用技术进步增长率和累积的能源使用技术效率增长率，并分别用 ESTECUMU 和 EUTEECUMU 表示。第六，CO_2 减排技术进步率及其效率增长率。本文以 1994 年为基准，分别计算相对于 1994 年的累积的 CO_2 减排技术进步增长率和累积的 CO_2 减排技术效率的增长率，并分别用 CATECUMU 和 CETEECUMU 表示，反映研究期间 CO_2 减排技术进步程度及其效率增长的程度。

以上各影响因素的数据中，人均 GDP（PERGDP）、人均资本（PERCAPITAL）、人均能源消费量（PERENERGY）、第二产业总产值占 GDP 的份额（INDUSTR）、能源结构（ENERGYSTR）这五项数据来源于第四部分，其中人均 GDP 和人均资本以 1994 年不变价格计算，两种技术进步程度及其效率增长数据来源于第四部分。

（二）计量模型

本文计量模型的数据具有空间和时间两种特性，我们用面板数据计量模型进行回归：

$$CABE_{i,t} = \alpha + \beta_1 \ln(PERGDP_{i,t}) + \beta_2 \ln(PERCAPITAL_{i,t}) + \beta_3 PERENERGY_{i,t} +$$
$$\beta_4 INDUSTR_{i,t} + \beta_5 ENERGYSTR_{i,t} + \beta_6 CETEECUMU_{i,t} + \beta_7 CATECUMU_{i,t} +$$
$$\beta_8 EUTEECUMU_{i,t} + \beta_9 ESTECUMU_{i,t} + \varepsilon_{i,t} \qquad (10)$$

$CABE_{i,t}$表示全要素 CO_2 减排效率（因变量），$\ln(PERGDP_{i,t})$、$\ln(PERCAPITAL_{i,t})$、$PERENERGY_{i,t}$、$INDUSTR_{i,t}$、$ENERGYSTR_{i,t}$、$CETEECUMU_{i,t}$、$CATECUMU_{i,t}$、$EUTEECUMU_{i,t}$、$ESTECUMC_{i,t}$代表影响全要素 CO_2 减排效率的解释变量，其中 i、t 分别表示不同时期不同省市区的对应值，β_i 是被估计参数，$\varepsilon_{i,t}$ 是随机误差项，服从正态分布。为了减少误差项中存在的异方差性和序列相关性的影响，本文使用可行广义的最小二乘法（GLS）对模型（10）进行参数估计。

表 3 给出了方程（10）对 30 个省市区 1994～2010 年全要素 CO_2 减排效率及其影响因素回归所得到的结果。回归分析给出了固定效应（FE）和随机效应（RE）两种情况下的结果。从 Hausman 检验的结果来看，全要素 CO_2 减排效率的回归分析应当选择固定效应模型。另外，由于在 Malmquist 指数计算中，Malmquist 指数 = 技术效率变化率值 × 技术进步变化率值，因此，尽管在式（10）中，用累积值作为解释变量，回归模型仍可能存在多重共线性。为此，我们进行了多重共线性检验，经检验解释变量之间的相关系数都小于 0.45，变量之间存在多重共线性的可能性小。

表 3　全要素 CO_2 减排效率影响因素的计量分析

变量	FE	RE	FE（2SLS）
α	-1.3180 **** （10.7939）	1.2947 **** （10.4250）	-2.2789 **** （-5.3455）
ln（pergdp）	-0.0136 * （-1.1386）	0.0163 ** （1.6263）	0.3476 *** （10.8166）
ln（percapital）	-0.0050 （-0.5192）	-0.0091 * （-1.1389）	-0.2413 **** （-9.4855）
perenergy	0.0006 （0.6736）	-0.0002 （-0.2818）	0.0026 * （0.7387）
indusstr	0.0240 * （1.2287）	0.0068 （0.3612）	-0.2459 *** （-2.9029）
energystr	0.0528 **** （3.8272）	0.0573 **** （5.0482）	0.4428 **** （13.2530）
catecumu	0.1011 **** （7.9113）	0.0994 **** （5.5291）	0.5632 **** （12.1408）
ceteecumu	0.2513 **** （5.1653）	0.2655 **** （5.2193）	1.4448 **** （7.0095）
euteecumu	-0.7815 **** （-12.2409）	0.0574 **** （-13.4426）	0.9558 **** （4.8819）
estecumu	0.06461 **** （7.4238）	0.0656 **** （6.0445）	0.2664 **** （7.4158）
R^2	0.9346	0.9185	0.7893
F - stat	218.5578	120.7709	85.6791
D. Wstat	0.5466	0.4228	0.3877
Hausman Test		40.4408	
Sargan Test（p Value）		0.4291	
OBS	480	480	450

注：****表示估计系数在1%水平上显著，***表示估计系数在10%水平上显著，**表示估计系数在20%水平上显著，*表示估计系数在50%水平上显著。括号内为基于标准差计算的 t 统计量。所有系数的计算和检验借助 Eviews 6.0 完成。

（三） 解释变量的内生性问题

在本文中，由于模型设定偏误和因变量全要素 CO_2 减排效率与解释变量双向交互影响，可能导致计量模型的内生性问题。基于此，本文将经济发展水平人均 GDP 的对数、生产要素禀赋水平中的人均能源使用量、产业结构、能源结构设为内生变量，并以这些变量滞后一期作为工具变量基于固定效应模型，运用两阶段估计方法（2SLS）进行回归，结果见表3。表3给出了工具变量的诊断检验值，从检验结果来看，第一阶段的 F 统计值较大（10 以上），说明所选择的工具变量与内生解释变量之间是高度相关的；Sargan 检验的概率值均在 0.1 以上，说明不存在工具变量的过度识别问题，工具变量的选择是有效的。

（四） 计量结果分析

根据 2SLS 的回归结果，可得以下结论：从整体上来看，1995～2010 年，全国 30 个省区的技术因素中，累积的 CO_2 减排技术进步、CO_2 减排技术效率、能源使用技术进步和能源使用技术效率这四个因素对 CO_2 减排效率有较强的正影响。人均 GDP 和能源结构对 CO_2 减排效率有一定的正影响，而人均资本和产业结构对 CO_2 减排效率有一定的负影响。人均能源对 CO_2 减排效率有一定的正影响，但是其估计系数仅仅是在 50% 的水平上显著，可信度不高。以上结论有三点值得注意：一是 CO_2 减排技术效率对 CO_2 减排效率的影响度远远高于减排技术进步，这说明我国 30 个省市区 CO_2 减排技术对 CO_2 减排的贡献主要还是依赖于减排技术效率的提高，属于技术引进消化后扩大 CO_2 减排规模所致，而属于技术创新所推动技术进步对 CO_2 减排效率提升的作用不显著；二是能源使用技术效率对 CO_2 减排效率的影响度远远高于能源使用技术进步，这说明我国 30 个省市区能源使用技术对 CO_2 减排的贡献主要还是依赖于能源使用技术效率的提高，属于技术引进消化后扩大能源使用规模所致，而属于技术创新所推动的技术进步对 CO_2 减排效率提升的作用不显著；三是能源使用结构对 CO_2 减排效率产生正影响。这说明，以煤炭为主要能源的我国 30 个省市区，经过长期使用煤炭，在煤炭洁净化，以及使用煤炭后 CO_2 排放、回收利用等方面取得了成效，煤炭占比提高反而提高了 CO_2 的减排效率。

六、全要素 CO_2 减排效率增长率影响因素的计量分析

全要素 CO_2 减排效率仅仅表达的是静态效率，还不能说明全要素 CO_2 减排效率的动态变化特征。鉴于此，本文对全要素 CO_2 减排效率的增长率及其影响因素进行计量分析。

（一） 计量模型

我国 30 个省市区全要素 CO_2 减排效率的增长率及其影响因素的计量模型：

$$IRCABE_{i,t} = \alpha + \beta_1 \ln(PERGDP_{i,t}) + \beta_2 \ln(PERCAPITAL_{i,t}) + \beta_3 PERENERGY_{i,t} +$$
$$\beta_4 INDUSTR_{i,t} + \beta_5 ENERGYSTR_{i,t} + \beta_6 CETEECH_{i,t} + \beta_7 CATECH_{i,t} +$$
$$\beta_8 EUTEECH_{i,t} + \beta_9 ESTECH_{i,t} + \varepsilon_{i,t} \tag{11}$$

$IRCABE_{i,t}$ 表示全要素 CO_2 减排效率的增长率（因变量），它是通过各省市区各年份序列 CABE 值计算得到的全要素 CO_2 减排效率的增长率。$\ln(PERGDP_{i,t})$、$\ln(PERCAPITAL_{i,t})$、$PERENERGY_{i,t}$、$INDUSTR_{i,t}$、$ENERGYSTR_{i,t}$、$CETEECH_{i,t}$、$CATECH_{i,t}$、$EUTEECH_{i,t}$、$ESTECH_{i,t}$ 代表影响全要素 CO_2 减排效率增长率的因素（解释变量），其中 i、t 分别表示不同时期不同省区的对应值，β_j 是被估计参数，$\varepsilon_{i,t}$ 是随机误差项，服从正态分布。为了减少误差项中存在的异方差性和序列相关性的影响，本文使用可行广义的最小二乘法（GLS）对模型（11）进行参数估计。

表4给出了方程（11）对全国 30 个省市区 1994～2010 年全要素 CO_2 减排效率的增长率及其影响因素进行回归所得到的解释变量系数估计值。回归分析给出了固定效应（FE）和随机效应（RE）两种情况下的回归结果。从 Hausman 检验的结果来看，回归分析应当选择固定效应模型。另外，由于在 Malmquist 指数计算中，Malmquist 指数 = 技术效率变化率值×技术进步变化率值，因此，回归模型可能存在多重共线性问题。为此，我们进行了多重共线性检验，经检验解释变量之间的相关系数都小于 0.5，变量之间存在多重共线性的可能性小。

（二）解释变量的内生性问题

与处理全要素 CO_2 减排效率的内生性问题一样，在处理全要素 CO_2 减排效率增长率的内生性问题中，本文将经济发展水平、人均 GDP 的对数、生产要素禀赋水平中的人均能源使用量、产业结构、能源结构设为内生变量，并以这些变量滞后一期作为工具变量。基于固定效应模型，运用两阶段估计方法（2SLS）进行回归，结果见表4。表4给出了工具变量的诊断检验值，从检验结果来看，第一阶段的 F 统计值较大（10 以上），说明所选择的工具变量与内生解释变量之间是高度相关的；Sargan 检验的概率值均在 0.1 以上，说明不存在工具变量的过度识别问题，工具变量的选择是有效的。

表4　全要素 CO_2 减排效率增长率影响因素的计量分析

变量	FE	RE	FE（2SLS）
α	−1.5666 ** （−1.7115）	−1.0540 ** （1.7338）	−2.3187 ** （−2.3651）
$\ln$（pergdp）	0.0064 * （−1.3489）	0.0283 ** （1.7163）	0.2891 **** （3.6571）
$\ln$（percapital）	−0.0316 * （1.0716）	0.0160 ** （1.6874）	−0.1773 **** （−7.2781）
perenergy	0.0066 * （0.8832）	0.0024 * （0.5204）	0.0119 * （0.8129）
indusstr	0.0143 ** （1.8912）	0.0807 * （1.1793）	−0.1769 ** （−2.3576）
energystr	0.0883 * （1.3623）	0.0365 ** （1.7606）	0.2119 **** （4.0317）
catech	0.4232 **** （3.4291）	0.3391 **** （4.3597）	0.4819 **** （6.0891）

变量	FE	RE	FE (2SLS)
ceteech	0.9652 *** (2.0500)	0.8272 **** (2.2330)	1.2181 **** (5.0719)
euteech	0.1146 **** (3.8329)	0.1691 **** (-2.6057)	0.2763 **** (4.2781)
estech	0.3620 **** (3.6153)	0.3311 **** (4.6084)	0.3187 **** (4.8519)
R^2	0.8171	0.8364	0.7579
F - stat	167.7812	97.8751	88.1875
D. Wstat	1.6201	1.5889	0.9763
Hausman Test		38.9136	
Sargan Test (p Value)		0.6570	
OBS	480	480	450

注：**** 表示估计系数在 1% 水平上显著，*** 表示估计系数在 10% 水平上显著，** 表示估计系数在 20% 水平上显著，* 表示估计系数在 50% 水平上显著。所有系数的计算和检验借助 Eviews 6.0 完成。

（三）计量结果分析

根据工具变量的两阶段估计方法（2SLS）的回归结果，可得如下结论：从整体上来看，1995～2010 年，全国 30 个省市区的技术因素中，CO_2 减排技术进步变化率、CO_2 减排技术效率变化率、能源使用技术进步变化率和能源使用技术效率变化率对 CO_2 减排效率的变化率有较强的正影响。人均 GDP、人均能源使用量和能源结构对 CO_2 减排效率的变化率有一定的正影响，而人均资本和产业结构对 CO_2 减排效率的变化率有一定的负影响。人均能源对 CO_2 减排效率有一定的正影响，但是其估计系数仅仅是在 50% 的水平上显著，可信度不高。以上结论有三点值得注意：一是 CO_2 减排技术效率的变化率对 CO_2 减排效率变化率的影响度远高于减排技术进步的变化率，这说明在短期内我国 30 个省市区通过减排技术创新提高 CO_2 减排效率的效果不及引进消化 CO_2 减排技术；二是能源使用技术效率的变化率对 CO_2 减排效率变化率的影响度低于能源使用技术进步变化率。这说明在短期内我国 30 个省市区通过引进消化能源使用技术提高 CO_2 减排效率的效果不及能源使用技术创新；三是能源使用结构对 CO_2 减排效率变化率产生正影响，这说明在短期内我国 30 个省市区在煤炭洁净化以及使用煤炭后 CO_2 排放、回收利用等方面具有成效，煤炭占比提高反而提高了 CO_2 的减排效率增长率。

综合各个影响因素，我们可以看出各个影响因素对全要素 CO_2 减排效率短期及长期的作用。从表 5 可以看出，在九个影响全要素 CO_2 减排效率的因素中，人均 GDP 长短期都有一定的正影响，但是不显著；人均资本也是标的经济发展水平的一个指标，从表 5 看，人均资本长短期有一定的负影响，但不显著。这说明，无论是短期还是长期，经济发展到一定水平，产业结构、能源结构和 CO_2 减排技术的变动趋缓，其对 CO_2 减排效率的影响不显著。人均能源消费在长短期对 CO_2 减排没有影响，这从一个侧面表明，我国个人能源消费水平还不高，对我国总体 CO_2 减排的影响不大。工业占比对我国 CO_2 减排效率有负影响，并且长期影响的程度高于短期，具有累积效应，未来要提升 CO_2 减排效率必须降低工业产值占比，提高服务业的比重；能源结构对我国 CO_2 减排效率有正影响，并且长期影响的程度高于短期，具有累积效应，未来要提升 CO_2 减排效率必须大规模地进行煤炭洁净化，以及使用煤炭后的 CO_2 排放、回收利用；CO_2 减排技术进步在长短期对我国 CO_2 减排效率有一定的正影响，CO_2 减排技术效率在长短期对我国 CO_2 减排效率有显著的正影响，未来要提升 CO_2 减排效率还需加大 CO_2 减排技术创新程度；能源利用技术进步在长短期对我国 CO_2 减排效率有正影响，但是不显著，这说明我国能源利用技术创新不够，未来还需加大能源利用技术的创新；能源利用技术效率在长短期对我国 CO_2 减排效率有显著的正影响。

表5 影响全要素 CO_2 减排效率短期长期因素对比

影响因素	CO_2 减排效率	CO_2 减排效率的增长率
ln （pergdp）	+	+
ln （percapital）	−	−
perenergy	0	0
indusstr	−	−
energystr	+	+ +
cate	+ +	+ +
cetee	+ + +	+ + +
eutee	+ + +	+ + +
este	+	+

注："0"表示没有影响，"+"表示有正影响但不显著，"++"表示有一定正影响，"+++"表示有显著正影响，"−"表示有负影响但不显著，"−"表示有一定负影响。

七、结 论

本文在 Fare 等（2007）提出的环境生产技术函数的基础上，建立 CO_2 减排效率的 DEA 模型测度我国 30 个省市区 1994～2010 年的全要素 CO_2 减排效率，并运用 Malmquist 生产率指数测度我国 30 个省市区 1994～2010 年的全要素 CO_2 减排效率增长率及其成分。基于此，对影响全要素 CO_2 减排效率及其增长率的因素进行实证研究。从研究结果来看，1995～2010 年，全国 30 个省市区的技术因素中，累积的 CO_2 减排技术进步、CO_2 减排技术效率、能源使用技术进步和能源使用技术效率这四个因素对 CO_2 减排效率有较强的正影响。人均 GDP 和能源结构对 CO_2 减排效率有一定的正影响，而人均资本和产业结构对

CO_2 减排效率有一定的负影响。在 1995～2010 年，全国 30 个省市区的技术因素中，CO_2 减排技术进步变化率、CO_2 减排技术效率变化率、能源使用技术进步变化率和能源使用技术效率变化率这四个因素对 CO_2 减排效率的变化率有较强的正影响。人均 GDP、人均能源使用量和能源结构对 CO_2 减排效率的变化率有一定的正影响，而人均资本和产业结构对 CO_2 减排效率的变化率有一定的负影响。

参考文献

［1］林伯强，孙传旺．如何在保障中国经济增长前提下完成碳减排目标．中国社会科学，2011 （1）．

［2］林伯强，姚昕，刘希颖．节能和碳排放约束下的中国能源结构战略调整．中国社会科学，2010 （1）．

［3］史丹，吴利学，傅晓霞，吴滨．中国能源效率地区差异及其成因研究——基于随机前沿生产函数的方差分解．管理世界，2008 （2）．

［4］宋德勇，卢忠宝．中国碳排放影响因素分解及其周期性波动研究．中国人口·资源与环境，2009 （3）．

［5］涂正革．中国的碳减排路径与战略选择．中国社会科学，2012 （3）．

［6］王峰，吴丽华，杨超．中国经济发展中碳排放增长的驱动因素研究．经济研究，2010 （2）．

［7］袁晓玲，屈小娥．中国地区能源消费差异及影响因素分析．中国工业经济，2009 （9）．

［8］Anderson. P. , and N. C. , Petersen. A Procedure for Ranking Units in Data Envelopment Analysis. Management Science, 1993 （39）: 515 － 521.

［9］Ang, B. W. , F. Q. Zhang, K. Choi. Factorizing Changes in Energy and Environmental—Indicators Through Decomposition. Energy, 1998 （23）: 489 － 495.

［10］C. Wang, J. Chen, J. Zou. Decomposition of Energy － Related CO_2 Emissionin China: 1957 － 2000. Energy, 2005 （30）: 73 － 83.

［11］Fare, R. , S. Grosskopf, D. Margaritis. Accounting for Air Pollution Emissionsin Measuring Productivity Growth. Journal of Regional Science, 2001 （41）: 381 － 409.

［12］Fare, R. , S. Grosskopf, D. W. Noh, W. Weber. Characteristics of a Polluting Technology: Theory and Practice. Journal of Econometrics, 2005 （126）: 469 － 492.

［13］Fare, R. , S. Grosskopf, Carl A. Pasurka Jr. Environmental Production Functions and Environmental Directional Distance Functions. Energy, 2007 （32）: 1055 － 1066.

［14］Liu, L. , Y. Fan, G. Wu, Y. Wei. Using LMDI Method to Analyze the Change of China's Industrial CO_2 Emissions from Final Fuel Use: An Empirical Analysis. Energy Policy, 2007 （35）: 5892 － 5900.

［15］Zhang, M. , H. Mu, Y. Song. Decomposition of Energy － related CO_2 Emissions over 1991 － 2006 in China. Ecological Economics, 2009 （68）: 2122 － 2128.

［16］Zhou, P. , B. W. Ang. Decomposition of Aggregate CO_2 Emissions: A Production － theoretical Approach. Energy Economics, 2008 （30）: 1054 － 1067.

Energy Use, Carbon Emission and China's Total Factor Carbon Emission Reduction Efficiency

Zhang Wei[a], Zhu Qigui[b] and Li Hanwen[a]

(a: Guizhou University; b: Shanghai Jiao Tong University)

Abstract: Based on the factor decomposition model of CO_2 emission reduction efficiency under production theory, this paper decomposes factors that affect China's CO_2 emission reduction efficiency, analyzes the effect of two kinds of technology of energy use and CO_2 emission which have on China's 30 provincial CO_2 emission reduction efficiency, and applies the environmental directional distance function to establish the DEA model constant returns to scale input − oriented and output − oriented which takes capital, labor and energy as input elements, and GDP and CO_2 emissions as output, measures the total factor CO_2 emission reduction efficiencies of China's 30 provinces during 1995 − 2010 respectively. On this basis, this paper empirically analyzes the influencing factors of total factor CO_2 emission reduction efficiency of China's 30 provinces. This paper finds out, during 1995 − 2010, the technical factors of energy use and CO_2 emission reduction have a strong positive influence on the CO_2 emission reduction efficiency in 30 provinces. Enhancing the technological efficiency and level of energy use and CO_2 emission reduction is the key factor of promoting China's total factor carbon emission reduction efficiency.

Key Words: Total Factor CO_2 Emission Reduction Efficiency; Factor Decomposition Model; Technology of CO_2 Emission Reduction; Technology of Energy Use

能源回弹效应的理论模型与中国经验[*]

邵　帅　杨莉莉　黄　涛

【摘　要】针对既有研究未将能源效率内生化处理的关键缺陷，本文基于"干中学"思想构建了能源回弹效应的理论模型，并利用时变参数状态空间模型测算了我国宏观经济层面的长短期回弹效应，最后结合实际国情和测算结果对我国的节能政策思路进行了探讨。研究表明：在能源效率内生化条件下，C－D生产函数对于研究回弹效应具有足够的灵活性和解释力；改革开放前回弹效应总体上表现为逆反效应，改革开放期间则表现为部分回弹效应，且呈曲折下降趋势；通过提高能效降低能源消费的思路在我国是总体可行的，但潜在节能效果中有相当一部分被经济快速增长所带来的新一轮能源消费所抵消，使得长期回弹效应偏高，我国宏观经济层面尚存在很大的节能空间；单纯依靠改进能效的节能政策只能解决部分问题，还必须引入价格、税收等一系列市场导向型的辅助性政策组合对回弹效应加以限制，以促使能效提高所获得的潜在节能效果最大限度地实现。

【关键词】能源回弹效应；能源效率内生化；能源产出弹性；状态空间模型

一、引　言

通常认为，能源效率的提高有助于节约能源进而降低能源消费总量，因此，各国均将

＊　原文发表于《经济研究》2013 年第 2 期。

作者简介：邵帅、杨莉莉、黄涛，上海财经大学财经研究所、城市与区域科学学院，邮政编码：200433，电子邮箱：shaoshuai8188@126. com。

基金项目：本文受国家自然科学基金项目（71003068）、上海市教育委员会科研创新重点项目（11ZS70）、上海市哲学社会科学规划课题（2010BJB011）、上海市"晨光计划"（10CG36）、上海市科技发展基金软科学研究项目（12692104100）及博士生学位论文资助项目（12692191300）、北京大学—林肯研究院城市发展与土地政策研究中心论文奖学金资助项目（20120901）、银兴经济研究基金、上海财经大学优秀博士学位论文培育基金项目及研究生科研创新基金项目（CXJJ－2011 302 CXJJ－2012 202）的资助。感谢匿名审稿人的宝贵意见，文责自负。

改进能源效率视为缓解经济快速发展与能源供给日益紧缺矛盾，以及应对气候变化挑战的有效途径。然而，既有研究表明，提高能效与节能目标可能并不一致，政府通过提高能效政策而获得的节能效果往往要小于预期。能效提高所节约的能源，可能会通过替代效应、收入效应和产出效应等机制所产生的新的能源需求而被部分甚至完全抵消（Greening et al.，2000），即产生了所谓的"能源回弹效应"（以下简称回弹效应）。能源回弹效应问题进入当代经济学视野的历史并不算长，但它目前已经发展成为能源经济学中的一个重要议题。Berkhout 等（2000）将其含义表述为：技术进步虽然能够通过提高能源效率而节约能源，但能源效率提高的同时也会降低产品的单位生产成本与价格，引致产品需求和消费增长，从而引发更多的能源消费，最终导致能效提高所节约的能源被额外的能源消费部分抵消。回弹效应的提出为研究技术进步、能源效率与能源消费之间的关系提供了一种全新的视角，它促使人们重新审视依靠技术进步改善能效进而降低能源消费的政策思路。

如何在促进经济增长的同时努力降低能耗，有效防范能源短缺带来的风险，实现经济、能源与环境的协调发展，已经成为我国经济发展中一个亟待解决的重大问题。而能源回弹效应理论无疑为研究和解决这一问题提供了新的思路与挑战。由于回弹效应的大小在很大程度上决定着提高能源效率对于降低能源消费的有效程度，所以在制定能源政策时如果能将回弹效应充分考虑其中，就可以更加准确地估测和把握预期的节能效果。而从我国国民经济发展的阶段性特征以及能源市场的特殊性，尤其是从政府指导与市场配置相结合的能源价格"放而不开"的独特定价机制来看，对我国这样一个正处于转型时期的发展中大国而言，能源回弹效应的演变特征与发生机理也应该具有一定的中国特色。

有鉴于此，本文放松了以往研究的严格假设，在能源效率内生、规模报酬递增以及要素产出弹性可变的条件下，对能源回弹效应进行了理论探讨和经验测算，并据此提出了限制回弹效应的政策思路。本文的学术贡献主要在于：突破了以往研究在基于技术进步外生、规模报酬不变这些严格假设的新古典框架下开展理论研究的传统思路，从"内生化"的视角重新构建回弹效应的理论模型，并对其进行了机理阐释；首次采用更贴近现实经济特征的时变参数状态空间模型，在要素产出弹性可变的条件下，对我国宏观经济层面的能源回弹效应进行了更为准确的经验测算。与现有研究相比，将回弹效应模型"内生化"和要素产出弹性"可变化"的研究思路相结合，更符合宏观经济的现实特征，据此所提出的政策思路也应更具参考价值和指导意义。

二、能源回弹效应的研究回顾

能源回弹效应的原始思想可以追溯到 1865 年 Jevons 在其著作《煤炭问题》中提出的

"杰文斯悖论"（Jevons paradox）。[①] 作为能源回弹效应的逻辑基础，尽管杰文斯悖论曾引发学界对能效政策有效性的质疑，但能源回弹效应问题直到 20 世纪 90 年代后才逐渐引起学界的广泛关注与讨论。

（一）能源回弹效应的含义与界定

Berkhout（2000）较早对回弹效应的定义展开了系统研究，将回弹效应解释为：如果技术进步使生产设备获得更高的能效，那么生产设备的单位生产成本就会降低，而由此引起的产品价格下降通常会引致对其消费的增加，这些额外的需求则带来了更多的能源消费，其中预期节能量减少的这部分即可被定义为回弹效应。上述定义虽然直观地诠释了回弹效应，但由于其中涉及的预期节能量和实际节能量均很难用经济学方法准确估测，这一直观定义因此难以被应用于实证分析。

Saunders（2000、2008）从宏观经济层面对回弹效应的界定更具代表性而且更常见于相关研究。他将回弹效应定义为 $RE = 1 + \eta$，其中 $\eta = dlnE/dln\tau = (\tau \times dE)/(E \times d\tau)$（E 为能源消费，$\tau$ 为能源效率）表示能源消费对能源效率的弹性。据此可知，回弹效应存在以下五种情形：①$\eta > 0$、$RE > 1$ 为逆反效应（backfire effect），此时实际能源消费量大于初始能源消费量，能效政策反而增加了能源消费；②$\eta = 0$、$RE = 1$ 为完全回弹（full rebound），表示能效政策完全失败；③$-1 < \eta < 0$、$0 < RE < 1$ 为部分回弹（partial rebound），这是一种最常见的情形，此时实际能源消费量大于预期能源消费量，但小于初始能源消费量，因此存在积极的节能效果；④$\eta = -1$、$RE = 0$ 为零回弹（zero rebound），表示预期的节能效果完全实现，这是一种理想状态，此时实际能源消费量与预期能源消费量完全相等，能效提高的节能潜力被完全实现；⑤$\eta < -1$、$RE < 0$ 为超级节能（super-conservation），此时实际能源消费量小于预期能源消费量，是可持续发展理念所追求的最佳状态。[②]

显然，只要知道实际的能源消费量，并利用相关理论和方法估算出能源效率，就可以测算出回弹效应。因此，这一界定及其各种变形被很多文献所采用（Binswanger, 2001；Wei, 2010；Frondel et al., 2008；Freire - González, 2010）。总体来看，对回弹效应的宏观经济界定思路相对较为统一，只不过不同的文献采用了不同的生产或成本函数，所得到的回弹效应表达式也存在着形式上的差异。

（二）能源回弹效应的理论机制

对回弹效应的理论研究几乎均遵循新古典增长理论的框架和逻辑展开，其中 Saunders 的研究最具代表性。Saunders（1992）首次在新古典增长理论框架下采用 C - D 和 CES 生

---

① 其含义为"提高自然资源利用效率只能增加而不是减少对资源的需求，因为效率的提高会导致生产规模的扩大，新技术的出现往往意味着新一轮更大规模的掠夺性开采与自然资源消耗的开始"。杰文斯悖论描述的是回弹效应大于 100% 的逆反效应。

② Saunders（2008）从理论和数量关系上均证明了这种情形是可能存在的。

产函数,将仅使能源生产率提高而未对其他要素生产率产生影响的那部分技术进步定义为纯能源效率改进,并基于能源与其他投入要素之间具有可替代性的假设,证明了逆反效应的理论存在性。此后,Saunders(2008)意识到新古典增长模型在建模上存在着局限性,因为在不同的函数设定形式下,所得的理论结果也不尽相同。Saunders(2008)利用八类生产(成本)函数分别对短期回弹效应和长期回弹效应[①]进行了理论推导和数值模拟,考察和比较了不同模型设定对于研究回弹效应的合理性和适用性,发现无论在企业、部门,抑或宏观经济层面,回弹效应的结果对于生产函数的设定形式均具有很大的敏感性:傅里叶成本函数具有最好的灵活性,能够描述从超级节能到逆反效应的各种回弹效应情形;广义里昂惕夫成本函数和 CES 生产函数也是较为合理的选择,能描述除超级节能之外的各种可能情形;超越对数成本函数仅能描述逆反效应的情形,而其他函数均不适用于描述回弹效应。

Saunders 的系统研究为后续研究者在模型设定选择上提供了重要参考。一些学者沿袭其研究思路,对回弹效应进行了更加深入的理论探讨。Wei(2007)进一步放松了 Saunders 能源价格外生的假定,将能源效率分为能源利用效率和能源生产效率,通过一个两部门模型(能源生产部门和非能源生产部门)及其总体均衡分析研究发现:在短期内,能源生产效率的提高会增加能源消费和非能源生产部门的产出,但是能源利用效率的提高仅使非能源生产部门的产出增加,其对于能源消费和能源生产部门的产出并未产生影响;从长期来看,能源生产效率和能源利用效率对能源消费和非能源生产部门产出的影响均大于短期影响,而且能源利用效率对能源消费和产出的影响较能源生产效率的影响要小得多。Wei(2010)继而将全球经济视为一个整体并采用普适性生产函数形式(general form of the production function),对回弹效应五种情形的发生条件进行了更为一般化的讨论,结果表明:能源供给是决定回弹效应大小的一个重要因素,化石能源存量的有限性能够对潜在的回弹效应产生限制作用;能源与其他生产要素之间的替代性也是影响回弹效应的一个重要因素,其对于短期回弹效应具有更为明显的限制作用;超级节能情形在短期和长期内均可能发生,长期回弹效应可能小于短期回弹效应。

现有研究已经对回弹效应的作用机制提供了一定的解析,但这些研究均基于技术进步(能源效率)外生、规模报酬不变的新古典增长理论的严格假设,存在着无法明晰技术进步(能源效率)实际增长速度和演化过程的明显缺陷。而兴起于 20 世纪 90 年代的内生增长理论已经实现了技术进步的内生化,从而对经济增长的内在机制具有了更加深刻的解释,因此将其应用于回弹效应研究,显然可以很好地克服上述不足。但目前还鲜见在内生增长理论框架下对回弹效应所开展的研究。此外,Saunders(2008)、Wei(2007、2010)等很多文献将劳动生产要素视为外生常量,认为其具有无限的供给量,从而在市场均衡分析时忽略劳动要素对产出增长及回弹效应的影响。因此,其推导得到的回弹效应结果实际上是基于局部均衡模型而并非一般意义上的总体均衡模型。这显然又在很大程度上降低

---

① 短期回弹效应和长期回弹效应的主要区别在于资本 K 是否变动。

了其模型的现实解释力，尤其是对于我国这样一个具有特殊人口政策和户籍制度、劳动力流动性较强的国家而言，将劳动要素进行内生化处理显得尤为重要。

（三）能源回弹效应的经验证据

按照研究方法的不同，相关经验研究大体上可以分为可计算一般均衡（CGE）模型和计量经济分析两大类。前者多被用于宏观经济层面的回弹效应测算（Hanley et al.，2009；Turner、Hanley，2011 等），其优点是可将能源效率的影响因素尽可能地考虑其中，以保证在合理设定模型的前提下得到较为稳健的结果，但其主要缺点是模型设定基于新古典增长理论而难以进行技术内生化处理，且其结果对关键参数设定的敏感性较大。从测算结果来看，宏观层面的整体经济回弹效应较微观层面的直接回弹效应和间接回弹效应[①]普遍偏高，且存在明显分歧，从超级节能到逆反效应均有出现。

更多文献采用了计量经济方法测算回弹效应，这些研究大多集中于直接回弹效应层面，如汽车运输（Frondel et al.，2008）、家庭采暖（Haas、Biermayr，2000）及家用电器（Freire - González，2010）等微观经济领域，估计方法涵盖了最小二乘法（Haas、Biermayr，2000）、广义最小二乘法（Wang et al.，2012）、三阶段最小二乘法（Hymel et al.，2010）、固定效应与随机效应模型（Frondel et al.，2008）以及误差修正模型（Freire - González，2010）等多种计量方法。不同文献的测算结果不尽相同，但研究结果显示直接回弹效应处于一个相对较低的水平，而且几乎未发现微观经济层面存在逆反效应的证据。

同理论机制研究的缺陷类似，大部分现有经验研究均假定能源效率是外生的，但事实上，不仅能源效率的提高会引致能源消费需求的增加，同时能源消费需求的增加也可能推动对新能源技术需求的增加。然而，大部分现有文献均未对这种双向促进效应所引起的内生性问题予以考虑，从而难以保证测算结果的稳健性。此外，现有研究对于回弹效应测算所需参数的估计，均采用了传统的固定参数估计方法，参数结果均是在所有样本变差均值条件下得到的，在样本区间内是固定不变的，因此也只有在均值意义上才具有明确的理论含义。这种静态的参数仅能够反映研究时段内不同变量样本之间的平均影响程度，而难以刻画现实世界中不同经济变量之间的动态作用变化情况，因此现有研究的测算结果存在着一定的偏差。

虽然国外相关研究较为丰富，但能源回弹效应研究在国内尚处于起步探索阶段，目前仅有少数几篇针对我国宏观经济（工业部门）层面回弹效应所开展的实证研究（周勇、

---

① Greening 等（2000）的文献按回弹效应在不同经济层面的表现，将其划分为直接（direct）、间接（secondary）和整体经济（economy - wide）回弹效应三大类，详见 Greening 等（2000）。

林源源，2007；国涓等，2010；Lin、Liu，2012），[①] 理论研究方面几乎处于空白状态。

三、能源回弹效应的"内生化"理论模型

本节主要针对现有理论研究未将能源效率和劳动供给内生化的关键缺陷，构建回弹效应的理论模型，尝试在内生增长框架下对回弹效应进行机理阐释。参考 Saunders（2008）的假定并基于"内生化"改进的需要，我们首先提出以下六点模型基本假设：总量生产函数的产出 Y 依赖于三种投入要素：①资本（K）、劳动（L）和能源（E），即 Y = f（K，L，E）；②技术进步主要体现为能源增进型技术进步形式，即能源效率（τ）的提高反映了技术水平的提升；③资本供给在短期内固定不变，在长期内可自由变动且其均衡价格恒定；④产品和要素市场皆为完全竞争市场且市场出清；⑤能源效率水平内生地取决于能源使用量；⑥劳动供给内生且其均衡价格恒定。其中前四点假设沿袭了 Saunders（2008）的设定，后两点假设则针对现有研究能源效率和劳动供给外生的局限而提出。第五点假设是本文与现有研究相比的最本质改进，后文将证明这一关键假设从根本上突破了现有研究技术外生、规模报酬不变的新古典假设；第六点假设则允许我们回到更加一般化的总体均衡分析框架下探讨回弹效应。

尽管 Saunders（2008）认为 C－D 生产函数并非讨论回弹效应的理想形式，但他同时也指出，C－D 生产函数是一种最受欢迎的生产函数形式，可以在理论分析中提供一些基础性的解释。事实上，对回弹效应进行开拓性理论探索的很多代表性文献（Saunders，1992；Saunders，2000；Wei，2007），均采用了这种简明的函数形式。而作为回弹效应理论模型内生化的一个最初尝试，本文也采用了 Saunders（2000）、Wei（2007）和 Saunders（2008）所设定的 C－D 生产函数形式来开展研究：

$$Y = \alpha K^{\alpha} L^{\beta} (\tau E)^{1-\alpha-\beta} \tag{1}$$

其中，Y、K、L 和 E 分别表示产出、资本、劳动和能源；α、β 和 1－α－β－（α＋β＜1）分别表示资本、劳动和能源的理论产出弹性；τ 为能源增进型技术进步，即能源效率；a＞0 为生产效率参数。

现有研究均将能源效率 τ 视为外生变量，但在现实经济中，虽然存在政策导向这样具有较强外生特征的因素，但能源效率的提升更多是直接依靠能源价格的市场调节、产业结构的自行演化、能源技术的自主研发（引进）、管理绩效的积极改善等一系列"内生化"

[①] 与国外文献不同，国内大部分文献均沿袭了周勇、林源源（2007）的研究思路，即将全要素生产率（TFP）的变化率等同于能源效率的变化率，进而利用技术进步、经济增长、能源强度与能源消费之间的逻辑关系测算出回弹效应。严格来讲，回弹效应的产生主要源于对能源要素本身的"狭义"能源效率改进，而不是其他要素利用效率提升所引致的能源效率的"广义"改进。因此，利用全要素生产率来表征能源效率，无法将真正的能源效率与其他要素的利用效率区分开来。

途径得以实现的。因此，在研究回弹效应问题时，非常有必要对能源效率进行更加符合现实情况的"内生化"处理。对此，出于对模型设定的合理性和可行性之间的权衡考虑，本文采用"干中学"内生增长理论思想予以实现。

Arrow（1962）提出的"干中学"（learning by doing）思想认为，投资和生产过程的本身会积累经验，提高生产技术，加上知识的溢出效应就能够起到提高资本效率的作用，这种资本效率的提高就可以抵消通常的资本报酬递减。Romer（1986）借助 Arrow（1962）的思想构建了一个内生增长模型，将知识创新假定成投资的副产品，从而消除了规模报酬递减的倾向。在其模型中，增加物质资本的同时，厂商学会了如何更加有效地进行生产，这种经验对生产效率产生积极影响的过程被称为"干中学"。"干中学"效应的存在，使得技术知识的增量（存量）成为资本增量（存量）的增函数。

类似于上述以资本为知识积累载体的"干中学"思想，同样可以认为节能技术和经验的获得来源于生产中的能源使用过程。企业在使用能源的过程中，可以逐渐从中获得一些提高能源利用效率的经验，从经验中获得改进能效的知识，推动能源管理与生产方式的优化。提高能效的经验和知识的不断积累，又可以通过知识的溢出效应使更多的企业获得这些技术知识，从而实现能源效率在全社会范围内的提升。这就是我们提出上述第五点假设的主要依据。因此，类似于"干中学"模型中技术与资本关系的通常设定形式，假定能源效率与能源使用量存在以下关系：

$$\tau = GE^{\gamma} \tag{2}$$

其中，$\gamma > 0$ 为能源效率对能源使用量的弹性，反映了能源使用对能源效率提高的有效程度；$G > 0$ 为"干中学"过程中提高能效的效率参数。

式（2）表明能源效率是能源使用量的一个增函数。将式（2）代入式（1）可得：

$$Y = \alpha K^{\alpha} L^{\beta} (GE^{\gamma+1})^{1-\alpha-\beta} \tag{3}$$

三种要素的产出弹性之和 $(1-\alpha-\beta)(\gamma+1) + \alpha + \beta > 1$，由此证明，"干中学"效应的存在使得生产函数具有了规模报酬递增的特征。这样一来，现有研究普遍采用的能源效率外生、规模报酬不变的假设在本文中就得以放松，这也是本文与现有研究相比的最大改进。对于回弹效应的界定，本文采用由 Saunders（2000、2008）提出的最具代表性的宏观经济层面回弹效应的定义，即前文给出的 $RE = 1 + \eta$。显然，求解回弹效应的关键在于求出能源消费对能源效率的弹性 η。

在资本固定不变、劳动和能源可变的短期条件下可得短期回弹效应 R^S 为：[①]

$$R^S = 1 + \frac{(1-\alpha-\beta)^2(1+\gamma)}{[1-\beta-(1-\alpha-\beta)(1+\gamma)]S_E} \tag{4}$$

其中，S_E 为实际生产过程中产出 Y 对能源消费 E 的真实弹性。

Saunders（2008）在技术外生、规模报酬不变及劳动投入恒定的条件下，通过 C - D

---

① 本文的推导过程均可向作者索取。

生产函数得到的短期回弹效应 $1/(1-S_E)$ [1] 仅与能源产出弹性 S_E 有关。Saunders（2008）认为 C-D 生产函数得到的短期回弹效应仅会表现为逆反效应。[2] 但在以上能效和劳动供给内生的设定条件下，短期回弹效应的影响因素更为复杂，它不仅与 S_E 有关，而且还与资本的产出弹性 α、劳动的产出弹性 β 以及能源效率对能源使用量的弹性 γ 有关。而且，当 $S_E>0$ 时，短期回弹效应的类型取决于 $1-\beta-(1-\alpha-\beta)(1+\gamma)$ 的大小；当 $\beta+(1-\alpha-\beta)(1+\gamma)>1$ 时，短期回弹效应可以表现为部分回弹、零回弹甚至超级节能效应；而当 $\beta+(1-\alpha-\beta)(1+\gamma)<1$ 时，则表现为逆反效应。因此，本文得到的短期回弹效应结果能够覆盖回弹效应的所有类型，进而表明在技术内生条件下，C-D 生产函数具有足够的回弹灵活性（rebound flexible）而适用于研究回弹效应。这也是本文与 Saunders（2008）结论的最大差异。

另外，为进行比较，我们还在大部分现有文献所假定的劳动供给外生，即不考虑上述第六点假设的条件下对能源效率内生情形下的短期回弹效应 $R^{S'}$ 进行了推导：

$$R^{S'} = 1 + \frac{(1-\alpha-\beta)^2(1+\gamma)}{[1-(1-\alpha-\beta)(1+\gamma)]S_E} \tag{5}$$

对式（4）和式（5）进行比较容易发现，劳动供给内生较劳动供给外生条件下的短期回弹效应分母项中增加了劳动产出弹性 β，这体现了劳动要素变动对回弹效应的影响。如表 1 所示，如果不考虑劳动供给的变化，那么得到的短期回弹效应测算结果将在不同情况下存在不同方向的偏差。

表 1　劳动供给外生条件下的短期回弹效应偏差情况讨论

一级条件	二级条件	三级条件	偏差方向
$S_E>0$	$\beta+(1-\alpha-\beta)(1+\gamma)<1$	—	偏低
	$\beta+(1-\alpha-\beta)(1+\gamma)>1$	$(1-\alpha-\beta)(1+\gamma)<1$	偏高
		$(1-\alpha-\beta)(1+\gamma)>1$	偏低
$S_E<0$	$\beta+(1-\alpha-\beta)(1+\gamma)<1$	—	偏高
	$\beta+(1-\alpha-\beta)(1+\gamma)>1$	$(1-\alpha-\beta)(1+\gamma)<1$	偏低
		$(1-\alpha-\beta)(1+\gamma)>1$	偏高

通过表 2 的比较静态分析结果容易看出，各因素对短期回弹效应的影响均存在一定程度的不确定性。对于资本产出弹性和劳动产出弹性而言，当 $S_E>0$ 且 $\beta+(1-\alpha-\beta)(1+\gamma)<1$ 时，二者的增加对短期回弹效应均具有削弱效应。在要素变化与产出变化方向

---

① 实际上，这是 Saunders（2008）在规模报酬不变的条件下得到的一种理论简化形式，按照其思路，短期回弹效应的完整形式应为 $1+(1-\alpha-\beta)^2/(\alpha+\beta)S_E$，后文在进行不同假设条件的经验测算结果比较时即采用这种形式。

② 事实上，当 $S_E<1$ 时，短期回弹效应才会表现为逆反效应，而 Saunders（2008）认为，通常情况下 $S_E<1$，但从下文对我国的实证分析中可以看出，$S_E<1$ 并非总是成立，很多时候 $S_E>1$。

一致的情况下（对于资本和劳动而言这一情况在现实世界中普遍存在），资本和劳动的产出弹性越高，资本产出效率和劳动产出效率也较高，而此时生产前沿面上的能源产出效率被限定在一定范围内，资本产出效率和劳动产出效率相对更高，在能效提高使生产可能性边界扩大的情况下，厂商会倾向于多投入资本和劳动来追加生产，而相对减少能源的投入量，因此短期回弹效应下降。但当 $\beta + (1 - \alpha - \beta)(1 + \gamma) > 1$ 时，能效提高所带来的能源产出效率相对较高，结果变得不再明朗，资本产出效率和劳动产出效率的提高对短期回弹效应的影响方向要取决于其对于能源产出效率的相对提高程度；当其提高幅度超出能源产出效率时，厂商就倾向于多投入资本和劳动而削弱回弹效应，反之，则会更倾向于多投入能源而提高回弹效应。当 $S_E < 0$ 时，能源投入的增加不能有效提升产出水平而处于低效率甚至无效率状态[①]，即能源要素表现为次品特征[②]时，如果生产前沿面上的能源产出效率较低（$\beta + (1 - \alpha - \beta)(1 + \gamma) < 1$），资本和劳动的产出效率明显相对较高，厂商就会倾向于追加资本和劳动而相对减少能源投入，从而限制短期回弹效应的提高。反之，当生产前沿面上的能源产出效率较高时，资本和劳动的产出弹性对回弹效应的影响方向同样取决于其对于能源产出效率的相对提高程度，随着资本和劳动产出效率的提升，厂商会逐渐失去对生产前沿面上高能源产出效率追求的动力而减少能源投入，使得回弹效应降低。

能源效率对能源使用量的弹性 γ 对短期回弹效应的影响方向也取决于 S_E。当 $S_E > 0$ 时，短期回弹效应随 γ 的提高而增加。γ 越大，多投入一单位能源所产生的能源效率就越高。这一方面提高了能源的单要素生产率，即相同能源投入可以带来更高的产出水平，从而吸引厂商更多地投入能源进行生产；另一方面能源增进型技术进步提升速度越快，就越有利于生产可能性边界的扩大，从而引发厂商更多地追加投入产出效率较高的能源要素而扩大生产规模。因此，短期回弹效应就会增加。当 $S_E < 0$ 即能源要素为次品时，虽然 γ 的增大能够促进能源效率的提升，但由于市场机制会促使厂商自发地向最优资源配置效率方向进行调整，所以能效提升所带来的产出规模扩大更多是依赖于产出效率相对更高的资本和劳动投入增加而实现的，能源投入量就会相对减少而使短期回弹效应下降。

产出对能源的实际弹性 S_E 在一定程度上反映了实际生产过程中能源产出效率的高低。相关研究通常认为，能源效率提高会导致能源真实价格下降，进而引发厂商更多地使用能源而产生回弹效应（Saunders，1992；Berkhout et al.，2000；Saunders，2000；Wei，2007）。但表 2 的结果表明，上述情形并非必然。产出对能源实际弹性的提高需要在一定条件下才能够对短期回弹效应产生促增效应，这个条件就是劳动的产出弹性与能源的理论产出弹性之和大于 1，即在劳动产出效率不变的情况下，前沿生产函数的理论能源产出效率较高，允许能源投入的追加能够带来更多的产出，这样厂商就会倾向于使用更多的能源替代其他要素而促使回弹效应提升，即产生了所谓的替代效应。反之，前沿生产函数的理

---

① 我国的经验数据表明，这种情况在个别年份是存在的。

② 这种可能在现实世界中是存在的，Binswanger（2001）等文献就能源服务的品质特征（主要包括常规商品、次品和吉芬商品三类）对回弹效应的影响机制进行了讨论。

论能源产出效率偏低，整体生产条件限制了追加能源投入对产出的促进作用，厂商就会丧失追加能源投入的动力而有利于缓解回弹效应。

表 2　短期回弹效应的比较静态分析

偏导	条件		结果
$\partial R^S/\partial\alpha$	$S_E > 0$	$\beta + (1-\alpha-\beta)(1+\gamma) < 1$	<0
		$\beta + (1-\alpha-\beta)(1+\gamma) > 1$	不确定
	$S_E < 0$	$\beta + (1-\alpha-\beta)(1+\gamma) < 1$	>0
		$\beta + (1-\alpha-\beta)(1+\gamma) > 1$	不确定
$\partial R^S/\partial\beta$	$S_E > 0$	$\beta + (1-\alpha-\beta)(1+\gamma) < 1$	<0
		$\beta + (1-\alpha-\beta)(1+\gamma) > 1$	不确定
	$S_E < 0$	$\beta + (1-\alpha-\beta)(1+\gamma) < 1$	>0
		$\beta + (1-\alpha-\beta)(1+\gamma) > 1$	不确定
$\partial R^S/\partial\gamma$	$S_E > 0$		>0
	$S_E < 0$		<0
$\partial R^S/\partial S_E$	$\beta + (1-\alpha-\beta)(1+\gamma) < 1$		<0
	$\beta + (1-\alpha-\beta)(1+\gamma) > 1$		>0

在资本、劳动和能源均自由变动的长期条件下可得长期回弹效应 R^L 为：

$$R^L = 1 + \frac{(1-\alpha-\beta)^2(1+\gamma)}{[1-\alpha-\beta-(1-\alpha-\beta)(1+\gamma)]S_E} \tag{6}$$

Saunders（2008）在新古典增长框架下通过 C－D 生产函数得到的长期回弹效应为 $1 + S_E/S_L$，[①] 表明长期回弹效应仅与能源产出弹性 S_E 及劳动产出弹性 S_L 有关，且仅表现为逆反效应。[②] 但在我们的"内生化"模型中，长期回弹效应的影响因素明显更为复杂。当 $S_E > 0$ 时，由于 $1-\alpha-\beta-(1-\alpha-\beta)(1+\gamma) < 0$，长期回弹效应不会表现为逆反效应，但部分回弹、零回弹甚至超级节能情形均有可能出现；当 $S_E < 0$ 时，长期回弹效应表现为逆反效应。这再一次表明，在技术内生化条件下，C－D 生产函数具有足够的回弹灵活性而适用于研究回弹效应。

在不考虑上述第六点假设的条件下对能源效率内生情形下的长期回弹效应 $R^{L'}$ 也进行了推导：

$$R^{L'} = 1 + \frac{(1-\alpha-\beta)^2(1+\gamma)}{[1-\alpha-(1-\alpha-\beta)(1+\gamma)]S_E} \tag{7}$$

---

① 如短期回弹效应一样，这也是 Saunders（2008）在规模报酬不变的条件下得到的一种理论简化形式，按照其思路，长期回弹效应的完整形式应为 $1 + (1-\alpha-\beta)^2/\beta S_E$，后文在对不同假设条件的经验测算结果比较时将采用这种形式。

② 严格来讲，在 $S_E > 0$ 且 $S_L > 0$ 的通常情况下，长期回弹效应才表现为逆反效应。

如果不考虑劳动供给的变化，那么得到的长期回弹效应测算结果也将在不同情况下存在不同方向的偏差（见表3）。我们将在后文的实证分析中对表1和表3的理论推断进行检验。

表3　劳动供给外生条件下的长期回弹效应偏差情况

一级条件	二级条件	偏差方向
$S_E > 0$	$\alpha + (1-\alpha-\beta)(1+\gamma) < 1$	偏高
	$\alpha + (1-\alpha-\beta)(1+\gamma) > 1$	偏低
$S_E < 0$	$\alpha + (1-\alpha-\beta)(1+\gamma) < 1$	偏低
	$\alpha + (1-\alpha-\beta)(1+\gamma) > 1$	偏高

通过表4的比较静态分析结果容易看出，与短期回弹效应相比，各因素对长期回弹效应影响的不确定性明显降低，影响方向主要取决于能源要素是常规品还是次品。与短期情况不同，当 $S_E > 0$ 时，资本和劳动的产出弹性增加对长期回弹效应均具有促增效应。在长期条件下，资本和劳动的价格均为内生，且可变性较短期条件更强，根据 $P_K = S_K Y/K$ 和 $P_L = S_L Y/L$ 可知，资本和劳动产出弹性的增加，意味着资本和劳动真实价格的提高，使其单位成本增加，此时厂商就会倾向于利用相对更为廉价的能源对其进行替代，从而增加能源使用量而引致回弹效应提高。当 $S_E < 0$ 即能源要素为次品时，资本和劳动的产出效率相对较高，从而吸引厂商追加相对高效的资本和劳动投入而扩大生产规模，相对减少能源使用量而促使回弹效应降低。γ 对长期回弹效应的影响效果与短期回弹效应完全相同，表明资本变动与否对二者的关系并无显著影响。但与短期情况不同的是，S_E 对回弹效应的影响表现为单向性效果，能源产出实际弹性的提高会对长期回弹效应产生促增效应。因为长期条件下，随着能源增进型技术进步的提升，前沿生产函数的理论能源产出效率也得以不断提高而不会出现短期条件下那种整体生产条件限制效应（$\beta + (1-\alpha-\beta)(1+\gamma) < 1$），能源投入的增加带动着能源效率的提升，从而吸引厂商更多地投入能源以扩大生产规模，拉动能源使用量的进一步反弹。

表4　长期回弹效应的比较静态分析

偏导	条件	结果
$\partial R^S / \partial \alpha$	$S_E > 0$	> 0
	$S_E < 0$	< 0
$\partial R^S / \partial \beta$	$S_E > 0$	> 0
	$S_E < 0$	< 0
$\partial R^S / \partial \gamma$	$S_E > 0$	> 0
	$S_E < 0$	< 0
$\partial R^S / \partial S_E$	—	> 0

四、中国能源回弹效应的经验测算

根据式（4）和式（6），如果能将 α、β 和 γ 的值估算出来，并利用统计数据计算得到 S_E，就可以测算出长、短期回弹效应的大小。为此，可将式（3）两边同时取自然对数将其变形为：

$$\ln Y = \alpha \ln K + \beta \ln L + \theta \ln E + C \tag{8}$$

其中，$\theta = (1 - \alpha - \beta)(\gamma + 1)$，$C = \ln \alpha + (1 - \alpha - \beta) \ln G$。对于我国整体经济而言，式（8）中的 Y、K、L 和 E 分别代表历年的 GDP、资本存量、就业人数和能源消费量。

现有研究均采用了无法反映经济因素动态变化情况的固定参数估计方法而使其结果存在一定的偏差。具体从本文主要关注的能源效率变化情况来看，已有研究表明，我国能源效率的变化以及各因素对能源效率的影响均不是完全线性的，而是随时间（社会经济发展）而变化的（傅晓霞、吴利学，2010），所以有必要采用较传统的固定参数模型，通过更为灵活的模型方法对这种动态变化予以更为准确的刻画。因此，为了能够对真实经济系统的回弹效应进行更为精确的测算，本文采用状态空间模型及卡尔曼滤波（Kalman filter）[1] 这一典型的变参数模型方法对式（8）的各参数进行估计。

状态空间模型通常包括两个模型：信号方程（signal equation）将系统在某时刻的输出和系统的状态及输入变量联系起来；状态方程（state equation）则反映动态系统在输入变量作用下在某时刻所转移到的状态。我们在式（8）的基础上进一步分别构建信号方程式（9）和状态方程式（10）：

$$\ln Y_t = \alpha_t \ln K_t + \beta_t \ln L_t + \theta_t \ln E_t + C_t + u_t \tag{9}$$

$$\alpha_t = \lambda_1 \alpha_{t-1} + \varepsilon_{1t}; \quad \beta_t = \lambda_2 \beta_{t-1} + \varepsilon_{2t}; \quad \theta_t = \lambda_3 \theta_{t-1} + \varepsilon_{3t}; \quad C_t = \lambda_4 C_{t-1} + \varepsilon_{4t} \tag{10}$$

其中，t 表示年份；待估时变参数 α_t、β_t、θ_t 和 C_t 为不可观测变量，可表示为一阶马尔科夫过程，因此状态方程采用递归形式进行定义；u_t、ε_{1t}、ε_{2t}、ε_{3t} 和 ε_{4t} 均为独立同分布的随机扰动项。

本文选取我国统计资料中相关投入产出数据完整可得的最长时期跨度 1953～2010 年作为考察范围，对期间各年的能源回弹效应进行全面测算，式（9）中各投入产出数据的选取如下：①产出 Y 为 2000 年不变价格的实际 GDP；②资本存量 K 主要参考单豪杰（2008）的思路进行估算，并将其转化为 2000 年不变价格序列；③劳动 L 以年均就业人数度量；④能源消费量 E 为以标准煤计的各年能源消费总量。以上数据来源于《中国统计年鉴》、《新中国 60 年统计资料汇编》、《中国能源统计年鉴》、《中国国内生产总值核算

---

[1] 限于篇幅，该模型方法的具体原理和估算过程本文不再赘述，请读者详见高铁梅（2009）第十一章。

历史资料（1952～1995）》及《中国国内生产总值核算历史资料（1952～2004）》。

利用卡尔曼滤波算法得到的信号方程和状态方程的参数估计结果，[①] 如式（11）和式（12）所示：

$$\ln Y_t = 0.394650\ln K_t + 0.357982\ln L_t + 0.774682\ln E_t - 21.67858 \tag{11}$$

$$\alpha_t = 0.998903\alpha_{t-1};\ \beta_t = 0.999210\beta_{t-1};\ \theta_t = 0.999687\theta_{t-1};\ C_t = 0.999078C_{t-1} \tag{12}$$

估计结果还显示，模型的拟合优度 R^2 为 0.913，D－W 检验值为 1.82，各参数的 z 统计量均处于 1% 的显著水平，表明模型的设定是合理的。此外，对于状态空间模型，仍然存在一般的时间序列模型残差是否平稳的问题，以排除"伪回归"。因此，需要对信号方程的残差进行平稳性检验。检验结果显示：当不考虑趋势项和漂移项时，ADF 统计量为 4.7763，相伴概率为 0.0918；当考虑趋势项和漂移项时，ADF 统计量为 9.3769，相伴概率为 0.0092。以上结果表明，状态空间模型的残差是平稳的，估计结果是可信的。从图 1 可以看出，与大多数文献结论相符，我国历年的资本产出弹性 α 要大于劳动产出弹性 β，说明我国的经济增长主要依靠投资拉动，劳动则处于相对弱势地位。值得注意的是，二者均呈现出平稳下降趋势，表明我国的经济增长对资本和劳动投入的依赖程度均趋于降低，正逐渐由要素拉动型增长逐渐向技术拉动型增长方式转变。能源效率对能源使用量的弹性 γ 介于 2 和 3 之间，并呈现出明显的逐年下降趋势，从而表明尽管我国的能源效率因"干中学"效应的存在而一直有所改进，但并未取得重大的创新或突破，能源增进型技术进步的获得变得越来越困难，能源使用过程中的学习效应一直呈现出边际递减的特征。此外，得到的资本劳动和能源的产出弹性之和明显大于 1，这与前文规模报酬递增的理论设定相符。

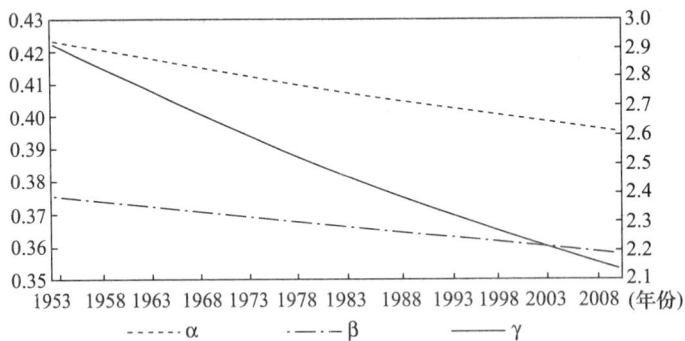

图1　α、β和γ的时变趋势（1953～2008 年）

从表 5 报告的回弹效应均值所反映的总体情况来看，短期回弹效应和长期回弹效应在

改革开放前均表现为逆反效应，改革开放期间则表现为部分回弹效应。改革开放前的波动性明显大于改革开放后，甚至在"大跃进"时期的 1960 年表现出强烈的逆反效应，表明在"大跃进"、"文化大革命"等动荡的政治环境下，我国经济发展的盲目性和不稳定性对能源效率和能源消费的变化产生了强烈的冲击，回弹效应也随之剧烈波动，并且节能效果不尽如人意，整体上处于节能无效状态。这也直接导致了我国 1954～2010 年的回弹效应总体上表现为逆反效应。

表 5　回弹效应测算结果　　　　　　　　　　　　　　单位:%

年份	短期	长期	年份	短期	长期	年份	短期	长期
1954	-251.50	1.62	1977	-42.51	61.66	1996	60.00	89.62
1955	-68.57	52.90	1978	9.37	75.66	1997	92.49	98.06
1956	-72.84	51.78	改革开放前均值	292.80	153.62	1998	96.58	99.12
1957	-88.55	47.48	1979	61.15	89.59	1999	43.63	85.46
1958	-288.85	-8.13	1980	56.95	88.48	2000	43.77	85.53
1959	-311.45	-14.22	1981	130.93	108.26	"九五"均值	67.29	91.55
1960	8432.03	2409.18	1982	42.15	84.58	2001	45.44	85.98
1961	-21.64	66.35	1983	29.40	81.21	2002	10.08	76.95
1962	-246.95	4.17	1984	41.51	84.46	2003	-108.83	46.57
1963	159.84	116.50	1985	26.56	80.53	2004	-120.74	43.64
1964	60.62	89.16	"六五"均值	54.11	87.81	2005	-29.64	66.97
1965	15.81	76.86	1986	24.92	80.13	"十五"均值	-40.74	64.02
1966	28.41	80.36	1987	24.04	79.94	2006	-5.96	73.06
1967	-79.51	50.84	1988	19.32	78.73	2007	16.15	78.72
1968	111.07	103.03	1989	-29.95	65.81	2008	42.67	85.48
1969	-50.87	58.82	1990	40.31	84.33	2009	19.31	79.61
1970	-62.49	55.73	"七五"均值	15.73	77.79	2010	18.00	79.32
1971	-177.27	24.59	1991	29.11	81.42	"十一五"均值	18.03	79.24
1972	-136.85	35.70	1992	53.60	87.86	近十年均值	-11.36	71.63
1973	30.05	81.04	1993	42.65	85.03	近二十年均值	20.46	79.61
1974	-28.83	65.15	1994	42.66	85.06	改革开放后均值	27.39	81.20
1975	-71.29	53.75	1995	18.26	78.75	1954～2010 年均值	143.80	112.96
1976	472.82	200.49	"八五"均值	37.25	83.62			

　　为进行比较，图 2 和图 3[①] 也报告了能源效率、劳动供给均为外生及能源效率内生、

---

①　由于 1961 年之前回弹效应的波动性过大而影响整体的观察效果，因此图 2 和图 3 的时间起点为 1961 年。

劳动供给外生两种情形下的回弹效应时变趋势。按照 Saunders（2008）的思路（能效、劳动均外生）得到的回弹效应灵活性最差，时变趋势较为平缓，绝大部分年份表现为逆反效应且大于基于本文模型的测算结果，从而说明如果不将能源效率"内生化"，就很可能高估回弹效应。而即使将能源效率"内生化"，如果不同时将劳动供给"内生化"，那么得到的测算结果同样存在偏差。从短期来看，在能效内生条件下，劳动供给外生较内生情形得到的结果在大多数年份偏高，在少数年份偏低；从长期来看，在能效内生条件下，劳动供给外生较内生情形得到的结果在大多数年份偏低，在少数年份偏高。上述各种情形出现的偏差方向与表 1 和表 3 的理论讨论完全吻合。以上结果清楚表明，能源效率的"内生化"和劳动供给的"内生化"，对于回弹效应测算结果的准确性均具有非常重要的影响，若不对二者同时予以考虑，那么结果将会存在明显的偏误。

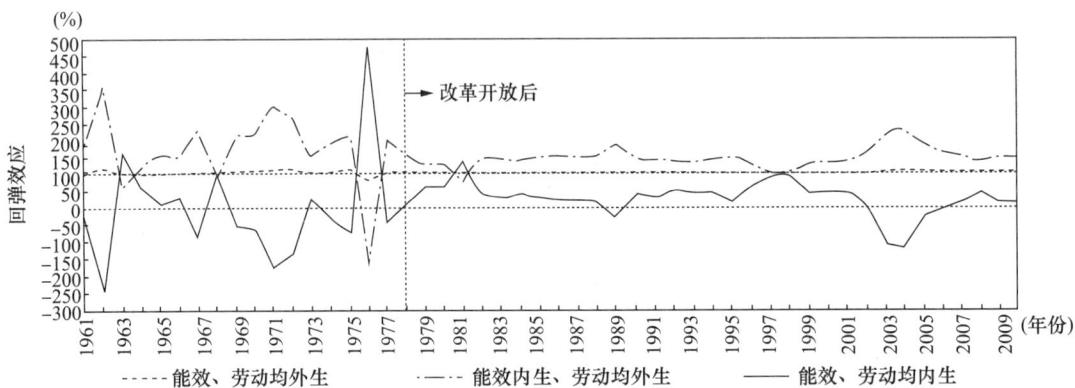

图 2　三种不同情形下的短期回弹时变趋势（1961～2009 年）

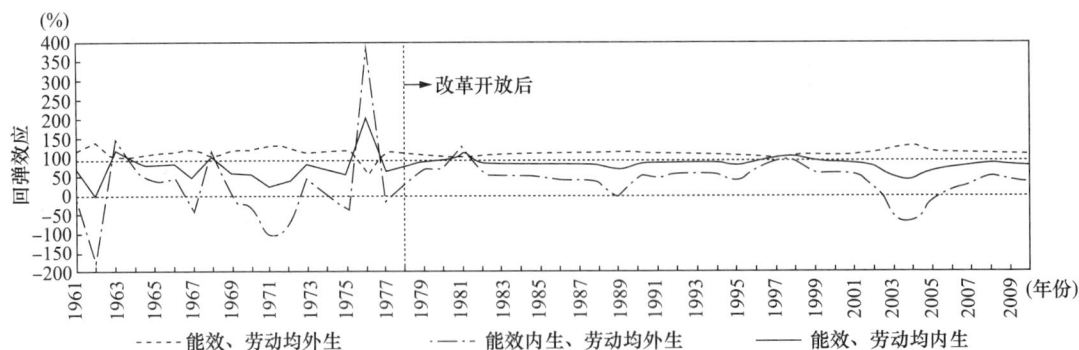

图 3　三种不同情形下的长期回弹时变趋势（1961～2009 年）

除个别年份外，长期回弹效应均大于短期回弹效应，说明虽然在大多数年份中我国短期内的回弹效应表现为小于 50% 的弱回弹效应，节能效果比较理想，但短期的节能效果中有相当一部分会被能效改进对资本和产出所产生的激励效应所侵蚀，这主要源于中国现阶段经济快速发展所带来的能源刚性需求。与短期相比，长期范围内资本的可变性明显增强，各种生产要素之间的替代性也会显著提高，能效的提升就可以通过技术外溢等途径带动资本与劳动效率获得相应的提高，从而引致要素投入增加，产出效应增强，促使回弹效应进一步加强。

下面讨论改革开放期间回弹效应的演变情况。改革开放以来，中国的能源消费需求大幅增加是对于能源效率提升的巨大动力，能源回弹效应逐渐趋于平缓，节能努力也开始进入有效阶段：除1981年出现一次小幅逆反效应外，短期回弹效应和长期回弹效应在绝大多数年份中均处于部分回弹状态（介于图2和图3中0%和100%两条坐标附加线之间），短期回弹效应甚至在个别年份中出现了超级节能状态。改革开放后我国的短期回弹效应和长期回弹效应均值分别为27.39%和81.2%，说明我国整体能源效率的改进确实有效地降低了能源消费。近二十年（1991~2010年）的短期回弹效应和长期回弹效应均值分别为20.46%和79.61%；近十年的短期回弹效应和长期回弹效应分别为 – 11.36%和71.63%。可见，无论是从短期还是从长期来看，我国整体经济层面的能源回弹效应总体上呈下降趋势，能效改进所带来的节能效果正逐步显现。但从长期来看，回弹效应作用较强，能效提高的潜在节能效果中还有相当一部分未能得到实现，我国宏观经济层面尚存在较大的节能空间。

我国近30年的回弹效应呈现出曲折下降的态势。长期来看，与现有文献相比，我国的回弹效应要高于大多数发达国家，这与一些文献（Fouquet、Pearson，2006）所提出的发展中国家可能较发达国家具有更大的回弹效应空间的观点相符。中国的高回弹效应可归因于两个特殊的国情：其一，我国技术进步和能源效率改进的推动力量主要来自生产部门；其二，经济的持续高速增长对能源需求和消费产生了强烈的拉动效应（Lin、Liu，2012）。生产部门技术层面"生产更多、投入更少"的预期和努力在宏观经济层面反而呈现出"生产更多、投入更多"的特征和结果，形成了中国整体经济高能耗的偏好，使得技术层面能效改进所产生的潜在节能效果中的相当一部分被资本追加和产出增长所带来的新一轮能源消费所"蚕食"。

五、限制能源回弹效应的政策思路

我国经济正处于以能源快速消耗为主要特征的城市化和工业化加速进程阶段，经济的快速发展对能源的刚性需求决定了在未来几十年内，我国将面临巨大的节能减排压力。虽然本文的研究结果显示，我国目前以提高能效为主导的节能政策思路在一定程度上是有效的，但潜在节能效果中有相当一部分并未实现，仍然存在较大的节能潜力，单纯依靠改进能效的节能政策只能部分地解决问题。因此，回弹效应的客观存在要求我们不应该将提高能效作为实现节能减排目标和解决能耗问题的唯一途径，更不应该在节能减排的政策设计中忽略回弹效应的重要影响，而必须引入一系列辅助性的政策组合对回弹效应加以限制，以保证能效提高所获得的潜在节能效果最大限度地实现。目前，我国的节能减排政策主要是依靠行政管制途径得以实施的，尽管行政手段可能在短期内产生效果，但经济社会成本相对较高，且持续性较差，难以对企业产生长期的正向激励效应，而回弹效应的存在则凸显了市场导向型节能途径的重要性（Lin、Liu，2012）。因此，我国的节能政策应该主要朝着以下三个以市场为主导的思路方向进行调整。

（1）推动市场化改革进程，增强其他生产要素对能源的替代性。本文的研究表明，资本、劳动和能源之间的替代效应在很大程度上决定着回弹效应的大小。经验测算结果也显示，市场经济时代的改革开放期间总体回弹效应明显低于计划经济时代，从而说明了市场化程度的提高及其所带来的要素配置效率的改善，能够通过增强其他生产要素对能源要素的替代效应而削弱回弹效应。

（2）深化能源价格改革，增强企业节能动力。一些研究已经指出能源价格偏低是导致我国能源消费居高不下的关键原因（国涓等，2010；林伯强，2012；Lin、Liu，2012）。本文的分析也表明，各投入要素产出效率变化所引起的价格相对变化，尤其是能源相对价格的变化所产生的替代效应，是决定回弹效应大小的主要因素之一。尽管我国的能源价格政策经历过几次改革和调整，但能源价格水平和定价机制尚未完全实现市场化，政府对能源价格还存在相当程度的干预，在"有形之手"操控之下的能源价格偏低，不能及时真实地反映市场供求关系以及能源使用的环境外部成本，这在很大程度上弱化了企业和消费者的节能动力，导致能源需求过快增长，严重抵消了技术进步和能源效率提高所带来的节能效果。正如 Lin 和 Liu（2012）所言，当前的能源低价政策与节能减排的努力是相悖的，它为实现节能减排目标带来了较大的困难。如果节能减排仅着眼于提高能源效率，而不涉及能源价格改革，那么取得的效果就会小于预期。因此，提高能源效率的节能策略必须以更为深化的能源价格改革为配合。

（3）削弱行政管制力度，扩大税收政策调控空间。虽然能源价格的市场化能够实现对能效改进的有效刺激和对能源消费的显著抑制，但完全的市场行为同时也具有一定的盲目性和滞后性，难以达到资源配置的最优状态，因此有必要通过适当的税收政策对其进行间接的干预和调控，以弥补市场的缺陷和不足。而通过税收手段对能源价格和能源消费进行调节进而抑制回弹效应，这一政策思路的诸多优势和预期效果，也已经在一些国外文献中有所论及（Brannlund et al.，2007）。相对于行政管制而言，资源税和环境税均是以市场调控为主的经济手段，致力于将能源使用的环境外部成本内部化，能够修正被扭曲的价格信号，从而更具市场效率、可持续性和有效性。在推进我国能源价格市场化改革的同时，还必须适当辅以相关税收政策，通过对相关税收收入的合理调控和分配，避免在限制回弹效应的同时对社会经济产生较大的负面冲击。

六、总结性评论

本文在能源效率内生、规模报酬递增以及要素产出弹性可变的条件下，对能源回弹效应进行了理论阐释、经验测算和政策分析，以期丰富和深化对能源回弹效应的认识和理解。本文在"内生化"视角下构建的理论模型能够在不同条件下涵盖回弹效应的所有类型，并且无论是对于长期回弹效应还是对于短期回弹效应而言，产出对能源的实际弹性大小，即能源是否表现为次品特征，是决定各因素对回弹效应影响方向的关键条件。在能源效率外生和劳动供给外生的条件下，回弹效应结果均存在不同程度的偏差。以上结果表明，在能源效率内生化条件下，C－D 生产函数具有足够的灵活性而适用于研究回弹效应，同时也证明了内生增长理论较新古典增长理论对于回弹效应具有更强的解释力。

理论模型的主要结论在经验研究中均得到了验证。我国能源使用过程中的学习效应呈现出边际递减趋势，能源增进型技术进步的获得变得越来越困难；回弹效应在改革开放前总体上表现为逆反效应，而改革开放期间则表现为部分回弹效应；改革开放期间我国的短期回弹效应和长期回弹效应均值分别为 27.39% 和 81.2%，总体上均呈曲折下降趋势，我国整体能效改进所带来的节能效果正逐步显现；短期回弹效应和长期回弹效应在大多数年份中分别表现为小于 50% 的弱回弹效应和大于 70% 的强回弹效应，表明资本的调节作用对于回弹效应具有促增效应，而将短期内取得的节能效果部分抵消；从长期来看，我国的回弹效应要高于大多数发达国家，这主要可归因于我国经济的快速发展所带来的对能源需求的拉动效应，使得技术层面改进能效所产生的潜在节能效果中的相当一部分被资本追加和产出增长所带来的新一轮能源消费所蚕食。

尽管通过提高能效而降低能源消费的政策思路在我国是总体可行的，但从长期来看，回弹效应作用较强，我国宏观经济层面尚存在较大的节能空间。首先，不应该在相关政策设计中忽略回弹效应的重要影响，在制定节能减排目标和进行相应的政策选择时，如能将潜在的回弹效应充分考虑其中，将可以做出更加合理有效的政策设计和制度安排；其次，单纯依靠改进能效的节能政策只能部分地解决问题，还必须引入价格、税收等一系列市场导向型的辅助性政策组合对回弹效应加以限制，以促使能效提高所获得的潜在节能效果最大限度地实现；最后，在能源政策的调整和改革过程中，必须谨慎对待不同政策措施之间的负面影响及其对宏观经济可能产生的负向冲击，只有不同政策冲击的适当组合才可能实现经济发展与节能减排的"双重红利"。

参考文献

[1] 傅晓霞，吴利学. 中国能源效率及其决定机制的变化. 管理世界，2010（9）.

[2] 高铁梅. 计量经济分析方法与建模：EVIEWS 应用及实例（第二版）. 北京：清华大学出版

社，2009.

［3］国涓，郭崇慧．凌煜．中国工业部门能源反弹效应研究．数量经济技术经济研究，2010（11）．

［4］林伯强．能源经济学视角的科学发展观的理论探索，经济研究，2012（3）.

［5］单豪杰．中国资本存量 K 的再估算：1952～2006 年．数量经济技术经济研究，2008（10）.

［6］周勇，林源源．技术进步对能源消费回报效应的估算．经济学家，2007（2）.

［7］Arrow, K. J. The Economic Implications of Learning by Doing. Review of Economic Studies, 1962, 29（3）：155 – 173.

［8］Binswanger, M. Technological Progress and Sustainable Development：What about the Rebound Effect? Ecological Economics, 2001, 36（1）：119 – 132.

［9］Brannlund, R. , T. Ghalwash, and J. Nordstom. Increased Energy Efficiency and the Rebound Effect：Effects on Consumption and Emissions. Energy Economics, 2007, 29（1）：1 – 17.

［10］Berkhout, P. H. G. , J. C. Muskens, and J. W. Velthuijsen. Defining the Rebound Effect. Energy Policy, 2000, 28（6 – 7）.

［11］Fouquet, R. , and P. Pearson. Seven Centuries of Energy Services：The Price and Use of Light in the United Kingdom（1300 – 1700）. Energy Journal, 2006, 27（1）. 139 – 177.

［12］Frondel, M. , J. Peters, and C. Vance. Identifying the Rebound：Evidence from a German Household Panel. Energy Journal, 2008, 29（4）：154 – 163.

［13］Freire – González, J. Empirical Evidence of Direct Rebound Effect in Catalonia. Energy Policy, 2010, 38（5）：2309 – 2314.

［14］Greening, L. A. , D. L. Greene, and C. Difiglio. Energy Efficiency and Consumption – the Rebound Effect—A Survey. Energy Policy, 2000, 28（67）：389 – 401.

［15］Haas, R. , and P. Biermayr. The Rebound Effect for Space Heating Empirical Evidence from Austria. Energy Policy, 2000, 28（6 – 7）：403 – 410.

［16］Hanley, N. , P. McGregor, J. K. Swales, and K. Turner. Do Increases in Energy Efficiency Improve Environmental Quality and Sustainability? Ecological Economics, 2009, 68（3）：692 – 709.

［17］Hymel, K. M. , K. A. Small, and K. Van Dender. Induced Demand and Rebound Effects in Road Transport. Transportation Research Part B, 2010, 44（10）：1220 – 1241.

［18］Lin, B. Q. , and X. Liu. Dilemma between Economic Development and Energy Conservation：Energy Rebound Effect in China. Energy, 2012, 45（1）：867 – 873.

［19］Romer, P. M. Increasing Returns and Long – run Growth. Journal of Political Economy, 1986, 94（5）：1002 – 1037.

［20］Saunders, H. The Khazzoom – Brookes Postulate and Neoclassical Growth, Energy Journal, 1992, 13（4）：131 – 148.

［21］Saunders, H. A View from the Mareo – side：Rebound, Backfire and Khazzoom – Brookes. Energy Policy, 2000, 28（6 – 7）.

［22］Saunders, H. Fuel Conserving（and Using）Production Function. Energy Economics, 2008, 30（5）：2184 – 2235.

［23］Turner, K. , and N. Hanley. Energy Efficiency, Rebound Effects and the Environmental Kuznets

Curve, Energy Economics, 2011, 33 (5): 709 – 720.

[24] Wei, T. Impact of Energy Efficiency Gains on Output and Energy Use with Cobb – Douglas Production Function. Energy Policy, 2007, 35 (4): 2023 – 2030.

[25] Wei, T. A General Equilibrium View of Global Rebound Effects. Energy Economics, 2010, 32 (3): 661 – 672.

[26] Wang, H., P. Zhou, and D. Q. Zhou. An Empirical Study of Direct Rebound Effect for Passenger Transport in Urban China. Energy Economics, 2012, 34 (2): 452 – 460.

Theoretical Model and Experience from China of Energy Rebound Effect

Shao Shuai, Yang Lili and Huang Tao

(Institute of Finance and Economics Research, School of Urban and Regional Science, Shanghai University of Finance and Economics)

Abstract: Aiming at the limitation of the non – endogenous consideration of energy efficiency in the current researches, this paper develops a theoretical model based on the learning – by – doing theory and carries out an empirical estimation of rebound at China s macro – economic level by using the state space model. Moreover, it discusses China s energy policy choice. Results indicate that Cobb – Douglas production function has sufficient flexibility and interpretation for the rebound under the technology – edogenous framework. The backfire effect and partial rebound are present before and after the implementation of the reform and opening – up policy respectively. The long – term rebound is high since some proportion of potential energy conservation is offset by a new round energy consumption resulting from rapid economic growth. The realization of energy – saving goal should not be only deperdent on the improvement of energy efficiency, but also on some market – oriented policy mix including energy pricing and revenue policy to restrict effectively the rebound and maximize the potential energy conservation.

Key Words: Energy Rebound Effect; Endogenous Energy Efficiency; Energy Elasticity of Output; State Space Model

政府干预、经济集聚与能源效率[*]

师　博　沈坤荣

【摘　要】本文在政府干预背景下经验分析企业、产业和区域三个层面经济集聚对能源效率的影响与作用机制。实证结果显示，市场机制主导的企业集聚能够显著提高能源效率，由于政府干预和环境治理的"搭便车"倾向导致产业集聚无法对能源效率产生预期效果，能源效率与表征区域聚集的城市密度呈"U"形变动特征。此外，相机抉择使得政府节能减排战略对改善能源效率未能发挥应有效果。控制政府干预的核心因素金融发展变量后发现，金融发展规模扩张、地方政府干预增强导致的资源配置扭曲以及中央政府信贷干预的道德风险，均会抑制产业集聚对能源效率的改进，金融发展效率提高则有助于产业集聚提升能源效率。然而由于存在环境质量治理的市场失灵，借助市场力量和政府适度干预更有利于节能减排目标的实现。

【关键词】经济集聚；政府干预；能源效率；节能减排

一、引言

经济集聚通过规模报酬递增（Dixit and Stiglitz，1977；Krugman，1991；Fujita et al.，1999）、技术外溢（Fujita，1989）和不完全竞争（Dixit and Stiglitz，1977；Fujita et al.，1999）引导要素和经济活动在空间集中，已成为现代经济增长的特征性事实。不仅如此，理论上经济集聚对提升能源效率会产生三个层面的积极效应：首先，规模效应有助于降低

＊　原文发表于《管理世界》2013 年第 10 期。
作者简介：师博，西北大学经济管理学院；沈坤荣，南京大学经济学院。
基金项目：本文得到国家自然科学基金青年项目"基于经济主体行为选择的节能减排动力机制研究"（71203179）、国家自然科学基金面上项目"增强自主创新能力提升经济增长质量研究"（71073076）以及教育部人文社科基金青年项目"我国能源资源合理开发利用与国家能源安全研究"（10XJJC790003）的资助。作者感谢西北大学刘瑞明副教授、赵勇副教授、田洪志博士和宋思远博士的建设性意见，当然文责自负。

企业平均成本，包括能源在内的各类要素的单位产出消耗量会伴随集聚程度的提高而显著下降。其次，新经济地理学的相关研究（Krugman，1991；Fujita，1999）认为，技术的外部性与企业间技术溢出是经济活动集聚的主要驱动力。而能源效率持续改进的本质来源于技术进步与技术外溢（Newell et al.，1999；李廉水、周勇，2006；史丹等，2008），旨在分享技术溢出效应的经济集聚则具备了推动能源效率持续改进的可能。最后，不完全竞争通过诱发厂商的价格和质量竞争降低成本，在能源价格持续高企的情况下，竞争效应能够形成有效的节能激励机制。

作为全球最具活力的经济体，中国的增长奇迹也是经济集聚不断深化的过程。就企业层面分析，为了节约交易成本，大量企业聚集于市场经济更为发达和活跃的区域，东部工业企业总数在全国占比已由 1978 年的 40.5% 攀升至 2011 年的 72.5%；在产业层面，地方政府通过大规模兴建工业园区、招商引资以推动本地经济增长，在客观上为产业集聚创造了条件，2011 年中国工业赫芬达尔指数比 1978 年提高了 20.9%；从区域层面来看，为了获取更高的收益率，各种产品和要素逐渐向城市集中。1978～2011 年以人口衡量的城镇化率从 17.92% 激增至 51.27%，2011 年城镇占全社会固定资产投资比重较 1981 年上升了 23 个百分点。在经济集聚快速启动的同时，中国能源利用效率也呈显著改进态势，单位产出能耗（能源强度）由 1978 年的 15.68（吨标准煤/亿元）降至 2011 年的 4.24。简单的数据分析显示，经济集聚与中国能源效率提升可能具有内在关联。然而值得注意的是，传统意义上的经济集聚是以市场机制为导向，各类要素在回报率的引导下自发集聚，但在中国，政府对经济集聚的过度干预却普遍存在。为了提升政绩，地方政府向投资本地的企业提供融资、土地以及税收等各种优惠，通过主动诱导形成了表面的产业集聚——"企业扎堆"。由于并未遵循市场规律，以追逐"政策租"为目标的产业集聚不仅难以产生技术外溢，更会在低水平竞争的恶性循环中导致重复建设和严重的资源浪费，使经济集聚应有的绩效降低。本文基于政府干预的视角，围绕企业、产业和区域三个层面解读经济集聚对能源效率的作用机制，从而探寻借助政府适度干预和市场力量共同提升能源效率的可行选择。

我们以中国 1998～2010 年省级面板数据为样本，使用 EBM 模型测算纳入非合意产出环境污染的能源效率，并对经济集聚与能源效率的关系进行实证检验，发现政府干预会显著影响经济集聚对能源效率的作用效果。在市场机制的引导下接近市场中心的企业更具运输成本和信息获取的优势，用以间接表征企业层面经济集聚的市场接近度与能源效率呈现出预期的同方向变动特征。然而，由于地方政府有意愿和能力通过贷款影响企业的投融资决策，在产业层面的经济集聚，即政府干预造成的"企业扎堆"，往往不具有市场力量形成的产业集聚的技术外溢效应，产业集聚并未直接促进能源效率提升。当控制了政府干预的核心因素金融发展和产业集聚交互项后，显示金融发展规模越高、地方政府对产业集聚的潜在干预增加，抑制了产业集聚对能源效率提升的效果。此外，中央政府信贷干预越高的地区，易于滋生道德风险，商业银行缺乏对贷款企业进行有效评估的动力，集聚于当地的贷款企业对于节约包括能源消耗成本在内的各项支出的约束减少，也会降低产业集聚对能源效率改进产生的积极影响。由于先污染后治理的广泛存在，涵盖环境质量信息的 EBM 能源效率随区域层面经济集聚的代理变量城市密度的提高先下降后上升。值得注意的是，为了应对 2008 年国际金融危机，中央政府相机抉择地以大量基础设施投资刺激经济，前后不一致导致 2006 年推出的节能减排政策未能发挥应有作用。

本文余下的结构安排为：第二部分对已有文献进行回顾和述评；第三部分在 Fisher - Vanden 等（2004）模型的基础上分析经济集聚与能源效率关系的理论模型，并对相关指标进行说明与测算；第四部分检验、分析政府干预下的经济集聚对能源效率的作用机制；第五部分是结论。

二、文献回顾和评述

气候变迁与能源供需失衡已成为威胁全球经济稳定增长最为严峻的挑战，提升能源效率则是摆脱能源困境切实可行的选择。大量研究（Sinton and Levine，1994；Lin and Polenske，1995；Garbaccio et al. ，1999；史丹等，2008；吴利学，2009）认为，能源效率改进的本质在于依托技术进步。后续研究则在细分技术进步的基础上，深入分析差异化的技术进步对能源效率的影响。Fisher - Vanden 等（2004）分析显示资本节约型的技术创新是中国能源效率改进的核心驱动力。李廉水和周勇（2006）则将广义技术进步分解为科技进步和技术效率，并发现技术效率是我国能源效率提升的主因，科技进步的贡献相对较低。但也有研究（Khazzoom，1980）认为，技术进步虽然能够直接提升能源效率，但在回报效应（Rebound Effect）的作用下，技术进步会刺激经济增长进而间接带动能源消耗攀升，使得技术进步的节能效应具有不确定性。

Newell 等（1999）发展的诱致性技术变迁理论阐明虽然在表面上技术进步有助于能源效率提升，但节能技术是由能源价格变迁所激发，因此能源价格是影响能源效率的关键所在。Mulder 等（2003）的研究显示，对能源价格征税也会加速节能技术扩散，引发资本和劳动对能源的替代，降低能源消耗。能源价格不仅会影响能源技术，Popp（2002）使用 1970～1994 年美国专利数据发现，能源价格还与科技创新显著正相关。也有研究发现，能源价格对能源效率具有差异化的影响。Kaufmann（2004）实证分析表明，能源价格与美国能源效率具有显著影响，但由于能源效率可以向上灵活调整，而向下调整具有黏性，导致能源价格与能源效率间存在非对称性关系。杨继生（2009）使用 STR 模型指出，1993 年之前能源价格对中国能源效率的影响较弱，之后逐渐增强。袁晓玲等（2009）发现能源价格与能源效率呈弱正相关性。造成能源价格对能源效率影响不显著的原因在于，中国能源消费以煤炭为主，实行电煤和商品煤的价格双轨制，较难挖掘出能够准确反映能源价格变动的科学指标。

由于中国能源供需的市场化机制尚未完善，学者们逐渐将研究视角聚焦于经济结构与能源效率的关系。齐志新等（2007）使用因素分解法（Ang et al.，2003）发现工业轻重结构对能源消费的影响都比较小，并且呈逐年下降态势。魏楚和沈满洪（2007）实证结果显示，第三产业占 GDP 的比重增加则会提升能源效率。相对于工业结构的变迁而言，产业结构的高级化可能对能源效率影响更为显著。除了对产业结构的考察外，经济结构中的市场化、开放度和城镇化也会作用于能源效率。史丹（2002）认为，市场经济主要借助改进企业 X 低效率和改善能源配置效率提升能源利用效率。Fan 等（2007）采用超对数成本函数估计要素替代弹性，指出 1993 年以来市场经济的不断完善提高了要素替代弹性，进而通过加快要素配置速度提升了能源效率。与之接近的是，史丹（2002）分析经济开放度时指出，1980～1992 年我国要素净流出协调了要素投入比例关系和供需关系，1993 年之后 FDI 产生要素净流入增加的同时也创造了技术和管理效应。以 1993 年为分水岭，要素流出和流入均改进了能源效率。Fisher - Vanden 等（2004）也发现外资、港澳台资企业拥有比国有企业相对较高的能源效率，FDI 流入能够借助技术外溢提高中国的技术效率、组织效率和能源效率。樊茂清等（2009）则使用投入产出时间序列估算能源、资本和劳动的份额方程，研究表明，以贸易表征的经济开放度能显著改进我国能源效率。

除了产业结构、市场化和外向性外，城镇化是我国经济结构变迁的另一个重要表现形式，城镇化通过作用于能源消费总量影响能源效率（Cole and Neumayer，2004；York，2007）。但是城镇化对能源消费的影响却具有非线性关系，Poumanyvong 和 Kaneko（2010）使用 STIRPAT 模型发现，城镇化会降低低收入国家能源消费，但会提升高收入国家能源消费。相似地，Sadorsky（2013）采集了 76 个发展中国家数据，使用异质性静态模型分析发现，一方面城镇化通过消费和生产活动的高度集中增强了经济活力，带动能源消费攀升；另一方面城市化会产生规模经济促进能源效率提升，总体而言城镇化两种相左的力量会改善能源效率。Liu 和 Xie（2013）使用时间序列数据发现，由于产业结构、技术进步和能源管理政策的变动，中国能源效率与城镇化之间也存在非线性关系。

然而仅定量分析经济结构变动对能源效率的影响，似乎并未触及宏观经济运行中能源效率提升的深层因素，中国经济增长的特征性事实必然与能源效率具有内在关联。经过进一步分析不难发现，中国产业结构变迁不仅体现为三次产业结构的变化，更表现为相关产业在空间的集聚，而产业集聚和城镇化均是要素和产品在空间集中，即经济集聚的表现形式。此外，中国的市场化改革通过打破单纯由政府计划调配资源的机制，建立和完善依靠市场机制引导要素自发向高报酬地区和部门流动，提升资源配置效率，这又与企业聚集于经济发达地区的分析逻辑相契合。然而在财政分权和政绩考核背景下，地方政府对经济的干预较为普遍，尤其是对企业投资的干预已成为影响企业行为选择的重要变量。在政府和市场力量双重作用下，资源配置可能会被扭曲，经济集聚应有的绩效会随之降低。正是基于上述原因，本文尝试从经济集聚的视角捕捉影响中国能源效率改善的潜在因素，剖析政府干预背景下经济集聚对能源效率的作用机制，挖掘依靠市场力量和政府适度干预共同提升能源效率的可行性选择。

三、理论模型与变量说明

（一）理论模型

借鉴 Fisher - Vanden 等（2004）的研究思路，本文假定生产需要物质资本（K）、人力资本（H）和能源（E）的投入，通过成本最小化分析，设定 Cobb - Douglas 成本函数：

$$C(P_K, P_H, P_E, Q) = A^{-1}G^{-1}P_K^{\alpha_K}P_H^{\alpha_H}P_E^{\alpha_E}Q \qquad (1)$$

其中，A 表示全要素生产率，G 表征经济集聚程度，Q 是产出水平，而 P_K、P_H 和 P_E 分别为物质资本、人力资本和能源的名义价格，α_j 代表各投入要素的产出弹性。对于企业而言，经济集聚的内涵在于能够借助外部经济使得平均成本整体下降，因此本文设定的成本函数与经济集聚负相关。

一般来说，全要素生产率由制度变量与技术进步共同决定，1978 年的改革开放是对中国经济影响最大的制度性因素，同时经济结构变迁会对全要素生产率产生一定的作用。因此我们对全要素生产率的表述如下：

$$A_i = f(Open_i, Mark_i, Str_i) + \varepsilon_i \qquad (2)$$

（2）式中 Open 是经济外向型水平，Mark 为市场化进程，Str 表征产业结构变迁。

根据谢泼德引理，能源需求等于成本函数对能源投入价格求偏导：

$$E = (\alpha_E A^{-1}G^{-1}P_K^{\alpha_K}P_H^{\alpha_H}P_E^{\alpha_E}Q)/P_E \qquad (3)$$

E 为生产中能源投入量，我们进一步假定产出的价格取决于三种投入要素的价格，即：

$$P_Q = P_K^{\alpha_K}P_H^{\alpha_H}P_E^{\alpha_E} \qquad (4)$$

其中，$\sum \alpha_j = 1$，在产品同质性的条件下 P_Q 能够代表一般物价水平。为了保证能够得到唯一的内点解，经济学理论往往假定生产函数是拟凹的，继而会得到既定产量水平下，企业要素成本最小化与利润最大化相吻合，即成本函数与生产函数具有对偶性。相应地，可以通过最优化证明，C - D 成本函数必然对应的是一个 C - D 生产函数。生产函数表征的是产量和要素投入量之间的关系，在现实中生产函数往往难以观测，而成本函数是要素价格和产出水平的函数，这些变量能够也更易于获取，因此我们利用成本函数分析企业的要素需求决策。本文假定产品同质即完全竞争的市场结构，企业在长期仅能获得正常利润，换言之，企业总收益应等于总成本即 $C = P_Q Q$，如果忽略全要素生产率和经济集聚的影响则需要假定 $P_Q = P_K^{\alpha_K}P_H^{\alpha_H}P_E^{\alpha_E}$。进一步纳入了全要素生产率和经济集聚，企业会借助技术创新和外部性获得超额利润，即企业的总收益大于总成本，从而保证了价格假设条件的合理性。

进而我们将式（4）代入式（3），可得：

$$E = (\alpha_E A^{-1} G^{-1} P_Q Q)/P_E$$

或 $Q/E = \alpha_E^{-1} AG(P_E/P_Q)$ （5）

由式（5）不难发现，以能源强度倒数表征的能源效率取决于全要素生产率、经济集聚程度和实际能源价格（P_E/P_Q），并且能源效率与经济集聚程度、全要素生产率和能源价格均成正比关系。

新经济地理学认为经济集聚的来源可以划分为三个层面：企业层面、产业层面和区域层面（Lall et al.，2004；范剑勇，2006）。首先，厂商以节约交易成本为选址布局原则，在地理空间上围绕产品和要素市场中心形成企业层面的经济集聚；其次，为了共享技术外溢出现了行业层面的经济集聚即产业集聚；最后，旨在获取更高的收益率以及共享基础设施和信息、技术，大量企业、产品和要素向城市集中，构成了区域层面的经济集聚——城镇化。在此基础上，我们可以将经济集聚表述为：

$$G_i = g(MA_i, LQ_i, UD_i) + \varepsilon_i$$ （6）

市场接近度 MA（Market Access）[①] 是刻画企业层面聚集经济的指标。接近市场中心的厂商在节约运输成本和获取信息方面更具优势，生产率水平也相应更高。此外，交通基础设施在提升区域间交流与联系方面发挥着重要作用。一方面，可靠便捷的交通设施能够通过提高运输能力、节约投入和产出的运输成本，减少生产的平均成本；另一方面，拥有良好交通基础设施的地区可以借助降低消费支出增加消费者剩余，从而提升了对私人投资的吸引力；更为重要的是，高质量的交通基础设施能够有效激发厂商、研发中心以及政府间的知识外溢。因此，市场接近度由厂商与市场中心距离、市场的商业规模和密度以及交通基础设施水平所决定。我们遵循 Harris（1954）的方法测算市场接近度：

$$MA_i = \sum_{i \ne r} S_r/d_{ri} + S_i/d_{ii}$$ （7）

式（7）中 S 是地区市场的规模指标，本文用 1998 年不变价格计算的居民消费支出作为代理变量；d_{ri} 为 r 和 i 地区间的距离，考虑到交通基础设施的作用，以及煤炭等大宗货物均使用铁路运输，我们采用了两地间铁路里程作为替代；d_{ii} 是各地区内部距离[②]。我们认为，距离市场中心越近，厂商越能够有效降低用于运输成本的能源支出，提升了能源效率。

在完全竞争模型中，生产过程一般被假定为规模报酬不变，但是特定地区整个行业规模扩张即产业集聚水平提高，易于产生外部经济促进厂商生产效率的提高[③]。并且，从消费层面来看，产业集聚通过降低消费者的信息不对称，诱发厂商在价格和质量竞争中降低成本，进而控制企业内部能源消耗。由于制造业能源消费量占我国能源消费总量的比重接近 60%，我们使用以城镇就业人数计算的制造业区位商 LQ 作为产业集聚代理变量。区域

---

① 一些文献如 Hanson（1998）也将该指标称为市场潜能。

② 内部距离的计算公式为：$d_{ii} = \sqrt{area/\pi}$，area 为各地区的辖区土地面积。

③ 产业集聚对地方经济的影响也被称为地方化经济（Hen - derson，1999）。

内制造业集聚度越高，企业间的节能减排技术外溢越显著，企业通过竞争降低能源消耗的倾向越明显，产业集聚与能源效率预期同方向变动。

城镇化水平的提高具有规模效应，大城市往往能够支撑多样化的经济活动，从而使得上游供货商和下游厂商在空间布局上更为接近。此外，不仅大型研发中心多集中于大城市，而且大城市也能够为厂商提供更为优良的商业和生产服务。通过基础设施共享，城镇化水平的提高有助于增进效率（Hansen，1990），本文采用各地区地级以上城市人口与辖区面积的比值——城市密度（UD）作为城镇化的代理变量。然而，城镇化的发展会产生"拥挤效应"①（Henderson et al.，2001），因此城市密度与能源效率间可能存在非线性关系。

值得注意的是，市场化的产业集聚是由经济主体在约束条件下追求目标最优化的行为选择所引发的，因此能够有效降低企业交易成本、激发技术外溢。但是相关研究发现，产业集聚形成过程中并非仅有市场力量在发挥作用，地方政府为了提高政绩对辖区内产业集聚的干预较为普遍。白重恩等（2004）指出，地方政府热衷于保护税率高和国有成分高的行业，最终降低了这类行业的区域专业化水平。郑江淮等（2008）通过研究企业进驻开发区的动机发现，为了获取"政策租"而落地开发区的企业并不必然与关联企业在空间上集中，但其技术和行为将与地方政府和产业关联要素发生作用，这导致开发区扎堆的企业不具有一般意义上产业集聚的特征。政府对产业集聚的干预源于政府强烈的经济干预冲动。在中国，中央政府和地方政府都具备对经济进行干预的动机和能力。在中央政府层面，林毅夫等（1999、2003）指出，发展中国家为了实现对发达国家的赶超，往往会基于比较优势理论，通过政府干预的方式优先发展重工业和推行进口替代政策。产业集聚也就与国家经济发展战略有关，但是政府如果不恰当地选择了违背比较优势的产业就需要向该行业提供财政补贴，要素配置将会被扭曲，包括能源在内的各类要素的利用效率将会下滑。就地方政府而言，干预经济的动机来自两个方面：第一，财政分权体制下地方政府财权和事权不匹配，使得地方政府为了增加本地税收，而倾向于借助行政干预保护本地企业。基于保护税收的地方政府干预会导致地方政府间的竞争，产生重复建设、产业结构趋同和产能过剩，能源的过度消耗难以避免。第二，晋升锦标赛体制下官员的升迁一般与其辖区的 GDP 挂钩（周黎安，2004、2007）。地方政府官员为了进入晋升通道，产生了依靠行政干预推动投资和本地经济增长的激励，相应地，招商引资的热情被升迁的诱惑点燃。单纯为了促进经济增长，地方政府更为关注入驻辖区企业数量和投资规模，而忽视产业间的关联性以及投资行为是否符合本地比较优势，为实现数量型增长损失了要素配置和利用效率。

为了追逐"政策租"，并不具备关联性的企业形成表面上的空间集聚——"企业扎

---

① "拥挤效应"可以解释为随着城市密度增大资源利用效率会上升，但随着城市密度进一步增加，由于过度"拥挤"，资源利用效率会反转下降。

堆"，政府干预下的产业集聚难以对能源效率产生积极影响①。政府干预下的"企业扎堆"的负面作用体现在：首先，政府干预的产业集聚不仅难以诱发严格意义上的技术外溢，更会在地区间低水平竞争的恶性循环中导致重复建设、过度投资和严重的资源浪费，要素配置被扭曲、能源利用效率恶化；其次，政府为了政绩而对企业提供"政策租"造成企业的"软预算约束"，在获得政府补贴后，企业缺乏降低包括能源消耗支出在内的各项成本的激励，微观层面的能源消费将会增加；最后，为了促进经济增长，政府可能会对本地企业的污染行为纵容和漠视。环境作为公共产品，具有非竞争性和非排他性，企业生产必然会排放污染物，政府加强污染治理则会转嫁为企业生产成本。为了吸引企业投资，政府会适当降低对环境污染的监督，但却损失了包含环境质量信息的能源效率。从表面上来看，政府干预能够促进经济增长，然而行政干预本身的成本却是高昂的，政府不仅会因"政策租"减少财政收入，还会牺牲包括能源在内的各类要素配置效率和环境质量。如果能够捕捉到"政策租"信息，进而在经验研究中控制住其影响，那么产业集聚可能会通过技术外溢促进能源效率改进。地方政府为产业集聚提供的"政策租"大致包括廉价的土地、资本和劳动力等生产要素、完善的基础设施以及税收优惠等，本文认为政府为集聚于辖区内的企业提供的融资支撑是众多"政策租"中的关键变量。

企业和行业发展与融资渠道和融资成本密切相关，Rajan 和 Zingales（1998）、Claessens 和 Laeven（2003）指出，金融发展通过拓展企业融资渠道，有助于外部融资依赖性行业和企业成长。金融发展不仅会影响企业发展还会作用于产业集聚，张晓蒂和王永齐（2010）认为，产业集聚实质上是企业家集聚，金融市场则为企业家显现和产业集聚起到连接效应，较高的金融市场效率通过降低企业家能力临界值的最低要求，提高企业家的比例和分布密度。此外，技术溢出是产业集聚提升能源效率的一个重要途径，但前提是节能减排技术积累已相对成熟和完善，换言之只有存在的技术才可能外溢。而相关实证研究（Acemoglu and Zilibotti，1997；Aghion and Howitt，2005；解维敏、方红星，2011）发现金融发展能够通过分散风险、降低合约的不完备和信息不对称促进企业研发投资、推动技术进步。也有研究直接探讨金融发展与能源消费的关系（孙浦阳等，2011），但企业是能源消费的主体，金融发展仅在二者之间充当媒介，忽略了企业和行业的行为选择和运行规律可能会导致有偏的结果。政府干预的核心因素金融发展会作用于产业集聚，更为关键的是中国地方政府有能力也有意愿通过金融机构贷款影响企业投融资行为（Zhang et al.，2007；钱先航等，2011；Cull et al.，2013），并将其意愿贯穿于产业集聚。

本文采用三个指标分析金融发展通过产业集聚对能源效率的影响。

（1）金融发展规模（Loan）。理论研究认为，金融发展取决于金融资产总值与国民财富之比，但是，一方面准确的金融资产数据难以获取，另一方面地方政府通常通过贷款对产业集聚施加影响，我们选择各地区金融机构贷款余额与 GDP 比值作为衡量金融发展规模的指标。

---

① 附录给出了一个简单的证明，产业集聚能够改进能源效率，但在政府干预下能源效率反而下降。

（2）金融发展效率（FE）。金融发展效率决定着各类企业融资渠道顺畅与融资成本高低，现有研究多采用非国有部门贷款占总贷款比重作为衡量金融发展效率的指标，但是官方统计并没有公布非国有经济部门信贷数据。本文沿袭 Zhang 等（2007）的分析思路，从总贷款中剥离国有经济部门贷款。假定金融机构的贷款分为国有经济部门和非国有经济部门的信贷，并且信贷的匹配比例与其固定资产投资比例相对应，建立面板回归模型：

$$\text{Loan}_{i,t} = \alpha + \gamma \text{SOE}_{i,t} + \mu_i + \varepsilon_{i,t} \tag{8}$$

其中，SOE 为国有经济部门固定资产投资占固定资产总投资的比重，γSOE 代表分配给国有经济部门的贷款份额。非国有经济部门信贷比例，即金融发展效率 FE，由金融机构信贷占 GDP 比重（Loan）的预测值减去经济面板固定效应回归得到的国有部门信贷份额的估值得到。

（3）中央政府信贷干预（CI）。不仅地方政府行为会影响产业集聚，中央政府也会借助信贷干预协调各地区产业发展。在中国，中央银行划分地区信贷配额是贯彻货币政策的一个重要手段，本地存款不足的地区对中央银行的依赖必然相对更强，因此各地区贷款与存款的比率能够反映中央政府信贷干预程度（Boyreau - Debray，2003；Liang，2006）。能够获得更多中央银行信贷配额的地区，由于有中央银行作为最后贷款人会滋生道德风险，当地国有银行缺乏提高经营效率和对贷款企业进行有效评估的动力（赵勇、雷达，2010）。贷款与存款比值越低的地区，中央银行对信贷市场的干预较少，金融效率相对更高。

综上所述，本文将能源效率（EE）影响因素的基础模型设定为：

$$\text{EE}_{i,t} = \alpha + \beta_1 \text{MA}_{i,t} + \beta_2 \text{LQ}_{i,t} + \beta_3 \text{UD}_{i,t} + \beta_4 \text{UD}_{i,t}^2 + \sum \beta X + \varepsilon_i \tag{9}$$

为了进一步考察政府干预对能源效率的影响，我们在式（9）中分别加入金融发展规模、金融发展效率和中央政府干预指标与产业集聚交互项[①]：

$$\text{EE}_{i,t} = \alpha + \beta_1 \text{MA}_{i,t} + \beta_2 \text{LQ}_{i,t} + \beta_3 \text{UD}_{i,t} + \beta_4 \text{UD}_{i,t}^2 + \beta_5 (\text{LQ}_{i,t} \times \text{Loan}_{i,t}) + \sum \beta X + \varepsilon_i \tag{10}$$

$$\text{EE}_{i,t} = \alpha + \beta_1 \text{MA}_{i,t} + \beta_2 \text{LQ}_{i,t} + \beta_3 \text{UD}_{i,t} + \beta_4 \text{UD}_{i,t}^2 + \beta_5 (\text{LQ}_{i,t} \times \text{FE}_{i,t}) + \sum \beta X + \varepsilon_i \tag{11}$$

$$\text{EE}_{i,t} = \alpha + \beta_1 \text{MA}_{i,t} + \beta_2 \text{LQ}_{i,t} + \beta_3 \text{UD}_{i,t} + \beta_4 \text{UD}_{i,t}^2 + \beta_5 (\text{LQ}_{i,t} \times \text{CI}_{i,t}) + \sum \beta X + \varepsilon_i \tag{12}$$

---

① 审稿专家提出的一个非常富有启发性的意见使我们认识到：本文实证模型是建立在微观经济主体企业行为选择分析的基础上，然而囿于数据限制我们无法获取足够的微观数据，因此本文使用了宏观的省际面板数据进行经验检验，这就不可避免地产生了计量经济学中常见的加总问题。由微观数据加总形成的宏观数据会使得计量检验中变量关系发生改变，尤其是涉及经济集聚的影响机制，即并不是所有省份的经济集聚水平都以相同方向和比例变动，经济集聚对能源效率的影响系数将不再是常数而具有时变性。换言之，加总使得能源效率函数将不再是线性关系。而这也使我们更进一步认识到，在基础回归模型之后考察经济集聚对能源效率非线性影响的必要性，因此本文分析了区域层面经济集聚——城市密度的二次项以及政府干预核心因素金融发展指标与产业集聚交互项对省际能源效率的作用。本文代表性企业的假定以及非线性回归的使用在一定程度上能够缓解加总困扰，但并不能根治。使用分位数回归考察不同经济集聚水平对能源效率的影响，以及分别从专业化和多样化的视角考察产业集聚对能源效率的差异化作用就显得尤为重要，在下一步研究中我们将深入考察这些问题。

其中，X 代表控制变量，包括：①产业结构高级化指标（TS），第三产业产值与第二产业产值之比（干春晖等，2011）；②对外开放可以分为外贸依存度和外资依存度两个层面，但是二者高度相关，为了将其同时纳入计量模型，我们采用主成分分析法将外贸依存度和外资依存度合成一个指标——经济开放度（Open）；③政府财政支出与 GDP 的比值 Fiscal，用以衡量市场化水平，比值越低表明政府干预越少，市场化程度也就越高；④能源价格 PE 的代理变量原材料、燃料、动力购进价格指数；⑤2006 年中央政府首次将节能减排目标纳入国民经济发展规划纲要，模型中加入节能减排虚拟变量 Dumy 2006，2006 年之前取 0，之后取 1。上述数据来自历年《中国统计年鉴》、《新中国六十年统计资料汇编》和《中国城市统计年鉴》。

（二）能源效率测度

使用数据包络分析法（DEA）对能源效率进行测度的合理性已经得到理论界广泛的认可，本文将采用 DEA 和能源强度倒数两种方法测度 1998～2010 年中国省级能源效率。

DEA 能够在一个统一的框架内处理多投入—多产出的效率问题，并且由于放松了 SFA（随机前沿分析）具体函数形式的限制，从而具备了更强的现实解释力。从测算方法来看，经典的 DEA 模型可以划分为两类，第一类为以径向测算（Radial Measure）为基础的规模报酬不变（CCR）（Charnes et al.，1978）模型为代表；第二类为以非径向测算（Nonradial Measure）为基础的 SBM（Slack - based Measure）模型（Tone，2001）。值得注意的是，无论是 CCR 模型还是 SBM 模型都存在一定缺陷。径向的 CCR 模型假定在保持产出不变的前提下测度投入导向的效率分值，但是由于假设条件过于严格导致所有投入要素均要以相同的比例缩减，与现实经济产生背离。而 SBM 模型的效率测算包含了非径向的松弛变量，从而规避了投入要素同比例缩减的假设条件。但这一优化是以损失效率前沿投影值的原始比例信息为代价的，并且在线性规划求解过程中，SBM 模型暴露出不足，即取零值和正值的最优松弛具有显著的差别。

为了有效解决 CCR 模型和 SBM 模型测算效率分值存在的问题，Tone 和 Tsutsui（2010）构建了一个综合径向和非径向特点的 EBM 模型。对于具有 m 个投入要素（x）和 s 个产出（y）的 n 个决策单元，EBM 模型可以表示为：

$$\gamma^* = \min_{\theta,\lambda,s} \theta - \varepsilon_x \sum_{i=1}^{m} \frac{\overline{w_i}\,\overline{S_i}}{X_{i0}}$$

$$\text{s. t. } \theta X_0 - X\lambda - \overline{s} = 0$$

$$\lambda Y \geq y_0, \lambda \geq 0, \overline{s} \geq 0$$

(13)

其中，γ^* 为 EBM 模型测度的最优效率分值，θ 是 CCR 模型计算的径向效率值，$\overline{s}$ 代表非径向的投入要素的松弛向量，λ 为权重向量，$\overline{w_i}$ 表示第 i 个投入变量的权重（用以反映投入变量的重要程度）满足 $\sum_{i=1}^{m} \overline{w_i} = 1$，$\varepsilon_x$ 是包含有径向 θ 和非径向松弛的核心参数。$X = \{x_{ij}\} \in Rm \times n$，$Y = \{y_{ij}\} \in Rs \times n$ 分别为投入和产出矩阵，且 $X > 0$，$Y > 0$。

大量研究（涂正革，2008；魏楚等，2010；陈诗一，2010；张伟、吴文元，2011）认为，能源投入在维持经济发展的同时产生了不可忽视的"坏"产出——环境污染，因而对能源效率的分析除了将经济增长作为合意产出外，还应当采用方向性距离函数纳入环境污染作为非合意产出，这样对能源效率测算才更为贴近现实。本文选择除西藏外 30 个省、市、自治区的资本存量、人力资本存量以及能源消费量作为投入变量，产出指标则包括以 1998 年为基期的实际 GDP 和环境质量代理变量 CO_2 和 SO_2 排放量。由于各地区 SO_2 数据的统计始于 1998 年，所以研究的样本期定为 1998 ~ 2010 年。

资本存量采用单豪杰（2008）的测算数据，并依据其方法计算了 2007 ~ 2010 年省际资本存量数据，换算成 1998 年为基期的不变价格。能源消费数据取自历年《中国能源统计年鉴》，2010 年能源消费数据来自《中国统计年鉴（2011）》。人力资本采用各省份就业人员人均受教育年限法计算获得，数据取自历年《中国劳动统计年鉴》。本文 CO_2 排放量数据测算使用李锴和齐绍洲（2011）的方法，考虑到 CO_2 排放主要来自化石能源燃烧和水泥工业生产中从生料转化为熟料的过程。我国一次能源消费结构中，水电几乎不产生 CO_2 排放，而煤、石油和天然气 CO_2 排放因子则分别为 2.7412、2.1358 和 1.6262（万吨/万吨标准煤）。水泥熟料 CO_2 排放因子为 0.5272，水泥中熟料含量大致为 75%，因此生产 1 吨水泥约排放 0.3954 吨 CO_2[①]。《中国统计年鉴》提供了 1998 年以来我国各省份的 SO_2 排放量。上述数据除特殊说明外均来自历年《中国统计年鉴》和《新中国六十年统计资料汇编》。

四、计量检验与结果分析

EBM 模型所测算的能源效率显示[②]，能源利用高效率地区在样本期内均保持在较高水平，换言之，区域能源效率可能存在惯性。同时，为了规避潜在的内生性问题，本文使用动态面板模型的两阶段系统广义矩阵（SYS - GMM）方法[③]对实证模型加以估计。

表 1 的模型（1）仅检验经济集聚与使用 EBM 方法测算的能源效率之间的关系，市场接近度、城市密度与能源效率显著正相关，出乎意料的是制造业集聚水平的提高却会降

---

① 林伯强和刘希颖（2010）测算 CO_2 时也纳入水泥生产中碳酸钙排放的影响。

② 囿于篇幅，本文未报告 EBM 能源效率测算结果，感兴趣的读者可与作者联系。

③ 本文模型的内生化问题主要来自解释变量的遗漏以及被解释变量和解释变量互为因果关系。其一，我们认为经济集聚通过技术外溢效应改进能源效率，由于一方面技术外溢来自集聚，另一方面缺乏能够准确衡量技术的指标（现有大多数研究使用 DEA 的方法测度技术进步，由于本文已使用 DEA 方法测算了能源效率，因此放弃了使用 DEA 方法计算技术进步），并且在现实中也难以辨别促进能源效率提升的技术。因此，模型设计中未纳入技术进步的影响，而可能遗漏的技术进步又与经济集聚和能源价格相关，这是第一种会导致内生性的原因。其二，被解释变量能源效率越高，意味着内嵌于产品的能源消耗越低，企业单位生产成本越低越有利于企业出口，经济的外向型程度随之提高，从而表现出能源效率和对外开放相互影响。基于上述考虑本文使用两阶段系统广义矩阵对模型加以估计，工具变量选择能源效率的前定变量。

低能源效率。为了得到更加准确的信息，我们进一步考察了经济集聚对未涵盖环境质量信息的能源强度倒数（EI）[1] 的影响。如模型（2）所示，市场接近度和城市密度上升均会提高能源强度倒数，并且制造业集聚也会对能源效率改进产生积极的影响。EBM 能源效率测算中包含了环境污染，而环境属于公共产品，企业的"搭便车"倾向会抑制减排行为，与之对应能源消耗则需要支付成本，企业有充分的节能激励[2]。因此，环境的"公地悲剧"是导致模型（1）和模型（2）中制造业集聚作用方向相左的因素之一。这也佐证了前文的论述，为了推动本地经济增长，政府可能会纵容和漠视企业的污染行为，通过减少对环境污染的监督，客观上降低了企业污染治理成本，实现了吸引企业投资的目的。政府干预越多，以牺牲环境质量为代价的经济增长出现的概率越大。作为一致估计，动态面板模型成立的前提是，扰动项的一阶差分仍将存在一阶自相关，但不存在二阶自相关乃至更高阶的自相关。模型（1）和模型（2）的自相关检验（AR）显示，均不能通过 10% 的显著性水平检验，表明拒绝一阶自相关和二阶自相关存在，某些重要变量被忽略会导致无法通过 AR 检验。此外，由于动态面板数据使用了多个工具变量，还需要进行过度识别（Sargan）检验。模型（1）和模型（2）接受"所有工具变量均有效"的原假设，通过了 Sargan 检验。

表1 经济集聚与能源效率

被解释变量	模型（1） EE （EBM）	模型（2） EE （EI）	模型（3） EE （BM）	模型（4） EE （EI）	模型（5） EE （EBM）	模型（6） EE （EI）
LnMA	0.090 *** (15.24)	0.039 ** (14.75)	0.088 *** (12.0)	0.040 *** (17.24)	0.108 *** (3.37)	0.055 *** (3.34)
LQ	− 0.157 *** (− 6.29)	0.008 (0.80)	− 0.160 *** (− 11.39)	0.001 (0.05)	− 0.126 *** (− 4.39)	0.062 *** (3.68)
UD	0.121 *** (9.22)	0.081 *** (9.87)	− 0.808 *** (− 5.68)	0.114 (0.68)	− 0.839 *** (− 3.55)	0.273 ** (2.20)
UD^2			0.069 *** (6.67)	− 0.003 (− 0.204)	0.070 *** (3.83)	− 0.016 * (− 1.80)
TS					0.10 *** (3.43)	0.047 *** (3.34)
Open					0.036 *** (3.92)	0.022 *** (6.44)

① 能源强度 = 能源消费量/GDP，在理论上能源强度与能源效率反方向变动，能源强度越大、能源效率越低，我们在实证模型中取能源强度的倒数衡量未涵盖环境质量信息的能源效率。

② 各能源品种具有差异化的碳排放系数，在预算约束的条件下企业可以通过选择能源消费品种实现节能而不减排。中国的能源结构是"富煤贫油"，煤炭价格更为低廉，企业可以选择用煤炭替代石油控制能源消耗，但是煤炭的含碳量远远高于石油，从而导致节能而不减排。

续表

	模型（1）	模型（2）	模型（3）	模型（4）	模型（5）	模型（6）
Fiscal					-0.799^{***}	0.288^{***}
					(-3.69)	(3.23)
P_E					0.158^{***}	0.008
					(4.32)	(0.54)
Dumy 2006					-0.009	0.054^{***}
					(-0.64)	(11.4)
LEE	0.415^{***}	0.905^{***}	0.401^{***}	0.899^{***}	0.321^{***}	0.957^{***}
	(39.01)	(164.7)	(28.1)	(125.2)	(4.97)	(39.23)
Cons	-0.676^{***}	-0.611^{***}	2.42^{***}	-0.693	1.780^{**}	-1.03^{**}
	(-8.07)	(-10.89)	(5.12)	(-1.21)	(2.36)	(-2.41)
AR（1）检验 P 值	0.027	0.051	0.032	0.052	0.037	0.0207
AR（2）检验 P 值	0.082	0.037	0.107	0.103	0.108	0.105
Sargan 检验 P 值	1.00	1.00	1.00	1.00	1.00	1.00

注：*、**和***分别表示 1%、5%和 10%的显著性水平。

由于存在"拥挤效应"，城市密度与能源效率间可能具有非线性关系，模型（3）和模型（4）中分别纳入城市密度的二次项。实证结果表明，城市密度与 EBM 能源效率呈 U 形变动特征，而与能源强度倒数具有不显著的倒 U 形关系。造成这一现象的原因在于，大多数国家都会经历"先污染，后治理"，当城镇化发展到特定高度、居民收入水平较高时环境质量才会得到充分的重视，EBM 能源效率会随城市密度先下降后上升。城镇化进程中，基础设施建设和使用会消耗大量能源，而城市基础设施具有自然垄断特性，城市密度上升初期，城市人口增加使得基础设施使用频率上升，基础设施平均成本持续下降，内嵌于基础设施的能源利用效率得以提升。当城市密度进一步提高，由于"拥挤效应"的作用，基础设施超负荷运营，城市将不得不扩容，新建大规模基础设施带动能源消耗快速攀升，如果不考虑环境质量能源效率将反转下降。加入城市密度的二次项后，模型（3）和模型（4）都通过了 AR 检验和 Sargan 检验。

模型（5）和模型（6）中进一步加入控制变量。其中本文最为关注的三个层面的经济集聚对能源效率的作用方向均未发生变化，并且城市密度与能源强度倒数的倒 U 形关系通过了显著性检验。无论是对于 EBM 能源效率还是对于能源强度倒数，产业结构高级化、经济开放度以及能源价格均与能源效率显著同方向变动。值得注意的是，以财政支出占 GDP 比重衡量的政府干预经济指标以及节能减排虚拟变量对 EBM 能源效率和能源强度倒数表现出相反的作用。相对于环境质量而言，获取单纯的节能指标更为便捷和直观，因此短期内地方政府在节能减排目标约束下更容易通过"拉闸限电"的政府干预控制当期能源消耗，而对于改善公共产品——环境质量则显得力不从心[1]。政府干预越多，造成的扭曲越显著，对包含环境质量的 EBM 能源效率的负面影响越大。这也佐证了前文的论述，为了推动本地经济增长，政府可能会纵容和漠视企业的污染行为，通过减少对环境污染的监督，客观上降低了企业污染治理成本，实现了吸引企业投资的目的。政府干预越多，以牺牲环境质量为代价的经济增长出现的概率越大。

虽然短期内行政干预手段能够有效节能，但在长期无法根治"能源依赖症"，并且节能和减排也不能被简单地割裂开来。为了进一步考察政府干预的影响，我们在模型（5）的基础上，分别纳入金融发展规模、金融发展效率和中央政府信贷干预与制造业产业集聚的交互项，以控制"政策租"的核心因素金融发展对产业集聚的影响。在模型（7）至模型（9）中，各控制变量的作用方向和显著性均未发生变化，并且节能减排虚拟变量对能源效率依然产生不显著的负面影响。尽管 2006 年国民经济发展规划纲要首次提出年均 5%的节能减排目标，但是为了应对 2008 年国际金融危机冲击，中央政府相机抉择地推出 4 万亿元刺激经济计划，催生了大批高能耗的"铁、公、基"项目，前后不一致性导致节能减排政策未能发挥应有效果。

加入金融发展规模与产业集聚的交互项后，制造业产业集聚虽然能够促进能源效率但不显著，而交互项的系数显著为负。表 1 和表 2 实证结果的对比显示，实证结果印证了之前的推断，借助金融机构贷款影响产业集聚是地方政府的主要干预行为。在未控制表征政府干预的金融发展指标时，产业集聚会抑制能源效率提升。由于政府干预的影响，表面的集聚——"企业扎堆"不仅不会产生技术外溢、促进能源效率提升，而且行政干预下扭曲了要素配置、企业节能约束软化以及政府放松对企业污染排放的监管力度，最终反而使得能源效率恶化。值得注意的是，政府干预信贷资源配置后，会导致贷款企业的过度投资（程仲鸣等，2008），引发包括能源在各类资源消耗的激增。控制了金融发展规模指标后，产业集聚能够促进能源效率提升。但是从产业集聚的边际效应来看[2]，随着金融发展规模的膨胀，潜在的政府干预增加，产业集聚对能源效率的改进效用趋于弱化。

表 2　经济集聚、金融发展与能源效率

被解释变量	模型（7）EE（EBM）	模型（8）EE（EBM）	模型（9）EE（EBM）	模型（10）EE（EBM）	模型（11）EE（EBM）	模型（12）EE（EBM）
LnMA	0.154 *** (7.99)	0.109 *** (3.19)	0.116 *** (3.35)	0.135 *** (4.82)	0.067 ** (2.29)	0.075 *** (2.70)
LQ	0.055 (1.53)	− 0.320 *** (− 6.07)	− 0.123 *** (− 4.14)	0.188 *** (4.54)	− 0.148 (− 1.50)	− 0.023 (− 0.20)

---

[1]　近年来地方政府通过"拉闸限电"等行政干预手段有效实现节能目标，而对减少污染排放却鲜有成效。虽然从表面数字上来看，各地都实现了 2006 年的节能目标，但环境污染问题却更为严峻，各地雾霾天气屡创历史新高。

[2]　金融发展规模对能源效率的边际效应为：$\alpha EE / \alpha LQ = 0.055 - 0.125 Loan$。

	模型 (7)	模型 (8)	模型 (9)	模型 (10)	模型 (11)	模型 (12)
UD	−0.476	−0.781	−0.839 ***	−0.703 **	−1.01 **	−0.832 ***
	(−1.56)	(−1.59)	(−3.24)	(−2.58)	(−2.27)	(−3.64)
UD^2	0.043 *	0.065 *	0.07 ***	0.059 ***	0.081 **	0.068 ***
	(1.85)	(1.78)	(3.50)	(2.86)	(2.48)	(4.06)
TS	0.133 ***	0.096 ***	0.093 **	0.142 ***	0.097 ***	0.109 **
	(5.43)	(3.25)	(2.46)	(3.74)	(2.43)	(2.58)
Open	0.027 ***	0.043 ***	0.038 ***	0.030 ***	0.044 ***	0.037 ***
	(2.79)	(4.83)	(4.63)	(3.33)	(4.63)	(3.64)
Fiscal	−0.486 **	−0.843 ***	−0.792 ***	−0.646 ***	−0.651 ***	−0.693 ***
	(−2.19)	(−3.09)	(−3.29)	(−2.79)	(−4.74)	(−3.82)
P_x	0.047 *	0.126 ***	0.145 ***	0.096 **	0.194 ***	0.207 ***
	(1.70)	(3.08)	(3.51)	(2.33)	(3.67)	(4.50)
Dumy 2006	−0.016	−0.014	−0.010	−0.001	−0.011	−0.003
	(−1.25)	(−0.99)	(−0.63)	(−0.07)	(−0.83)	(−0.29)
Loan × LQ	−0.125 ***			−0.107 ***		
	(−6.13)			(−5.54)		
FE × LQ		0.194 ***			0.186 ***	
		(4.00)			(2.79)	
CI × LQ			−0.007 *			−0.010 *
			(−1.77)			(−1.79)
LEE	0.336 ***	0.363 ***	0.327 ***	0.282 ***	0.343 ***	0.325 ***
	(5.86)	(7.61)	(4.57)	(5.31)	(6.31)	(6.93)
Cons	0.815	1.778	1.822 **	1.36	2.258	1.596 **
	(0.81)	(1.05)	(2.26)	(1.55)	(1.44)	(2.13)
AR (1) 检验 P 值	0.041	0.029	0.036	0.033	0.031	0.033
AR (2) 检验 P 值	0.155	0.122	0.109	0.109	0.118	0.109
Sargan 检验 P 值	1.00	1.00	1.00	1.00	1.00	1.00
备注	制造业集聚	制造业集聚	制造业集聚	工业集聚	工业集聚	工业集聚

注：*、**和***分别表示1%、5%和10%的显著性水平。

模型 (8) 检验金融发展效率的作用，金融发展效率和产业集聚交互项与能源效率显著正相关，而产业集聚依然抑制能源效率改进。但在产业集聚水平一定的情况下，较高的金融发展效率有助于提升能源效率。金融发展效率由本文估算的非国有部门贷款占总贷款比重衡量，国有企业的不良贷款率远远高于非国有企业（谭劲松等，2012），因此非国有部门贷款占比越高反映出金融发展效率越高。地方政府通过干预信贷资源的配给，为投资于本地的企业提供了可观的"政策租"。黎凯和叶建芳（2007）发现在财政分权体系下地方政府更易于通过行政干预影响国有企业的长期信贷，而何贤杰等（2008）指出，"政治性"贷款造成了银行对国有企业和非国有企业的双重信贷标准，来自政府提高资产质量的压力和向非国有企业发放信贷时潜在的政治成本压力迫使银行为了控制贷款风险对非国有企业制定过于严格的信贷标准，国有企业以及与政府关联性强的企业会得到较高的信贷配额和较低的贷款利率。我们有理由认为，金融发展规模的扩张是以在地方政府的干预下国有部门的信贷规模不断挤出非国有部门信贷为基础的。换言之，潜在的地方政府干预越强，金融发展规模指标越高；金融发展效率指标越高，则意味着较低的地方政府干预。加入金融发展效率和产业集聚交互项后，由于不再直接控制政府干预的影响，产业集聚又导致能源效率下降，但是金融发展效率越高即政府干预越少，有助于弱化产业集聚对能源效率的不利影响。

中央政府信贷干预与产业集聚的交互项为负，说明从中央政府的信贷干预来看，给定产业集聚水平，中央政府信贷干预的减少会降低道德风险，对能源效率改进产生积极影响（见模型（9））。贷款与存款比值越高的地区，意味着依靠本地存款支撑本地贷款的难度越大，相应地这类地区对中央银行有较高的依赖，中央政府的信贷干预越强。此类地区的商业银行发放贷款大多有中央银行兜底，为了获取高额的存贷款利差，商业银行倾向于大规模放贷，缺乏对企业贷款风险的必要评估。一方面，这使得集聚于当地的贷款企业对于节约包括能源消耗成本在内的各项支出的约束减少，企业缺乏节能减排的动力；另一方面，企业贷款难度降低也会滋生过度投资，并将带动能源消耗攀升。

最后，我们用工业产业集聚替代制造业产业集聚进行稳健性检验。模型（10）至模型（12）用工业行业从业人员测算工业产业集聚，各变量的作用方向均未发生变化，仅显著性检验有微小的差异。相较于制造业集聚，工业集聚与金融效率的交互项系数绝对值较小，而与中央政府信贷干预交互项系数绝对值更大。工业行业中包含了采掘业，在能源价格逐年走高的背景下，中央政府对能源开采业的控制明显增强，能源开采业的"国进民退"是导致上述结果的可能原因。

五、结 论

借助新经济地理学的相关知识，本文认为在理论上经济集聚通过规模效应、技术溢出效应和竞争效应有利于提升能源效率，为了验证二者间的联系，本文分别从企业、产业和区域三个层面经验分析经济集聚对能源效率的影响与作用机制。研究的主要结论有：

（1）以市场接近度衡量的企业层面集聚与能源效率显著正相关，企业为了节约交易成本围绕市场中心选址布局形成集聚，进而能够有效节约交通运输中的能源消耗、提升能源效率。市场机制通过引导要素合理配置能够对节能减排产生积极影响。此外，交通基础设施质量的改善会进一步提高各地区的市场接近度，进而惠及节能减排。

（2）由于环境治理的"搭便车"倾向与政府干预的扭曲效应，在"政策租"的诱导下企业形成表面的空间集聚——"企业扎堆"，产业集聚也难以诱发严格意义的技术外溢，进而无法对能源效率改进发挥预期效果。控制了政府干预产业集聚的核心因素金融发展后，我们发现金融发展规模扩张、潜在的政府干预增加会使产业集聚对能源效率的积极作用趋于弱化。给定产业集聚水平，较高的金融发展效率能够提升能源效率。中央政府信贷干预减少会降低道德风险的滋生，有助于以产业集聚改进能源效率。

（3）能源效率与表征区域层面经济集聚的城市密度呈 U 形变动特征。大多数国家都会经历"先污染，后治理"，当城镇化发展到特定高度时环境质量才会得到充分的重视，EBM 能源效率会随城市密度先下降后上升。此外，实证研究还发现城市过度扩容会导致不包含环境质量信息的能源效率下滑。中国城镇化建设需要在提升现有基础设施利用效率的同时，防止盲目追求城市规模扩张的"摊大饼"现象，切实贯彻节能减排战略的实施。

本文的研究结论表明与中国经济相似，节能减排战略在深层次也面临着政府干预和市场力量的权衡。虽然政府干预会导致潜在的资源配置扭曲，但也不能完全否认政府的作用。由于存在环境"公地悲剧"和货币信贷的道德风险，政府在环境质量监管和信用评级领域的适度干预能够抵消市场失灵在资源配置中的不利影响。提升能源效率，实现节能减排目标需要借助市场力量和政府适度干预共同作用。

参考文献

［1］Ang, B. W. , Liu, F. L. and Chew, E. P. Perfect Decomposition Techniques in Energy and Environmental Analysis. Energy Policy, 2003（31）：78 – 89.

［2］Acemoglu, D. and Zilibotti, F. Was Prometheus Unbond by Chance? Risk, Diversification and Growth. Journal of Political Economy, 1997（105）：709 – 775.

［3］Aghion, P. and Howitt P. The Effect of Financial Development of Convergence：Theory and Evidence. Quarterly Journal of Economics, 2005（120）：173 – 222.

［4］Boyreau – Debray, G. Financial Intermediation and Growth. World Bank Working Paper, 2003：3067.

［5］Cole, M. A. , Neumayer, E. Examining the Impact of Demographic Factors on Air Pollution. Population and Environment, 2004（26）：5 – 21.

［6］Charnes, A. , Cooper, W. W. and Rhodes, E. Measuring the Efficiency of Decision Making Unites. European Journal of Operational Research, 1978（2）：429 – 444.

［7］Claessens, S. and Laeven, L. Financial Development, Property Rights and Growth. Journal of Finance, 2003（58）：2401 – 2436.

［8］Cull, Robert, Li, Wei. , Sun, Bo. and Xu, Linxin, Colin. Government Connection and Financial Constraint. World Bank Working Paper, 2013：6352.

［9］Dixit, A. K. and Stiglitz. Monopolistic Competition and Optimum Product Diversity. American Economic

Review, 1977, 67（3）：297 - 308.

［10］Fan, Ying, Liao, Huaand Wei Yi - Ming. Can Market Oriented Economic Reforms Contribute to Energy Efficiency Improvement? Evidence from China. Energy Policy, 2007（35）：2287 - 2295.

［11］Fisher - Vanden, Karen, Jefferson, Gary H., Liu, Hong - mei and Tao, Quan. What is Driving China's Decline in Energy Intensity? Resource and Energy Economics, 2004（26）：77 - 97.

［12］Fujita, M. Urban Economic Theory. UK：Cambridge, Cambridge University Press, 1989.

［13］Fujita, M., Krugman, P. and Venables, A. The Spatial Economy and International Trade. Cambridge, MA：MIT Press, 1999.

［14］Garbaccio, R. F. and Jorgenson, D. W. Why has Energy - output Ration Fallen in China? Energy Journal, 1999（20）：63 - 91.

［15］Hansen, N. Impact of Small and Intermediate - sized Cities on Population Distribution：Issue and Response. Regional Development Dialogue, 1990（11）：60 - 76.

［16］Hanson, G. Market Potential, Increasing Returns and Geographic Concentration. National Bureau of Economic Research, Cambridge, 1998.

［17］Harris, C. The Market as a Factor in the Localization of Industry in the United States. Annals of Association of American Geographers, 1954（64）：315 - 348.

［18］Henderson, V., Lee. T. and J - Y. Externalities and Industrial Deconcentration Under Rapid Growth. Mimeo, Brown University, 1999.

［19］Henderson, V., Shalizi, Z. and Venables, A. Geography and Development. Journal of Economic Geography, 2001（1）：81 - 105.

［20］Kaufmann, R. K. The Mechanisms for Autonimous Energy Efficiency Increases：A Cointegration Analysis of US Energy/GDP Ratio. Energy Journal, 2004（25）：63 - 86.

［21］Khazzoom, J. D. Economic Implications of Mandated Efficiency Standards for Household Appliances. Energy Journal, 1980（1）：21 - 39.

［22］Krugman, P. Geography and Trade. Cambridge, MA：MIT Press, 1991.

［23］Lall, Somik, V., Shalizi, Z. and Deichmann, U. Agglomeration Economics and Productivity in Indian Industry. Journal of Development Economics, 2004（73）：643 - 674.

［24］Liang, Zhicheng. Financial Development, Growth and Regional Disparity in Post - reform China. Mimeo, 2006.

［25］Lin, X. and Polenske, K. R. Input - output Anatomy of China's Energy Use Changes in the 1980's. Economic System Research, 1995（7）：32 - 45.

［26］Liu, Yaobin and Xie, Yichun. Asymmetric Adjustment of the Dynamic Relationship between Energy Intensity and Urbanization in China. Energy Economics, 2013（36）：43 - 54.

［27］Mulder, Peter, Groot, Henri, L. F. de. and Hofkes, M. W. Explaining Slow Diffusion of Energy - saving Technologies；A Vintage Model with Returns to Diversity and Learning - by - Using. Resource and Energy Economics, 2003（25）：105 - 126.

［28］Newell, Richard. G., Jaffe, Adam. B. and Stavins, Robert, N. The Induced Innovation Hypothesis and Energy - saving Technological Change. Quarterly Journal of Economics, 1999（114）：941 - 975.

［29］Popp, David. Induced Innovation and Energy Price. American Economic Review, 2002（92）：160 -

180.

［30］Poumanyvong, Phetkeo and Kaneko, Shinji. Does Urbanization Lead to Less Energy Use and Lower CO₂ Emissions? Ecological Economics, 2010 (70): 434 – 444.

［31］Rajan, R. and Zingales, L. Financial Dependence and Growth. American Economic Review, 1998 (88): 559 – 586.

［32］Sadorsky, Perry. Do Urbanization and Industrial – ization Affect Energy Intensity in Developing Countries? Energy Economics, 2013 (37): 52 – 59.

［33］Sinton, J. and Levine, M. Changing Energy Intensity in Chinese Industry: The Relative Importance of Structural Shift and Intensity Change. Energy Policy, 1994 (22): 239 – 255.

［34］Tone, K. A Slack – based Measure of Efficiency in Data Envelopment Analysis. European Journal of Operational Research, 2001 (130): 498 – 509.

［35］Tone, K. and Tsutsui, Miki. An Epsilon – based Measure of Efficiency in DEA – A Third Pole of Technical Efficiency. European Journal of Operational Research, 2010 (207): 1554 – 1563.

［36］York, R. Demographic Trends and Energy Consumption in European Union Nations, 1960 – 2025. Social Science Research, 2007 (36): 855 – 872.

［37］Zhang, Jun, Wan, Guanghua and Jin, Yu. The Financial Deepening – productivity Nexus in China: 1987 – 2001. Journal of Chinese Economics and Business Studies, 2009 (1): 37 – 49.

［38］白重恩等. 地方保护主义及产业地区集中度的决定因素和变动趋势. 经济研究, 2004 (4).

［39］陈诗一. 节能减排与中国工业的双赢发展. 经济研究, 2010 (3).

［40］程仲鸣, 夏新平, 余明桂. 政府干预、金字塔结构与地方国有上市公司投资. 管理世界, 2008 (9).

［41］范剑勇. 产业集聚与地区间劳动生产率差异. 经济研究, 2006 (11).

［42］樊茂清, 任若恩, 陈高才. 技术变化、要素替代和贸易对能源强度影响的实证研究. 经济学 (季刊), 2009 (4).

［43］干春晖, 郑若谷, 余典范. 中国产业变迁对经济增长和波动的影响. 经济研究, 2011 (5).

［44］何贤杰, 朱红军, 陈信元. 政府的多重利益驱动与银行的信贷行为. 金融研究, 2008 (6).

［45］李廉水, 周勇. 技术进步能提高能源效率吗? 管理世界, 2006 (10).

［46］黎凯, 叶建芳. 财政分权下政府干预对债务融资的影响. 管理世界, 2007 (8).

［47］李锴, 齐绍洲. 贸易开放、经济增长与中国二氧化碳排放. 经济研究, 2011 (11).

［48］林伯强, 刘希颖. 中国城市化阶段的碳排放: 影响因素和减排策略. 经济研究, 2010 (8).

［49］林毅夫, 蔡芳, 李周. 比较优势与发展战略. 中国社会科学, 1999 (5).

［50］林毅夫, 李永军. 比较优势、竞争优势与发展中国家的经济发展. 管理世界, 2003 (7).

［51］钱先航, 曹廷求, 李维安. 晋升压力、官员任期和城市商业银行的贷款行为. 经济研究, 2011 (12).

［52］齐志新, 陈文颖, 吴宗鑫. 工业轻重结构变化对能源消费的影响. 中国工业经济, 2007 (2).

［53］单豪杰. 中国资本存量 K 的再估算. 数量经济技术经济研究, 2008 (10).

［54］史丹. 我国经济增长过程中能源利用效率的改进. 经济研究, 2002 (9).

［55］史丹, 吴利学, 傅晓霞, 吴滨. 中国能源效率地区差异及其成因研究. 管理世界, 2008 (2).

［56］孙浦阳，王雅楠，岑燕．金融发展影响能源消费结构吗？南开经济研究，2011（2）．

［57］谭劲松，简宇寅，陈颖．政府干预与不良贷款．管理世界，2012（7）．

［58］涂正革．环境、资源与工业增长的协调性．经济研究，2008（2）．

［59］魏楚，沈满洪．能源效率及其影响因素：基于 DEA 的实证分析．管理世界，2007（8）．

［60］魏楚，杜立民，沈满洪．中国能够实现节能减排目标．世界经济，2010（3）．

［61］解维敏，方红星．金融发展、融资约束与企业研发投入．金融研究，2011（5）．

［62］吴利学．中国能源效率波动：理论解释、数值模拟及政策含义．经济研究，2009（5）．

［63］杨继生．国内外能源相对价格与中国的能源效率．经济学家，2009（4）．

［64］袁晓玲，张宝山，杨万平．基于环境污染的中国全要素能源效率．中国工业经济，2009（2）．

［65］张晓蒂，王永齐．企业家显现与产业集聚：金融市场的联接效应．中国工业经济，2010（5）．

［66］张伟，吴文元．基于环境绩效的长三角都市圈全要素能源效率．经济研究，2011（10）．

［67］赵勇，雷达．金融发展与经济增长：生产率促进或资本形成．世界经济，2010（2）．

［68］郑江淮，高彦彦，胡小文．企业"扎堆"、技术升级与经济绩效．经济研究，2008（5）．

［69］周黎安．晋升博弈中政府官员的晋升与合作．经济研究，2004（6）．

［70］周黎安．中国地方官员的晋升锦标赛模式研究．经济研究，2007（7）．

附录

承接第三部分的模型设定，地方政府为投资本地的企业提供政策租金 R，因此政策租可表示为产业集聚的函数 R＝R(G)，进而在产业集聚条件下，企业的利润函数可表示为：

$$\pi = P_Q Q - A^{-1}G^{-1}P_K^{\alpha_K}P_H^{\alpha_H}P_E^{\alpha_H} + R(G) \tag{14}$$

给定产品和要素价格，企业利润由产量和产业集聚所决定，企业利润最大化条件为：

$$\partial \pi/\partial G = A^{-1}G^{-2}P_K^{\alpha_K}P_H^{\alpha_H}P_E^{\alpha_K} + R/(G) = 0 \tag{15}$$

$$dR/dG = -A^{-1}G^{-2}P_K^{\alpha_K}P_H^{\alpha_H}P_E^{\alpha_K} < 0 \tag{16}$$

式（16）表明，产业聚集与地方政府提供的政策租呈反方向变动特征，即经济集聚程度越低，地方政府越倾向于向投资本地企业提供各种便利，进而促进本地产业集聚。

由式（15）可知能源强度的倒数 I，即能源效率，与产业集聚程度、全要素生产率和能源价格均成正比：

$$I = Q/E = \alpha_E^{-1}AGP_E/P_Q \tag{17}$$

能源效率 I 对经济集聚的一阶偏导为：

$$\pi = PQQ - A - 1$$

$$\partial I/\partial G = \alpha_E^{-1}AP_E/P_Q > 0 \tag{18}$$

式（18）的含义是，在市场化条件下即不存在政府干预时，随着产业集聚程度的提高会改善能源效率。

如果政府通过政策租主动诱导企业集聚行为时，式（17）可改写为：

$$I = Q/E = \alpha_E^{-1} AG(R) P_E/P_Q \tag{19}$$

政府干预会通过产业集聚作用于能源效率，通过链式法则求能源效率 I 对政府干预的一阶偏导，并且由式（16）可知：

$$\partial I/\partial R = (\partial I/\partial G)(\partial G/\partial R) = (\alpha_E^{-1} AP_E/P_Q)(\partial G/\partial R) < 0 \tag{20}$$

由式（18）和式（20）可知，虽然产业集聚能够提升能源效率，但由于政府干预的作用，能源效率反而下降。

The Government Intervention, the Economic Agglomeration and the Energy Efficiency

Shi Bo and Shen Kunrong

Abstract: We have, in this paper, analyzed, by means of experiences under the background of the government intervention (GI), the impact of the economic agglomeration in the firm level, the industry level and the region level on the energy efficiency and analyzed the functional mechanism. The results of our case study show that the market – oriented firms agglomeration can significantly improve energy efficiency, and that, because the government intervention (GI) and the "free – rider" tendency of the environmental governance has led to the fact that the industrial agglomeration (IA) has not produced expected effect on the energy efficiency, there has been the change characteristic of a U – shape relation between the urban population density and energy efficiency. Furthermore, the discretion of policy has not made the government strategy of energy – saving and emission – abating play their function they should. After the control of the variables of the financial development which are the key factors of the GI, we have found that the scale expansion of the financial development, the distortion of the resource allocation made by the enforcement of the intervention of the local government, and the moral hazard of the credit intervention of the central government, all can restrain the improvement, made by the IA, of the energy efficiency. The increase of the efficiency of the financial growth can help the IA in improving the energy efficiency. However, because of the market failure in the management of the environment quality, the help of the market force and the moderate government intervention is more conducive to reaching the targets of energy – saving and emission – abating.

中国能源型企业海外投资的
非经济风险问题研究[*]

李友田　李润国　翟玉胜

【摘　要】 目前中国已经超越美国成为世界上最大的能源消费国。提升全球战略资源的控制能力，积极开展能源行业海外投资是中国能源型企业发展的必由之路。中国能源型企业在海外投资过程中遭遇了各种风险，尤其是非经济风险日益凸显，严重制约着"走出去"战略目标的实现。本文分析了中国能源型企业海外投资的现状与特征，识别了非经济风险的主要类型，并从政府和企业两个层面提出改进能源型企业海外投资策略的建议。

【关键词】 能源型企业；海外投资；非经济风险；应对策略

一、导言及相关文献综述

国际海外投资主流理论学派从不同角度对投资的动因、演进规律和趋势进行了研究。主要代表性理论包括垄断优势论、内部化理论、产品生命周期理论。这些理论大多以发达国家企业对外投资的视角，研究市场竞争的不完全性（垄断优势）、内部化市场（知识、成本转移）以及垄断优势与区位优势相结合的国家间梯度式演进，揭示了发达国家企业对外投资的动机、决定因素和转换过程。对于非发达国家的海外投资相关理论研究，1977年，刘易斯·威尔斯提出了"小规模技术理论"，指出发展中国家的企业对外投资具有比较优势。Lall（1983）"技术当地化理论"不仅分析了发展中国家企业的竞争优势，而且

---

* 原文发表于《管理世界》2013 年第 5 期。

作者简介：李友田，神华甘泉铁路有限责任公司总经理，高级工程师；李润国，神华甘泉铁路有限责任公司高级经济师，北京交通大学工商管理博士后；翟玉胜，华中师范大学经济学院博士研究生，宁波大红鹰学院副教授。翟玉胜为本文通讯作者。

解释了这种优势的原动力。Cantwell 和 Tolentino（1990）的"技术创新和产业升级理论"比较全面地解释了新兴国家的海外投资现象。Kojima（1978）通过研究"日本式"海外投资案例，提出了边际产业扩张论。小泽辉智发展了"投资—发展周期理论"，主张海外投资模式应与世界经济结构变动的资本有序流动相适应（张素芳，2008）。这些代表性理论对非发达国家企业的海外投资活动起到了指导作用。我们综合国际海外投资理论的共同点时发现，它们虽然从宏观层面对特定阶段的跨国公司海外投资实践的特征、趋势进行了规律性总结，但是这些理论还不能对中国企业海外投资提供普遍意义上的指导作用，也缺乏符合行业特性的适用性。

国内学者对于非发达国家尤其是社会主义制度下的国有企业海外投资行为做了有益的研究。冼国明和杨锐（1998）认为，发展中国家企业可以采取对发达国家逆向 FDI 的方式来改变其技术开发与累积过程中被动的渐进式路径。马亚明和张岩贵（2003）提出技术溢出使得通过来寻求技术提升成为可能。孙建中（2004）指出"国际生产折衷理论"分隔了投资企业同所在国家之间的利益联系，提出了中国海外投资的"综合优势理论"。吴先明（2007）认为，在全球竞争动态条件下，以寻求创造性资产为目标的海外投资并不以垄断优势为前提条件。申俊喜（2008）着重阐述了处于工业化中后期阶段的国家或地区利用外部技术的重要路径。田泽（2010）以中国企业跨国并购为研究对象，在借鉴国际对外直接投资理论、跨国并购理论和跨文化管理理论研究成果的基础上，提出中国 FDI 的"推拉"双驱动论和资源导向动机论、经营协同效益论。王志乐（2012）结合国际最新理论成果提出海外投资"中国式"战略，着重强调在发展中国家投资的"相对优势论"和在发达国家投资的"动态优势论"。我国学者对海外投资的研究，从研究实质上来看，依然遵循的是优势论，研究重点是获取新技术形成竞争优势的路径等，缺少对具体行业海外投资行为的研究。本文基于海外投资理论的主流观点和方法，从微观层面分析中国能源型企业海外投资的现状与特征，结合案例分析非经济风险类型，在此基础上以中国能源型企业海外投资为例提出应对策略。

二、能源型企业海外投资的现状与特征

（一）能源型企业海外投资现状

从国际对外投资历史来看，一国所处的经济发展阶段决定着企业全球化的发展规律与趋势。邓宁在研究 67 个国家 1967～1975 年对外直接投资流量和人均 GNP 数据之后发现，一国的对外投资状况与人均 GNP 呈正相关关系（见表 1）。

根据邓宁"投资—发展周期理论"判断，中国海外投资尚处于第四阶段。中国存在解决巨额贸易顺差和经济结构、产业结构调整的需要，减轻经济发展方式转型压力和减少

产业结构调整损失、实施"走出去"战略是必然选择。

表 1　不同 GNP 水平条件下吸收外资与对外投资的关系　　　　单位：美元

阶段	人均 GNP	吸收外资	对外投资	净投资
第一阶段	小于 400	很少或几乎没有	很少或几乎没有	为零或接近零
第二阶段	400～2500	吸收外资率＞GDP 增长率	很少	净对外投资额为负，且绝对值扩大
第三阶段	2500～4750	吸收外资减少	开始进行对外投资	净对外投资额为负，且绝对值缩小
第四阶段	大于 4750	吸收投资增长	对外投资增长加快	净对外投资额为正，呈现增长趋势
第五阶段	—	吸收投资增长	对外投资增长	净对外投资额绝对值呈现减少趋势，继而开始围绕零水平上下波动

1. 中国企业海外投资势头强劲

中共十五届五中全会开始确定实施"走出去"战略。2004 年 10 月发布的《关于对国家鼓励的境外投资重点项目给予信贷支持政策的通知》，是中国出台的第一个促进海外投资的具体配套措施。2006 年 10 月国务院颁布《关于鼓励和规范中国企业对外投资合作的意见》，是第一个系统规范对外投资的纲领性指导文件。2010 年 10 月中共十七届五中全会再次强调"加快实施'走出去'战略"。党和国家的建议、政策有力地推动着中国企业海外投资的逐步增长。商务部数据显示，2004～2009 年中国累计对外投资额由 449 亿美元增加到 2460 亿美元，同期海外投资企业由 5163 家增加到 12000 家。2010 年全国对外直接投资净额达 688.1 亿美元，首次超过日本、英国，成为全球第二大海外投资国。2011 年中国海外投资净额 746.5 亿美元，同期中国有高达 13500 多家境内投资者在全球 177 个国家或地区设立境外企业 1.8 万家，境外企业资产总额接近 2 万亿美元。普华永道在《2012 年企业并购回顾及 2013 年展望》中指出，2012 年中国大陆企业海外并购交易总量虽然由 2011 年的 206 宗减少至 2012 年的 191 宗，但是交易总金额却从 424 亿美元增至 652 亿美元，上升幅度高达 54%。普华永道预计 2013 年中国企业海外投资仍将保持强劲势头并可能再创新高。

2. 能源型企业海外投资总量迅速增加

全球能源控制权角逐以 2008 年为界，之前西方发达国家间资源行业并购风起云涌，之后美国金融危机使得欧美以及亚非等国家和地区的能源型企业资产大幅贬值。为了缓解企业流动性资金短缺现象，欧洲企业开始大量出售资产导致全球能源资产价格下跌。由于中国能源型企业的财务相对稳定、金融体系运行健康和流动性资金充足，能源型企业海外投资走出逐年增长行情（见图 1）。

据商务部公布的统计数据，截至 2001 年底，中国非金融类累计对外直接投资总净额为 272.2 亿美元。2002 年对外直接投资净额仅为 27 亿美元，2012 年度对外直接投资额达 772.2 亿美元，比 2002 年实际增长了 28.6 倍。在近年来的非金融类海外投资规模统计中，采矿业（主要包括石油和天然气、黑色金属、有色金属等资源行业）海外投资在流量金额、流量占年度投资总额比例（见表2）和存量总额上都表现出持续增长，并且稳居海外投资所有行业的前三位。

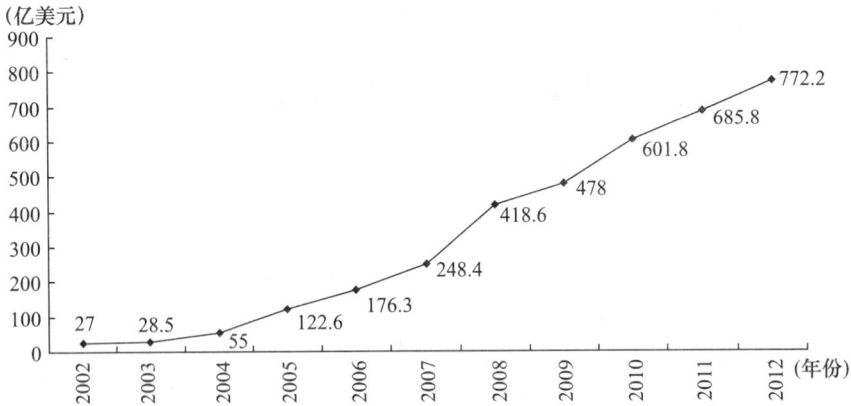

图1　中国2002～2012年非金融类对外直接投资规模统计

资料来源：根据商务部2002～2011年《中国对外直接投资统计公报》、2012年简明统计的相关数据整理。

表2　2007～2012年中国海外投资采矿业统计表

年份		2007	2008	2009	2010	2011	2012
流量	金额（亿美元）	40.63	58.24	133.43	57.1	280.99	298.25
	占比（%）	15.33	10.42	23.6	8.3	80.8	58.8

资料来源：2007～2010年数值根据商务部《中国对外直接投资统计公报》中有关采矿业数据整理。2011年、2012年数据来自清科研究中心《中国并购市场年度研究报告》中的海外并购金额和所占并购总额比例。

2000～2010年，中国企业完成超过369次能源、矿产等资源并购交易，金额达到500多亿美元（吕天玲、黄倩蔚，2010）。2012年发改委批准能源类海外投资公开披露金额总量约375亿美元，占到交易总额的56%以上。在能源和电力行业中，海外投资金额的86%主要集中在石油和天然气并购交易，交易总额达到了374.7亿美元（刘飞，2013）。能源型企业海外投资驱动力主要来自国内能源紧缺和能源安全两大推力。从国内资源需求视角来看，中国人均资源拥有量十分有限，GDP快速增长引发对资源产品和能源原材料需求迅速膨胀。从国家能源安全角度来看，国际能源产品的定价权掌握在以发达国家为主体的跨国垄断公司手里。为了摆脱国内能源供应短缺局面和规避国际资源产品价格风险，中国能源型企业只有通过大规模海外投资，才能保障经济发展的能源支撑和增强国际能源市场的话语权。

3. 跨国并购成为海外能源投资的主要方式

从国际海外投资发展规律来看，跨国经营企业一般是通过绿地投资和跨国并购进行海外投资的。中国企业在2004年以前主要以绿地投资方式为主，所占比例为20%～42%，其中超过30%的企业采取合资方式进行海外投资。近年来，跨国并购已经成为海外投资最主要的方式。《毕马威中国经济全球化观察》2013年度报告显示，2012年中国企业发生海外并购业务多达329起。中国能源型企业海外投资主要通过协议收购和要约收购的方式进行，通常采用横向并购，即兼并东道国能源企业的资产权益或股权（见表3）。

表3　2004～2012年能源型企业主要横向并购项目统计表

类别	投资方	时间	被并购方/合作项目
煤炭	华能集团	2005.7	收购澳大利亚蒙托煤矿25.5%项目权益
	兖矿集团	2004	收购澳大利亚南田煤矿
		2010	收购澳大利亚Felix 100%股权
		2011.12	收购澳大利亚罗斯特煤炭公司
	神华集团	2008.11	获得新南威尔士州沃特马克（Watermark）地区探矿许可
石油化工	中国中化	2008.3	收购美国SOCO公司也门10区块资产权益
		2008.5	收购印度尼西亚项目
		2011	收购挪威国家石油公司巴西Peregrino油田40%股权
	中石油	2005.10	收购哈萨克斯坦PK石油公司
		2010.2	参与伊拉克鲁迈拉油田开发项目
		2010.4	收购壳牌（叙利亚）石油公司35%股份
		2010.7	与壳牌公司联合收购箭牌能源公司澳大利亚昆士兰州37个煤层气区块平均51%的权益及其他相关资产权益
		2011.2	获得阿尔及利亚438B区块勘探转开发项目70%权益
		2011.5	投资哈萨克斯坦阿克纠宾州滨里海盆地东缘中区块风险勘探及试采项目
		2011.6	收购壳牌公司加拿大不列颠哥伦比亚省Groundbirch区块20%权益并参与下游天然气液化厂LNC合作一体化项目
		2011.12	投资阿富汗阿姆河盆地，乍得H区块勘探开发项目
		2012.2	收购加拿大阿萨斯巴卡公司麦凯柯（Mac Key River）油砂区块40%权益
		2012.11	收购加拿大能源公司都沃内页岩凝析气藏资产50%权益
		2012.12	现金收购必和必拓澳大利亚Brower液化天然气项目股份
	中海油	2006	现金收购尼日利亚海上石油开采许可证45%工作权益
		2010.7	收购英国天然气集团澳大利亚柯蒂斯液化气权益项目
		2011.5	参与澳大利亚柯蒂斯液化天然气开发建设项目
		2010.11	收购美国切萨皮克公司摩滩和尼奥泊拉拉页岩油气区块各33.33%工作权益
		2011.2	参与澳大利亚爱克索玛能源有限公司澳昆士兰州5个煤层气区块的勘探工作，并获得50%的区块权益
		2011.7	收购加拿大OPTI Coroda In 100%权益项目

续表

类别	投资方	时间	被并购方/合作项目
石油化工	中海油	2012.2	收购英国图洛石油公司乌干达1、2、3A区块各33.3%权益
		2012.7	收购加拿大尼克森公司普通股和优先股，43亿美元债务，收购总值194亿美元，成为迄今为止中国实施的最大一桩海外能源收购案
		2012.12	收购加拿大长湖油砂项目KIA区块项目
	中石化	2008.1	投资阿曼36/38区块勘探项目
		2008.6	收购澳大利亚AED公司油气资产项目
		2008.9	收购加拿大石油Tanganyika Oil（叙利亚）全部股份，储量超过55亿桶
		2009	收购瑞士Addax石油公司
		2010.10	收购巴西石油公司2个区块20%权益
		2010.11	收购美国Hupecol公司哥伦比亚资产
		2010.12	收购西班牙雷普索公司巴西公司40%权益项目
		2011.12	收购加拿大塔利斯曼能源公司英国公司49%股份
		2011.2	收购澳大利亚太平洋液化天然气公司15%股权
		2011	收购西方石油公司阿根廷子公司
		2011.3	收购道达尔所特安哥拉31区块5%权益
		2011.4	收购雷佛龙公司在印度尼西亚马卡萨、阮帕克和甘纳3个区块18%权益
		2011.5	收购马拉松石油公司所特安哥拉32区块10%权益
		2011.10	收购加拿大日光能源公司、道达尔OML138区块部分资产
		2011.11	收购葡萄牙高普巴西子公司30%股权
		2012.1	签署在沙特合资集体油厂协议
		2012.4	收购戴文能源公司美国5个页岩油气资产33%权益
		2012.11	收购欧洲第三大油气公司道达尔公司20%股权
电力	中国三峡	2011.12	收购葡萄牙电力公司EDP21.35%股权
	广东核电	2012.3	收购澳大利亚Extract Resources Ltd.14%股权
	国家电网	2010.12	收购巴西7个输电特许经营权项目
		2012.2	收购葡萄牙国家能源公司（RENE）2.5%股权
		2012.11	收购澳大利亚电网公司Electra Net 41%股份

资料来源：根据2004年以来主要媒体的新闻资料，国家能源局2008年以来政府信息公开事项整理。

国际跨国公司在进行海外并购时可以选择多种支付方式。跨国企业海外投资所需资金除了通常来自购买外汇、自有外汇资金以及国内外银团贷款、股权融资等渠道外，欧美地区目标公司还会采取诸如金融衍生工具、股票期权或私人养老金计划等特殊的商业行为以保证并购交易的有效运营。中国能源型企业对于这些商业行为的认识尚属初级阶段，中国跨国并购仍然将现金支付作为最主要的支付手段，而获得现金流的主要方式是企业盈余和银行贷款。但是中国能源型企业已经意识到通过收购能源类公司的全部所有权或控制权并不是投资的最佳方式，因为该方式更加容易引起社会公民和企业监管者的不安全感，也可能导致目标企业核心员工的离职风险。因此目前非股权经营模式也在逐渐运用，能源收购目标是谋求参与国际能源的定价权和市场话语权。

（二）能源型企业海外投资的特征

1. 海外能源并购呈现数量与金额双增趋势

从 2003 年开始，中石油、中海油和中石化的海外投资业务范围逐步扩张。截至 2010 年底，仅中国石油公司就已经在 31 个国家或地区投资油气项目，在 20 个国家获得了权益油。安永 2010 年全球能源业和矿业并购交易与融资报告显示，2008～2009 年，中国企业海外矿业并购规模达 400 亿美元。其中，2009 年在采矿业的并购交易额为 161 亿美元，占全球该行业交易总额的 27%。

2011 年海外投资以并购方式实现 222 亿美元，占中国同期对外投资总额的 37%。其中能源及矿产行业中国市场并购交易数为 153 起，并购交易金额高达 219.8 亿美元，占并购总额的 32.8%。中国中化集团公司以 30.7 亿美元收购挪威国家石油公司的交易，成为该年度能源及矿产行业最大规模并购交易（清科研究中心，2011）。2012 年受国际经济疲软的拖累，中国并购市场虽然未能继续创造新的纪录，但是能源及矿产行业中国市场并购交易 112 起，金额达到 222.25 亿美元，占交易总额的 43.8%（清科研究中心，2012）。

2. 中央能源企业占据海外投资的绝对优势

截至 2010 年末，在中国海外投资存量中央企所占比达到 66.2%。而 2008～2009 年海外投资金额共计 230 亿美元，其中由国有企业完成的投资金额就达到了 189 亿美元，占全部海外投资金额的 85%。2013 年《毕马威中国经济全球化观察》报告显示，民营企业在海外并购案例的个数占比已经从 2009～2011 年的 43.6% 跃升到 2012 年的 68.9%。但是国企保持着大约 80% 的资金占比，单笔平均并购金额更是从 2009～2011 年的 5.3 亿美元猛升到 2012 年的最高 9.4 亿美元，而民营企业单笔平均并购规模始终在 1 亿～2 亿美元。中国海外能源投资的主体是大型国有或国有控股的能源重点企业（见表 4）。比如，2012 年中国三大石油公司并购遍布中东、北美、澳大利亚等多个能源重地，累计并购资金 254 亿美元，占 2012 年海外投资总金额的 38.9%。国有企业集中于海外矿产资源等上游行业的横向并购，而民企则主要对加工制造等行业进行兼并或投资。这种海外投资布局是由能源行业的高投资与高风险决定的。行业的自然性垄断，使得国有企业性质变成海外投资的矛盾焦点。

3. 能源型企业投资区域存在高度集聚倾向

国际战略性资源驱动论把中国企业战略性资源驱动行为分为顺向并购投资和逆向并购投资。中国企业在发展中国家实施的以获取能源和矿产资源为主要动因的投资称为顺向并购投资；在发达国家的投资为逆向并购投资。目前，中国能源型企业投资主要集中在澳大利亚、拉丁美洲、中亚、南非等资源丰富的国家。以石油海外投资为例，三大石油公司海外投资分布在四大区域：一是以哈萨克斯坦为主的中亚和俄罗斯区域，该区域对油气资源政

表4　2011年中国非金融类跨国公司100强（能源型企业）排序表

序号	公司名称	序号	公司名称
1	中国石油化工集团公司	30	兖州煤业股份有限公司
2	中国石油天然气集团公司	47	中国广东核电集团有限公司
3	中国海洋石油总公司	51	神华集团有限公司
10	中国中化集团公司	55	中国大唐集团公司
20	中国华能集团公司	64	广东粤电集团有限公司
24	国家电网公司	88	深圳市能源集团有限公司
26	中国电力投资集团公司	99	中国中煤能源集团公司

注：本表按2011年末对外直接投资存量排序。

资料来源：中国商务部国外经济合作统计数据。

策多变、控制力度日渐加强；二是以苏丹为中心的北非区域，该区域政治落后、社会环境复杂；三是中东地区，该区域世界大国能源博弈异常激烈；四是美洲区域，以委内瑞拉为首的南美区域普遍存在政府控制多问题，北美国家人力成本问题日渐凸显。在世界经济发展过程中，全球主要产油地区已经被国际石油公司及其所属国家长期垄断。这些因素加大了中国能源型企业投资主要石油产区的成本与难度，只能转向其他产油地区。从中国能源型企业近年来的海外并购数据分析，石油以外的其他能源投资主要聚集在东盟地区和澳大利亚，其中澳大利亚成为吸引中国海外投资流量和存量最多的国家之一。截至2010年末，澳大利亚投资存量为78.68亿美元，占中国对外投资总存量的2.5%（见图2）。根据《毕马威中国经济全球化观察》2012年第四季度数据，加拿大、美国和澳大利亚分别以211亿美元、111亿美元和80亿美元居中国企业海外投资国家或地区的前三位。在投资行业中能源与电力占据海外投资56%的份额，能源投资区域的高度聚集，可能成为能源型企业海外投资的重大风险源。

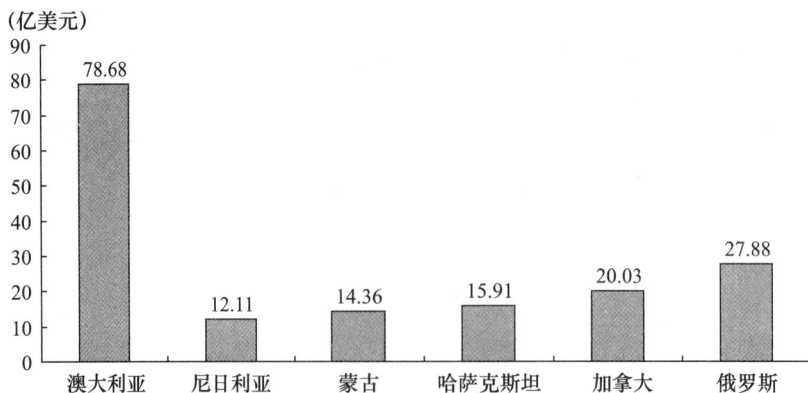

图2　中国海外投资存量在主要能源区域分布图

资料来源：根据商务部《2010年中国对外直接投资统计公报》整理。

三、能源型企业海外投资的非经济风险

（一）非经济风险的文献综述与定义阐述

从纯粹风险的视角来看，风险都可能产生不利于人的价值损失。而对价值损失是否能够以经济计量为标准，风险管理学者将风险区分为经济风险与非经济风险。由于经济是整个社会生活的基础，加上经济损失价值可计量且直观明晰，因而企业风险管理大多关注经济风险。但是从近年来中国企业海外投资的实践来看，非经济风险正在上升为对跨国经营产生重大影响的国家风险（Duncan Mekdrum，2000）。

目前学者对"非经济风险"的界定没有严格意义上的标准。在西方跨国投资与跨国经营有关风险的文献中，学者们常用政治风险概念代替非经济风险。Stefan（1971）认为，国际经营中存在着经营政策的一些不连续性，这些不连续性是由政治变化所带来的，具有不可测性。他主张把政治风险分为宏观风险和微观风险，不稳定性是影响风险的最根本原因。Simon（1982）在《政治风险评估：过去的倾向和未来的展望》中认为，政治风险可视为政府抑或社会的行动与决策，或源于东道国，或源于其外部，对有选择的或者大多数国外经营与投资会产生不利的影响。事实上，西方学者所谓的"政治风险"概念，是所有与政治、社会以及法律相关的非连续的、不利影响的总称，有"泛政治化"的倾向。中国部分学者也把政治风险等同于非经济风险。显然政治风险是由政府或者与主权相关事件导致的不确定性，但是不能代替非经济风险的全部内涵。一般政治风险海外投资承保只限于外汇险、征用险和战乱险等范围（陈立虎，2008）。

程立茹（2006）认为，非经济风险是指企业海外并购项目成本、收益等经济分析因素之外的，在项目实施过程中的其他风险因素。舒敏、杨坤（2008）把非经济风险定义为主要由政府、媒体、社会公众、其他非政府组织等不利行动给企业带来损失的可能性。已有研究将海外投资非经济风险分为三类：政治风险、法律风险以及文化风险。商务部《对外投资合作境外安全风险预警和信息通报制度》将境外投资可能遇到的安全风险分为政治风险、经济风险、政策风险、自然风险以及其他风险五大类。

中国能源型企业海外投资所面临的非经济风险多种多样，可能来自政策变革、社会动荡、经济环境恶化；也有可能是东道国公众或非政府组织的对立行动、投资国与东道国之间的文化差异；同时也应该包括地缘政治关系博弈、国际社会的媒体引导等。因此，笔者从风险来源的角度把非经济风险定义为，是由于政治、法律、社会、文化、意识形态、地缘政治关系、国际舆论引导等一切不确定因素或关系的不连续、不稳定给企业带来实际损失的可能性。笔者将中国能源型企业海外投资的非经济风险细分为：政府干涉风险、政府更迭风险、战争或内乱风险、政策法律变动风险、蚕食性征收风险、媒体舆论风险、地缘政治风险和文化差异风险八种类型。

（二）能源型企业海外投资非经济风险类型分析

1. 政府干涉风险

政府干涉风险主要是东道国政府基于本国的意识形态或所谓的国家利益对外国并购本国企业行为进行干预而产生的风险。这种区别性干预具有很大的可变性、隐蔽性。主要形式是划分禁止外国政府及其国有企业进入投资领域（如对金融、电信、能源等战略性部门的投资禁止）、限制投资比例或者要求遵循额外的法规或规定等（见表5）。如，澳大利亚联邦政府关于外资必须符合"六原则"声明，在审批外资投资时需要特别考虑包括投资机构的运营独立于相关国政府、投资可能影响本国公司的运营和发展方向以及对澳大利亚经济和社区贡献等敏感规定。开创"国家安全审查制度"先例的美国，立法部门明确授权商务部外国投资委员会可以禁止任何有损于国家安全的海外并购交易，并且其行政行为可以不接受美国法院的司法审查。中海油2005年收购美国尤尼科（Unocal）公司失败，其中原因之一就是共和党议员联合致信美国总统应对收购行为带来的经济安全、外交政策、国家安全问题进行综合考虑。2012年4月16日，蒙古国矿产资源局宣布暂停由南戈壁全资附属公司Soutn Gobi Sands LLC拥有的若干许可证的勘探及开采活动。叫停表面是为审查南戈壁拟进行的所有权变动，其叫停理由是属于蒙古国政府的国家安全行为，其实该行政行动与中资某企业拟收购加拿大艾芬豪矿业所持南戈壁控制性权益的协议相关，由此连带神华集团并购蒙古塔本陶勒盖煤炭资源的所有努力归于无果。

表5　经济合作与发展组织（OECD）12个国家实行一般性或者跨行业部门外资管制

国籍	特殊行业限制	监管程度	审批标准	相关规定
阿根廷	有	严格		投资条款服从"特殊审批"
澳大利亚	无	一般	国家利益	要求有公告和数额门槛
加拿大	无	一般	益于经济	数额门槛
法国	有	严格	公共秩序、公共安全和国防	要求有公告，对欧盟和非欧盟的要求、定义不同
德国	有	严格		要求有公告
冰岛	无	一般	经济考虑	要求有公告和数额门槛
以色列	无	严格	核心公共安全	法律空白，政府可直接介入
日本	有	严格	国家安全、公共秩序、公共安全	在交易前发布公告
韩国	无	严格		政府可以介入有威胁国家安全证据的交易
墨西哥	有	严格		要求有公告和数额门槛
美国	无	严格		没有其他法律依据，总统可以介入
新西兰	无	一般		要求有公告和数额门槛

资料来源：王巍，张金杰. 国家风险［M］. 南京：江苏人民出版社，2007：206.

2. 政府更迭风险

政府更迭风险是指政局不稳、政权变更等情况带来的不确定性。由于政局动荡造成政府更迭频繁，使得对海外投资者的政策或合作协议不连贯，加大了海外投资的风险变数。如，2011 年的赞比亚大选，围绕支持还是反对中国在赞比亚扩大投资问题制造了全民性大辩论，时任总统班达及其领导的"多党民主运动"相信赞比亚需要中国企业来推动其经济增长；而由迈克尔·萨塔领导的反对派"爱国阵线"、工会组织以及驻地国际 NGO 都认为中国投资者正在"接管"赞比亚，"剥削"其自然资源和劳动力。如今萨塔领导的民族主义团队已赢得大选，这样的政治结局在一定程度上反映了赞比亚民众对我国企业的负面情绪，从而给中国能源型企业在该国的海外资产带来了风险隐患。中国能源型企业投资的非洲、拉美地区都不同程度地面临着政府更迭频繁、执政党不稳定的局面。

3. 战争或内乱风险

战争或内乱风险是指能源所在国与其他国家或东道国内部爆发战争，或者是能源所在国不同党派、民族、宗教派系等之间革命、颠覆、政变、罢工、内乱、破坏和恐怖活动以及地方武装冲突等事件造成损失的可能性。这种风险多发生在多党派、多宗教信仰的国家或地区。中国能源型企业现阶段海外投资恰恰多集中于政局多变、战事频发、外交形势复杂的区域。这些区域被很多学者称为资源陷阱、投资陷阱，特别是石油企业聚集的非洲区国家更具有明显的共性，即国内政局动荡不稳、政治比较腐败、部落势力活跃甚至战乱频仍。如，中东和北非内部政治动荡，直接导致中石油旗下长城钻探工程公司在利比亚和尼日尔等的六个海外项目合同中止，影响收入近 12 亿元。尼日利亚是中国企业开展业务较多的非洲国家，该国种族宗教问题错综交织，有组织持械犯罪等社会安全问题非常突出。2007 年先后有 14 名中国工人在尼日尔河三角洲地区遭到武装分子劫持。据粗略统计，近年来外交部参与处理的各类中国领事保护事件超过三万件。

4. 政策法律变动风险

政策法律变动风险是指因东道国变更政策给外国投资者造成经济损失的可能性。包括有关外国投资政策的重大调整、政府禁令、政府违约、提高税收政策、国有化政策（包括征用、征收、没收、报复性充公等）。根据安永会计师事务所报告，资源民族主义已成为能源行业"走出去"最大的非经济风险。新一轮"资源民族主义浪潮"席卷多国，诸多资源国政府调整税收和权利金、提高项目股权比例，甚至取消矿业权。如，印度尼西亚宣布对电煤、铜等多种大宗商品出口征收惩罚性关税。发达国家政府通常是以环境保护、产品安全等为名义设置海外投资的非关税壁垒、技术壁垒和区别性的工业产权制度。有些国家甚至直接实施限制性政策，如在允许海外投资企业保留其投资所有权利益的同时，对企业组织运营设置国际贸易壁垒、外汇使用管制、外资特别税、强制雇工待遇等诸多障碍。

法律风险是指来自能源所在国法律法规对外国企业并购本国企业的限制，主要风险来自立法不全面、执法不严格、法律规范相互冲突等。当前，非洲、拉丁美洲等能源所在国缺乏外国投资立法，且立法和司法的随机性很大，外资公司借助国际条约或协定来保护自身投资利益非常难。如，玻利维亚规定投资争议只适用国内法，国际仲裁无效。很多国家法律都对外国企业并购的资格、对象、所涉及的劳工问题等有严格的规定。加拿大政府就矿业投资项目有权要求举行公开听证会，并可以行使最终否决权。这些都给中国能源型企业海外投资带来了诸多困难。

5. 蚕食性征收风险

蚕食性征收风险为东道国以种种措施阻碍外国投资者有效控制、使用和处置企业财产，构成的事实上的征用行为风险。主要有三种情况：贸易保护工具的蚕食式征收风险、腐败动机的蚕食式征收风险以及政策法规变动的蚕食式征收风险。自 20 世纪 80 年代以来，海外能源投资的蚕食性征收风险大幅度提高。如，澳大利亚因其人口少、资源丰富、法制环境稳定，中国铝业、华菱钢铁、兖州煤矿、武汉钢铁、中国五矿、中钢集团等企业都在澳大利亚拥有矿产项目。然而澳大利亚政府 2012 年 7 月 1 日起对在当地注册的资源类企业征收资源租赁税，税率为 40%。依此计算，能源型企业的全部法定税率总计将从 2011 年的 43% 提高到 2013 年的 57%。因为油气、矿产资源储备具有不可移动性，这样导致蚕食性征收成功的概率极大；又因为油气、矿产资源具有战略资源的地位，这些蚕食性征收政策容易得到经济民族主义的呼应。这种变相国有化的举措，对中国能源型企业并购战略优势及其投资价值产生了系统性风险。

6. 媒体舆论风险

媒体舆论风险是指目标公司所在国媒体或国际媒体针对收购的报道将影响公众的看法和审批结果的风险。当前贸易保护主义、民族主义和"冷战思维"大行其道。由于中国能源型企业主要是国家垄断性企业，因此一些西方国家制造和散布"中国石油威胁论"、"中国新殖民主义"，蓄意将石油进口问题"政治化"，歪曲中非友好合作，挑拨中非正常关系。如，英国杰克·斯特劳（Jack Straw）2006 年将中国与贫困、地区冲突、恐怖主义等一道列为非洲国家面临的"十大挑战"。美国前国务卿希拉里 2011 年"提醒"非洲与中国打交道应当注意"新殖民主义"，由此引发中国所谓在非洲推行"新殖民主义"的西方歪论。某些西方媒体还对中国对非"一揽子"援助模式进行批判，鼓吹将人道主义援助和能源开发商业行为挂钩的做法，正是实施所谓"新殖民主义"的最好例证。宣称通过"贷款换石油"政策帮助中国石油企业抢占国际能源市场，使得非洲国家不断陷入"资源诅咒"的发展困局，将逐渐失去多元发展经济的内在动力。某些西方国家甚至指责中国为获得能源与苏丹、安哥拉、津巴布韦等"问题国家"合作，为西方推行非洲大陆民主化造成了重大阻碍。这些来自国际媒体和西方舆论的"论调"，都在不同程度制造中国能源型企业海外投资的潜在风险。

7. 地缘政治风险

地缘政治风险是指由于能源所处的地理环境和资源分布而引发的不确定性。能源分布的不均衡性，注定了能源型企业海外投资存在风险。我们以石油为例，地球石油资源储藏地区集中在中东、中亚、拉美、非洲地区和俄罗斯，石油消费主要地区却集中在美国、亚太和西欧地区。石油资源的这种产销格局，自然而然形成石油地缘政治风险。2005 年中石油收购哈萨克斯坦石油公司（PK 公司）便是地缘政治风险的例证。中国、印度是石油消费国和地缘战略国家，哈萨克斯坦、俄罗斯是石油生产国和地缘战略枢纽，两者之间的商业行为涉及国际政治的互动关系。中石油在本次并购中的竞争对手有印度石油天然气公司以及俄罗斯卢克公司、意大利埃尼集团及美国雪佛龙公司。印度石油天然气公司首先竞标报高价，随后俄罗斯卢克公司就优先购买权向斯德哥尔摩商会仲裁院提出反诉申请。最后中石油与哈萨克斯坦国家石油公司签署合作经营和管理 PK 项目备忘录，才使本次收购得以完成。中石油收购 PK 公司过程其实就是新兴大国之间政治角力过程。神华集团持续八年努力获得蒙古国最大煤矿塔本陶勒盖 40% 的股权，随后却被蒙古国家安全委员会否决，其中也有中国、日本、俄罗斯、韩国等周边国家之间政治博弈的原因。

8. 文化差异风险

文化差异风险是指投资国及其管理人员与东道国的政府、社区、员工由于文化差异的不同而带来损失的可能性。德勤会计师事务所 2010 年对中国企业超过一半的海外并购交易不成功案例进行分析，发现其中 53% 的并购失败是因为企业整合文化存在问题而导致的。文化整合就是两个不同的知识体系交融和共享的问题。发达国家的公民意识较高，公民意见往往是政府必须考虑的事项。比如，中铝在收购力拓过程中，就因遭遇澳大利亚民众及相关媒体阻碍而导致并购失败。海外并购彻底完成需要将不同文化背景下的管理结构、资产状况和企业文化融合在一起。并购初期主要是两家企业完成所有权、行政和物质上的统一；并购后期主要是整合文化的统一，即价值观念、工作规则、协同机制的统一。中国与西方企业在有关工会、养老金、反垄断、环保以及知识产权等方面存在很多差异，中国公司更需要多种渠道开展文化整合工作。如，联想收购 IBM 后不是通过自己的文化张力去调和企业矛盾，而是引入戴尔、惠普等国际企业的强势文化来管理企业。

上述非经济风险在发展中国家和发达国家中的表现形式各有特点，发展中国家的非经济风险当前主要表现为政局更迭、政策变动甚至是由于宗教冲突、民族主义情绪而爆发的战略或内战风险，不同程度地接受着媒体舆论风险。发达国家普遍政局稳定、法制健全，其非经济风险主要体现在一些政治势力从意识形态出发将经济问题政治化，国内恐惧情结高涨所带来的政府干涉风险和政策法律变动风险、蚕食性征收风险。

四、能源型企业海外投资应对非经济风险的策略

在全球经济成为商业环境面前，在全球经济体系和全球交易过程中，国家风险将摆脱国家主权因素而成为正常的全球商业风险（王巍、张金杰，2007）。从这个定义角度来说，能源型企业海外投资遭遇的非经济风险有可能导致国家风险。非经济风险极难预测且损失巨大，是能源型企业跨国经营所要面对的最大风险，必须引起足够的警觉和重视。

针对能源型企业海外投资遇到的非经济风险类型，我们建议：

（一）运用政治、文化和外交手段，化解海外投资的政治风险

从各国经济发展的历史来看，工业化既是社会财物快速积累的过程，也是能源大量消耗的过程。西方发达国家正是依靠对全球矿产和能源的控制，才得以完成工业化过程并主导全球经济的发展。欧洲、美国、日本等发达国家和地区在对全球资源控制的过程中，通过综合运用经济、政治、外交甚至是军事手段来扩张全球能源占有能力。

（1）利用政治、外交等多种渠道，创造良好的多边、双边国际关系。由于能源型企业海外投资具有较长时间的资源占有性，会给投资所在国公民带来心理冲击和政治震动。当前要处理好所谓"新殖民主义"在部分非洲民众心里产生的特别影响问题。要关注能源型企业在非洲投资中既可能为普通民众带来实惠，又可能对少数非洲国家产业多元化造成冲击的问题。对于所谓"中国政府及其国有企业对非洲扩张的兴趣仅仅在于石油资源或工程承包交易，而对民主、人权与反腐败问题漠不关心"的西方论调，必须给予强有力的政治或外交回击。对于部分非洲民众和西方国家善意的关切点，我们应当客观地论证与反思非洲"石油换贷款"援助方式的可持续性（李欣，2012）。

（2）开展政治、文化活动，巩固和发展对非洲的南南合作。这是处理当前国际政治关系必须坚持的立场。要通过多种渠道和方式帮助广大发展中国家发展经济，使越来越多的国家和地区的政府、企业和民众了解和认识中国和平崛起的目标和途径，真正建立负责任、讲诚信、求共赢、真朋友的国家形象。能源型企业投资非洲遇到的非经济风险本质，归根结底是"华盛顿共识"与"北京共识"两种发展模式的冲突。我国"不附加条件"的援外政策与西方国家普遍采用的附加政治条件的援助做法存在根本性的区别。我们坚持实施"不附加条件"的援外政策，特别是坚持"不干涉内政"内容。但是我们有必要强调援助应当惠及资源所在国民生，特别是帮助能源输出地区改善民生，这样利于打造中国负责任的大国形象。国内媒体应避免过度地宣传海外并购的成就，以减少资源所在国民众"掠夺性"认知式不满。同时，要创造好的海外投资舆论环境，尤其对一些可能引起普遍关注的投资行为，提前进行舆论引导，突出并购对当地经济社会发展的责任诉求，消除对海外投资可能存在的心理上的敌意或担忧。

（3）推进刚柔并济的商务外交政策，助力海外投资。加强外交部、商务部、使领馆等涉外部门的商务外交力度，发挥各自涉外磋商机制的作用，推动国家间签署投资保护、领事保护、司法协助等多边或双边协定，与相关国家建立合作共赢关系，为我国企业海外投资提供实质性的外交保障环境。

（二）构筑海外能源投资的战略联盟，化解国企并购扩张困局

政治歧视和意识形态问题影响着能源型企业的海外投资行为。西方国家认为国企使用国家资金进行商业并购与全球私有化浪潮背道而驰，担心国企投资背后有国家意志和国家战略。中国国有企业"蜂拥"走出去，已经引起外国政府的敏感，引发当地民众的恐慌，甚至把市场行为演变为政治行为。海外投资中的"强势方全球范围内产业垄断"和"弱

势方借助国家力量反垄断"的情形,是非经济风险产生的根源之一。对有过海外投资业务的中央企业调查统计显示,有 75% 的受调查中央企业表示东道国对并购存在抵触现象(刘文炳,2011)。因此,政府应尽快制定持续稳定、联合共赢的海外投资联盟战略。

(1)尽快成立"海外投资与资源开发共同基金"。该基金可由主权财富基金公司、国内大型能源集团、金融机构、国内外战略投资者联合发起,充分聚集国家资本与社会资本、产业资本和金融资本,以国内外优势能源为投资对象,以建立国家海外重点战略能源储备基地为目标,允许提供股权性融资、债务性融资或直接收购国外优势能源公司的制度安排。这种混合所有制的投资结构,会降低西方国家对国有情结的恐惧心理。

(2)激励国内企业"携手出海"。能源类海外投资一般规模较大,国内民营企业无力单独完成国际能源和矿产资源开发工作,而国有大企业之间缺乏有效的合作又降低了并购后的价值成效。积极引导国企和民企、金融资本和产业资本整合内部资源,形成多元化融资结构;积极发挥中央企业的带动力、影响力和控制力,联合内部资源实施"走出去"战略,从而降低国外对国有企业并购的抵制风险,增强企业防范风险能力。

(3)鼓励能源型企业与国外企业组成战略联盟或战略联合体。这样一方面可以形成多元化、国际化的融资结构,降低单一国有并购的体制风险;另一方面可以增强企业管理能力、文化整合能力,更好地提高能源型企业经营效益。

(4)大力发展海外能源投资的非股权经营模式。《2011 年世界投资报告》指出,对外直接投资的非股权经营模式呈现出良好的发展前景。非股权经营模式包括合同制造、服务外包、特许经营、技术许可、管理合同等。借助这种模式,能源型公司可以在不拥有能源所在国的企业股权或资产权益的情况下,依靠技术或服务来控制能源企业的经营,在更高层次上协调全球能源产业价值链。

(三)完善风险保障支持性体系,抵御海外投资系统风险

为了降低企业海外投资的风险,发达国家建立了完备的支持体系,包括战略指引、法律法规保障、信息与技术援助、直接财政与金融支持、税收优惠、投资保险六大类具体措施。英国投资局、中国香港贸发局以及日本地方政府事务所等非营利机构,都具有引导本国(地区)企业来华投资的积极作用。我国政府应当借鉴发达国家和发展中国家(地区)促进海外投资的政策支持和管理体系经验。

(1)完善战略指引。政府相关部门应加强对行业协会的协调功能,组织完善海外投资合作体系,对企业海外投资行为进行协调,避免海外抬价"火拼"局面,维护海外投资秩序和国家整体利益。

(2)规范海外投资立法。明确投资者主体资格、权利义务和违约责任。引导海外投资企业贯彻、运用好国际法则、商业惯例,主动依法维护企业的合法权益。

(3)加强信息支持和咨询服务。借助涉外机构、商会协会、境外银行或其他金融机构等各种资源,对投资重点区域的政治格局、民族关系、宗教矛盾、社会阶层等非经济信息进行收集、评估并适时发布。借鉴韩国对外投资管理的经验和做法,建议成立全国性海

外投资信息咨询服务机构，为我国企业海外投资提供政策指导、企业调查、预警信息，配合政府开展论证、咨询、代理服务。进一步整合商务部国别障碍报告系统、投资促进局国别投资指南和中国出口信保公司国别风险报告三家的信息支持系统，形成共同的、权威性的中国企业海外投资风险指南。

（4）健全海外投资政策性保险体系。对能源型企业在全球投资交易范围内的非经济风险开展分保或再保险业务，增强中国企业跨国投资的整体抗风险能力。建立防范非经济风险的海外担保制度，消除投资企业的后顾之忧。

（5）实施有差别的金融和税收政策。财政政策和货币政策是国家宏观调控最有力的工具，实施对海外投资企业有别于国内企业的金融和税收优惠政策，平等对待国有企业和民营企业海外投资的金融和税收条件和需求，或者鼓励两者以股份合作的方式联合进入国际能源市场。

（四）企业建立长效的风险防范机制，强化风险源头管理

全球的能源格局正在发生深刻的变革，预计 2008~2035 年能源消费增加量的 80% 来自发展中国家，中国将占增量的 30%。随着资源民族主义的兴起，石油产业的话语权从跨国公司向国家石油公司转移，石油的政治色彩更加浓重。石油是一种特殊的商品，具有资源、金融和政治三重属性。中国石油公司正在参与资源属性维度上的竞争，政府发挥着其在政治维度上的作用，但是存在着国企负责人由于"赢无激励、亏损有责"的机制，使得企业放弃在金融维度上的竞争现象。中国政府虽然鼓励社会资本和主权基金参与石油期货的贸易，但是应当清醒地认识到，中国在能源并购规模上的影响力无处不在，而在公司品牌和技术创新方面与国际能源公司的差距甚远。尤其非经济因素影响下的企业短期行为，使得海外能源投资的未来面临巨大风险。

（1）建立战略技术发展研究机制，培育长期核心竞争力。如埃克森美孚和壳牌公司长期致力于 LNG 和 GTL 技术研发的做法，就值得能源型企业学习。1995 年卡塔尔开发北帕斯气田时，两家公司凭借先进的成套开发技术重返中东市场。2011 年卡塔尔 14 条 LNG 生产线的产量达到 7700 万吨，其中 12 条 LNG 生产线是由埃克森美孚生产的；同时，卡塔尔投产的世界最大的商业化 GTL 生产线是由壳牌公司研制的。这种资源国不失资源控制权、石油公司通过技术获得回报、消费者使用清净产品的多赢局面，极大程度地避免了非经济风险的产生。

（2）完善内部风险管理制度，促进投资决策科学化。管理层或其聘请的专业服务团队，应重视从权威渠道收集能源所在国吸引外资、经济实力和国际收支现状、投资项目与经济发展目标之间关系、企业文化融合性等资料，并组织专业人士分析评估，找到资源国的风险情况，预测其风险等级，谨慎决策投资行为。

（3）建立内部海外投资风险预警机制。能源型企业要制定差异化的进入策略、风险防范策略和境外投资应急预案。全面深入地了解国际政治格局、各国的贸易政策、外交政策以及法律法规，应避免投资区域过度集中，以防范可能的投资风险。

（4）改进海外子公司的管控机制。警惕特殊利益集团假借公司或者外资之手与中央政府博弈，导致中央政府的政策范围和效力边缘化的现象。

（五）企业落实社会责任标准，提升文化整合效应

《2012 年世界投资报告》指出，可持续发展在海外投资政策制定过程中所起的作用越来越重要。越来越多的国家制定区域层面的投资政策，环境与社会发展和企业社会责任方面的内容越来越多地出现在国际投资协定中。

（1）实施最严格的企业社会责任标准，树立良好"企业公民"形象。能源型企业决策者应该把企业社会责任纳入企业发展和管理建设计划中，从而为企业国际化打下坚实的基础。能源型企业要用开放的姿态处理公共关系，向公众和资本市场展示投资是出于商业目的而非政府驱动，强化企业经营能够促进东道国就业、增加税收和社会责任。能源型企业参与投资地的社区发展和公益事业，开展诸如捐赠医疗、教育和扶贫、环保等公益活动，既做"经济增长器"，又当"民间外交家"。神华沃特马克项目凭借创新社区基金管理模式荣获澳大利亚新南威尔士州 2011 年度最佳环境和社区奖就是很好的例证。神华沃特马克公司成立社区基金管理委员会，邀请政府官员、利益相关者、社区代表等讨论社区基金的投向，确保用在最需要的地方，发挥最大的社会效益，覆盖最多的人群。

（2）积极推进文化整合，主动开展公关活动。并购初期应认真了解投资国家和地区的法律法规、风俗习惯、产业竞争力等。并购实现后要照顾股东、工会、社团、社区、竞争对手等利益相关者的需求，最大限度地建立合作伙伴关系。建立健全公司合规经营体系，尽力用工本土化，保持被并购方的核心人员稳定。能源型企业特别要积极关注环境保护、节约资源，做反对腐败的"企业公民"。注意有关事项政治化的苗头和倾向，必须及时开展有效的公关活动，最大限度地获得当地政府及媒体的理解与支持，最大限度地消除舆论偏见和政治阻力，创造投资经营宽松的外部环境。

参考文献

［1］程立茹．中国企业海外并购非经济风险的凸显及防范．工业技术经济，2006（6）．

［2］陈立虎．中国海外投资保险法律的地位与模式．南京师大学报（社会科学版），2008（6）．

［3］李欣．国有企业"走出去"与当代中国外交海外困局．国际展望，2012（2）．

［4］吕天玲，黄倩蔚．中企抄底海外资源频遭困局障碍重重鲜成功案例．南方日报，2010 - 08 - 19.

［5］刘飞．中资海外并购加速度．华夏时报，2013 - 02 - 02.

［6］刘文炳．中央企业国际竞争力研究——并购重组视角．北京：中国经济出版社，2011.

［7］马亚明，张岩贵．技术优势与海外投资：一个关于技术扩散的分析框架．南开经济研究，2003（4）．

［8］孙建中．技术获取型海外投资的选择．生产力研究，2004（8）．

［9］申俊喜．工业化中后期技术寻求型海外投资的理论分析．上海经济研究，2008（7）．

［10］舒敏、杨坤．中国企业跨国并购的非经济风险及管理策略研究．湖南财经高等专科学校学报，2008（12）．

［11］田泽．中国企业海外并购的理论与实践研究．北京：化学工业出版社，2010.

［12］王志乐．2012 走向世界的中国跨国公司．北京：中国经济出版社，2012.

［13］吴先明．中国企业对发达国家的逆向投资：创造性资产的分析视角．经济理论与经济管理，2007（9）．

［14］王巍，张金杰．国家风险——中国企业的国际化黑洞．南京：江苏人民出版社，2007.

［15］冼国明，杨锐．技术累积、竞争策略与发展中国家海外投资．经济研究，1998（11）．

［16］张素芳．跨国公司与跨国经营．北京：经济管理出版社，2008.

［17］清科研究中心．2011 年中国并购市场年度研究报告．http：//www. zero2ipovc. com/cn/，2012 - 03 - 02.

［18］清科研究中心．2012 年度中国并购市场研究报告．http：//www. zero2ipovc. com/cn/，2013 - 02 - 25.

［19］Duncan H. Mekdrum. Country Risk and Foreign Direct Investment. Business Economics Press，2000.

［20］John Cantwell and Paz Estrella E. Tolentino. Technological Accumulation and Third World Multinational，University of Reading Press，1990.

［21］Kojima，K. Direct Foreign Investment；A Japanese Model of Multinational，Business Opreations. New York Praeger Press，1978.

［22］Louis T. Well. Third World Multinationals；The Rise of Foreign Investment from Developing Countries. The MIT Press，1983.

［23］Stefan H. Robock. Political Risk；Identification and Assessment. Columbia Journal of World Business，1971.

［24］Simon D. Jeffrey. Polictical Risk Assessement；Past Trends and Future Prospects. Columbia Journal of the World Business，1982.

［25］Sanjaya Lall. The New Multinationals；The Spread of Third World Enterprises. New York John Wiley & Sons Press，1983.

能源替代弹性与中国经济结构调整[*]

于立宏　贺　媛

【摘　要】调整产业结构和能源结构是中国转变经济增长模式的两个关键路径。然而，其可行性取决于能源与要素以及能源间的可替代性。本文运用超对数成本函数和 AES 替代弹性估算了中国要素间（资本、劳动、能源）以及能源间（煤炭、石油、电力）的相关替代弹性。结果表明，中国能源间的替代、互补效应较弱，能源的自价格弹性亦很低；而劳动对能源的替代性较强，资本和能源之间先替代后互补。因此，应建立以市场化价格机制为核心的能源替代战略，并依托于发展低碳产业和节能产业的产业结构调整和优化来实现经济增长模式转变。

【关键词】替代弹性；能源结构调整；产业结构调整

一、问题提出

中国依靠丰富、廉价的劳动力和能源资源实现了 30 多年的经济高速增长，同时也承受了资源日益枯竭和生态环境恶化的苦果。面对不断上涨的劳动力和能源成本，以及为了承担全球性碳减排责任和保持经济可持续发展，这种粗放型经济增长模式到了非转变不可的时刻。中国转变经济增长模式的两条关键路径是调整产业结构和能源结构。调整产业结构、控制或降低高耗能产业的比例以及投资于节能设备和技术升级，可以从源头上大大减少能源消费和碳排放；而调整能源结构，用低碳、清洁能源替代高碳能源，可直接达到减

　＊　原文发表于《中国工业经济》2013 年第 4 期。

作者简介：于立宏，黑龙江伊春人，华东理工大学商学院教授，博士生导师；贺媛，湖北荆州人，华东理工大学商学院硕士研究生。

基金项目：国家自然科学基金杰出青年科学基金项目"技术演化与能源系统分析"（批准号：71125002）；上海市科技发展基金软科学项目"上海战略性新兴产业需求政策研究——产业链视角的风电政策研究"（批准号：12692100600）。

少碳排放的目的。然而，调整产业结构和能源结构的可行性取决于能源与其他要素之间、不同能源之间的可替代性，这种可替代性的衡量指标便是替代弹性（或交叉价格弹性）。当政府将节能减排作为一个重要目标时，替代弹性的大小和强弱就为这个目标的可实现性提供了一项基本决策依据，并成为评价政策效果的可靠标准。

自 20 世纪 70 年代石油危机以来，能源替代问题一直是能源经济学领域的热点，国外学者在理论和实证上都做了大量研究。然而，在实证结果上，结论并不一致。不同的国家或产业，函数形式的选择，估计对象的多少，以及数据的处理都会导致实证结果存在较大差异。研究发现，交叉价格弹性的估计对国家、地区和产业非常敏感（Pindyck，1979；Cameron，Schwartz，1980；Field Grebensteinz，1980；Dennyetal，1981；Fuss，1977；Halvorsen，1977；Walton，1981；Barnett et al.，1998；Burney，Al - Matrouk，1996；Caloghiro et al.，1997；Kemlert，1998；Mahmud，2000）。函数形式与模型的选择可能影响估计结果（Yi，2000；Urga Walters，2003；Chang，1994）。以单个国家或多个国家为估计对象也会造成实证结果的不同。单个国家的估计结果一般为短期效应，多国家的面板数据一般表现为长期效应（Berndt Wood，1975；Hudson Jorgenson，1974；Fuss，1977；Magnus，1979；Griffin Gregory，1976）。此外，数据的处理也可能对估计结果产生一定影响。例如，使用加总数据会扭曲替代弹性的估计结果，而使用细分数据则会增加估计的准确性（Clark et al.，1988；Nguyen Streitwieser，2008）。遗憾的是，关于中国能源替代方面的实证研究还较少，主要集中于能源与要素之间的关系（杭雷鸣，2007；鲁成军，周端明，2008；Ma et al.，2008），可能的原因是数据可获得性较差。Ma 等（2008）的研究与本文最为相关，然而，他们的时间序列较短，仅计算到 2004 年，而 2004 年以后的中国能源价格变动剧烈，对能源间关系的影响显然更强。因而，本文的研究可以弥补相关成果的缺失。

本文将运用成熟的超对数成本函数和 AES 替代弹性理论模型，估算中国的能源与资本和劳动，以及能源间（包括煤炭、石油和电力）的替代弹性、交叉价格弹性、自价格弹性等，以揭示要素市场与能源产业的特性和存在的问题，从而对中国未来的经济转型路径提出政策建议。

二、模型与数据处理

1. 模型的选择

在可替代性问题的研究中，度量替代弹性是一种基本的分析工具。传统上，一般运用线性对数柯布—道格拉斯生产函数估计交叉价格弹性，但其隐含的假设是要素间为替代关系。因此，Christensen 等（1971）在该生产函数中引入交互项，允许每两种要素之间可能成为互补品，使替代弹性能够在若干要素份额方程中得到估计，从而改进了只有单一等式估计的缺陷，这就是所谓的超对数（Transcendental Logarithmic Translog）生产函数。以这一思路估计替代弹性既可以从生产函数中加入交互项开始，也可以在成本函数中进行。目前，在 Translog 成本函数中估计替代弹性已经成为生产理论研究中的主流。

替代性研究的文献中主要用在 Allen - Hzawa 替代弹性（AES）和 Morishima 替代弹性（MES）两个概念（Frondel，2004）。其中，对于长期问题，AES 起到主导作用，是在生产文献中最为广泛使用的测量指标。特别是关于资本与能源的关系，Thompson 和 Taylor（1995）发现，过去 20 年所有关于这一问题的研究结论都是基于 AES 获得的。

根据 Pindyck（1979）的模型，本文将能源间与要素间关系的估计分为两个阶段。第一阶段，用位似的、规模报酬不变的超对数成本函数来描述能源价格。通过估计该能源成本函数，我们可以得到三种能源的交叉价格弹性和自价格弹性。第二阶段，使用一个非位似的超对数成本函数来描述生产总成本（包含了第一阶段估计的能源成本函数）。通过估计该函数，就可以得到资本、劳动和能源间的替代弹性和自价格弹性。

本文假设，生产者通过两个步骤来达到成本最小化的目标：先选择能源来最小化能源总成本，再选择资本、劳动和能源投入来最小化生产总成本。因此，生产函数必须具有以下三个性质。一是资本、劳动和能源作为一个整体与第四种投入要素——原材料存在弱可分性[①]。由于无法获得数据来构造原材料价格指数，因此本文只能估算前三种要素之间的替代弹性。二是资本、劳动、能源间存在弱可分性，这是两个步骤最优化过程的充要条件（Denny Fuss，1977）。三是资本、劳动、能源在结构上是位似的，且能源中的石油、煤炭和电力在结构上也是位似的。

基于上述三个假设，生产函数可以表示为式（1），其中，e 是三种能源投入的位似函数。

$$Q = \{f[K, L, e(F_1, F_2, F_3)]; M\} \tag{1}$$

根据谢泼德（Shephard）引理，每种生产要素的引致需求都是总成本函数关于该投入品价格的导数。因此，如果要素价格和产出水平是外生的，那么，式（1）就可以转换为具有弱可分性的成本函数式（2），其中，P_E 是能源的综合价格指数，是一个位似函数。

$$C = G\{g[P_K, P_L, P_E(P_{F_1}, P_{F_2}, P_{F_3}), Q]; P_M, Q\} \tag{2}$$

将式（2）转换为超对数成本函数式（3），就可以逼近到任意一个形式的成本函数：

$$\ln C = \alpha_0 + \alpha_Q \ln Q + \sum_i \alpha_i \ln P_i + \frac{1}{2}\gamma_{QQ}(\ln Q)^2 + \sum_i \sum_j \gamma_{ij}\ln P_i \ln P_j + \sum_i \gamma_{Qi}\ln Q \ln P_i \tag{3}$$

其中，C 为总成本，Q 为产出，P 为要素价格。根据谢泼德引理，对成本函数求价格的导数，可以得到派生需求函数，所以份额方程为：

[①] 可分性分为弱可分性与强可分性。弱可分性表示前三种投入品中的任意两种投入品的边际替代率与第四种投入品——原材料的数量无关。相应地，强可分性是指任意两种投入品的边际替代率只取决于这两种投入品的数量，与其他投入品的数量无关。

$$S_i = \partial lnC/\partial lnP_i = P_iX_i/C \tag{4}$$

或者

$$S_i = \alpha_i + \gamma_{Qi}lnQ + \sum_j \gamma_{ij}lnP_j ,\ i = 1,\ \cdots,\ n \tag{5}$$

由于各要素份额之和为1，所以，只能对 $n-1$ 个份额方程进行估计。可以发现，α_0、α_Q 和 γ_{QQ} 的值只有在成本方程被估计出来的时候才能被确定。

成本方程必须在价格上是一阶位似的，这意味着对模型参数有以下约束条件：

$$\sum_i \alpha_i = 1,\ \sum_i \gamma_{Qi} = 0, \gamma_{ij} = \gamma_{ji}, i \neq j, \sum_i \gamma_{ij} = \sum_j \gamma_{ji} = 0 \tag{6}$$

根据超对数成本函数，AES替代弹性可以表示为：

$$\sigma_{ij} = (\gamma_{ij} + S_iS_j)/S_iS_j,\ i \neq j \tag{7}$$

$$\sigma_{ij} = [\gamma_{ij} + S_i(S_i - 1)]/S_i^2 \tag{8}$$

同理，自价格需求弹性和交叉价格弹性分别为 $\eta_{ii} = \sigma_{ii}S_i$ 和 $\eta_{ij} = \sigma_{ij}S_j$。以上公式计算出的交叉价格弹性是在总能源消费量一定的情况下得到的，被称为偏交叉价格弹性。

$$\eta_{ii}^* = \frac{P_i}{X_i}\left[\frac{\partial X_i}{\partial P_i}\bigg|_{Econxt} + \frac{\partial X_i}{\partial E}\frac{\partial E}{\partial P_E}\frac{\partial P_E}{\partial P_i}\right] \tag{9}$$

其中，E是能源的总消费量，P_E 是能源的价格指数，由规模报酬不变的超对数位似成本函数决定：

$$lnP_E = \alpha_0 + \sum_i \alpha_i lnP_i + \sum_i \sum_j \gamma_{ij}lnP_ilnP_j \tag{10}$$

由于能源的份额方程为 $S_i = \alpha_i + \sum_j \gamma_{ij}lnP_j$，可以证明，$\eta_{ii}^* = \eta_{ii} + \eta_{EE}S_i$，$\eta_{EE}$ 是能源自价格弹性。类似地，各个能源的总交叉价格弹性为 $\eta_{ij}^* = \eta_{ij} + \eta_{EE}S_j$，总产出弹性为：

$$\eta_{iQ}^* = \frac{dlnX_i}{dlnQ} = \frac{Q}{X_i}\frac{\partial X_i}{\partial E}\frac{\partial E}{\partial Q} \tag{11}$$

由于能源成本函数是位似的，于是有 $\eta_{iQ}^* = \eta_{EQ}$，η_{EQ} 是能源的产出弹性，由式（12）给出：

$$\eta_{EQ} = \frac{\gamma_{QE}}{S_E} + \alpha_Q + \gamma_{QQ}lnQ + \sum_{i=K}^{L,K} \gamma_{Qi}lnP_i \tag{12}$$

最后，能源的价格弹性为 $\eta_{CE} = \partial ln(AC)/\partial lnP_E$，那么，单个能源的价格弹性就可表示为 $\eta_{Ci} = \partial ln(AC)/\partial lnP_i$。因为能源成本函数是位似的，所以 $\eta_{Ci} = \eta_{CE}S_i$。由式（3）可以得到：

$$\eta_{CE} = \alpha_E + \gamma_{EE}lnP_E + \gamma_{EK}lnP_K + \gamma_{EL}lnP_L + \gamma_{QE}lnQ \tag{13}$$

总体来说，本文的估计步骤，一是估计能源份额函数 $S_i = \alpha_i + \sum_j \gamma_{ij}lnP_j$，约束条件为 $\sum_i \alpha_i = 1, \gamma_{ij} = \gamma_{ji}, \sum_i \gamma_{ij} = \sum_j F_{ji} = 0$。二是用估计出来的参数 α_i 和 γ_{ij} 通过方程（10）估算能源价格指数。三是使用能源价格指数作为工具变量来估计要素 K、L、E 的份额方程。

2. 数据处理

在数据方面，除了劳动力数量和劳动力价格可以从相关统计年鉴中得到外，其他的数据，如各种能源的消费量和价格，资本存量和资本使用价格都无法直接得到。因此，本文结合被广泛认可的理论模型和相关文献对上述数据加以计算。

（1）能源消费量与价格。现有的统计年鉴只给出了一次能源的消费量数据，而没有二次能源——电力的消费数据，因而本文只能根据能源结构反推估算历年的石油、煤炭和电力消费量。此外，由于中国 80% 的电力来自煤炭发电，为考察石油、煤炭和电力三种能源间的替代关系，必须将原煤中用于发电的部分分离出来，其中，煤炭用于发电的数据来自《中国能源统计年鉴》中的煤炭平衡表。由此，我们可以得到石油、煤炭（非电煤）、电力三种能源的消费量数据，单位都是万吨标准煤。

进一步地，现有统计资料也没有给出各种能源的平均价格数据，只能通过相关数据库和文献整理得到。为了保证企业生产和居民需求，中国对煤炭价格一直实行中央统一计划价。20 世纪 80 年代末，在经济体制改革的推动下，煤炭定价逐渐引入市场机制，直到1993 年，基本确立了以市场价格为主的价格形成机制。因此，本文选取 1994～2011 年共18 年的煤炭价格数据进行估计。为了更好地反映煤炭的市场价格并考虑数据的可得性，本文选取秦皇岛港大同优混（＞6000 大卡）平仓价作为中国的煤炭价格，数据来源于《长江证券煤炭行业数据库》。石油作为国家重要的战略物资，其价格水平一直由国家严格控制。1998 年 6 月后，国内石油的价格逐渐与国际油价接轨。因此，本文选择《BP 世界能源统计（2012）》中的原油价格指数作为国内石油价格的替代。国内电力销售价格通过历年电力报告和调价报告整理得到，并使用了以 2011 年为基期的工业品出厂价格指数（PPI）。以上各种能源价格均换算为元/吨标准煤。

（2）资本存量与资本价格。本文根据永续盘存法，在张军等（2004）的基础上，将中国的资本存量进一步计算到 2011 年。我们采用的当年投资指标是固定资本形成总额，而非资本形成总额，说明我们没有把存货增加记作投资的一部分。在现有国民经济核算体系下，对不变价格的固定资本形成总额的核算是利用固定资产投资价格指数（Price Index of Investment，PII）缩减现价固定资本形成总额的方法实现的，即采用了 PII 来剔除通货膨胀的影响。同时，固定资本形成总额的经济折旧率 δ 取为 9.6%。需要指出的是，在利用永续盘存法计算时，如果基年选择越早，那么基年资本存量估计的误差对后续年份的影响就会越小。考虑到数据的可得性及与同类研究的可比性，本文采用的基年是 1952 年，即用 1952 年的固定资本形成除以 10% 作为初始资本存量。本文的资本价格，即利率，采取中国 3～5 年期贷款利率。

（3）劳动力数量与劳动力价格。理论上，劳动投入 L 是雇佣员工的总体工作时间，而且，由于员工的劳动技能存在差异，在综合时应该将劳动投入分类计算，以增加估计的可靠性，但存在数据收集上的困难。因此，本文采用《中国统计年鉴（2012）》中年底就业人员数量作为劳动投入数量，城镇单位就业人员平均工资作为劳动力价格。

三、实证结果与分析

1. 能源间的替代弹性与价格弹性

能源成本函数中份额方程的估计系数见表1，所有参数均在1%的水平下显著。从份额方程的 R^2 来看，三个方程的拟和度均很好。根据表1所得参数，可以计算能源的替代弹性、交叉价格弹性和自价格弹性（结果见表2和表3）。

表1 能源份额方程参数估计结果

石油份额	估计值	煤炭份额	估计值	电力份额	估计值
α_1	0.159 ** （29.531）	α_2	0.195 ** （57.528）	α_3	0.648 ** （114.325）
γ_{11}	0.126 ** （12.211）	γ_{21}	− 0.023 ** （− 3.467）	γ_{31}	− 0.104 ** （− 9.001）
γ_{12}	− 0.023 ** （− 3.467）	γ_{22}	0.087 ** （10.503）	γ_{32}	− 0.064 ** （− 21.496）
γ_{13}	− 0.104 ** （− 9.001）	γ_{23}	− 0.064 ** （− 21.496）	γ_{33}	0.168 ** （18.475）
R^2	0.951	R^2	0.976	R^2	0.970

注：括号中为t值。** 代表在1%的水平上显著。三种能源分别标记为1 = 石油，2 = 煤炭，3 = 电力。

影响一国能源间可替代性的因素涉及资源禀赋、能源相对价格的变化、能源政策的偏好、产业政策以及经济活动的变化等。从中国的实际情况来看，由于以煤为主的资源禀赋导致各类能源对中国经济增长的贡献程度不同，各类能源价格改革的方式也存在显著差异，因而能源之间比价的变化或能源政策的实施直接影响各类能源的消费量，致使不同能源之间在短期内会呈现出不稳定的替代/互补关系。

在表2中，石油与煤炭、石油与电力的 AES 替代弹性都呈现出正负交替的特征，这表明三种能源间的关系存在一定程度的不确定性。然而，如果剔除个别异常年份，石油和煤炭的互补关系比较明显；石油与电力的替代关系占主导，尤其是2000年以后；而电力与煤炭之间存在明确的、稳定的替代关系。

表2 能源间 AES 替代弹性的估计结果

年份	σ_{12}	σ_{13}	σ_{23}	σ_{11}	σ_{22}	σ_{33}
1994	0.26	− 0.05	0.51	− 0.12	− 1.82	− 0.14
1995	0.11	− 0.05	0.46	0.10	− 1.88	− 0.11
1996	0.16	0.02	0.44	− 0.28	− 1.88	− 0.12
1997	− 0.06	− 0.01	0.38	0.10	− 1.78	− 0.08

年份	σ_{12}	σ_{13}	σ_{23}	σ_{11}	σ_{22}	σ_{33}
1998	-0.85	-0.43	0.37	4.76	-1.57	-0.01
1999	-0.69	-0.10	0.24	1.26	-0.89	-0.02
2000	-0.34	0.20	0.07	-0.63	0.12	-0.06
2001	-0.60	0.01	0.17	0.38	-0.48	-0.03
2002	-0.69	-0.01	0.16	0.55	-0.27	-0.02
2003	-0.89	0.00	0.08	0.60	0.66	-0.01
2004	-0.34	0.13	0.16	-0.36	-0.57	-0.05
2005	-0.07	0.21	0.19	-0.74	-1.06	-0.09
2006	-0.11	0.24	0.12	-0.81	-0.57	-0.09
2007	-0.08	0.24	0.14	-0.82	-0.76	-0.09
2008	0.25	0.24	0.30	-0.90	-1.74	-0.14
2009	-0.39	-0.05	0.29	0.63	-1.36	-0.04
2010	0.03	0.14	0.31	-0.57	-1.63	-0.09
2011	0.24	0.27	0.26	-0.94	-1.65	-0.15
均值	-0.23	0.06	0.26	0.12	-1.06	-0.07

注：三种能源分别标记为 1 = 石油，2 = 煤炭，3 = 电力。

从自替代弹性来看，电力的自替代弹性为负值，说明电力价格上升导致其需求量下降，只是均值仅为 0.07，价格的影响极为有限。煤炭的自替代弹性值最大，均值为 -1.06，其中，2000 年和 2003 年还出现弹性为正的情况。石油的自替代弹性则呈现正负交替的现象，虽然自 2004 年开始正常，然而在 2009 年再次出现了正值。可能的原因有以下四个。一是价格扭曲与价格剧烈波动并存。长期以来，中国对能源价格实行严格管制，使得能源价格整体水平不高，因而，即便它们的价格有所上升，但相对而言还是偏低的，使得企业和家庭对价格信号都不够敏感。同时，2007 年之前，石油价格快速上升，之后受金融危机影响又暴跌，价格的剧烈变动影响了其效应的显现。二是经济增长速度加快引发的能源需求上升。中国始于 21 世纪初的经济高速增长引发了对石油和煤炭的巨大需求，使得中国从曾经的煤炭出口大国一跃变为煤炭净进口国，并且原油的对外依存度不断增加，已经突破 50%。能源需求的高速增长无疑加剧了中国能源供给的紧张状况，因而价格效应难以显现。三是粗放型经济增长模式。尽管在过去几十年里，中国的能源强度显著下降，但与发达国家相比依然有不小的差距，以能源高投入、高污染、低产出为特征的粗放型经济增长模式并未有根本性转变，对能源的依赖有增无减。四是中国能源产业的市场化程度不高。石油、电力等产业都具有相当强的垄断性，煤炭价格的市场化进程一直受制于电力产业改革，直到 2012 年才实现完全的市场化。这些都意味着价格信号对能源资源的配置作用难以充分实现。总之，中国经济增长模式对煤炭与石油的依赖，导致即便价格上涨也不能从根本上阻止社会对能源需求的上升，因而，调整产业结构与能源结构才是治本之策。

从表3中的偏交叉价格弹性来看，本文有以下发现。①煤炭和石油是互补品（煤炭对石油的偏交叉价格弹性为 -0.03，石油对煤炭的偏交叉价格弹性为 -0.02），且油价对煤炭的影响略强于煤价对油价的影响，这可能是因为煤价受制于政府政策和国内市场环境，其波动性较小，而油价受制于国际政治和经济环境，影响因素众多，因而波动性较大，对经济运行的影响则更大。煤炭和石油的互补关系表明，作为一次能源投入，两种能源对经济增长的贡献是同步的。②石油和电力是替代品（双向偏交叉价格弹性均为0.01），说明电价的上升会引起石油消费量的增加，反之亦然。这与国外的大多数研究是一致的。然而，很明显，在中国两者之间的可替代程度很小，即对彼此的价格响应很弱。③煤炭和电力是替代品（煤炭对电力的偏交叉价格弹性为0.18，电力对煤炭的偏交叉价格弹性为0.04），说明电价的上升引起的煤炭对电力消费的替代明显强于煤价对电力消费的影响。进一步地，煤炭对电力的偏交叉价格弹性在1994年为0.33，此后这种替代性逐渐减小，说明中国减少煤炭消费（除发电用煤外）的能源政策正在产生效果。然而，2008年后，该数据又突然增加，这是危险的信号，表明能源结构又向高碳方向后退了。

表3 能源间偏交叉价格弹性和偏自价格弹性的估计结果

年份	η_{12}	η_{21}	η_{13}	η_{31}	η_{23}	η_{32}	η_{11}	η_{22}	η_{33}
1994	0.05	0.04	-0.01	-0.01	0.33	0.10	-0.02	-0.37	-0.09
1995	0.02	0.02	-0.01	-0.01	0.31	0.08	0.01	-0.33	-0.07
1996	0.03	0.03	0.00	0.00	0.30	0.08	-0.04	-0.32	-0.08
1997	-0.11	-0.01	0.00	0.00	0.27	0.06	0.01	-0.26	-0.05
1998	-0.11	-0.08	-0.04	-0.04	0.28	0.05	0.44	-0.21	-0.01
1999	-0.08	-0.08	-0.01	-0.01	0.18	0.03	0.15	-0.10	-0.01
2000	-0.03	-0.06	0.04	0.04	0.05	0.01	-0.11	0.01	-0.04
2001	-0.06	-0.08	0.00	0.00	0.13	0.02	0.05	-0.05	-0.02
2002	-0.07	-0.09	0.00	0.00	0.12	0.02	0.07	-0.03	-0.01
2003	-0.08	-0.12	0.00	0.00	0.06	0.01	0.08	0.06	-0.01
2004	-0.04	-0.06	0.02	0.02	0.12	0.02	-0.06	-0.06	-0.04
2005	-0.01	-0.01	0.04	0.04	0.13	0.02	-0.14	-0.12	-0.06
2006	-0.01	-0.02	0.05	0.05	0.08	0.01	-0.16	-0.06	-0.06
2007	-0.01	-0.02	0.05	0.05	0.10	0.01	-0.16	-0.08	-0.06
2008	0.04	0.05	0.05	0.05	0.20	0.04	-0.19	-0.25	-0.09
2009	-0.05	-0.05	-0.01	-0.01	0.22	0.04	0.08	-0.17	-0.03
2010	0.00	0.01	0.02	0.02	0.21	0.04	-0.10	-0.22	-0.07
2011	0.03	0.05	0.06	0.06	0.17	0.04	-0.21	-0.22	-0.10
均值	-0.02	-0.03	0.01	0.01	0.18	0.04	-0.02	-0.15	-0.05

注：三种能源分别标记为1=石油，2=煤炭，3=电力。

从表 3 中的自价格弹性结果来看，类似地，电力的偏自价格弹性始终为负数，均值也较小，为 - 0.05；煤炭的数据在 2000 年和 2003 年出现正数；石油的数据在 2004 年以前仍然是正负交替出现，其原因可参见对表 2 结果的分析，实际上，这也是表 2 和表 3 两种计算路径的相互验证。

总而言之，从国际范围来看[①]中国能源的自价格弹性小，能源间的替代效应也是较弱的。换言之，一种能源的价格变化对该能源本身以及其他能源的需求量的影响都较小，可能的原因就在于能源价格扭曲、经济快速增长产生的能源刚性需求、粗放型经济增长模式下的能源利用效率低下等。更可怕的是，煤炭对电力的替代作用较强，而非相反，可能的原因就是中国资源禀赋的导向作用很强大，这意味着在短期政策上，一味要求某种能源能够替代煤炭是不现实的，而应该致力于清洁煤和煤基多联产系统等技术的开发和应用。

2. 要素间的替代弹性和价格弹性

生产总成本函数的估计结果如表 4 所示。从 R^2 来看，各方程的拟和度很好，主要参数均在 1% 或 5% 的水平上显著。根据这些参数，可以估算要素间的 AES 替代弹性、交叉价格弹性和自价格弹性等（结果见表 5 和表 6）。

表 4　要素份额方程参数估计结果

劳动份额	估计值	资本份额	估计值	能源份额	估计值
α_L	- 0.607 * （ - 2.769）	α_K	- 0.336 ** （ - 3.505）	α_E	1.938 ** （6.655）
γ_{LL}	0.138 ** （4.937）	γ_{KL}	0.025 * （2.047）	γ_{EL}	- 0.163 ** （ - 5.329）
γ_{LK}	0.025 * （2.047）	γ_{KK}	0.041 ** （16.218）	γ_{EK}	- 0.066 ** （ - 3.739）
γ_{LE}	- 0.163 ** （ - 3.240）	γ_{KE}	- 0.066 ** （ - 3.739）	γ_{EE}	0.228 ** （3.367）
R^2	0.900	R^2	0.980	R^2	0.840

注：括号中为 t 值。* 代表在 5% 的水平上显著，** 代表在 1% 的水平上显著。

表 5 的结果表明，资本与劳动具有非常强的替代关系，均值达到 1.54；劳动与能源之间虽然也呈现替代关系，但均值只有 0.17，相当微弱；而能源与资本的关系以 1997 年为界，1994 年为互补关系，但极弱，1995 年、1996 年为替代关系，1997 年至今互补关系越来越强。这说明，1997 年以前，中国的资本形成尚能够替代能源，属于节能型投资，主要原因是当时的产业结构"偏轻"。此后，中国资本形成体现为耗能型投资，具体表现为重化工业化产业结构，因而增加投资的结果反而使能耗水平更高。

此外，资本的 AES 自替代弹性最大，为 - 4.70，且绝对值呈现缓慢上升又下降的趋势。一个可能的解释是，1998 年之后的银行商业化改革、金融市场的拓展以及准备金、再贷款、再贴现等市场化调控手段的运用，使得中国金融体制初步形成了市场化框架，企业和家庭对资本价格更为敏感，促进了该弹性的增加。相比之下，劳动力的 AES 自替代

---

① 可参见 Pindyck（1979）对替代弹性估计的比较以及于立宏（2008）的综述。

弹性的绝对值要小得多，而能源的 AES 自替代弹性仅为 -0.08，这表明中国的经济增长更依赖于能源和劳动力。

表5　要素间 AES 替代弹性的估计结果

年份	σ_{LK}	σ_{LE}	σ_{EX}	σ_{LL}	σ_{KK}	σ_{EE}
1994	1.33	0.06	-0.02	-0.54	-3.53	-0.06
1995	1.33	0.02	0.13	-0.62	-3.19	-0.08
1996	1.36	0.05	0.11	-0.64	-3.43	-0.09
1997	1.46	0.12	-0.04	-0.64	-4.16	-0.10
1998	1.56	0.17	-0.25	-0.62	-4.76	-0.09
1999	1.70	0.23	-0.66	-0.57	-5.17	-0.09
2000	1.63	0.22	-0.69	-0.52	-5.15	-0.10
2001	1.61	0.22	-0.78	-0.48	-5.16	-0.09
2002	1.65	0.23	-0.97	-0.46	-5.16	-0.09
2003	1.71	0.24	-0.94	-0.50	-5.13	-0.10
2004	1.67	0.23	-0.82	-0.51	-5.17	-0.10
2005	1.65	0.23	-0.82	-0.50	-5.17	-0.09
2006	1.59	0.21	-0.67	-0.50	-5.12	-0.09
2007	1.50	0.19	-0.54	-0.48	-4.89	-0.08
2008	1.49	0.18	-0.64	-0.44	-4.92	-0.07
2009	1.54	0.20	-0.82	-0.43	-5.10	-0.07
2010	1.48	0.17	-0.71	-0.41	-4.92	-0.05
2011	1.41	0.14	-0.50	-0.43	-4.54	-0.03
均值	1.54	0.17	-0.54	-0.52	-4.70	-0.08

注：三种要素分别标记为 L=劳动，K=资本，E=能源。

表6 的估算结果显示，所有要素的自价格弹性都为负数。其中，能源的自价格弹性最小，资本的自价格弹性最大，劳动的自价格弹性则介于两者之间。中国能源的自价格弹性的绝对值（0.04）较小，这与表2和表3的结果一致，意味着价格变动对其需求量的影响极小。

从替代效应来看，劳动与资本和能源的交叉价格弹性都为正，说明劳动与资本、劳动与能源均为替代关系，与表5的计算结果一致。但劳动对能源的交叉价格弹性（0.08）较小，反映了中国经济增长模式过度依赖能源的特征。而在资本与能源的双向关系中，能源对资本先替代（1994~1996年）后互补（1997年至今），但绝对值较小，仅为0.04；与表5类似，资本对能源存在较强的互补关系，均值绝对值为0.23。

表6　要素间交叉价格弹性和自价格弹性的估计结果

年份	η_{LK}	η_{LE}	η_{EK}	η_{KL}	η_{EL}	η_{KE}	η_{LL}	η_{KK}	η_{EE}
1994	0.22	0.02	0.00	0.60	0.03	− 0.01	− 0.24	− 0.59	− 0.02
1995	0.25	0.01	0.02	0.54	0.01	0.05	− 0.25	− 0.60	− 0.03
1996	0.24	0.02	0.02	0.54	0.02	0.05	− 0.26	− 0.59	− 0.04
1997	0.20	0.06	− 0.01	0.59	0.05	− 0.02	− 0.26	− 0.57	− 0.04
1998	0.17	0.08	− 0.03	0.64	0.07	− 0.12	− 0.25	− 0.52	− 0.04
1999	0.14	0.11	− 0.05	0.74	0.10	− 0.32	− 0.25	− 0.43	− 0.04
2000	0.14	0.10	− 0.06	0.75	0.10	− 0.31	− 0.24	− 0.44	− 0.04
2001	0.14	0.09	− 0.07	0.78	0.11	− 0.34	− 0.23	− 0.44	− 0.04
2002	0.13	0.10	− 0.08	0.82	0.11	− 0.42	− 0.23	− 0.40	− 0.04
2003	0.13	0.11	− 0.07	0.81	0.11	− 0.43	− 0.24	− 0.38	− 0.04
2004	0.13	0.10	− 0.07	0.78	0.11	− 0.37	− 0.24	− 0.41	− 0.04
2005	0.13	0.10	− 0.07	0.78	0.11	− 0.37	− 0.24	− 0.42	− 0.04
2006	0.14	0.09	− 0.06	0.75	0.10	− 0.29	− 0.24	− 0.46	− 0.04
2007	0.15	0.08	− 0.06	0.73	0.09	− 0.23	− 0.23	− 0.50	− 0.03
2008	0.15	0.07	− 0.06	0.75	0.09	− 0.25	− 0.22	− 0.50	− 0.03
2009	0.14	0.08	− 0.07	0.79	0.10	− 0.32	− 0.22	− 0.46	− 0.03
2010	0.15	0.07	− 0.07	0.77	0.09	− 0.27	− 0.22	− 0.50	− 0.02
2011	0.17	0.05	− 0.06	0.72	0.07	− 0.18	− 0.22	− 0.54	− 0.01
均值	0.16	0.08	− 0.04	0.71	0.08	− 0.23	− 0.24	− 0.48	− 0.04

注：三种要素分别标记为 L = 劳动，K = 资本，E = 能源。

3. 产量弹性与成本弹性

根据所估计的生产总成本函数，我们还可以得到能源消费的产量弹性和生产成本的能源价格弹性（结果见表7）。其中，能源的产量弹性明显小于1，且从1994年的0.44逐渐下降到2011年的0.28。这是一种向好的趋势，即随着经济增长，能源强度在下降。然而，2011年，在要素价格一定的情况下，GDP每增加1%，能源消费量将增加0.28%。因此，如果不能改变产业结构和能源结构，那么经济增长的结果必然是能源价格的高涨，进而引发成本推动型通货膨胀。

在表7中，生产成本对能源总体以及单个能源的价格弹性反映了能源价格上涨对通货膨胀的影响。从时间序列上来看，生产成本的能源价格弹性较为稳定，均值为0.42，表示能源价格每增加1%，全社会生产成本将增加0.42%。进一步地，生产成本对石油、煤炭、电力的价格弹性分别为0.07、0.05和0.30，这说明电力价格对生产成本的影响最大，原因是电力在能源份额中占有较大的比重。

表7　能源消费的产量弹性和生产成本的能源价格弹性

年份	η_{EQ}	η_{CE}	η_{C1}	η_{C2}	η_{C3}
1994	0.44	0.40	0.06	0.08	0.26
1995	0.44	0.40	0.06	0.07	0.27
1996	0.43	0.43	0.07	0.07	0.29
1997	0.40	0.45	0.07	0.07	0.32
1998	0.38	0.45	0.04	0.06	0.35
1999	0.35	0.47	0.06	0.05	0.36
2000	0.35	0.46	0.08	0.04	0.34
2001	0.34	0.44	0.06	0.05	0.34
2002	0.33	0.43	0.06	0.04	0.33
2003	0.31	0.43	0.06	0.04	0.34
2004	0.31	0.43	0.07	0.04	0.31
2005	0.30	0.43	0.08	0.05	0.30
2006	0.30	0.41	0.08	0.04	0.29
2007	0.30	0.39	0.08	0.04	0.27
2008	0.30	0.40	0.08	0.06	0.26
2009	0.27	0.37	0.05	0.05	0.27
2010	0.27	0.37	0.06	0.05	0.25
2011	0.28	0.36	0.08	0.05	0.23
均值	0.34	0.42	0.07	0.05	0.30

注：三种能源分别标记为 1 = 石油，2 = 煤炭，3 = 电力。

四、结论与政策建议

中国转变经济增长方式的关键路径是从根本上调整能源结构和产业结构。根据以上估算结果，本节从这两个方面来讨论目前政策的效果以及可能的解决方案。

1. 如何进行能源结构调整

上文的研究表明，中国能源间的替代效应是较弱的，加之以煤炭为主的资源禀赋状况，这表明，在短中期内，能源结构仍将是以煤、油、电为主的结构，难以获得实质性改变。在这种背景下，本文认为，调整能源结构需要从以下四个方面入手。

第一，加深加快能源价格和能源产业改革。上文的计算结果表明，中国综合能源的自价格弹性极端不足，煤炭和石油的自价格弹性还有几年出现正值。原因就在于能源价格相对偏低，市场化改革进展缓慢，加上长期以来各地方政府为招商引资而对高耗能企业实行的能源补贴政策使得企业对价格更加不敏感。这说明，中国目前渐进的、单纯依靠涨价手段的能源价格改革无法导致显著的能耗降低。要改变现状，必须加快能源价格市场化进程，改革成品油定价机制、煤电联动机制，实行天然气价格改革、电力上网竞价等，使能源价格基本上能够反映其经济价值。而从推动节能减排的角度来看，特别应该要求政府取消对高耗能产业的补贴和其他各种优惠政策，运用能源价格信号来促进企业提高能源节约与能源替代的激励。

当然，我们的计算也表明，电价上涨对整个经济运行成本的影响最大。因而，电力价格改革绝不能总是归结于涨价，而应该通过真正实现发电企业上网竞价，促进电网输配、售电环节分离，加强电网垄断环节的规制，形成基于市场的电价形成机制，促进产业链各环节平均成本的进一步降低，以提高生产效率和资源配置效率。

第二，抑制高耗能产业的发展，降低经济增长对能源的依赖。在经济增长方式转型的大背景下，为降低能源刚性需求和提高能源利用效率，应该在钢铁、建材、化工、电力等高耗能产业中率先引入碳税或能源税，大幅度提高其能源使用成本或碳排放成本，迫使这些产业和企业用高新技术或先进适用技术改造提升传统产业，促进节能降耗型设备的装备与利用。同时，全面取消高耗能产业的出口退税政策，尽可能减少高耗能产业对于外部需求的依赖。进一步提高重化工行业在能耗、环保等方面的准入门槛，严格控制高耗能产业新增产能项目，加快淘汰落后产能。这些措施既有助于提高能源自价格弹性，也可实现低碳能源对高碳能源的替代、资本和劳动对能源的替代，同时实现能源结构调整与产业结构升级。

第三，继续加大对替代能源的支持力度，提高能源间替代弹性。从表 3 可知，电力对石油是替代关系，但替代性小，加大其替代性意味着要大力发展电动汽车、生物柴油汽车、乙醇燃料汽车等新能源汽车，对相关技术和企业的研发与改造进行投资或补贴，对消费环节进行直接补贴以提高新能源汽车的扩散速度，从而促进电力对石油、生物质能对石油的替代。同样，电力对煤炭的替代性也较小，因而应该加强对工业锅炉、城市直燃煤炭取暖方式、家庭生活用气等方面的改造，普遍采用高效的热电联产和天然气替代传统的锅炉和人工煤气。进一步地，加大对绿色电力的支持力度，促进电力中的清洁能源（如水电、核电）和可再生能源电力（如风电、光伏电）的比例的提高，逐步替代火电，实现发电用能源的结构调整。

第四，加快清洁煤、煤基多联产系统、煤炭地下气化等技术的推广和应用，提高煤炭利用效率。在以煤炭为主要能源的中国，短期内，提高煤炭利用效率和减少其污染是更为有效的措施。清洁煤技术不仅能在短时间内显著提高煤炭利用效率而且能有效控制污染物的排放，其应用正在中国发电企业未来发展中占有越来越重要的位置。特别是煤基多联产系统加上二氧化碳收集填埋技术的联合使用，既可实现节能、降耗、节水、治污、减碳等多种目标，还可节省发电成本、提高发电效率、大幅提高企业经营业绩。此外，大力发展煤炭地下气化技术的商业化推广与应用，开发利用劣质煤炭资源、报废煤炭资源以及深部煤炭资源，可以显著提高煤炭资源的回收利用效率，实现煤炭清洁生产。

2. 如何促进产业结构调整和升级

中国始于1999年的高速经济增长的基本特征是投资驱动和重化工业化，并引发国内甚至世界能源价格飞速上升。因而，要进行产业结构调整与升级，了解资本与能源间到底是替代关系还是互补关系就显得尤为重要。如果两者为替代关系，能源价格的增加会导致资本对能源的替代。那么，经济增长所引发的能源消费总量将趋于减少。此时，资本既可以是对节能设备和技术的投资，也可以是节能型产业的投资增长。替代弹性越大，表明这种替代效应越强；反之，如果两者是互补关系，则正相反，投资的增加不但不能减少能源消耗，反而需要更多的能源补充。那么，在经济增长的同时实现节能减排的目标就难以达成，减少能源消耗的路径要么是降低经济增长速度，要么是转变经济增长模式。然而，在中国，降低经济增长速度的意愿和空间都十分有限，根本性措施是转变经济增长模式。

本文的计算表明，资本对能源的替代弹性与交叉价格弹性都呈现先替代后互补的关系，这说明，1997年以前，偏轻的产业结构使得资本形成不会带来过快的能源消费增加；而从1997年到现在，资本形成对能源的依赖性加强。14年来，特别是全球金融危机以后，中国大量资本投向重化工业，投向所谓的"铁公基"项目，引致钢铁、水泥、化工、电力、电解铝等高耗能产业快速扩张，甚至导致过剩，并使产业结构重型化程度更甚，实现经济增长的能耗水平更高，致使经济增长对能源的依赖有增无减。因此，如果不改变现有模式，国务院要求的"在'十二五'期间实现节约能源6.7亿吨标准煤"的目标就无法实现。

根据Yu和He（2012）的研究，2000~2009年，中国第一产业比重下降，第三产业比重上升，第二产业比重升降波动较大。2011年，三次产业的比重为4.6∶51.6∶43.7，其中，第二产业依然占据主导地位。不仅与发达国家相比，甚至与印度相比，中国第三产业的比重仍然偏低，且现代服务业发展滞后，不能适应人民生活水平提高后的需求升级。而在第二产业内部，存在高度依赖能源、资源的重化工业产值大、制造业大而不强、低端制造业比重过大等一系列问题。在区域层面，各省市的产业结构变动情况差异较大。以京、沪为代表的经济发达地区实现了二次产业比重下降和三次产业比重的提高，主要做法是将高污染、高耗能产业以及劳动密集型产业关闭或转移至中西部。然而，这种内部区域之间的产业低层次转移并不能从根本上扭转中国整体的粗放型增长模式，反而加重了中西部地区的能源消耗和资源依赖问题。

本文认为，实现经济增长模式转型首先要求产业结构调整与升级先行，其主要路径是在第二产业内部引导投资向以创新驱动和低碳发展为特征的节能环保、装备制造、生产服务等战略性新兴产业转移，特别是要促进依赖于创新和人力资本而非能源投入和环境容量的第三产业加快发展，这样才能转变资本对能源的互补关系，达到资本积累增加而能源消耗却降低的目的。也就是说，在中国当前资本相对充裕而能源相对短缺的情况下（这恐怕也将是未来不可逆转的长期趋势），产业结构调整必须体现为资本对能源的替代，而不是在工业部门内部的能源和资本投入之间形成偏重于资本节约和劳动节约的增长方式。另外，重点抑制高投入、高耗能、高污染产业的发展，促进其研发向节能型技术和路线转移，向降低废水、废气排放的技术转移。同时，引导这些产业向工业园区集中并在园区中大规模实施循环经济，实现资源能源投入的减量化，以及废弃物的再循环和再利用。

毋庸置疑，转变经济增长模式和调整产业结构都会导致总产出的下降，但我们可以通过减税或税收政策改革、收入分配政策改革等手段来促进劳动密集型、低耗能资本密集型制造业、第三产业的发展，以及通过刺激国内消费等来缓解经济增速放慢的压力。更重要的是，我们应该认识到，用主动放慢经济增长速度来促进经济安全地转型是必须付出的代价。

实际上，能源结构与产业结构调整是相辅相成的。由于能源间存在替代性，某种能源价格的变化势必会引起能源结构的调整，以及能源消费总量的变化，从而触发要素间的替代，实现产业结构调整；反之亦然。例如，煤炭价格的上涨一般会使企业考虑减少煤炭的消费量，增加电力的消费量，同时由于能源成本的提高，企业可能会减少雇员以降低劳动力成本，或采购节能设备以提高能源效率，降低能源消费量，从而引起消费结构的调整。因此，在这一意义上，两种结构调整同时进行，效果将会倍增，经济增长方式转型的实现可期。

需要指出的是，要实现经济增长模式的转变，首先应该转变政府的产业管理职能与手段，即从目前过度依赖行政审批的产业管理模式，转向国际通行的、主要发挥市场机制在配置资源方面核心作用的模式。这要求做好相应的政府机构配套改革，破除部门利益和地方政府利益等因素的影响。例如，建立统一、独立的能源管理部门，综合规划能源改革和能源战略的实施，统筹各地区发展和利益协调，从而在能源监管机构与地方性政府决策机构之间形成有效的制约机制。在这一意义上，2013 年新组建的国家能源局还应继续转变职能，将重点放在监管而非行政干预上。

不可否认的是，本文的研究还存在一定的局限性。一是由于数据可得性等原因，对于能源的细分不够。例如，如果能够测算电力与成品油、天然气与成品油之间的关系，有利于对新能源汽车产业政策进行更好的评价。二是基于省级截面数据的要素间或能源间替代弹性的测算，可以帮助我们了解各省市产业结构和能源结构存在的问题，政策建议将能够对症下药。三是本文的研究还可以延伸到具体产业，以理解产业的能源间、要素间的相互关系，这可以为产业发展模式的转变提供政策依据。以上三个方面的扩展也将成为本文未来的研究方向。

参考文献

[1] Pindyck, R. S. Interfuel Substitution and the Industrial Demand for Energy: An Intertemporal Compari-

son. Review of Economics and Statistics, 1979 (61).

［2］ Cameron, T. Schwartz, S. L. Inflationary Expectations and the Demand for Capital Labor and Energy in Canadian Manufacturing Industries//Ziemba W. T. et al. Energy Policy Modeling U. S. and Canadian Experiences. Boston Matinus Nijhoff Publishing, 1980.

［3］ Field, B. Grebensteinz, C. Capital Energy Substitution in US Manufacturing. Review of Economics and Statistics, 1980 (62).

［4］ Denny, M., Fuss, M., Waverman, L. Substitution Possibilities for Energy Evidence from US and Canadian Manufacturing Industries//Berndt E. R. Field B. C. Modeling and Measuring Natural Resource Substitution. Cambridge: MIT Press, 1981.

［5］ Fuss, M. A. The Demand for Energy in Canadian Manufacturing. Journal of Econometrics, 1977 (5).

［6］ Halvorsen, R. Energy Substitution in U. S. Manufacturing. Review of Economics and Statistics, 1977 (59): 4.

［7］ Walton, A. Variations in the Substitutability of Energy and Nonenergy Inputs: The Case of the Middle Atlantic Region. Journal of Regional Science, 1981 (21).

［8］ Barnett, A. H. Reutter, K., Thompson, H. Electricity Substitution Some Local Industrial Evidence. Energy Economics, 1998 (20).

［9］ Burney, N., Al–Matrouk, F. Energy Conservation in Electricity Generation: A Case Study of the Electricity and Water Industry in Kuwait. Energy Economics, 1996 (18).

［10］ Caloghiro, Y., Mourelatos, A., Thompson, H. Industrial Energy Substitution During the 1980s in the Greek Economy. Energy Economics, 1997 (19).

［11］ Kemlert, C. Estimated Substitution Elasticities of a Nested CES Production Function Approach for Germany. Energy Economics, 1998 (20).

［12］ Mahmud, S. The Energy Demand in the Manufacturing Sector of Pakistan: Some Further Results. Energy Economics, 2000 (22).

［13］ Yi, F. Dynamic Energy–demand Models: A Comparison. Energy Economics, 2000 (22).

［14］ Urga, G., Walters, C. Dynamic Translog and Linear Logit Models: A Factor Demand Analysis of Interfuel Substitution in US Industrial Energy Demand. Energy Economics, 2003 (25).

［15］ Chang, K–P. Capital–energy Substitution and the Multi–level CES Production Function. Energy Economics, 1994 (16).

［16］ Berndt, E. R. and Wood, D. O. Technology, Prices, and the Derived Demand for Energy. Review of Economics and Statistics, 1975 (57).

［17］ Hudson, E. A. Jorgenson, D. W. U. S. Energy Policy and Economic Growth, 1975–2000. Bell Journal of Economics and Management Science, 1974 (5).

［18］ Magnus, J. R. Substitution between Energy and Non–Energy Inputs in the Netherlands: 1950–1976. International Economic Review, 1979 (20).

［19］ Griffin, J. M., Gregory, P. R. An Intercountry Translog Model of Energy Substitution Responses. American Economic Review, 1976 (66).

［20］ Clark, D. Hofler, R., Thompson, H. Separability of Capital and Labor in US Manufacturing. Economics Letters, 1988 (26).

[21] Nguyen, S. V., Streitwieser, M. L. Capital – energy Substitution Revisited: New Evidence from Micro Data. Journal of Economic and Social Measurement, 2008 (33).

[22] Ma, H., Oxley, L. Gibson, J., Kim, B. China's Energy Economy: Technical Change Factor Demand and Interfactor/Interfuel Substitution. Energy Economics, 2008 (9).

[23] Christensen, L. R., Jorgensen, D. W., Lau, L. J. Conjugate Duality and the Transcendental Production Function. Econometrica, 1971 (39).

[24] Frondel, M. Empirical Assessment of Energy – Price Policies: The Case for Cross – price Elasticities. Energy Policy, 2004 (32).

[25] Thompson, P. Taylor, T. G. The Capital – Energy Substitutability Debate: A New Look. Review of Economics and Statistics, 1995 (77).

[26] Denny, M. Fuss, M. The Use of Approximation Analysis to Test for Separability and the Existence of Consistent Aggregates. American Economic Review, 1977, 67 (3).

[27] Yu, Lihong, He, Yuan. Energy Consumption, Industrial Structure, and Economic Growth Patterns in China: A Study Based on Provincial Data. Journal of Renewable Sustainable Energy, 2012 (4).

[28] 杭雷鸣. 中国能源消费结构问题研究. 上海交通大学博士学位论文, 2007.

[29] 鲁成军, 周端明. 中国工业部门的能源替代研究——基于对 ALLEN 替代弹性模型的修正. 数量经济技术经济研究, 2008, 25 (5).

[30] 张军, 吴桂英, 张吉鹏. 中国省际物质资本存量估算: 1952 ~ 2000. 经济研究, 2004 (10).

[31] 于立宏. 能源资源替代战略研究. 北京: 中国时代经济出版社, 2008.

The Elasticity of Energy Substitution and Restructuring of China's Economy

Yu Lihong and He Yuan

(School of Business, East China University of Science and Technology, Shanghai 200237, China)

Abstract: The critical paths of the transformation of the economic growth model in China are the industrial structure and the energy structure adjustment, however, its feasibility depends on substitutability between energy and factors, one kind of energy and another. This paper estimated the elasticity of substitution between factors (capital, labor, energy) and between energies (coal, petroleum, and electric power) using Translog cost function and AES elasticity of substitution. The results argue that the effects of substitution and complementary between energies are low, and price elasticity of energy demand is very low while the substitution of labor to energy is significant, the relationship between capital and energy is substitute in several yeas, but complement after then. Therefore, our suggestions are that energy substitutions trategies should be established by market mechanism, and the model transformation of the economic growth should be fulfilled by developing low carbon industry and energysaving industries to adjust and optimize industrial structure.

Key Words: Elasticity of Substitution; Energy Structure Adjustment; Industrial Structure Adjustment

基于 DEA 窗口模型的中国省际能源与
环境效率评估[*]

王　锋　冯根福

【摘　要】 通过构建双导向、非径向、同权重的能源与环境 DEA 窗口模型，本文评估了 2000~2010 年中国各省区在横截面和时间序列上都可比较的能源与环境效率。结果表明：这一时期，辽宁、上海、福建和云南的能源与环境效率比较高，年均效率指数在 0.9 左右；贵州、青海、山西、内蒙古、新疆和宁夏的能源与环境效率比较低，年均效率指数都小于 0.2；北京、天津、辽宁、上海和安徽的能源与环境效率总体上提高了，而其余省份则呈现下降趋势；华东地区目前的能源与环境效率依次高于东北、华北、西南、中南和西北。一个省份的能源与环境效率持续提高的显性动态标志是，实现了以较低的资源投入增速，获得较高的经济增速，并能产生较低的排放增速；尽管中国在节能减排上做出了很大努力，但能源投入总量和 CO_2 排放量的大幅度上升，导致全国的能源与环境效率未得到显著提高。根据研究结论，本文分别从省份层面和全国层面提出了五项政策建议。

【关键词】 数据包络分析；窗口分析；能源与环境效率

一、问题提出

面对日益加剧的资源环境约束和不容乐观的能源安全形势，中国的"十二五"规划

＊　原文发表于《中国工业经济》2013 年第 7 期。

作者简介：王锋，陕西渭南人，西安交通大学经济与金融学院副教授，经济学博士；冯根福，河南新郑人，西安交通大学经济与金融学院院长，教授，博士生导师，经济学博士。

基金项目：国家自然科学基金项目"中国碳强度的动态优化控制研究：驱动因素、运行机制及控制系统"（批准号 71173170）；中国博士后科学基金特别资助项目"碳强度的动态优化控制系统及控制变量的低碳效应评估"（批准号 2012T50802）；国家社会科学基金项目"中国低碳经济发展的路径选择与二氧化碳减排评价研究"（批准号 10BJY013）。

纲要提出，2011～2015 年，在资源节约和环境保护方面，要实现单位国内生产总值能耗降低 16%，单位国内生产总值 CO_2 排放降低 17%，化学需氧量和二氧化硫分别减少 8%，同时合理控制能源消费总量如期实现上述目标，依赖于把这些指标向各省份的科学分解，更取决于各省份对分解指标的有效落实，而落实这些指标的关键在于提高能源利用效率。中国各省份经济发展不平衡，能源利用效率和环境状况差异较大。无论是设计指标的科学分解方法，还是评估各省份的任务完成情况，掌握各省份近年来的能源利用效率和环境保护绩效至关重要。传统上，评价一个省份经济发展绩效的主要指标是地区生产总值，但这一指标仅度量了产出，既没有测度投入的约束，也没有涵盖生产活动对环境的影响。这种评价机制是中国一些省份以高投入追求高产出，走上不可持续发展道路的主要原因之一（王兵等，2010）。要建设生态文明，建设美丽中国，实现可持续发展，必须调整对经济发展绩效的传统评价方式，在追求经济增长的同时，把评价的重点向能源利用效率和环境保护绩效方面倾斜。因此，评估中国各省份能源与环境效率有着重要的现实意义。

从现有文献来看，评估能源利用效率或环境保护绩效的常用方法之一是数据包络分析（Data Envelopment Analysis，DEA）。近五年来，众多文献运用不同的 DEA 模型，研究了中国各省份的能源与环境效率。但这些文献受到所用模型的限制，其测算出的一个时间点上各省份的效率指数。只能在不同省份之间进行横向静态比较，而不能把一个省份的效率指数进行纵向动态比较。基于 DEA 技术解决这一问题的方法主要有两类，一类是 Malmquist 或 Luenberger 生产率指数，另一类是 Charnes 等（1985）提出的 DEA 窗口分析法。虽然 Malmquist – Luenberger 生产率指数获得了广泛的应用，但该方法不但没有恰当地反映技术进步的特性，而且会因此得到有偏的效率增长指数（Oh Heshmati，2010）。DEA 窗口分析法是对传统 DEA 改进后所形成的非参数面板方法，该方法既可以测算一个截面上各决策单元的效率，也可以测算所有决策单元的效率在时间序列上的变化趋势；尤其在处理小样本数据时，DEA 窗口分析法更能发挥其作用。基于这一优势，DEA 窗口分析法在多个领域的研究中获得了应用，但把这一方法应用到能源与环境领域的文献并不多。在检索到的文献中，Halkos 和 Tzeremes（2009）、Zhang 等（2011）和 Wang 等（2011）运用 DEA 窗口分析法研究了能源与环境效率问题，其中只有 Wang 等（2011）把该方法用到了对中国省份能源与环境效率的研究中。Wang 等（2011）的研究具有一定的创新性，但他们没有把 DEA 窗口方法用数学公式进行模型化，而且在数据处理时，对资本存量数据以 1952 年价格计算，而对 GDP 数据却以 2000 年价格计算，这可能会导致系统性地高估各省份的能源与环境效率。在克服上述问题的基础上，本文将逐步构建起双导向、非径向、同权重的能源环境 DEA 窗口模型，以评估中国各省份 2000～2010 年在横截面和时间序列上都可比较的能源与环境效率。

二、模型构建

1. 双导向、非径向、同权重的能源环境 DEA 模型

假设有 J 个独立同类的决策单元，任一决策单元可表示为 DMU_j（$j = 1, 2, \cdots, J$）。每个决策单元在生产活动中使用 I 种非能源投入 x_{ij}（$i = 1, 2, \cdots, I$）和 R 种能源投入 e_{rj}（$r = 1, 2, \cdots, R$），生产出 K 种期望产出 y_{kj}（$k = 1, 2, \cdots, K$）和 H 种非期望产出 p_{hj}（$h = 1, 2, \cdots, H$）。根据 Färe 和 Grosskopf（2004）提出的规模报酬不变条件下的环境 DEA 技术，可轻易构建起能源环境 CCR 模型。Zhou 等（2008）把 DEA 模型的一般结构分为两个部分，其中一部分为模型的参考技术，该部分体现了模型在三个方面的设定，即规模报酬（规模报酬不变、规模报酬可变、规模报酬非增）、投入产出的可处置性（强可处置性、弱可处置性）和操作特征；另一部分为模型的效率测度，该部分体现了模型在两个方面的设定，即效率测度的类型（径向、非径向、方向距离函数等）和导向（投入导向、产出导向和投入产出双导向）。根据 Zhou 等（2008）对 DEA 模型一般结构的分析，上述能源环境 CCR 模型实际上是规模报酬不变条件下投入导向的径向 DEA 模型。该模型的特征是，在保持期望产出和非期望产出不变的条件下，通过测算同比例减少所有投入要素的潜力，以评价决策单元的全要素效率。

从实际生产活动来看，能源环境 CCR 模型存在三个方面的问题。一是该模型设定可同比例减少能源投入和非能源投入，这一设定与实际生产活动不相符，因为在生产活动中，如果要提高生产效率，不同比例地减少资本、劳动和能源三种投入要素更加具有可行性。二是该模型设定在减少能源投入的同时，非期望产出保持不变，这一设定也与实际生产活动不相符。因为在生产活动中投入的一个主要要素是化石能源，使用化石能源不可避免地会产生 CO_2 和 SO_2 等非期望产出，如果减少能源投入，必然会减少 CO_2 和 SO_2 的排放，同时考虑到各决策单元的能源消费结构和节能减排措施的影响，设定能源投入和非期望产出不同比例地减少则更加符合实际。三是该模型没有体现在非有效发生时，各决策单元的决策者对调整不同能源投入和不同非期望产出的偏好，因为在实际生产中，就能源投入而言，如果某一种能源投入的成本比较高，或者某一种能源投入所产生的非期望产出更多，那么决策者会希望更多地减少这些能源投入；就非期望产出而言，如果某一种非期望产出对环境的影响更大，或者对其治理的成本更高，那么决策者就会希望更多地减少这些非期望产出。所以，模型中应该对不同能源投入和不同非期望产出赋予不同的权重。但是 Bian 和 Yang（2010）在研究中国的能源与环境效率时，基于香农熵（Shannon's Entropy）比较了体现决策者调整偏好的 DEA 模型与不体现决策者调整偏好的模型的效率识别能力，其研究结果表明，不体现决策者调整偏好的模型具有更高的效率识别能力。基于以上分析，可把能源环境 CCR 模型改进为投入与产出双导向、非径向、同权重的能源环境 DEA

模型：

$$E = \min \frac{1}{2} \left(\frac{1}{R} \sum_{r=1}^{R} \theta_r + \frac{1}{H} \sum_{h=1}^{H} \varphi_h \right)$$

$$s.\,t. \quad \sum_{j=1}^{J} \lambda_j x_{ij} + s_i^{x-} = x_{i0}, i = 1, 2, \cdots, I$$

$$\sum_{j=1}^{J} \lambda_j e_{rj} + s_r^{e-} = \theta_r e_{r0}, r = 1, 2, \cdots, R$$

$$\sum_{j=1}^{J} \lambda_j y_{kj} - s_k^{y+} = y_{k0}, k = 1, 2, \cdots, K$$

$$\sum_{j=1}^{J} \lambda_j p_{hj} = \varphi_h p_{h0}, h = 1, 2, \cdots, H$$

λ_j，s_i^{x-}，s_r^{e-}，$s_k^{y+} \geqslant 0$；$j = 1, 2, \cdots, J$；$i = 1, 2, \cdots, I$；$r = 1, 2, \cdots, R$；$k = 1$，$2, \cdots, K$；$h = 1, 2, \cdots, H$ （1）

其中，E 为能源与环境效率指数，θ_r 和 φ_h 分别解释了能源与环境效率中的能源投入效应和污染物排放效应，λ_j 为相对于被评价决策单元而重新构造的一个有效决策单元组合中第 j 个决策单元的组合比例，s_i^{x-}，s_r^{e-}，s_k^{y+} 为线性规划中的松弛变量。模型（1）是在不考虑非能源投入要素的减少，而且保持期望产出不变的条件下，通过测算能源投入和非期望产出不同比例减少的潜力，来评价各决策单元的能源与环境效率。由于模型（1）仅可以测算一个时点上各决策单元的能源与环境效率，而不能测算所有决策单元的效率在时间序列上的变化趋势，因此，有必要在模型（1）的基础上，进一步构建能源与环境 DEA 窗口模型。

2. 双导向、非径向、同权重的能源环境 DEA 窗口模型

DEA 窗口分析法是在移动平均的原则下进行操作的，该方法通过把一个决策单元在不同时期视为不同的决策单元进行效率测算。在 DEA 窗口分析框架中，一个决策单元在一定时期内的能源与环境效率不但可以与同一时期其他决策单元的能源与环境效率进行比较，而且可以与自身在其他时期的效率进行比较（Wang et al.，2011）。在运用 DEA 窗口分析法时，首先要选择研究的窗口宽度 d，Charnes 等（1994）认为，选择窗口宽度 d = 3 或 d = 4 可以在可信度和效率测度的稳定性两个方面取得最好的平衡。选择好窗口宽度后，一个窗口内就有 dxJ 个决策单元。如果研究的总时间长度为 T，那么对每一个决策单元就需要建立起 T − d + 1 个窗口进行效率测算。每一个决策单元在第 m（m = 1，2，…，T − d + 1）个窗口上将得到 d 个效率值。移动平均法是指，对每一个决策单元的窗口效率测算，从第一个时点 t = 1（t = 1，2，…，T）开始，首先测算第 1 个窗口上的 d 个效率值；其次再移动到第二个时点 t = 2，从该时点起测算第 2 个窗口上的 d 个效率值，依次类推直到第 T − d + 1 个时点上，从该时点起测算最后一个窗口上的 d 个效率值；最后取各时点上的平均效率值，作为被评价决策单元的最终可进行时间序列比较的效率值。对一个决策单元来说，总共需要测算（T − d + 1）×d 个效率值。具体的操作方法示意见表 1。

表1　一个决策单元在时期 T 内的窗口分析示意（d = 3）

	t = 1	t = 2	t = 3	t = 4	t = 5	...	t = T – 4	t = T – 3	t = T – 2	t = T – 1	t = T
窗口 1	E_{11}	E_{12}	E_{13}								
窗口 2		E_{21}	E_{22}	E_{23}							
窗口 3			E_{31}	E_{32}	E_{33}						
...						...					
窗口 T – d – 1							$E_{T-d-1,1}$	$E_{T-d-1,2}$	$E_{T-d-1,3}$		
窗口 T – d								$E_{T-d,1}$	$E_{T-d,2}$	$E_{T-d,3}$	
窗口 T – d + 1									$E_{T-d+1,1}$	$E_{T-d+1,2}$	$E_{T-d+1,3}$
各期平均值											

在检索到的文献中，所有文献都是对 DEA 窗口分析法的具体操作方法做了一般性描述，尚未发现有文献建立起其严格的数学模型，这对使用该方法造成一定困难。接下来，本文进一步建立起 DEA 窗口分析的数学模型。对任一决策单元 DMU_0，测算其在第 m （m = 1，2，…，T – d + 1）个窗口内的第 n （n = 1，2，…，d）个时点上的能源与环境效率 E_{mn} 的 DEA 模型为：

$$E_{mn} = \min \frac{1}{2}\left(\frac{1}{R}\sum_{r=1}^{R}\theta_r^{mn} + \frac{1}{H}\sum_{h=1}^{H}\varphi_h^{mn}\right),\ m = 1，2，…，(T - d + 1)；n = 1，2，…，d$$

$$\text{s. t.}\ \sum_{j=1}^{d \times J}\lambda_j^{mn} x_{ij}^{mn} + s_i^{x-,mn} = x_{i0}^{mn}, i = 1,2,\cdots,I$$

$$\sum_{j=1}^{d \times J}\lambda_j^{mn} e_{rj}^{mn} + s_r^{e-,mn} = \theta_r^{mn}, e_{r0}^{mn}, r = 1,2,\cdots,R$$

$$\sum_{j=1}^{d \times J}\lambda_j^{mn} y_{kj}^{mn} - s_k^{y+,mn} = y_{k0}^{mn}, k = 1,2,\cdots,K$$

$$\sum_{j=1}^{d \times J}\lambda_j^{mn} p_{hj}^{mn} = \varphi_h^{mn} p_{h0}^{mn}, h = 1,2,\cdots,H$$

$$\lambda_j^{mn}，s_i^{x-,mn}，s_r^{e-,mn}，s_k^{y+,mn} \geq 0；j = 1，2，…，d \times J；i = 1，2，…，I；r = 1，2，…，$$
$$R；k = 1，2，…，K；h = 1，2，…，H \tag{2}$$

其中，各变量的含义与模型（1）中各变量的含义基本相同，只是上标（或下标）mn 表示该变量是在第 m 个窗口内的第 n 个时点上的变量。以 x_{ij}^{mn} 为例进行说明，x_{ij}^{mn} 表示在第 m 个窗口内的第 n 个时点上第 j 个决策单元的第 i 种非能源投入，其他变量的含义可以此类推。

设（θ_r^{mn*}，φ_h^{mn*}，λ_j^{mn*}，$s_i^{x-,mn*}$，$s_r^{e-,mn*}$，$s_k^{y+,mn*}$）为模型（2）的最优解，对被评价的决策单元是否 DEA 有效的判断准则是：如果 $\theta_r^{mn*} = 1$（r = 1，2，…，R）和 $\varphi_h^{mn*} = 1$（h = 1，2，…，H），也就是说 $E_{mn} = 1$，而且所有的松弛变量都等于 0（即 $s_i^{x-,mn*} = 0$，$s_r^{e-,mn*} = 0$，$s_k^{y+,mn*} = 0$），那么被评价的决策单元 DMU_0 就是 DEA 有效的，也就是说 DMU_0 处于生产的效率前沿面上，与其他决策单元相比，其能源投入和非期望产出没有进一步减少的潜力。如果 $E_{mn} < 1$（即至少有一个 $\theta_r^{mn*} < 1$ 或 $\varphi_h^{mn*} < 1$），或者一些松弛变量不等于 0，那么被评价的决策单元 DMU_0 在能源投入或非期望产出上是非 DEA 有效的，这

说明其处于生产可能集的生产前沿面之内，与处于生产前沿面上的决策单元相比，其存在一定的效率损失。效率损失包括两部分：一部分是由非 DEA 有效的 DMU_0 的技术无效率导致的能源投入过量（其大小等于 $(1 - \theta_{r0}^{mn*}) e_{r0}^{mn}$）或非期望产出过多（其大小等于 $(1 - \varphi_{h0}^{mn*}) p_{h0}^{mn}$）；另一部分是由于资源配置不当所导致的松弛变量，即 $s_i^{x-,mn*}$，$s_r^{e-,mn*}$，$s_k^{y+,mn*}$（Ferrier、Lovell，1990）。

三、数据处理

上述各模型中的非能源投入包括资本和劳动，能源投入仅包含化石能源，期望产出仅指经济增加值，非期望产出包括 CO_2 排放和 SO_2 排放。也就是说，本文需要收集、计算和处理的数据主要有五类，下面分别对这些数据的来源和处理情况进行说明。

1. 各省份的资本存量数据

在绝大多数涉及资本投入的文献中，研究者一般都以资本存量作为资本投入的代理变量。但是在中国官方发布的统计数据中没有资本存量数据，而大量的宏观经济分析却总是绕不开资本存量（李宾，2011）。因此，有许多文献估算了中国的总资本存量和各省份的资本存量数据（张军、章元，2003；单豪杰，2008；李宾，2011）。本文所采用的 2000 ~ 2008 年各省份的资本存量来自单豪杰（2008）估算的数据，该数据是以 1952 年的价格计算的。单豪杰（2008）在估算各省份的资本存量时出于研究的可行性需要，把重庆市并入四川省内，估算了包含重庆市在内的四川省的资本存量。借鉴单豪杰（2008）的方法，本文估算出了 2009 ~ 2010 年各省份的资本存量。这样一来，本文就获得了以 1952 年的价格计算的 2000 ~ 2010 年 30 个省份的资本存量数据。为了避免引起误解，本文在后面的表述中，把四川省与重庆市合并后的地区统称为"四川重庆"。

2. 各省份的劳动投入数据

本文以各省份 2000 ~ 2010 年的就业人员总数作为劳动投入数据，该数据来源于 2001 ~ 2011 年的《中国统计年鉴》。在这些统计数据中，北京、天津、山西、辽宁等 15 个省份 2006 年的就业人员总数是缺失的。为了弥补这些缺失的数据，本文用这 15 个省份 2005 年和 2007 年的就业人员总数的平均值，作为其在 2006 年的就业人员总数。

3. 各省份的能源投入数据

本文以各省份 2000 ~ 2010 年的能源消费总量作为能源投入数据。这些数据来源于 2001 ~ 2011 年的《中国能源统计年鉴》。由于《中国能源统计年鉴》中没有统计西藏的能源消费数据，这也会造成无法估算西藏源自化石燃料燃烧的 CO_2 排放数据。因此本文把西藏不纳入考察对象之中。

4. 各省份的生产总值数据

本文以各省份 2000 ~ 2010 年的生产总值作为期望产出数据，直接从《中国统计年鉴》中获得的各省份生产总值数据是按当年价格计算的。为了与以 1952 年的价格计算的资本存量数据在计算价格上相统一，本文首先从"中国经济数据库"[①] 中获得 1952～2010年各省份环比的生产总值指数，然后把该环比指数换算为以 1952 年为基期的定基比生产总值指数，最后用定基比生产总值指数和各省份 1952 年的生产总值，来计算以 1952 年的价格计算的各省份不变价生产总值。

虽然本文只需要各省份 2000～2010 年的生产总值指数，但是如果要以 1952 年价格计算各省份的生产总值，则需要各省份 1952～2000 年的生产总值指数。但四川省 1952 年的生产总值指数没有统计数据，本文用重庆在对应时间段的数据来代替。这一做法不是很精确，但却是一个弥补缺失数据的相对可行的办法。由于在估算资本存量时，把四川和重庆合并在一起，所以对于合并地区 1979～2010 年的生产总值指数，本文以两个地区的现价生产总值比重为权重，计算出加权平均指数作为合并地区的生产总值指数，最终计算出"四川重庆"以 1952 年的价格计算的生产总值。由于无法获得海南 1952～1978 年的各类统计数据，因此难以精确估算该地区在 1955～2010 年以 1952 年的价格计算的生产总值。而且，与其他省份相比，海南的能源消费较少，环境质量较高。基于以上原因，本文不考虑对海南的能源与环境效率进行评价。至此，出于数据难以获得的原因，本文并未把西藏和海南纳入研究对象，而且把重庆市并入四川省内。因此，本文实际上研究的省份只有 28 个。

5. 各省份的 CO_2 和 SO_2 排放量数据

2000 年以来，在中国的能源消费结构中，化石能源消费量一直占到 93% 以上。而化石能源使用所排放的"污染性"气体主要是 CO_2 和 SO_2。因此本文以各省份的 CO_2 和 SO_2 排放作为非期望产出。我们仅估算源自化石燃料燃烧的 CO_2 排放量。IPCC（2006）给出了选择估算方法的通用决策树，根据这个决策树和我们所获得的数据，只能选择"方法 1"来估算。28 个省份 2000～2010 年消费的八种化石燃料数据，分别来自 2001～2011 年的《中国能源统计年鉴》和中经网经济统计数据库。这些化石燃料消费数据实际上是 IPCC（2006）所指的活动数据，并不完全是燃烧的燃料数量，其中包含了能源加工转换中的一些燃料投入和非能源使用的化石燃料。能源加工转换中的一些燃料投入包括煤炭洗选业的原煤投入、炼焦业的煤炭投入、炼油业的原油投入、煤制品加工业的原煤投入。化石燃料的非能源使用包括用作原料、还原剂和非能源产品的各类化石燃料（IPCC，2006）。为了避免重复估算 CO_2 排放，我们从中国资讯行 China InfoBank 数据库中获取了各省份 2000～2010 年的 326 张能源平衡表，并根据这些能源平衡表中的数据，逐年对每个省从以上化石燃料消费量中剔除掉能源加工转换中的燃料投入和工业生产中用作原料和材料的各类燃料，从而得到 28 个省份 2000～2010 年燃烧的八种化石燃料数据。基于燃烧的化石燃料数据，我们运用"方法 1"估算了 28 个省份 2000～2010 年的 CO_2 排放量。

28 个省份 2000～2010 年的 SO_2 排放数据来自 2009～2011 年的《中国统计年鉴》。需要说明的是，在本文用到的六组数据中，各省份的 SO_2 排放数据最早统计到 2000 年，因

---

① "中国经济数据库"的网址为 http://site.securities.com/cdmWeb。

此其余数据的时间段都选取为 2000~2010 年，这也正是本文选取 2000~2010 年作为研究时间段的原因。

根据以上的数据处理说明，可以确定出模型（2）中一些参数的具体值，它们分别是 $J=28$，$I=2$，$R=1$，$K=1$，$H=2$。

四、各省份能源与环境效率指数分析

本部分首先运用 DEA 窗口模型（2），测算出如表 1 所示的被评价省份在第 m 个窗口内的第 n 个时间点上的能源与环境效率 E_{mn}，然后根据如表 1 所示的程序，计算该省份在每一时间点上各窗口的平均效率值，并将其作为该省份在 2000~2010 年可进行时间序列比较的能源与环境效率指数，表 2 给出了最终测算结果。

1. 能源与环境效率较高的省份分析

辽宁在 2003~2007 年和 2009~2010 年、上海在 2010 年、福建在 2011 年、云南在 2000~2012 年和 2008 年，其能源与环境效率指数都等于 1，这说明四个省市在这些年份内都处于生产前沿面上，即使这些省市在其他年份内不在生产前沿面上，其能源与环境效率指数也比较高，年均效率指数在 0.9 左右。这四个省市在上述年份内，之所以处于生产前沿面上，是因为各自都不存在能源投入过量、非期望产出过多和资源配置不当所导致的效率损失。关于这一点，可从表 3 所列的模型（2）的部分参数值看出。以辽宁为例，该省在 2003~2007 年和 2009~2010 年，这说明在这两个时期，相对于其他省份而言，辽宁不存在能源投入过量；$\varphi_1=1$ 和 $\varphi_2=1$ 说明不存在 CO_2 和 SO_2 排放过多；$s_1^{x-}=0$、$s_2^{x-}=0$ 和 $s_1^{e-}=0$ 表明不存在资本、劳动和能源的配置不当。其他三个省市处于生产前沿面上的原因与此相同。表 3 中的参数值还揭示了上述四个省市在有些年份内非 DEA 有效的原因。比如福建在 2010 年时，$\theta=07762$、$\varphi_1=0.7658$ 和 $\varphi_2=0.8212$，这说明技术无效率而导致该省过多投入 0.22 亿吨标准煤的能源，过多排放 0.43 亿吨的 CO_2 和 7.32 万吨的 SO_2；虽然 $s_1^{x-}=0$ 和 $s_1^{e-}=0$ 表明不存在资本和能源的配置不当，但 $s_2^{x-}=1.4192$ 却显示存在劳动配置不当。北京和天津虽然未曾处于生产前沿面上，但这两个直辖市的年均能源与环境效率指数也相对比较高，分别为 0.7222 和 0.8198。

为了进一步探讨上述省市能源与环境效率较高的深层原因，我们仍以辽宁为例进行分析，该省能够取得较高的能源与环境效率，与其在"十五"和"十一五"期间所采取的政策与努力密不可分。"十五"期间，辽宁先后颁布了一系列法规，初步建立起有关资源节约、环境保护和循环经济等方面的法制框架；在电力工业方面，辽宁积极发展城市集中供热和热电联产，加快了火电机组以大代小的进程；在节能、新能源和农村能源方面，辽宁以提高能源利用效率和效益为中心，发展可再生能源，推进农村能源生态建设；在清洁生产方面，辽宁积极开发利用煤炭液化、循环流化床等洁净煤技术，在冶金、石化、电力、建材等行业的重点企业中，实现由末端治理向污染预防和生产全过程的控制转变；在循环经济建设方面，辽宁发挥产业关联效应，在冶金、石油化工、煤炭、电力行业构建循环经济发展产业链条；在环境保护方面，辽宁以改善环境质量为目标，突出重点区域、流域的环境保护与治理，加强执法监督与综合协调，并强化工业污染防治，推行清洁生产，促进结构调整[①]。上述政策取得了显著成效，2001~2005年，辽宁的能源强度下降了18%，主要工业品品种能耗降低了75%，共有600家重点污染企业开展了清洁生产审核，实施清洁生产审核方案2万多个，每年可节水3亿立方米、节电4亿千瓦时，减排工业废水2亿多吨，减排 CO_2、SO_2 烟粉尘等污染物30多万吨。"十一五"期间，辽宁以发展循环经济促进经济增长方式转变，并通过推进产业结构调整、推进全社会节约能源、开展节约用水、推进原材料节约、强化节约和集约利用土地矿产资源、提高资源综合利用水平、推行清洁生产、发展生态型循环农业、推进循环经济试点建设、构建循环经济发展框架体系10个方面的工作来建设循环经济。在环境保护方面，辽宁以控制污染为主线，以改善生态环境质量为核心，以促进结构调整和经济增长方式转变为切入点，在发展中解决环境问题，重点推进流域、区域污染治理，统筹城市和农村环境保护，加强生态保护与治理，强化执法监督，提高环境监管能力，建设资源节约型、环境友好型社会[②]。由于篇幅的限制，我们不再对其他省市能源与环境效率较高的深层原因做进一步探讨。

2. 能源与环境效率较低的省份分析

从表2可见，28个省份中，贵州、青海、山西、内蒙古、新疆和宁夏六个省份的能源与环境效率相对较低，其年均效率都小于0.2，其中贵州的年均效率仅为0.081，全国最低。六个省份较低的能源与环境效率可从其较高的能源强度、碳强度和硫强度得到佐证。这三个指标分别表示一个地区为生产单位 GDP 所消耗的能源量、所排放的 CO_2 量和所产生的 SO_2 量，也就是该地区为获得一单位 GDP 所付出的能源与环境代价。2000~2010年，贵州的年均能源强度为1.72千克标准煤/元，碳强度为3.78千克 CO_2/元，硫强度为41.17克 SO_2/元，三个指标均高居全国之首，这与表2中贵州的年均能源与环境效率全国最低的测算结果是吻合的。青海、山西、宁夏、新疆和内蒙古的年均能源强度分别为1.38千克标准煤/元、1.32千克标准煤/元、1.17千克标准煤/元、1.03千克标准煤/元和0.9千克标准煤/元，仅次于贵州，为全国较高的五个省份。从碳强度指标来看，山西、宁夏、内蒙古、新疆和青海的年均碳强度分别为3.07千克 CO_2/元、2.82千克 CO_2/元、2.53千克 CO_2/元、1.95千克 CO_2/元和1.94千克 CO_2/元，也是全国较高的五个省区。再从硫强度指标来看，山西、宁夏、内蒙古、新疆和青海的年均硫强度分别为15.49克 CO_2/元、15.32克 CO_2/元、12.79克 CO_2/元、8.85克 CO_2/元和7.5克 SO_2/元，同样是全国较高的省份。

---

① 资料来源于《辽宁省国民经济和社会发展第十个五年计划纲要》。
② 资料来源于《辽宁循环经济和生态环境保护"十一五"规划》。

表2 横截面和时间序列上都可比的各省份能源与环境效率指数

地区	省份	2000	2001	2002	2003	2004	2005	2006	2007	2008	2009	2010	年均效率
华北	北京	0.5679	0.6220	0.6777	0.7048	0.7067	0.7093	0.7184	0.7487	0.7981	0.8272	0.8630	0.7222
	天津	0.6089	0.6838	0.8223	0.7762	0.8904	0.8686	0.8648	0.9246	0.8449	0.9079	0.8259	0.8198
	河北	0.3193	0.3520	0.3247	0.3248	0.3372	0.3209	0.3092	0.2968	0.2793	0.2648	0.2552	0.3076
	山西	0.1603	0.1484	0.1480	0.1578	0.1727	0.1648	0.1536	0.1469	0.1366	0.1110	0.1128	0.1466
	内蒙古	0.2066	0.1993	0.1886	0.1661	0.1467	0.1395	0.1251	0.1317	0.1319	0.1379	0.1442	0.1561
	平均	0.3726	0.4011	0.4323	0.4259	0.4507	0.4406	0.4342	0.4498	0.4382	0.4498	0.4402	0.4305
东北	辽宁	0.7944	0.8746	0.9753	1.0000	1.0000	1.0000	1.0000	1.0000	0.9883	1.0000	1.0000	0.9666
	吉林	0.3721	0.3986	0.4004	0.4102	0.4331	0.4137	0.3566	0.2952	0.2537	0.2663	0.2789	0.3526
	黑龙江	0.2937	0.3245	0.3646	0.3615	0.3984	0.3623	0.3473	0.3332	0.3220	0.3068	0.3012	0.3378
	平均	0.4867	0.5325	0.5801	0.5905	0.6105	0.5920	0.5680	0.5428	0.5213	0.5244	0.5267	0.5523
华东	上海	0.8746	0.9034	0.9484	0.9558	0.9626	0.9249	0.9201	0.9395	0.9678	0.9776	1.0000	0.9431
	江苏	0.5298	0.5534	0.5615	0.5249	0.4697	0.4015	0.3985	0.3971	0.4052	0.4212	0.4343	0.4634
	浙江	0.5905	0.6308	0.6010	0.5895	0.5861	0.5559	0.5338	0.5382	0.5390	0.5445	0.5589	0.5698
	安徽	0.2925	0.3043	0.3358	0.3644	0.4023	0.4008	0.3942	0.3837	0.3730	0.3794	0.3915	0.3656
	福建	0.8766	1.0000	0.9778	0.9252	0.9388	0.8392	0.8333	0.8034	0.7805	0.7653	0.7848	0.8659
	江西	0.3525	0.3863	0.3654	0.3227	0.3048	0.2929	0.2822	0.2756	0.2829	0.2912	0.2962	0.3139
	山东	0.4587	0.5628	0.4202	0.3947	0.3791	0.3160	0.2944	0.2855	0.2831	0.2900	0.3036	0.3625
	平均	0.5679	0.6201	0.6015	0.5824	0.5776	0.5330	0.5224	0.5176	0.5188	0.5241	0.5385	0.5549
中南	河南	0.2504	0.2535	0.2504	0.2324	0.2058	0.1859	0.1797	0.1733	0.1771	0.1839	0.1903	0.2075
	湖北	0.3477	0.3804	0.3836	0.3749	0.3649	0.3683	0.3415	0.3368	0.3461	0.3190	0.3469	0.3555
	湖南	0.4098	0.3907	0.3911	0.3728	0.3637	0.3024	0.2890	0.2827	0.2864	0.2851	0.2748	0.3317
	广东	0.3823	0.3850	0.3901	0.3769	0.3612	0.3351	0.3296	0.3239	0.3234	0.3296	0.3406	0.3525
	广西	0.3980	0.4438	0.4510	0.4404	0.4044	0.3904	0.3522	0.3228	0.3051	0.2552	0.2307	0.3631
	平均	0.3576	0.3706	0.3732	0.3595	0.3400	0.3164	0.2984	0.2879	0.2876	0.2745	0.2767	0.3220
西南	四川重庆	0.2970	0.3071	0.3223	0.3108	0.3070	0.2897	0.2843	0.2766	0.2700	0.2797	0.2956	0.2945
	贵州	0.0861	0.0854	0.0874	0.0756	0.0742	0.0807	0.0789	0.0779	0.0799	0.0800	0.0845	0.0810
	云南	1.0000	1.0000	1.0000	0.9000	0.9281	0.8429	0.8546	0.9064	1.0000	0.9631	0.8746	0.9336
	平均	0.4610	0.4642	0.4699	0.4288	0.4364	0.4044	0.4059	0.4203	0.4500	0.4409	0.4182	0.4364
西北	陕西	0.3248	0.3121	0.2926	0.2826	0.2602	0.2429	0.2342	0.2258	0.2300	0.2343	0.2399	0.2618
	甘肃	0.2527	0.2694	0.2651	0.2498	0.2425	0.2292	0.2245	0.2186	0.2175	0.2290	0.2271	0.2387
	青海	0.2011	0.1943	0.2085	0.1666	0.1518	0.1217	0.1138	0.1078	0.1101	0.1102	0.1203	0.1460
	宁夏	0.2312	0.2150	0.2128	0.1794	0.1900	0.1725	0.1565	0.1459	0.1410	0.1278	0.1112	0.1712
	新疆	0.1830	0.1893	0.1964	0.1861	0.1598	0.1506	0.1400	0.1340	0.1302	0.1268	0.1281	0.1567
	平均	0.2386	0.2360	0.2351	0.2129	0.2009	0.1834	0.1738	0.1664	0.1658	0.1656	0.1653	0.1949
全国	平均	0.4141	0.4374	0.4487	0.4333	0.4360	0.4116	0.4004	0.3975	0.3969	0.3965	0.3943	0.4152

表3 求解模型（2）所得到的部分参数值

省份	参数	2000	2001	2002	2003	2004	2005	2006	2007	2008	2009	2010
辽宁	θ	0.8266	0.8800	0.9722	1.0000	1.0000	1.0000	1.0000	1.0000	0.9914	1.0000	1.0000
	φ_1	0.8182	0.9118	0.9957	1.0000	1.0000	1.0000	1.0000	1.0000	0.9971	1.0000	1.0000
	φ_2	0.7062	0.8266	0.9611	1.0000	1.0000	1.0000	1.0000	1.0000	0.9736	1.0000	1.0000
	s_1^{x-}	0.0000	0.0000	0.0000	0.0000	0.0000	0.0000	0.0000	0.0000	0.0000	0.0000	0.0000
	s_2^{x-}	0.2712	0.2343	0.0559	0.0000	0.0000	0.0000	0.0000	0.0000	0.0213	0.0000	0.0000
	s_1^{e-}	0.0000	0.0000	0.0000	0.0000	0.0000	0.0000	0.0000	0.0000	0.0000	0.0000	0.0000
上海	θ	0.9239	0.9498	0.9642	0.9685	0.9839	0.9544	0.9519	0.9742	0.9843	0.9898	1.0000
	φ_1	0.8690	0.9088	0.9580	0.9476	0.9397	0.9154	0.9282	0.9651	0.9962	1.0022	1.0000
	φ_2	0.7818	0.8054	0.9074	0.9384	0.9430	0.8754	0.8485	0.8444	0.9064	0.9284	1.0000
	s_1^{x-}	0.1426	0.1493	0.2048	0.1956	0.0328	0.1472	0.2070	0.0020	0.0000	0.1243	0.0000
	s_2^{x-}	0.0692	0.0501	0.0550	0.0530	0.0505	0.0838	0.1000	0.0269	0.0263	0.0455	0.0000
	s_1^{e-}	0.0000	0.0000	0.0000	0.0000	0.0000	0.0000	0.0000	0.0000	0.0000	0.0000	0.0000
福建	θ	0.8566	1.0000	0.8973	0.9388	0.9626	0.8695	0.8586	0.8140	0.7892	0.7778	0.7762
	φ_1	0.9516	1.0000	0.9832	0.9529	0.8896	0.8005	0.8167	0.7502	0.7585	0.7218	0.7658
	φ_2	0.8417	1.0000	1.1335	0.8701	0.9404	0.8172	0.7991	0.8355	0.7852	0.7837	0.8212
	s_1^{x-}	0.0000	0.0000	0.0000	0.0000	0.0000	0.0000	0.0000	0.0000	0.0000	0.0000	0.0000
	s_2^{x-}	0.1420	0.0000	0.0000	0.3596	0.7162	1.1753	1.2057	1.3009	1.3822	1.4446	1.4192
	s_1^{e-}	0.0000	0.0000	0.0000	0.0000	0.0000	0.0000	0.0000	0.0000	0.0000	0.0000	0.0000
云南	θ	1.0000	1.0000	1.0000	0.9372	0.9554	0.8416	0.8591	0.9100	1.0000	0.9631	0.8571
	φ_1	1.0000	1.0000	1.0000	0.8439	0.8651	0.8378	0.8430	0.8808	1.0000	0.8853	0.8050
	φ_2	1.0000	1.0000	1.0000	0.8817	0.9367	0.8505	0.8571	0.9247	1.0000	1.0408	0.9791
	s_1^{x-}	0.0000	0.0000	0.0000	0.0000	0.0000	0.0000	0.0000	0.0000	0.0000	0.0000	0.0000
	s_2^{x-}	0.0000	0.0000	0.0000	0.0538	0.0410	0.4364	0.5058	0.3489	0.0000	0.1371	0.6290
	s_1^{e-}	0.0000	0.0000	0.0000	0.0000	0.0000	0.0000	0.0000	0.0000	0.0000	0.0000	0.0000

　　上述六个省份的能源与环境效率为什么比较低呢？分析发现，这六个省份中有五个属于西部地区，而且山西和内蒙古是产煤大省。西部各省份的能源与环境效率普遍较低，是众多文献已经证实的（李兰冰，2012；Wang, et al.，2011；王兵等，2010）。胡宗义等（2011）探讨了中国各省份之间能源效率差异的原因，他们认为，固定资产投资中的外商投资比重，工业总产值中的重工业比重以及能源消费结构中的煤炭消费比重，是造成能源效率地区差异的最主要因素。胡宗义等（2011）认为，外商投资的行业通常是劳动力密集型产业，这些产业一般规模较大、生产技术水平高、管理先进、能源消耗量低，在增加了地区生产总值的情况下却相对减少了能源消耗，自然会使该地区的能源效率提高。高耗能行业在得到同样产出时对能源的消耗远远高于其他行业，因此高耗能行业在工业总产值

中的比重差异会极大地影响各地区的能源效率。在能源消费结构中，相对于其他能源而言，煤炭的利用效率最低，而且碳排放因子最大，因此煤炭消费比重越大，能源与环境效率就越低。从 2000~2010 年各省份的年均外商投资比重和煤炭消费比重来看，固定资产投资中，贵州、青海、山西、内蒙古、新疆和宁夏的外商投资比重分别只有 0.81%、1.03%、1.31%、0.6%、0.59% 和 0.96%，远远低于能源与环境效率较高的天津、辽宁、上海、福建等省市的外商投资比重。从能源消费结构来看，贵州、内蒙古和宁夏的年均煤炭消费比重分别达到 93.87%、92.41% 和 92.25%，远远高于全国自 2000 年以来年均 69.7% 的水平。关于产煤大省的能源与环境效率较低的原因，刘佳骏等（2011）认为，西北与西南资源赋存较高的省份，往往专注于眼前的资源红利，而忽视了区域产业结构的升级改造，容易产生"挤出效应"，使得低端产业得到发展，这不但阻碍了能源效率的提高，而且使这些省份出现"资源诅咒"的现象[①]。

3. 各省份能源与环境效率的变动趋势分析

除了个别省份的能源与环境效率指数呈上升趋势外，大部分省份呈下降趋势。在表 2 中，各省区能源与环境效率指数在时间序列上都呈现出小幅波动。为了分析各省份的指数 2000~2010 年的总体变化趋势，本文分别计算了各省份的指数 2000~2003 年的平均值和 2007~2010 年的平均值，并通过比较这两组平均值来判断其基本变化趋势。通过比较发现，28 个省份中，只有北京、天津、辽宁、上海和安徽五个省市的能源与环境效率总体上提高了，而其余 23 个省份的能源与环境效率呈下降趋势。

由于本文测算出的能源与环境效率指数是基于 DEA 模型、综合了六项经济指标的信息所得出的综合指数，因此难以从直观上解释该指数变动的原因。但是可根据这六项经济指标的年均变动速度，在一定程度上说明了该指数的变动趋势。于是我们计算了各省份的资本投入，劳动投入，能源投入，GDP、CO_2 排放量和 SO_2 排放量的年均变动速度。可以发现，与其他省份相比，上述能源与环境效率指数呈上升趋势的五个省市都有一个共同特征，那就是这些省市都以较低的资源投入增速，获得了较高的经济增速，并产生了较低的排放增速。这正是五个省市的能源与环境效率指数呈上升趋势的原因。在 28 个省份中，北京以较低的资本投入增速（10.6%）和最低的能源投入增速（5.2%），获得了年均 11.7% 的经济增长，在经济快速增长的同时，该市的 CO_2 排放量仅以年均 3.9% 的速度低速增长，SO_2 排放量更是以年均 6.2% 的速度下降。天津和上海的情况类似于北京，虽然天津的资本投入增速比较高，但其劳动投入增速却比较低。辽宁和安徽的 SO_2 排放量虽然并未以一定的速度下降，但其增速却比较低。

与上述五个省市形成鲜明对比的是能源与环境效率指数呈下降趋势的省份。以河北为例，虽然该省的资本和劳动投入的增速比较低，SO_2 排放量也以年均 0.5% 的速度下降，但其能源投入却以年均 10.6% 的速度增长，CO_2 排放量以年均 10% 的速度增加。内蒙古

---

① 以上分析中用到的能源强度、碳强度、硫强度、外商投资比重和煤炭消费比重数据，均根据《中国统计年鉴》各期以及中国经济数据库中的数据计算得到。

的情况更能说明其能源与环境效率指数下降的原因，虽然该自治区以较高的资本投入增速（25.3%）和能源投入增速（14.9%），支撑经济以 16.7% 的速度高速增长，但其 CO_2 和 SO_2 排放量却分别以 18.4% 和 9.8% 的速度快速增加。以上分析表明，一个省份如果要不断提高能源与环境效率，必须实现以较低的资源投入增速，获得较高的经济增速，并能够产生较低的排放增速。

4. 地区和全国的能源与环境效率分析

从地区视角来看，在 2010 年，华东地区的能源与环境效率指数最高，为 0.5385，其他地区按效率指数的大小排序，依次为东北（0.5267）、华北（0.4402）、西南（0.4182）、中南（0.2767）和西北（0.1653）。一般来说，经济越发达的地区，其法规与制度越完善，产业结构更趋于合理，对能源的使用更加节约，对环境的保护更加注重，因此其能源与环境效率会越高。按当年价格计算的 2010 年人均地区生产总值的排序，依次为华东（4.12 万元/人）、华北（3.91 万元/人）、东北（3.42 万元/人）、中南（3.01 万元/人）、西北（2.35 万元/人）和西南（1.49 万元/人）[①]。可以发现，按能源与环境效率指数大小的地区排序与按人均地区生产总值的地区排序并不完全相同。这是因为，在各地区都处于工业化和城镇化进程中的特定时期，有些地区仍然处于库兹涅茨曲线所描述的随着人均收入的提高而环境质量不断恶化的阶段。因此，不是人均收入越高，其能源与环境效率就会越高。

从全国视角来看，中国的能源与环境效率指数从 2000 年的 0.4141 上升到 2002 年的 0.4487，然后又波动变化至 2010 年的 0.3943，呈现幅度较小的下降趋势。这说明随着经济的持续增长，全国的能源与环境效率并没有得到提高。这一结论并未否认中国 10 多年来在节能减排上所做出的努力。因为，本文所构建的能源与环境 DEA 模型对能源投入、CO_2 和 SO_2 排放是从总量上进行处理的，随着经济的持续增长，尽管中国在节能减排上做出了很大努力，SO_2 排放总量从 2006 年持续下降，但能源投入总量和 CO_2 排放总量却是大幅度上升的。因此，根据 DEA 模型所计算的能源与环境效率指数呈现小幅下降趋势。如果研究中不考虑 CO_2 排放的话，测算出的能源与环境效率指数应该呈现上升趋势。

五、研究结论与政策建议

通过以上研究，本文得出以下四点主要结论，这些研究结论揭示了中国各省份近 10 多年来的能源与环境效率状况及其背后潜在的经济规律。①2000～2010 年，辽宁、上海、福建、云南、北京、天津六个省市的能源与环境效率在全国相对比较高，其中前四个省份

---

① 人均地区生产总值的数据是根据"中国经济数据库"的原始数据计算得到。

在部分时间段内，由于不存在能源投入过量、非期望产出过多和资源配置不当所导致的效率损失，而处于本文所构建的生产可能集的生产前沿面上。通过对辽宁的进一步分析，发现其能源与环境效率较高的深层原因，是该省在"十五"和"十一五"期间采取了一系列发展循环经济与保护环境的政策措施，并为此做出了坚持不懈的努力。②贵州、青海、山西、内蒙古、新疆和宁夏六个省份的能源与环境效率相对较低，其中贵州的年均效率在考察的 28 个省份中是最低的。除了能源投入过量、非期望产出过多和资源配置不当所导致的效率损失外，固定资产投资中的外商投资比重较低、工业总产值中的重工业比重和能源消费结构中的煤炭消费比重过高，以及能源大省存在"资源诅咒"现象是造成这些省份能源与环境效率相对较低的主要因素。③时间序列上可比的各省份能源与环境效率指数表明，2000~2010 年，28 个省份中，只有北京、天津、辽宁、上海和安徽的能源与环境效率呈波动上升趋势，其余省份的效率则呈现下降趋势。两种不同的变动趋势与各省份投入与产出的增速密切相关。④华东地区目前的能源与环境效率依次高于东北、华北、西南、中南和西北。在以化石能源支撑经济发展的模式下，随着工业化与城镇化的持续推进，尽管中国在节能减排上做出了很大努力，但能源投入总量和 CO_2 排放量的大幅上升，导致全国的能源与环境效率未得到显著提高。

根据上述研究结论，提出以下五点政策建议：

第一，把能源与环境效率较高省份的发展经验，向其他省份进行推广。从本文的研究结论来看，这些经验的核心是其在生产中基本不存在能源投入过量、非期望产出过多和资源配置不当所导致的效率损失。"不存在能源投入过量"说明这些省份在当前以化石能源驱动经济发展的模式下，用适量的能源投入支撑了经济的快速增长，其根本原因在于对能源的高效利用；"不存在非期望产出过多"说明这些省份在保持经济快速增长的同时，充分利用现有的环保技术，严格执行其环保政策，把污染物的排放控制在一个相对较低的水平；"不存在资源配置不当"说明这些省份在生产中能够把资本、劳动和能源等生产要素进行合理的配置，充分发挥各种资源的贡献，以实现期望产出的最大化。把上述发展经验总结为可操作性的政策建议，就是提高能源效率，研发环保技术，执行环保政策，优化资源配置。

第二，能源与环境效率较高的省份可充分发挥其技术与政策优势，在能源节约与环境保护方面发挥示范与引领作用，同时在把全国指标向省份分解中承担相对较多的任务。一方面，与"低效率"的省份相比，虽然这些"高效率"的省份进一步提高其能源与环境效率的潜力并不大，但和发达国家同一发展阶段的能源与环境效率相比，仍有较大的提高潜力，因此继续探索相关政策与技术的空间仍然存在。另一方面，"高效率"的省份承担较多的任务会在短期内影响到经济增长，但从长期来看，这些省份可能会在新能源技术研发、新能源产业发展和环境保护方面获得巨大的收益，同时也会走在经济发展方式转变的前列。

第三，能源与环境效率相对较低的省份，除了借鉴效率较高省份的发展经验外，还可通过"调结构"来提高能源与环境效率。调结构包括三个方面的内容：调整固定资产投资构成、调整工业结构和优化能源消费结构。①调整固定资产投资构成，就是在固定资产投资决策前对投资项目进行能源消耗与环境污染方面的评估和审查，以确保高技术、高效益、低能耗、低污染的投资项目能够上马，而把高能耗或高污染的投资项目排除在外。因为，固定资产一旦建成和投入使用，就会形成"锁定效应"，也就是说，如果现在用高能耗、高排放的技术去装备生产设施，其"两高"的特点将在很长时间内被锁定，否则将导致巨大的重置成本。②调整工业结构就是通过调整以促进工业结构向资源节约、环境友好型的方向转型和升级。中国社会科学院工业经济研究所课题组（2010）认为，资源节约、环境友好型的工业结构是指在工业的行业结构和产品结构中，资源节约、环境友好型的行业或产品占较大比重，以及工业生产方式和生产过程中，表现出资源节约、环境友好的特征。该课题组同时提出，建立这样的工业结构有两种途径：一是行业结构调整，即通过发展装备制造业、高技术产业和节能环保低碳产业，以提高这些产业在工业中的比重来优化行业结构，进而引导工业走可持续增长的绿色发展道路；二是工业生产过程的升级，即通过工艺创新、管理创新、加大设备更新改造等方式，降低单位产出的能源和原材料消耗，以实现生产过程中的资源节约和环境友好。③优化能源消费结构就是通过积极发展新能源产业，提高水电、核电、风电等能源的比例，同时降低煤炭在能源消费中的比例，以实现能源消费结构的低碳化调整。

第四，持续不断地提高一个省份的能源与环境效率，需要实现以较低的资源投入增速获得较高的经济增速，并能够产生较低的排放增速。这三个增速之间的协调关系，只是判断能源与环境效率不断提高的一个显性的动态标志。而实现"低投入、高增长、低排放"的政策措施可纳入提高经济增长质量、转变经济发展方式的宏观战略之内。提高经济增长质量可采取以下五项政策措施：优化经济增长结构、保持宏观经济调控方向和经济政策工具的稳定性和持续性、促进收入分配公平、推行循环经济、缩小地区经济增长质量的差距（钞小静、任保平，2011）。转变经济发展方式则需要以改革开放为动力，扩大国内需求，加快发展现代服务业和战略性新兴产业，培育以科技创新和人力资本为基础的新竞争优势，构建资源节约、环境友好的生产方式和消费方式（王一鸣，2011）。

第五，构建以绿色 GDP 为核心的国民经济核算体系，完善中央政府对地方政府经济发展业绩的传统考核方式。目前中央政府在衡量地方政府的经济发展业绩时，基本还是以 GDP 为核心，这导致地方政府在一定程度上片面追求固定资产投资和经济增长速度，而忽视了资源成本和环境代价，忽视了经济发展的质量和效益，忽视了在短期利益与长远利益之间的权衡。如果转变对经济产出的核算方式，并以绿色 GDP 为核心的指标体系来评价地方政府的经济发展业绩，那么必然会激励地方政府自觉地提高能源与环境效率，实现经济的可持续发展。

参考文献

[1] Charnes, A., C. T. Clark, W. W. Cooper, and B. Golany. A Developmental Study of Data Envelopment Analysis in Measuring the Efficiency of Maintenance Units in the U. S. Air Forces. Annals of Operations Re-

search, 1985, 2 (1).

[2] Dong - hyun Oh and A. Heshmati. A Sequential Malmquist - Luenberger Productivity Index: Environmentally Sensitive Productivity Growth Considering the Progressive Nature of Technology. Energy Economics, 2010, 32 (6).

[3] Halkos, G. E., and N. G. Tzeremes. Exploring the Existence of Kuznets Curve in Countries' Environmental Efficiency Using DEA Window Analysis. Ecological Economics, 2009, 68 (7).

[4] Zhang, X. P., X., M., Cheng, J. H. Yuan, and X. J. Gao. Total - factor Energy Efficiency in Developing Countries. Energy Policy, 2011, 39 (2).

[5] Wang, K., S. W. Yu, and W. Zhang. China's Regional Energy and Environmental Efficiency: A DEA Window Analysis Based Dynamic Evaluation. http://dx. doi. org/10. 1016/j. mcm, 2011 - 11.

[6] Färe, R., and S. Grosskopf. Modeling Undesirable Factors in Efficiency Evaluation: Comment. European Journal of Operational Research, 2004, 157 (1).

[7] Zhou P., B. W. Ang and K. L. Poh. A Survey of Data Envelopment Analysisin Energy and Environmental Studies. European Journal of Operational Research, 2008, 189 (1).

[8] Bian, Y. W. and F. Yang. Resource and Environment Efficiency Analysis of Provinces in China: A DEA Approach Based on Shannon's Entropy. Energy Policy, 2010, 38 (4).

[9] Charnes, A., W. W. Cooper, A. Y. Lewin, and L. M. Seiford. Extensions to DEA Models, Data Envelopment Analysis: Theory, Methodology, and Application. Norwell, Massachusetts: Kluwer Academic Publishers, 1994.

[10] Ferrier, G. D. and C. A. K. Lovell. Measuring Cost Efficiency in Banking: Econometric and Linear Programming Evidence. Journal of Econometrics, 1990, 46 (1 - 2).

[11] IPCC. IPCC Guidelines for National Greenhouse Gas Inventories. Hayama: Institute for Global Environmental Strategies (IGES), 2006.

[12] 王兵, 吴延瑞, 颜鹏飞. 中国区域环境效率与环境全要素生产率增长. 经济研究, 2010 (5).

[13] 李宾. 我国资本存量估算的比较分析. 数量经济技术经济研究, 2011 (12).

[14] 张军, 章元. 对中国资本存量K的再估计. 经济研究, 2003 (7).

[15] 单豪杰. 中国资本存量K的再估算: 1952～2006年. 数量经济技术经济研究, 2008 (10).

[16] 李兰冰. 中国全要素能源效率评价与解构——基于"管理—环境"双重视角. 中国工业经济, 2012 (6).

[17] 胡宗义, 刘静, 刘亦文. 中国省际能源效率差异及其影响因素分析. 中国人口·资源与环境, 2011 (7).

[18] 刘佳骏, 董锁成, 李宇. 产业结构对区域能源效率贡献的空间分析——以中国大陆31 (省、市、自治区) 为例. 自然资源学报, 2011 (12).

[19] 中国社会科学院工业经济研究所课题组. "十二五"时期工业结构调整和优化升级研究. 中国工业经济, 2010 (1).

[20] 钞小静, 任保平. 中国经济增长质量的时序变化与地区差异分析. 经济研究, 2011 (4).

[21] 王一鸣. 加快转变经济发展方式关系现代化建设全局. 经济研究, 2011 (10).

Evaluation of China's Regional Energy and Environmental Efficiency Based on DEA Window Model

Wang Feng and Feng Genfu

(School of Economics and Finance, Xi'an Jiaotong University, Xi'an 710061, China)

Abstract: By constructing the double – oriented, non – radial, same – weight energy and environmental DEA window model, this paper evaluates China's regional energy and environmental efficiency which can be compared in the cross – section and time series during the period from 2000 to 2010. We obtained five main results. Firstly, the energy and environmental efficiencies of Liaoning, Shanghai, Fujian and Yunnan were higher, which average annual efficiency indexes were about 0. 9. Secondly, Guizhou, Qinghai, Shanxi, Inner Mongolia, Xinjiang, and Ningxia experienced the lower efficiency of energy and environment, and their average annual efficiency indexes were less than 0. 2. Thirdly, the energy and environment efficiencies in Beijing, Tianjin, Liaoning, Shanghai, and Anhui had improved while that in there maining provinces showed a downward trend. Fourthly, the current energy and environmental efficiency in East China is higher than that in Northeast, North China, Southwest, Middle south, and Northwest. Fifthly, a dominant dynamic sign of improving the energy and environmental efficiency in a province is to achieve higher economic growth and lower emissions growth by a lower input rate of resources. Sixthly, although China had made great efforts on energy conservation and emission reduction, the total amount of energy input and CO_2 emission increased significantly, which lead the national energy and environmental efficiency not to be improved. According to the conclusions, the paper proposes five policy recommendations separately from the provincial and national levels.

Key Words: DEA; Window Analysis; Energy and Environmental Efficiency

基于能源消费的中国省级区域
碳足迹时空演变分析[*]

卢俊宇　黄贤金　陈　逸　肖　潇

【摘　要】碳足迹被用来衡量生产某一产品在其生命周期所直接或间接排放的 CO_2 量，能够反映人类某项活动或某种产品对生态环境的压力程度。本文采用 1997~2008 年全国省级区域化石能源消费数据和土地利用结构数据，构建碳足迹计算模型，测算不同时间、不同区域的碳足迹、碳生态承载力和碳赤字，并引入物理学中重心的概念，测算 1997~2008 年全国各省级区域碳足迹的重心，进行碳足迹重心的时空演变趋势分析，掌握区域间能源消费碳排放的差异性；同时，构建能源消费碳足迹压力指数模型，计算 1997~2008 年各省的碳足迹压力指数，对研究区域进行生态压力强度分级，并考察各省级区域碳足迹压力指数在两个相邻时间点之间的变化强度，进行生态压力变化强度的级别划分。

【关键词】碳足迹；能源消费；重心模型；碳足迹压力指数

一、引言

IPCC 第四次评估报告（2007）指出，近 100 年来，地表平均温度约上升了 0.74℃。

———————————

＊　原文发表于《地理研究》2013 年第 2 期。

作者简介：卢俊宇，硕士，云南曲靖人，南京大学地理与海洋科学学院，研究方向为资源环境政策与土地利用。E－mail：mg1127026@ smail. nju. edu. cn。

通讯作者：黄贤金，教授，南京大学地理与海洋科学学院，主要从事自然资源与区域土地利用变化研究。电子邮箱：hxj369@ nju. edu. cn。

基金项目：国家社科基金重大项目（10ZD&030）；国土资源部公益性行业科研专项经费项目（200811033）；江苏省高校、人文社会科学基金重大项目（2010ZDAM008）；江苏省高校优势学科联合资助项目；中国清洁发展机制基金赠款项目（1214073）

全球气候变化主要是由人类活动大量排放的二氧化碳、甲烷等温室气体所造成的，其中，CO_2 的增温效应最为明显。工业革命所带来的 CO_2 变化量远远超过了过去 65 万年自然因素引起的变化范围。全球气候变化问题已成为当前国际社会关注的热点，加强对碳排放相关领域的研究对于了解碳排放及其循环的规律、机理，提出有效的节能减排措施，制定区域差别化的碳排放政策，具有重要的理论意义和实践意义。

碳足迹能够反映人类的某项活动或某种产品对生态环境的压力程度，近年来成为研究热点。1992 年，Rees 提出了生态足迹模型；而后 Wackernage 等（1995，1997）对原有的模型进行了深入研究和完善。生态足迹分析法是度量环境可持续发展的一个重要方法，碳足迹概念是在生态足迹概念的基础上提出的，是衡量生产某一产品在其生命周期所直接或间接排放的 CO_2 量以及其他温室气体转化的 CO_2 等价物的重要指标（Carbon，2007）。

国外学者主要从家庭、产品、行业和部门、城市、国家等不同尺度对碳足迹进行了分析。Matthews 等（2008）结合投入产出模型建立了经济投入产出—生命周期评价模型（EIO‐LCA），用以评估工业部门、企业、家庭等的碳足迹。Padgett 等（2008）运用 10 种碳足迹模型计算了美国家庭的碳足迹。Weber 等（2008）利用消费者支出调查和多国的生命周期评估报告分析了全球和美国家庭的碳足迹。Wang 等（2007）通过对中国的 CO_2 计算表明，中国目前的温室气体排放量已经超越美国居世界首位，但温室气体排放中有高达 23% 的制造品是为了满足发达国家的生活所致。Brown 等（2009）以美国 100 个主要都市区为例，分析了交通运输部门和建筑行业能源消费碳排放量。Hertwich 等（2009）对全球 73 个国家和 14 个聚集地区的碳足迹进行了分析。

国内学者赵荣钦等（2010）构建能源消费碳排放和碳足迹模型，对各省份不同产业空间碳排放强度和碳足迹进行了对比分析。孙建卫等（2010）基于投入产出分析的模型（简称 IOA‐EF 模型），对生产满足我国国民经济最终消费的产品量所需要的直接或间接碳排放量进行了分析。谢鸿宇等（2008）通过对陆地生态系统的碳循环进行分析，结合能源热量转换和碳排放数据，基于净生态系统生产量（NEP）计算了各种化石能源及电力的生态足迹。赖力等（2006）结合 Bicknell 的投入产出模型思路，对江苏经济的需求、进口、出口以及积累等各项生态性土地及化石能源地占用做出了估算。国内部分学者还从不同产业角度对碳足迹进行了分析，并对单一案例地的碳足迹有了初步探索。

目前，国内的碳足迹研究仍然处于初级阶段，主要集中在单个区域的案例研究，而对于宏观尺度和区域差异的研究仍然较为欠缺。碳足迹局限于单个区域的研究，缺乏区域可比性，而宏观尺度的碳足迹研究对于控制全球 CO_2 排放，降低温室效应，更加具有现实意义。本文将从国家宏观尺度出发，采用 1997 ~ 2008 年全国省级区域化石能源消费数据和土地利用结构数据，深入研究碳足迹的时空演变趋势。中国"十二五"期间，将对各个省级区域分解碳排放任务，进行宏观尺度和区域差异性的研究，可以为增强这一工作的合理性和实践性提供理论依据，为制定相关政策服务。

二、数据来源与研究方法

（一）数据来源

本文计算用到的化石燃料终端消费数据来源于《中国能源统计年鉴（1998～2009年）》[①]，土地利用结构数据来源于1998～2004年国土资源综合统计公报和2005～2009年全国土地利用变更调查报告，全国省级区域经济社会数据来源于《中国统计年鉴（1998～2009年）》。

（二）能源消费碳排放计算模型

在计算能源消费碳排放时，采用《中国能源统计年鉴（1998～2009年）》中各省能源平衡表中的终端能源消费量数据，通过原煤、洗精煤、其他洗煤、型煤、焦炭、焦炉煤气、其他煤气、原油、汽油、煤油、柴油、燃料油、液化石油气、炼厂干气、天然气、其他石油制品、其他焦化产品、其他能源18项化石能源消费数据计算传统能源所造成的碳排放。能源消费碳排放的计算公式[①]如下：

$$CE = \sum_{i=1}^{i=18} Qp_i \times u \times NCV_i \times (Cf_i \times V_{CO_2} + Mf_i \times V_{CH_4}) \tag{1}$$

其中：CE为化石能源消费造成的碳排放总量，单位为万t；Qp_i为第i种最终能源的终端消费量，单位为万t；u为单位转化系数，将t转化为Gg，为10^{-3}；NCV_i为能源净发热值，单位为TJ/Gg；Cf_i为缺省CO_2排放因子，单位为t/TJ；Mf_i为缺省CH_4排放因子，单位为t/TJ；NCV_i、Cf_i、Mf_i采用IPCC指南的给定值；V_{CO_2}为CO_2所含碳量，为12/44；V_{CH_4}为CH_4所含碳量，为12/16。

（三）碳汇计算方法

在典型陆地生态系统中，土地碳汇主要包括植物光合作用和化石燃料沉积等过程。在此，仅考虑植物光合作用作为陆地生态系统的碳汇。根据谢鸿宇等（2008）对IPCC报告生态系统碳循环的分析，在不同土地利用方式中森林和草地为主要的碳汇，二者合计为93%。森林和草原对碳的吸收分配的比例为82.72:17.28，即可以看作1t碳中0.8272t由森林吸收，0.1728t由草原吸收。耕地和园地中增加的生物量所固定的碳在收获季节会被收割，在短时间内会被分解到大气中，在此，不考虑耕地和园地中的农作物对CO_2的吸

[①] 海南省缺失2002年能源消费数据，宁夏回族自治区缺失2000～2002年能源消费数据，采用一元线性回归模型估算缺失值。

收。区域碳汇能力的计算方法如下：

$$CA = Aera_f \times NEP_f + Aera_g \times NEP_g \tag{2}$$

其中：CA 为不同的土地利用方式碳的吸收量，单位为万吨；$Aera_f$ 和 $Aera_g$ 为区域森林和草地的面积，单位为 hm_2；NEP_f 和 NEP_g 为森林和草地的碳净积累量，此处采用谢鸿宇等（2008）的研究结果，分别为 $3.809592t/hm^2$ 和 $0.949483t/hm^2$。

（四）碳足迹、碳生态承载力和碳赤字的计算方法

部分学者直接将碳足迹视为人类在日常经济活动中排放的二氧化碳及甲烷、氮氧化物等温室气体，用以衡量人类社会对自然界的影响。部分学者基于生态足迹的概念将碳足迹定义为吸纳人类排放二氧化碳所需要的生物生产性土地面积。本文基于 Rees（1992）和 Wackernage 等（1995，1997）提出的生态足迹的概念和计算方法，参考赵荣钦等（2010）的碳足迹计算方法，将碳足迹定义为吸纳人类经济活动排放的温室气体所需要的生物生产性土地面积，用以衡量区域生态承载力和人类经济活动对自然界的影响。

通过留存在活体植物中的碳净积累量即净生态系统生产量（Net Ecosystem Production，NEP）计算吸纳人类经济活动排放二氧化碳所需要的生物生产性土地面积，即碳足迹。计算方法如下：

$$CFT = CE \times \left(\frac{Per_f}{NEP_f} + \frac{Per_g}{NEP_g} \right) \tag{3}$$

$$CES = CA \times \left(\frac{Per_f}{NEP_f} + \frac{Per_g}{NEP_g} \right) \tag{4}$$

$$CED = CFT - CES \tag{5}$$

其中：CFT 为区域化石能源消费碳足迹；CES 为区域化石能源消费碳生态承载力；CED 为化石能源消费碳生态赤字，单位均为 hm^2；CE 为化石能源消费造成的碳排放总量；CA 为不同土地利用方式的碳吸收量，单位均为万 t；Per_f 和 Per_g 为森林和草地吸收碳的份额，分别为 82.72% 和 17.28%；NEP_f 和 NEP_g 为森林和草地的碳净积累量，采用谢鸿宇等（2008）的研究结果，分别为 $3.809592t/hm^2$ 和 $0.949483t/hm^2$。

（五）能源消费碳足迹压力指数

为衡量人类社会对区域生态系统的影响，本文构建能源消费碳足迹压力指数，并将其定义为区域陆地生态系统能源消费碳排放总量与区域碳汇能力之比，计算方法如下：

$$CBI = \frac{CE}{CA} \tag{6}$$

其中：CBI 为能源消费碳足迹压力指数；CE 为化石能源消费造成的碳排放总量，CA 为不同的土地利用方式对碳的吸收量即碳汇能力，二者单位均为万 t。

碳足迹压力指数能够从碳源和碳汇两方面综合反映一定区域一定时间人类活动对生态环境的影响。指数随时间序列的变化受到化石能源燃烧、碳排放和土地利用覆盖变化的影

响，以不同时空截面的 CBI 值为参考依据可制定相应的碳减排政策，以促进区域可持续发展。

当 CBI < 1 时，表明区域能源消费碳排放量小于区域陆地生态系统的碳吸收能力，区域陆地生态系统仍有碳吸收的潜能。此时，可根据区域经济发展的实际情况适当调整土地利用类型以促进区域经济的可持续发展，提高人们的生活水平。

当 CBI = 1 时，则是人类活动对区域生态系统影响调控的分割线，是对人类活动的预警。

当 CBI > 1 时，表明区域能源消费碳排放量大于区域陆地生态系统的碳吸收能力，碳循环生态系统压力过度，需通过加强技术革新，积极开发推广新能源，调整能源消费结构等措施减少对化石能源的依赖以减少碳排放；并减少土地利用覆盖变化导致的土壤碳储量释放，积极通过植树造林、退耕还草等措施增强生态系统对碳的吸收能力，以降低碳循环压力。

三、中国省级区域碳足迹时空分析

（一）2008 年中国省级区域碳足迹区域差异性分析

以中国 30 个省级区域（由于数据缺失，不包括台湾、香港和澳门地区及西藏自治区）为分析单元，计算 2008 年各省市区的碳足迹、碳的生态承载力，并将两者相比计算得到各区域的碳赤字（见图 1）。

中国 2008 年的碳足迹为 537082344.73hm²，而陆地生态系统生物生产性土地面积所承担的碳生态承载力仅为 458209937.46hm²，碳赤字面积为 78872407.27hm²，超过碳生态承载力的 17.21%，碳足迹压力指数为 1.172，从全国总体上来讲呈现碳赤字状态，生物生产性土地面积不足以补偿中国能源消费带来的碳排放，补偿率仅为 85.31%，说明中国能源消费碳排放的负荷超过了碳循环系统的碳承载力，碳循环系统压力过度。全国 30 个省份中，山东省的碳足迹为全国之最，达到 47824131.83hm²，海南省的碳足迹全国最小，仅为 1849288.83hm²，山东省约为海南省的 25 倍。由于各地的能源消费量和生物生产性土地面积的差异，各地的生态盈亏状况各不相同，出现生态盈余的城市有 14 个，生态赤字的城市有 16 个，生态盈余的城市主要集中在西南、西北以及东北等部分地区，其中内蒙古因为拥有较大的生物生产性土地面积，其生态盈余最高，为 37668586.38hm²，按生态盈余排序依次分别是内蒙古、黑龙江、云南、新疆、青海、四川、广西、江西等地区。生态赤字的城市主要集中在华北、东南沿海等经济较为发达但生物生产性土地面积较小的地区，其中山东省的生态赤字为全国之最，达到 45748194.57hm²，按照碳赤字面积排序依次分别是山东、河北、江苏、河南、辽宁、山西、上海、广东、湖北等地区。

图1　2008 年全国碳足迹、碳生态承载力和碳赤字分区示意图

（二）1997~2008 年中国省级区域碳足迹空间差异演化分析

以中国 30 个省级区域为分析单元，分析中国各省级区域 1997~2008 年能源消费碳足迹空间差异的演化情况。

就全国总体特征而言，1997~2008 年碳生态承载力基本呈不变趋势，变化较为平稳，从 1997~2006 年，生态承载力每年略有增加，2007 年后的生态承载力开始呈现轻微下降趋势。1997~2008 年的碳足迹呈现逐年上升趋势，1997~2004 年碳生态承载力大于碳足迹，呈现生态盈余状态，2005 年碳足迹首次超过碳生态承载力，出现碳赤字，之后碳足迹不断升高，碳赤字不断增大，碳循环系统的生态压力亦不断加剧。碳的生态承载力基本呈现不变趋势，因此碳赤字的增长趋势与碳足迹基本吻合。1997 年各地的生态盈亏状况各不相同，生态盈余的省份有 18 个，明显多于生态赤字的省份，而 2008 年生态赤字的省份反而比生态盈余的省份多 2 个，1997~2008 年，浙江、宁夏、湖南、广东等由生态盈余省份演变为生态赤字省份。

以 1997 年的碳足迹为基准进行大小排序绘出 1997 年和 2008 年的碳足迹变化曲线（见图 2）。碳足迹变化曲线的省份分布具有空间集中的特征，曲线左端碳足迹较小的地区集中在西南、西北地区，曲线右端碳足迹较大的地区主要集中在东北地区和东南沿海地区。年份间各省级区域碳足迹曲线垂直方向之间的差值可以反映出各区域碳足迹的增长幅度。单年碳足迹曲线的变化特征，可以清晰地反映出各省级区域碳足迹变化的差异性，曲线陡增或陡减处通常是碳足迹发生明显变化的省份。

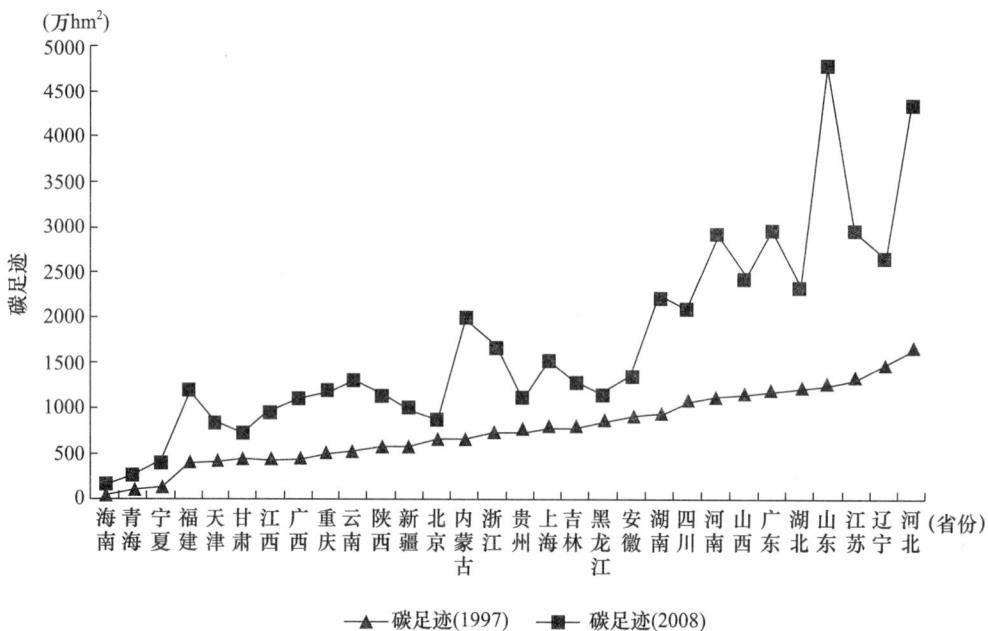

图2　1997 年和 2008 年碳足迹变化曲线

从总体趋势来看，全国 2008 年的碳足迹较 1997 年增长了 88.11%。部分省份碳足迹增长趋势远远高于全国水平，山东、宁夏、福建、海南增长率达到 200% 以上，海南、宁夏和福建碳足迹增长幅度虽小，但其基数较小，因而增长率较高。山东省不仅碳足迹基数大、增长幅度亦最大，由第 4 位突升到第 1 位。河北、内蒙古、青海、河南、河南、云南、广东等地区亦为曲线陡增点，碳足迹增长趋势明显。黑龙江、北京、贵州、安徽、吉林、甘肃等地区为曲线的陡减点，碳足迹增长率低于全国平均水平，黑龙江和北京增长率最小，黑龙江由第 12 位降至第 19 位，北京由第 18 位降至第 25 位。同时，区域间碳足迹差异程度的时间演变特征显示，1997~2008 年碳足迹变异系数逐年升高，1997 年的变异系数为 0.5257，2008 年较 1997 年增加了 0.1217，表明各省级区域间碳足迹的差异程度呈现逐年扩大趋势。

（三）基于重心曲线的碳足迹演变趋势分析

1. 碳足迹重心计算方法
引入重心的概念进行碳足迹时空演变趋势的分析，假设全国各省级区域为均质平面，各省级区域的碳足迹重心集中于各省的中心。重心的计算公式如下：

$$LONG_t = \frac{\sum_{i=1}^{i=30}(CFT_i \times long_i)}{\sum_{i=1}^{i=30} CFT_i} \tag{7}$$

$$LAT_t = \frac{\sum_{i=1}^{i=30}(CFT_i \times lat_i)}{\sum_{i=1}^{i=30} CFT_i} \tag{8}$$

其中：$LONG_t$、LAT_t 表示第 t 年碳足迹重心的经度坐标和纬度坐标；CFT_i 表示第 t 年第 i 省的碳足迹，单位为 hm^2；$long_i$、lat_i 表示第 t 年第 i 省中心点的经度坐标和纬度坐标。

2. 基于重心曲线的碳足迹演变趋势分析

以中国 30 个省级区域为分析单元，根据能源统计年鉴各省能源平衡表中 1997～2008 年的终端能源消费数据，利用碳足迹的计算公式，计算各省级区域的碳足迹。采用 Arc-GIS 确定各省级区域的中心坐标，依据重心计算公式得到 1997～2008 年各年的碳足迹重心，将重心按年份连接起来，形成碳足迹重心演变曲线（见图3）。

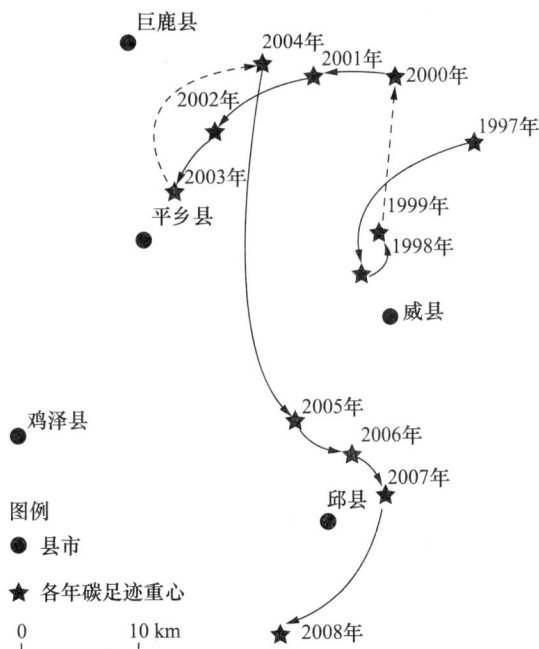

图3　碳足迹重心演变趋势线

从碳足迹重心演变曲线可以看出，由于经济发展、能源消费量变化及土地利用覆盖变化导致的碳足迹重心的空间偏移及其趋势。由于各个区域的碳足迹存在差异，华北地区、东北地区和中南地区的碳足迹占有较大的比重，根据重心计算公式计算得到各年地理区域上的重心位置处于我国的东部地区，集中在河北省的南部。根据绘出的重心演变趋势线，从1997～2008年碳足迹重心有向西南移动的趋势，可将1997～2008年的重心偏移过程划分为三个时间段：1997～1999年、2000～2003年、2004～2008年。在这三个时间段中，部分年份虽然有波动，但从整体趋势上来看，重心有向西南偏移的趋势。

为便于分析重心发生偏移的原因，将30个省级行政区域划分为六大经济地理区域进行对比分析，求出各个经济地理区域碳足迹占全国的比重（见表1）。

表1　中国六大经济地理区域碳足迹占全国的比重　　　　单位：%

年份＼地区	华北	东北	华东	中南	西南	西北
1997	63.86	5.65	10.53	11.95	4.65	3.35
1998	64.28	4.67	10.41	12.47	4.93	3.25
1999	64.65	4.59	10.68	12.29	4.74	3.04
2000	64.78	5.27	10.49	11.72	4.58	3.15
2001	64.62	5.17	10.33	12.17	4.23	3.48
2002	64.09	5.10	10.44	12.14	4.50	3.74
2003	64.12	5.04	9.93	12.68	4.46	3.77
2004	64.88	5.19	9.94	12.31	4.36	3.31
2005	61.99	5.23	10.23	14.84	3.93	3.78
2006	61.55	5.44	10.45	15.18	3.73	3.65
2007	60.98	5.66	10.57	15.39	3.88	3.54
2008	59.89	5.75	10.45	15.76	4.43	3.72

1997～1999年，碳足迹重心向西南方向移动，1999年较1997年向西移动了6′17.33″，向南移动了3′42.59″，东北地区的碳足迹比重大幅下降，下降幅度达1.06%，西北地区略有降低，西南地区、中南地区、华东地区的碳足迹比重波动上升，华北地区的碳足迹比重略呈上升态势，因此导致碳足迹重心向西南方向偏移。2000～2003年，碳足迹向西移动了14′15.42″，向南移动了4′0.12″，仅中南地区和西北地区的碳足迹比重呈现上升趋势，上升幅度分别达到0.96%和0.62%，华北地区、华东地区碳足迹呈现较大程度的下降，东北地区、西南地区略有下降。2004～2008年，碳足迹向西移动了3′29.72″，向南移动了27′9.93″，华北地区碳足迹比重下降幅度高达4.99%，而中南地区大幅升高，达3.45%，西南地区先减少后上升，东北地区、华东地区、西北地区呈现不同程度的上升趋势，由此导致碳足迹重心大幅向南部偏移。从总体趋势上来看，从1997～2008年，碳足迹向西南方向偏移，2008年较1997年向西移动了15′44.73″，向南移动了22′4.97″，中南地区碳足迹大幅上升，提高了3.81%，西北地区和东北地区略有升高，华北地区的碳足迹比重大幅下降，高达3.97%，而华东地区和西南地区碳足迹比重略有降低。

随着西部大开发以及中南地区和珠江三角洲的快速发展，中国西部地区和中南地区的能源消费量持续不断上升，同时随着华北地区能源利用效率的提高以及产业结构和能源消费结构的调整，能源消费量所占比重有所减少，其碳足迹比重也随之逐步降低，因此，我国的碳足迹重心向西南方向移动。但由于各个地区资源禀赋和发展条件之间存在一定差距，区域间发展的根本格局并没有较大程度的变动，重心总体变动趋势不明显，并没有发生大幅的位移，重心的地理区位仍然落在我国的东部地区，具体在河北省的南部。

四、基于碳足迹压力指数的中国省级区域生态压力分析

（一）基于碳足迹压力指数的省级区域生态压力分级

以中国 30 个省级区域为分析单元，根据计算得到的 1997~2008 年各省的碳源和碳汇，计算 1997~2008 年中国各省的碳足迹压力指数，求出各年平均值，以此为依据，可将研究区域大致划分为五类，分别是高度生态承载区、一般生态承载区、一般过渡区、一般生态压力区和高度生态压力区（见图 4）。

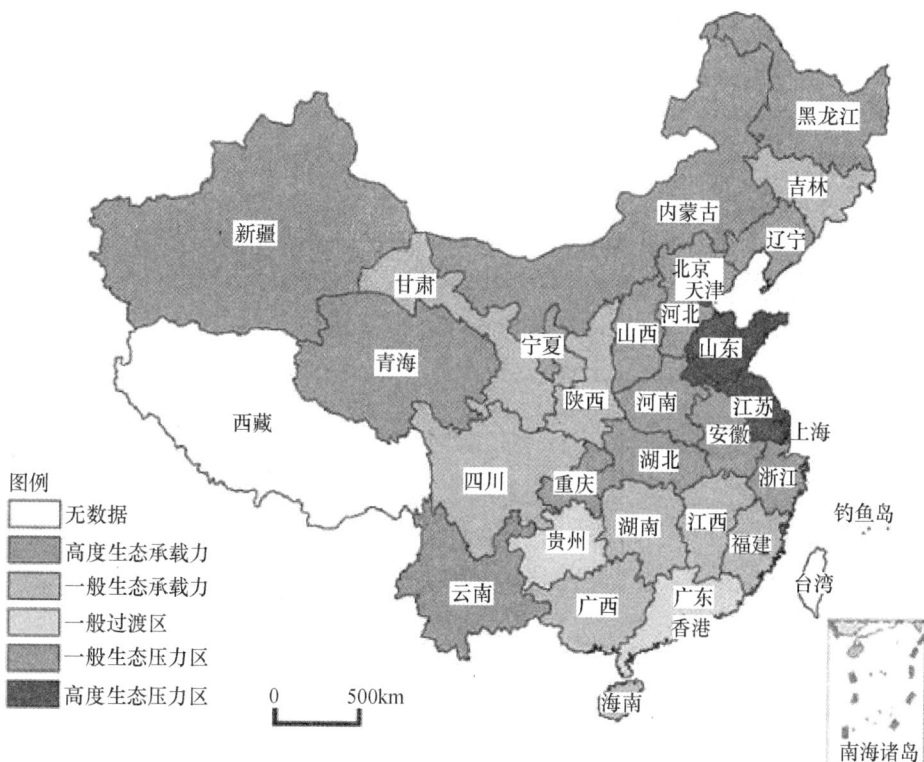

图 4 碳生态压力分级示意图

高度生态承载区主要分布在中国西北部地区和西南部地区，如内蒙古、青海、云南等地区，其具有较广阔的林地和草地土地面积，碳汇能力较强，而碳排放强度相对较弱。一般生态承载区主要分布在我国的西北部地区、东南部地区和中部地区，具有相对较强的碳汇能力，而相对较弱的碳排放强度。一般过渡区主要分布在广东和贵州两个省，其碳汇能力和碳源基本保持平衡状态。一般生态压力区主要分布在中国东南沿海地区和中部地区，具有相对较强的碳排放强度，而相对较弱的碳汇能力。高度生态压力区主要分布在中国东南沿海等发达地区，其碳排放强度高，而碳汇能力较弱，特别是天津和上海两个地区，碳足迹压力指数分别达到 102.97 和 784.20。因此，需要根据不同区域不同时间截点的碳足迹压力指数，制定区域差别化的碳减排政策以促进区域经济和社会可持续发展。

（二）基于碳足迹压力指数变化强度的区域生态压力变化强度分级

碳足迹压力指数随时间序列的动态变化受到化石能源消费碳排放和土地利用覆盖变化的影响，不同时空截面上的 CBI 值反映出人类活动对区域碳循环系统的不同影响。根据计算得到的 1997～2008 年 30 个省级区域的碳足迹压力指数，考察各地区碳足迹压力指数在两个时点之间的变化强度，以此为依据进行区域生态压力变化强度的级别划分。生态压力指数的变化强度公式如下：

$$\delta_i^t = \frac{CBI_i^t - CBI_i^{t-1}}{CBI_i^{t-1}} \times 100\% \tag{9}$$

其中：δ_i^t 表示第 i 个省级区域在 t 时间点的碳足迹压力指数变化强度；CBI_i^t 表示第 i 个省级区域在 t 时间点的碳足迹压力指数；CBI_i^{t-1} 表示第 i 个省级区域在 t-1 时间点的碳足迹压力指数。

计算 1997～2008 年各省级区域碳足迹压力指数变化强度的平均值得到碳足迹压力指数平均变化强度，将各省的压力指数平均变化强度划分为五个级别，分别为生态压力缓解区域、生态压力轻度增强区域、生态压力中度增强区域、生态压力重度增强区域、生态压力极度增强区域（见图 5）。

其中，仅上海一个地区的碳足迹压力指数变化强度小于 0，为 -7.23%，表明从1997～2008 年上海市生态压力得到略微缓解，但其每年的能源消费碳排放量仍然在不断提高。上海市的计算结果之所以是生态压力缓解区域，其重要原因是近年来上海市的林地和草地的覆盖率得到改善，碳汇能力略微增强；同时，其碳压力基数极大，加之上海市本身面积较小，林地和草地面积增加的相对规模效应明显也是另一个重要原因，虽然其碳压力指数得到略微降低，但碳循环压力依然过度。其余 29 个省份的生态压力都呈现不同程度的增强趋势。

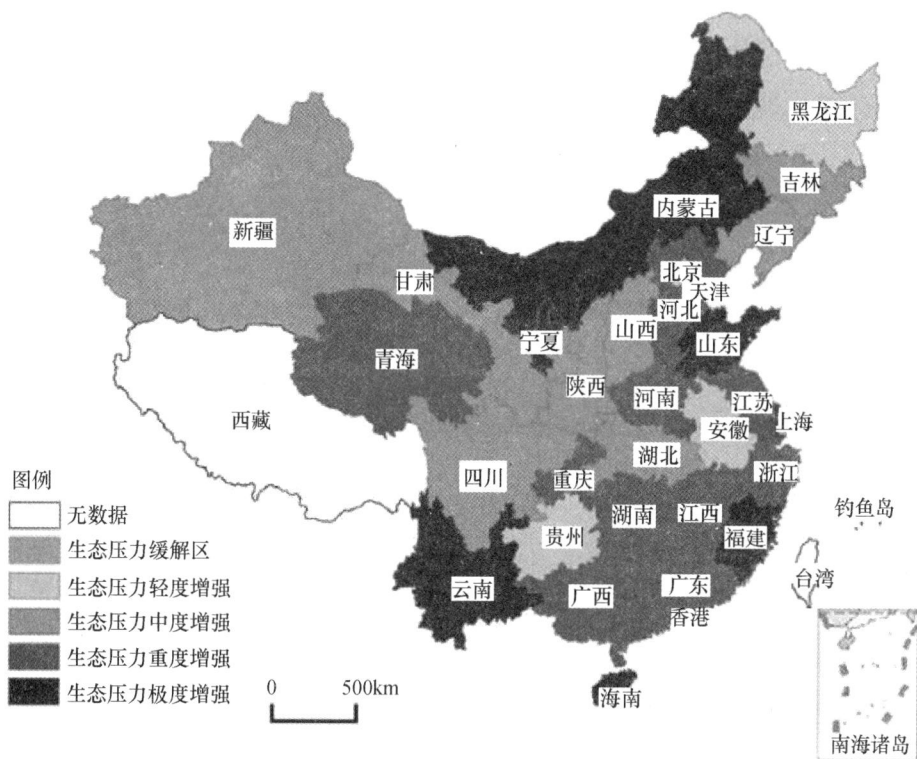

图 5　中国碳生态压力变化强度分级示意图

五　结论与讨论

（一）结论

（1）2008 年中国呈现碳赤字状态，中国的生物生产性土地面积不足以补偿我国的能源消费碳排放，碳足迹压力指数为 1.172，碳循环系统压力过度，不同省级区域间生态盈亏状况各不相同，生态盈余的省份有 14 个，生态赤字的省份有 16 个。1997～2008 年，碳的生态承载力基本保持不变，碳足迹则呈现逐年上升趋势，2005 年中国碳足迹首次超过生态承载力，出现碳赤字，且碳赤字程度逐年增强。1997～2008 年各省级区域碳足迹的变异系数逐年升高，区域间碳足迹的差异呈现逐年扩大趋势。

（2）由于华北地区、东北地区和中南地区的碳足迹占有较大的比重，计算得到的重心处于中国的东部地区，集中在河北省的南部。根据碳足迹重心演变曲线可以发现，从

1997~2008 年碳足迹重心呈现向西南方向略微偏移的趋势，但由于各个地区资源禀赋和发展差距客观存在，全国碳足迹演变的根本格局并没有较大的变化，重心没有发生较大的位移，仍然集中在河北省的南部。

（3）根据计算得到的碳足迹压力系数，对研究区域进行分类，高度生态承载区主要分布在我国西北部地区和西南部地区，而高度生态压力区分布在东南沿海等发达地区，以不同地区的碳足迹压力指数为依据可以制定区域差别化的碳减排政策。同时，进行碳足迹生态压力指数变化强度的级别划分，仅上海的碳足迹压力指数变化强度就小于 0，但其碳循环压力依然很大，其他区域的碳足迹压力都呈现不同程度的增强趋势，依据碳足迹压力指数的变化特征可以有效地表达不同区域碳足迹空间差异和生态环境改善情况。

（二）讨论

（1）在计算能源消费碳排放时，因数据限制，本文仅考虑了化石能源消费带来的碳排放，未计算农村生物质能燃烧带来的碳排放；在计算碳汇时，各区域间不同的森林类型和草地质量状况存在差异，由于实测数据缺乏，采用统一的碳净积累量，这会对计算结果产生一定影响，未来研究中可通过遥感等实测数据的获取更加精确地测算区域的碳汇能力以做进一步深入研究。

（2）国内外学者从不同的视角进行碳足迹的研究，但目前中国对碳足迹的研究还处于起步阶段，与国外的研究还存在一定的差距，有诸多领域尚未得到拓展和深化。同时，目前对于碳足迹的概念和计算边界缺乏统一的定义，计算数据获取难度较大，国际可比性较差。碳足迹的研究需要进一步深入探讨和完善。

参考文献

［1］ IPCC. Climate Change 2007：The Physical Science Basis, Summary for Policy makers. Cambridge：Cambridge University Press（IPCC Secretariat），2007.

［2］ Rees W. E. Ecological foot prints and appropriated carrying capacity：what urban economics leaves out. Environment and Urbanization, 1992, 4（2）：121 – 130.

［3］ Wackernagel M. , Rees W. E. Our Ecological Footprint：Reducing Human Impact on the Earth. Gabriola island（Canada）：New Society Publishers, 1995.

［4］ Wackernagel M. , Rees W. E. Perceptual and structural barriers to investing in natural capital：Economics from an ecological footprint perspective. Ecological Economic, 1997, 20（1）：3 – 24.

［5］ Carbon Trust. Carbon Footprint Measurement Methodology. London（UK）：The Carbon Trust, 2007.

［6］ Kenny T. , Gray N. F. Comparative performance of six carbon footprint models for use in Ireland. Environmental Impact Assessment Review, 2009, 29（1）：1 – 6.

［7］ Boguski T. K. Life cycle carbon footprint of the National Geographic magazine. International Journal of Life Cycle Assessment, 2010, 15（7）：635 – 643.

［8］ Collins F. Inclusion of carbonation during the life cycle of built and recycled concrete：influence on their carbon footprint. The International Journal of Life Cycle Assessment, 2010, 15（6）：549 – 556.

[9] Gamage G. , Boyle C. , McLaren S. Life cycle assessment of commercial furniture: A case study of Form way life chair. The International Journal of Life Cycle Assessment, 2008, 13 (5): 401 – 411.

[10] POST. Carbon Footprint of Electricity Generation. London (UK): Parliamentary Office of Science and Technology, 2006.

[11] Pekala L. M. , Tan R. R. , Foo D. C. Y. , et al. Optimal energy planning models with carbon footprint constraints. Applied Energy, 2010, 87 (6): 1903 – 1910.

[12] Marriott J. , Matthews H. S. , Hendrickson C. T. Impact of power generation mix on life cycle assessment and carbon foot print greenhouse gas results. Journal of Industrial Ecology, 2010, 14 (6): 919 – 928.

[13] Sovacool B. K. , Brown M. A. Twelve metropolitan carbon footprints: A preliminary comparative global assessment. Energy Policy, 2010, 38 (9): 4856 – 4869.

[14] Oliveira M. E. D. , Vaughan B. E. , Rykiel E. J. Ethanol as fuel: Energy, carbon dioxide balances, and ecological footprint. BioScience, 2005, 55 (7): 593 – 602.

[15] Cranston G. R. , Hammond G. P. North and south: Regional footprints on the transition pathway towards a low carbon, global economy. Applied Energy, 2010, 87 (9): 2945 – 2951.

[16] Matthews H. S. , Hendrickson C. , Weber C. The importance of carbon footprint estimation boundaries. Environmental Science & Technology, 2008, 42 (16): 5839 – 5842.

[17] Padgett J. P. , Steinemann A. C. , Clarke J. H. , et al. A comparison of carbon calculators. Environmental Impact Assessment Review, 2008, 28 (2): 106 – 115.

[18] Weber C. L. , Matthews H. S. Quantifying the global and distributional aspects of American household carbon footprint. Ecological Economics, 2008, 66 (2): 379 – 391.

[19] Wang T. , Watson T. Who Owns China's Carbon Emissions. Norwich UK: Tyndall Centre Briefing Note, 2007.

[20] Brown M. A. , South worth F. , Sarzynski A. The geography of metropolitan carbon footprints. Policy and Society, 2009, 27 (4): 285 – 304.

[21] Hertwich E. G. , Peters G. P. Carbon footprint of nations: A global, trade – linked analysis. Environmental Science and Technology, 2009, 43 (16): 6414 – 6420.

[22] IPCC. 2006 IPCC Guidelines for National Greenhouse Gas Inventories. IPCC National Greenhouse Gas Inventories Programme (Institute for Global Environmental Strategies), 2006.

[23] 赵荣钦, 黄贤金, 钟太洋. 中国不同产业空间的碳排放强度与碳足迹分析. 地理学报, 2010, 65 (9): 1048 – 1057.

[24] 孙建卫, 陈志刚, 赵荣钦等. 基于投入产出分析的中国碳排放足迹研究. 中国人口·资源与环境, 2010, 20 (5): 28 – 34.

[25] 谢鸿宇, 陈贤生, 林凯蓉等. 基于碳循环的化石能源及电力生态足迹. 生态学报, 2008, 28 (4): 1729 – 1735.

[26] 赖力, 黄贤金, 刘伟良等. 基于投入产出技术的区域生态足迹调整分析——以 2002 年江苏省经济为例. 生态学报, 2006, 26 (4): 1285 – 1292.

[27] 祈悦, 谢高地, 盖力强等. 基于表观消费量法的中国碳足迹估算. 资源科学, 2010, 32 (11): 2053 – 2058.

[28] 沈卫国, 蔡智, 刘志民等. 浅谈水泥混凝土工业低二氧化碳排放技术. 新世纪水泥导报,

2008 (4): 1 - 6.

[29] 郑忠海, 付林. 城市建筑能源系统的碳足迹分析//中国城市规划学会. 2010 城市发展与规划国际大会论文集. 重庆: 重庆出版社, 2010.

[30] 何介南, 康文星. 湖南省化石燃料和工业过程碳排放的估算. 中南林业科技大学学报, 2008, 28 (5): 52 - 58.

[31] 韩艳丽, 陈克龙, 陈英玉等. 1999 ~ 2008 年青海省碳足迹动态变化研究. 生态经济, 2011 (2): 54 - 56.

[32] 周宾, 陈兴鹏, 王元亮等. 区域累计碳足迹测度系统动力学模型仿真实验研究——以甘南藏族自治州为例. 科技进步与对策, 2010, 27 (30): 37 - 41.

[33] 李玲, 陈国生, 谢俊明. 基于碳足迹分析法的湖南省低碳发展研究. 资源开发与市场, 2011, 27 (2): 135 - 137.

Spatiotemporal Changes of Carbon Footprint Based on Energy Consumption in China

Lu Junyu, Huang Xianjin, Chen Yi and Xiao Xiao

(School of Geographic and Oceanographic Sciences, Nanjing University, Nanjing 210093, China)

Abstract: Carbon footprint, as an important index to measure CO_2 and other greenhouse gases into the equivalence of CO_2 directly or indirectly emitted in the life cycle of production, can reflect the level of stress on the ecological environment of a human activity or a product. This article built a carbon footprint model to measure carbon footprint, ecological capacity of carbon and carbon deficit in different regions by using energy consumption and regional land use data from 1997 to 2008. Then the study, based on the conception of gravity derived from physics, estimated the provincial carbon footprint center of gravity from 1997 to 2008, analyzed the spatial land temporal variations and summarized the reasons for the center changes so as to understand the regional differences of carbon emissions of energy consumption. Inaddition, based on the index from 1997 to 2008 calculated through carbon footprint pressure index model, we divided China into five categories, namely the high degree of ecological carrying areas, the general degree of ecological carrying areas, the general transitional areas, the general degree of ecological pressure areas and the high degree of ecological pressure areas. At the same time, according to the change intensity of the carbon footprint pressure index between two time points of different areas, this article divided China into five levels, namely the ecological pressure relief areas, the ecological pressure slight increase areas, the ecological pressure moderate increase areas, the ecological pressure severe increase areas and the ecological pressure extreme increase eareas.

Key Words:Carbon Footprint;Energy Consumption;Gravity Model;Carbon Footprint Pressure Index

美国对华新能源产业实施
"双轨制反补贴"战略研究[*]

陈利强　屠新泉

【摘　要】当下中美补贴与反补贴摩擦在向新能源产业领域蔓延，突出表现为美国对华新能源产业实施"双轨制反补贴"战略。美国一方面对华风能产业补贴措施提起WTO诉讼，在WTO争端解决机制下指控中国的禁止性补贴；另一方面对华太阳能光伏和风能产品发起"双反"调查，指控中国的可诉性补贴，双管齐下，旨在打压中国战略性新兴产业（新能源产业）国际化发展空间。中美经济同步转型及美国强化对华贸易执法战略等因素促使美国对华新能源产业实施"双轨制反补贴"战略。为了应对未来美国不断强化实施这种战略，中国应当坚持攻防兼备的原则，遵循"国内主动限权、WTO限权和扩权、对美积极应诉、对美诉讼和反制"的基本思路，采取合理有效的策略加以应对。

【关键词】贸易摩擦；新能源产业；"双轨制反补贴"战略

一、问题的提出

"入世"特别是自2006年以来，补贴与反补贴领域逐渐成为中美贸易摩擦的主战场。美国积极调整对华反补贴政策，一方面利用WTO争端解决机制（国际反补贴轨道）指控

　＊　原文发表于《国际贸易问题》2013年第5期。

　作者简介：陈利强，浙江工业大学法学院，浙江大学公共管理学院，电子邮箱：Billclq@163.com；屠新泉，对外经济贸易大学中国WTO研究院。

　基金项目：本文系2010年教育部人文社会科学重点研究基地重大项目"G20与全球经济治理新机制：中国的定位、作用和策略"（项目批准号：10JJD790021）、2012年国家社会科学基金重点项目"WTO体制中成员集团化法律问题研究"（项目批准号：12AFX017）与2010年教育部人文社会科学青年基金项目"构建中国特色贸易调整援助制度研究"（项目批准号：10YJC820010）的阶段性研究成果。

我国的禁止性补贴，另一方面使用"双反"（国内反补贴轨道，但反倾销和反补贴经常合并使用）调查指控我国的可诉性补贴，双轨各司其职，对我国传统优势产业实施"双轨制反补贴措施"或"双轨制反补贴机制"，① 对我国的专向性补贴政策形成了高压态势。2004～2012 年，美国利用 WTO 争端解决机制指控我国五起涉及禁止性补贴的案件②。从 2006 年 11 月开始，美国陆续对我国铜版纸、机电、铝型材等产品提起 34 起"双反"调查案件，主要指控我国的可诉性补贴。

2008 年金融危机爆发以来，中美补贴与反补贴摩擦面逐渐沿着"产品—产业—政策—体制"路径不断升级，现正在向我国战略性新兴产业领域蔓延。必须高度关注的是，美国对华"双轨制反补贴"已经从一种对付我国传统优势出口产品的"法律工具"（措施或机制）演变成一种面向未来的、旨在打压中国战略性新兴产业（新能源/清洁能源/可再生能源产业）国际化发展③空间的"战略手段"。当下中国太阳能光伏产业国际化发展引致的中美补贴与反补贴摩擦就是最佳佐证。2012 年 7 月，国际能源署发布的《2012 年可再生能源中期报告》指出，未来可再生能源产业将加速发展，在全球资源组合中的地位和作用愈加突出，全球将进入可再生能源时代。2012 年 6 月，联合国环境规划署发布的《2012 年可再生能源投资全球趋势报告》与 21 世纪可再生能源政策网络发布的《2012 年可再生能源全球现状》均指出，可再生能源产业将逐渐从经合组织国家转移到新兴市场，中国以 520 亿美元的可再生能源投资总额高居全球首位，而美国以 510 亿美元的可再生能源投资总额紧随其后，可再生能源产业领域的贸易竞争将日趋激烈。中共十八大报告在阐述"推进经济结构战略性调整"内容时提出，要"牢牢把握发展实体经济这一坚实基础，实行更加有利于实体经济发展的政策措施，强化需求导向，推动战略性新兴产业、先进制造业健康发展"。由此可以预见，美国对华新能源产业实施"双轨制反补贴"战略将成为奥巴马总统第二任期内中美贸易摩擦的焦点，影响中美贸易关系的基本走向。因此，我们应当以"入世"以来中美贸易关系变迁以及美国对华贸易政策发展为主线，深入而全面地剖析美国对华新能源产业实施"双轨制反补贴"战略的动态和成因，进而为我国制定合理而有效的应对策略提供政策建议。

---

① WTO 框架下美国主要通过"三重机制"监督中国履行承诺或对美补贴义务，其一是"双轨制反补贴机制"；其二是"补贴项目通报机制"，即向 WTO 补贴与反补贴措施委员会通报中国实施的补贴项目；其三是"贸易政策评审机制"，即在对华贸易政策评审中指出中国实施的补贴项目。

② 2004 年集成电路增值税案，2006 年影响汽车零部件进口措施案，2007 年贸易税收补贴措施案、2008 年向企业提供赠款、贷款和其他激励有关措施案，以及 2012 年汽车及汽车零部件产品补贴措施案。

③ 为了加快培育和发展战略性新兴产业，商务部等十部委在 2011 年 9 月出台了《关于促进战略性新兴产业国际化发展的指导意见》，该指导意见对有关促进节能环保、新能源、新一代信息技术等七大战略性新兴产业国际化发展的重大问题做出了规定。

二、美国对华新能源产业实施"双轨制反补贴"战略的动态分析

自 2010 年开始，美国在谋划对华贸易执法战略的同时，对华新能源产业采取贸易执法行动，即对华新能源产业实施"双轨制反补贴"战略。具体而言，美国一方面利用国际反补贴轨道对中国风能产业补贴措施提起 WTO 诉讼，另一方面使用国内反补贴轨道对中国太阳能和风能产品发起"双反"调查，双管齐下，对我国新能源产业补贴政策形成了巨大压力。

1. 对华风能产业补贴措施提起 WTO 诉讼

2010 年 9 月 9 日，美国钢铁工人联合会根据《1974 年贸易法》第 301 条款的规定，向美国贸易代表办公室提交长达 5800 页的 301 调查申请书，诉称中国政府为清洁能源产业提供 70 项政策措施①，指控这些政策和措施涉嫌违反 WTO 相关规定，提请美国贸易代表办公室将这些政策和措施诉诸 WTO 争端解决机制。2010 年 10 月 15 日，美国贸易代表办公室宣布对中国清洁能源政策措施发起 301 调查，调查范围涉及中国的太阳能、风能、高级电池及新能源汽车行业的 154 家企业。2010 年 12 月 22 日，美国贸易代表办公室宣布最终调查决定，认为中国《风力发电设备产业化专项资金管理暂行办法》中的政策措施涉嫌违反 WTO《补贴与反补贴措施协定》中的禁止性补贴规定，人为降低了中国清洁能源产品的出口价格，从而对美国相关产业产生冲击，并造成工人失业，因此美国政府就中国风能产业补贴措施在 WTO 争端解决机制项下向中国政府提出磋商请求。奥巴马政府首次对华新能源产业发起风力发电设备 301 调查案，试图通过 WTO 争端解决机制打压我国风能产业国际化发展空间。该案的以下两大特点值得关注：

（1）301 条款是美国国内私人（钢铁工人联合会）向 WTO 起诉中国风能产业补贴政策的制度中介。301 条款的雏形出现在《1962 年贸易拓展法》中，正式规定在《1974 年贸易法》中，后经历了《1988 年综合贸易与竞争法》和《1994 年乌拉圭回合协定法》的修正和发展。该条款授权总统对于对美国商业造成负担或限制的外国政府的行为、政策或实践实施报复性措施，打击四种类型的不公平贸易实践②，所以该条款从本质上讲具有报

---

① 包括以下五类措施：一是限制外国公司获得关键原材料，如控制稀土出口；二是维持以出口实绩或当地含量为条件的禁止性补贴；三是采取对进口货物和外国企业的歧视性做法，包括对风力、太阳能工厂实施国产化率要求，对国内风力公司提供优待，排除承揽减排项目的外国公司使用碳权，对国有企业供应商实施国产化率要求；四是强制要求外国投资者转让技术；五是为绿色科技发展提供扭曲贸易的国内补贴。

② "与任何贸易协定中的规定不符，或者否定了美国依该协定所享有的利益"（inconsistent with the provisions of, or otherwise deny benefits to the United States under, any trade agreements）；"不正当的"（un - justifiable）；"不合理的"（unreasonable）；"歧视性的"（discriminatory）。

复性质①，素有"进攻性单边主义"（aggressiveunilateral - ism）之称。301 条款为美国国内私人提供能够请求美国政府代表他们采取行动的一种行政程序②。它不提供一个单独的执行机制，只是一种辅助的法律机制，旨在帮助行政部门增加关于外国实际经济问题的信息，加快使外国贸易限制措施引起美国政府注意的程序③。301 条款下美国国内私人有权请求美国政府向 WTO 争端解决机制提起争端解决，执行美国在 WTO 协定下的贸易权利，消除成员国维持的贸易壁垒。因此，301 条款成为美国国内私人要求与美国政府"共同行使"WTO 协定下的贸易权利的制度中介④，同时也是美国贸易壁垒调查制度⑤。美国产业界利用 301 条款这一制度中介在 WTO 争端解决机制中指控中国产业政策尚属首次，但随着中美在新能源等新兴产业领域中的竞争和摩擦不断加剧，美国新能源企业或产业等利益集团利用 301 条款要求美国政府向 WTO 起诉中国新能源产业政策的可能性会大增。2011 年 11 月，中国对美国可再生能源扶持政策及补贴措施启动贸易壁垒调查加以反击。

（2）美国利用 WTO 争端解决机制主要挑战中国与风能产业相关的禁止性补贴。美国政府请求在 WTO 争端解决机制项下与中国政府就其向在华风力发电设备制造企业提供补助、资助或奖励的情况进行磋商。美国认为《风力发电设备产业化专项资金管理暂行办法》提供了 WTO《补贴与反补贴措施协定》第 3 条规定的禁止性补贴（出口补贴与进口替代补贴）：按照出口业绩和"本土化"程度对新能源产业提供补贴，特别针对新能源出口产品提供研发基金以及实施针对进口产品和外国企业的歧视性措施，比如规定了光伏和风电的国产化率要求。从 2004 年开始美国利用 WTO 争端解决机制指控中国补贴政策的五起案件角度来看，美国在 WTO 层面关注的主要是禁止性补贴，因为 WTO 有关禁止性补贴的救济措施不需要证明对进口国带来实质性损害，重在解决中国产业政策的 WTO 合规性问题。必须警惕的是，美国将来可能在 WTO 层面对中国与新能源产业相关的可诉性补贴提起诉讼，从而使中美补贴与反补贴格局变得越来越复杂。

2. 对华太阳能光伏和风能产品发起"双反"调查

2011 年底，美国先后对华太阳能光伏电池板与应用级风电塔产品发起"双反"调查。2011 年 11 月，美国商务部对华太阳能光伏电池板发起"双反"调查，指控中国政府为太阳能光伏电池板制造商提供包括现金赠予、低价提供原材料、税收减免、出口信贷和出口信保等大量非法补贴。尚德、英利、晶科能源、天合光能及赛维 LDK 等纽约上市的中国

---

① Kevin C. Kennedy, "Voluntary Restraint Agreements: A Threat to Representative Democracy," HastingsInt' l & Comp. L. Rev. , Vol. 11（1987 - 1988）, p. 25.

②③ Patricial. Hansen, "Defining Unreasonableness inInternational Trade: Section 301 of the Trade Act of 1974," Yale L. J. , Vol. 96（1986 - 1987）, p. 1129.

④ 陈利强：《试论 GATT/WTO 协定之私人执行——一个美国法的视角》，《现代法学》2008 年第 4 期，第 163 页。

⑤ 欧盟学习、借鉴美国 301 条款，在 1994 年出台了《贸易壁垒条例》，创立了贸易壁垒调查制度。中国在总结美国与欧盟的理论、立法和实践的基础之上，在 2005 年修订并实施了《对外贸易壁垒调查规则》，建立了中国对外贸易壁垒调查制度。

光伏业巨头均遭受调查。迄今为止，美国已决定对中国光伏电池板征收"双反"关税。2012年1月，美国商务部对中国和越南的应用级风电塔产品发起"双反"调查，指控中国政府为可再生能源产业提供了大量扭曲风电塔市场的贸易补贴。美国商务部与国际贸易委员会将在2013年初分别做出最终裁决。这是两起美国专门针对中国清洁能源产品发起的"双反"调查案件，它们有以下两大特点值得研究：

（1）"双反"调查是依据美国反补贴法发起的，因此中国清洁能源涉案企业在应诉过程中抗辩"非市场经济地位"、专向性标准认定以及"可获得不利事实"适用等核心法律问题时会处于不利地位。美国提起WTO诉讼旨在消除禁止性补贴，要求中国政府撤销相关产业政策，而发起"双反"调查主要是以打击可诉性补贴为目标、制裁中国相关出口企业为目的的。因此，中国清洁能源涉案企业应诉"双反"调查是至关重要的。美国商务部依据国内反补贴法，对华清洁能源出口产品发起"双反"调查，但该法在"替代国"选择或"外部基准"使用、公共机构认定、补贴利益计算、新增补贴项目处理以及"可获得不利事实"适用等方面与WTO存在许多不符之处，而且美国专向性标准在调查实践中的运用情况颇为复杂[①]，因此中国清洁能源涉案企业要取得抗辩胜利面临较大困难。

（2）"双反"调查对我国清洁能源产业国际化发展造成严重不利影响。光伏电池板"双反"调查是美国针对我国清洁能源产品首次提起的案件，使太阳能光伏产业渐成中美补贴与反补贴摩擦的"重灾区"。奥巴马政府对华光伏产业提起"双反"调查，表面上是将"经贸问题政治化"，为总统大选拉票，但实质上是中美光伏产业市场竞争加剧的产物。在2010年《国务院关于加快培育和发展战略性新兴产业的决定》、2012年《太阳能光伏产业"十二五"发展规划》以及2012年《可再生能源发展"十二五"规划》等政策的助推下，"举国办高科技体制"促使中国太阳能光伏产业进入非常规发展阶段，违背了正常的产业发展规律，造成了低价恶性竞争、负债率过高、短期债务危机、缺少核心技术以及严重产能过剩等一系列问题。美国"双反"调查极大地打压了我国光伏产业国际化发展空间，将使整个中国光伏产业面临巨大损失。2012年7月，中国商务部对美太阳能级多晶硅提起"双反"调查加以反制。中美有史以来最大规模的贸易战正式打响。

综上分析，美国正在利用"双轨制反补贴"战略排挤、打压中国新能源企业参与美

---

① 有关美国专向性标准的历史演变、与《补贴与反补贴措施协定》专向性规定的关系以及美国商务部在对华"双反"调查实践中的运用问题的探讨。（杨树明、陈利强：《补贴与反补贴措施之专向性标准问题研究——基于美国对华反补贴调查实践的思考》，《暨南学报》（哲学社会科学版）2010年第4期。）

国市场竞争，而且根据这两年美国监督中国产业政策发展的实际情况①，我们认为未来美国将对中国战略性新兴产业（新能源产业）不断强化实施这种战略。

三、美国对华新能源产业实施"双轨制反补贴"战略的成因探析

"入世"以来，中美贸易关系日益深化，中国低附加值、劳动密集型出口产品领域中贸易摩擦不断涌现。美国爆发金融危机，特别是自 2010 年 10 月开始，美国的贸易保护主义开始瞄准我国战略性新兴产业，中美贸易摩擦进入高附加值、资本密集型产业（通信产业与新能源产业）领域②，从产品摩擦扩展到产业摩擦、政策性摩擦，甚至体制性摩擦。由于中美两国的贸易互补性正在向竞争性转化，中美竞争正式转向新能源等新兴产业领域。美国对华新能源产业实施"双轨制反补贴"战略的原因既有政治和经济层面的，也有体制、观念和贸易制度层面的。中美政治经济体制及价值观的差异在某种程度上决定了两国对新兴产业国际化发展以及补贴政策的地位和作用的不同理解，从而产生新能源产业补贴与反补贴摩擦。除了转移国内经济矛盾、为民主党中期选举拉票及谋求总统连任等短期政治因素之外，奥巴马政府为了摆脱金融危机、实施重振制造业战略并为之创新贸易法律制度以及中美同步转型形成贸易竞争等中长期经济结构和贸易制度因素应该是至关重要的。从经济发展战略层面来看，美国确定将新能源产业作为其实现"制造业回归"、"再工业化"以及重塑美国竞争优势的新经济战略的关键所在，同样中国将新能源产业作为转型升级的引擎，同步转型势必加剧两国在新能源产业领域的竞争和摩擦。

1. 中美经济同步转型加剧新能源产业贸易摩擦

进入后金融危机时代，奥巴马政府实施重振制造业战略，先后推出"购买美国货"、《制造业促进法》、"国家出口倡议"等多项政策措施来推动美国制造业复兴，实现"制造业回归"、"再工业化"。值得关注的是，美国将能源政策改革放在优先位置，将新能源产业发展作为振兴美国经济的主要政策手段，积极推动经济转型。奥巴马政府期望通过新能

① 2011 年 10 月，美国向 WTO 通报我国目前存在 200 多项补贴政策；2011 年 12 月，美国贸易代表办公室第 10 次向国会提交了关于我国履行 WTO 承诺以及对美多边和双边承诺的报告，该报告显示：2012 年美国对我国履行"入世"承诺重点关注的领域是中国的产业政策；2012 年 5 月，美国太阳能制造联盟委托威利·赖因法律事务所做的研究报告认为，我国"十二五"规划中涉及太阳能产业的部分加大了政府对该产业的控制和支持力度，为我国的出口导向型太阳能产业提供了包括财政和价格补贴，对相关产业、金融和关税措施等新的政策支撑，而这些政策措施部分涉嫌违反 WTO 规则。另外，美欧庞大的雇员队伍正在我国各地收集地方政府税收优惠等所谓"补贴政策"的证据，范围细化到乡镇级别，我国地方政府的产业政策将成为美国"双反"调查的重点。

② 近年来，我国高新技术产业遭受贸易摩擦最集中的两大领域为通信产业与清洁能源产业。当下美国对中国华为和中兴两大通信行业巨头发起"国家安全"调查和337条款调查，其实质是美国借国家安全之政治口实，对华推行贸易保护主义，排挤中国两大企业与美国本土企业之间的贸易竞争。

源和新技术带动新一轮产业周期，并用新一轮技术革命的成果引领新能源等新兴产业发展，加快制造业回流充实经济。2009年开始，奥巴马政府推动国会两院通过《美国清洁能源安全法案》，承诺逐步减少温室气体排放，同时投巨资开发清洁能源，提高太阳能、风能等使用。美国通过投资税收减免、贷款担保、出口补助金等一系列措施为太阳能光伏等清洁能源产业提供政策支持，将清洁能源技术作为重振美国经济竞争力的关键。因此，新能源产业成为奥巴马政府推行新经济战略的重心所在。

在国际金融危机的背景下，中国政府将节能环保、新能源、新一代信息技术等七大产业定为战略性新兴产业并将其作为经济转型升级的重要推动力量，工业结构调整的转型升级方向与美国重振制造业战略的发展方向趋同，相互间存在着激烈的竞争、冲突与挤出关系，同步转型势必增加两国新能源产业贸易摩擦。在新兴产业振兴规划的推动下，我国地方政府从土地、资金及政策等层面对光伏、风电设备等新兴产业项目提供更大支持，促使包括光伏产业在内的新能源产业呈现了爆发式增长。企业技术和生产同质化的区域竞争产生了严重的产能过剩和恶性竞争。从美国对华新能源产业实施"双轨制反补贴"的实践角度来看，地方政府成为我国新能源产品遭遇美国"双反"调查的"罪魁祸首"。美国对华风能和太阳能光伏产业实施"双轨制反补贴措施"预示着中美在新能源产业领域内的竞争日趋激烈；同时也预示着，在奥巴马总统第二任期内，中美新能源产业贸易摩擦将蔓延升级。这种竞争和摩擦态势背后折射出美国实施重振制造业战略背景下两国新兴产业冲突的常态化局面、对第三次工业革命制高点的争夺战以及美式自由竞争市场经济体制与中国特色社会主义市场经济体制之间的世纪博弈格局。

2. 美国总统与国会共同强化对华贸易执法战略

"入世"以来，美国使用美国贸易法与WTO法的"双轨制"规则体系来驾驭美中贸易关系发展，中美贸易关系趋向"法制化"。尽管商务外交①介入中美贸易关系的程度在不断增加，但其实际地位和作用却逐渐下降，相反，贸易规则的地位和作用不断上升，所以贸易规则成为中美博弈的重心。自2006年美中贸易关系进入第三阶段②，美国开始对"非市场经济地位"的中国制定特别贸易救济规则，监督中国履行补贴领域的"最困难义务"。特别是自进入后金融危机时代，美国为了实施重振制造业战略，创新贸易法律制

---

① 迄今为止，中美两国业已建立两个定期举行的主要商务外交磋商机制：中美战略与经济对话、中美商贸联委会。前者已举行4届，后者已举办22届。

② 2006年美国贸易代表办公室（USTR）对美国对华贸易政策进行了一次全面的审议（Top – to – Bottom Review），向国会提交了题为《美中贸易关系：进入更大责任与加强实施的新阶段》（U. S – ChinaTrade Relations：Entering a New Phase of Greater Accountability and Enforcement）的报告。该报告将美中贸易关系分为三个阶段：从1986～2001年的第一阶段，美国推动中国加入WTO，要求中国在开放市场和改革贸易体制方面做出全面承诺；2001～2005年的第二阶段，美国监督中国履行WTO承诺；2006年开始美中贸易关系进入第三阶段，中国履行WTO承诺的过渡期基本结束，"最容易义务"（the easiest obligations）大多已经履行，而"最困难义务"（the hardest obligations）的全部履行将变得特别困难。

度，强化对华贸易执法战略①，提升或加大对华贸易执法能力和力度。总体上讲，这些创新型贸易法律制度主要包括制定执法建议、组建执法机构以及修订执法依据三个方面的内容。

（1）制定贸易执法建议

2010年3月，奥巴马政府制定了"国家出口倡议"（又称"出口倍增计划"），其目标是未来五年内使美国出口翻一番，同时为美国创造200万就业岗位②。2010年8月，为了落实"国家出口倡议"，美国商务部针对所谓"非市场经济国家"制定了加强"双反"执法的14项建议③。事实上，自2006年对华铜版纸发起"双反"调查以来，美国商务部在实践中不断调整反倾销和反补贴规则，尤其针对"非市场经济"的中国陆续制定特别反倾销和反补贴规则。美国商务部在总结调查实践经验的基础上制定了14项执法建议，试图对华推行这些特别调查规则，旨在加大对华贸易救济执法力度，同时使应诉方更难应诉成功④。

（2）组建贸易执法机构

2012年2月，奥巴马总统签署行政指令，在美国贸易代表办公室内设立"跨部门贸易易执法中心"。该中心的功能是美国贸易法执法部门在联邦政府内的协作平台，其职责是提升贸易执法能力，加强对所谓"非市场经济国家"的"不公平贸易行为"的执法力度，确保包括中国在内的美国贸易伙伴遵守贸易规则，为美国工人和企业创造公平的贸易竞争环境。该中心由来自美国联邦政府各部门的专家组成，其中包括专职负责贸易诉讼的律师、各大情报机构的代表、财经分析师、精通各种外语的研究人员以及常年派驻海外的政府工作人员等。此外，该中心还将鼓励美国工人、企业和农场主积极参与确定、减少或取

---

① 2012年7月，美国贸易代表办公室总法律顾问蒂姆赖夫在战略和国际研究中心的发言中列出了三项中国贸易执法战略：其一是针对非法中国产业政策；其二是对中国报复性运用贸易救济法进行反制；其三是针对中国不公平贸易进口产品加大运用美国贸易法。根据以上三项执法战略可以断言，未来美国对华实施"双轨制反补贴"战略的重心可能会放在包括新能源在内的中国战略性新兴产业领域，特别会对华相关出口产品频繁提起"双反"调查，因此中美补贴与反补贴摩擦定会蔓延升级。

② 张汉林、魏磊："美国实施'五年出口倍增计划'的政策措施评析，"《亚太经济》2010年第4期，第43页。

③ 2010年8月26日，美国商务部公布了14条严厉的贸易救济执法建议：在反倾销原审调查和复审调查中，改变原有依据最大进口量选择应诉企业的做法，更多采用随机抽取应诉企业的方法；在针对非市场经济国家的反倾销调查中，使应诉企业更难获得单独税率；进口价格应当包含所有货运和处理成本；要求应诉企业报告在其所有工厂生产的所有产品的原料投入情况，而非仅局限于那些生产输美产品的工厂；重申在反补贴调查中认定国有企业为特定的一组企业；重新考虑出口税和增值税的处理方式；加大对分销商和未经审查的涉案方的处理，确保其足额支付反倾销税；采用新的方法评估工资水平，即使用替代国工资标准来覆盖非市场经济国家的所有工资成本（包括雇主支付的福利和税收等）；取消以往连续三年反倾销复审税率为0或连续五年反补贴复审税率为0时涉案企业可以从相应反倾销或反补贴措施中排除的做法；采用更为严格的标准审查，以确定是否可以使用涉案企业自市场经济国家进口原料的价格；考虑是否在做出反倾销或反补贴初裁后要求进口商缴纳现金保证金，以代替以往所要求的保函；严格向美国商务部提交事实信息的证明过程；增加在美国从事贸易救济业务的律师代理人和非律师代理人的责任和义务；严格在反倾销或反补贴调查中向美国商务部提交新事实信息的截止时限。有关这14条建议的详解，参见余盛兴："对美国商务部加强'双反'执法14项建议的解读（一），"《WTO经济导刊》2011年第2期；"对美国商务部加强'双反'执法14项建议的解读（二），"《WTO经济导刊》2011年第3期。

④ 张晓涛："国外对华反补贴发展趋势与应对策略，"《国际贸易》2012年第1期，第55页。

消"不公平贸易行为"及贸易壁垒的工作。该中心是半个世纪以来继设立贸易代表办公室之后美国联邦政府对跨部门执法资源进行的最大幅度整合,增强了管理部门将来针对中国和其他国家发起"双反"调查案件的能力。

(3)修订贸易执法依据

2012年3月,国会修订反补贴法,授权美国商务部对包括中国在内的"非市场经济国家"征收反补贴税。在美国制造业联盟、美国纺织团体协会、美国钢铁协会等利益集团的推动下,美国参众两院以前所未有的速度起草并通过了H. R. 4105法案(即GPX法案),修改了《1930年关税法》第701节,要求对"非市场经济国家"适用反补贴法。随后,奥巴马总统签署该法案,授权商务部对包括中国在内的"非市场经济国家"征收反补贴税。H. R. 4105法案为今后美国商务部提起"双反"调查打开绿灯,将成为中美新能源产业贸易摩擦的引爆器[1],对我国相关出口企业造成巨大损失,同时也极大地限制了我国各级政府扶持战略性新兴产业国际化发展的能力和空间。近两年中美新能源产业补贴与反补贴摩擦实践足以印证这一发展趋势以及其可能带来的严重后果。

四、启示与对策

从规避贸易摩擦的角度来看,我国可以适时调整新能源产业政策,采取以下两种对策:一是实施"走出去"战略,鼓励新能源企业到海外直接投资设厂;二是鼓励光伏产业等新能源企业积极开拓国内市场。但是,战略性新兴产业(新能源产业)国际化发展是中国经济转型升级的必然要求,是中国走向贸易强国的必由之路,所以未来中美战略性新兴产业(新能源产业)贸易摩擦将无法回避。为了积极预防和有效应对美国对华战略性新兴产业(新能源产业)实施"双轨制反补贴"战略,我国应当创新贸易政策,并且更加注重其与战略性新兴产业政策之间的协调和融合[2]。为此,我们认为我国应当遵循"国内主动限权、WTO限权和扩权、对美积极应诉、对美诉讼和反制"的基本思路,采取以下四个方面的对策。

1. 国内主动限权:构建中国经贸政策WTO合规性审查机制

"入世"以来,中国主动履行"入世"承诺,开展了有史以来最大规模的法律法规清理工作。这种"事后审查机制"取得了举世瞩目的成效,但未来我国应当构建"事先审查机制",减少传统优势产业、特别是战略性新兴产业(新能源产业)国际化发展引发的补贴与反补贴摩擦,促进战略性新兴产业国际化发展是中国走向贸易强国的战略基础。因

---

① 倪鑫煜:《从美国〈1930年关税法〉修订案来看中美贸易关系发展》,《国际贸易》2012年第5期,第55页。

② 中共十八大报告在阐述《全面提高开放型经济水平》内容中提出,要"坚持出口和进口并重,强化贸易政策和产业政策协调"。

此，为促进战略性新兴产业国际化发展立法的重要前提是构建中国经贸政策 WTO 合规性审查机制，确保战略性新兴产业政策与 WTO 规则相符。

在美国对华新能源产业实施"双轨制反补贴"战略的背景下，在国务院层面建立经贸政策 WTO 合规性审查机制不仅是完全必要和十分迫切的，而且是切实可行的。该机制的主要功能是将规章制度 WTO 合规性审查程序前置，变事后、被动审查为事先、主动审查。我们认为应由国务院法制办牵头，会同发改委、商务部等相关职能部门，尽快制定《经贸政策 WTO 合规性审查办法》，对审查主体、审查程序、审查范围等合规性审查问题进行立法规范，在一定程度上规范国务院相关部委制定产业政策的行为，力争避免 WTO 禁止性补贴诉讼以及减少可诉性补贴"双反"调查。同时，作为配套措施，在商务部层面建立"经贸政策 WTO 合规性审查委员会"，遴选科研院校相关政策专家和法律专家加盟该委员会，负责定期审查工作。特别值得一提的是，对已经或即将出台的战略性新兴产业（新能源产业）扶持政策措施进行全面审查，确保其与 WTO 规则相符。至于地方政府经贸政策 WTO 合规性审查问题[1]，我们认为应由国务院法制办制定《关于建立经贸政策 WTO 合规性审查机制的指导意见》，由各级地方政府根据本地实情自主决定。

2. WTO 限权和扩权：修改 WTO 反补贴规则及可再生能源产业补贴规则

（1）继续推动 WTO 反补贴规则的修改，限制美国滥用"双反"调查规则。迄今为止，我国商务部根据美国对华"双反"调查的实践，在多哈回合反倾销和反补贴规则谈判中提出了一些限制反补贴调查权利的提案[2]，旨在弥补现行 WTO 反补贴规则的缺陷或漏洞，限制外国调查机关的自由裁量权。除了继续推动上述提案中的条款的修改之外，未来我国还应当推动以下两个方面内容的谈判。一是建议不延长现行反补贴措施的时间。反补贴措施不能永远"日不落"，最长不能超过 10 年，这是反补贴的期限问题。二是建议不得同时实施反倾销和反补贴调查。"双反"调查往往导致"双重计算"、"双重救济"。尽管 2011 年 3 月 WTO 上诉机构在美国对中国部分产品的最终反倾销和反补贴措施案中做出了存在"双重救济"的认定并裁定违法，并且 2012 年 3 月美国反补贴立法对"双反"调查规则进行了修改，但是 WTO 并没有反对"双反"调查，因此在未来多哈回合谈判中应当建议不得同时实施反倾销和反补贴调查。

（2）推动 WTO 补贴规则的修改，以激活不可诉补贴条款为核心，重构 WTO 可再生能源产业补贴规则。WTO《补贴与反补贴措施协定》将补贴划分成三类：禁止性补贴（红灯补贴）、可诉性补贴（黄灯补贴）与不可诉补贴（绿灯补贴）。不可诉补贴主要有

---

[1] 近年来，中国在 WTO 争端解决机制中的被诉和败诉情况均不断增加，其中一个主要原因是我国地方政府有关贸易政策出台前的审查机制不健全，少数地方政府出台不符合 WTO 规则的补贴措施，导致 WTO 成员方对我国采取反补贴措施。目前我国只有辽宁省、天津市、甘肃省三个省级政府及个别地级市政府建立了规章制度 WTO 合规性审查机制。2012 年 8 月深圳市人民政府出台了《深圳市贸易政策符合世界贸易组织规则审查办法》。因此，各级地方政府确保经贸政策符合 WTO 规则的任务将是长期的和艰巨的。

[2] 这些提案主要涉及反对"价格管制"、防止滥用"外部基准"、加强"立案前磋商"纪律、防止滥用"可获得不利事实"以及对新增补贴项目的处理。

三个条款，即研发条款、扶贫条款与环保条款，其早已超过五年有效期，现已名存实亡①。GATT 第 20 条一般例外能否适用于《补贴与反补贴措施协定》在理论上存在争议②。因此，中国应当联合印度、巴西等经常使用产业政策的成员，适时重启 WTO 补贴规则谈判，以可再生能源产业补贴规则新议题激活不可诉补贴条款，重构 WTO 可再生能源产业补贴规则，为我国新能源产业国际化发展提供有利的制度环境。

3. 对美积极应诉：创新我国"四体联动"反补贴应对工作机制

"入世"以来，商务部根据"职责明确、分工协作、信息共享、快速应对"的原则，建立健全"四体联动"（商务部及其驻外经商机构、地方商务主管部门、行业商协会等中介组织及涉案企业）贸易摩擦应对工作机制，在实践中它被视为我国目前应对贸易摩擦的主要工作机制。但是，该机制主要是针对出口贸易摩擦的，而且没有针对反倾销、反补贴、保障措施及技术性贸易壁垒等不同形式的贸易摩擦建立共同但有区别的应对机制，覆盖面太广。面对将来错综复杂的中美补贴与反补贴摩擦格局，商务部应总结经验，创新思路，积极探索建立类别化的"四体联动"贸易摩擦应对工作机制。在美国对华新能源产业实施"双轨制反补贴"战略的背景下，我们认为应当创新"四体联动"反补贴应对工作机制，将重心放在以下两个方面：一是加快制定《关于健全出口反补贴应对工作联席会议制度的指导意见》，完善"出口反补贴应对工作联席会议制度"，加强政府相关职能部门在应诉过程中的配合和协调，特别要为 WTO 专家创设参与该制度建设的途径和方法；二是进一步加强行业商协会等中介组织在应诉过程中的地位和作用。唯有如此，我国才能更加有效地应对未来美国对华战略性新兴产业实施的"双轨制反补贴"战略。

4. 对美诉讼和反制：对美"双反"调查提起 WTO 诉讼以及对美新能源产业实施"双轨制反补贴"战略

在中美贸易关系日趋"法制化"的背景下，WTO 诉讼已经成为美国实现对华核心贸易利益的重要途径，而国内贸易法也成为美国掌控美中贸易关系发展的主要工具，中美博弈也渐成贸易规则博弈，在一定程度上已实现"去政治化"。因此，WTO 框架下中国应当"用权利对抗权利"，③ 对美国进行必要的诉讼和适度的反制：

（1）将美国对华"双反"调查案件"打包"④ 诉诸 WTO 争端解决机制。2007 年 9 月，中国首次就美国对华铜版纸反补贴调查案件在 WTO 争端解决机制下向美国政府提出磋商请求，开启了对美"双反"调查提起 WTO 诉讼的先河。2008 年 9 月，中国首次将美国对华四个"双反"调查案件"打包"诉诸 WTO 争端解决机制，并且大部分主张获得了

---

① 宋和平：《反倾销法律制度概论》，中国检察出版社 2003 年版，第 30 页。

② 沈大勇、龚柏华："中美清洁能源产业争端的解决路径——中美风能设备补贴争端案的思考，"《世界经济研究》2011 年第 7 期，第 52 页。

③ 陈利强："WTO 协定下美国贸易权利论——以美国对中国实施'双轨制反补贴措施'为视角，"《法律科学》2008 年第 2 期，第 156 页。

④ 王衡："'打包'诉美只是一个开始，"《法制日报》2012 年 6 月 12 日。

WTO 上诉机构的支持。[①] 2012 年 5 月，中国将美国对华油井管、铜版纸、钢制轮毂等 22 类产品"双反"调查案件"打包"诉诸 WTO 争端解决机制。中国政府将"双反"调查案件"打包"诉诸 WTO，试图纠正美国调查机构的不当行为或错误做法。"打包"诉美是中国积极行使 WTO 框架下的贸易权利的具体表现，对今后美国发起"双反"调查会形成一定的压力，所以必须坚持做下去。值得称赞的是，2012 年 9 月，为了推翻美国反补贴调查依据，中国将美国关税法修订法案（即 GPX 法案）中涉嫌违反 WTO 规则的规定诉诸 WTO 争端解决机制。

（2）对美新能源产业实施"双轨制反补贴"战略。作为反制措施，2011 年 11 月，商务部对美国可再生能源产业的部分扶持政策及补贴措施进行贸易壁垒调查并在 2012 年 8 月做出最终结论，认定美国华盛顿州"可再生能源生产鼓励项目"等诸多措施构成《补贴与反补贴措施协定》第 3 条的禁止性补贴，但尚未提交 WTO 争端解决机制处理。2012 年 7 月，商务部对美国太阳能光伏产业发起"双反"调查。由此可见，中国对美新能源产业实施"双轨制反补贴"战略已经初露端倪，中国初步学会了美国的战略手段。采取适度的反制措施是十分必要的，它可以使暂时脱轨的中美贸易关系驶上正常发展的轨道。值得关注的是，中国正在对欧盟太阳能光伏产业实施"双轨制反补贴"战略。[②]

参考文献

［1］蔡从燕．中欧贸易壁垒调查立法比较研究．中国法学，2003（6）．

［2］陈利强，屠新泉．建立我国贸易调整援助制度的构想．国际商务——对外经济贸易大学学报，2011（1）．

［3］邓德雄．国外对华反补贴研究——政策转变、影响及对策．北京：中国商务出版社，2010．

［4］甘瑛．WTO 补贴与反补贴法律与实践研究．北京：法律出版社，2009．

［5］韩立余．美国外贸法．北京：法律出版社，2009．

［6］黄志雄，罗嫣．中美可再生能源贸易争端的法律问题——兼论 WTO 绿色补贴规则的完善．法商研究，2011（5）．

［7］徐泉．WTO 争端解决机制下私人诉权之审视．现代法学，2007（3）．

［8］闫海成．我国能源发展的现实困境与路径选择．资源与产业，2010（1）．

［9］杨国华．美国贸易法"301 条款"研究．北京：法律出版社，1998．

---

① 俞燕宁："贸易救济案件中的'市场经济地位'问题——基于中美'双反'案和中欧紧固件案的研究，"《国际贸易问题》2012 年第 5 期，第 168 页。

② 2012 年 11 月 1 日，商务部对原产于欧盟的太阳能级多晶硅进行反倾销和反补贴立案调查；2012 年 11 月 5 日，中国在 WTO 争端解决机制下就欧盟及其成员国意大利和希腊关于影响可再生能源发电产业的相关措施提出磋商申请。

A Study on U. S. Bipartite System of Countervailing Strategy against China in New Energy Industry

Chen Liqiang and Tu Xinquan

Abstract: The friction between China and the U. S. over the issue of subsidy and anti – subsidy is spreading towards the new energy industry, currently culminating in the U. S. strategy of applying bipartite system of countervailing against China's new energy industry. The U. S. filed WTO litigations against China's wind industry subsidies measures while simultaneously launching investigations against China's solar photovoltaic and wind energy products based on the bipartite system of countervailing, charging against China's actionable subsidies. Both worked to contain the potential development of China's strategic emerging industries (new energy industries) in the international market. The synchronous economic transformation of China and the U. S. , together with the U. S. reinforcement strategy of trade law against China, are considered to contribute to the U. S. strategy of bipartite system of countervailing against China's new energy industry. To reply to the escalating challenge from the U. S. , China should make reasonably aggressive and strategic moves in its defensive efforts, in the light of such fundamental ideas as "actively limiting power at home, limiting & expanding power at WTO, proactively responding to U. S. litigations, and taking countermeasures against the U. S. " .

Key Words: Trade Friction; New Energy Industry; Bipartite System of Countervailing Strategy

改革能源定价机制以保障可持续发展[*]

——以煤电联动政策为例

刘希颖　林伯强

【摘　要】中国的煤炭定价以市场为主，而电力定价以行政为主，定价机制的差异造成火电电力行业亏损和"软缺电"问题。2004 年起，中国开始实施煤电联动政策，以缓解煤价上涨对火电行业的成本压力，但之后却被屡次中断。本文主要研究了如果按照政府的规定实施煤电价格联动，所带来的电价水平波动，以及电价变动后的宏观影响。研究表明，长期而言，定价机制的市场化改革是煤电两个部门可持续发展的保障。

【关键词】能源定价机制；煤电联动机制；宏观影响

一、前言

2011 年春季开始，中国的中东部地区出现反常的淡季缺电问题，随后缺电面积不断扩大，问题也日益严重。针对此次缺电的成因，虽然同电力需求快速增长、电力结构性矛盾、水电出力不足等都有关系，但究其根本，仍然是由于煤炭和发电行业同处于电力产业链上，却分别实施"以市场为主"和"以行政为主"两种定价机制。一方面，中国煤炭行业从 1993 年开始逐步进行市场化改革；同时，为了确保国家用电安全和电价稳定，设

*　原文发表于《金融研究》2013 年第 4 期。

作者简介：刘希颖，通讯作者，厦门大学能源研究院能效工程研究所，电子邮箱：xiyliu@ xmu. edu. cn；林伯强，闽江学院新华都商学院，厦门大学经济学院中国能源经济研究中心，电子邮箱：bqlin@ xmu. edu. cn。

基金项目：本文研究得到了多家研究资金的支持，包括新华都商学院能源经济与低碳发展研究院低碳项目、国家社科基金重大项目（No. 12&ZD059）、教育部重大项目（No. 10GBJ013），以及教育部、国务院学位委员会 2011 年度博士研究生学术新人奖（教研函［2011］5 号）的资助。

定了国有大型电厂的电煤价格，形成"计划煤"与"市场煤"共存的价格双轨制。[①] 另一方面，电价仍受政府控制，无法灵活应对燃料价格上升所带来的成本压力。由于燃料成本在火电厂运行成本中占比较高，2008～2011年煤炭价格持续且快速上涨，造成火电行业成本快速上升、发电越多反而亏损越严重的局面。目前这种定价机制不仅缺乏理论依据，而且即使在政府要求下强制实施，也将面临较高的行政挑战与实施成本。最终，这些产业链内部矛盾将以缺电的形式表现出来，并由整个社会来承担成本。

2010～2012年，中国火电平均年设备利用小时数仅为5093小时，[②] 说明发电积极性降低才是此次电力供应紧张的根本原因。由于目前正处于GDP和电力需求均快速增长的工业化与城市化阶段（何晓萍等，2009），一旦电力行业产业链上出现矛盾因素，就很容易出现局部和短期的缺电。要解决缺电问题必须保证发电企业的基本盈利能力，以保证其供应积极性；在目前中国电力市场化改革不到位的情况下，推进"透明的"煤电联动政策能够有效缓解煤电矛盾。然而，该政策在实施过程中却频频受阻。

本文将以煤电联动机制为研究目标，测算煤电联动如何影响电价调整，然后使用动态可计算一般均衡（Computable General Equilibrium，CGE）模型，模拟煤电联动后带来的电价调整对中国宏观经济、社会、能源与环境各方面所带来的影响，从而对政策的实施后果得出一个比较全面的成本与收益分析，衡量实行煤电联动政策的合理性，并进一步对推行中国能源定价机制改革提出相应政策建议，以实现中国的低碳转型及可持续发展目标。

本文其余部分的安排如下：第二部分是文献综述；第三部分实施煤电联动对电价的影响；第四部分基于一个动态CGE模型模拟煤电联动电价上涨后，对中国宏观经济、居民福利及能效与环境等各方面的影响；第五部分为对煤电联动机制的深入分析，并论证建立透明、合理的能源定价机制的重要性；第六部分是结论与政策建议。

二、文献综述

很多国家都曾遇到过发电企业燃料成本上升的问题，实施电价根据"燃料价格上涨进行自动调节"（Fuel Adjustment Mechanism，FAM）的机制是一个比较普遍的解决方案。该机制最早由美国于第一次世界大战期间开始运用，以帮助发电厂应对煤炭价格快速增长的问题，到1958年，绝大多数发电厂都已采用了该政策（Baron and Bondt，1979）。大多针对FAM的研究都围绕政策效果及其影响展开。例如，Gollop 和 Karlson（1978）利用超

[①] 2012年12月21日，国家发改委发布《关于解除发电用煤临时价格干预措施的通知》，虽然结束了电煤价格"双轨制"，但仍然未能完全解决煤炭与电力两个行业之间的矛盾。

[②] 2004年中国出现"硬缺电"，当时火电的年设备利用小时数为5991小时。事实上，与由装机容量不足所造成的"硬缺电"相比，电力装机充裕但发电不足所造成的"软缺电"成本更大，不仅带来对经济的负面影响，还造成电力装机的浪费。

越对数成本函数研究了 FAM 对经济效率的影响。Clarke（1980）研究了该机制对系统性风险及发电企业市场价值的影响。Graves 等（2007）认为该机制不仅是电厂有效的风险管理机制，还能提高消费者对电价上涨的接受度。但大多数研究都认为该政策的实施会产生一定成本，包括导致发电企业在技术与燃料选择方面的效率损失（Baron and Bondt，1979），打击企业降低成本和寻找替代燃料的积极性（Kaserman and Tepel，1982），以及造成企业以低效的投入为代价来保证财务稳健性（Isaac，1982）等问题。实施自动调节调控后，电力价格的上涨会带来一系列影响，包括 GDP 增长减退和居民福利损失等，但同时也可能带来能源利用效率的提高以及污染物排放的减少。对于电价上涨对一个经济体所造成的复杂影响，也是能源价格领域的一个研究关注点（Nakajima and Hamori，2010；Akkemik，2010）。

作为上下游产业，中国煤炭与电力行业定价机制的不同造成较严重的煤电矛盾，成为目前能源行业急需解决的问题。很多文献都针对中国能源（特别是电力）定价的问题做了深入研究。林伯强（2006）采用超越对数模型分析了提高电价对中国不同工业行业和地区造成的影响。于良春和张伟（2003）从强自然垄断行业的特征出发，研究了中国的电力定价问题。Ngan（2010）对中国各时期的电力行业改革做了一个系统化的概述。Wang（2007）指出，中国煤、电行业的不平衡发展将在长期造成配置与生产低效。因此，实施市场化的能源定价机制改革是保障电力供给的必经之路（Wang 等，2009），而中国能源定价机制以市场化为导向的改革仍需更加深入（He and Li，2009）。基于对中国上网电价的重要改革历程的回顾，Ma（2011）针对建立更有效的电力定价机制给出相关的政策建议。

本文选择 CGE 模型为研究方法，该方法是在能源、环境与经济领域的研究中进行宏观政策模拟与分析的重要手段之一。林伯强等（2010）利用 CGE 模型分析了中国调整能源结构、增加能源成本的宏观经济影响。众多文献采用静态 CGE 模型研究了能源价格上涨、税收及能源补贴改革、碳关税和碳税政策等对中国经济、能源与环境的影响（林伯强、牟敦国，2008；林伯强、何晓萍，2008；Lin and Jiang，2010；林伯强、李爱军，2010；姚昕、刘希颖，2010）。上述研究构建了特定的静态 CGE 模型以对所涉及的特定能源、环境问题的影响进行评估，但静态 CGE 模型本身存在一定的缺陷，主要表现在缺乏对资本的形成与消费之间的相互关系的刻画等方面。

作为静态 CGE 的进一步发展，动态 CGE 技术不断得到提高。Vennemo（1995）在动态 CGE 模型中引入了环境反馈。在动态 CGE 模型的框架下探讨了将环境税收入补贴养老金系统带来的双赢效果。Doroodian 和 Boyd（2003）利用动态 CGE 模型研究了油价冲击对美国经济增长的影响。Nwaobi（2004）在一个多部门动态 CGE 的框架下分析了温室气体减排对尼日利亚经济的影响。Ross 等（2004）运用 ADAGE（Applied Dynamic Analysis of the Global Economy）模型分析了不同的温室气体减排路径对二氧化碳排放、技术变迁、国际贸易等方面的影响。Bae 和 Cho（2010）运用动态 CGE 模型预测了在不同的政府补贴力度下，韩国氢基能源的发展水平。本文选择在一个动态 CGE 的分析框架下，对煤电联动政策的影响进行动态评估，研究的主要关注点是，如果政府实施煤电联动，对于中国宏观政策变量的动态影响是什么，有多大？

三、实施煤电联动对电价的影响

2004 年 12 月 15 日，国家发改委发布《关于建立煤电价格联动机制的意见的通知》（以下简称《通知》），提出以电煤综合出矿价格（车板价）为基础，实行煤电价格联动，并要求电力企业消化 30%（消化比例）的煤价上涨因素，以促进其降低成本和提高效率，并根据联动后的上网电价，在保持电网经营企业输配电价相对稳定的原则下，相应调整销售电价。根据规定，原则上以不少于六个月为一个煤电价格联动周期，若周期内平均煤价比前一周期变化幅度达到或超过 5%，相应调整电价；如变化幅度不到 5%，则下一周期累计计算，直到累计变化幅度达到或超过 5%，进行电价调整。煤电联动的计算公式如下：

上网电价调整标准 = 煤价变动量 × 转换系数

其中，转换系数 = （1 − 消化比例）× 供电标准煤耗 × 7000/天然煤发热量 × （1 + 17%）/（1 + 13%）

销售电价调整标准 = 上网电价调整标准 × 比例系数

其中，比例系数 = 1/（1 − 输配电损耗率）

推出煤电联动政策旨在缓解煤炭与电力的供应紧张和价格矛盾，理顺煤电价格关系，促进煤炭与电力行业的全面、协调和可持续发展。然而，自《通知》提出至今，虽然煤炭价格上涨幅度屡次达到联动标准，但迫于管理通胀等压力，煤电联动政策仅于 2005 年 5 月和 2006 年 6 月实施两次，平均销售电价累计上涨了 5.01 分/kWh（见表 1），其余基本由火电企业承担煤炭价格上涨带来的发电成本增加。

表 1　第一次煤电联动和第二次煤电联动　　　　　　　　　单位：分/kWh

	开始实施时间	上网电价平均调幅	销售电价平均调幅
第一次煤电联动	2005.06.01	1.80	2.52
第二次煤电联动	2006.07.01	1.70	2.50

资料来源：联合证券所，《煤电联动促使行业底部形成》，2008 年 6 月 20 日。

第二次煤电联动自 2006 年 6 月 30 日起开始实施，因此本文以 2006 年 7 月的煤炭价格为基准（285.42 元/吨），自 2007 年 1 月起（调整周期不少于六个月）推算联动周期，选择标准为周期内的平均煤价与前一周期相比涨幅超过 5%。整个样本区间内，共出现五个联动周期（仅 2009 年 9 月的 1 次需要下调电价），然后，根据煤电联动公式计算上网电价和销售电价的调整水平（见表 2）。①

表 2　煤电联动价格计算

时间	本期煤价均值 （元/吨）	与上期相比煤价变动幅度 （%）	上网电价调整 （分/kWh）	销售电价调整 （分/kWh）
2007 - 09 - 01	300.08	5.14	0.96	1.03
2008 - 03 - 01	336.50	7.46	1.93	2.07
2008 - 09 - 01	438.09	18.54	4.69	5.03
2009 - 09 - 01	482.55	- 5.12	- 1.44	- 1.55
2010 - 03 - 01	489.34	5.29	1.67	1.77
合计			7.79	8.34

表 2 说明，样本区间内煤价由 300.08 元/吨上涨至 489.34 元/吨，根据煤电联动计算公式，上网电价与销售电价则分别应该上涨 7.79 分/kWh 和 8.34 分/kWh。除此之外，还需考虑样本期内的共次电价调整政策：①2008 年 7 月 1 日，上网电价上调 1.7 分/kWh，销售电价上调 2.5 分/kWh；②2008 年 8 月 20 日，火电企业上网电价上调 2 分/kWh，2008 年中国火电发电量占总发电量的 81.81%，② 由此带来上网电价平均上涨 1.64 分/kWh；③2009 年 11 月 20 日，非居民用电销售电价上调 2.8 分/kWh，2009 年非居民类电力消费量占全社会电力消费总量的 88.13%，③由此带来销售电价平均上涨 2.47% 分/kWh。从表 2 的计算结果中减去实际电价调整额，得到电价应该调整而尚未调整的真实额度（见表 3）。下文将基于表 3 的计算结果，利用动态 CGE 模型，模拟电价调整对中国经济、社会及环境所产生的影响。

表 3　电价需要调整的幅度　　　　　　　单位：分/kwh

	上网电价调整	销售电价调整
煤电联动的电价调整幅度	7.79	8.34
电价实际上调幅度	3.34	4.97
电价需要上调幅度	4.45	3.37

---

①　本文的研究以 5000~5500 大卡动力煤车板价（月度价格）为例，样本区间为 2006 年 7 月 1 日至 2010 年 10 月 1 日，数据来自中国经济数据库；供电煤耗与输配电损失取全国平均值，数据来自中电联。

②③　资料来源：中电联《电力统计基本数据一览表》（2009）。

四、煤电联动对经济与节能减排的影响——基于动态 CGE 模型

（一）模型构建

本研究以姚昕和刘希颖（2010）构建的中国能源—环境 CGE 模型为基础，将部门合并整理通过以下五个模块进行刻画：生产与贸易、价格、机构、污染及系统约束。而由于静态模型仅能够模拟相关政策冲击对于经济体一期的影响，为研究煤电联动机制实施的影响，通过多期政策冲击效果的模拟来权衡政策制定将更为重要。因此，本文通过资本和劳动的积累实现递归动态机制，进一步构建了中国能源—环境动态 CGE 模型。

1. 静态模型

（1）生产与贸易。生产和贸易模块主要描述国内外产品市场的供需情况[①]。方程（1）为国内活动的 CES（不变替代弹性）生产函数，该生产函数是一个包括劳动和资本、中间投入以及能源投入三类投入的两层嵌套 CES 函数，其中 σ_a 和 δ_a 分别为活动替代弹性参数和份额参数；方程（2）为国内产出的国内供给，即活动产出减去出口；方程（3）给出了国内产出在国内销售和出口两个流向中的分配，这里采用（不变转换弹性）函数给出了两种流向之间不完全转换的假设，除了负的替代弹性外，该函数与 CES 函数相同；在国内市场上，由于进口与国内产出之间的不完全替代性，我们用方程（4）（Armington 函数）来刻画复合商品的国内供给，该函数以国内产出和进口作为"投入"。

$$QD_a = CES(KL_a,\ INT_a,\ EE_a,\ \sigma_a,\ \delta_a) \tag{1}$$

$$QD_c = QD_a - QE_c \tag{2}$$

$$QX_c = \alpha_c^t \big[\, \delta_c^t QE_c^{\rho_c^t} + (1 - \delta_c^t) QD_c^{\rho_c^t} \,\big]^{1/\rho_c^t} \tag{3}$$

$$Q_c = \alpha_c^q \big[\, \varphi_c^q QM_c^{\rho_c^q} + (1 - \varphi_c^q) QD_c^{\rho_c^q} \,\big]^{1/\rho_c^t} \tag{4}$$

其中，能源投入由煤炭与油气构成的化石能源与电力进行合成得到。油气、煤炭复合得到化石能源。

$$QF_a = \alpha_a^F \big[\, \delta_a^F Coal_a^{\rho_a^F} + (1 - \delta_a^F) Oil_a^{\rho_a^F} \,\big]^{\frac{1}{\rho_a^F}} \tag{5}$$

$$\frac{W_{coal}}{W_{oil}} = \frac{\delta_a^F}{1 - \delta_a^F} \left(\frac{Oil_a}{Coal_a} \right)^{1 - \rho_a^F} \tag{6}$$

$$PF_a \cdot QF_a = W_{coal} \cdot Coal_a + W_{oil} \cdot Oil_a \tag{7}$$

再将化石能源与电力进行合成 EE_a：

$$EE_a = \alpha_a^{FE} \big[\, \delta_a^{FE} QF_a^{\rho_a^{FE}} + (1 - \delta_a^{FE}) Qle_a^{\rho_a^{FE}} \,\big]^{\frac{1}{\rho_a^{FE}}} \tag{8}$$

---

① 这一部分中，α、δ 和 ρ 均为常数，除下标不同外，分别表示效率参数和份额参数和替代弹性参数。

$$\frac{PF_a}{W_e} = \frac{\delta_a^{FE}}{1 - \delta_a^{FE}} \left[\frac{Ele_a}{QF_a} \right]^{1 - \rho_a^{FE}} \tag{9}$$

$$PEE_a \cdot EF_a = PF_a \cdot QF_a + W_e \cdot Ele_a \tag{10}$$

（2）价格。在 CGE 模型中，价格主要描述实物流和名义流以及各种经济指标之间的价格关系。在该系统中，内生价格与其他价格（内生或外生）以及模型中的非价格变量联系在一起。方程（11）和方程（12）分别定义了进口品和出口品的价格，它们是考虑关税并经汇率调整的国际市场价格；方程（13）是国内产出的国内价格，它是经间接税调整后的国内供给价格；方程（14）是复合品价格，即国内市场的综合产品价格；方程（15）是国内总产出价格。

$$PM_c \equiv \overline{P}\,\overline{W}\,\overline{M}_c \cdot (1 + tm_c) \cdot e \tag{11}$$

$$PE_c = \overline{P}\,\overline{W}\,\overline{E}_c \cdot (1 - te_c) \cdot e \tag{12}$$

$$PD_c = PS_c \cdot (1 + ti_c) \tag{13}$$

$$PQ_c = (PD_c \cdot QD_c + PM_c \cdot QM_c)/Q_c \tag{14}$$

$$PX_c = (PS_c \cdot QD_c + PE_c \cdot QE_c)/QX_c \tag{15}$$

（3）机构。这一部分主要定义各经济主体（家庭、政府、企业等）的收入和支出。方程（16）定义了家庭收入是要素收入和政府转移支付的总和；方程（17）定义了家庭支出是消费支出和收入所得税支出之和；方程（18）定义了企业收入是企业要素收入和政府转移支付之和；方程（19）定义了企业支出是企业所得税，其中 DERP 是企业固定资产折旧；方程（20）定义了政府收入是直接税、企业所得税、间接税、进出口关税以及排污税的总和；方程（21）定义了政府支出是政府消费和政府对其他机构转移支付以及政府对活动出口补贴支出的总和。

$$YH = \sum_f YH_f + tf_{hg} \tag{16}$$

$$EH = \sum_c QH_c \cdot PQ_c + th \cdot YH \tag{17}$$

$$YE = \sum_f YE_f + tf_{eg} \tag{18}$$

$$EE = (YE - DEPR) \cdot t_{ye} \tag{19}$$

$$YG = th \cdot YH + (YE - DEPR) \cdot t_{ye} + \sum_c PS_c \cdot QX_c \cdot ti_c + \sum_c \overline{P}\,\overline{W}\,\overline{M}_c \cdot QM_c \cdot tm_c \cdot e$$
$$+ \sum_c \overline{P}\,\overline{W}\,\overline{E}_c \cdot QE_c \cdot te_c \cdot e + ETAX \tag{20}$$

$$EG = \sum_c QG_c \cdot PQ_c + tf_{hg} + tf_{eg} + tf_{rg} \cdot e + ESUB \tag{21}$$

（4）污染。该模块定义与污染和污染控制活动相关的变量。方程（22）定义了污染排放税，各部门不同污染物所产生的排污费是部门产出、污染排放税率、污染排放密度和污染清理率的函数。方程（23）定义了减排总量，采用实物单位来衡量，从价值量向实物量的转化比例以基期为准，假设不变。方程（24）定义了污染减排率，它由减排总量除以总污染产生量而得。方程（25）定义了污染产生量，它是各部门污染物产生量之和。

方程（26）定义了污染排放量，它是污染产生量扣除减排总量。将各种污染物的排放税进行加总就得到总污染排放税，这由方程（27）定义。

$$PETAX_{g,a} = tpe_g \cdot d_{g,a} \cdot QD_a(1 - CL_g) \tag{22}$$

$$TDA_g = X_g \cdot TDAO_g / XO_g \tag{23}$$

$$CL_g = TDA_g / \sum_a d_{g,a} \cdot QD_a \tag{24}$$

$$DG_g = \sum_c d_{g,a} \cdot QD_a \tag{25}$$

$$DE_g = DG_g - TDA_g \tag{26}$$

$$ETAX = \sum_a \sum_g PETAX_{g,a} \tag{27}$$

（5）系统约束。这一部分主要描述 CGE 模型中的各种均衡关系。等式（28）表示家庭的收支平衡，即家庭收入等于家庭支出与家庭储蓄之和；等式（29）表示政府收支平衡，即政府收入等于政府支出与政府储蓄之和；等式（30）表示储蓄—投资平衡，即总投资等于政府储蓄、家庭储蓄、企业储蓄以及国外储蓄的总和；等式（31）表示国内产品市场的供求平衡；等式（32）表示要素市场平衡，即要素供给等于要素需求；方程（33）为国际收支平衡方程，其左边为国外账户支出，包括出口、国外要素收入和政府对国外的转移支付，右边为国外账户收入，包括进口和国外储蓄。

$$YH = EH + sh \cdot YH \tag{28}$$

$$YG = EG + gs \tag{29}$$

$$I = gs + sh \cdot YH + es + fs \cdot e \tag{30}$$

$$Q_c = \sum_c QI_c + QH + QG + I \tag{31}$$

$$\sum_a K_a = ks, \sum_a L_a = ls \tag{32}$$

$$\sum_c \overline{P}\,\overline{W}\,\overline{M}_c \cdot QM_c + \sum_f YF_f + tf_{rg} = \sum_c \overline{P}\,\overline{W}\,\overline{E}_c \cdot QE_c + fs \tag{33}$$

2. 模型的动态机制

本文采用递归机制实现模型的动态化，通过资本积累，劳动供给的增长实现。等式（34）表示资本的积累，即下一期的资本存量等于当期资本存量折旧后的净值与当期投资之和；等式（35）表示劳动供给的增长，即下一期社会劳动的总供给等于当期劳动供给乘以人口增长率，此处人口增长率外生；等式（36）表示投资的决定方程，根据 Bourguignon 等（1989）构建的包含二次项的投资决定方程，等式右边括号内为当期资本回报率与当期资本使用成本的比值，之前的系数为待校准的投资弹性；等式（37）左边为资本使用成本，等于当期投资品价格指数与当期利率与折旧率之和的乘积；等式（38）表示随人口增长的消费的增加；方程（39）表示终端投资加总形成国民总投资。

$$K_{at+1} = (1 - \delta)K_{at} + I_{at} \tag{34}$$

$$L_{at+1} = (1 + ng) \times L_{at} \tag{35}$$

$$\frac{I_{at}}{K_{at}} = \gamma_{1i}\left(\frac{r_{at}}{cc_t}\right)^2 + \gamma_{2i}\left(\frac{r_{at}}{cc_t}\right) \tag{36}$$

$$cc_t = pinv_t \times (ir + DEPR) \tag{37}$$

$$C_{t+1} = (1 + ng) \times C_t \tag{38}$$

$$IT_t = pinv_t \times \sum_a I_{at} \tag{39}$$

表 4　模型变量

	内生变量		外生变量
QD_a	活动产出水平	PWM_c	进口品的世界价格
K_a	活动资本需求	PWE_c	出口品的世界价格
L_a	活动劳动需求	e	汇率
QD_c	国内产出的国内供给	tm_c	进口关税税率
QE_c	出口	te_c	出口关税税率
QX_c	国内总产出	ti_c	间接税税率
QM_c	进口	tf_{hg}	政府对家庭的转移支付
Q_c	国内总供给	tf_{if}	政府对企业的转移支付
PS_c	活动供给价格	tye	企业所得税税率
PE_c	出口价格	th	家庭所得税税率
PM_c	进口价格	tfrg	政府对国外的转移支付
PD_c	国内产品的国内价格	dg, a	污染密度
PX_t	国内总产出价格	tpea	污染排放税率
PQ_c	复合品价格	sh	家庭储蓄率
YH	家庭收入	gs	政府储蓄
EH	家庭支出	fs	国外储蓄
YE	企业收入	ls	劳动禀赋
EE	企业支出	ks	资本禀赋
YG	政府收入	DEPR	企业资本折旧
EG	政府支出	ESUB	出口补贴
QG_c	政府消费	cc	资本使用成本
$PATAX_{g,a}$	部门 c 污染排放税	I	投资
TDA_g	减排总量	pinv	投资品价格指数
CL_g	污染减排率	IT	国民总投资
DG_g	污染产生量		
DE_g	污染排放量		
ETAX	总污染排放税		
KLa	资本—劳动要素复合品		
INTa	非能源中间投入复合品		
EEa	能源中间投入复合品		

（二）数据来源说明及处理

本研究以中国 2007 年 42 部门的投入产出表为数据基础构建中国能源—环境社会核算矩阵（Social Account Matrix，SAM）。构建社会核算矩阵需要大量的数据基础，除投入产出表外，其他相关数据主要来自《中国统计年鉴》、《中国能源统计年鉴》、《中国财政年鉴》等。

运用 CGE 模型进行政策模拟涉及一系列重要的模型参数，比如各种生产投入和消费投入之间的替代弹性，产出之间的转换弹性，收入、支出份额，税收税率，以及贸易参数等。CGE 参数的估计方法有一套规则，本文 CGE 的参数估计分为以下三种：①模型绝大多数参数直接由 SAM 表得出，如中间投入系数、份额参数、储蓄率和各种税率；②简单计量估计，如生产中的要素替代弹性；③参考前人研究，例如，进出口弹性主要参考范金等（2004）的做法进行设定，效用函数中的参数参见林伯强和何晓萍（2008）。

应用 CGE 模型进行政策模拟首先要构建针对特定问题的 SAM。在编制 SAM 时，由于很多数据来自不同的统计资料，加上不同资料的统计口径不同，因此在编制 SAM 时难免出现一些账户的不平衡，对此我们采用最小交叉嫡法（Minimum Cross Entropy，MCE）使其平衡。SAM 的平衡及文中基于 CGE 模型的定量模拟都在 GAMS 系统（General Algebraic Modeling System，Version 22.1）中实现，平衡 SAM 所用的算法为非线性规划（Nonlinear Programming），求解 CGE 模型采用的算法为混合互补规划（Mixed Complementarity Programming）。

（三）模拟结果

基于前文计算的煤电联动所引起的电价上调幅度，本部分利用动态 CGE 模型研究了电价上涨对经济与社会的整体影响，包括对经济增长与居民福利、国际贸易、产业结构、煤炭与电力行业、节能减排共五个方面的影响（见表 5）。

第一，作为基本的生产与生活资料，电力价格的上涨在推高企业生产成本的同时也抑制了居民部门的消费能力，并且造成失业率上升[①]、居民福利水平下降，但负面影响程度并不是很大。此外，由于电价的上涨对高耗能产业的成本推高效应最为显著，而高耗能产业多为资本密集型产业。因此，电价上涨对 GDP 的负面影响远远超过了对就业水平的影响。

第二，煤电联动后电价上调将带来进口增长和出口减少，并由此带来国际贸易结构的改变：因国内生产成本增长而带来出口品相对价格上涨、国际竞争力下降；进口品相对价格下降而竞争力增强。因此，出口企业需要从提高能效与增加产品附加值等角度出发，来

---

① 电力价格上涨将通过两个渠道来影响就业水平。一方面，二者存在互补关系，电价上涨会冲击就业市场，由于经济增长速度放缓和居民购买力下降使产品的市场需求减少，企业的生产动力减少，且电价上涨带来企业生产成本升高，都造成企业从适应市场需求及节约成本的角度出发减少雇员；另一方面，电力与劳动力在一定程度上具有替代关系，二者均为生产资料投入，在电价上涨时，企业会考虑在能够替代电力的范围内增加劳动力供给。

应对电力价格上涨后的成本问题，摆脱对低廉能源价格的依赖。

第三，电价上涨将直接推动各产业成本增加，对产出均产生负面影响，但由于各产业的成本结构、能源消耗强度等差异较大，因此受影响的程度也不尽相同，其中，工业（特别是重工业）受冲击最大。因此，煤电联动有助于通过能源价格政策改革在长期内助推经济产业结构调整。

第四，煤炭与电力行业的产出均明显增长，说明针对煤价快速上涨而造成电力利润受挤压甚至成本倒挂的问题，实施煤电联动是最直接有效的缓解手段。

第五，单位 FDP 能耗与二氧化碳排放在样本区间内均呈现下降趋势，说明人为压低电价会导致能源浪费、碳排放增加，以及过度依赖化石能源等问题，不利于企业通过提高能源效率来增强竞争力。煤电联动可以比较客观地反映电力的资源稀缺与环境污染成本，更为有效地支持节能减排，符合中国的低碳转型战略。

表5 中国实施煤电联动的影响——基于动态 CGE 模拟

年份	宏观经济	国际贸易				节能减排	
	GDP	就业	福利	进口	出口	单位 GDP 能耗	CO_2 排放
2011	− 0.019	− 0.011	− 0.015	0.012	− 0.018	− 0.250	− 1.140
2012	− 0.022	− 0.009	− 0.016	0.014	− 0.017	− 0.240	− 1.100
2013	− 0.020	− 0.013	− 0.018	0.012	− 0.021	− 0.260	− 1.160
2014	− 0.019	− 0.011	− 0.015	0.011	− 0.019	− 0.190	− 1.130
2015	− 0.017	− 0.008	− 0.014	0.009	− 0.017	− 0.130	− 1.120

年份	产业结构			煤炭与电力行业		
	农业	轻工业	重工业	服务业	电力、热力的生产和供应业	煤炭开采和洗选业
2011	− 0.011	− 0.064	− 0.180	− 0.024	3.920	1.250
2012	− 0.012	− 0.057	− 0.140	− 0.019	3.560	0.960
2013	− 0.010	− 0.066	− 0.190	− 0.023	2.650	0.830
2014	− 0.009	− 0.043	− 0.160	− 0.020	1.340	1.090
2015	− 0.008	− 0.032	− 0.130	− 0.016	1.030	0.980

五、建立煤电联动机制的重要性

第一，电力供应产业链包括煤炭、发电和电网三个环节，涉及煤价、上网电价、输配电价和终端电价共四个价格（见图1），煤电联动可以将各个环节连接起来，理顺它们的利益分配关系。随煤价波动而调节电价，能够提高火电厂对燃料成本上涨的应对能力，同时也能够保证煤炭与电力的生产和供应积极性，保障能源充足供给。而如果煤价上涨过快，则可以选择在煤炭生产环节征收资源税，或者在销售环节征收"特别收益金"，通过抑制煤炭价格上涨来缓解电价上涨压力。对于终端电价来说，既可以选择将其维持在一个目标水平，允许上网电价随煤价上涨而上调，将亏损集中在电网环节，进行集中补贴，这样做的好处是电网只有两家，相对分散的火电厂来说更容易实施补贴政策；也可以设计配套的补贴政策，对目标群体（尤其是低收入家庭）进行直接补贴，这样做的好处是电价上涨既能促进能源利用效率提高，又通过补贴保障了社会公平，而补贴可以来源于煤炭资源税或者特别收益金，这也在一定程度上缓解了财政压力。

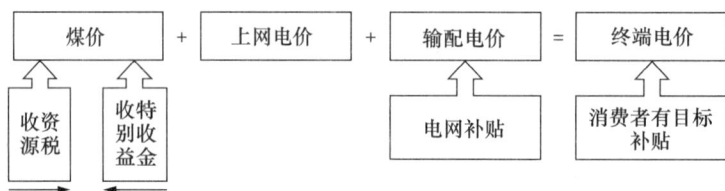

图 1　煤电联动流程

第二，煤电联动是一个相对比较透明的价格机制，有利于消费者参与和社会和谐。我国经济与社会仍处于一个转型时期，电力企业基本是国企，并高度垄断（电网），电价改革和提价，尽管有时是必须的，还可能是为了提高能源效率（为了今后能有较低的能源价格），但由于缺乏价格机制的政府定价，对于公众来说完全不透明。目前每次改革提价都演变为供需的"博弈"和各方力量的对比，公众的质疑使得社会和谐受到很大的影响。透明合理的电价机制，可以让居民理解合理的价格和补贴。当然，这需要以相对透明的企业成本为前提。

第三，煤电联动有利于外资和民营参与电力。在目前国有企业一家独大和价格由政府控制的情况下，投资放开还不足以吸引外资和民营进入。例如，电力发电侧已经对外资和民营开放了 20 多年，但外资与民营资本非但没有大量进入，反而变现退出。事实上，无论是从扩充投资渠道，还是从提高行业效率来看，都需要有民营企业和外资的参与，他们的进入会为能源行业设定一个经营底线和必要的财务纪律性。

第四，煤电联动有利于电力监管。政府不会远离能源，但应该尽量采用市场化的手段，例如，价格机制可以与补贴和税收同时设计。具体地说，政府对电价的监管有两个重要方面：一是严格对电力企业进行成本和价格的监管；二是如果政府认为有必要维持相对稳定的电价水平，则可以运用直接补贴。此时完善补贴机制的设计就很重要，大多煤电企业都属国有，政策可以更多地关注相对市场化的税收和补贴，除了稳定煤电联动外，还可以有针对性地补贴消费者（如低收入家庭），这在发达国家也是有的。

第五，煤电联动可以避免煤炭市场化改革的倒退。由于发电行业消费了中国近 50%的煤炭，只要电价受控，煤炭就无法完全市场化。中国目前缺乏一个理顺发电产业链的价格机制，如果电价无法上涨，而煤价持续上涨，煤炭的相对市场化地位终将受到挑战，即煤电矛盾过于激烈时，可能造成政府在管制电价的同时，也选择管制煤价。

我国能源供需中的各种矛盾追根究底都是价格问题。针对目前以行政为主的能源（电力）定价机制所带来的各种问题，短期的解决方案是保证各方的供应积极性，解决市场扭曲造成的不经济；中期内，煤电联动是一项有效的政策选择；但长期而言，根本的解决办法依然是市场化的定价机制改革，而且需要有步骤、有计划地进行。

六、结论与政策建议

本文以煤电联动机制为切入点，计算了如果严格按政府煤电联动机制的规定电价的上涨幅度，并利用动态 CGE 模型模拟了电价变动的宏观经济、社会及环境影响。研究表明，如果实施煤电联动，上网电价与销售电价将分别上涨 4.45 分/kWh 和 3.37 分/kWh，而电价上涨的宏观影响如下：①对 GDP 增长、就业水平和居民福利均有负面影响，但程度较小，会改变国际贸易结构，并具有积极且显著的节能减排效果；②有利于中国经济产业结构的调整，动态地来看，电价上涨的效应经过中长期积累，有助于促进第三产业的发展，并由此而推动中国产业结构的调整，也有助于节能减排；③能够提高电力行业应对燃料成本上升的能力以及盈利能力，处于同一产业链上的煤炭行业也会因为下游电力行业的改善而受益。

综上所述，实施煤电联动的负面影响远远低于政府的担忧，结合其缓解电煤供应紧张、稳定电力供给、促进节能减排以及推动煤、电两个行业可持续发展的作用，煤电联动政策是一个利大于弊的选择，由此提出重启煤电联动的政策建议：

第一，煤电联动是现阶段解决煤电矛盾的可行措施。煤炭是电力的主要燃料来源，煤电之间的矛盾焦点在价格，即"计划电"和"市场煤"的问题。如果不尽快解决煤电问题，电力供需平衡将非常脆弱。实施煤电联动政策，通过政府相对市场化的机制设计，要求产业链上的每个环节都消化一部分价格上涨压力，再辅之以税收、补贴等其他配套政策来影响市场并调控电价，这是目前最可行的价格机制，也符合整体能源价改市场化的发展方向。

第二，煤电联动可以减少经济运行成本。因为目前没有明确的电价机制，价格的风险预期就不明确，就会存在煤企、电企、消费者与政府之间的各方博弈。为避免煤电价格博弈影响经济运行和社会稳定，需要寻找有效透明的价格机制，并严格执行。而且，煤电联动还有助于消除目前煤炭行业中过高的交易成本以及提高市场效率。

第三，煤电联动有助于推进主动的能源价格渐进性改革，可以成为电力价格市场化改革的一条主线。在经济转型的过程中，由于能源价格市场化改革配套的缺位，很难实现一次性、整体性能源价格改革的跨越，因而选择渐进性的能源价格改革，符合中国的基本改革策略。主动的能源价格渐进性改革是指有步骤、有计划、有目标的市场化改革，除了目标明确外，还有时间要求，一旦确定改革，就坚定不移地推行。根据本文研究，煤电联动政策在推动产业结构调整、保证能源供给、促进节能减排方面都存在积极影响，但电价上涨对经济发展和居民福利的负面影响其实很小，因此应该在中期内稳步推行。此外，还可以通过配套的补贴政策来降低这些负面影响。

　　不过，煤电联动机制仍然是典型的政府定价制度，或者说只是市场化过程中的一个过渡性措施。本文动态研究说明，煤电联动政策的各种积极影响会随时间的推移而逐步弱化，因此它只能作为短中期解决煤电矛盾的有效政策选择。长期而言，电力市场化定价仍然是根本的改革方向。

参考文献

　　［1］范金等．完善人民币汇率机制对中国宏观经济影响的情景分析——一般均衡分析，管理世界，2004（7）：29－42.

　　［2］何晓萍，刘希颖，林艳苹．中国城市化进程中的电力需求预测．经济研究，2009（5）：118－130.

　　［3］林伯强．中国电力发展提高电价和限电的经济影响．经济研究，2006（5）：115－126.

　　［4］林伯强，何晓萍．中国油气资源耗减成本及政策选择的宏观经济影响．经济研究，2008（5）：94－104.

　　［5］林伯强，牟敦国．能源价格对宏观经济的影响——基于可计算一般均衡（CGE）的分析．经济研究，2008（11）：88－101.

　　［6］林伯强，姚昕，刘希颖．节能和碳排放约束下的中国能源结构战略调整．中国社会科学，2010（1）：58－71.

　　［7］林伯强，李爱军．碳关税对发展中国家的影响．金融研究，2010（12）：1－15.

　　［8］姚昕，刘希颖．基于增长视角的中国最优碳税研究．经济研究，2010（11）：48－58.

　　［9］于良春，张伟．强自然垄断定价理论与中国电价规制制度分析．经济研究，2003（9）：67－73.

　　［10］Bing Wang. An inbalanced development of coal and electricity industries in China. Energy Policy, 2007, 35（10）：4959－4968.

　　［11］Boqiang Lin, Zhujun Jiang. Estimates of energy subsidies in China and impact of energy subsidy reform. Energy Economics, 2011, 33（2）：273－283.

　　［12］David I. Kaserman, Richard C. Tepel. The Impact of the Automatic Adjustment Clause on Fuel and Utilization Practices in the U. S. Electric Utility Industry. Southern Economic Journal, 1982, 48（3）：687－700.

　　［13］David P. Baron and Raymond R. De Bondt. Fuel Adjustment Mechanisms and Economic Efficiency. The Journal of Industrial Economics, 1979, 27（3）：243－261.

　　［14］Francois Bourguignon, et al. Macroeconomic Adjustment and Income Distribution：Maro－micro Simulation Model. OECD Development Centre, Working paper, 1989（1）.

　　［15］Frank M. Gollop, Stephen H. Karlson. The Impact of the Fuel Adjustment Mechanism on Economic Efficiency. The Review of Economics and Statistics, 1978, 60（4）：574－584.

　　［16］Frank Graves, Philip Hanser, Greg Basheda. Electric Utility Automatic Adjustment Clauses Revisited：Whay They Are Needed More Than Ever. The Electricity Journal, 2007, 20（5）：1040－6190.

　　［17］Godwin Chukwudum Nwaobi. Emission policies and the Nigerian economy：Simulations from a dynamic applied general equilibrium model. Energy Economics, 2004, 26（5）：921－936.

［18］ Haakon Vennemo. A dynamic applied general equilibrium model with environmental feedbacks. Economics Modelling, 1997, 14（1）: 99 – 154.

［19］ He Lingyun, Li Yan. Characteristics of China' s coal, oil and electricity price and its regulation effect on entity economy. The 6th International Conference on Mining Science & Technology, Procedia Earth and Planetary Science, 2009, 1（1）: 1627 – 1634.

［20］ H. W. Ngan. Electrictity regulation and electricity market reforms in China's, Energy Policy, 2010, 38（5）: 2142 – 2148.

［21］ Jeong Hwan Bae, Gyeong – Lyeob Cho. A dynamic general equilibrium analysis on fostering a hydrogen economy in Korea. Energy Economics, 2010, 32（1）: S57 – S66.

［22］ Jinlong Ma. On – grid electricity tariffs in China: Development, reform and prospects. Energy Policy, 2011, 39（5）: 2633 – 2645.

［23］ K. Ali Akkemik. Potential impacts of electricity price changes on price formation in the economy: A social accounting matrix price modeling analysis for Turkey. Energy Policy, 2011, 39（2）: 854 – 864.

［24］ K. Doroodian, Roy Boyd. The linkage between oil price shocks and economic growth with inflation in the presence of technological advances: A CGE model. Energy Policy, 2003, 31（10）: 989 – 1006.

［25］ Martin T. Ross, Allen A. Fawcett and Christa S. Clapp. U. S. climate mitigation pathways post – 2012: Transition scenarios in ADAGE. Energy Economics, 2009, 31（2）: S212 – S222.

［26］ Qiang Wang, Huan – Ning Qiu, Yaoqiu Kuang. Market – driven energy pricing necessary to ensure China's power supply. Energy Policy, 2009, 37（7）: 2498 – 2504.

［27］ R. Mark Issac. Fuel Cost Adjustment Mechanisms and the Regulated Utility Facing Uncertain Fuel Prices. The Bell Journal of Economics, 1982, 13（1）: 158 – 169.

［28］ Roger G. Clarke. The Effect of Fuel Adjustment Clauses on the Systematic Market Values of Electric Utilities. The Journal of Finance, Ppaers and Proceedings Thirty – Eighth Annual Meeting American Finance Association, Atlanta, Georgia, 1980, 35（2）: 347 – 358.

［29］ Ronald Wendner. An applied dynamic general equilibrium model of environmental tax reforms and pension policy. Journal of Policy Modeling, 2001（23）: 25 – 50.

［30］ Tadahiro Nakajima, Shigeyuki Hamori. Change in consumer sensitivity prices in response to retail deregulation: A panel empirical analysis of the residential demand for electricity in the United States. Energy Policy, 2010, 38（5）: 2470 – 2476.

Reform Energy Pricing Mechanism, Ensure the Sustainable Development

—A Case Study of Linkage Mechanism Between Coal and Electricity

Liu Xiying and Lin Boqiang

Abstract: In China, market – dominated coal pricing mechanism and government – dominated electricity pricing mechanism have cost severe losses in the power industry and led to the "Soft Electricity Shoarage". The linkage mechanism between coal and electricity prices has been implemented since 2004, to release the cost pressure on the power industry caused by coal prices rising, yet was suspended several times. This paper estimates the electricity price increase and its impacts induced by the pricing linkage mechanism. The results show that, only market – driven reform of the pricing mechanism can ensure the sustainable development of coal and electricity industries in the long trem.

Key Words: Energy Pricing Mechanism; Linkage Mechanism Between Coal and Electricity Prices; Macro Impacts

FDI、环境监管与能源消耗：基于
能耗强度分解的经验检验[*]

张　宇　蒋殿春

【摘　要】本文从外资进入对中国能源消耗所产生的影响这一基本问题出发，通过构造特定的能耗强度指标对各地区的能耗状况进行评价，并将其进一步分解得到影响能耗强度变动的产业结构、总体技术进步与地区相对技术进步指标。以此为基础，对外资进入与政府监管在地区能耗强度变化过程中所起到的作用，以及外资进入与政府监管之间的相互反馈作用进行经验检验。结果表明，外资企业的进入并未引起中国产业结构向高能耗行业转移，同时外资的流入显著促进了当地和其他地区节能技术的应用，并对当地的环境监管起到明显的强化作用。尽管外资流入会通过弱化其他地区的环境监管引起这些地区能耗强度的提升，但其在节能降耗方面的总体影响仍是积极的。

【关键词】能源消耗；环境监管；外商直接投资

一　引言

改革开放以来，中国经济经历了 30 多年的高速增长，但高投入和高消耗的粗放型增长模式造成了沉重的资源与环境压力，能源消耗的不断增长便是这种压力的集中表现之一。根据国际能源机构（International Energy Agency，IEA）的统计，2009 年中国全年能源消耗总量达到 22.52 亿吨标准油，超过美国 4 个百分点，成为世界第一大能源消费国。

　＊　原文发表于《世界经济》2013 年第 3 期。

　　作者简介：张宇，南开大学国际经济研究所，地址：天津市南开区卫津路 94 号南开大学经济学院 12 层（300071），电子信箱：zhangyu_nk@126.com；蒋殿春，南开大学国际经济研究所。

　　基金项目：本文感谢南开大学基本科研业务费专项基金项目"财政分权、市场分割与 FDI 的区域内及区域间技术溢出效应"（NKZXB10038）的资助。感谢匿名审稿人对本文提出的中肯意见。当然，文责自负。

尽管该数据的准确性受到国内有关机构的质疑，[①] 但折射出中国能源消耗水平激增的现实。在能耗水平不断攀升的过程中，外商直接投资（Foreign Direct Investment，FDI）作为中国经济增长的重要推动力之一，其作用也引起了学术界越来越多的关注。

参照 FDI 对环境影响的"污染光环"（pollution halo）论和"污染避难所"（pollution haven）论，跨国公司在东道国的投资行为对能源消耗的影响在理论上存在正反两方面的可能。

"污染光环"假说主要从 FDI 所承载的先进技术出发对 FDI 的环境效应给予正面评价。该假说认为，在发展中国家进行投资的跨国公司可以向东道国传播更为绿色清洁的生产技术，提升其生产的环保水平。Eskeland 和 Harrison（2003）从跨国公司自身的技术水平出发，认为在发展中东道国进行投资的跨国公司，通过采用较东道国企业更先进的环保技术和环境控制标准改善了东道国的环境状况；Porter 和 Van der Linde（1995）与 Letchu-manna 和 Kodama（2000）则从环保技术溢出角度研究，认为跨国公司对东道国企业能起到示范和带动效应，使东道国环境得到改观；Wayne 和 Shadbegian（2002）与 Liang（2006）也指出，外资企业可以通过技术示范与外溢效应提高东道国当地企业的生产效率，实现要素与资源投入的节约，从而有助于改善东道国环境质量。这一分析框架可以用于对东道国能源消耗的讨论，如 Mielnik 和 Goldemberg（2002）以 20 个发展中国家为样本研究发现，能源强度随 FDI 的增加而显著降低，且主要原因来自 FDI 的技术溢出效应；Killer（2004）则用相关案例阐明，在发展中国家投资的外国企业倾向于使用比本土企业更高效的节能技术；Eskeland 和 Harrison（2003）与 Fisher - Vanden 等（2004）也分别用企业数据证实外资企业具有较发展中国家本土企业更低的能耗水平。此外，一些研究也从碳排放和能源效率的角度证实了在降低东道国能耗水平方面的积极作用（Fisher - Vanden 等，2006；Acharkyya，2009）。针对中国的研究也有相当部分支持 FDI 在降低能耗方面具有积极作用。如 Wang 和 Jin（2002）在对中国多个三资企业的污染排放物进行研究后认为，外资企业采用了更为先进的技术且在能源使用上更加有效；张贤和周勇（2007）则利用空间计量方法证实了 FDI 不仅会显著降低本地区的能源强度，而且在空间上具有明显的溢出效应。

与"污染光环"假说相对立，"污染避难所"假说更多的是从跨国公司的产业转移行为出发阐述了 FDI 对东道国环境的负面影响。Walter 和 Ugelow（1979）曾较早指出，发展中国家相对宽松的环境监管以及相对丰裕的环境资源会使其在污染密集型贸易品的生产方面具有比较优势，并造成污染性产业向发展中国家转移。此后，经 Baumol 和 Oates（1988）论证，"污染避难所"假说获得了相对完善的理论支撑。在该假说看来，发达国家的企业因面临严苛的环境管制，往往需要在污染治理和环境保护方面投入更多成本。在这种情况下，发展中国家相对宽松的环保政策就成为吸引外资流入的重要因素。通过

---

① 据国家发改委能源研究所测算，中国 2009 年的能源消耗约折合 21.4 亿吨标准油，略低于 IEA 公布的数字。详见中国经济网报道（http://www.ce.cn/xwzx/gnsz/gdxw/201008/03/t20100803_21683293.shtml）。

FDI，跨国公司可以将能耗及污染密度相对较高的产业与生产环节转移到发展中国家或在发展中国家采取相对较低的环境控制技术进行生产，从而实现污染处理费用与生产成本的下降。该理论在能耗分析方面也同样不乏相关的经验证据。如 Hübler 和 Keller（2000）以 60 个发展中国家为样本，在控制了影响能源需求的各种因素后发现，没有证据表明外资流入可以降低发展中国家的能耗强度，而来自国外的发展援助则与发展中国家的能源效率提升存在正相关关系。赵晓丽等（2007）的研究也证实了 FDI 正向高能耗行业集中；滕玉华和陈小霞（2009）的研究则发现 FDI 的进入会降低工业行业的能源效率。

理论与经验研究结果的莫衷一是意味着我们需要从更深层次来探讨 FDI 与东道国能耗之间的关系。仔细审视"污染光环"和"污染避难所"两种理论可以发现，二者之间看似针锋相对的矛盾并非无法调和，至少存在以下两个关键节点可以探寻其内在联系。

第一，根据 Grossman 和 Krueger（1995）与 De Bruyn（1997）的经典分析，一国的环境污染状况可以拆解为生产规模、产业结构与环保技术三个因素①。就此分析框架来看，"污染光环"和"污染避难所"理论分别强调了两个不同层面的问题：前者着重于 FDI 的技术进步效应，后者则更多地聚焦于 FDI 引发的产业结构及经济规模变动。这也意味着 FDI 的流入极有可能在东道国同时扮演着"天使"与"魔鬼"的双重角色，满足对"污染光环"论和"污染避难所"论的描述：一方面，跨国公司向发展中国家转移的高污染和高耗能产业或生产环节给东道国的环境资源带来沉重的负担；另一方面，在相应的产业内部，跨国公司却可以凭借其技术、工艺和标准的优势提升东道国产业的环境友好程度。基于这一分析，对东道国环境的影响本身可能就是一个颇具"混合性"色彩的问题。

第二，从理论机制来看，FDI 的流入对东道国能耗的影响究竟是遵从"污染光环"论还是遵从"污染避难所"论，关键在于东道国政府对环境监管的严格程度。环境监管水平不仅会在相当程度上左右当地的产业结构，同时也决定着本国及外国企业会在多大程度上采用更为先进的环保技术，由此直接影响 FDI 在东道国环境保护中扮演的角色。而对于发展中国家和地区的政府而言，经济增长的压力以及地方政府之间的引资竞争显然会驱使政府将放松环境监管作为吸引 FDI 的筹码，为 FDI 影响东道国环境状况提供了一个规模、结构与技术效应之外的间接途径。

上述分析表明，FDI 对东道国能源消耗状况的影响会从产业结构以及技术进步多方面得到不同反映，而 FDI、政府的环境监管力度以及地区能源消耗之间也可能存在着彼此相互交错的反馈路线和影响机制。在这种情况下，依靠已有研究广泛采用的单方程回归分析将很难捕捉到其中的关联效应，也难以全面体现外资流入对地区能源消耗状况的影响。事实上，He（2006）、郭红燕和韩立岩（2008）以及张学刚（2011）的研究已经开始改变基于单方程回归的考察思路，尝试通过构建系统性的联立方程模型对该问题进行更深入的探索。但从现有研究来看，尚缺乏对 FDI 与能源消耗间影响机制的完整刻画与把握，同时在具体的指标选择与构建中也有诸多混淆之处。本文则在现有研究基础上构建地区能源消

---

① Hübler 和 Keller（2010）将这种分析框架移植到了 FDI 对能源强度影响的分析中。

耗强度指标，将其分解为产业结构、总体技术进步指标和相对技术进步指标，并以此为基础借助联立方程检验了中国各地区 2001 年以来外资流入、政府环境监管与地区能源消耗强度之间的关系，分析和评判外资流入对中国能源消耗强度的影响机制和总体效应。

二　能耗强度指标的构建与分解

对于中国这样的发展中国家而言，首要的经济发展目标是通过规模增长来快速提高国民收入，这意味着可持续发展并不是要以牺牲经济增长为代价降低能源消耗的总体水平，而是要在维持一定增长水平的前提下，将能源消耗控制在当前收入和技术条件可控制的水平内。因此，从可持续发展目标来看，单纯追求能耗绝对水平的降低并不符合中国经济发展的实际情况。相对而言，从产出的能耗强度出发考察中国的能耗状况及在其中所起的作用是更为合适的做法。基于这一认识，本节首先定义了能耗强度变量，并从结构和技术角度对该能耗强度进行分解。

1. 能耗强度

能源消耗强度主要表现为单位产出的能源消耗量，为此记地区 i 在时期 t 的增加值为 $Y_{i,t} = \sum_{j=1}^{J} Y_{i,t}^{j}$，其中 $Y_{i,t}^{j}$ 为该地区行业的增加值；该地区当年的全部行业能源消耗量为 $w_{i,t}$，定义地区 i 在时期 t 的能耗强度系数为 $E_{i,t} = w_{i,t} / Y_{i,t}$。为简洁，下面我们将全国视为一个特殊的"地区"，并以 A 表示，则 $w_{A,t}$ 和 $Y_{A,t}$ 分别表示全国总体的能源消耗量和全国 GDP 水平。

能源消耗程度的改善，或该地区能耗强度系数的下降可能来自两方面的因素：一是该地区的产业结构由高耗能行业向低耗能行业转变；二是该地区各产业所采用的节能降耗技术本身的升级使得各行业的能耗系数相应下降。为了把握该能耗强度的变化究竟是来自产业结构变动还是来自节能技术的应用，需要进一步构建产业结构指数和节能技术指数。

2. 与能耗有关的产业结构指数

记行业 j 在地区 i 增加值中占比为 $s_{i,t}^{j} = Y_{i,t}^{j} / Y_{i,t}$，它描述了一般意义的产业结构。鉴于不同行业的能耗强度不同，我们选定行业 j 在基期（t = 0）的全国平均能耗系数 $E_{A,0}^{j} = w_{A,0}^{j} / Y_{A,0}^{j}$ 为基准权重，定义地区 i 与能耗有关的产业结构指数：

$$Str_{i,t} = \frac{1}{\sum_{j=1}^{J} (s_{i,t}^{j} \times E_{A,0}^{j})} = \frac{Y_{i,t}}{\sum_{j=1}^{J} (w_{A,0}^{j} Y_{i,t}^{j} / Y_{A,0}^{j})} \qquad (1)$$

$Str_{i,t}$ 值越高，表明高耗能行业在该地区增加值中所占的比重越低；反之，指标值越低，则表明高能耗行业在该地区经济活动中所占的比重越高。

3. 节能技术指数

从动态角度来看，可以将行业 j 在基期时全国平均的能耗强度 $E_{A,0}^j$ 视为一个技术基准，而它与地区 i 在时期 t 的行业产出 $Y_{i,t}^j$ 之积体现了该地区在使用此参考技术时的能耗理论值（$\overline{w}_{i,t}^j$），即 $\overline{w}_{i,t}^j = E_{A,0}^j \times Y_{i,t}^j$。将各行业的能耗理论值加总可以得到地区 i 的总能耗理论水平 $\overline{w}_{i,t} = \sum\limits_{j=1}^{J} \overline{w}_{i,t}^j$。将地区实际能耗与该理论值相比，定义地区 i 与节能有关的技术水平指标：

$$\text{Tec}_{i,t} = \frac{\overline{w}_{i,t}}{w_{i,t}} = \frac{\sum\limits_{j=1}^{J} (w_{A,0}^j Y_{i,t}^j / Y_{A,0}^j)}{w_{i,t}} \tag{2}$$

$\text{Tec}_{i,t}$ 越高，则该地区的节能技术越先进。如果该指标高于 1，则表明该地区在现实技术下的实际能耗低于参考技术下的理论能耗，即该地区的现实节能技术要高于参考技术。

由于 Tec 所应用的技术参考系为基年的全国平均技术水平，因此它体现了相关地区的技术相对于基年全国平均技术的先进程度。这种技术进步包含了两方面的推动力：一是由科技进步所引发的全国平均技术水平的变化，可以将此看作节能技术总体的进步程度；二是各地区由于环境监管力度、节能减排投资能力以及技术能力的不同而导致的各地区之间相对技术差异程度的变动。由此我们可以对指标 Tec 进行进一步的分解：

$$\text{Tec}_{i,t} = \frac{\sum\limits_{j=1}^{J} (w_{A,t}^j Y_{i,t}^j / Y_{A,t}^j)}{w_{i,t}} \frac{\sum\limits_{j=1}^{J} (w_{A,0}^j Y_{i,t}^j / Y_{A,0}^j)}{\sum\limits_{j=1}^{J} (w_{A,t}^j Y_{i,t}^j / Y_{A,t}^j)} \Delta RT_{i,t} \times WT_{i,t} \tag{3}$$

其中，$RT_{i,t} = \sum\limits_{j=1}^{J} (w_{A,t}^j Y_{i,t}^j / Y_{A,t}^j)/w_{i,t}$ 代表了地区的节能技术与同时期全国平均水平相比的先进程度，$RT_{i,t} > 1$ 意味着该地区的节能技术高于全国同期的平均水平；$WT_{i,t}$ 则代表了在地区的产值与结构均保持不变的情况下，由技术参考系本身的变化所引起的能源消耗水平的变化，即行业总体的技术进步所带来的能耗节约，$WT_{i,t} > 1$ 意味着以基年的参考技术计算的理论能耗高于以 t 年的参考技术计算的理论能耗，表明行业总体的节能技术得到改善。

4. 能耗强度影响因素分解

根据式（8）～式（10）可知：

$$E_{i,t} = \frac{w_{i,t}}{Y_{i,t}} \equiv \frac{1}{\text{Str}_{i,t} \times \text{Tec}_{i,t}} \equiv \frac{1}{\text{Str}_{i,t} \times RT_{i,t} \times WT_{i,t}} \tag{4}$$

对该式取对数可得地区能耗强度分解恒等式方程（5），地区 i 在时期 t 的能耗强度降低实际上源自两方面的因素：一是产业结构 Str 的升级；二是节能技术 Tec 的进步。后者又可以进一步分解为行业总体技术 WT 的进步与地区相对技术水平 RT 的改善。

根据式（1）至式（3），以中国各地区经 2000 年为基期的价格指数平减处理后的分部门实际增加值作为 $Y_{i,t}^j$ 的指标，利用全国分部门的增加值 $Y_{A,t}^j$、生产性能源消耗数据

$w_{A,t}^{j}$ 以及各地区的增加值 $Y_{i,t}$ 与能源消耗数据 $w_{i,t}$，计算出中国各地区在样本期间（2000～2010 年）内的能耗强度及其影响因素如表 1 所示。① 其中，各地区分部门增加值数据源自各地区统计年鉴，能源消耗数据源自各年《中国能源统计年鉴》。②

表 1　中国各地区能耗强度及其影响因素分解

地区	能耗强度		产业结构指数		技术指数		地区相对技术		行业总体技术	
	2000 年	2010 年	2000 年	2010 年	2000 年	2010 年	2000 年	2010 年	2000 年	2010 年
北京	1.5592	0.4157	0.7619	1.2580	0.8417	1.9123	0.8417	1.0750	1.0000	1.7790
天津	1.5833	0.6672	0.5602	0.6316	1.1273	2.3731	1.1273	1.4106	1.0000	1.6823
河北	2.6714	1.9447	0.5610	0.8522	0.6672	0.6034	0.6672	0.3988	1.0000	1.5132
山西	4.8043	2.4855	0.4105	0.7093	0.5071	0.5672	0.5071	0.3452	1.0000	1.6433
内蒙古	2.8754	1.6654	0.6883	0.6155	0.5052	0.9755	0.5052	0.5327	1.0000	1.8312
辽宁	2.6249	1.2885	0.5166	0.6833	0.7374	1.1358	0.7374	0.7001	1.0000	1.6222
吉林	2.1100	0.9401	0.7900	0.7839	0.5999	1.3568	0.5999	0.6643	1.0000	2.0424
黑龙江	2.1060	1.1680	0.6885	1.0897	0.6896	0.7857	0.6896	0.4944	1.0000	1.5893
上海	1.1817	0.5767	0.5856	0.8767	1.4451	1.9779	1.4451	1.0500	1.0000	1.8837
江苏	0.9868	0.5270	0.6075	0.6337	1.6680	2.9945	1.6680	1.5263	1.0000	1.9620
浙江	1.1759	0.5471	0.7265	0.7299	1.1706	2.5045	1.1706	1.2547	1.0000	1.9961
安徽	1.7650	0.8629	0.8148	0.5540	0.6954	2.0918	0.6954	0.9231	1.0000	2.2660
福建	0.9207	0.6351	0.8589	0.8112	1.2645	1.9410	1.2645	1.0170	1.0000	1.9085
江西	1.2163	0.6554	0.8974	0.6155	0.9162	2.4793	0.9162	1.2975	1.0000	1.9108
山东	1.3856	0.7848	0.6548	0.5970	1.1022	2.1344	1.1022	1.0967	1.0000	1.9461
河南	1.6667	0.9897	0.6556	0.6206	0.9151	1.6282	0.9151	0.8094	1.0000	2.0116
湖北	1.7170	0.9399	0.7203	0.7276	0.8086	1.4623	0.8086	0.7915	1.0000	1.8474
湖南	1.1498	0.9145	0.8899	0.7903	0.9773	1.3837	0.9773	0.7232	1.0000	1.9133
广东	0.9195	0.5262	0.7337	0.8666	1.4823	2.1930	1.4823	1.1312	1.0000	1.9387
广西	1.2930	0.8614	0.9099	0.8123	0.8500	1.4291	0.8500	0.7858	1.0000	1.8187

---

①　由于西藏地区的数据缺失，本文的样本共包含除西藏之外的 30 个省、市、自治区。各地区的经济部门除了 39 个细分工业部门外，还包括农林牧渔业、建筑业、交通运输及仓储业、批发零售业和其他服务业，共计 44 个部门。

②　由于《中国能源统计年鉴》只披露了各地区包括生产性能耗与生活性能耗在内的总体能耗水平，因此为了得到分地区生产性能耗数据需要对生活能耗水平进行估计和剔除。鉴于人均生活能耗与人均具有高度的线性相关性（1998～2010 年全国人均生活性能耗与全国人均 GDP 对数数据相关系数为 0.9925），以 1998～2010 年全国总体的人均生活能耗水平与全国人均 GDP 的对数数据进行 OLS 回归可得：

$$\log（PLE）= \underset{(19.88)***}{0.5860} \cdot \log（PGDP）- \underset{(-25.86)***}{7.3221}$$

$R^2 = 0.9775$　s. e. $= 0.0434$　$F = 395.5641$　$LM_1 = 1.2999$　$LM_2 = 1.5435$

利用此关系和各地区历年人均 GDP 可估算出各地区历年人均生活能耗，并结合各地区当年人口水平可得各地区历年生活性能耗的估计值，以地区总体能耗剔除生活型能耗可得各地区的生产性能耗。

地区	能耗强度		产业结构指数		技术指数		地区相对技术		行业总体技术	
	2000 年	2010 年	2000 年	2010 年	2000 年	2010 年	2000 年	2010 年	2000 年	2010 年
海南	0.7564	0.5826	1.2500	1.3404	1.0576	1.2805	1.0576	0.8552	1.0000	1.4973
重庆	1.5689	1.1048	0.8685	0.8482	0.7339	1.0671	0.7339	0.5398	1.0000	1.9769
四川	1.7425	1.0254	0.8433	0.7466	0.6805	1.3063	0.6805	0.6785	1.0000	1.9252
贵州	4.4251	1.9524	0.7323	0.8975	0.3086	0.5707	0.3086	0.3239	1.0000	1.7622
云南	1.7975	1.1715	0.9657	0.8964	0.5761	0.9522	0.5761	0.5250	1.0000	1.8138
陕西	1.3046	0.8935	0.6068	0.8782	1.2633	1.2745	1.2633	0.7649	1.0000	1.6662
甘肃	3.0607	1.4336	0.5641	0.7068	0.5792	0.9868	0.5792	0.6244	1.0000	1.5804
青海	3.1788	2.0213	0.6047	0.6662	0.5202	0.7426	0.5202	0.4175	1.0000	1.7785
宁夏	4.4300	2.3249	0.5231	0.6603	0.4315	0.6514	0.4315	0.3815	1.0000	1.7075
新疆	1.9723	1.5514	0.6390	0.9300	0.7935	0.6931	0.7935	0.4716	1.0000	1.4696

从表 1 可以看出，中国所有地区在样本期间内的能耗强度都显著降低，而这种改善来自行业总体的节能技术改进。综合各地区情况，行业总体的节能降耗技术在 2000～2010 年普遍提升了一倍左右。而从产业结构情况来看，各地区则表现不一。在样本涵盖的 30 个省、市、自治区中共有 18 个地区的产业结构得到改善，另外 12 个地区的产业结构恶化。出现产业结构恶化的地区主要集中在经济发展水平居中的中部地区和部分东部地区，这表明，中国的污染性产业有从东部经济发达地区向中部地区转移的倾向。从地区相对节能技术来看，有九个地区在 2000～2010 年实现了相对节能技术的改进，体现出一定的追赶效果；同时，地区之间相对节能技术的标准差由 2000 年的 0.3342 降低到了 2010 年的 0.3303，表明地区之间的节能技术具有一定的趋同倾向。[①]

三、环境监管与能源消耗强度：经验检验

在得到中国各地区能耗强度变化的结构指标和技术指标的基础上，可以进一步通过联立方程模型来具体考察 FDI 和政府环境监管在与地区能耗有关的产业结构及技术进步方面所产生的影响以及它们之间的相互作用。

（一）检验模型构建

理论上而言，流入特定地区的 FDI 对当地能耗状况的影响可以概括为三个方面：

---

① 标准差由表 1 数据计算获得。

第一，FDI 的流入会引起当地产业结构和能耗控制技术的变化，因此会对当地能耗强度形成直接影响。如前所述，FDI 流入对地区产业结构和技术进步的影响可能存在相当的差异，因此要全面认识 FDI 的能耗效应，首先需要对 FDI 在产业结构和节能技术进步方面所产生的影响分别进行考察。同时，考虑到 FDI 的产业结构或技术效应可能通过产业关联和溢出渠道实现跨区域传播，因此在关注本地 FDI 流入的同时，我们也有必要对流入周边地区的 FDI 保持相应关注。

第二，FDI 的流入可以通过资本积累效应和广义技术溢出效应影响地区的经济增长，并通过经济发展水平变化间接影响地区的能耗状况。现有研究认为，地区的能耗强度会随着地区经济发展水平的提高而逐步改善。[①] 因此在理论上，如果 FDI 的流入可以通过资本积累或广义技术溢出促进当地的经济发展，则可以借此对当地的能耗状况产生间接意义上的积极影响。然而，一方面，尽管外资作为一种资本注入会在直观意义上增加当地的资本存量，但在市场容量既定的情况下，外资的进入也会与国内企业形成一定的竞争，并导致国内企业生产的萎缩和资本存量的下降，这被视为 FDI 流入对当地资本的"挤出"效应。另一方面，FDI 的流入也可能通过产业关联和技术溢出带动相关上下游产业的发展，并引起国内投资的增加，这构成了 FDI 对当地资本的"挤入"效应，二者的大小均需通过经验检验加以确定。同时，FDI 的技术溢出效应是否存在本身也是存在很大争议的问题。[②] 有鉴于此，在考察 FDI 对地区的能耗效应时，应将 FDI 的技术溢出与资本积累效应纳入考察框架。

第三，FDI 的流入还可以通过左右当地的环境监管力度对地区能耗造成间接影响。环境监管力度是决定一个地区能耗状况的关键。从理论上来看，环境监管力度的强化会提升高能耗行业的生存门槛，从而有助于促进当地产业结构优化和节能技术的应用。然而作为政府的决策行为之一，政府的环境监管力度可能受到多方面因素的影响：首先，环境监管力度会依赖于当地的经济发展水平，但其具体方向可能与地区经济发展阶段有关。在地区经济发展初期，环境保护可能会让位于经济发展的要求，地区的环境保护监管会与经济发展水平呈负相关；而随着地区经济发展水平的不断提升，对于环境保护的要求会越发强烈，政府的环境监管力度也会随之增强。这也是造成能耗强度与经济发展水平之间呈现"U"形库兹涅茨曲线特征的原因之一。其次，政府的环境监管力度也受地区产业结构的影响。这种影响同样包括两种方向相反的可能：一方面，高能耗的产业结构必然加大该地区的环境压力，迫使政府采取更严厉的管制措施；另一方面，高能耗的产业结构往往又意味着高耗能产业在该地区的经济增长中占据主导地位，进而对政府形成一定的"绑架"，迫使政府为了追求经济增长而放松对这些产业的环境要求。最后，地区的能源禀赋状况也

[①] 从现有研究来看，尽管地区能耗状况总体上会随着地区经济发展程度的提高而趋于改善，但其具体过程也会呈现出与环境库兹涅茨曲线类似的倒"U"形或倒"N"形趋势，该结论得到了孙浦阳等（2011）的支持。

[②] 尽管大量针对中国的研究对 FDI 的技术溢出效应持积极的态度，但也有相当的研究对此结论提出质疑，如 Görg 和 Greenaway（2004）认为，针对发展中国家的检验可能因内生性问题而存在较大的误差；蒋殿春和张宇（2008）也认为，现有研究可能因未考虑国内的制度变迁因素而夸大了 FDI 的技术溢出效果。

可能会对政府监管形成一定的激励，比如丰裕的能源禀赋可能降低高耗能的压力而引起政府对环境监管的放松。此外，鉴于环境状况在一定区域内具有"公共物品"性质，从治理成本方面考虑，地方政府在节能减排过程中往往带有"搭便车"动机，表现为相邻地区政府间的相互推诿，要求与其他地区在环境治理方面"共进退"。而考虑到环境规制可能成为地方政府的引资工具，邻近地区间政府治理强度的趋同效应还会进一步加强。因此，在影响政府环境监管力度的诸多因素中，邻近地区的环境监管状况也是一个不容忽视的因素。

除了以上几方面因素之外，作为政府招商引资活动的主要目标，资源的存在也会对政府的环境监管决策形成一定干扰。一般认为，发展中国家或地区的政府往往会在经济增长或就业压力的驱使下，通过放松相应的环境监管来达到吸引国外投资和发展当地经济的目的，这也是 FDI 环境效应的"污染避难所"假说所依赖的重要立论依据。如果这种效应真实存在，将是 FDI 负面环境效应的重要证据。然而，如果进一步考虑及 FDI 本身实物资本属性所带来的沉没成本效应，已经流入特定地区的 FDI 资源和尚未流入该地区的"潜在"FDI 资源对政府环境监管的影响可能存在一定差异。这意味着我们不仅需要将 FDI 对环境监管的影响纳入考察框架，还需要同时考虑本地与外地 FDI 对政府环境监管所产生的不同影响。

综合以上分析可以看出，FDI 的环境效应至少存在产业结构、技术状况、经济发展水平以及政府监管四个基本的渠道；同时，FDI 的流入与政府的环境监管程度之间也存在着相互影响的反馈机制。结合这一基本思路我们考虑建立与地区能耗相关的联立方程模型如下：

$$\ln(E_{i,t}) = -\ln(Str_{i,t}) - \ln(RT_{i,t}) - \ln(WT_{i,t}) \tag{5}$$

$$\ln(Str_{i,t}) = \alpha_{11}\ln(PGDP_{i,t}) + \alpha_{12}[\ln(PGDP_{i,t})]^2 + \alpha_{13}\ln(ED_{i,t}) + \alpha_{14}\ln(Gov_{i,t}) +$$
$$\alpha_{15}\ln(FDI_{i,t}) + \alpha_{16}\ln(NFDI_{i,t}) + \alpha_{17} \tag{6}$$

$$\ln(RT_{i,t}) = \alpha_{21}\ln(PGDP_{i,t}) + \alpha_{22}\ln(ED_{i,t}) + \alpha_{23}\ln(Gov_{i,t}) + \alpha_{24}\ln(EI_{i,t}) +$$
$$\alpha_{25}\ln(GI_{i,t}) + \alpha_{26}\ln(FDI_{i,t}) + \alpha_{27}\ln(NFDI_{i,t}) + \alpha_{28} \tag{7}$$

$$\ln(EI_{i,t}) = \alpha_{31}\ln(Gov_{i,t}) + \alpha_{32}\ln(Pro_{i,t}) + \alpha_{33}\ln(PGDP_{i,t}) + \alpha_{34}\ln(GI_{i,t}) +$$
$$\alpha_{35}\ln(FDI_{i,t}) + \alpha_{36}\ln(NFDI_{i,t}) + \alpha_{37} \tag{8}$$

$$\ln(GI_{i,t}) = \alpha_{41}\ln(Gov_{i,t}) + \alpha_{42}\ln(PFI_{i,t}) + \alpha_{43}\ln(PGDP_{i,t}) + \alpha_{44}\ln(EI_{i,t}) +$$
$$\alpha_{45}\ln(FDI_{i,t}) + \alpha_{46}\ln(NFDI_{i,t}) + \alpha_{47} \tag{9}$$

$$\ln(Gov_{i,t}) = \alpha_{51}\ln(Ngov_{i,t}) + \alpha_{52}\ln(PGDP_{i,t}) + \alpha_{53}[\ln(PGDP_{i,t})]^2 + \alpha_{54}\ln(ED_{i,t}) +$$
$$\alpha_{55}\ln(Str_{i,t}) + \alpha_{56}\ln(FDI_{i,t}) + \alpha_{57}\ln(NFDI_{i,t}) + \alpha_{58} \tag{10}$$

$$\ln(PGDP_{i,t}) = \alpha_{60}\ln(PK_{i,t}) + \alpha_{61}\ln(E_{i,t}) + \alpha_{62}\ln(MI_{i,t}) + \alpha_{63}\ln(FDI_{i,t}) +$$
$$\alpha_{64}\ln(NFDI_{i,t}) + \alpha_{65} \tag{11}$$

$$\ln(PK_{i,t}) = \alpha_{71}\ln(FDI_{i,t}) + \alpha_{72}\ln(NFDI_{i,t}) + \alpha_{73} \tag{12}$$

$$\ln(FDI_{i,t}) = \alpha_{81}\ln(PGDP_{i,t}) + \alpha_{82}\ln(WG_{i,t}) + \alpha_{83}\ln(MI_{i,t}) + \alpha_{84}\ln(EA_{i,t}) +$$
$$\alpha_{85}\ln(Gov_{i,t}) + \alpha_{86} \tag{13}$$

其中方程（5）为地区能耗强度的分解恒等式，即地区能耗强度 E 取决于地区的产业结构 Str、地区相对技术 RT 以及行业整体技术进步 WT 三者的乘积。

方程（6）至方程（9）对应于 FDI 通过产业结构和环保技术的影响而产生的能耗效应。其中，方程（6）为产业结构检验方程，被解释变量为产业结构 Str,① 解释变量主要包括三类：第一类为经济发展水平，参照环境污染的"库茨涅茨曲线"效应，考虑同时在模型中引入人均生产总值 PGDP 的一次项和二次项；第二类为行业的能耗刺激指标，考虑到丰裕的能源禀赋以及宽松的监管力度都会降低高耗能行业进驻该地区的门槛，从而导致该地区的产业结构向高能耗型产业转移，因此此类指标包括地区能源禀赋变量 ED 和地区环境监管变量 Gov；第三类为外资变量，包括本地外资依存度 FDI 和邻近地区外资依存度 NFDI。

方程（7）为能耗技术检验方程。为了考察各地区在现有科技条件许可情况下对节能降耗技术的应用，方程采用剔除外生科技进步影响后的各地区相对技术水平 RT 作为被解释变量。解释变量囊括了可能影响地区节能降耗技术水平的主要因素，包括地区经济发展水平 PGDP、能源禀赋 ED、环境监管强度 Gov、环境治理投入（企业投入 EI 和政府投入 GI）。同时，仍引入本地及外地外资依存度 FDI 和 NFDI 作为解释变量。

方程（8）与方程（9）为技术投入方程，用以考察政府监管以及外资流入对于企业和政府环境治理投入的影响。由于环境治理投入，特别是企业的环境治理投入在很大程度上是政府环境监管的结果，因此解释变量首先包括当地的环境监管 Gov；同时，为了验证外资企业是否比国内企业具有更大的环境治理意愿，以及外资流入对政府环境投入的影响，方程中均引入当地和其他地区外资依存度 FDI 和 NFDI。此外，方程中还纳入了一些可能影响政府及企业环境治理投入的控制变量，包括当地经济发展水平，用以控制经济发展程度对环境治理投入的影响；当地人均财政收入 PFI 以及企业利润率 Pro，用以控制政府与企业财力状况对环保投入的影响。此外，顾及政府和企业的环境治理投入会存在一定的相互替代性，在政府投入和企业投入两个方程中各自引入企业环境治理投入和政府环境治理投入作为控制变量。

方程（10）为政府监管方程，对应于 FDI 通过环境监管而对地区能耗状况产生的间接影响。基于前文的理论分析，方程的解释变量包括人均 GDP 及其二次项、地区产业结构变量 Str、能源禀赋变量 ED 以及临近地区环境监管强度 Ngov。为了验证现实和"潜在" FDI 资源对环境监管的影响，模型也引入本地及邻近地区外资依存度 FDI 和 NFDI 作为解释变量。

方程（11）和方程（12）对应于 FDI 通过地区经济增长对地区能耗状况产生的间接性影响。其中方程（11）为经济增长方程，用以考察 FDI 借由广义的技术溢出效应，通过影响地区经济增长而对地区能耗状况产生的间接效应。方程以人均实际 GDP 为被解释变量，同时引入人均资本存量（PK）作为反映该地区资本积累的解释变量。考虑到能源

---

① 为叙述方便，正文中我们一律省去了变量的对数符号 ln。

消耗与外资依存度会对该地区的生产效率产生影响，在模型中同时包括能源消耗强度（E）以及本地和外地的外资依存度（FDI 和 NFDI）。此外，根据蒋殿春和张宇（2008）的分析，地区市场化程度是引起生产率提升的主要因素，而遗漏这一因素可能会高估 FDI 技术溢出效应，因此在方程中纳入当地市场化程度指标 MI。

方程（12）是资本存量方程，用以考察 FDI 流入通过资本积累对经济增长产生的直接影响，即外资流入是否会对国内资本产生"挤出"或"挤入"效应。该方程以人均国内资本存量 PK 为被解释变量，以本地及邻近地区外资依存度（FDI 和 NFDI）为解释变量。

方程（13）为外资方程，以本地外资依存度 FDI 为被解释变量，用以考察政府监管对外资流入的反馈性影响。根据国际生产折衷范式（Ownership Location Internalization Paradigm，OIL），外资进入某个特定的地区主要受垄断优势、内部化优势以及区位优势三方面因素的影响。其中，垄断优势体现了外国企业与国内企业之间的技术差异；区位优势则与该地区的经济发展水平、市场化程度、工资成本以及政府监管等因素有关。基于此，解释变量中外资企业相对于国内企业的生产率优势 EA 体现了外商投资企业的所有权优势，而其他变量均为各地区的区位特征，包括国内生产总值 PGDP、市场化指数 MI、人均工资 WG 和环境监管强度 Gov。

模型系统共包含变量 18 个，其中外生变量 7 个，分别为行业整体技术进步 WT，能源禀赋 ED，企业利润率 Pro，人均财政收入 PFI，外资企业生产率优势 EA，市场化程度 MI 以及人均工资 WG，其余变量均为内生变量。上述变量之所以能视为外生，主要由于这些变量或者体现了非经济因素推动的科技发展（如行业整体技术进步程度），或代表了天然及历史形成的自然禀赋状况（如能源禀赋及反映劳动力丰裕度的人均工资），或为当地的制度环境乃至企业自身特征所决定的因素（如市场化程度、人均财政收入、企业利润率以及外资企业效率优势）。同时，这些变量本身也并非本文关注的重点，而更多的是作为控制地区特征因素加入，出于简化模型分析的考虑，不再对这些变量进行内生化处理。

（二）指标构建与样本选择

模型中相关指标的构建与样本选择情况如下：

1. 相关指标构建

检验中涉及的其他指标选择与构建方式如下：

（1）外资依存度变量。检验模型中包含了本地及临近地区的外资依存度。对于地区 i 的外资依存度 $FDI_{i,t}$，以地区 i 在第 t 年的外商与港澳台投资工业企业固定资产年平均净值余额占该地区全部规模以上工业企业固定资产年平均净余额的比重衡量；对于邻近区域的外资依存度 $NFDI_{i,t}$，则利用地理相关系数矩阵对除地区 i 以外的其他所有地区 FDI 指标加权求和来定义：

$$NFDI_{i,t} = \sum_{m \neq i} \delta_i^m (FDI_{m,t}) \tag{14}$$

其中，δ_i^m 为地区 m 与地区 i 之间的地理相关系数，借鉴沈坤荣和付文林（2006）的方法，以地区之间的地理距离为权重来构造。但考虑到决定地区间距离远近的关键因素在于地区间的实际道路里程而并非两点之间的直线距离，因此本文的计算以地区间的道路里程作为衡量区域间距离的标准。首先计算省份 m 和省份 i 的省会城市之间公路交通里程 D_i^m 的倒数，即 $d_i^m = 1/D_i^m$，并对其进行标准化处理即得：$\delta_i^m = d_i^m / \sum_{n \neq i} d_i^n$，其中，n 代表除地区 i 之外的其他各地区。

（2）政府环境监管强度。由于缺乏反映政府对能耗监管的直接指标，本文以各地区的环境监管强度作为政府能耗监管的代理指标。因此，基于各地区历年单位产值的环境污染立案数 CAS 来衡量政府的监管强度。[1] 该指标有一个明显的缺陷，即高 CAS 值一方面可能源于严厉的环境监管，另一方面也可能是因为相关地区的污染违法现象较为普遍。为克服这一缺陷，我们用该地区的三类主要污染物（废水、废气和固体废弃物）排放相对技术水平的平均值 $\overline{RT}_{i,t}$[2] 对 CAS 进行修正，定义为政府环境监管强度 $Cov_{i,t}$：

$$Cov_{i,t} = CAS_{i,t} \times \overline{RT}_{i,t} \tag{15}$$

这一定义的内在逻辑在于，环境控制技术较为先进的地区可能发生的环境污染案件数量较少，因此对于单位产值的环境污染案件数量相同的两个地区而言，环境控制技术相对先进的地区会对应着更严格的环境监管；而对于污染控制技术相同的两个地区，单位产值的环境污染案件数量则反映了两个地区的环境监管强度。与式（14）相仿，我们利用地理相关系数矩阵对除地区 i 以外的其他所有地区 Gov 指标加权求和来定义邻近地区的环境监管强度：

$$Ngov_{i,t} = \sum_{m \neq i} \delta_i^m (Gov_{m,t}) \tag{16}$$

（3）环境治理投入。由于目前尚无有关节能降耗具体投入的指标，为此我们以各地区的环境治理投入作为与节能投资有关的代理变量。环境治理投入体现了政府对当地环境状况的重视程度，因此可以在一定程度上体现当地的节能投资力度。环境治理投入包括政府投入 $gi_{i,t}$ 和企业的投入 $ei_{i,t}$。考虑到该投入与该地区的实际环境污染状况高度相关，同样规模的治理经费在高污染和低污染地区显然无法代表同样的投入力度。有鉴于此，利用各地区实际的单位产值三类污染物排放量 $Plu_{i,t}$ 对 $gi_{i,t}$ 与 $ei_{i,t}$ 进行平减，定义为政府和企业的环境治理投入：

$$GI_{i,t} = gi_{i,t}/Plu_{i,t}, EI = ei_{i,t}/Plu_{i,t} \tag{17}$$

（4）其他控制变量。除了以上的关键变量之外，模型中还包含以下控制变量：

---

① 关于政府监管强度衡量的很多研究都提出了各自不同的做法，如郭红燕和韩立岩（2008）直接以企业的环境保护技术指数作为监管的衡量标准，应瑞瑶和周力（2006）以污染治理投入为监管标准。但这些方法都存在一定的缺陷：一方面，这些指标本质上都可归因于企业在面临政府既定监管水平下的技术选择，因此更多的是一种政府监管程度的间接体现；另一方面，技术水平或治理投入的增加既可以由监管强化所引发，同时也会与特定企业或地区污染程度的加剧有关，因此单纯考察此类指标不能反映政府的环境监管力度。

② 相对技术水平的计算采取与前文所述能耗相对技术相同的方法，此处不再赘述。

人均国内生产总值 $PGDP_{i,t}$，以利用国内生产总值平减指数平减处理的各地区历年实际人均 GDP 来衡量。

人均资本 K_{it}，将各地区经固定资产投资价格指数平减处理后的全社会固定资产投资额按照"永续盘存法"加总，除以该地区的总人口。[①]

人均财政收入 $PEI_{i,t}$，以各地区人均地方财政收入衡量。

企业利润率 $Pro_{i,t}$，以各地区全部规模以上企业营业利润占主营业务收入之比衡量。

能源禀赋 $ED_{i,t}$，以各地区一次能源（原煤、原油、天然气）产量按照相应的折算系数统一折算为一定的标准煤数量，以人均的一次能源产出水平作为当地能源禀赋的指标。

人均实际工资 $WG_{i,t}$，以商品零售价格指数平减处理后的各地区年平均工资衡量。

市场化程度 $MI_{i,t}$，以各地区私人部门的固定资产占国内部门的固定资产比重来衡量。[②]

外资企业生产率优势 $EA_{i,t}$，以各地区历年外商投资企业的劳动生产率与国内部门的劳动生产率之比来衡量。

所有变量的统计描述见表2。

2. 样本选择及数据来源

鉴于相关指标原始数据的可得性，本文使用的样本为 2001~2009 年中国除西藏地区之外的 30 个省份。其中，各地区的分行业数据取自各地区的统计年鉴；各地区和各行业的能源消耗数据源自《中国能源统计年鉴》；各地区的污染立案数量以及污染治理经费投入数据源自《中国环境年鉴》；其他各类数据均由《中国统计年鉴》计算整理。

表2　变量统计描述

变量	均值	中位数	最大值	最小值	标准差
E	1.56	1.29	5.34	0.42	0.92
STR	0.71	0.71	1.49	0.33	0.18
RT	0.80	0.73	1.72	0.28	0.33
WT	1.47	1.45	2.27	0.98	0.29
GOV	0.43	0.24	5.21	0.06	0.61
Ngov	0.44	0.32	5.21	0.04	0.55
GI	6514.09	3235.06	82028.60	23.57	10075.92
EI	105101.90	59464.44	915667.60	496.26	139924.40
PGDP	15659.57	12039.89	69369.88	2895.00	11172.35
PK	38564.48	29886.44	141402.60	7405.69	26722.58

① 基期的全社会固定资产存量取自何执等（2003），固定资产折旧率取10%。
② 其中，国内部门的数据为全部国有及规模以上非国有工业部门数据剔除外商及港澳台投资企业数据后获得；私人部门的相关数据为国内部门数据剔除国有及国有控股企业数据后获得。

变量	均值	中位数	最大值	最小值	标准差
FDI	0.17	0.13	0.54	0.01	0.14
NFDI	0.17	0.17	0.30	0.10	0.04
ED	91.30	12.44	1528.85	0.00	237.45
WG	21001.33	18934.50	66115.00	7908.00	10232.52
EA	1.47	1.26	5.23	0.41	0.72
MI	0.22	0.18	0.64	0.01	0.15
PFI	1806.29	1087.24	13609.48	262.57	2213.27
Pro	0.07	0.06	0.33	0.01	0.04

（三）检验结果

鉴于本文所使用的样本数据结构为面板数据，利用 Baltagi（1981）提出的包含误差成分的两阶段最小二乘法（EC2SLS）与三阶段最小二乘法（EC3SLS）可以在控制面板数据异质性的同时顾及变量的内生性及方程之间误差项的相关性，其结论更为可靠，因此本文的检验主要利用 EC3SLS 方法对该联立方程进行估计，[①] 结果见表3。

表3　估计结果

因变量 自变量	方程(6) $\ln(Str_{i,t})$	方程(7) $\ln(RT_{i,t})$	方程(8) $\ln(EI_{i,t})$	方程(9) $\ln(GI_{i,t})$	方程(10) $\ln(Cov_{i,t})$	方程(11) $\ln(PGDP_{i,t})$	方程(12) $\ln(PK_{i,t})$	方程(13) $\ln(FDI_{i,t})$
$\ln(PGDP_{i,t})$	-1.1336 (-2.34)**	0.0561 (1.27)	0.9706 (4.50)***	0.1661 (2.06)***	-9.6001 (-4.39)***	—	—	0.4688 (4.35)***
$\ln(PGDP_{i,t})^2$	0.1343 (2.33)**	—	—	—	1.1028 (4.21)***	—	—	—
$\ln(ED_{i,t})$	-0.0137 (-2.30)**	-0.0094 (-1.27)	—	—	-0.0900 (-2.99)***	—	—	—
$\ln(Gov_{i,t})$	0.0617 (5.70)***	0.1008 (7.06)***	0.1211 (2.23)**	-0.1797 (-0.29)	—	—	—	-0.0162 (-0.56)

---

① 本质而言，EC2SLS 和 EC3SLS 方法均通过组内估计和组间估计剔除了误差成分的影响，并利用组内估计和组间估计的方差加权控制了误差成分的影响。在方程间误差项不存在相关关系的情况下，二者的估计结果是一致的，但如果考虑到方程间误差项之间的相关性，则 EC3SLS 较普通的三阶段最小二乘法和 EC2SLS 更为有效（Baltagi，1981）。为了保证结论的稳健性，本文也对该模型采用 EC2SLS 方法进行了估计，其结果与 EC2SLS 基本相同，仅个别变量在显著性方面存在差异。因篇幅所限，本文仅报告了 EC3SLS 估计结果。

因变量 自变量	方程(6) ln(Str$_{i,t}$)	方程(7) ln(RT$_{i,t}$)	方程(8) ln(EI$_{i,t}$)	方程(9) ln(GI$_{i,t}$)	方程(10) ln(Cov$_{i,t}$)	方程(11) ln(PGDP$_{i,t}$)	方程(12) ln(PK$_{i,t}$)	方程(13) ln(FDI$_{i,t}$)
ln(Ngov$_{i,t}$)	—	—	—	—	0.5455 (7.95)***	—	—	—
ln(EI$_{i,t}$)	—	0.0138 (0.98)	—	-0.0082 (-1.09)	—	—	—	—
ln(GI$_{i,t}$)	—	0.0444 (4.02)***	-0.0218 (-1.58)	—	—	—	—	—
ln(PFI$_{i,t}$)	—	—	—	0.0243 (0.06)	—	—	—	—
ln(Pro$_{i,t}$)	—	—	0.1216 (0.90)	—	—	—	—	—
ln(FDI$_{i,t}$)	-0.0170 (-0.80)	0.2031 (7.53)***	2.4737 (5.03)***	0.2153 (1.18)	0.9885 (2.24)**	-0.0068 (-0.42)	0.4234 (11.59)***	—
ln(NFDI$_{i,t}$)	0.1848 (2.04)**	0.0803 (1.81)*	0.0679 (0.56)	-2.2748 (-0.36)	-1.2773 (-4.60)***	0.2087 (2.74)***	1.5021 (10.75)***	—
ln(PK$_{i,t}$)	—	—	—	—	—	0.7608 (35.02)***	—	—
ln(E$_{i,t}$)	—	—	—	—	—	-0.1431 (-4.38)***	—	—
ln(Srt$_{i,t}$)	—	—	—	—	0.2824 (2.56)**	—	—	—
ln(WG$_{i,t}$)	—	—	—	—	—	—	—	-0.1643 (-1.29)
ln(MI$_{i,t}$)	—	—	—	—	—	0.0013 (0.10)	—	0.0997 (2.61)***
ln(EA$_{i,t}$)	—	—	—	—	—	—	—	0.3063 (3.97)***
C	0.6367 (2.23)**	-0.0002 (-0.99)		3.2409 (2.20)**	11.8873 (4.19)***	0.1392 (7.48)***	3.1133 (61.95)***	-3.5500 (-21.81)***
调整后的 R^2	0.1021	0.4941	0.6024	0.0282	0.4503	0.8783	0.4467	0.0107
χ^2 检验	63.29 [0.0000]	332.07 [0.0000]	459.90 [0.0000]	11.83 [0.065]	294.50 [0.0000]	2244.89 [0.0000]	453.28 [0.0000]	57.48 [0.0000]

注：括号内为 t 值，中括号内是置信概率，***、** 和 * 分别代表了 1%、5% 和 10% 水平下显著。

　　方程（6）和方程（7）分别体现了 FDI 通过产业结构和技术变动对当地能耗状况产生的影响。从方程（6）的回归结果来看，ln（PGDP）的系数为负，但其二次项系数都显著为正，表明地区的产业结构会随着经济的发展而呈现出先恶化后改善的非线性特征，从而证实了在能源消耗方面存在着与环境污染类似的库茨涅茨曲线效应。ED 系数显著为负，表明能源禀赋充足的地区会更倾向于形成高能耗的产业结构。Gov 的系数显著为正，表明政府的环境监管强度是引起地区产业结构由高能耗向低能耗调整的重要诱因。而从外资进入对产业结构产生的影响来看，本地外资的流入尽管会对当地产业结构产生一定的负面影响，但结果并不显著；同时，流入周边地区的 FDI 则会对当地的产业结构产生较为明显的正面作用。综合这一情况来看，可以认为进入中国的 FDI 并没有显著地流入高能耗行业，而且外资的进入还可能通过产业关联等效应促进周边地区产业结构向低能耗方向转移，因此从能耗状况来看，中国并没有沦为跨国公司高能耗产业转移的"避难所"。

　　方程（7）显示了相关因素对地区相对节能技术所产生的影响。回归结果表明，地区的经济发展水平并不是制约当地节能技术应用的关键，能源禀赋相对稀缺的地区会较能源禀赋相对充裕的地区具有更大的技术进步动机，但其差别也并不显著；相反，推动地区节能技术进步最明显的力量来自政府的环境监管和外资的流入。政府监管程度增强会对节能技术的应用产生非常显著的促进作用，同时本地和外地的 FDI 都可以显著改善当地的能源控制技术。这一结果在一定程度上表明，外国跨国公司在华投资企业不仅会通过自身所采用的先进节能技术提升当地的相对技术水平，同时还可能会通过上下游的关联向国内企业直接提供更为先进的节能技术，或者促使国内企业采取更行之有效的节能降耗措施。此外，政府和企业的环境治理投入也会在一定程度上对当地环保技术进步产生一定的推动作用。但从效果来看，相对于企业投入而言，政府环境治理投入对于节能技术的改善效果要更为明显和强烈。

　　方程（8）和方程（9）进一步验证了政府监管和 FDI 对政府及企业环境投入的影响。从检验结果来看，地区经济发展水平提升所引发的社会对环境要求的提升是激发政府和企业增加环境治理投入的主要原因。同时，政府监管会对企业环境治理投入起到显著的激发效果，但环境监管对于政府环境治理投入的影响并不显著。其原因可能在于：政府环境治理投入与环境监管均体现了政府环境保护的意愿，但环境监管的强化可以激发企业的环境治理投入，从而减轻政府环境治理的压力。因此政府环境投入与环境监管之间也会存在一定的替代关系，并由此抵消了二者之间的正相关性。而在两个方程中，企业投入变量与政府投入变量均表现出某种负相关性，这也从一定的侧面证实了二者之间替代性的存在。此外，检验结果还证实地区人均财政收入和企业利润率并不会对技术投入产生显著性的影响，因此，可以认为政府和企业的资金压力并不是阻挠其加大环境治理投入的主要瓶颈。从外资流入的影响来看，本地和外地的 FDI 没有对政府的环境治理投入产生显著性影响，可以认为外资流入并没有对当地环境状况形成过于沉重的压力；而本地外资流入对当地企业环境投入具有显著的正面作用，也证实了外资企业在环境保护方面的确具有较国内企业更大的意愿，并吻合了方程（7）的检验结果。

方程（10）主要体现了 FDI 通过环境监管对能耗状况产生的间接性影响。从检验结果来看，人均国内生产总值一次项系数为负，二次项系数为正，且都具有极高的显著性，表明政府的环境监管同样会随着经济的发展而呈现出先弱化后增强的非线性特征。能耗产业结构的系数为正且在统计意义上显著，表明高耗能产业比重的增加会降低政府的环境监管水平，这也意味着目前在中国，高耗能产业对政府监管的绑架效应仍较为强烈。相对而言，外资对政府监管的影响状况要略为复杂：本地外资比重上升会引起政府环境监管强化，但邻近地区外资比重上升却会对本地政府的环境监管起到显著的弱化作用。这种截然不同的政策效应之所以产生，一方面，是因为本地外资带来环境压力上升，政府必须在环境监管上做出积极反应，而且本地外资一旦进入也不可能因严厉的环境监管而轻易退出；另一方面，邻近地区的外资在地方政府眼里更类似于"潜在"的外资资源，由此增强了地方政府通过放宽监管门槛实现"招商引资"的动机。此外，邻近地区的环境监管强度与本地区的环境监管强度呈现显著的正相关关系，这也意味着地方政府在环境监管博弈过程中面临一条斜率为正的反应曲线：无论是出于吸引外资目的还是出于环境污染压力，邻近地区间的环境监管都存在传染效应。

方程（11）和方程（12）检验了经济增长对地区能耗状况产生的间接影响。根据经济增长方程（11）的估计结果，能耗水平的加剧会对地区的生产率水平产生显著的负面作用，并进而拖累经济发展。另外，在控制了当地市场化程度的情况下，本地的外资依存度增加不会对当地的生产率水平产生明显的溢出效果，但临近地区的外资依存度增加则会对当地的生产率产生较为明显的技术溢出作用。同时，从方程（12）的结果来看，本地和邻近地区的外资依存度增加都会对本地资本积累起到积极作用。综合两方程的结果可知，外资依存度增加可以通过增进资本积累以及对周边地区生产率的溢出效应而对经济增长起到明显的促进作用。

方程（13）控制了影响外资进入的诸多因素。从回归结果来看，外资企业相对于本地企业劳动生产率的优势体现了外资企业所具有的垄断优势，对外资进入相关地区会产生显著的积极影响；而较高的人均生产总值和发达的市场化程度则从地区的经济发展水平、市场完善程度方面体现了当地的区位优势，对外资进入也会产生显著影响。值得注意的是，地区环境监管强度对吸引外资没有显著的影响。这一结果表明，环境监管水平并不是阻碍外资进入的主要障碍。地方政府刻意放松管制可能会引来一些高耗能企业和高污染型企业，但也可能会因此吓退低耗能企业和低污染型企业，或者那些具有较先进节能减排技术的企业（因为先进的环保技术在放任污染的制度中毫无用处）。

四、基本结论

我们通过构建具体的能耗强度指标，并在对其进行分解的基础上检验了外资流入和政府监管对其所产生的影响。通过检验我们可以得到以下一些基本结论。

首先，从中国目前生产领域的能耗状况来看，近年来单位产出的能耗程度出现大幅度的降低。引发这种提升的主要动力来自技术进步所带来的行业整体节能水平的提升，各地区在产业结构改善方面的表现则存在一定的差异。总体而言，高耗能产业在近年来呈现出由东部发达地区向中部地区转移的特征，引起中部地区高能耗产业比重的上升。

其次，针对外资进入对地区能耗水平的影响这一问题，总体上可以得到一些较为积极的判断。从具体路径来看，区域内的外资流入尽管没有能够显著引起产业结构向低能耗型产业转移，但也不存在"污染避难所"论所描述的外资大量进入高耗能产业的现象，而区域外的外资进入甚至可能通过产业关联等效应带动本地区产业向低能耗方向发展。另外，如果从技术进步角度进行审视，可以发现外资的进入可以显著地推动当地乃至周边地区节能技术的应用和相对技术水平的提升。同时，由于外资流入在地区经济增长方面会起到一定的促进作用，这种对经济增长的推动作用也会提升当地的经济发展水平进而提升地区的产业结构和政府环境监管力度，由此也为 FDI 改善当地能耗状况提供了另一条间接途径。

再次，外资进入通过影响政府的环境监管来间接影响地区的能耗状况也是考察外资对中国能耗状况影响的另一个不容忽视的线索。从检验结果来看，外资进入对地区环境监管力度的影响相对复杂，流入不同区域的外资对特定地区环境监管所产生的影响不尽相同：流入本地的外资存量增加会因为其带来的环境污染压力而引起政府规制的强化。相对而言，邻近地区的外资存量作为一种潜在性的资源更有可能激发政府降低本地环境规制水平的动机。因此，从总体上来看，外资的流入在强化本地环境监管的同时也弱化了其他地区的环境监管力度。

最后，从对外资流入产生吸引的因素来看，相对发达的经济发展水平和市场化程度以及跨国公司相对于本土企业的竞争优势等都是吸引外资进入特定地区的重要因素，而政府环境规制的放松却不会对流入一个地区的外资产生显著性的影响，这也意味着通过放松环境规制的方式来实现招商引资的目标可能无法取得预期的效果。

综上所述，外资的流入可以通过推动本地以及周边地区的节能技术应用，促进当地经济增长并强化本地区的环境监管来推动地区能耗水平的降低。尽管周边地区的外资流入会通过弱化本地的环境监管而对本地能耗水平产生一定的负面作用，但从总体上来看，外资进入对于中国能耗水平所产生的影响仍是较为积极的。鉴于放松环境规制并不会对外资进入形成足够的吸引，因此在吸引和利用外资的过程中，适当强化环境标准，加强对外资企业的环境监管是进一步避免外资企业将中国作为"污染避难所"并向中国转移环境压力的有效选择。

参考文献

[1] 郭红燕，韩立岩. 外商直接投资、环境管制与环境污染. 国际贸易问题，2008（8）.

[2] 何枫，陈荣，何林. 我国资本存量的估算和相关分析. 经济学家，2003（5）.

［3］蒋殿春，张宇. 经济转型与外商直接投资技术溢出效应. 经济研究，2008（7）.

［4］孙浦阳，武力超，陈思阳. 外商直接投资与能源消费强度非线性关系探究——基于开放条件下环境"库兹涅茨曲线"框架的分析. 财经研究，2011（8）.

［5］沈坤荣，付文林. 税收竞争、地区博弈及增长绩效. 经济研究，2006（6）.

［6］滕玉华，陈小霞. 开放条件下中国工业能源强度的影响因素分析. 新疆财经大学学报，2009（1）.

［7］应瑞瑶，周力. 外商直接投资、工业污染与环境规制——基于中国数据的计量经济学分析. 财贸经济，2006（1）.

［8］张贤，周勇. 外商直接投资对我国能源强度的空间效应分析. 数量经济技术经济研究，2007（1）.

［9］张学刚. 影响环境的机理与效应——基于中国制造行业的数据研究. 国际贸易问题，2011（6）.

［10］赵晓丽，胡军峰，史雪飞. 外商直接投资行业分布对中国能源消费影响的实证研究. 财贸经济，2007（3）.

［11］Acharkyya, J. FDI, Growth and the Environment: Evidence from India on CO_2 Emission during the last Two Dacades. Journal of Economic Development, 2009（6）: 43 – 58.

［12］Baumol, W. J. and Oates, W. E. The Theory of Environmental Policy. Cambridge: Cambridge University Press, 1988.

［13］Baltagi, B. H. Simultaneous Eequations with Error Components. Journal of Econometrics, 1981（17）: 189 – 200.

［14］De Bruyn, S. M. Explaining the Environmental Kuznets Curve: Structural Change and International Agreements in Reducing Sulphur Emissions. Environment and Development Economics, 1997（2）: 485 – 503.

［15］Eskeland, G. and Harrison, E. Moving to Greener Pastures? Multinationals and the Pollution Haven Hypothesis. Journal of Development Economics, 2003（70）: 1 – 23.

［16］Fisher – Vanden K. , Jefferson G. H. , Liu H. and Tao, Q. What Is Driving China's Decline in Energy Intensity? Resource and Energy Economics, 2004, 26（1）: 77 – 97.

［17］Fisher – Vanden K. Jefferson, G. H. Ma, Jingkui and Xu, Jianyi. Technology Development and Energy Productivity in China. Energy Economics, 2006（28）: 690 – 705.

［18］Grossman, G. M. and Krueger, A. B. Economic Growth and the Environment. Quarterly Journal of Economics, 1995（2）: 353 – 377.

［19］Görg, H. and Greenaway, D. Much Ado about Nothing? Do Domestic Firms Really Benefit from Foreign Direct Investment? World Bank Research Observer, 2004（19）: 171 – 197.

［20］He, Jie. Pollution Haven Hypothesis and Environmental Impacts of Foreign Direct Investment: The Case of Industrial Emission of Sulfur Dioxide（SO_2）in Chinese. Ecological Economics, 2006, 60（1）: 228 – 245.

［21］Hübler, M. and Keller, A. Energy Savings Via FDI? Empirical Evidence from Developing Countries. Environment and Development Economics, 2010, 15（1）: 59.

［22］Keller, W. International Technology Diffusion. Journal of Economic Literature, 2004, 42（3）: 752 – 782.

［23］Letchumanan, R. and Kodama, F. Reconciling the Conflict between the "Pollution – Haven" Hypothesis and an Emerging Trajectory of International Technology Transfer. Research Policy, 2000（29）: 59 – 79.

［24］Liang, F. Does Foreign Direct Investment Harm the Host Country's Environment? Mimeo, Hass School of Business of UC Berkeley, 2006.

［25］Mielnik, O. and Goldemberg, J. Foreign Direct Investment and Decoupling between Energy and Gross Domestic Product in Developing Countries. Energy Policy, 2002 (30): 87 – 89.

［26］Porter, M. and van der Linde, C. Toward a New Conception of the Environment Competitiveness Relationship. Journal of Economic Perspective, 1995, 9 (4): 97 – 118.

［27］Taylor, M. Unbundling the Pollution Haven Hypothesis. Advances in Economic Analysis and Policy, 2004, 4 (2).

［28］Walter, I. and Ugelow, J. L. Environmental Policies in Develioping Countries. Ambio, 1979 (8): 102 – 109.

［29］Wang, H. and Jin, Y. Industrial Ownership and Environmental Performance, Evidence from China. World Bank Policy Resaerch Working Paper, 2002: 2936.

［30］Wayne, B. and Shadbegian, R. When Do Firms Shift Production Across States to Avoid Environmental Regulation. NBER Working Papers, 2002: 8705.

金砖国家能源合作机理及政策路径分析[*]

刘文革　王　磊

【摘　要】在全球经济越来越关注的能源领域，无论是从能源消费总量还是从能源效率方面来看，金砖国家都已占据重要地位，能源合作已成为新时代促进金砖国家间经济合作的重要途径。文章通过分析金砖各国最新的能源生产和消费情况，并结合能源合作的经济效应分析，指出金砖国家应从加强能源需求管理、建立实质性能源合作机制、共同开发新能源等方面广泛开展能源合作。

【关键词】金砖国家；能源生产；能源消费；博弈分析

近年来，金砖国家综合经济实力发展极其迅速，已经成为拉动世界经济恢复和增长的重要引擎；同时，金砖国家能源需求的快速增长也必然对世界能源格局产生影响。在全球能源价格持续波动的今天，再加上诸多发达国家不断施加的能源环境压力，有必要深入研究金砖各国能源生产与能源消费之间的关联性，进而评估能源发展潜力，判断能源合作空间，同时也为我国未来的能源战略寻找最优发展途径。

一、金砖国家的能源生产与能源消费

金砖国家的五个成员国分别位于欧亚大陆、南美大陆和非洲大陆，均是这些地区最为关键的新兴经济体，这些国家正在对世界经济秩序发挥着越来越大的影响力。作为目前较为独立的国际对话平台，金砖国家的未来合作迫切需要新的选择方向，能源合作便是其未来长远战略的核心之一。

＊　原文发表于《经济社会体制比较》2013 年第 1 期。
作者简介：刘文革，浙江工商大学经济学院教授；王磊，辽宁大学经济学院博士研究生。
基金项目：2012 年国家社科基金重大项目"国际贸易保护主义发展趋势及我国应对策略研究"（项目编号：12&ZD097）。

（一）中国的能源生产与能源消费

金砖国家联合统计手册（2012）最新数据显示，2011 年中国一次能源消费总量占全球的 21.3%，超过美国的 18.5%，继续成为世界第一大能源消费国且与美国的差距逐渐拉大。作为世界第一大煤炭供应国，中国的煤炭储量约占全球的 14%，但煤炭消耗量却占到全球的 47%，是储量比例的三倍以上。石油方面，中国已探明的剩余储量基本维持在 20 亿吨，储产比已经降至目前的不到 10 年。作为世界第四大石油生产国，中国的石油仍然是入不敷出，严重依赖进口。相比较而言，中国天然气资源的开发勘探较晚，未来仍有较大的发展空间。中国的天然气供需前景是改变欧亚大陆和世界天然气贸易格局与地缘政治的重大因素。

结合中国经济增长的数据可以发现，进入中国工业化的黄金发展期后（即 1990 年以后），中国能源消费与经济增长的关系极为密切，相关系数测算接近于 1（0.9873），表明中国能源消费规模的扩张对经济增长的迅速发展提供了强有力的支持。进入 2000 年以后，中国人均能源消费量增长速度明显加快，由 2000 年的人均 0.82 吨油当量增长至 2010 年的人均 1.81 吨油当量，增长了 121%，中国人均 GDP 与人均能源消费之间的相关性更是高达 0.99，表明经济增长和人民生活水平的不断提高都与能源消费息息相关。

关于中国的能源消费情况，借助能源消费弹性系数和能源消费强度系数则更能清晰说明。能源消费弹性系数通常用能源消费增长速度与国民经济增长速度的年平均增长率比值来表示，结合《中国统计年鉴》及金砖国家联合统计手册统计数据进行计算，我国近 10 年来的能源消费弹性平均值达到了 0.91，表明我国能源消费规模的增长变化与经济增长变化基本保持一致。再看能源消费强度系数，该数值又称为单位产值能耗，指的是一定时间内一国每单位 GDP 所包含的能源消费量。经测算，自 20 世纪 90 年代以来，我国能源消费强度一直呈下降趋势。发达国家之所以出现这种现象，主要是因为其当时正处于由工业化时期向后工业化时期过渡的阶段，而我国直到今天都还未达到工业化高峰时期，主要原因是处于从计划经济体制向市场经济体制转变的过渡阶段，本质上是改革开放所释放的效率因素效果的体现。因此，从这一角度与发达国家比较来看，可以预测，我国不久的将来还将会出现新一轮的能源消费强度增长期。

（二）其他金砖国家的能源生产与能源消费

（1）俄罗斯的经济发展与能源平衡。IMF 数据显示，2011 年俄罗斯的国内生产总值达到 1.8 万亿美元，居世界第 10 位，人均 GDP 在 1 万美元左右。俄罗斯的经济结构非常不合理，绝大部分收入来自资源行业，包括石油、天然气、矿石和木材等，受这类商品价格的波动影响非常大。2009 年，俄罗斯经济遭到重创，自 2000 年以来首次出现负增长，下滑幅度超过了二十国集团及其他金砖国家。

俄罗斯的能源产品以石油和天然气为主，金砖国家联合统计手册（2012）显示，2011 年俄罗斯能源产品生产总量为 13.2 亿吨油当量，其中天然气占比 45.0%，石油占比

41.5%，煤炭占比 12.3%。一次能源消费总量为 7.0 亿吨油当量，其中天然气占比 51.0%，石油占比 22.8%，煤炭占比 14.0%。进入 21 世纪，伴随全球能源供需失衡局势的加剧，俄罗斯政府也逐渐开始重视能源资源的长期持续性开发，并于 2007 年制定了长期能源发展战略。根据这一政策规划，预计俄罗斯能源生产总量和一次能源消费总量在 2030 年将分别达到 17.5 亿和 10.5 亿吨油当量。近年来，伴随国际能源合作的发展，俄罗斯能源产品出口规模增长显著，2010 年能源出口量达 5.7 亿吨油当量，对应进口量则不及出口的 1/20。

（2）印度能源消费与经济发展。印度是世界上仅次于中国的第二人口大国，年经济总量居世界第 9 位，以人均 GDP 计算的经济发展水平居世界第 137 位。金砖国家联合统计手册数据显示，印度一次能源消费量 2010 年已达 5.24 亿吨油当量，与 1970 年的 0.65 亿吨油当量相比增加了 7 倍。借助相关数据测算发现，印度能源消费量与经济增长水平之间的相关性高达 0.985，而人均能源消费量与人均产值之间的相关性也同样高达 0.977，综合表明印度经济发展水平与能源消费规模增长关系密切。

进一步借助前文所介绍的能源消费弹性系数和能源消费强度系数来看，印度近年来的能源消费弹性系数均小于 1，这与印度以现代信息服务业为发展主导产业的国情相符，信息服务业在带动印度实现经济腾飞的同时，还大大降低了对能源资源的消费需求。再看能源消费强度，测算结果显示，印度近年来的能源消费强度与中国类似，也呈逐渐走低态势且数值一直低于中国，表明印度同样未达到工业化高峰期，尚处于工业化初期发展阶段。

（3）南非、巴西的能源发展与投资机遇。南非属于中等收入的发展中国家，也是非洲经济最发达的国家，2011 年其国内生产总值为 4080 亿美元，居世界第 27 位，占非洲国内生产总值的 20% 左右；人均 GDP 为 8066 美元，居世界第 70 位。矿业、制造业、农业和服务业是南非经济的四大支柱，深井采矿等技术居世界领先地位。目前，南非在天然气资源开采方面依然存在亟须解决的障碍，困难主要集中在技术和政策两大层面，天然气在南非能源构架中仅占很小的一部分，薄弱的基础设施也是阻碍其实现飞跃性发展的一大难题。南非政府未来需继续加大对天然气等能源资源开采技术开发的投入，制定明确的能源支持政策，完善相关法律法规，这样南非国内的能源开采市场将迅速成长，其所带来的投资机遇不可小觑。

而在巴西方面，随着其国内石油业投资的大量增加，石油产量不断增长，委内瑞拉和墨西哥正迅速失去其在拉美石油生产领域数十年的主导地位。巴西计划 2020 年以前使本国的石油产量增加 1 倍以上，并有潜力成为重要的石油出口国。随着巴西 2030 年国家能源发展规划的颁布和实施，巴西将扩大对能源领域的投资，开发核能、水力、热力、风能以及生物能源发电，以满足未来数十年的经济增长需求。巴西政府在能源领域的庞大投资规划，将极大刺激国内对能源行业相关产品的需求，使能源行业继续保持迅速发展的势头，这对于巴西国内外的能源企业而言是个很好的投资发展机会。

总体而言，各具特色决定了金砖各国未来在能源合作方面具有极大的互补性和广阔的合作空间，同时这也将成为未来全球能源经济、政治等方面的焦点。可以说，金砖国家是改变、创新当前全球能源格局和决定未来世界能源发展趋势的关键因素。

二、金砖国家能源合作的多国博弈分析

金砖各国在未来的能源合作领域虽然具备较大的互补性和发展空间，但受地域限制、历史矛盾、经济水平差距等障碍因素的影响，若处理不好，合作也必将成为布满荆棘的坎坷之路。正因如此，金砖国家之间的能源合作首先必须基于各国经济发展水平与国内能源产业发展的密切关系来进行，正是能源产业对国内经济发展的重要推动性才决定了一国对外开展能源合作的必要性。金砖国家间的能源合作将会是多国长期博弈的过程，本节也将在分析各国经济发展与能源产业紧密关系的基础上，证明金砖各国在能源合作领域的积极参与取向，给出博弈路径。

（一）金砖国家能源合作发展现状

伴随近年来金砖国家间联系的日益紧密，能源合作正在成为金砖国家间合作的主要内容，而从近年来金砖国家间合作的现实状况来看，能源方面的合作发展主要是以中国为核心全面展开的，这其中又属中俄两国间的能源产业合作联系最为广泛和深入。目前，油气贸易是两国现阶段最主要的能源合作领域，2009 年中国从俄罗斯石油进口量占我国石油进口总量的 10.5%，且总体仍呈上升趋势。同时，我国也一直在谋求与俄罗斯在油气领域上游的合作，力求积极参与俄罗斯油气田的合作与开发。而在技术服务方面，随着我国技术和设备在俄罗斯市场逐步得到认可，近几年我国也积极参与了俄罗斯的油气服务，包括地球物理勘探、远东原油管道建设，钻机、修井机、钻头等设备供应技术服务领域。为了保证经济快速发展，实现自身的崛起，中国和印度都十分重视能源安全的问题。作为世界上最大的两个发展中国家，开展中印之间的能源合作，符合两国的共同利益。中印两国早在 2004 年就已经针对能源安全问题开始了能源领域的交流与合作，2011 年 4 月，金砖国家领导人第三次会晤在中国海南省三亚市召开，能源安全问题也是与会热点，中国国家主席胡锦涛在此次会见印度总理辛格时指出，中印在国际和地区事务中具有广泛共同利益，中方愿意携手印方应对能源安全问题，维护共同利益。共同的能源需求使得中印两国能源安全合作存在巨大空间。除了俄罗斯和印度外，中国与巴西之间的能源合作也在逐渐走向成熟。截至目前，中国公司对巴西投资额已近 300 亿美元，能源和矿产领域的投资占了 90%。"深化两国合作，电力宜先行"，这是中巴两国在 2011 年 4 月于三亚市召开的金砖国家领导人第三次会晤中达成的共识。中巴两国在能源合作领域存在着较强的经济互补性，双方未来能源合作的意愿强烈、动力充足。

此外，印度与俄罗斯两国近几年在能源方面的合作也是成果颇丰，合作内容主要集中在核能和油田开发等方面。作为世界上化石能源最为丰富的俄罗斯，任何一个国家都想与

其广泛开展能源合作。针对俄罗斯的能源问题，尤其是俄罗斯的远东石油开发问题，向来都是中日两国激烈争夺的焦点。但在 21 世纪初，又显现出了一位大有"后来居上"势头的强劲对手——印度。近年来印度在国际社会再度活跃，不仅表现在与俄罗斯寻求参与油田开发，而且还与日本缔结了全面经济伙伴关系，将进一步加强能源合作。印度似乎要释放新一轮的海外能源合作热情。除油田开发外，印俄两国在核能领域的能源合作也取得了重大进展。2010 年 12 月 20 日，俄罗斯前总统梅德韦杰夫访问印度期间双方在军事、核能、医药、信息技术等领域签订了 30 项合作协议。毫无疑问，核电将成为未来两国合作的重点。两国的协定内容显示，俄罗斯未来至少将在印度三处地点建设 18 座核反应堆。要想与印度开展核电合作，俄罗斯就免不了与日本、法国、美国等国公司的竞争，而俄罗斯的优势在于其在油气领域和核能领域与印度形成的强势互补。因此很多学者表示，未来 15 年里，印度将成为俄罗斯的主要海外核电市场。

（二）金砖国家能源合作发展的博弈分析

金砖国家间的能源合作可以基于混合策略的博弈模型进行分析。混合策略是博弈论中的一种策略选择方法，它是在博弈参与人选择纯策略的基础上，对每一项选择指定一个概率从而生成一种新的随机选择策略的程序方法。基于前文分析考虑，由于当前金砖国家间能源合作主要以中国为主，因此初步将中国看作一方，而将其他国家看作另一方，分析过程中再逐步向金砖多国的综合分析扩展。模型假定双方先后共同做出了积极合作和消极合作两种策略选择。因此根据双方的能源合作现状，构建博弈支付矩阵，如表 1 所示。

表 1　金砖国家能源合作博弈支付矩阵

中国＼其他国家	积极合作（Pb）	消极合作（1 - Pb）
积极合作（Pa）	（A2，B2）	（A3，B1）
消极合作（1 - Pa）	（A1，B3）	（A4，B4）

表 1 中，A1、A2、A3、A4 表示中国在不同策略组合下的支付[①]，B1、B2、B3、B4 表示其他国家在不同策略组合下的支付，且满足 A1 > A2 > A3 > A4，B1 > B2 > B3 > B4。Pa、Pb（0≤Pa≤1，0≤Pb≤1）分别表示中国和其他国家在博弈中采取合作策略的概率。因此如表 1 所示，双方分别采取消极合作策略的概率为 1 - Pa 和 1 - Pb。当双方同时采取消极合作策略时，由于合作进展缓慢，因此双方均获得最低的支付效用 A4 和 B4；当一国采取消极合作策略且另一国同时采取积极合作策略时，前者在成本较低付出的同时又能获得合作方的利益给予，因此能获得最高的支付效用，而另一方在积极合作策略的基础上还是能比合作终止时获得略高的支付，因此支付组合为（A1，B3）或者（A3，B1）；最后

---

① 博弈论中，支付指的是一个策略的成本与利益的归纳，即参与者所得到的收益大小。

当双方均采取积极合作策略时，能源产业发展交流顺畅，均获得合理区间内的支付值 A2 和 B2。

根据冯·诺依曼—莫根施特效用函数（VNM 效用函数）可得，中国如表 1 所示的博弈支付矩阵中所能获得的期望效用为：

$$E(A) = Pa \times [Pb \times A2 + (1 - Pb) \times A3] + (1 - Pa) \times [Pb \times A1 + (1 - Pb) \times A4] \qquad (1)$$

又因为混合策略中的纳什均衡是以"每个局中人必定会对其每种纯对策无差异"为条件的，所以对中国有：

$$Pb \times A2 + (1 - Pb) \times A3 = Pb \times A1 + (1 - Pb) \times A4 \qquad (2)$$

由式（1）解得 $Pb = (A4 - A3)/(A2 - A3 - A1 + A4)$，并令该值等于 e，同理对于其他金砖国家来讲，可得 $Pa = (B4 - B3)/(B2 - B3 - B1 + B4)$，并令该值等于 e，。可得概率 $Pb = e$ 且 $Pa = e$，是该混合策略中的非纯策略纳什均衡。但将实际博弈中策略的选择归结为某一准确概率过于理想化，实际情况下的策略选择一般会大于或小于该均衡点。

显然，当 $Pb > e$ 时，只有 $Pa = 0$ 能满足 E（A）的最大化值 $Pb \times A1 + (1 - Pb) \times A4$，此时中国采取的是消极合作的态度；当 $Pb < e$ 时，只有 $Pa = 1$ 才能满足 E（A）的最大化值 $Pb \times A2 + (1 - Pb) \times A3$，此时中国采取的是积极合作的态度。

综上所述，当中国认为其他国家政府采取积极合作的概率较大（即认为 $Pb > e$）时，会选择消极合作策略（$Pa = 0$）；当中国认为对方采取消极合作的概率较大（即认为 $Pb < e$）时，会选择积极合作策略（$Pa = 0$）。因此，（积极合作，消极合作）、（消极合作，积极合作）是传统混合策略博弈模型的纳什均衡结果。但由模型可以看出，这一结果本质上是针对两个国家经济合作所得出的，而实际情况是金砖国家多方之间的综合博弈，即模型中所谓的其他国家之间也存在合作的空间。因此，如果按照一方积极合作而另一方同时消极合作的结论，则连续推导的结果将趋向于所有国家均不合作。显然，所有国家均不参与合作或者都是消极合作的结果，并不符合各个国家以及整体的经济利益，主要原因在于该模型缺乏国家利益差异层面的进一步条件控制，因此需要对原模型做进一步修正。

考虑到国家间能源合作利益的差异，一国必须基于利益的得失在"积极合作"和"消极合作"两种策略中进行选择，且必取其一。因此可设定一个"决定成本"概念，即一国可承受的合作损失所引起的最大成本界限。如果一国在失去合作机会时所受到的成本损失大于决定成本，则不会选择消极合作策略，反之则会发起抵抗。显然，各国的合作损失成本与能源合作对其经济发展的重要性直接相关，而金砖国家能源产业与经济发展之间的密切关系在前文已经给出证明。设中国和其他国家的"决定成本"分别为 Ac 和 Bc，如图 1 所示。

金砖国家经过多年发展，尤其自南非于 2010 年加入合作以来，金砖五国之间的合作机制已经成形，可概括为以领导人会晤为主渠道，以安全事务高级代表、外长、常驻多边组织使节会议为辅助，以智库、工商、银行等各领域合作为支撑的多层次合作架构。虽然至今尚没有类似于世界贸易组织的高级别协调结构存在，但从某种意义上来说，基于各国共识的这一新兴市场国家合作机制已经开始发挥其协调各国间合作交流的作用。因此，将金砖国家合作机制的形成这一约束条件加入模型，可推出中国及其他金砖国家之间合作的"决定成本"还在继续增加，因此如图1所示，Ac 和 Bc 成本线分别向右和向上移动。在这种趋势下可以发现，原来（A1，B3）或（A3，B1）的区域都在向（A2，B2）原来所在的区域转移。由模型可知，在这种情况下，唯一而且更好的策略选择，将是（A2，B2），即所有的国家均采取积极的合作态度。可由模型分析知道，仅凭自身发展很难达到多国互相信任进而积极合作的结果，这样也就引申出了协调机构存在的必要性。

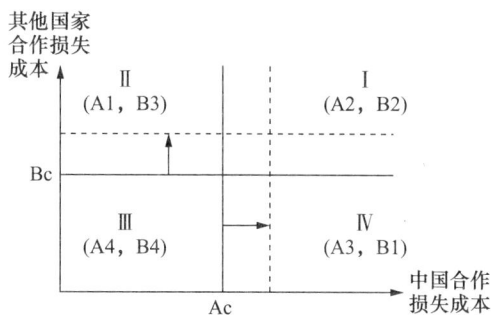

图1　修正后的金砖国家能源合作博弈模型

（三）金砖国家能源合作发展的功能预期

一是能稳定以俄罗斯为核心的能源供应，加强中长期能源战略安全。第一次全球石油危机发生后，世界主要能源消费大国都纷纷建立起自己的石油储备体系。如今又伴随持续不稳定的世界经济和政治安全形势，使得各国尤其金砖国家对以石油和天然气为主的能源进口渠道多元化的诉求日益迫切。以中国为例，中国当前石油进口中有近80%是源自中东地区并经马六甲海峡运输的，无论是进口来源国还是路径都存在极大的单一性安全隐患，除中俄之外的其他国家亦是如此。基于金砖各国国内能源资源的实际储备情况，在金砖国家间的传统能源合作中，俄罗斯将扮演极其重要的供应角色，但要稳定这一以俄为核心的能源供应合作机制，仍面临诸多障碍。一方面，在国际范围内，以美国、日本等为首的发达国家，出于削弱他国能源安全、维护自身能源控制地位的战略考虑，经常在他国与俄罗斯之间的能源合作上多加阻挠。另外，由于海湾国家许多油田实际上是被美国的石油公司控制的，金砖国家间一旦形成稳定的合作机制，必然减少对其的石油需求。另一方面，从俄罗斯内部来看，俄罗斯对其他国家尤其中国是快速增长的经济还是持复杂心态的，再加上俄罗斯存在多重复杂的多个利益集团关系，这些都使俄政府的话语权受到很大限制，也是中俄间输油管道合作项目历经十多年才有突破进展的深层次原因。综上所述，金砖各国通过努力，一旦达成并稳定以俄罗斯为核心的能源供应合作体系，必将提升各国的中长期能源战略安全。各金砖国家应借助近年来在各领域广泛开展经济合作的机遇，共同建立以石油和天然气为主的金砖国家能源战略储备。金砖国家能源合作促进下的能源战略储备体系的建立，能够显著抑制世界能源价格波动对金砖国家国内经济发展的影响，进而有利于各国经济持续、健康、稳定地发展，也有利于各国在全球环境下整体竞争力的提升。

二是能够促进金砖各国在能源领域发展的整体规划与优势领域的确定。关于金砖国家间的能源合作，尤其在合作领域的选择方面，可借助合作机遇充分发挥各国长处，实现优势互补，集中金砖各国不同的能源优势，共同促进重大能源合作项目的顺利启动与尽快完成。金砖各国间不同的能源产业发展特点使其在能源合作方面，具有世界其他合作机制所不具备的独特优势，如金砖国家在能源储备层面有极具优势的俄罗斯和中国，开采加工层面有俄罗斯和巴西，新能源领域发展有巴西和南非等。因此充分发挥各国优势，可以顺利完成复杂的大型能源合作工程，提升各国的就业水平，各国经济发展也都将因此受益。

三是能够促进中俄两国能源产业实现互补式发展。作为金砖国家中最重要的两个能源大国——中国和俄罗斯的能源产业合作战略对金砖国家间的能源合作起着至关重要的作用。更重要的是，金砖国家能源合作也将是中俄两国能源产业发展的空前机遇，中国具备劳动力优势和市场优势，俄罗斯则具备雄厚的能源资源和研发技术，两国分别作为世界主要的能源消费国和生产国，完全可借金砖国家能源合作机遇，实现能源领域的强势互补，建立并发展全面、长期、稳定、互利共赢的能源战略协作伙伴关系，充实两国务实合作内涵，提升两国战略协作伙伴关系的水平。

四是能够促进巴西、南非、印度能源优势价值最大化。前文已经提到，巴西已经在生物能源技术开发和应用方面处于世界领先地位，南非在决定摒弃传统的煤炭能源依赖消耗模式之后，近年来，也在新能源产品研发方面取得了巨大成果；此外，巴西和南非两国也拥有储量不菲的天然气和石油资源。与其他国家相比，印度拥有的则是日益庞大的能源消费市场和丰富的国际能源合作经验。因此，这些国家的能源发展各具特色，优势明显，但若只是独立发展也很难突破现有瓶颈，而借助金砖国家间的能源合作机制，这些国家的能源发展优势将得到最大限度的发挥，尤其在与中俄两国建立密切的能源合作关系后，能够实现本国能源产业整体竞争力质的提升。

三、金砖国家未来能源合作的路径选择

（一）加强能源需求管理，推进能源新技术的开发和应用

不可否认，与西方发达国家相比，金砖国家在能源技术研发及管理水平方面尚存在一定差距。而从另一个角度来看，这恰恰可以成为金砖国家未来能源合作的途径，金砖五国完全可以通过共同开发能源技术及商讨高效的能源综合利用方案等，来建立新的能源合作机制。具体到国家而言，中俄作为金砖国家中的两大能源国，应担负起领导责任，主动联

合其他金砖国家，发出加强能源需求管理的倡议，进一步推进全球能源治理中对于能源需求的规范管理以及气候变化的谈判规则。能源技术的开发和应用可根据金砖国家的实际情况，通过互相学习引进先进技术，从清洁煤炭技术、深海技术、新能源开发的推广应用等做起。前文的博弈分析也表明，各国存在积极合作的愿望，而这种愿望需要由像中国、俄罗斯这样的大国来带动。

（二）推动实质性金砖国家能源合作机制的建立

伴随金砖国家整体经济实力以及在世界范围内重要性的日益提升，其也已经成为 G20 集团中相当重要的新兴经济体力量。因此，从这一角度来看，未来金砖国家在能源领域的合作将必然对由西方主导的全球治理体系构成挑战，也必然影响世界新的能源体系的形成。金砖国家可商讨建立专门的能源合作机构作为常设机构，同时还可合作共同建立能源研究基地等作为集团智库。在此基础上，金砖国家未来合作机制的构建，可以借能源合作为突破口，通过能源合作实质性合作体系的建立，来推动金砖国家实体合作体系的形成。所以，金砖国家未来应走出区域限制，逐步在全球范围内商讨全球的能源供需平衡问题，发出调整建议，站在全球角度探讨全人类共同的能源政策和纲领，协调各国之间的主要能源矛盾，积极参与全球能源论坛和相关对话，呼吁和重视不同能源合作机制之间的沟通和协作。

（三）金砖国家未来能源发展的重点方向——新能源合作

伴随传统能源的日渐衰竭和日益严重的环境污染问题，新能源成为未来的主流发展趋势已经不可替代，世界各国也纷纷在新的经济发展规划中将新能源发展列为重要的战略目标。通过比较金砖国家历届会晤的主要探讨内容也可看出，新能源正在成为多方关注的焦点问题。2011 年 12 月 2 日，来自中国、巴西、俄罗斯、印度和南非的友好城市及地方政府官员、协会负责人、专家学者和企业代表共 300 多人出席了在海南省三亚市举办的首届金砖国家友好城市暨地方政府合作论坛"能源战略"分论坛。各国代表都认为，金砖国家在发展新能源方面各具特点和优势，开展新能源领域合作有很大的潜力。结合前文描述，就具体国家而言，南非能源结构较为单一，电力供应紧张，这是制约南非经济进一步发展的另一个重要因素。为此南非政府提出大力发展新能源，提高太阳能、风能等新能源的应用比例。商业合作是金砖国家合作机制的重要内容，其他金砖国家在新能源发展和应用方面拥有领先优势。比如，中国的太阳能产品在南非市场颇受欢迎，巴西在发展生物能源方面积累了丰富经验，印度和俄罗斯在新能源科技研发领域的成果值得借鉴，而南非的煤制油技术全球领先。因此，综合分析，金砖国家未来可以在新能源领域进行重点合作，并将此作为建立全面能源合作机制的突破口，实现广泛共赢。

参考文献

[1] 陈丽萍. 能源可持续发展研究现状评述. 国土资源情报，2005（11）.

［2］林伯强．结构变化、效率改进与能源需求预测．经济研究，2003（5）．

［3］李国璋，霍宗杰．中国全要素能源效率、收敛性及其影响因素——基于 1995～2006 年省际面板数据的实证分析．经济评论，2009（6）．

［4］柳天恩，王朝凤．俄罗斯能源政策研究，黑龙江对外经贸，2011（2）．

［5］陆南泉．中俄能源合作现状与前景，东方早报，2012－08－07.

［6］齐绍洲，云波，李锴．中国经济增长与能源消费强度差异的收敛性及机理分析，经济研究，2009（4）.

［7］中国能源研究会．能源科学技术学科发展报告 2009～2010. 北京：中国科学技术出版社，2008.

［8］Lenzen M. Primary Energy and Greenhouse Gases Embodied in Australian Final Consumption：An Input－Output Analysis. Energy Policy，1998，26（6）：495－511.

［9］Per F. Peterson，Terry Collins. Choosing the Sources of Sustainable Energy. Science，2001，291（5510）：1899.

［10］William C. Clark，Nancy M. Dickson. Sustainability Science：The Emerging Research Program. Proceedings of the National Academy of Sciences of the United States of America，2003，100（14）：8059－8061.

Analysis of the Mechanism and Path of Energy Cooperation of the BRICS Countries

Liu Wenge and Wang Lei

（ Zhejiang Gongshang University，Hangzhou，Zhejiang；

Liaoning University，Shenyang，Liaoning）

Abstract：As the world increasingly focuses on energy，BRICS play an important role in terms of both energy consumption and efficiency. Energy cooperation has become an important element of economic cooperation between BRICS. This paper looks at the energy supply and consumption of BRICS，analyzes the economic effect of energy cooperation，and points out that BRICS should carry out future energy cooperation by strengthening energy demand management，setting up a substantive energy cooperation mechanism and jointly developing new energy.

Key Words：BRICS；Energy Supply；Energy Consumption；Game Theory Analysis

一次能源消费结构变动对碳强度
影响的灵敏度分析*

王韶华　于维洋

【摘　要】本文运用通径分析明确了一次能源消费比例的相互关系及其与碳强度的直接与间接关系，在此基础上计算一次能源消费比例分别对碳强度和 GDP 的贡献，据此分析一次能源消费结构变动对碳强度影响的灵敏度。研究结论表明：煤炭消费比例是碳强度增长的主要推动因素，其他能源（水电、核电、风电等）消费比例、灰因素等是碳强度增长的主要抑制因素。依据一次能源消费结构变动对碳强度影响的灵敏度矩阵的结论，降低煤炭消费比例，提高其他能源（水电、核电、风电等）消费比例对降低碳强度的贡献最大，优化能源消费结构可以降低碳强度 4.5722 个百分点，对实现"十二五"规划碳强度目标的贡献潜力为 26.9%。

【关键词】一次能源消费结构；碳强度；贡献；灵敏度矩阵

一、引言

随着世界范围内工业化进程的加快，经济发展与能源、环境之间的矛盾也日益凸显。环境的恶化带来了一系列的负面影响，尤其是温室效应导致的全球气候变暖等对自然生态系统和人类生存环境产生了严重影响。为应对气候变化，改善环境恶化状况，低碳经济的

＊　原文发表于《资源科学》2013 年第 7 期。

作者简介：王韶华，男，河北邢台人，博士，燕山大学经济管理学院讲师，研究方向为管理系统工程，电子邮箱：wangshaohua0813@126.com。

基金项目：高等学校博士点基金："基于低碳经济的能源结构优化研究"（编号：20122304110018）；国家社科基金："基于碳排放量的区域产业结构协调发展研究"（编号：11BJY020）；中央高校基本业务费专项基金："基于投资环境评价的中国制造企业 OFDI 地区投资区位选择研究"（编号：HEUCF130907）；国家自然科学基金："产业投资与产业结构的关系及作用机理研究"（编号：70773027）。

发展模式被提出。为践行低碳经济的发展模式，我国政府提出了节能减排战略，并在"十二五"规划纲要中明确了节能减排的具体目标，即"十二五"期间碳排放强度降低17%，并将其列为具有法律约束力的约束性指标，我国的节能减排开始进入攻坚阶段。低碳经济是一种以低能耗、低排放、低污染为特征的可持续经济发展模式，其实质是利用技术和制度措施对能源的利用方式进行创新，优化能源结构（庄贵阳，2005；刑继俊、赵刚，2007；金乐琴、刘瑞，2009）。由此可以看出，能源结构优化是实现碳强度目标的重要手段。

学者们就能源结构优化对碳强度的影响做了一系列研究。徐国泉等（2006）、林伯强等（2009）、刘红光等（2009）、朱勤等（2009）主要通过构建碳排放分解模型来分析能源结构、能源效率、经济增长等驱动因素对碳排放的贡献。张丽峰（2011）通过计算二氧化碳排放量与碳排放弹性系数，并对各行业碳排放量及节能率加以分析，探讨产业结构、能源结构和碳排放的关系。林伯强等（2010）通过一般均衡模型评估了节能和碳排放约束下的能源结构变化导致的能源成本对宏观经济的影响。孙敬水（2011）通过实证研究比较了产业结构和能源消费结构变动对降低碳排放强度的贡献。王迪等（2011）利用多目标规划方法，综合考虑经济增长、节能和污染减排等，设计了江苏省能耗结构优化方案，并对各方案的节能减排效应加以比较。

以上文献主要是将能源结构作为一个驱动因素分析其对低碳经济的贡献，但并没有对能源结构内部变动对低碳经济发展的灵敏度做深入研究。本文利用通径分析明确了一次能源消费结构比例的相互关系及其与碳强度的直接与间接关系，据此分析一次能源结构变动对碳强度影响的灵敏度，从而就优化能源结构对实现"十二五"规划碳强度目标的贡献潜力进行评估。

二、一次能源消费比例对碳强度的影响机理

通径分析是简单相关分析的继续，在多元回归的基础上将相关系数加以分解，通过直接通径、间接通径及总通径系数分别表示某一变量对因变量的直接作用效果、通过其他变量对因变量的间接作用效果和综合作用效果。设自变量为 x_1，x_2，x_3，…，x_k，因变量为 y，自变量 x_i 与因变量 y 标准化后的偏相关系数为 p_{iy}，自变量 x_i 与 x_j 的相关系数为 r_{ij}、与因变量 y 的相关系数为 r_{iy}，则通径分析的基本模型，即各简单相关系数的分解方程（郭菊娥等，2008）为：

$$\begin{cases} p_{1y} + r_{12}p_{2y} + , \cdots, r_{1k}p_{ky} = r_{1y} \\ r_{21}p_{1y} + p_{2y} + , \cdots, r_{2k}p_{ky} = r_{2y} \\ \vdots \\ r_{k1}p_{1y} + r_{k2}p_{2y} + , \cdots, p_{ky} = r_{ky} \end{cases} \qquad (1)$$

其中，p_{iy} 为自变量 x_i 对因变量 y 的直接影响效应，称为直接通径；$r_{ij}p_{jy}$ 为自变量 x_i 通过自变量 x_j 对因变量 y 的间接影响效应，称为间接通径。自变量 x_i 与因变量 y 的简单相关系数可由直接通径（p_{iy}）与总的间接通径（$\sum_{i \neq j} r_{ij}p_{jy}$）之和加以表示。相应地，自变量 x_i 对因变量 y 的综合作用，即决定系数 $R(i)^2$，也可由二者的决定系数之和加以表示，即 $R(i)^2 = R_i^2 + \sum_{i \neq j} R_{ij}^2$，其数值若为正数，说明自变量 x_i 的增加（减少）对因变量 y 的增加（减少）起推动作用；若为负数，说明自变量 x_i 的增加（减少）对因变量 y 的增加（减少）起抑制作用；其数值绝对值大小反映了自变量 x_i 对因变量 y 的总作用大小。其中，R_i^2 反映自变量 x_i 对因变量 y 的直接决定系数，可表示为 $R_i^2 = p_{iy}^2$，其数值大小反映了自变量 x_i 对因变量 y 的直接影响大小；R_{ij}^2 反映自变量 x_i 通过自变量 x_j 对因变量 y 的间接决定系数，可表示为：$R_{ij}^2 = 2p_{iy}r_{ij}p_{jy}$，其数值若为正数，说明自变量 x_i 通过自变量 x_j 与因变量 y 呈正相关；若为负数，说明自变量 x_i 通过自变量 x_j 与因变量 y 呈负相关。由于经济系统的复杂性，系统内部要素之间的关系错综复杂，加之人们认识的局限性，在设定模型时，难免会有所遗漏和误差，因此还应进一步考虑遗漏因素及误差项对因变量的通径效应，即剩余效应 p_{ay}：

$$p_{ay} = \sqrt{1 - \sum_{i=1}^{k} p_{iy}r_{iy}} \tag{2}$$

由碳强度的分解模型可知，管理水平、技术水平等非物质因素对碳强度的影响比较显著，这些因素不具备清晰的轮廓、确定的内涵和明确的数值关系，故被称为灰要素（范德成、张伟，2010）。为便于分析，将其归结为随时间变化的变量，设碳强度为 y，x_i（$i = 1$，2，3，4）为第 i 种能源（煤炭、石油、天然气、其他能源（如水电、核电、风电等））消费量占能源消费总量的比重，x_5 为灰因素（$x_5 = t$）。根据历年《中国统计年鉴》、《中国能源统计年鉴》可得到 1986～2010 年全国 GDP 数据，以及煤炭、石油、天然气、其他能源（如水电、核电、风电等）等的消费量及其占能源消费总量的比重。参考 IPCC 国家温室气体清单指南中关于碳排放的计算公式，第 i 种一次能源碳排放量 = 第 i 种一次能源消费量×碳排放系数，根据 2003 年国家发展和改革委员会能源研究所的计算，煤炭、石油、天然气和其他能源（如水电、核电、风电等）的碳排放系数分别为 0.7476tc/tce、0.5825tc/tce、0.4435tc/tce 和 0tc/tce，从而得到历年全国碳排放量。1986～2010 年我国煤炭、石油、天然气、其他能源（如水电、核电、风电等）的消费比例，GDP，碳强度统计数据见表 1。

基于 1986～2010 年统计数据，利用式（1）和式（2），可得到各自变量的直接通径系数为：

$p_{1y} = -1.497$，$p_{2y} = -0.999$，$p_{3y} = -0.413$，$p_{4y} = -1.086$，$p_{5y} = -0.398$，

$r_{1y} = 0.9$，$r_{2y} = -0.66$，$r_{3y} = -0.606$，$r_{4y} = -0.961$，$r_{5y} = -0.957$

表1 1986～2010年我国煤炭、石油、天然气、其他能源等消费比例、GDP、碳强度统计数据

年份	煤炭消费比例（%）	石油消费比例（%）	天然气消费比例（%）	其他能源消费比例（%）	GDP（万亿元）	碳强度（吨碳/万元）
1986	75.83	17.20	2.26	4.71	1.03	5.33
1987	76.21	17.02	2.13	4.64	1.21	4.87
1988	76.17	17.05	2.06	4.72	1.50	4.19
1989	76.10	17.10	2.10	4.70	1.70	3.87
1990	76.20	16.60	2.10	5.10	1.87	3.57
1991	76.10	17.10	2.00	4.80	2.18	3.23
1992	75.70	17.50	1.90	4.90	2.69	2.74
1993	74.70	18.20	1.90	5.20	3.53	2.21
1994	75.00	17.40	1.90	5.70	4.82	1.71
1995	74.60	17.50	1.80	6.10	6.08	1.44
1996	73.50	18.70	1.80	6.00	7.12	1.27
1997	71.40	20.40	1.80	6.40	7.90	1.14
1998	70.90	20.80	1.80	6.50	8.44	1.06
1999	70.60	21.50	2.00	5.90	8.97	1.04
2000	69.20	22.20	2.20	6.40	9.92	0.96
2001	68.30	21.80	2.40	7.50	10.97	0.89
2002	68.00	22.30	2.40	7.30	12.03	0.86
2003	69.80	21.20	2.50	6.50	13.58	0.89
2004	69.50	21.30	2.50	6.70	15.99	0.87
2005	70.80	19.80	2.60	6.80	18.49	0.84
2006	71.10	19.30	2.90	6.70	21.63	0.79
2007	71.10	18.80	3.30	6.80	26.58	0.69
2008	70.30	18.30	3.70	7.70	31.40	0.60
2009	70.40	17.90	3.90	7.80	34.05	0.58
2010	68.00	19.00	4.40	8.60	40.12	0.52

决定系数 $R^2 = \sum_{i=1}^{6} p_{iy} r_{iy} = 0.98685$，剩余效应 $p_{ay} = \sqrt{1 - R^2} = 0.114673$，剩余效应较小，而选定的影响因素对碳强度的解释能力达到了98.69%，说明本研究把握了主要的影响因素。分析结果见表2。

通过 t 检验，得到各自变量的 t 值分别为 $t_1 = -2.815$，$t_2 = -3.036$，$t_3 = -2.994$，$t_4 = -4.580$，$t_5 = -5.994$；当 $\alpha = 0.05$ 时，$t_{0.025}(19) = 2.093$，可见各自变量 t 值绝对值均大于2.093，说明各自变量对因变量的通径系数均极显著。

由表 2 可得，各变量对碳强度的总影响分别为 0.900、-0.660、-0.606、-0.961、-0.957，各自变量决策系数分别为：$R(1)^2 = -4.935609$，$R(2)^2 = 0.320679$，$R(3)^2 = 0.329987$，$R(4)^2 = 0.907896$，$R(5)^2 = 0.603368$，按其绝对值大小排序为 $R(1)^2 > R(4)^2 > R(5)^2 > R(3)^2 > R(2)^2$，说明煤炭消费比例是碳强度增长的主要推动因素，其他能源（水电、核电、风电等）消费比例、灰因素等是碳强度增长的主要抑制因素。因此，降低煤炭消费比例，提高其他能源（如水电、核电、风电等）消费比例及灰因素水平，可以有效降低碳强度。根据表 2，可得到一次能源消费比例及灰因素对碳强度的影响机理，如图 1～图 5 所示。

表 2　一次能源消费结构及灰因素对碳强度的影响作用通径分析

自变量	总影响	直接影响	间接影响					
			通过 x_1	通过 x_2	通过 x_3	通过 x_4	通过 x_5	总间接
x_1	0.900	-1.497	—	0.854	0.228	0.989	0.326	2.397
x_2	-0.660	-0.999	1.279	—	-0.033	-0.661	-0.246	0.339
x_3	-0.606	-0.413	0.824	-0.080	—	-0.736	-0.201	-0.193
x_4	-0.961	-1.086	1.363	-0.608	-0.280	—	-0.350	0.125
x_5	-0.957	-0.398	1.226	-0.619	-0.209	-0.957	—	-0.559

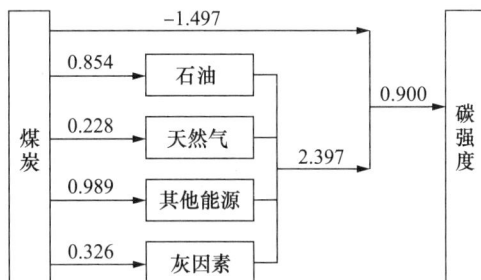

图 1　煤炭消费比例对碳强度的影响机理分析

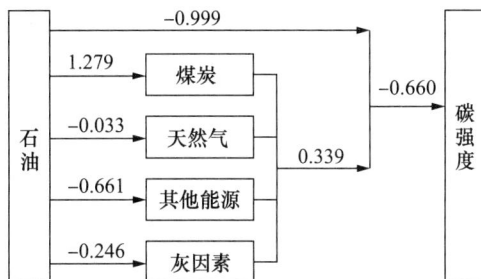

图 2　石油消费比例对碳强度的影响机理分析

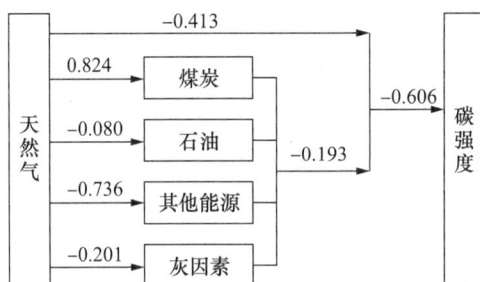

图 3　天然气消费比例对碳强度的影响机理分析

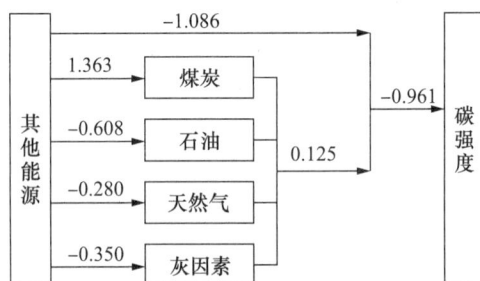

图 4　其他能源（如水电、核电、风电等）消费比例对碳强度的影响机理分析

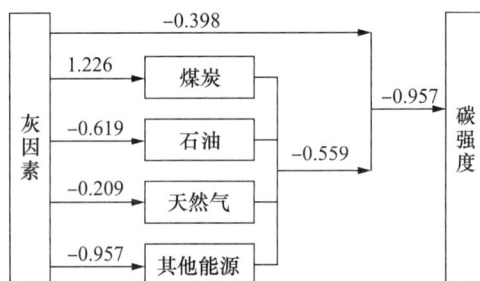

图 5　灰因素对碳强度的影响机理分析

由图 1 可知，煤炭消费比例对碳强度的直接影响为 −1.497，通过石油消费比例、天然气消费比例、其他能源（如水电、核电、风电等）消费比例、灰因素等的总间接影响为 2.397，其中通过其他能源（如水电、核电、风电等）消费比例的间接影响为 0.989，通过石油消费比例的间接影响为 0.854，总影响为 0.900。煤炭的廉价、易得性满足了我国经济发展的需要，使得 GDP 对煤炭的依赖度较高，在目前我国管理水平、技术水平等灰因素水平较低时，降低煤炭消费比例，增加其他能源（如水电、核电、风电等）消费比例，将使 GDP 降低幅度大于减排幅度，不利于碳强度的降低。可见，在管理水平、技术水平等灰因素水平不能达到相应高度时，无限制地降低煤炭消费比例，反而会促进碳强度的增加。

由图 2 可知，石油消费比例对碳强度的直接影响为 −0.999，对碳强度的增加起抑制作用，总影响为 −0.660，低于其直接抑制作用，原因是其通过煤炭消费比例、天然气消费比例、其他能源（如水电、核电、风电等）消费比例、灰因素水平等的间接影响为0.339，尤其是通过煤炭消费比例的间接影响为1.279，对碳强度的增加起间接推动作用。可见，提高石油消费比例的同时，在一定程度上降低煤炭消费比例，可以有效降低碳强度。

由图3可知，天然气消费比例对碳强度的直接影响为 − 0.413，对碳强度的增长起抑制作用，总影响为 − 0.606，高于其直接抑制作用，说明其通过煤炭消费比例、石油消费比例、其他能源（如水电、核电、风电等）消费比例、灰因素等对碳强度起抑制作用。可见，提高天然气消费比例的同时，在一定程度上降低煤炭消费比例，可以有效降低碳强度。

由图4可知，其他能源（如水电、核电、风电等）消费比例对碳强度的直接作用为 − 1.086，通过煤炭消费比例对碳强度的间接作用为1.363，对碳强度增加起间接推动作用，通过石油消费比例、天然气消费比例、灰因素等的总间接作用 − 1.238，总间接作用为0.125。可见，在提高其他能源（如水电、核电、风电等）消费比例的同时，一定程度上降低了煤炭消费比例，可以有效降低碳强度。

由图5可知，灰因素对碳强度的直接作用为 − 0.398，间接作用为 − 0.559，总影响为 − 0.957，对碳强度增长起抑制作用。可见，在提高灰因素水平的同时，降低煤炭消费比例，可以有效降低碳强度。

三、一次能源消费比例对碳强度及 GDP 的贡献

（一）一次能源消费比例对碳强度的贡献

设碳强度为 y；x_i（$i = 1, 2, 3, 4$）为第 i 种能源（煤炭、石油、天然气、其他能源（如水电、核电、风电等））消费比例；x_5 为灰因素，其随时间变化，因此 $x_5 = t$；ε 为随机误差项。由于自变量和因变量之间的非线性关系（王修华、王翔，2012），建立模型 $y = \varepsilon x_1^{\beta_1} x_2^{\beta_2} x_3^{\beta_3} x_4^{\beta_4} x_5^{\beta_5}$，两边同时取对数，得：

$$\ln y = \sum_{i=1}^{4} \beta_i \ln x_i + \beta_0 \ln x_5 + \ln \varepsilon$$

由以上一次能源消费比例对碳强度的影响机理分析可知，各因素在很大程度上主要通过其他因素对碳强度产生间接作用，如煤炭消费比例对碳强度的直接通径系数为 − 1.497，但通过石油消费比例、天然气消费比例、其他能源（如水电、核电、风电等）消费比例、灰因素等对碳强度的间接通径系数高达2.397，其对碳强度增长的间接推动作用大于其直接抑制作用，总影响为正。可见，各因素之间存在着较严重的共线性现象。为消除所选变量共线性对回归结果的影响，本文选取岭回归分析方法进行拟合。岭回归分析是一种专门用于共线

性数据分析的有偏估计方法，它实际上是一种改良的最小二乘法、是以放弃最小二乘的无偏性，放弃部分精确度为代价来寻求效果稍差但更符合实际的回归过程（张文彤，2002）。

利用 SPSS16.0 软件对全部变量做岭迹分析，岭迹图和不同 K 值决定系数的变化情况如图 6 和图 7 所示。

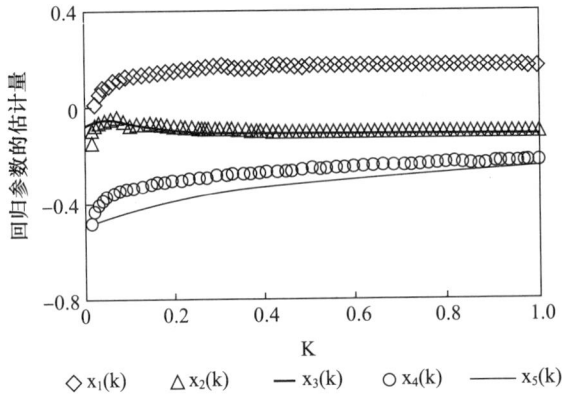

图6　各自变量的岭迹

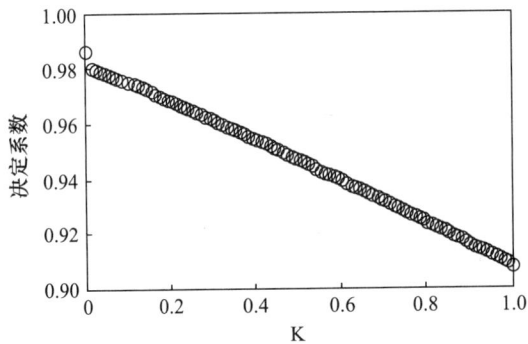

图7　决定系数与 K 值的线

从岭迹图上可以看出当 K 值到达 0.2 附近时，各参数开始趋于稳定，图 7 也显示 K 值超过 0.2 后可决系数呈现稳定的下降趋势，没有呈现剧烈的波动。取 K = 0.2，根据 1986 ~ 2010 年时间序列数据，拟合得到的标准化岭回归方程为：

$$\ln\hat{y} = 0.1562\ln\hat{x}_1 - 0.077\ln\hat{x}_2 - 0.0913\ln\hat{x}_3 - 0.3078\ln\hat{x}_4 - 0.3865\ln\hat{x}_5 \tag{3}$$

对应的岭回归方程为：

$$\ln y = 2.7624\ln x_1 - 0.5762\ln x_2 - 0.2604\ln x_3 - 1.223\ln x_4 - 0.3371\ln x_5 - 6.5809$$
$$(8.0898)\quad(-2.5022)\quad(-2.589)\quad(-9.0118)\quad(-9.7536)\quad(-5.7768) \tag{4}$$

模型显著性检验结果为 $R^2 = 0.968792$，调整后的拟合度为 0.960579，在 $\alpha = 0.05$ 的显

著性水平下，$F = 117.962245 > F_{0.05}(5, 19) = 2.74$，$t_{0.025}(19) = 2.093$，式（4）各自变量下方括号内值为相应的 t 值，可见各回归系数均通过了显著性检验。这说明线性回归拟合程度较好。

由标准化回归方程（3）可知，煤炭消费比例、石油消费比例、天然气消费比例、其他能源（如水电、核电、风电等）消费比例对碳强度的弹性系数分别为 0.1562、−0.077、−0.0913、−0.3078 个，表示煤炭消费比例每提高 1 个百分点，碳强度会上升 0.1562 个百分点；而石油消费比例、天然气消费比例、其他能源（如水电、核电、风电等）消费比例分别每提高一个百分点，碳强度会分别降低 0.077 个百分点、0.0913 个百分点、0.3078 个百分点。因此，为实现碳强度下降的目标，应降低煤炭消费比例，提高油气消费比例，尤其是提高其他能源（如水电、核电、风电等）消费的比例。但由于各一次能源消费比例的利用效率不同，即对 GDP 的贡献不同，能源结构的调整还应具体分析各种能源之间的替代弹性。

（二）一次能源消费比例对 GDP 的贡献

设 GDP 增量为 G；x_i（$i = 1, 2, 3, 4$）为第 i 种能源（煤炭、石油、天然气、其他能源（如水电、核电、风电等））消费比例；x_5 为灰因素，其随时间变化，因此 $x_5 = t$；ε' 为随机误差项。由于自变量和因变量之间的非线性关系，建立模型 $G = \varepsilon' x_1^{\beta'_1} x_2^{\beta'_2} x_3^{\beta'_3} x_4^{\beta'_4} x_5^{\beta'_5}$，两边同时取对数，得：

$$\ln G = \sum_{i=1}^{4} \varepsilon'_t \ln x_i + \beta' \ln x_5 + \ln \varepsilon'$$

根据 1986 ~ 2010 年时间序列数据，估计得到的标准化方程：

$$\ln \hat{G} = 2.22 \ln \hat{x}_1 + 1.385 \ln \hat{x}_2 + 0.752 \ln \hat{x}_3 + 1.243 \ln \hat{x}_4 + 0.429 \ln \hat{x}_5 \tag{5}$$

对应的回归方程为：

$$\ln G = 59.756 \ln x_1 + 15.785 \ln x_2 + 3.265 \ln x_3 + 7.517 \ln x_4 + 0.57 \ln x_5 - 308.732 \tag{6}$$

对方程（6）进行 t 检验，结果见表 3；对方程（6）进行显著性 R 检验的结果是 $R^2 = 0.988$，调整后拟合度为 0.985；在 $\alpha = 0.05$ 显著性水平下，$F = 321.92 > F_{0.05}(5, 19) = 2.74$，$t_{0.025}(19) = 2.093$，各回归系数均大于临界值，通过了显著性检验，方程的拟合效果较好。

表 3　t 检验

变量	系数	标准差	t 值	显著性检验
常数项	−308.732	68.660	−4.496	0.000
$\ln x_1$	59.756	13.095	4.563	0.000
$\ln x_2$	15.785	3.429	4.603	0.000
$\ln x_3$	3.265	0.548	5.960	0.000
$\ln x_4$	7.517	1.312	5.730	0.000
$\ln x_5$	0.570	0.081	7.066	0.000

由标准化回归方程（5）可知，煤炭消费比例、石油消费比例、天然气消费比例、其他能源（如水电、核电、风电等）消费比例对 GDP 的弹性系数分别为 2.22、1.385、0.752、1.243，表示煤炭消费比例、石油消费比例、天然气消费比例、其他能源（如水电、核电、风电等）消费比例分别每上升 1 个百分点，可分别使 GDP 增加 2.22 个百分点、1.385 个百分点、0.752 个百分点、1.243 个百分点，可见煤炭消费比例对 GDP 的贡献最大，石油消费比例、其他能源（如水电、核电、风电等）消费比例次之，天然气消费比例最小。造成这种结果的主要原因在于我国以煤为主的资源禀赋特征、能源技术落后以及经济发展初级阶段等因素决定了石油、其他能源（如水电、核电、风电等）、天然气等在一次能源消费中所占比例过低，产出弹性较低，未能与其高效率能源特征相匹配。

四、一次能源消费结构变动对碳强度影响的灵敏度分析

假定第 i（i = 1，2，3，4）种能源消费比例每降低一个百分点可以使碳强度降低 β_i 个百分点，但同时也必须要增加第 j（j = 1，2，3，4，i ≠ j）种能源消费比例，设第 i（i = 1，2，3，4）种能源消费比例对 GDP 的贡献率为 β'_i（i = 1，2，3，4），第 i 种能源消费比例与第 j 种能源消费比例的替代弹性 $\sigma_{ij} = \dfrac{\beta'_i}{\beta'_j}$，则需要增加 σ_{ij} 个百分点的第 j 种能源消费比例，那么碳强度将降低 $\left(\beta_i - \dfrac{\beta'_i}{\beta'_j} \cdot \beta_j\right)$ 个百分点。据此可得出一次能源消费结构变动对碳强度影响的灵敏度矩阵，如表 4 所示，煤炭消费比例降低 1 个百分点，若完全由石油替代，需要其增加 1.6029 个百分点消费比例，则碳强度将降低 0.2796 个百分点；若完全由天然气替代，需要其增加 2.9521 个百分点消费比例，则碳强度将降低 0.4257 个百分点；若完全由其他能源（如水电、核电、风电等）替代，需要增加其 1.786 个百分点消费比例，则碳强度将降低 0.7059 个百分点；石油消费比例降低一个百分点，分别完全由煤炭、天然气和其他能源（如水电、核电、风电等）替代，碳强度将分别降低 −0.1744 个百分点、0.0912 个百分点、0.2660 个百分点；天然气消费比例降低 1 个百分点，分别完全由煤炭、石油和其他能源（如水电、核电、风电等）替代，碳强度将分别降低 −0.1442 个百分点、−0.0495 个百分点、0.0949 个百分点；其他能源（如水电、核电、风电等）消费比例降低 1 个百分点，分别完全由煤炭、石油和天然气替代，碳强度将分别增加 0.3953 个百分点、0.2387 个百分点、0.1569 个百分点。

根据一次能源消费结构变动对碳强度影响的灵敏度矩阵可知，降低煤炭消费比例，提高其他能源（如水电、核电、风电等）消费比例对降低碳强度的贡献最大（可降低 0.7059 个百分点），其次依次是：降低煤炭消费比例，提高天然气消费比例（可降低 0.4257 个百分点）；降低煤炭消费比例，提高石油消费比例（可降低 0.2796 个百分点）；

降低石油消费比例，提高其他能源（如水电、核电、风电等）消费比例（可降低 0.2660 个百分点）；降低天然气消费比例，提高其他能源（如水电、核电、风电等）消费比例（可降低 0.0949 个百分点）；降低石油消费比例，提高天然气消费比例（可降低 0.0912 个百分点）。从灵敏度矩阵的列来看，由其他能源（水电、核电、风电等）替代其他任意能源均可以促进碳强度的降低。设一次能源消费结构变动矩阵为：

$$\Delta V = [\Delta C, \Delta O, \Delta G, \Delta L]^T$$（ΔC、ΔO、ΔG、ΔL 分别为煤炭消费比例、石油消费比例、天然气消费比例、其他能源（水电、核电、风电等）消费比例变动量，且有 $\Delta C + \Delta O + \Delta G + \Delta L = 0$），考虑一次能源消费比例的增减，为便于计算，令：

$$\Delta V = \frac{1}{2}[\ |\Delta C| + \Delta C, \ |\Delta O| + \Delta O, \ |\Delta G| + \Delta G, \ |\Delta L| + \Delta L]^T$$

一次能源消费结构变动对碳强度影响的灵敏度矩阵为 S，则一次能源消费结构变动对碳强度影响矩阵为：

$$D = \begin{bmatrix} D_C \\ D_O \\ D_G \\ D_L \end{bmatrix} = S\Delta V'$$

$$= \frac{1}{2} \begin{bmatrix} 0.2796(|\Delta O| + \Delta O) + 0.4257(|\Delta G| + \Delta G) + 0.7059(|\Delta L| + \Delta L) \\ -0.1744(|\Delta C| + \Delta C) + 0.0912(|\Delta G| + \Delta G) + 0.2660(|\Delta L| + \Delta L) \\ -0.1442(|\Delta C| + \Delta C) - 0.0495(|\Delta O| + \Delta O) + 0.0949(|\Delta L| + \Delta L) \\ -0.3953(|\Delta C| + \Delta C) - 0.2387(|\Delta O| + \Delta O) - 0.1569(|\Delta G| + \Delta G) \end{bmatrix}$$

其中，D_C 为煤炭消费比例降低 ΔC 个百分点对碳强度的影响；D_O 为石油消费比例降低 ΔO 个百分点对碳强度的影响；D_G 为天然气消费比例降低 ΔG 个百分点对碳强度的影响；D_L 为其他能源（如水电、核电、风电等）消费比例降低 ΔL 个百分点对碳强度的影响。

由于一直以来，我国的能源消费主要以煤炭为主，煤炭消费的比重一般在 70% 以上，能源结构不合理，造成了经济效益差、能源效率低下、环境污染严重等问题，且单位煤炭的碳排放量较大，阻碍了低碳化的发展，因此能源结构优化以降低煤炭消费比例为侧重点。根据中石油集团对天然气消费比例的分析，2015 年天然气将上升 5.6 个百分点；根据"十二五"规划关于其他能源（如水电、核电、风电等）的目标，2015 年其他能源（如水电、核电、风电等）消费比例将提高 3.1 个百分点；而对于石油消费比例的变动，由于大量已有研究对 2015 年石油消费比例的预测结果均未超过 2010 年（19 个百分点），因此本文假定 2015 年石油消费比例不变，从而探讨优化能源消费结构对实现"十二五"规划碳强度目标（碳强度降低 17%）的贡献潜力。经计算，优化能源消费结构可以降低碳强度 4.5722 个百分点，对实现"十二五"规划碳强度目标的贡献潜力为 26.9%。

五、研究结论

通过研究可以发现，一次能源消费中，煤炭消费比例是碳强度增长的主要推动因素，其他能源（如水电、核电、风电等）消费比例、灰因素等是碳强度增长的主要抑制因素。因此，降低煤炭消费比例，提高其他能源（如水电、核电、风电等）消费比例及灰因素水平，可以有效降低碳强度，但在管理水平、技术水平等灰因素水平不能达到相应高度时，无限制地降低煤炭消费比例，反而不利于碳强度的降低。

综合一次能源消费比例对降低碳强度以及国民经济的贡献，可以得到一次能源消费结构变动对碳强度影响的灵敏度矩阵，可看出降低 1 个百分点煤炭消费比例，分别完全由石油、天然气和其他能源（如水电、核电、风电等）代替，可分别降低碳强度 0.2796 个百分点、0.4257 个百分点、0.7059 个百分点。根据各相关部门及学者对一次能源消费比例变动的预测，通过灵敏度矩阵可得到，2015 年优化能源消费结构可以降低碳强度 4.5722 个百分点，对实现"十二五"规划碳强度目标的贡献潜力为 26.9%。因此，"十二五"规划节能减排目标的实现，除了优化能源结构，还应大力提高管理水平、技术水平等灰因素水平，有效发挥产业结构优化、能源效率和碳汇的作用。

参考文献

[1] 庄贵阳. 中国经济低碳发展的途径与潜力分析. 国际技术经济研究，2005，8（3）：8 – 12.

[2] 邢继俊，赵刚. 中国要大力发展低碳经济. 中国科技论坛，2007（10）：87 – 92.

[3] 金乐琴，刘瑞. 低碳经济与中国经济发展模式转型. 经济问题探索，2009（1）：84 – 87.

[4] 徐国泉，刘则渊，姜照华. 中国碳排放的因素分解模型及实证分析：1995 ~ 2004. 中国人口·资源与环境，2006（6）：158 – 161.

[5] 林伯强，蒋竺均. 中国二氧化碳的环境库兹涅茨曲线预测及影响因素分析. 管理世界，2009（4）：27 – 36.

[6] 刘红光，刘卫东. 中国工业燃烧能源导致碳排放的因素分解. 地理科学进展，2009（2）：285 – 292.

[7] 朱勤，彭希哲，陆志明等. 中国能源消费碳排放变化的因素分解及实证分析. 资源科学，2009，31（12）：2072 – 2079.

[8] 张丽峰. 我国产业结构、能源结构和碳排放关系研究. 干旱区域资源与环境，2011，25（5）：1 – 7.

[9] 林伯强，姚昕，刘希颖. 节能和碳排放约束下的中国能源结构战略调整. 中国社会科学，2010（1）：58 – 71.

[10] 孙敬水. 中国碳排放强度驱动因素实证研究. 贵州财经学院学报，2011（3）：1 – 6.

[11] 王迪，聂锐，李强. 江苏省能耗结构优化及其节能与减排效应分析. 中国人口·资源与环境，

2011, 21 (3): 48 – 53.

[12] 郭菊娥, 柴建, 吕振东. 我国能源消费需求影响因素及其影响机理分析. 管理学报, 2008 (5): 651 – 654.

[13] 郭菊娥, 柴建, 席酉民. 一次能源消费结构变化对我国单 GDP 能耗影响效应研究. 中国人口·资源与环境, 2008, 18 (4): 38 – 43.

[14] 范德成, 张伟. 基于灰色变结构控制的中国产业结构优化模型及分析研究. 统计与信息论坛, 2010, 25 (10): 55 – 60.

[15] 王修华, 王翔. 产业结构升级与低碳经济发展的耦合研究. 软科学, 2012, 26 (3): 29 – 32.

[16] 张文彤. SPSS11 统计分析教程 (高级篇). 北京: 北京希望电子出版社, 2002.

[17] 中国能源发展战略与政策研究课题组. 中国能源发展战略与政策研究. 北京: 经济科学出版社, 2004.

[18] 刘卫东. 我国低碳经济发展框架与科学基础. 北京: 商务印书馆, 2010.

[19] 王锋, 冯根福. 优化能源结构对实现中国碳强度目标的贡献潜力评估. 中国工业经济, 2011 (4): 127 – 137.

Sensitivity Analysis of Primary Energy Consumption Structural Change and Carbon Intensity

Wang Shaohua and Yu Weiyang

(School of Economics and Management, Yanshan University, Qinhuangdao 066004, China)

Abstract: The optimization of energy structure is important to achieve carbon intensity targets. Here, we analyzed primary energy consumption change and carbon emission intensity, by defining the relationship between primary energy consumption and its direct and indirect influence on carbon intensity. We found that the proportion of coal consumption has an inhibiting effect on the reduction of carbon intensity, and the proportion of other energy (hydropower, nuclearpower, wind power) or gray factor can help it. Using the ridge regression method we calculated the contribution of the proportion of primary energy consumption to carbon intensity and GDP, respectively. Results show that coefficient of elasticity the proportion of coal, oil, gas and other energy on carbon intensity is 0.1562, −0.077, −0.0913 and −0.3078, respectively, and on GDP is 2.22, 1.385, 0.752 and 1.243, respectively. According to a sensitivity matrix, it can reduce the carbon intensityby 0.2796%, 0.4257% and 0.7059% to completely replace by 1% the proportion of coal consumption by oil, gas and other energy. In 2015, the proportion of gas consumption and other energy (hydropower, nuclear power, wind power) consumption will rise by 5. 6% and 3. 1% , and the change in the proportion of oil consumption will be little. Optimizing the primary energy onsumption structure can lower carbon intensity by 4. 5722% , and contribute 26. 9% to achieving the carbon intensity target in the 12th Five – Year Plan.

Key Words: Primary Energy Consumption Structure; Carbonintensity; Contribution; Sensitivity Matrix

非再生能源资源使用者成本：一个新的估计 *

曾先峰　李国平

【摘　要】对使用者成本的准确估算与补偿是非再生能源资源可持续利用的关键。本文对传统的使用者成本法做了两方面修正：一是考虑了资源开采中的耗损问题；二是强调了通货膨胀对使用者成本的影响。采用修正的使用者成本法计算了 1985～2010 年中国煤炭、石油天然气等资源的使用者成本。研究发现，现行的资源税费仅能部分补偿使用者成本，煤炭、石油天然气开采中存在严重的跨代负外部性。要完全内部化使用者成本，煤炭的资源税费总额应由从量的 9.2 元/t 提高至 42.7 元/t，石油天然气的资源税费总额应提高至从价的 21.06%。要对矿产资源的税费制度进行配套改革，在不增加矿业企业总体税费负担水平的情况下，提高资源税费的征收标准，以实现对跨代外部成本的充分补偿。

【关键词】使用者成本；资源税费；跨代外部性；非再生能源

一、引言

使用者成本的概念最早由马歇尔提出，在环境与自然资源经济学中，一方面，其体现为当代人使用一单位资源而对后代人造成的福利损失，是一种隐含的机会成本；另一方面，它还是外部成本，资源使用者实际支付的私人成本可能与社会成本不相等。使用者成本的充分有效补偿是非再生能源资源可持续利用的关键，但由于其隐含性与外部性，对使用者成本的准确估计又成为补偿问题的一个难点。科学准确地估算非再生能源资源的使用

＊　原文发表于《资源科学》2013 年第 2 期。

作者简介：曾先峰，男，陕西大荔人，博士，西安外国语大学经济金融学院副教授，主要研究方向为资源与环境经济理论与政策。电子邮箱：zengxianfeng2003@163.com；李国平，西安交通大学经济与金融学院。

基金项目：教育部人文社会科学研究青年项目（编号：11YJC790258）；国家社会科学基金项目（编号：11CJY038）；国家社会科学基金重大项目（编号：12&ZD072）。

者成本，对于资源税费制度改革、资源型产品的价格形成机制以及我国产业转型而言至关重要，因而具有非常重要的理论意义和现实意义。

李国平等（2004）最早采用传统的 EI Serafy 使用者成本法对我国煤炭资源的使用者成本进行测算，其后续研究将研究对象扩展到石油和天然气资源（李国平等，2007；李国平、杨洋，2009）。林伯强（2008）采用传统的使用者成本法估算了中国油气资源的耗减。但在对非再生能源资源的使用者成本进行估算时，传统的使用者成本法本身存在两个缺陷亟待完善：①没有考虑资源开采过程中的耗损（浪费）问题，结果会低估使用者成本；②没有将通货膨胀因素对使用者成本的影响显性化，因而在实际使用中或者没有考虑通货膨胀的影响，或者仅对部分变量进行了不变价的调整，结果可能会高估使用者成本。由于资源损耗对使用者成本的影响大于通货膨胀的影响，因而传统的测算方法会低估真实的使用者成本。反映在价格机制上会导致资源型产品的价格低于其真实价值，不利于资源的节约使用和我国经济发展方式的战略转型。

另外，已有的研究在指标的选取以及数据处理方面也有待进一步完善。本文的目的就是在完善上述缺陷的基础上进一步准确的估算煤炭、石油天然气资源的使用者成本，为我国资源税费制度改革提供科学准确的定量标准。

二、传统的使用者成本法及其修正

（一）传统的使用者成本法

使用者成本法（User Cost Approach）是通过测算一种不可再生资源的折旧来计算使用者成本。这一方法由 EI Serafy（1981）提出，其最初用于考察真实收入，现在则主要被用来考察不可再生资源资产价值损失。其主要思想用数学公式描述如下：设 r 为利率（即折现率），R 表示不可再生资源在有限的开采期间内扣除开采成本的年毛收入（假定为常数），X 为真实收入，表示将不可再生资源开采的毛收入转换成无限期收入流时的年收入，则无穷期真实收入流 X 的现值 V_0 为：

$$V_0 = \sum_{t=1}^{\infty} \frac{X}{(1+r)^t} = \frac{X}{r} \tag{1}$$

对于给定的某种非再生资源，在其有限的开采年限（T）内，毛收入 R 的现值 W_0 为：

$$W_0 = \sum_{t=1}^{T} \frac{R}{(1+r)^t} = \frac{R}{r}\left(1 - \frac{1}{(1+r)^T}\right) \tag{2}$$

显然，R > X。按照 EI Serafy（1989），真实收入 X 是开采不可再生资源可用于消费的部分，而将 R - X 部分进行投资，以保证获得无穷期限的真实收入流。当投资发生时，毛收入 R 的现值 W_0 与真实收入流 X 的现值 V_0 相等。将式（1）和式（2）代入并整理可得：

$$R = X + \frac{R}{(1+r)^T} \tag{3}$$

EI Serafy 定义使用者成本（User Cost）为毛收入 R 与真实收入 X 之差。而在理论上，对某一给定资源，设其使用者成本为 D，则有：

$$D = \frac{R}{(1+r)^T} \tag{4}$$

式（4）即为估算使用者成本的基本公式，EI Serafy 将式（4）称为折耗因子（Depletion Factor）。

（二）对传统使用者成本法的修正

修正一：强调了通货膨胀的影响。使用式（4）计算使用者成本时，首先需要估算出开采资源的毛收入 R。当年开采非再生资源的毛收入可用式（5）计算：

$$R = 销售收入 - 工资总额 - 正常资本回报 - 中间成本 = Y - S - K \cdot \varphi - M \tag{5}$$

其中，Y 为销售收入；S 为工资总额；K 为资本存量；φ 为正常资本回报率；M 为中间成本。根据上述参数计算的 R 为毛收入名义值，没有考虑通货膨胀因素。设 R′ 为不变价表示的毛收入，则式（5）进一步变为：

$$R' = \frac{Y}{P_1} - \frac{S}{\pi} - K' \cdot \varphi - \frac{M}{P_2} \tag{6}$$

式（6）中，P_1 表示非再生资源的价格指数；π 为通货膨胀率；K′ 为不变价的资本存量；P_2 为中间投入价格指数。$\frac{Y}{P_1}$、$\frac{S}{\pi}$、$K' \cdot \varphi$、$\frac{M}{P_2}$ 分别表示不变价的销售收入、工资总额、正常资本回报和中间成本，R′ 为剔除了通货膨胀后的毛收入。

修正二：考虑资源耗损（浪费）情况。利用式（4）计算使用者成本时，没有考虑开采不可再生资源的耗损问题。理论上，在测算不可再生资源使用者成本时，其价值不仅应包括已出售资源的价值，也应包括在开采中所浪费的资源价值，进而测算出的资源使用者成本才是完整的和真实的。资源开采过程中的浪费现象在我国尤其严重，如果不考虑资源浪费，则测算的使用者成本将远远低于真实的使用者成本。

假设开采单位不可再生资源的耗损量为 η（即耗损系数），则式（4）、式（6）可变为：

$$D = \eta \cdot \frac{R'}{(1+r)^T} \tag{7}$$

式（7）即为修正后的使用者成本。

三、使用者成本法的应用：以煤炭、石油天然气为例

采用式（7）估算不可再生资源使用者成本时还需要以下四组数据：

（1）开采年限 T。根据李国平（2009），本文设定煤炭开采年限为 100 年，石油天然气开采年限为 37 年。

（2）折现率 r。式（7）中的折现率处于指数形式的底数位置，对于固定开采年限，使用者成本的量对贴现率的变化非常敏感。在实际应用中，往往考察不同折现率下使用成本的变化，对若干不同贴现率值进行分别计算再对比其损失量，并且一般把折现率取值在 0% ~ 10%。

（3）毛收入 R'。不变价的毛收入使用式（6）计算，其中名义销售收入 Y 分别为煤炭和石油天然气的年开采量与相应资源国际价格（以美元表示）的乘积。采用资源国际价格的原因在于，使用者成本法要求完全竞争的市场条件，但国内矿产资源的价格还受到一定程度的计划控制，资源价格还不像国际市场那样真实反映供需情况。使用资源国际价格还有利于从世界资源市场的角度考察中国资源使用情况，对资源销售的名义收入还需要剔除通货膨胀的影响。由于无法获得国际市场上煤炭和石油的工业品出厂价格指数，这里 P_t 使用美元的通货膨胀率数据将名义销售收入折算为 2000 年的不变价，并用相应年份的平均汇率将不变价销售收入的美元值换算成人民币值。

工资总额 S 为煤炭、石油天然气从业人员平均数与相应行业平均工资的乘积，并用通货膨胀率对名义工资进行平减。

不变价的资本存量 K' 使用永续盘存法估算，固定资产投资价格指数的选取和计算采用张军（2004）的方法。正常资本回报率 φ 选用 CCER "中国经济观察"研究组（2007）所估算的中国工业企业投资回报率年度数据，选用指标为"固定资产存量的总回报率"，其中 2007 ~ 2009 年的数据采用相同的办法补齐。需指出，在一些文献中，如李国平等（2009），正常资本回报率采用了"一年期存款实际利率"的指标，但存在的问题是一些年份的"一年期存款实际利率"为负值，从而得到的正常资本回报也为负值，显然，负的资本回报是不合适的。而本文采用工业平均资本回报率反映了对资源开采业投资时资本应当获得的投资回报率，这一指标没有负值，也更符合"正常资本回报"的科学内涵。

中间成本 M 分别为煤炭和石油天然气的总产值与增加值之差，并用"原材料、燃料、动力购进价格指数"平减为 2000 年不变价。

（4）耗损系数 η。《2007 年能源蓝皮书》指出，我国煤炭资源平均的综合回收率为 30%。按照这一数据，那么我国每采 1t 煤炭，实际上要消耗煤炭资源约 3.3t。因此，煤炭资源耗损系数 η 取 3.3。对于石油天然气资源尚无法获得权威的资源回收率数据，而唯一的信息来源于《华尔街的误区》。该书提供的数据显示，中国大庆油田的资源回收率为

60% ~ 70%。本文以大庆油田资源回收率的平均值作为全国的平均回收率，$\eta = 1.54$。值得注意的是，由于数据的可获得性受限，以大庆油田的回收率数据作为全国的替代有可能对油气资源使用者成本的估算造成偏误。

上述数据中煤炭和石油天然气的国际价格数据来源于《BP 世界能源统计（2011）》，美元通货膨胀率数据来源于《美国统计年鉴》，其余数据来源于《中国统计年鉴》。

根据上述四组数据就可以使用式（7）估算煤炭、石油天然气的使用者成本。本文估算的时间范围为 1985 ~ 2010 年，结果见表 1。

表 1　1985 ~ 2010 年我国煤炭、石油天然气资源使用者成本　　　单位:%

年份	煤炭贴现率					石油天然气贴现率				
	0	1	3	5	7	0	1	3	5	7
1985	1220.1	451.9	63.5	9.3	1.4	1386.0	959.1	464.3	227.9	113.4
1986	1549.9	574.0	80.7	11.8	1.8	631.9	437.3	211.7	103.9	51.7
1987	2501.3	926.4	130.1	19.0	2.9	1005.7	695.9	336.9	165.4	82.3
1988	4157.5	1539.8	216.3	31.6	4.8	502.5	347.7	168.3	82.6	41.1
1989	4719.1	1747.8	245.5	35.9	5.4	640.2	443.0	214.5	105.3	52.4
1990	6581.2	2437.5	342.4	50.0	7.6	1693.4	1171.8	567.3	278.5	138.5
1991	6895.2	2553.5	358.8	52.4	8.0	1392.1	963.5	466.5	229.0	113.9
1992	5938.3	2199.4	309.0	45.2	6.8	1214.6	840.5	406.9	199.7	99.4
1993	4677.7	1732.5	243.4	35.6	5.4	715.1	494.9	239.6	117.6	58.5
1994	11077.9	4102.9	576.4	84.2	12.8	1341.7	928.4	449.5	220.6	109.8
1995	15213.8	5634.8	791.6	115.7	17.5	1864.8	1290.4	624.7	306.7	152.6
1996	13285.7	4920.6	691.2	101.0	15.3	2399.6	1660.5	803.9	394.6	196.3
1997	11363.9	4208.9	591.3	86.4	13.1	2072.3	1434.0	694.2	340.8	169.5
1998	7873.5	2916.1	409.7	59.9	9.1	1041.8	720.7	349.0	171.3	85.2
1999	4807.7	1780.6	250.1	36.6	5.5	1651.3	1142.7	553.2	271.6	135.1
2000	8799.1	3258.9	457.8	66.9	10.1	2878.3	1991.7	964.2	473.3	235.5
2001	9903.4	3667.9	515.3	75.3	11.4	2325.2	1609.0	779.0	382.4	190.2
2002	6802.1	2519.3	353.9	51.7	7.8	2114.7	1463.4	708.5	347.8	173.0
2003	12987.3	4810.1	675.7	98.8	15.0	2075.5	1436.3	695.3	341.3	169.8
2004	27585.3	10216.8	1435.2	209.8	31.8	3604.5	2494.3	1207.5	592.7	294.9
2005	22071.2	8174.5	1148.3	167.8	25.5	5551.3	3841.4	1859.7	912.9	454.1
2006	22246.2	8239.3	1157.5	169.2	25.7	6577.2	4551.4	2203.4	1081.6	538.1
2007	32424.7	12009.2	1687.0	246.6	37.4	6418.6	4441.7	2150.4	1055.5	525.1
2008	59085.5	21883.5	3074.2	449.3	68.1	9292.4	6430.3	3113.0	1528.1	760.2
2009	18559.4	6873.9	965.6	141.1	21.4	4344.8	3006.6	1455.5	714.5	355.4
2010	27090.7	10033.6	1409.5	206.0	31.2	6755.6	4674.8	2263.2	1110.9	552.6

图 1 与图 2 是本文估算的煤炭、石油天然气在 5% 贴现率下的使用者成本与李国平等（2009）计算结果的比较。图 1 显示，对于煤炭资源，本文计算的使用者成本高于李国平的结果。图 2 则表明，本文所计算的石油天然气资源的使用者成本小于李国平的结果。

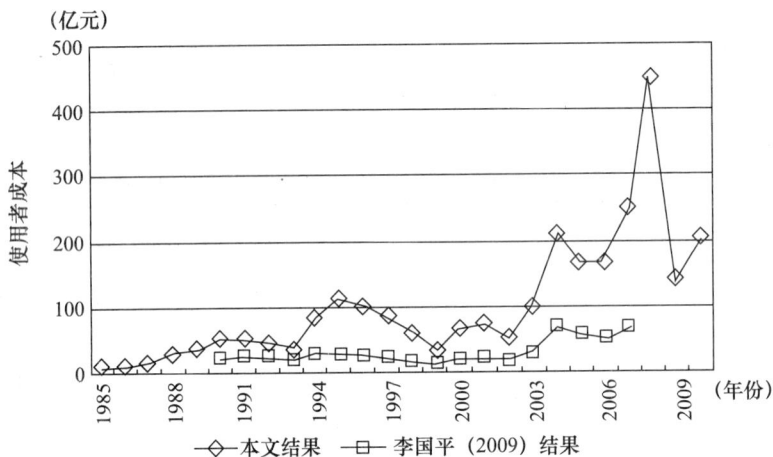

图 1　5% 贴现率下本文与李国平（2009）所核算的煤炭资源使用者成本的比较

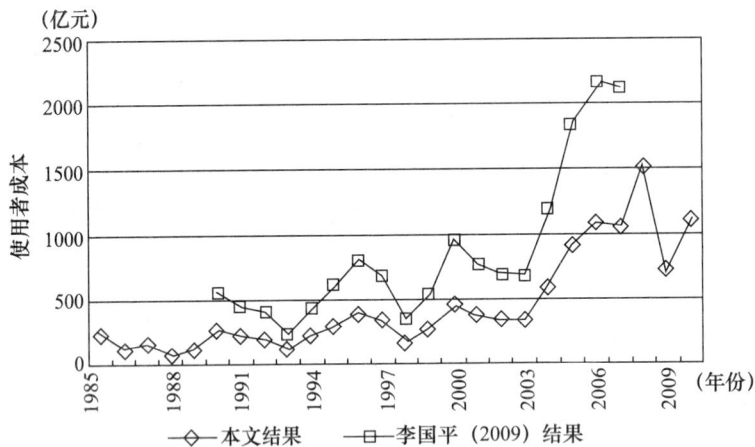

图 2　5% 贴现率下本文与李国平（2009）所核算石油天然气资源使用者成本的比较

出现差异的原因有三个方面：

一是在计算资本的正常回报时，对正常资本回报率的选取不同。本文采用的指标是全国工业平均资本回报率，而李国平（2009）采用的是一年期存款实际利率。全国平均资本回报率与一年期存款实际利率见图 3。根据图 3，工业平均资本回报率远大于一年期存款利率，而在计算资源的毛收入时，资本回报处于减数的位置。因此，回报率越大，毛收入越小，使用者成本也越小。对于煤炭和石油天然气资源，在其他参数的取值相同的情况下，使用工业平均资本回报率所估算的使用者成本要小于使用一年期存款实际利率所计算出的使用者成本。

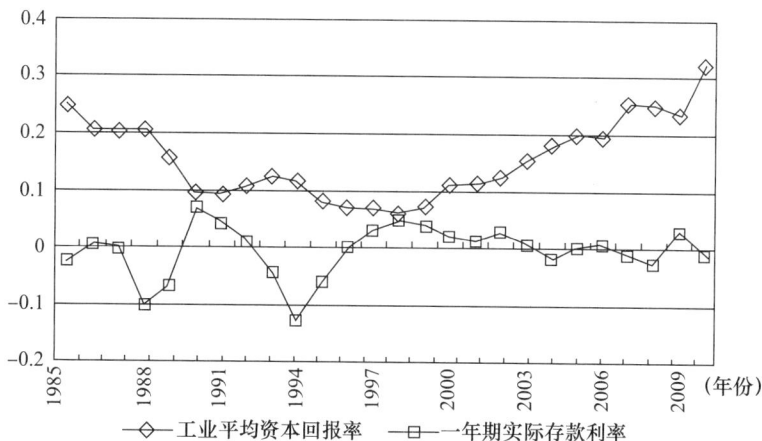

图3　全国平均资本回报率与一年期存款实际利率

二是本文考虑了耗损系数。耗损系数与资源开采毛收入是倍数关系，煤炭资源与油气资源的耗损系数分别为 3.30 和 1.54。也就是说，考虑耗损系数的煤炭资源的使用者成本与油气资源的使用者成本分别为不考虑时的 3.30 倍和 1.54 倍。

三是本文计算资源名义销售收入时，采用了资源销售的国际价格，因而在将名义销售收入转换为不变价销售收入时，平减的价格指数选用的是美国的通货膨胀率。李国平在核算不变价销售收入时，虽然也使用了国际价格，但其采用的平减指数为中国的通货膨胀率，也即用人民币通胀率平减用美元表示的销售收入，这有可能造成结果的偏误。

综上所述，本文所核算的煤炭资源的使用者成本高于李国平的结果，而石油和天然气的使用者成本低于李国平的结果。本文对使用者成本的核算结果更准确真实。

四、煤炭、石油天然气资源的使用者成本与应交资源税费的比较

（一）煤炭资源的使用者成本与应交资源税费的比较

煤炭资源开采中的资源税费制度是保障资源价值补偿的有效手段。按照我国资源有偿取得和有偿使用制度的要求，矿产资源开采人占有、使用国家、全民所有的资源，应依法缴纳资源税费，其理论上的征收依据是矿产资源耗竭理论和地租理论。将我国煤炭资源开

采中应依法缴纳的各项资源税费与煤炭资源使用者成本进行比较，可考察我国煤炭资源价值损失的补偿状态和差距。目前，我国煤炭资源开采中应依法缴纳的资源税费主要是资源价款、资源税和资源补偿费。本文根据山西省平均吨煤缴纳资源价款6元的标准，由全国原煤出采量计算出2000~2010年我国煤炭资源开采活动中应缴纳的资源价款总额。煤炭资源税征收标准因各省区资源开采的难易程度、品质的不同而不同，本文取各省煤炭资源税征收标准的中位数（即2.50元/t）作为全国煤炭资源税的平均征收标准，进而根据全国原煤出采量计算出2000~2010年我国煤炭开采活动中应缴纳的资源税总额。矿产资源补偿费根据1994年2月国务院发布的《矿产资源补偿费征收管理规定》计算，其计算公式为：

$$矿产资源补偿费 = 矿产品销售收入 \times 补偿费费率 \times 开采回采率系数 \tag{8}$$

其中开采回采系数为实际回采率/核定开采回采率，费率按矿种进行分档，其中煤炭资源补偿费费率为1%。对于回采系数，《山西省煤炭产业调整和振兴规划》中提供的数据显示，到2007年，山西煤炭平均资源回采率为40%。由于各矿区核定回采率和实际回采率数据难以获取，本文取山西省的0.4作为全国的开采回采率系数，进而根据全国原煤销售收入计算出2000~2010年我国煤炭资源开采活动中应缴纳的资源补偿费总额。2000~2010年我国煤炭开采活动中应缴纳的各项资源税费额见表2。

表2   2000~2010年我国煤炭开采中应交的资源税费额   单位：亿元

年份	资源价款	资源税	资源补偿费	资源税费总额
2000	77.94	32.48	4.86	115.28
2001	82.28	34.29	5.97	122.54
2002	87.39	36.41	7.85	131.65
2003	102.20	42.58	9.59	154.37
2004	113.79	47.41	14.69	175.89
2005	123.73	51.55	22.12	197.40
2006	131.19	54.66	27.50	213.35
2007	133.25	55.52	33.74	222.51
2008	139.58	58.16	50.86	248.60
2009	149.14	62.14	58.12	269.40
2010	160.25	66.77	76.44	303.46

另外，将我国煤炭资源开采活动中应缴纳的资源税费总额与煤炭资源使用者成本进行比较，存在选择何种折现率下的煤炭资源使用者成本作为标准的问题。综合考虑，目前我国经济发展所处的阶段以及资源可持续开采利用的压力日趋增大，本文选择1%~3%贴现率下的煤炭资源使用者成本作为比较标准，即将2000~2010年我国煤炭资源开采中应缴纳的资源税费总额与1%、3%折现率下的煤炭资源使用者成本进行比较。

根据表 1 和表 2 的数据，2000～2010 年我国煤炭资源开采活动中应缴纳的资源税费总额仅能够部分补偿 1% 和 3% 折现率下的煤炭资源使用者成本。以 2010 年为例，我国煤炭开采活动中应缴纳的资源税费总额是 303.46 亿元，而 1% 和 3% 贴现率下的使用者成本分别为 10033.6 亿元和 1409.5 亿元，缺口分别达 9730.1 亿元和 1106 亿元，补偿率仅分别为 3.02% 和 21.50%。按照目前我国煤炭资源开采活动中应缴纳的资源价款（约相当于 t 煤 6 元）、资源税（t 煤 0.3～5 元/t 煤）和矿产资源补偿费（从价的 1%）的标准，煤炭资源自身价值损失中至少高达 78% 的比例得不到补偿，我国煤炭资源的开采利用中存在着严重的跨代负外部性。

（二）石油天然气的使用者成本与应交资源税费的比较

目前，我国石油天然气开采中应缴纳的资源税费包括资源税和资源补偿费两种①。资源税应缴纳税额是课税数量与税率的乘积。本文将各地不同的石油天然气资源税税率取中间值作为计算标准。2000～2005 年，石油资源税税率取 12 元/t，天然气税率取 0.8 分/m³。2006～2009 年，石油资源税率取 30 元/t，天然气取 1.2 分/m³。2010 年 6 月 1 日起，新疆的油气资源税由过去的从量定额征收改为从价的 5%，当年新疆实现资源税收入 60 亿元。仍以定额标准计算全国其他地区 2010 年的资源税，新疆按实际缴纳的资源税计算。石油天然气开采应缴纳的资源税费计算结果见表 3。

表 3　2000～2010 年我国石油、天然气开采中应交的资源税费额　　单位：亿元

年份	资源税	资源补偿费	资源税费总额
2000	19.78	29.15	48.93
2001	19.78	26.40	46.18
2002	20.32	26.44	46.76
2003	20.46	33.36	53.81
2004	20.42	40.86	61.28
2005	20.74	57.53	78.27
2006	51.73	71.78	123.51
2007	49.87	74.71	124.58
2008	48.12	91.76	139.89
2009	48.39	66.13	114.51
2010	92.31	85.94	178.25

资源补偿费按照式（8）核算，其中石油天然气的资源补偿费费率为 1%，将开采回

---

① 这里需要说明的是，与煤炭开采业不同，石油天然气的采矿权和探矿权均由国家无偿分配给国有性质的垄断企业。因此，石油天然气开采业没有矿业权价款。

采率系数定为1。根据全国石油天然气销售收入计算出2000～2010年我国石油天然气资源开采活动中应缴纳的资源补偿费总额，其结果见表3。

将表3与表1油气资源1%和3%贴现率下的使用者成本进行比较，结果发现，2000～2010年，我国石油天然气资源的资源税费总额仅能够补偿较少部分的使用者成本。2010年，我国石油天然气资源的资源税费共计178.25亿元，而当年1%和3%贴现率下的使用者成本分别是4674.8亿元和2263.2亿元，补偿率分别为3.81%和7.88%，缺口分别达到4496.6亿元和2084.9亿元。按照目前我国石油天然气资源开采活动中应缴纳的资源税费的标准，石油天然气资源自身价值损失中至少有高达87.87%不能得到补偿，我国石油天然气资源的开采利用中同样存在严重的跨代负外部性。

五、结论与讨论

中国煤炭、石油天然气资源的开采中存在严重的跨代负外部性，要完全内部化这种负外部性，需要进一步提高资源的特殊税费水平。

对于煤炭资源，以2010年为例，假定贴现率水平为3%，要完全内部化代际负外部成本，①如果单纯提高资源税，那么资源税应由当前的定量标准2.50元/t提高至35.54元/t；②如果单纯提高资源价款，那么资源价款应由当前的6元/t提高至38.37元/t；③如果单纯提高资源补偿费，则总的资源补偿费应由当前的76.44亿元提高至1182.5亿元，折算为单位开采量，则资源补偿费由当前的2.32元/t提高至35.83元/t；④从资源特殊税费的整体上看，要完全补偿使用者成本，煤炭资源特殊税费总额应由当前的303.46亿元提高至1409.5亿元，折算到单位开采量，则资源税费总额应由当前的9.2元/t提高至42.7元/t。

另外，如果煤炭资源的资源税由从量改为从价，按照2010年原煤均价746元/t的标准[①]，要完全补偿使用者成本，煤炭资源的资源税率应设定为从价的5.73%。

对油气资源，以2010年为例，在3%的贴现率水平下要完全内部化代际负外部成本，那么：①如果单纯提高资源税，按照2010年国际市场原油均价3857.52元/t计算[②]，则资源税率应由当前从价的5%提高至从价的20.26%；②如果单纯提高资源补偿费，则总的资源补偿费应由当前的85.94亿元提高至2170.9亿元，折合成单位开采量，则资源补偿费由当前从量的25.73元/t提高至779.24元/t；③将资源税费作为一个整体，要完全补偿使用者成本，石油天然气资源的税费总额应由当前的178.25亿元提高至2263.2亿元，

---

① 数据来源于中商情报网，www.askci.com。

② 2010年国际市场原油均价为78.06美元/桶，按照1t = 7.3桶，以及1美元兑换6.7695人民币的平均汇率，可计算出原油的人民币价格。

如果从价计征，那么资源税费的税率应设定在 21.06% 的水平。

2010 年，对煤炭开采企业，要完全补偿使用者成本，单就资源特殊税费而言，企业的负担净增加 33.5 元/t。也就是说，煤炭开采的跨代负外部性完全内部化需要企业承担的资源特殊税费总额是当前的 4.64 倍。对于石油天然气开采企业，要完全补偿使用者成本，如果单从资源税角度考虑，那么油气开采企业的资源税税率（从价）应提高 4.05 倍。

李国平等（2011）的研究发现，中国采矿业的整体税负率高于工业行业的整体水平。基于此，本文认为，要完全内部化矿产资源开采的跨代负外部性，单一地改革开采企业的资源特殊税费会进一步提高采矿业的整体税负水平，当税负负担超过企业的承受力时，将会影响到采矿业和整体宏观经济的可持续发展。因此，中国的资源税改革绝不是简单的税率提高多少的问题，而要以保护资源和环境为目的统筹考虑。政策制定者应该更多的考虑进行税费的结构性调整。也就是说，在提高资源税以内化使用者成本的同时，应该降低开采企业的一般税负水平。只有在不提高（或者是降低）采矿业整体税负水平的前提下，资源税改革才有可能落到实处。

参考文献

［1］李国平，吴迪. 使用者成本法及其在煤炭资源价值折耗测算中的应用. 资源科学，2004，26（3）：123 - 129.

［2］李国平，张云，吴迪. 陕北地区油气资源价值的折耗分析. 统计与决策，2007（1）：32 - 33.

［3］李国平，杨洋. 中国煤炭和石油天然气开发中使用者成本测算与价值补偿研究. 中国地质大学学报（社会科学版），2009，9（5）：36 - 42.

［4］林伯强，何晓萍. 中国油气资源耗减成本及政策选择的宏观经济影响. 经济研究，2008（5）：94 - 104.

［5］El Serafy. Absorptive Capacity, the Demand for Revenue, and the Supply of Petroleum. The Journal of Energy and Development, 1981, 7（1）：73 - 88.

［6］El Serafy. The proper Calculation of income from depletable natural resources. //Y. J. Ahmad, S. ElSerafy, E. Lutz（Editors）. Environmental Accounting for Sustainable Development. Washington DC：The World Bank, AUNEP - World Bank Symposium, 1989.

［7］张军，吴桂英，张吉鹏. 中国省际物质资本存量估算：1952 ~ 2000. 经济研究，2004（10）：35 - 44.

［8］CCER "中国经济观察" 研究组. 我国资本回报率估测（1978 ~ 2006）——新一轮投资增长和经济景气微观基础. 经济学（季刊），2007，6（3）：723 - 758.

［9］李国平，张海莹. 煤炭资源开采中的外部成本与应交税费比较. 经济学家，2011（1）：63 - 69.

Costs for Non – Renewable Energy Resources: A New Estimation of User

Zeng Xianfeng[a] and Li Guoping[b]

(a: School of Economics & Finance, Xi' an International Studies University,
Xl' an 710128, China; b: School of Economics & Finance,
Xi' an Jiaotong University, Xl' an 710002, China)

Abstract: Accurate estimates and compensation of user costs is critical for the sustainable use of renewable energy resources, resource tax reform, and China's industrial transition. Here, we modify the traditional approach of calculating resource user costs, first putforward by EI Serafy in 1981, by taking into account resource waste factors and the impact of inflation. Inaddition, we further improved eficits in existing research into index selection and data processing. We produce new estimates of the user costs of coal, oil, and gas extraction in China from 1985 to 2010. The results show that the user cost of coal resources is higher than previous results. After comparing estimated user costs with actual resource taxes on coal, oil, and gas exploitation, we found that current resource taxes only partially compensate for user costs. Under the 1% and 3% discount rate, user cost compensation rates are 3. 02% and 21. 5% respectively, and the rates for oil and gas are 3. 81% and 7. 88%. In order to fully internalize resource user costs, it is necessary to increase the total resource tax on coal mining from the current 9. 2 CNY per ton to 42. 7 CNY per ton, and to raise the total advalorem resource tax on oil and gas to 21. 06%. Chinese resource tax reform requires comprehensive coordinated reform of the tax and fee systems for mineral resources. Policymakers need to consider structural adjustment of the tax system and mining resources. The government should improve resource taxes inorder to fully compensate user costs and realize inter – generational justice and reduce the general tax of mining resources.

Key Words: Usercost; Resourcetaxes; Intergenerationalexternalities; Mining

中国的能耗结构、能源贸易与碳减排任务[*]

邢玉升　曹利战

【摘　要】碳减排既是中国转变发展方式的内涵之一，也是经济增长的约束性指标之一，本文从中国碳排放分解模型入手，寻找出持续抑制中国碳排放增长的关键因素之一，即能耗结构。在分析了能源净进口与能耗结构变动的显著线性关系后，结合当前中国能源进口的世界格局及存在的潜在风险，得出中俄能源管道贸易在中国碳减排任务中可能扮演的重要角色，尤其是中俄天然气项目在进一步改善中国三种一次能源消费结构中的潜在助推作用。

【关键词】能耗结构；能源贸易；碳减排

一、引言

中国政府在"十一五"规划中制定了约束性节能降耗指标，即 2010 年单位 GDP 能耗比 2005 年降低 20% 左右[①]。国家统计局的数据表明，"十一五"期末的能耗强度比"十五"期末下降了 19.1%[②]。图 1 展示的是中国 29 个省际单位节能降耗目标的完成情况以及 2010 年能耗的实际水平。图 1（A）反映的是能耗约束性指标在不同省区的完成程度，显然该指标的地区分布并不平衡，且无明显的空间变化规律可循。与之相比，图 1（B）

＊　原文发表于《国际贸易问题》2013 年第 3 期。

作者简介：邢玉升，黑龙江大学东北亚经济研究中心，电子信箱：ysx16@ yanoo. com. cn；曹利战，哈尔滨工业大学管理学院。

基金项目：教育部人文社科重点研究基地重大项目《俄罗斯东部地区的发展与中俄合作新空间》（项目编号 11JJDGJW004）。

①　单位 GDP 能耗也被称为能耗强度，本文的 GDP 按 2005 年价格计算。

②　与图 1 的数据相同，均来源于《中国统计年鉴（2011）》。就各省区的节能降耗目标而言，是有差异的，如最高是山西省、内蒙古自治区、吉林省和山东省的 22%，最低是海南省和西藏自治区的 12%，因此图 1（A）描绘的是超额完成率，属于相对指标。

显示的是能耗强度呈现出的东部—中部—西部依次递增的地域趋势。因此，可以得出这样的结论，即能耗强度可能与经济发展水平显著相关，而节能降耗目标的实现还需要依靠更多其他因素，这从约束性一词中就可窥端倪。

2009 年 11 月 25 日召开的国务院常务会议决定，为加快转变发展方式，到 2020 年单位 GDP 二氧化碳排放比 2005 年下降 40% ~ 45%，并将其作为约束性指标纳入国民经济和社会发展的中长期规划；同年 12 月 18 日，在哥本哈根气候变化大会上，温家宝将中国政府的碳减排目标公之于众。如果就 2006 ~ 2010 年中国已经基本实现的能耗强度下降 20% 的目标来说，这个承诺似乎是个必然命题①。然而考虑到环境库兹涅茨倒 "U" 形曲线所揭示的拐点之前的规律是碳排放会随着人均收入的增加而递增。也就是说，尽管中国可以做到 "十一五" 期间单位 GDP 碳减排高于 19.1%，但并不能确定 2011 ~ 2020 年下降 20% ~ 25%②。不过，本文的主旨不在于预测中国 CO_2 排放的库兹涅茨拐点，而是在假设拐点存在的条件下，探讨如何通过能源消费结构的转变实现碳减排目标。并且与文献中经常关注和建议的发展非化石能源不同，本文试图在化石能源框架内，通过调整煤、油、气三者的消费结构，寻找碳减排的可能途径。

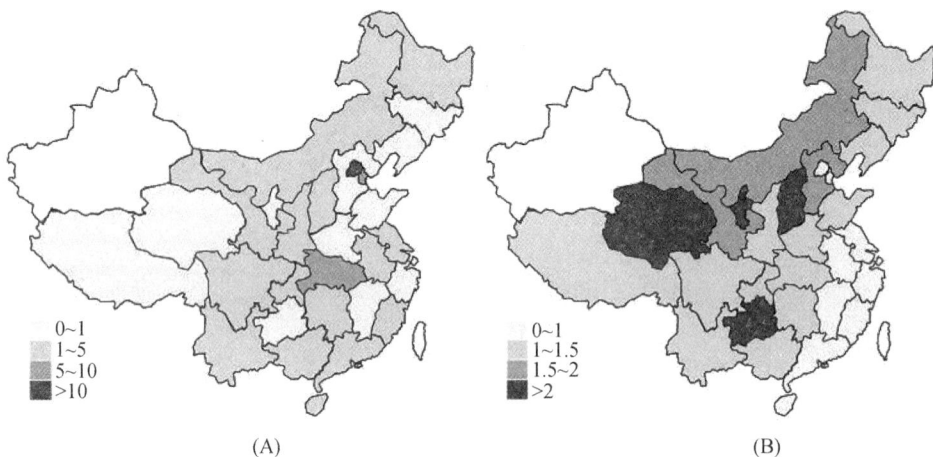

图1　中国 "十一五" 期末节能降耗目标超额完成率及实际能耗强度示意图

注：（A）中所示单位:%；（B）中的度量单位：吨标准煤/万元。中国台湾地区不在统计之列，新疆维吾尔自治区另行考核。

———————————————————

①　能耗强度与碳排放强度并不是同一个概念。"十一五" 期间，单位 GDP 能耗下降 19.1%，意味着如果这期间能源消费结构没有发生任何改变，则碳排放强度也同样下降 19.1%。不过这一假设与现实不符，实际上 2010 年能源消费结构比 2005 年有所改善，其中煤炭占比下降 4%，油气和水电、风电、核电分别增长 4.5% 和 26.5%，因此碳排放强度下降将超过 19.1% 这一数值。

②　中国政府显然意识到环境库兹涅茨曲线所揭示的碳排放规律，因此在 "十二五" 节能减排综合性工作方案中将能耗强度下降目标定为 16%。

二、中国碳排放的因素分解模型

因素分解方法是分析碳排放和能源消耗的常用技术。首先简单回顾一下关于中国碳排放因素分解的既有文献。第一类是基于国家层面的分解，如 Wang 等（2005）通过对中国 1957~2000 年碳排放总量的分解发现，能耗强度降低是碳减排的主要因素，能耗结构也起到了积极作用。不过，经济发展和人口增长会增加碳排放。徐国泉等（2006）构建了人均碳排放的因素分解模型，结果表明在 1995~2004 年，经济发展拉动了中国人均碳排放，能耗结构和能耗强度起到不断减弱的抑制作用。第二类是基于地区或部门层面的分解，如 Liu 等（2007）分解了 1998~2005 年工业 36 个行业的碳排放，发现工业发展和能耗强度的影响最为显著，碳排放系数、能耗结构和工业结构所起的作用较小，并认为有些因素在不同阶段的促进或抑制作用不同。雷厉等（2011）将中国 29 个省市的碳排放分解为能耗强度、能耗结构和人均 GDP，发现人均 GDP 是促进碳排放的决定因素，能耗结构也推动了碳排放的增长，但影响程度较小，能耗强度下降是抑制碳排放的主要因素。第三类是基于地区和部门两个维度的分解，如 Wu 等（2005）对中国省际碳排放的分解发现，20 世纪 90 年代中后期中国碳排放下降的主要原因是能耗强度的降低和工业部门劳动生产率增速的放缓，而结构调整的碳减排效果并不明显。仲云云等（2012）利用 LMDI 三层完全分解模型，研究了 1995~2009 年中国 29 个省市的碳排放驱动因素，发现人均 GDP 是促进碳排放增长的决定因素，能耗强度下降则是抑制碳排放的主要因素。

本文从现有碳排放的分解文献中发现，能耗强度下降被认为体现的是技术进步，即使忽视改变能耗强度的产业结构也能实现能耗强度下降的另一个侧面，这一观点本身反映的是综合技术的应用效果，那么一般意义上的技术进步（全员劳动生产率的提高）是否也具有碳减排效应呢？[①] 另一个需要关注的问题是，人口结构是否如一些人口学经验分析的那样同样影响着碳排放呢？[②] 对这两个问题的思考，促使本文对碳排放进行了新的分解，所使用的方法为对数均值 Divisia 指数（LMDI），其基本公式如下：

$$C^t = \sum_{i=1}^{3} \sum_{j=1}^{3} C_{ij}^t = \sum_{i=1}^{3} \sum_{j=1}^{3} \frac{C_{ij}^t}{E_{ij}^t} \cdot \frac{E_{ij}^t}{E_i^t} \cdot \frac{E_i^t}{Y_i^t} \cdot \frac{Y_i^t}{L_i^t} \cdot \frac{L_i^t}{L^t} \cdot \frac{L^t}{P^t} \cdot P^t$$

$$= \sum_{i=1}^{3} \sum_{j=1}^{3} EC_{ij}^t \cdot ES_{ij}^t \cdot EI_i^t \cdot LP_i^t \cdot IS_i^t \cdot PS^t \cdot TP^t \tag{1}$$

其中，C 为碳排放量，E 为一次能源的消费量，Y 为国内生产总值或产业增加值，

[①] 综合技术指的是一般意义上的技术即生产技术和专门的碳减排技术即节能技术。本文通过构造全员劳动生产率这个指标分离出生产技术进步。

[②] 彭希哲，朱勤. 我国人口态势与消费模式对碳排放的影响分析. 人口研究，2010（1）: 48−58.

L 为产业就业人数，P 为人口总数。i 代表三次产业[①]，j 代表煤炭、原油和天然气三种一次能源，t 为 1992～2009 年。相对应的，EC 为碳排放系数，由于本文所考察的能源消费仅是一次能源，因此可以认为在 1992～2009 年碳排放系数是不变的。ES 是能源消费结构，即三种一次能源占比，显然这是本文重点关注的指标。EI 为能耗强度，按照前面的分析，可以看作是节能技术进步。与之相对应，LP 为全员劳动生产率，反映的是一般意义上的技术进步。IS 是三次产业结构的度量，与文献中使用的增加值度量不同，这里采用就业人数指标。之所以如此，一是用就业来度量产业结构本身就是一种常见的形式；二是为了继续分解出人口结构因素。PS 是用就业人数占人口总量的比例来度量的人口结构，其意义在于劳动参与率本身是人口年龄结构的一个反映，而人口抚养系数的倒数更是"人口红利"的一个度量[②]。因此，这一指标意图探究的是"人口红利"是否同样存在于碳减排中？P 表示的是人口规模[③]。

本文定义对数权重方程如下：

$$L(x, y) = \begin{cases} (x-y)/(\ln x - \ln y) & x \neq y \\ x & x = y \neq 0 \\ 0 & x = 0 \text{ 或 } y = 0 \end{cases} \qquad (2)$$

尽管 LMDI 有乘法和加法两种分解方法，且结果一致，不过为了直观，本文采用加法进行分解，即：

$$\Delta C^t = C^t - C^{t-1} = \Delta C^t_{ES} + \Delta C^t_{EI} + \Delta C^t_{LP} + \Delta C^t_{IS} + \Delta C^t_{PS} + \Delta C^t_{TP} \qquad (3)$$

$$\Delta C^t_{ES} = \sum \sum L(C^t_{ij}, C^{t-1}_{ij}) \cdot \ln\left(\frac{ES^t_{ij}}{ES^{t-1}_{ij}}\right); \Delta C^t_{EI} = \sum \sum L(C^t_i, C^{t-1}_i) \cdot \ln\left(\frac{EI^t_i}{EI^{t-1}_i}\right)$$

$$\Delta C^t_{LP} = \sum \sum L(C^t_i, C^{t-1}_i) \cdot \ln\left(\frac{LP^t_i}{LP^{t-1}_i}\right); \Delta C^t_{IS} = \sum \sum L(C^t_i, C^{t-1}_i) \cdot \ln\left(\frac{IS^t_i}{IS^{t-1}_i}\right)$$

$$\Delta C^t_{PS} = \sum \sum L(C^t, C^{t-1}) \cdot \ln\left(\frac{PS^t}{PS^{t-1}}\right); \Delta C^t_{TP} = \sum \sum L(C^t, C^{t-1}) \cdot \ln\left(\frac{TP^t}{TP^{t-1}}\right) \qquad (4)[④]$$

[①] 在《中国统计年鉴》中不仅提供了三次产业的能源消费量，也同时提供了生活消费量，与文献中将生活部门与三次产业并列不同，本文在确定了第一、第二产业的能源消费量后，利用能源消费总量减去第一、第二产业消费量和生活消费量，最终得到第三产业消费量。此外，在第一产业的表述中，1992 年、2003～2009 年的表述为"农、林、牧、渔、水利业"，1994～2002 年的表述为"农、林、牧、渔业"。这里可能涉及国民经济行业分类标准变动的原因，但经过仔细比对，发现两种表述内涵一致，无本质区别。

[②] 事实上，劳动参与率与"人口红利"指标之间有非常显著的线性关系，且前者对后者的解释力度达 65.6%。

[③] 文中出现的所有含价值量的指标都以 2005 年为基期进行价格平减，从而实现指标的可比性。

[④] 由于碳排放系数被视为不变，因此这一项的变动为 0 而被省略。

三、中国能源贸易与能耗结构变动：显著的线性关系

在上述公式中，碳排放量是唯一一个没有官方统计数据的指标，因此本文按照 IPCC（2006）提供的参考方法进行估算①。其他数据均来源于《中国统计年鉴》，其中 1993 年的分行业能源消费数据没有提供，这里采用 1992 年和 1994 年的数据进行插值。

就碳排放量而言，如图 2 所示，中国 1992～2001 年的碳排放基本上保持稳定，但是 2002～2009 年处于明显的增长势头。与现有研究一样，能耗强度仍然是碳减排的主要决定因素。本文考察一般意义上的技术进步，即全员劳动生产率的增长实际上对碳排放起到的促进作用。也就是说，1992～2009 年中国劳动生产率的改进主要是以增加碳排放为代价的，这一结论也可以理解为文献中的"经济产出效应"，即人均 GDP 对碳排放的促进作用。本文考察的另一个方面就是人口结构因素，可以看到，1996～2004 年人口结构因素对碳排放起到促进增长的效果，而其他年份，尤其是 2005～2009 年呈现出连续的抑制碳排放的效果。这一人口结构效应可能具有更为重要的长期意义，因为中国的人口抚养比将在 2013 年左右降至谷底，随后迅速上升，"人口红利"消失②。但是，人口结构变动导致经济增长的"人口红利"消失，却持续成为碳减排的"人口红利"。也就是说，人口结构的可预测变动将会抵消部分碳排放可能继续上升的压力。

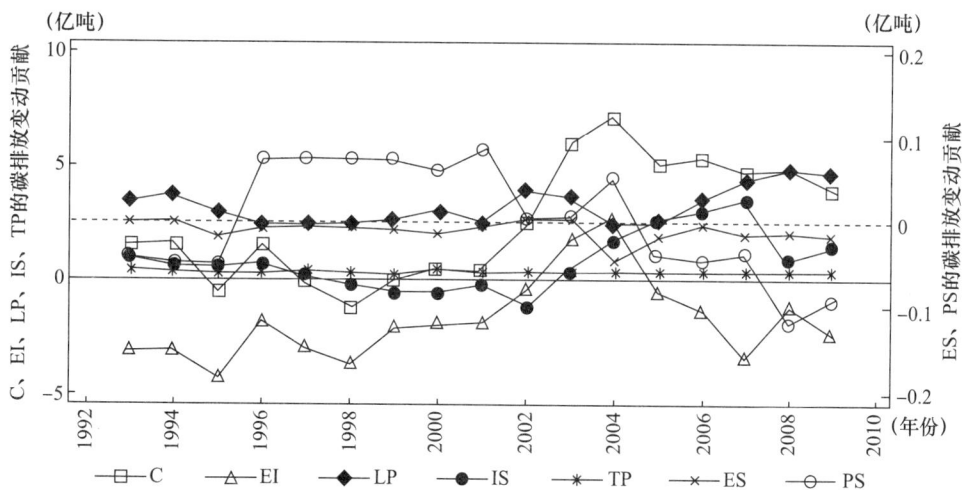

图 2　中国三种一次能源消费的碳排放变动因素分解图

---

① 更为具体的估算过程，请参见：陈诗一. 能源消耗、二氧化碳排放与中国工业的可持续发展. 经济研究，2009（4）：41－55.

② 蔡昉. 人口转变、人口红利与刘易斯转折点. 经济研究，2010（4）：4－13.

  然而，本文最为关注的是能耗结构变动的碳减排效应。正如图2中显示的，虽然对降低碳排放的绝对贡献不是最大，却是两个持续性碳减排的力量之一。由于煤炭、原油和天然气三种一次能源的碳排放系数是依次递减的，因此这里暗含的结论是1992～2009年中国的能源消费结构也是逐步改善的。那么，这一改善是如何发生的呢？下面将从中国能源贸易的视角进一步解析。

  《中国统计年鉴》中提供了涉及能源进出口的"综合能源平衡表"、"石油平衡表"、"煤炭平衡表"和"电力平衡表"的数据表格。为了更为切合主题，本文摘取了"石油平衡表"中的进出口和消费量信息，并构建净进口占消费量的比例，以此捕捉石油进口对中国能源消费结构变动的可能影响，从而解释中国1992～2009年持续的能耗结构变动的碳减排效应①。这里的能耗结构用三种能源消费中煤炭的占比表示。正如一些文献中指出的那样，中国的能源消费结构有很强的刚性，变动比较缓慢，这也是为什么对碳减排的总贡献不是很大的原因。不过，本文更想描述的是煤炭消费占比的时间模式。

  尽管考察期内煤炭消费占比的标准差仅为0.02，但图3却展示了更为丰富的变动轨迹信息。首先，1992～2002年能源消费结构不断改善，碳排放系数最大的煤炭消费占比持续下降了6.2%，为了更好地表达这一能耗结构改善的碳排放效果，图3提供了能耗强度的时间趋势图，显然这一时期二者是高度一致的。其次，2002～2005年能耗结构持续改善的趋势发生逆转，煤炭消费占比大幅度反弹，年均上升0.7%；与之同步的是，能耗强度一改持续下降的势头，逆转上升。最后，2005～2009年煤炭消费占比基本稳定在76%的水平上，但略有上升；相对应的是，能耗强度却重新表现出下降的趋势，这一发现的重要意义在于这一时期的节能降耗或者碳减排更多的表现为节能技术进步的作用，之前的两个时期显然与能耗结构的关系更为紧密。为了更为清晰地阐述这一发现，图3给出了一条煤炭消费占比为76%的水平线，显然1998年和2005年在能耗结构相同的情况下②，却表现出不同的能耗强度，这背后反映的是技术进步的因素。

  接下来，本文考察中国能源贸易的能耗结构变动效应。由于所使用的数据结构为时间序列，因此一个重要的检验就是误差项是否存在自相关，本文通过DW检验发现，水平数据的确存在自相关，但是经过一次差分后，回归结果通过DW检验，也就是说该结果是可取的。

---

  ① 就"煤炭平衡表"和"电力平衡表"而言，前者在2009年前一直为净出口，而后者在1994年后为净出口，因此考察煤炭和电力意义不大。另外，《中国统计年鉴》并没有单独提供关于天然气的平衡表，因此不予考察。其实，这里也可以解释本文为什么把研究区间设置在1992～2009年，原因是中国在1993年由石油净出口转变为净进口，而且石油对外依存度由1993年的7.5%上升到2009年的56.6%。而之所以没有把研究起点设置在1993年，是因为《中国统计年鉴》并没有提供1993年的分行业能源消费量，因此只能从1992年开始，并通过与1994年的插值估算获取。

  ② 更为科学的做法是，比较两个年份的煤炭，石油，天然气，水电、核电、风电的能耗占比。其中，1998年分别为70.9%、20.8%、1.8%与6.5%；2005年分别为70.8%、19.8%、2.6%与6.8%，可以认为二者的能耗结构基本相同。

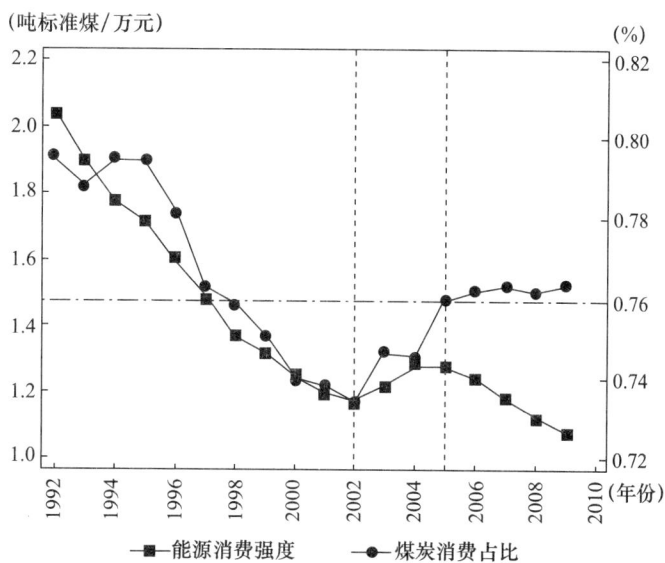

图3 中国煤炭消费占比及能耗强度变动的时间模式

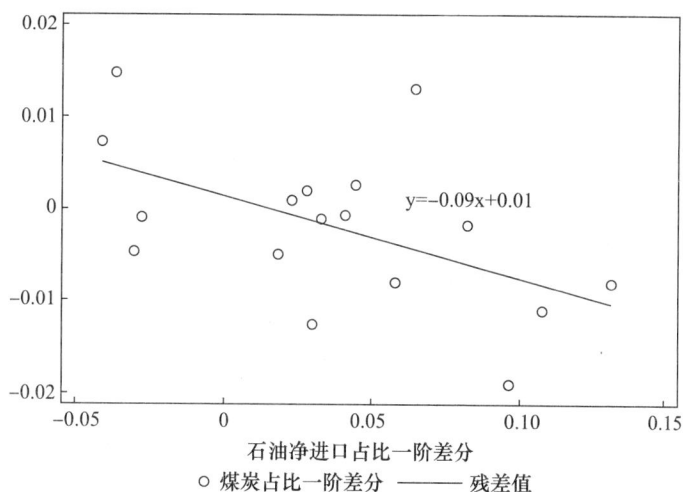

图4 中国能源消费结构变动与石油净进口占比的统计关系

图4为有关能耗结构与石油净进口占比的线性回归及散点图,虽然图中只提供了简单的线性方程,其实石油净进口占比变动对煤炭消费占比的解释力度达27%,显然在剔除了时间趋势后,这一结果是令人满意的,尤其是石油净进口占比的估计系数在5%的统计水平上显著,支持了石油进口改变了中国能耗结构的解释。

四、中国能源进口的现状与世界格局

在谈及中国的能源进口时，图 5 提供的信息可能更加直观。图 5 展示的是中国 2010 年能源进口的世界分布情况①，所示的能源是按《国际贸易标准分类》（SITC）统计的，其中包括煤炭、石油、天然气和电力四项内容，而且既包括初级产品也包括制成品，同时也能反映中国获取油气资源的世界通道分布。中国能源进口位居前四的国家分别是沙特阿拉伯、安哥拉、伊朗和俄罗斯。而据报道，委内瑞拉已成为继沙特阿拉伯（16.8%）、安哥拉（15.4%）和俄罗斯（9.8%）之后的第四大石油供应国（8.3%）②。此外，如图 5 所示，苏丹对中国的能源输出尽管属于第二梯队，但它是中国在海外最早的石油开采地之一，从有交易记录的 1999 年开始，由 0.65 亿美元上升至 2010 年的 65.7 亿美元，增加了约 100 倍，已成为中国能源进口的主要来源之一。

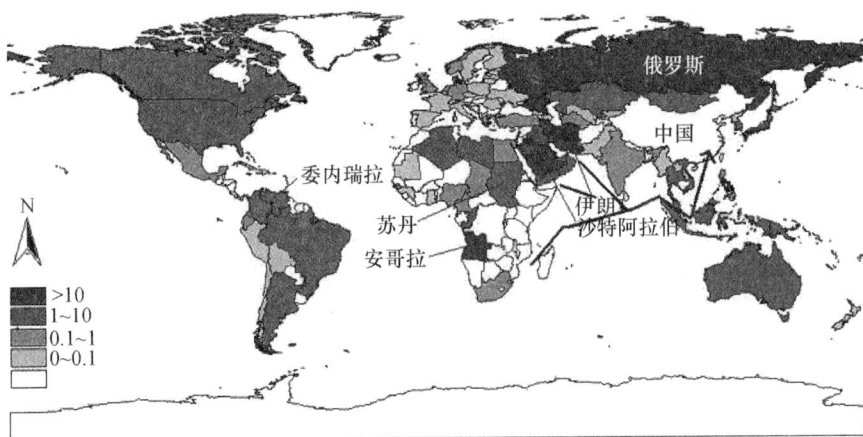

图 5　中国能源进口统计示意图

资料来源：UNCTAD 货物贸易数据库，http://unctadstat.unctad.org/ReportFolders/reportFolders.aspx，计量单位是以 2010 年为基期的 10 亿美元（访问时间为 2012 年 7 月 30 日）。

---

① 关于统计地图的形成过程是：首先，UNCTAD 提供了 1995～2010 年世界各国之间的能源（SITC3）贸易，本文以中国为对象，按照时间顺序检索有能源进口记录的国家，共 113 个。其次，由于某些国家在某些年份的记录为空白，因此按照时间顺序计算有记录国家的占比，结果是 2010 年比例最高的共有 94 个国家。再次，对 2010 年记录为空白的国家进行补缺，原则是以相邻三年的数据为对象，并采取就近原则，为了保证补缺的合理性，对 2007～2009 年的数据按美国 CPI 指数进行平减（2010＝1），共 103 个国家。最后，将以上国家按照交易价值分为 100 亿元、10 亿元、1 亿元和 1 亿元以下（不包括 0）四个等级，无交易记录者为空白。

② 括号内为输华石油占中国石油进口总量的百分比。详见《委内瑞拉成为中国第四大石油供应国》，http://ve.mofcom.gov.cn/aarticle/jmxw/201205/20120508140117.shtml（访问时间为 2012 年 7 月 30 日）。

　　然而，谈到中国的能源进口格局，一个最不能忽视的问题就是供应与运输安全问题。中东地区是中国能源进口的主要地区之一，但该地区存在着极大的供应风险，比如"伊朗核问题"。2011 年底，美国总统奥巴马签署包括对伊朗实施石油制裁的《2012 年财年国防授权法》，规定从 2012 年 6 月 28 日起，如果有国家再通过与伊朗央行的交易大量购买石油，美国政府将切断该国所有金融机构与美国的联系。事实上，中国在 2012 年 1 ~ 5 月的伊朗石油进口减少了至少 20%[①]。而伊朗最近就以封锁霍尔木兹海峡为威胁应对欧盟对伊朗石油出口的制裁，霍尔木兹海峡是波斯湾地区石油出口的唯一海上通道，承担着全球近 40% 石油的输出任务[②]，因此一旦被封锁将对世界能源供应产生破坏性影响，这其中自然包括中国。另外，2011 年，南北苏丹生产的 66% 的石油出口中国，但是进入 2012 年后，南北苏丹冲突不断升级，这显然增加了中国进口的风险系数[③]。

　　除了供应风险外，如图 5 所示的航线那样，无论是中东还是非洲乃至拉丁美洲国家，其海上运输航线有时必须经过马六甲海峡[④]，中国约有 80% 的进口原油需经过该通道，为中国能源的"海上生命线"[⑤]。虽然"二战"后，马六甲海峡归马来西亚、印度尼西亚和新加坡共管，但自 20 世纪 80 年代以来，美国在马六甲海峡沿岸援建了部分军事设施，同时印度也在马六甲海峡的西部入口处修建了海军基地并部署重兵，这极易将中国拖入能源进口的"困局"。

　　为此，管道运输将成为解决中国海上石油进口被扼喉的重要替代方式。俄罗斯因其丰富的油气资源、地理位置以及与中国的战略协作伙伴关系，显然成为中国管道运输的重要选择之一。赵传君（2008）详细分析了普京政府的经济目标与政策，其中摆脱资源型发展模式、走创新发展道路是亮点之一；邢玉升（2009）则指出了普京发展模式转型中的"矛盾"之处，即俄罗斯经济发展模式转型能否实现预期目标，在很大程度上取决于资金的稳定供给，进而取决于稳定的石油收入，这一逻辑的背后是在相当长的时期内实行以资源型养创新型战略。

　　在石油管道项目上，中俄自 2008 年 10 月签署了《关于在石油领域合作的谅解备忘录》，以贷款换石油后，这一进程明显加速。仅这一条石油管道，就为中国 2011 年石油进口贡献了 6% 的份额[⑥]。如果以煤炭为参照，中俄石油管道运输在 2011 年为中国节省了近

　　① 《美国开始制裁进口伊朗石油国　宣布中国缩减进口获豁免》，http：//finance. ifeng. com/news/hqcj/20120629/6680413. shtml（访问时间为 2012 年 8 月 2 日）。

　　② 宋立炜，王斌. 霍尔木兹海峡　世界石油海运的咽喉. 中国青年报，2011 – 7 – 15.

　　③ 《南苏丹总统战争期间访华　望中国出钱助其摆脱苏丹》，http：/world. huanqiu. com/exclusive/2012 – 04/2661798. html，（访问时间 2012 年 8 月 2 日）。

　　④ 对于委内瑞拉等中美洲国家的对华石油输出，更好的航线是巴拿马运河，巴拿马政府通过全民公决支持运河扩建，最晚于 2014 年竣工，可通过 30 万吨以上的油轮。参见《俄罗斯媒体：巴拿马运河拓宽有利于中国能源安全》，http：//news. xinhuanet. com/world/2006 – 10/25/Content_ 5248123. shtml（访问时间为 2012 年 8 月 4 日）。

　　⑤ 中国能源进口通道分布. 中华工商时报，2010 – 8 – 13.

　　⑥ 《2011 年中国原油进口量为 25478 万吨》，http：//oil. in – en. com/html/oil – 14081408441269737. shttml（访问时间为 2012 年 8 月 14 日）。

3000 万吨煤炭消耗，减少了约 354 万吨碳排放。不过，该原油管道的最大年输油量为 3000 万吨，因此追加中俄原油进口合同，将成为能源消费日益紧张的中国的一个可行方案。而且俄罗斯境内不仅蕴藏着世界石油储量的 1/10，天然气储量更为丰富，达 127 万亿立方米，占世界 1/3 的比例[①]。尤其是俄罗斯主要的油气矿藏都分布在中国人口密集地区的 2000 公里半径之内，相较于中东油气田 4000 ~ 6000 公里的半径，可以节省极大的成本。更为重要的是，《俄罗斯 2030 年前能源战略》明确提出，"尽管欧洲仍将是俄油气出口的主要方向，可是俄整个油气出口的增长将主要取决于东部方向的超前发展"。中国经济的快速发展使天然气的消费需求大增，预计 2020 年消费量将达到 4500 亿立方米左右，然而国内产能只能满足一半需求，另一半则依赖进口[②]。中俄两国天然气需求与供给既有意愿又有能力，形成互补经济。正如普京所说，"我们的合作项目切实改变了全球能源市场的整个格局……我希望，在不远的将来，俄罗斯的天然气能够大量出口至中国。"[③]

五、结 论

在传统经济发展方式的弊病愈发明显和世界碳减排指标的重压之下，中国政府以一种积极的态度规划碳减排目标，展现了一个发展中大国负责任的姿态。本文首先从中国碳减排的分解因素出发，发现能耗结构是为数不多的起着持续减排作用的因素之一；接下来基于中国能源净进口的视角分析了能耗结构变动的原因；然后探讨了当前中国能源进口的世界格局与趋势，并简要分析了其中可能存在的供应及运输安全；最后认为管道运输是解决运输安全及规避风险的重要替代方式，并基于地区安全、地理优势及资源矿藏等多种因素的考虑，认为通过贸易方式，多渠道、多途径引进境外能源满足日益增长的需求成为必然选择。特别是，俄罗斯是中国能源进口的更好选项，在中国碳减排的任务中可能会扮演更重要的角色，能为中国能耗结构的改善提供更大的帮助。不仅如此，中国在碳排放系数更小的天然气消费占比上仅为世界平均水平的 16%，存在着巨大的提升空间，预计中俄天然气管道项目可以成为提高天然气消费占比的一大助力。

参考文献

[1] 雷厉，仲云云，袁晓玲. 中国区域碳排放的因素分解模型机制及实证分析. 当代经济科学，

---

① 《俄罗斯 2020 年前能源战略》，http：//news. xinhuanet. com/2006russia/2006 - 02/06/content_ 4142510. shtml（访问时间为 2012 年 8 月 14 日）。

② 《专家：2020 年我国天然气对外依存度可能达 50%》，http：//intl. ce. cn/zgysj/201108/19/t20110819_ 22631008. shtml（访问时间为 2012 年 8 月 14 日）。

③ 《俄罗斯与中国：合作新天地》，http：//world. people. com. cn/GB/18069015. shtml（访问时间为 2012 年 8 月 20 日）。

2011（9）.

　［2］林伯强，姚昕，刘希颖. 节能和碳排放约束下的中国能源结构战略调整. 中国社会科学，2010（1）.

　［3］邢玉升. 论俄罗斯经济发展模式的转变. 俄罗斯中亚东欧研究，2009（2）.

　［4］徐国泉，刘则渊，姜照华. 中国碳排放的因素分解模型及实证分析：1995－2004. 中国人口·资源贸易与环境，2006（6）.

　［5］赵传君. 论普京政府的经济目标与政策走向. 俄罗斯中亚东欧研究，2008（6）.

　［6］张红侠. 中俄经贸合作进入互利双赢时代. 俄罗斯中亚东欧研究，2012（1）.

　［7］仲云云，仲伟周. 我国碳排放的区域差异及驱动因素分析——基于脱钩和三层完全分解模型的实证分析. 财经研究，2012（2）.

　［8］Ang B. W. , Zhang F. Q. , Choi K. H. Factorizing Changes in Energy and Environmental Indicators Through Decomposition. Energy, 1998（6）：489－495.

　［9］Liu L. , Fan Y. Wu G. Wei Y. Using LMDI Method to Analyze the Change of China's Industrial CO_2 Emissions from Final Fuel Use. Energy Policy, 2007（11）：5892－5900.

　［10］Wang Can, Jining Chen, Ji Zou. Decomposition of Energy－related CO_2 Emission in China：1957－2000. Enery, 2005（30）：73－83.

　［11］Wu Libo, Shinji Kaneko, Shunji Matsuoka. Driving Forces Behind the Stagnancy of China's Energy－related CO_2 Emissions from 1996 to 1999. Energy Policy, 2005（3）：319－335.

Energy Consumption Structure, Energy Trade and Carbon Emission Reduction Task of China

Xing Yusheng and Cao Lizhan

Abstract：Carbon emission reduction is not only one of the connotations of the changing patterns of development in China, but also one of the binding targets of economic growth. In addition, Chinese government proposed the goal of declining carbon intensity till 2020. Based on the analysis of decomposition model for the carbon emissions, this article figures out one of the key factors that continue to inhibit the growth of carbon emissions in China, which is energy consumption structure. After analysis of the significant linear relationship between net energy imports and the changes of energy consumption structure, this article finds out the important role that the Sino－Russian energy pipelines trade may play in China carbon emission reduction task and the potentially boosting role that the Sino – Russian natural gas project plays in further improving the three kinds of Chinese primary energy consumption structure, in line with the current world pattern of energy imports and the presence of potential risk in China.

Key Words: Energy Consumption Structure; Energy Trade; Carbon Emission Reduction

第二节

英文期刊论文精选

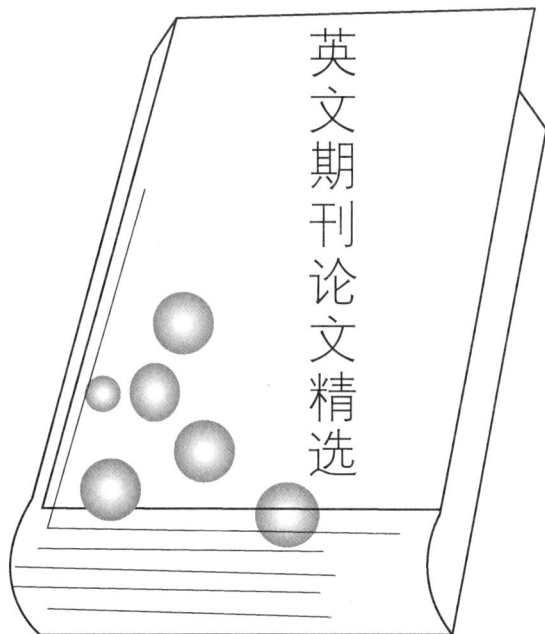

根据期刊影响力，我们遴选了五种经济学综合性期刊和五种能源经济相关的专业期刊，从中检索与能源经济相关的论文，并在其中挑选出具有代表性的文章。五种综合性经济学期刊分别是：American Economic Review，Econometrica，Journal of Political Economy，Quarterly Journal of Economics，Review of Economic Studies；五种能源经济相关的专业期刊分别是：Energy Policy，Energy Economics，Ecological Economics，Journal of Environmental Economics and Management，Resource and Energy Economics。通过检索发现，2013年度五种综合性经济学期刊没有发表与能源经济研究相关的学术论文，五种专业期刊在2013年度共发表与能源经济相关的常规学术论文1262篇，且主要出自 Energy Policy 和 Energy Economics。[①] 在考虑论文质量和研究主题和方法多样性的基础上，专家组讨论挑选出20篇论文分别介绍如下。[②]

[①] 各期刊的论文数分别为：Energy Policy 945篇；Energy Economics 244篇；Ecological Economics 30篇；Journal of Environmental Economics and Management 8篇；Resource and Energy Economics 35篇。

[②] 由于本书有专门的中文论文选，其中多以中国为研究对象，因此在选取英文论文时减少了对研究中国问题文章的考虑。

Title：Economic and environmental effects under resource scarcity and substitution between renewable and non – renewable resources

Author：Silva, Susana；Soares, Isabel；Afonso, Oscar

Journal：Energy Policy

Date Displayed：2013 – 3

Keywords：Renewable and non – renewable resources；Pollution；Economic growth

Abstract：We build a general equilibrium model with renewable (non – polluting) and non – renewable (polluting) resources to analyze the interaction and compatibility between economic growth and a cleaner environment. The study is in two phases：①resource extraction/production costs are constant；②resource producers invest in knowledge to reduce extraction/production costs, endogenizing technical change. With constant costs, there is a permanent trade – off between economic growth and a cleaner environment. With endogenous technical change, it is possible to harmonize more output and less emissions by replacing non – renewable resources for renewable ones. We also conduct a sensitivity analysis to explore three specific policy actions. With constant costs, the best policy action is the imposition of a higher renewable resources standard, while with endogenous technical change, under certain conditions, all policy interventions may benefit both the economy and the environment.

文章名称：资源稀缺性下的经济和环境效应以及可再生与不可再生资源的替代

作者：Silva, Susana；Soares, Isabel；Afonso, Oscar

期刊名称：《能源政策》

出版时间：2013 年 3 月

关键词：可再生与不可再生资源；污染；经济增长

内容摘要：我们建立了一个可再生资源（无污染）和不可再生资源（有污染）的一般均衡模型来分析经济增长和清洁的环境之间的相互作用和兼容性。研究有两个层面：第一，资源开采和生产的成本不变；第二，资源生产者对知识技术进行投资来降低开采和生产成本，技术演变内生。在不变成本下，经济增长和清洁的环境之间有稳定的替代关系。而在技术演变内生的情况下，通过可再生能源和不可再生能源的替代，可以实现更多的产出和更少的排放。我们还进行了敏感性分析来探索三个特殊的政策行动。在不变成本下，最优的政策行动是推行更高的可再生能源标准，在技术演变内生的情况下，在一定条件下，几种政策干预可能对经济和环境都有好处。

Title：Price and welfare effects of emission quota allocation

Author：Golombek，Rolf；Kittelsen，Sverre A. C.；Rosendahl，Knut Einar

Journal：Energy Economics

Date Displayed：2013 – 3

Keywords：Quota market；Electricity market；Allocation of quotas

Abstract：We analyze how different ways of allocating emission quotas may influence the electricity market. Using a large – scale numerical model of the Western European energy market with heterogeneous electricity producers，we show that different allocation mechanisms can have very different effects on the electricity market，even if the total emission target is fixed. This is particularly the case if output – based allocation（OBA）of quotas is used. Gas power production is then substantially higher than if quotas are grandfathered. Moreover，the welfare costs of attaining a fixed emission target are significantly higher. The numerical results for OBA are supported by a theoretical analysis，which offers some new results.

文章名称：排放配额分配的价格和福利效应

作者：Golombek，Rolf；Kittelsen，Sverre A. C.；Rosendahl，Knut Einar

期刊名称：《能源经济学》

出版时间：2013 年 3 月

关键词：配额市场；电力市场；配额分配

内容摘要：我们分析了不同的排放配额分配方法如何影响电力市场。我们使用了西欧能源市场有异质性电力生产者的一个大型数值模型，证明不同的分配机制会对电力市场产生完全不同的影响，即便总排放目标是确定的。特别是在使用基于产出分配配额的方法时更是如此。与配额按祖父法分配相比，燃气发电生产会相当高。此外，实现排放目标的福利成本也相当高。理论分析支持基于产出分配的数值结果，同时也提供了一些新的结果。

Title：Price determination in the EU ETS market：Theory and econometric analysis with market fundamentals

Author：Aatola, Piia；Ollikainen, Markku；Toppinen, Anne

Journal：Energy Economics

Date Displayed：2013 – 3

Keywords：European Union emissions trading；Permit price；Risk；Econometric analysis

Abstract：We investigate the price determination of the European Union emission allowance (EUA) of the European Union emissions trading scheme (EU ETS). We postulate an uncertain permit price and risk – averse firms which have the possibility to hedge in the forward market. The firms produce final goods, abate their emissions and trade permits in the permit market. The dependence of the equilibrium permit price on exogenous variables is studied in a permit market model. We test our theoretical findings with empirical data from 2005 to 2010 in the EU ETS market. We use daily forward prices of EUA as our dependent variable. We use several econometric models with multiple stationary time series to discover that there is a strong relationship between the fundamentals, such as German electricity prices and gas and coal prices, with the price of EUA. We find that the EUA forward price depends on fundamentals, especially on the price of electricity as well as on the gas – coal difference, in a statistically significant way.

文章名称：欧盟排放交易市场中的价格决定：基于市场的理论和计量分析

作者：Aatola, Piia；Ollikainen, Markku；Toppinen, Anne

期刊名称：《能源经济学》

出版时间：2013 年 3 月

关键词：欧盟排放交易；许可价格；风险；计量分析

内容摘要：我们研究了欧盟排放交易机制中的排放配额价格决定，并假设了不确定的许可价格和有可能在未来市场回避的风险厌恶企业。企业生产最终产品，减少排放并在许可市场中进行许可交易。我们用许可市场模型研究了均衡许可价格对外生变量的依赖。我们用 2005~2010 年欧盟排放交易市场的实证数据测试了我们的理论发现，使用欧盟排放配额的每日价格作为因变量，使用几个多平稳时间序列的计量模型来揭示：德国的电力价格、天然气价格、煤炭价格等基本要素，与欧盟排放配额价格有很强的联系。我们发现欧盟排放配额价格依赖于基本要素，特别是依赖于电力价格以及天然气与煤炭价格差异，这在统计上是显著的。

Title：The decline of sectorial components of the world's energy intensity

Author：Goldemberg, José；Siqueira Prado, Luiz Tadeo

Journal：Energy Policy

Date Displayed：2013 - 3

Keywords：Global energy intensity；Growth in energy consumption；Sectorial energy intensities

Abstract：The world's primary energy consumption in the last 40 years has been increasing at 2.2%/year while GDP growth has been 3.4%/years over the same period. The decline of the energy intensity（I = E/GDP）has been, therefore, of 1.2%/year. In order to reduce the world's consumption growth proposal have been made to reduce the world's energy intensity by 40% by 2030 which corresponds to a reduction of 2.5%/year, roughly the double of the historical decline. Our analysis shows that such goal could only be achieved by an unprecedented reduction of the energy intensity of "services"（which represent less than half the world energy consumption）since energy intensity of industry has remained practically constant in the last 40 years.

文章名称：世界能源强度组成部分的下降

作者：Goldemberg, José；Siqueira Prado, Luiz Tadeo

期刊名称：《能源政策》

出版时间：2013 年 3 月

关键词：世界能源强度；能源消费增长；部门能源强度

内容摘要：世界一次能源消费在过去 40 年每年年均增速为 2.2%，GDP 增长为年均 3.4%。因此，能源强度（能源强度 = 能源消费/GDP）的下降为年均 1.2%。为降低世界能源消费增速，人们提议世界能源消费强度到 2030 年下降 40%，每年约下降 2.5%，大概相当于历史下降速度的两倍。我们的分析认为这样的目标只有服务的能源强度空前下降才能实现（占世界能源消费不到一半），因为工业能源强度在过去 40 年里几乎保持不变。

Title：Do urbanization and industrialization affect energy intensity in developing countries?

Author：Sadorsky，Perry

Journal：Energy Economics

Date Displayed：2013 – 5

Keywords：Energy intensity；Developing countries；Industrialization；Urbanization

Abstract：Against a backdrop of concerns about climate change，peak oil，and energy security issues，reducing energy intensity is often advocated as a way to at least partially mitigate these impacts. This study uses recently developed heterogeneous panel regression techniques like mean group estimators and common correlated effects estimators to model the impact that income，urbanization and industrialization has on energy intensity for a panel of 76 developing countries. In the long – run，a 1% increase in income reduces energy intensity by – 0. 45% to – 0. 35%. Long – run industrialization elasticities are in the range 0. 07 to 0. 12. The impact of urbanization on energy intensity is mixed. In specifications where the estimated coefficient on urbanization is statistically significant，it is slightly larger than unity. The implications of these results for energy policy are discussed.

文章名称：发展中国家城市化和工业化影响能源强度吗?

作者：Sadorsky，Perry

期刊名称：《能源经济学》

出版时间：2013 年 5 月

关键词：能源强度；发展中国家；工业化；城市化

内容摘要：在关注气候变化、石油峰值和能源安全等问题的背景下，人们经常提倡降低能源强度作为至少能部分缓解这些影响的一种路径。本文研究使用最近发展的异质性面板数据回归技术，如均值组估计和一般相关性影响估计，对收入、城市化和工业化对能源强度的影响建模，使用了 76 个发展中国家的面板数据。在长期，收入 1% 的增长可以降低能源强度 –0. 45% ~ –0. 35%。长期工业化弹性为 0. 07 ~ 0. 12。城市化对能源强度的影响是混合的。在城市化估计系数统计上有显著性的情况下，弹性是略大于 1 的。文章最后讨论了这些结果对能源政策的启示。

Title：Energy as a driver of growth in oil exporting countries？

Author：Damette，Olivier；Seghir，Majda

Journal：Energy Economics

Date Displayed：2013 - 5

Keywords：Energy - income nexus；Panel cointegration；Oil exporting countries

Abstract：This paper is a contribution to the on - going debate over whether there is a relationship between energy consumption and economic growth. Although the oil exporting countries are among the most energy - intensive economies in the world，little attention has been paid to the features of their energy consumption. Therefore，this study empirically investigates the two variables dynamic relationship in 12 oil exporting countries from 1990 to 2010. Using recently developed panel econometric techniques，the present paper accounts for cross - section dependence and structural breaks when analysing the energy - income nexus. The results of this study indicate that there exists a long - run equilibrium relationship between energy consumption and economic growth. Furthermore，the empirical evidence of a dynamic panel error - correction model reveals a short - run unidirectional causality from energy consumption to economic growth，whereas in the long - run，it is the economic process that determines the energy consumption trend.

文章名称：能源是石油输出国经济增长的动力吗？

作者：Damette，Olivier；Seghir，Majda

期刊名称：《能源经济学》

出版时间：2013 年 5 月

关键词：能源与收入关系；面板协整；石油输出国

内容摘要：本文对一直持续的能源消费与经济增长是否有关的争论是一个新的贡献。尽管石油输出国属于世界上能源密集型国家之列，但很少有人关注它们的能源消费特征。因此，本文实证研究了 1990～2010 年 12 个石油输出国两个变量的动态关系。本文使用了最新发展的面板计量技术，文章在分析能源与收入关系时解释了截面依赖性和结构突变。研究结果表明，能源消费和经济增长之间存在长期均衡关系；而且，动态面板误差修正模型的实证证据也揭示了短期从能源消费到经济增长的单向因果关系。在长期，经济进程决定能源消费趋势。

Title：Spillover from private energy research

Author：Bjørner, Thomas Bue；Mackenhauer, Janne

Journal：Resource and Energy Economics

Date Displayed：2013 − 5

Keywords：Returns to R&D；Knowledge spillovers；Energy research

Abstract：Technological progress is generally considered a key element in the move towards a less carbon − intensive energy use, and therefore public energy research expenditure has increased in many countries. The purpose of this paper is to investigate whether relatively high subsidies to private energy research can be justified by higher external knowledge spillovers from private energy research compared to knowledge spillovers from other private research. Estimation of spillover effects is carried out using an unbalanced panel of more than a thousand Danish private companies observed over the period 2000 – 2007. We reject that there are higher spillovers from private energy research compared to other types of private research. Instead the results suggest that the external knowledge spillovers from energy research may be lower than for other types of private research. This implies that high subsidies earmarked for private energy research should not be an element in a first best policy to reduce CO_2 emissions.

文章名称：私人部门能源研究的外溢效应

作者：Bjørner, Thomas Bue；Mackenhauer, Janne

期刊名称：《资源与能源经济学》

出版时间：2013 年 5 月

关键词：研发回报；知识外溢；能源研究

内容摘要：技术进步通常被认为是通往更低碳强度能源消费的关键因素，因此公共部门能源研究花销在很多国家都是逐年增长的。本文的目的是考察与私人部门其他研究的外溢效应相比私人部门能源研究是否有更高的外溢效应，从而考察对于私人部门能源研究给予相对较高的补贴是否合理。对于外溢效应的估计使用的是 2000～2007 年超过 1000 家丹麦私人企业的非平衡面板数据。我们的结果不认为与其他类型的私人部门研究相比，私人部门能源研究有更高的外溢效应。相反，本文的结果意味着，能源研究的外溢效应可能比其他类型的私人部门研究要低。这也意味着专门对私人部门能源研究进行高补贴不是碳减排的最优政策元素。

Title: Why do governments subsidize gasoline consumption? An empirical analysis of global gasoline prices, 2002 – 2009

Author: Cheon, Andrew; Urpelainen, Johannes; Lackner, Maureen

Journal: Energy Policy

Date Displayed: 2013 – 5

Keywords: Gasoline prices; Fossil fuel subsidies; Governance

Abstract: Governments spend hundreds of billions of dollars annually to subsidize the consumption of fossil fuels without understanding the environmental and economic problems this practice creates. To shed light on these problems, we examine the case of gasoline subsidies using data on gasoline prices in 137 countries for the years 2002 – 2009. It is useful to study gasoline pricing because gasoline is the most important transportation fuel, and there are data for many countries for the time period of investigation. We find that major oil producers subsidize gasoline consumption by artificially reducing prices; countries with weak institutional capacity also seem to subsidize gasoline, but the effects are weaker. These results suggest that policy interventions to improve institutional capacity could help developing countries in particular reduce their fossil fuel subsidies.

文章名称：为什么政府补贴汽油消费？对 2002～2009 年全球汽油价格的实证分析

作者：Cheon, Andrew; Urpelainen, Johannes; Lackner, Maureen

期刊名称：《能源政策》

出版时间：2013 年 5 月

关键词：汽油价格；化石燃料补贴；管理

内容摘要：政府每年花费大量金钱补贴化石燃料消费而不顾由此产生的环境和经济问题。为对这一问题有进一步了解，我们使用 137 个国家 2002～2009 年的汽油价格数据来研究汽油补贴情况。研究汽油定价是有益的，因为汽油是最重要的交通运输燃料，并且有很多国家的调查数据。我们发现，主要的石油生产者通过人为降价补贴汽油消费，制度能力较弱的国家同样也补贴汽油，但效果较弱。结果显示，对制度能力提升的政策干预可以帮助发展中国家，尤其是在减少化石燃料补贴方面。

Title：Development without energy？Assessing future scenarios of energy consumption in developing countries

Author：Steckel, Jan Christoph；Brecha, Robert J.；Jakob, Michael；Strefler, Jessica；Luderer, Gunnar

Journal：Ecological Economics

Date Displayed：2013 – 6

Keywords：Energy；GHG mitigation；Integrated assessment；Sustainable development

Abstract：We analyze the relationship between economic development and energy consumption in the context of greenhouse gas mitigation. The main contribution of this work is to compare estimates of energy thresholds in the form of minimum energy requirements to reach high levels of development with output projections of per capita final energy supply from a group of integrated assessment models（IAMs）. Scenarios project that reductions of carbon emissions in developing countries will be achieved not only by means of decreasing the carbon intensity，but also by making a significant break with the historically observed relationship between energy use and economic growth. We discuss the feasibility of achieving，on time scales acceptable for developing countries，both decarbonization and the needed structural changes or efficiency improvements，concluding that the decreases in energy consumption implied in numerous mitigation scenarios are unlikely to be achieved without endangering sustainable development objectives. To underscore the importance of basic energy needs also in the future，the role of infrastructure is highlighted，using steel and cement as examples.

文章名称：没有能源的发展？评估发展中国家能源消费的未来情景

作者：Steckel, Jan Christoph；Brecha, Robert J.；Jakob, Michael；Strefler, Jessica；Luderer, Gunnar

期刊名称：《生态经济学》

出版时间：2013 年 6 月

关键词：能源；温室气体减排；综合评价；持续发展

内容摘要：我们分析了在温室气体减排背景下经济增长和能源消费的关系。本文的主要贡献是通过一组对人均终端能源供给预测的综合评价模型，比较了对用最小化能源需求达到高水平发展的能源门槛的各种估计。情景预测说明，不仅通过减少碳强度，也通过在历史观察到的能源消费和经济增长的关系上取得关键突破，发展中国家碳减排目标将会实现。我们探讨了在时间上对于发展中国家是可接受的实现减碳和所需的结构变化或效率改进的可行性，得到结论认为，在大多数减排情景中与可持续发展目标不冲突的能源消费减少不太可能实现。为了强调在未来基本能源需求也具有重要性，我们强调了基础设施的作用，使用了钢铁和水泥的例子。

Title：Energy use，exports，imports and GDP：New evidence from the OECD countries

Author：Dedeoğlu，Dinçer；Kaya，Hüseyin

Journal：Energy Policy

Date Displayed：2013 – 6

Keywords：Energy use；Trade；GDP

Abstract：This paper aims to investigate the relationship between energy use – GDP，energy use – exports – trade and energy use – imports on aggregate level in the OECD countries. While the energy use – growth nexus is widely examined in the literature，studies on the energy use – trade nexus are very scarce. Thus，this study also serves to fill this gap by presenting a new research on the OECD countries. We employ the panel cointegration technique and use the Granger representation theorem to examine the presence of long – run relationship and the causality between pairs of variables. To investigate the presence of causality，several tests developed by Canning and Pedroni（2008）are used. We find that the pairs of energy use – GDP，energy use – exports and energy use – imports are cointegrated and there is two – way Granger causality between each pairs. We also estimate the long – run elasticities by employing panel dynamic ordinary least squares. The results suggest that the sign of long – run elasticity is positive for all pairs. Particularly，1% increase in GDP，export and import causes almost 0. 32%，0. 21% and 0. 16% increase in energy use respectively.

文章名称：能源消费、出口、进口与 GDP：来自 OECD 国家的新证据

作者：Dedeoğlu，Dinçer；Kaya，Hüseyin

期刊名称：《能源政策》

出版时间：2013 年 6 月

关键词：能源消费；贸易；GDP

内容摘要：本文目标是研究 OECD 国家整体上能源消费—GDP、能源消费—出口—贸易以及能源消费—进口的关系。现有文献对能源消费—经济增长的关系已经有了广泛研究，而对能源消费—贸易关系的研究非常少。因此，本文也希望通过对 OECD 国家的研究填补这一空白。我们使用了面板协整技术并使用格兰杰表述定理来检验变量间在长期存在因果关系。为研究因果关系的存在，使用了 Canning 和 Pedroni（2008）发展的测试。我们发现，能源消费—GDP，能源消费—出口—贸易以及能源消费—进口存在协整关系，并且每组间的格兰杰因果关系都是双向的。我们还运用面板动态最小二乘法检验了长期弹性。结果显示，每组的长期弹性都是正的。特别地，GDP、出口、进口增长 1%，会相应引起能源消费增长 0. 32%、0. 21%、0. 16%。

Title：Policy options to improve the effectiveness of the EU emissions trading system：A multi – criteria analysis

Author：Clò, Stefano；Battles, Susan；Zoppoli, Pietro

Journal：Energy Policy

Date Displayed：2013 – 6

Keywords：Multi – criteria analysis；Carbon central bank；Price floor

Abstract：This paper considers several policy options which have been proposed to improve the functioning of the ETS. These options require an intervention either on the ETS cap（– 30% target, set – aside, carbon central bank, long – term target）or on the carbon price（European and national price floor）. We analyse the impact of each policy on the ETS carbon price and emissions. A multi – criteria evaluation method is applied to compare the policy options against a plurality of environmental, economic and procedural criteria. We find that the final ranking depends on the goals to be achieved, i. e., the relative weights attributed to the criteria. When policymakers want mainly to support the carbon price both in the short and long – run, while improving ETS flexibility and harmonization, the CCB and the EU price floor are, respectively ranked as first and second – best options. As the preference for environmental and implementation goals gradually increases, the position of the EU price floor and CCB options tend to invert. The – 30% target should be adopted when reducing emissions is the priority goal, while a national price floor is the worst option, in this case. Nevertheless, self – interested States looking for a relatively quick, feasible solution, may find it optimal.

文章名称：改进欧盟排放交易系统有效性的政策选择：一个多标准分析

作者：Clò, Stefano；Battles, Susan；Zoppoli, Pietro

期刊名称：《能源政策》

出版时间：2013 年 6 月

关键词：多准则分析；碳中央银行；价格下限

内容摘要：本文考虑了多个曾提出的用于改进排放交易体系运行的政策选择，这些选择需要对排放交易体系上限（–30% 的目标，取消，碳中央银行，长期目标）或碳价格（欧洲的和国家的价格下限）进行干预。我们分析了每个政策对欧盟排放交易中碳价格的影响，应用了多准则评价方法来比较在面临多个环境、经济和程序准则时的政策选择。我们发现，最终的排序依赖于要达成的目标，例如标准相关权重。当政策制定者主要是想要支持短期和长期的碳价格，同时改进排放交易体系灵活性与协调性时，碳中央银行和欧盟价格下限是相应的最优选择和次优选择。由于对环境的偏好和实施目标的逐渐增长，欧盟价格下限和碳中央银行的地位会逐渐反转。当减排是优先目标时，应采用 –30% 的目标，而国家的价格下限是最糟糕的选择。尽管如此，从利己主义出发，国家寻求相对较快的可行方案，可以找到最优选择。

Title：Public attitudes to climate change and carbon mitigation—Implications for energy – associated behaviours

Author：von Borgstede, Chris；Andersson, Maria；Johnsson, Filip

Journal：Energy Policy

Date Displayed：2013 – 6

Keywords：Public opinion；Energy technology；Energy behaviour

Abstract：This work explores public opinions regarding climate change and mitigation options and examines how psychological factors, such as attitudes, norms, and willingness to pay, determine self – reported energy – efficient behaviour. The aim is to create knowledge for the design and implementation of policy measures. The results of an opinion poll conducted in 2005 and 2010 are compared. The number of respondents favouring new technologies as a way to reduce emissions was substantially lower in 2010 than in 2005, whereas there was an increase in the number of people who acknowledged that lifestyle changes are necessary to counteract climate changes. This indicates an increased awareness among the public of the need for lifestyle changes, which could facilitate implementation of policies promoting environmental behaviour. Renewable energy and energy saving measures were ranked as the top two measures for mitigating climate change in both polls. In determining which energy behaviours of the public are determined by psychological factors, an analysis of the 2010 survey revealed that respondents with pro – environmental attitudes towards global warming favour significantly increased use of renewable energy technologies and greater engagement in energy – efficient behaviours.

文章名称：公共对气候变化和碳减排的态度——能源相关行为的启示

作者：von Borgstede, Chris；Andersson, Maria；Johnsson, Filip

期刊名称：《能源政策》

出版时间：2013 年 6 月

关键词：公共选择；能源技术；能源行为

内容摘要：本文研究公众对气候变化和减排选择的观点，检验了心理因素，如态度、行为准则、支付意愿等如何决定自我报告的能源效率行为，目的是获得政策措施设计和推行的知识。我们将 2005 年和 2010 年的民意调查结果进行了对比。与 2005 年相比，喜欢用新技术减少排放的受访者在 2010 年减少了，而认识到生活方式变化对应对气候变化必要性的人数增多了。这意味着公众逐渐认识到需要有生活方式的改变，这会促进环境政策的推行。在两次民意调查中，可再生能源和能源节约措施都是排在前两名的减缓气候变化的措施。对于哪一项公众行为受心理因素决定，对 2010 年调查的分析显示，有环保意识的受访者喜欢大幅增加可再生能源技术的使用以及更多参与能效行动。

Title：Which industry is greener? An empirical study of nine industries in OECD countries

Author：Fujii, Hidemichi；Managi, Shunsuke

Journal：Energy Policy

Date Displayed：2013 − 6

Keywords：Environmental Kuznets curve；CO_2 emissions；Industrial sector

Abstract：This study analyzed the relationship between the CO_2 emissions of different industries and economic growth in OECD countries from 1970 to 2005. We tested an environmental Kuznets curve (EKC) hypothesis and found that total CO_2 emissions from nine industries show an N − shaped trend instead of an inverted U or monotonic increasing trend with increasing income. The EKC hypothesis for sector − level CO_2 emissions was supported in the ①paper, pulp, and printing industry；②wood and wood products industry；and③construction industry. We also found that emissions from coal and oil increase with economic growth in the steel and construction industries. In addition, the non − metallic minerals, machinery, and transport equipment industries tend to have increased emissions from oil and electricity with economic growth. Finally, the EKC turning point and the relationship between GDP per capita and sectoral CO_2 emissions differ among industries according to the fuel type used. Therefore, environmental policies for CO_2 reduction must consider these differences in industrial characteristics.

文章名称：哪个产业更绿色？对 OECD 国家九个行业的实证研究

作者：Fujii, Hidemichi；Managi, Shunsuke

期刊名称：《能源政策》

出版时间：2013 年 6 月

关键词：环境库兹涅茨曲线；二氧化碳排放；行业部门

内容摘要：本文分析了 OECD 国家 1970~2005 年不同行业二氧化碳排放和经济增长的关系。我们检验了环境库兹涅茨曲线假设，发现九个行业总的二氧化碳排放呈"N"形趋势而不是倒"U"形或随收入单调上升趋势。部门层面的二氧化碳排放的环境库兹涅茨曲线假设在造纸和印刷业、木材和木材制品业、建筑业受支持。我们还发现煤炭和石油行业的排放随着钢铁和建筑业增长而增加。此外，随着经济增长，非金属矿物制品业、机械制造业和运输设备行业会增加石油和电力的排放。最终，环境库兹涅茨曲线的转折点以及人均 GDP 和部门二氧化碳排放的关系根据使用的燃料类型不同而有差别。因此，关于减少二氧化碳排放的环境政策必须考虑行业特征造成的这些差异。

Title：The impact of electricity storage on wholesale electricity prices

Author：Nyamdash，Batsaikhan；Denny，Eleanor

Journal：Energy Policy

Date Displayed：2013 – 7

Keywords：Electricity storage；Electricity price；Production cost

Abstract：This paper analyzes the impact of electricity storage on the production cost of a power system and the marginal cost of electricity (electricity price) using a unit commitment model. Also, real world data has been analyzed to verify the effect of storage operation on the electricity price using econometric techniques. The unit commitment model found that the deployment of a storage system reduces the fuel cost of the power system but increases the average electricity price through its effect on the power system operation. However, the reduction in the production cost was found to be less than the increase in the consumer's cost of electricity resulting in a net increase in costs due to storage. Different storage and CO_2 price scenarios were investigated to study the sensitivity of these results. The regression analysis supports the unit commitment results and finds that the presence of storage increases average wholesale electricity prices for the case study system.

文章名称：电力存储对电力批发价格的影响

作者：Nyamdash，Batsaikhan；Denny，Eleanor

期刊名称：《能源政策》

出版时间：2013 年 7 月

关键词：电力存储；电力价格；生产成本

内容摘要：本文使用机组组合模型，分析了电力存储对电力系统生产成本的影响以及电力的边际成本（电价），同时还使用经济计量技术分析了真实世界数据、验证了存储操作对电价的影响。机组组合模型显示，存储系统的安排降低了电力系统的燃料成本，但是通过对电力系统运行的影响提高了平均电价。然而，我们发现生产成本的降低要比消费者用电成本的增加要少，这导致了存储带来的成本是净增加的。我们考察了不同的存储和二氧化碳价格的情景，研究了这些结果的敏感性。回归分析支持机组组合模型的结果，研究发现对所研究的案例来说存储的存在增加了平均批发电价。

Title：The effect of financial constraints on energy – climate scenarios

Author：Ekholm, Tommi；Ghoddusi, Hamed；Krey, Volker；Riahi, Keywan

Journal：Energy Policy

Date Displayed：2013 – 8

Keywords：Financial constraint；Climate policy；Scenario

Abstract：In this paper，we discuss the implications of financing constraints for future energy and climate scenarios. Aspirations to improve energy access and electrification rates in developing countries，while simultaneously reducing greenhouse gas emissions，can be seriously hindered by the availability of low – cost capital for the necessary investments. We first provide a brief description of the theoretical foundations for financing constraints in the energy sector. Then，using a broad range of alternate assumptions we introduce capital supply curves to an energy system model for Sub – Saharan Africa，with a specific focus on the power sector. Our results portray the effect of capital cost on technology selection in electricity generation，specifically how limited capital supply decreases investments to capital – intensive zero – emission technologies. As a direct consequence，the emission price required to meet given emission targets is considerably increased when compared to case that disregards the capital constraints. Finally，we discuss possible policy instruments for resolving the constraints.

文章名称：能源气候情景的金融约束效应

作者：Ekholm, Tommi；Ghoddusi, Hamed；Krey, Volker；Riahi, Keywan

期刊名称：《能源政策》

出版时间：2013 年 8 月

关键词：金融约束；气候政策；情景

内容摘要：本文讨论了未来能源和气候情景金融约束带来的启示。提升发展中国家能源接入和电气化率，同时减少温室气体排放的愿望，可能因低成本必要投资的可获得性问题而严重受阻。我们首先提供了对能源部门金融约束理论基础的简单描述。随后，通过一系列替代假设，我们对撒哈拉以南的非洲的能源系统模型引入资本供给曲线，并特别关注电力部门。我们的结果描述了在发电部门资本成本对技术选择的影响，特别是资本供给的有限性对资本密集的低排放技术投资的影响。直接结果是，与无资本约束相比，达成既定排放目标所需的碳排放价格会显著增加。最后，我们讨论了解决约束的可能的政策工具。

Tltle：Green investment：Trends and determinants

Author：Eyraud，Luc；Clements，Benedict；Wane，Abdoul

Journal：Energy Policy

Date Displayed：2013 – 9

Keywords：Renewable resources and conservation；Energy；Environmental economics

Abstract：This paper fills a gap in the macroeconomic literature on renewable sources of energy. It offers a definition of green investment and analyzes the trends and determinants of this investment over the last decade for 35 advanced and emerging countries. We use a new multi – country historical dataset and find that green investment has become a key driver of the energy sector and that its rapid growth is now mostly driven by China. Our econometric results suggest that green investment is boosted by economic growth，a sound financial system conducive to low interest rates，and high fuel prices. We also find that some policy interventions，such as the introduction of carbon pricing schemes or "feed – in – tariffs，" which require use of "green" energy，have a positive and significant impact on green investment. Other interventions，such as biofuel support，do not appear to be associated with higher green investment.

文章名称：绿色投资：趋势和决定因素

作者：Eyraud，Luc；Clements，Benedict；Wane，Abdoul

期刊名称：《能源政策》

出版时间：2013 年 9 月

关键词：可再生资源与节约；能源；环境经济学

内容摘要：本文填补了宏观经济文献在可再生能源资源方面的空白，提供了绿色投资的定义，分析了过去十年 35 个发达国家、新兴经济体绿色投资的趋势和决定因素。我们使用新的多国历史数据，发现绿色投资成为能源部门的关键驱动因素，特别是在中国增长最快。我们的计量结果显示，经济增长有利于低利率的健全的金融体系、高燃料价格会促进绿色投资。我们也发现，一些政策干预，如引入碳定价机制或者上网电价等需要用到绿色能源的政策干预，会对绿色投资产生正向的显著影响；其他干预，如支持生物质燃料，并没有表现出与拉高绿色投资有联系。

Title：Market efficiency in the European carbon markets

Author：Charles, Amélie；Darné, Olivier；Fouilloux, Jessica

Journal：Energy Policy

Date Displayed：2013 – 9

Keywords：CO_2 emission allowances；Cost – of – carry model；Market efficiency

Abstract：In this paper，we study the relationship between futures and spot prices in the European carbon markets from the cost – of – carry hypothesis. The aim is to investigate the extent of efficiency market. The three main European markets (BlueNext，EEX and ECX) are analyzed during Phase II，covering the period from March 13，2009 to January，17，2012. Futures contracts are found to be cointegrated with spot prices and interest rates for several maturities in the three CO_2 markets. Results are similar when structural breaks are taken into account. According to individual and joint tests，the cost – of – carry model is rejected for all maturities and CO_2 markets，implying that neither contract is priced according to the cost – of – carry model. The absence of the cost – of – carry relationship can be interpreted as an indicator of market inefficiency and may bring arbitrage opportunities in the CO_2 market.

文章名称：欧洲碳市场的市场效率

作者：Charles, Amélie；Darné, Olivier；Fouilloux, Jessica

期刊名称：《能源政策》

出版时间：2013 年 9 月

关键词：二氧化碳排放配额；持有成本模型；市场效率

内容摘要：本文根据持有成本假设研究了欧洲碳市场中现货和期货价格的关系，目的是探索效率市场的程度。其中，第二部分分析了从 2009 年 3 月 13 日到 2012 年 1 月 17 日三个欧洲主要市场（BlueNext，EEX 和 ECX）的情况。在三个市场中，远期合约与现货价格和利率存在协整关系。当考虑到结构变化时结果是相似的。根据个体测试和联合测试的结果，对于不同成熟度和二氧化碳市场，持有成本模型是被拒绝的，意味着任何合约都不是根据持有成本模型定价的。不存在持有成本模型的关系可以解释为市场效率的一个指标，可能会为二氧化碳市场带来套利机会。

Title：The impact of electricity demand reduction policies on the EU – ETS：Modelling electricity and carbon prices and the effect on industrial competitiveness

Author：Thema, Johannes；Suerkemper, Felix；Grave, Katharina；Amelung, Adrian

Journal：Energy Policy

Date Displayed：2013 – 9

Keywords：Emission trading scheme（ETS）；Policy interaction；Energy efficiency policy

Abstract：The European electricity market is linked to a carbon market with a fixed cap that limits greenhouse gas emissions. At the same time, a number of energy efficiency policy instruments in the EU aim at reducing the electricity consumption. This article explores the interactions between the EU's carbon market on the one hand and instruments specifically targeted towards energy end – use efficiency on the other hand. Our theoretical analysis shows how electricity demand reduction triggered by energy efficiency policy instruments affects the emission trading scheme. Without adjustments of the fixed cap, decreasing electricity demand（relative to business – as – usual）reduces the carbon price without reducing total emissions. With lower carbon prices, costly low emission processes will be substituted by cheaper high emitting processes. Possible electricity and carbon price effects of electricity demand reduction scenarios under various carbon caps are quantified with a long – term electricity market simulation model. The results show that electricity efficiency policies allow for a significant reduction of the carbon cap. Compared to the 2005 emission level, 30% emission reductions can be achieved by 2020 within the emission trading scheme with similar or even lower costs for the industrial sector than were expected when the cap was initially set for a 21% emission reduction.

文章名称：降低电力需求政策对欧盟排放交易体系的影响：对电力价格与碳价格以及对工业竞争力影响的建模

作者：Thema, Johannes；Suerkemper, Felix；Grave, Katharina；Amelung, Adrian

期刊名称：《能源政策》

出版时间：2013 年 9 月

关键词：排放交易体系；政策相互作用；能效政策

内容摘要：欧洲电力市场与碳市场温室气体排放固定上限是相互联系的。同时，欧盟一些能效政策工具的目的在于减少电力消费。本文探讨欧盟碳市场和终端消费能效政策间的相互关系。我们的理论分析展示了能效政策工具引起的电力需求减少如何影响排放交易体系。在不调整固定上限情况下，下降的电力需求（与基础情景相比）降低了碳的价格而没有减少总的排放。在更低碳价情况下，较贵的、低排放的工序会被便宜的、排放更高的工序替代。我们使用长期电力市场模拟模型，量化了不同碳排放上限约束下电力需求减少情景的电力和碳排放的价格效应。结果显示，电力效率政策允许碳排放上限显著下降。与 2005 年排放水平相比，到 2020 年在排放交易体系内可以实现减少 30% 的排放，同时工业部门成本与最初预期设定的减少 21% 的排放相比会相近或更低。

Title：The nexus between financial development and energy consumption in the EU：A dynamic panel data analysis

Author：Çoban，Serap；Topcu，Mert

Journal：Energy Economics

Date Displayed：2013 – 9

Keywords：Financial development；Energy consumption；System – GMM；EU

Abstract：The relationship between financial development and energy consumption has newly started to be discussed in energy economics literature. This paper investigates this issue in the EU over the period 1990 – 2011 by using system – GMM model. No significant relationship is found in the EU 27. The empirical results，however，provide strong evidence of the impact of the financial development on energy consumption in the old members. Greater financial development leads to an increase in energy consumption，regardless of whether financial development stems from banking sector or stock market. By contrast，we find for the new members that the impact of financial development on energy consumption depends on how financial development is measured. Using bankindex the impact of financial development displays an inverted U – shaped pattern while no significant relationship is detected once it is measured using stockindex.

文章名称：欧盟的金融发展与能源消费的关系：一个动态面板数据分析

作者：Çoban，Serap；Topcu，Mert

期刊名称：《能源经济学》

出版时间：2013 年 9 月

关键词：金融发展；能源消费；GMM 系统；欧盟

内容摘要：在能源经济学的文献中金融发展与能源消费的关系近期才开始讨论。本文使用 GMM 系统模型，探讨 1990~2011 年欧盟的这一问题。在欧盟 27 国没有发现显著的关系；然而，在老成员国中实证结果提供了金融发展影响能源消费的明显证据。大规模的金融发展导致了能源消费的增加，不论金融发展源于银行部门还是证券市场。相比较而言，我们发现对于新成员国来说金融发展对能源消费的影响取决于如何衡量金融发展。使用银行指数，金融发展的影响呈现倒"U"形；而使用证券指数则没有发现有显著关系。

Title：Energy subsidies, structure of electricity prices and technological change of energy use

Author：Diaz Arias, Adriana；van Beers, Cees

Journal：Energy Economics

Date Displayed：2013 – 11

Keywords：Induced innovation；Energy prices；Subsidies；Patents

Abstract：This paper addresses the impact of the structure of energy prices on technological change in renewable energy sources. It operates on two fields of research that are often not related to each other. Firstly, the increasing interest in environmental economics for the determinants of green technological change, and secondly the impact of government policies aimed at subsidizing energy prices. Recent research claims a positive relationship between energy prices and the number of patents in the fields of energy efficiency. This paper extends this research by investigating the impact of the price structure of electricity on patent counts in ①renewable energy sources, ②wind energy and ③solar power. In nearly all OECD countries in the period 1990 ~ 2006 industrial energy users pay a lower price per energy unit than households due, among others, to government subsidy policies. The empirical results show that reducing government subsidies and hence increasing the electricity price of (large) industrial electricity users relative to the price paid by (small) residential users provides a clear incentive to increase inventions as measured by number of patents in the technical fields of solar and wind energy. These results are an important input in the debate on reducing government support to large energy users.

文章名称：能源补贴，电价结构与能源使用的技术变革

作者：Diaz Arias, Adriana；van Beers, Cees

期刊名称：《能源经济学》

出版时间：2013 年 11 月

关键词：引致创新；能源价格；补贴；专利

内容摘要：本文研究能源价格结构对可再生能源技术变革的影响，研究通过通常并无联系的两方面进行：第一，环境经济学中持续增加的对绿色技术变革决定因素的关注；第二，能源价格补贴政策的影响。最近的研究认为能源价格和能源效率领域的专利数量有正向关系。本文进行了拓展，研究电力价格结构对可再生能源、风能、太阳能专利数量的影响。1990 ~ 2006 年，由于政府补贴政策，在几乎所有 OECD 国家中工业部门单位能源价格都要比家庭部门低。实证结果显示，减少补贴和由此引起的与居民用户支付电价相比的工业用户电价增加，使增加发明得到了有效的激励，这在太阳能、风能技术领域可以用专利数量衡量。该结果对于减少政府对能源消费大户补贴的争论有重要贡献。

第三章　2013 年能源经济学图书精选

第一节

中文图书精选

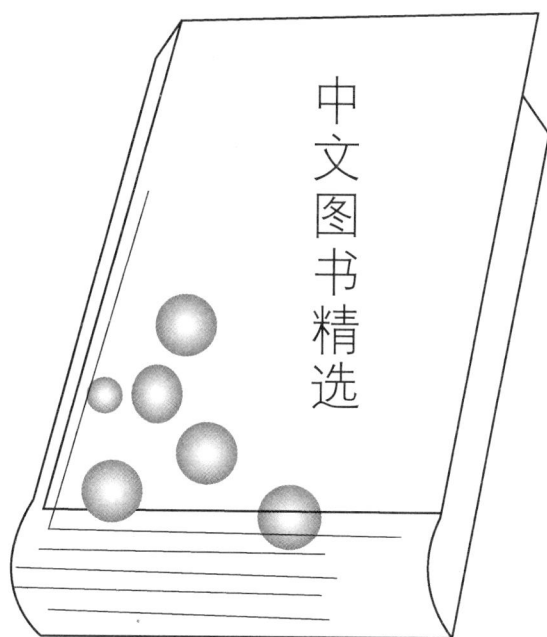

2013 年能源领域中文图书选择范围主要来自中国国家图书馆馆藏、亚马逊网、当当网、京东商城。通过检索和初步筛选，2013 年能源领域出版图书共计 93 册。大致可以分为六类。其中，能源经济管理类 45 册、国际关系类 2 册、法律类 5 册、工程技术类 16 册、研究报告类 12 册、畅销等其他类 13 册。本报告选录主要以经济管理类为主，经济管理类中文图书又大致涉及能源领域的六个研究领域：能源效率、能源消费、能源安全、能源体制政策、可再生能源、能源与环境。本报告兼顾各研究领域，从经济管理类中文图书中选择了 15 本 2011 年出版的中文图书。

书名：《中国能源安全的国际环境》
作者：史丹主编
出版时间：2013 年 1 月
出版社：社会科学文献出版社

内容提要：《中国能源安全的国际环境》一书研究的重点是分析中国能源安全所面临的国际形势。该书采取分区域、有重点的研究方法，对北美地区、欧洲地区、中东非洲地区、东北亚地区、俄罗斯与中亚地区、亚太地区、拉美地区七个地区及重点国家进行研究。研究内容主要包括三个方面：一是该区域在全球能源格局中的地位和作用，二是该区域与中国的政治与经济关系，三是中国与该区域能源合作的风险防范和对策建议。本书对上述七个地区从能源安全的角度进行了较为深入的分析，旨在揭示我国能源安全的国际环境。

《中国能源安全的国际环境》一书共七章。第一章为北美能源局势变化与中国的能源安全，主要包括北美三国间的能源关系、北美三国的能源情势变化、北美能源局势变化与中国的对策思考；第二章为欧洲局势变化与中国能源安全，主要包括欧洲能源格局分析、欧洲多边能源关系、欧洲局势与中国能源安全；第三章为中东非洲地区局势与中国能源安全，主要包括重估中东非洲地区在国际油气市场的地位、地区政局变化对油气供应安全的影响、中东非洲产油国能源政策、对外政策与中国能源安全、中国依赖中东非洲能源的挑战与应对；第四章为俄罗斯和中亚国家的能源资源现状，主要介绍了俄罗斯和中亚国家的能源资源状况，以及这些国家与中国的能源合作前景、中国面临的风险与应对；第五章为东北亚地区局势变动对中国能源安全的影响，主要包括东北亚各国的能源政策、外交政策及其对我国能源安全的影响，总结了日本保障能源安全的经验，以及分析了日本核电站事故对日本及中国能源安全的影响；第六章为亚太地区局势与中国能源安全，主要分析了亚太地区国家与中国的关系、亚太地区能源市场与美欧的关系、亚太局势变化对中国能源安全的影响，以及中国确保能源安全的对策选择；第七章为拉美局势变化对中国能源安全的影响，主要分析了拉美与中国能源的关系，以及拉美局势对中国能源安全的影响。

《中国能源安全的国际环境》一书的独特之处在于：一是全面、系统地研究了世界主要板块及重点国家在全球能源格局中的地位与作用、与中国的政治与经济关系，提出了中国与该区域能源合作的风险防范和对策建议；二是提出了"建立广泛的、正常的能源经贸关系是维护能源安全的基础，能源安全不仅意味着供应安全，更包含了资源掌控、生产供应、消费需求、价格主导、运输安全、高效清洁、使用等多个方面"的能源安全新内涵。

书名：《中国传统能源产业市场化进程研究报告》

作者：李晓西主编

出版时间：2013 年 2 月

出版社：北京师范大学出版社

内容提要：《中国传统能源产业市场化进程研究报告》一书分析了传统能源相关领域的市场化进程，同时也全面收集与整理了这些产业领域的基本数据与资料，并将有关政策问题分析和建议作为重点加以思考与撰写。煤炭、石油和天然气具有不同的经济技术特征，市场化改革的起步与进展程度也各不相同。因此，在市场化进程中所面临的问题以及深化改革的思路和所需要采取的政策措施也必然存在较大的差异和不同的侧重点。

《中国传统能源产业市场化进程研究报告》一书三篇共十二章内容。第一篇为煤炭篇。该篇立足于我国煤炭市场发展的宏观环境，分别围绕煤炭产业法规政策、煤炭价格市场机制、煤炭市场交易模式以及煤炭储运体系等多方视角对煤炭产业市场化进程进行了回顾。包括第一章我国煤炭产业市场化发展概况，第二章改革开放以来我国煤炭市场发展进程分析，第三章国外主要发达国家煤炭产业的市场化状况，第四章我国煤炭产业市场化面临的问题和改革的建议。第二篇为石油篇。该篇共分四章，首先是从产业发展阶段和现状两方面介绍中国石油产业概况，其次是以 1998 年为重要转折点分别介绍前后两个时期内中国石油产业的市场化改革，再次以产业的国有化程度为依据归纳梳理国外主要国家石油产业的市场化状况，最后全面剖析了我国石油产业市场化进程中面临的问题与改革取向。第三篇为天然气篇。该篇分析了中国天然气产业的市场化现状，对发达国家天然气产业市场化的经验进行了总结，在此基础上提出了中国天然气产业市场化改革的取向。

本书的创新之处在于以下三点。第一，提出了煤炭产业改革的建议：根据市场化改革优先于价格临时干预的原则，加快完成从煤炭价格双轨制向市场定价的转变；清晰界定和切实保护矿业权，巩固煤炭业市场化发展基础；坚持平等竞争原则，进一步确立煤炭企业市场运行的主体地位；加快从价计征的进程，深化煤炭资源税改革；支持和鼓励社会多方参与，统筹煤炭安全与生产之间的关系；坚持在公共领域有所为，在民间领域有所不为，加快政府职能转变。在未来 5~10 年的时间内，形成一个有效竞争的、比较完善的现代煤炭市场体系。第二，提出了下一步石油产业改革的建议。①要处理好垄断与竞争之间的关系，打破垄断，特别是行政垄断；同时，要区分产业链中不同环节的市场结构特点，适度放宽准入条件，引入竞争。②要继续推进石油价格形成机制改革，定价权下放至企业主体，但政府要审批和监督油价方案及其波动对经济社会可能产生的影响，烫平油价波动冲击的手段，应该放在消费侧，而不能是生产侧。第三，提出了下一步天然气产业改革的重点：分离自然垄断性业务和可竞争业务，促进"一超两强"与地方多强间的竞争；以竞争性市场定价机制为目标推进天然气价格改革；构建完善的天然气产业政府管理体制和监管体系；构建推进天然气产业市场化的良好法制环境。

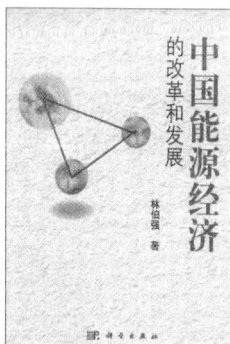

书名：《中国能源经济的改革和发展》
作者：林伯强著
出版时间：2013 年 3 月
出版社：科学出版社

内容提要：《中国能源经济的改革和发展》首先介绍了中国能源现状及能源安全战略，通过分析"十二五"能源规划，提出了中国能源发展的新思路；其次从煤炭、电力、石油等几个方面谈中国的能源价格改革，通过近年来多发的"油荒"、"电荒"分析了能源危机的根源及改革的途径；最后阐述了中国节能减排的新思路及国内新兴能源产业的发展，并对中国未来清洁能源的发展进行了展望。

《中国能源经济的改革和发展》一书共包括六章内容。第一章为能源战略调整，主要介绍了我国当前的能源问题，分析了如何实现能源独立、如何保障能源安全，以及能源产业主要的动向与趋势，在此基础上提出了中国能源发展的思路。第二章为能源危机是"价"的危机，本章在分析中国能源消费挑战的基础上，提出中国"能源危机"本质上是价格的危机。第三章为油气价格机制改革，主要分析了成品油、天然气价格机制改革，其中包括高油价对成品油价格机制的挑战及政策出路、航空煤油市场定价的探索、新车用柴油标准对成品油消费的影响、天然气定价模式探讨、天然气价格改革的原则和思路。第四章为电力市场化改革，本章在对"电荒"思考的基础上，提出建立透明合理的电价机制，并且分析了如何建立煤电联动的长效机制。第五章为节能减排新思路，本章主要包括对资源税、消费税改革的思考，节能产品推广的问题与措施，碳关税和能源补贴改革，以及合同能源管理与能源金融在节能减排的作用，并提出了中国节能减排的新思路。第六章为能源新兴产业发展，本章主要分析了光伏产业、核电产业、电动汽车、页岩油气等新兴能源产业的发展现状与存在的问题，并对中国未来清洁能源发展进行了展望。

本书的独特之处在于：一是在分析了中国能源独立与能源安全的基础上，提出了中国能源发展新思路；二是提出了中国"能源危机"的本质是价格危机，能源价格需要主动的渐进性改革的观点；三是对油气、电力的价格机制改革进行了深入思考，提出了若干具有新意的观点；四是从税收、节能产品推广、补贴、能源金融等方面提出了中国节能减排的新思路。

书名：《中国建筑节能发展报告——可再生能源建筑应用
（2012 年）》
作者：住建部科技发展促进中心著
出版时间：2013 年 3 月
出版社：中国建筑工业出版社

内容提要：《中国建筑节能发展报告——可再生能源建筑应用（2012 年）》一书以可再生能源建筑规模化应用为主线，介绍了国内外可再生能源建筑应用发展历程与现状；阐述了我国可再生能源建筑应用中长期发展目标的提出及实施路径；总结了"十一五"期间我国实施可再生能源建筑应用示范的成效和科研成果；同时，结合实践案例和相关检测数据，首次对建筑领域中太阳能光热、光伏发电及地源热泵应用技术的系统运行指标及效益进行评价分析。

《中国建筑节能发展报告——可再生能源建筑应用（2012 年）》一书分为上下篇，共包括七章内容。上篇第一章为"十一五"以来建筑节能和绿色建筑工作的成就，对"十一五"以来建筑节能和绿色建筑工作的成就进行了系统的梳理和总结。第二章为"十二五"期间建筑节能和绿色建筑发展目标与路径，主要包括"十二五"期间建筑节能和绿色建筑的发展方向与目标，"十二五"期间建筑节能发展的发展路径与重点，建筑节能与能源、可再生能源的关系。下篇为可再生能源建筑应用。第三章为我国能源发展战略，分析了国内外能源发展现状，并对我国能源发展战略目标和重点进行了解读。第四章为国家可再生能源建筑应用发展历程和目标，阐述了我国可再生能源建筑应用中长期发展目标及实施路径。第五章为可再生能源建筑的应用成效，结合实践案例和相关检测数据，对太阳能光热、光伏发电及地源热泵等技术在建筑领域的应用进行了评价分析。第六章为可再生能源建筑应用做法和经验，对我国可再生能源建筑应用的做法和经验进行了总结。第七章记录了 2010 年 6 月~2012 年 5 月我国建筑节能领域发生的大事。

本书的独特之处在于：一是首次对建筑领域中太阳能光热、光伏发电及地源热泵应用技术的系统运行指标及效益进行了评价分析；二是本书是国内比较系统、全面地介绍中国建筑节能的研究报告。针对我国建筑节能的政策体系和推进领域，分别对可再生能源建筑应用、既有建筑节能、建筑用能系统运行节能等内容进行梳理和总结。

书名：《电力市场经济学——能源成本、交易和排放》

作者：［美］巴里·穆雷著，彭文兵、杨俊保译

出版时间：2013 年 4 月

出版社：上海财经大学出版社

内容提要：《电力市场经济学——能源成本、交易和排放》一书从经济学视角研究了发达国家电力行业市场化改革以后电力市场结构、定价与电力系统的关系，并对其现状和问题进行了评估。

《电力市场经济学——能源成本、交易和排放》一书分为以下四个部分：第一部分介绍了行业基础设施，包括第一章重组方法、第二章市场机制。该部分描述了行业的基础设施和已经接受的影响市场运行的多种结构及其运行机制；介绍了流程中涉及的多个实体及其如何相互作用。第二部分介绍了成本链，包括第三章基本发电能源成本、第四章替代能源、第五章排放、第六章传输、第七章配电、第八章终端用户收费和价格。该部分发展了有助于确定终端用户价格的成本链；涵盖了传统和可再生能源发电的成本与排放限值的影响；发展了传输和配电成本的基础，并展示了传输和配电成本对收费结构的影响；显示了所有这些成本如何共同组成了终端用户的价格。第三部分介绍了市场运行，包括第九章市场交易、第十章市场分析、第十一章辅助服务市场、第十二章跨境交易、第十三章投资评估。该部分关注市场运行，涵盖了交易安排和价格预测；介绍了用于交易辅助服务的机制及其成本；描述了跨境交易的流程和电网之阈电能的拍卖；并涉及投资评估和风险评估。第四部分介绍了市场开发，包括第十四章市场表现、第十五章市场发展、第十六章长期情形。该部分讨论了市场在运营中的表现、用于监督表现的技术和改进指标；描述了一些可能的技术进步及其对市场运行和发展的影响；讨论了需要面对的新问题和如何管理这些新问题；最后得出了一些在 2050 年时会变为现实的情形。

书名：《清洁能源发展——美国经验与展望》

作者：〔美〕杰里·麦克纳尼（Jerry McNerney）、马丁·奇克著，彭文兵、杨俊保译

出版时间：2013 年 6 月

出版社：上海财经大学出版社

内容提要：《清洁能源发展——美国经验与展望》一书以独特的视角观察了世界与石油关系的发展历程，告诉读者未来必须做出怎样的行动来拯救环境。该书系统地回顾了美国能源的发展历史，指出了美国能源存在的问题，呼吁所有美国人采取实际措施来帮助美国实现能源自由，并提供了一套切实可行的计划，以帮助人类解决化石能源带来的污染等问题。

《清洁能源发展——美国经验与展望》一书包括三个部分共十六章内容。第一部分为美国能源的过去和现在。第一章为化石燃料时代的终结，探讨了为何人类面临化石燃料时代的终结，同时思考这对美国及其公民的未来生存意味着什么。第二章为如何独立于化石能源，探讨了美国如何一步步依赖化石燃料来驱动其经济、社会及政治机构的过程。第三章为新能源时代的来临，分析了各种化石燃料的替代能源，并考察了将它们广泛应用于美国社会的利与弊。第二部分为美国能源问题。第四章为能源与优良政府，阐述了为什么清洁能源可以有助于保护政府的民主形式。第五章为能源与国家安全，考虑了美国能源安全，并阐释了实现能源自由为何能更好地保护美国人民不受外国威胁。第六章为能源与环境，考察了清洁绿色能源如何能帮助我们更好地管理自然和世界，以及我们如何履行人类保护环境的道德义务。第七章为能源与经济，考虑了如何使美国经济更加强健和安全地发展。第八章为能源与交通运输，说明了提高美国车辆及交通系统的能源效率对美国实现能源自由的重要性。第九章为能源与农业，研究了美国的食品供应与化石燃料之间的紧密联系，以及能源自由怎样帮助美国农民生产出足够多的农产品。第十章为能源与公众健康，分析了如何实现一个可再生能源社会，来提高所有美国人的身体健康和福利水平。第十一章为能源与教育，讨论了如何改善美国的学校条件和教育体系，以及构造了美国的智囊团对美国实现能源自由的重要性。第三部分为美国能源未来。第十二章为能源与两"谷"，考察了加利福尼亚北部的两个区域如何通过实施可持续能源项目和计划来改善其经济。第十三章为能源与世界，考察了美国将如何从其他国家在争取能源独立的进展中获得启发。第十四章为保卫美国能源的未来，主要涉及保障美国能源未来安全的问题，以保卫国家安全、国家经济、公共卫生和食物供给。第十五章为领导的力量，将《2009 年美国清洁能源和安全法案》作为将来立法工作的学习榜样。第十六章为其他途径，告诉读者怎样从过去受到启发，来促进现代美国人走向更好的能源未来。

　　《清洁能源发展——美国经验与展望》一书的独特之处在于：一是系统地讨论了人类应该如何转变当前导致全球变暖的能源生产与消费方式；二是为读者提供了一个创造美好未来的可行性计划——发展可再生能源以及更高效地利用能源；三是对能源技术的发展及其过程中的重要里程碑进行了梳理，为读者转变能源方式提供了一份清晰易懂的历史资料。

书名：《中国与中亚国家能源合作对策研究》
作者：柴利著
出版时间：2013 年 7 月
出版社：社会科学文献出版社

内容提要：《中国与中亚国家能源合作对策研究》一书从能源地缘政治、能源经济理论发展及能源合作的一般理论出发，以世界能源市场的特点和现状以及中亚国家在世界能源市场中的竞争地位变化为基础，梳理了中亚国家能源经济在其国民经济中的地位、能源战略和主要能源政策的变化及趋势，阐述了主要经济体在不同的历史阶段制定的不同的中亚国家能源战略及其微妙立场，就中国与中亚国家能源合作的影响因素进行了实证分析，探索性地提出了当前中国与中亚国家能源合作的新机制、战略步骤及对策体系。

《中国与中亚国家能源合作对策研究》一书共八章内容。第一章为关于国际能源合作的国际政治经济理论，主要包括国际政治视角下的能源地缘政治理论，经济学视角下能源经济理论的发展，国际政治经济视角下能源合作的一般理论。第二章为世界主要能源供需分析，分别对化石能源与非化石能源的世界主要供需情况进行了统计分析。第三章为21世纪中亚国家在世界能源市场中的地位分析，运用多元统计学中的聚类分析法对中亚国家在世界能源市场中的竞争地位进行了细致描述。第四章为中亚国家能源政策新发展，对中亚五国的"资源立国"能源战略和主要能源政策及变化进行了梳理和分析。第五章为主要经济体的中亚能源战略及对策变化，着重分析了美国、俄罗斯、欧盟、日本、印度、伊朗等主要经济体在不同的历史阶段制定出的不同的中亚国家能源战略，并从能源生产国和消费国的政治利益和经济利益等角度，分析了上述各个经济体之间在中亚能源策略制定中的微妙立场。第六章为中国与中亚国家能源合作现状及影响因素实证分析，分析了中国与中亚国家能源合作的现状，并对影响中国从中亚国家进口能源的因素进行了实证分析，指出了中国与中亚国家能源合作中存在的问题和困惑。第七章为中国与中亚国家能源合作机制构建，探索性地构建了共赢基础上中国与中亚国家在能源与投资、贸易、环境、交通运输及军事等方面合作的对策体系。第八章为中国与中亚国家能源合作的政策实施及建议。

本书的独特之处在于：一是提出中国与中亚国家能源合作战略步骤"点—线—面—区"的观点；二是构建了基于共赢的中国与中亚国家能源合作对策体系；三是建议能源合作范畴应扩大到除油气、煤炭以外的核能及电力领域；四是尝试了国际能源合作影响因素的实证分析方法；五是设想了中国与中亚国家能源合作远景；六是探索了中国在中亚国家能源博弈格局中的博弈对策。

书名：《我国农村能源转型的政策与法律制度研究》
作者：陈廷辉著
出版时间：2013 年 8 月
出版社：中国政法大学出版社

内容提要：《我国农村能源转型的政策与法律制度研究》一书以农村能源从传统能源向可再生能源转型的法律制度为主线，通过对我国能源转型中主要困难的分析，确立优先实现农村能源转型的路径。基于我国农村现有实现能源转型的物质基础和制度支撑不足的现状，分析在制度构建中必须解决的问题；在国外、国内有关能源转型研究的基础上，结合我国农村能源的诸多因素，构建农村能源转型的法律制度。

《我国农村能源转型的政策与法律制度研究》一书共六章。第一章为导论，主要介绍了该书研究的背景、意义，现有研究的评述以及研究的具体内容。第二章为优先实现农村能源转型的必要性。本章首先论述了城市能源转型的难度，进而分析了农村能源转型的经济性、对能源整体转型的促进作用。第三章为农村能源转型的可行性。本章分别对农村能源转型的物质基础、政策基础、法律基础进行了论述。第四章为优先实现我国农村能源转型的障碍。本章指出我国农村能源转型目前面临服务意识不到位、缺乏配套的制度实施机制、财政制度支撑不足等障碍。第五章为农村新能源建设的制度完善。本章提出了农村新能源建设制度完善的四个重要方面：能源普遍服务理念的确立、转变农村能源管理方式、干部问责制的建立、财政制度的建立。第六章为结论。本章在前述分析的基础上提出了五点研究结论：优先实现农村能源的转型是全国能源转型的基础、完善农村能源政策与法律是农村能源转型的制度保障、问责制的确立是农村能源政策与法律事实的重要保障、财政预算的落实是农村能源转型的物质保障、农村能源政策与法律实施机制的思考是对公法事实机制有效性探索。

本书的创新之处在于以下两点。一是系统地从城市能源转型的难度、农村能源转型的经济性和意义等方面论述了优先农村能源转型的必要性。二是提出了构建"农村新能源、可再生能源促进法"作为针对性地解决农村能源转型的制度不足的建议，并着重从问责制、财政制度和服务意识三方面来完善公法实施机制。这种做法能够避免以往公法立法中忽视法律配套实施机制的问题。

书名：《高级能源经济学》
作者：魏一鸣、焦建玲编著
出版时间：2013 年 9 月
出版社：清华大学出版社

内容提要：《高级能源经济学》是在《能源经济学》的基础上，以新形势下产生的能源市场联动性风险、能源与环境、能源安全与安全战略、能源贫困等新的能源经济学问题为研究对象，系统介绍了能源市场风险及溢出效应、合同能源管理、能源战略储备、气候变化与二氧化碳减排、能源投融资、能源技术政策、能源安全、能源贫困以及能源消费与公众健康等重要问题。在兼顾教材的系统性要求的同时，本书更加注重把握现代能源经济与管理的发展趋势，力争将最新的发展与研究成果系统化，并注意与中国实际相结合。

《高级能源经济学》一书共分为十章。第一章为能源与经济，主要包括能源与经济关系概述、能源与经济增长，以及能源经济学的新发展；第二章为能源市场风险及溢出效应，主要介绍了能源市场风险、风险溢出效应、能源市场风险溢出效应检验、能源市场风险管理；第三章为合同能源管理，主要介绍了合同能源管理的概况、合同能源管理商务模式与项目基本流程、合同能源管理项目的关键环节、合同能源管理项目合同、合同能源管理项目案例；第四章为能源战略储备，主要介绍了能源战略储备的概念与作用、能源战略储备规模、能源战略储备的补仓策略、突发事件下石油战略储备的释放策略；第五章为气候变化与二氧化碳减排，主要介绍了能源利用的环境成本、气候变化政策、二氧化碳排放特征、二氧化碳排放影响因素、碳排放贸易与碳市场、我国二氧化碳减排；第六章为能源投融资，主要介绍了能源投融资概况、能源投融资特点、能源投融资的主要影响因素、能源投资效益与风险、能源融资原则与融资环境、能源融资战略；第七章为能源技术政策，主要介绍了能源技术—经济范式的变迁、石油危机与能源技术 R&D 投入响应模式、能源技术研发投入组合研究、我国能源技术替代路线与可再生能源技术政策；第八章为能源安全，主要介绍了能源安全概况、能源安全综合评价、能源安全预警、国际能源合作、能源外交、我国能源安全现状及预警；第九章为能源贫困，主要介绍了能源贫困的概念及现状、能源贫困的影响、能源贫困的测度、我国区域能源贫困比较；第十章为能源消费与公共健康，主要介绍了城市环境健康效应经济评估、部门污染物排放对公众健康效应的经济评估、边际健康效应的经济损失评估。

本书的独特之处在于：一是着眼于能源的金融化发展趋势，重点阐述了能源市场风险及市场之间的风险溢出效应；二是本书突出了能源经济学研究对象的宏观性，特别是能源安全战略在国家层面的重要性，系统地阐述了现代主要能源安全战略——合同能源管理、能源战略储备、能源投融资、能源技术政策的有关概念和理论，并结合实际进行了分析；三是强调能源问题不是单纯的经济问题，而是社会发展问题，本书从社会发展角度介绍了能源贫困、能源消费与公众健康问题。

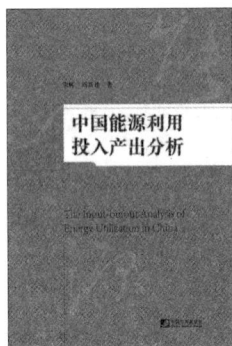

书名：《中国能源利用投入产出分析》
作者： 宋辉、刘新建著
出版时间： 2013 年 9 月
出版社： 中国市场出版社

内容提要：《中国能源利用投入产出分析》一书以诺贝尔经济学奖获得者瓦西里·列昂惕夫（Wassily Leontief）发明的投入产出技术为主要方法，以其他计量分析方法为辅，从加快构建我国节能型产业体系、制定行业节能目标、引进先进节能技术和理顺能源价格等方面进行了定量的深入研究，提出了一些新观点和新方法，得出了一些重要结论。

《中国能源利用投入产出分析》一书共分为八章。第一章为能源利用效率及统计测度概述。主要介绍了研究现状、目的及意义，以及研究思路与研究方法。第二章为能源利用效率的概念及统计测度方法。本章首先深入讨论了能源利用效率的概念定义，然后从不同层次，探讨合理的统计测度方法，并提出了能源利用效率多因素多阶影响统计测度方法和价格影响分析方法。第三章为中国能源利用效率的现状。首先叙述编制 2007 年中国 40 个部门可比价投入产出表的过程，其次利用多因素、多阶统计测度模式和加工整理编制的 1997～2007 年中国 40 个部门可比价投入产出表，对 1997 年后的中国能源利用效率变化进行解释分析，最后分析了能耗强度的影响因素。第四章为中国"十二五"能源利用效率预测。以中国 2010 年投入产出表为基础，应用投入产出技术对"十二五"时期结构与技术节能的措施进行模拟测算和展望，以寻求达到节能目标的有效途径。第五章为能源产品价格与中国能源效率关联机制分析。本章首先概述国内外学者关于价格与能源效率关系的研究成果，其次应用投入产出分析技术，通过建立中国 2007 年混合型投入产出模型，对中国的能源价格进行分析，研究利用能源价格及补贴价格手段的效果问题，最后提出解决问题的有关途径。第六章为提高中国能源利用效率的对策分析及建议。本章根据细分部门结构和各部门能耗变化趋势，为确保实现规划目标进行具体的策略分析；同时，结合对价格因素的间接调控功能研究结果，从产业结构调整节能、技术进步节能和价格管理节能三方面提出对策建议。第七章为统计测度系统程序使用说明书，介绍了统计测度系统的具体使用。第八章为研究总结和展望。对全书进行了总结，提出了进一步研究的方向。

本书的独特之处在于以下几点。一是提出多因素、多阶影响统计测度方法。本书创造性地提出了多因素、多阶影响统计测度方法，借此对我国 1997 年以来各产业能源利用效率情况进行了系统分析，计算出了各种因素及其相互作用影响变化的贡献率，对于政府制定产业政策和降低能耗保障措施有非常重要的参考价值。二是编制了两种新的投入产出模型。①不变价投入产出模型。为进行不同时期的经济比较，编制不变价格数据系统是一项十分重要的基础工作。②混合型实物—价值投入产出模型。该模型是研究宏观价格问题的重要数据基础，能够将经济系统中的实物运动和价值运动有机地融为一体，更全面、系统地反映了整个经济系统的运行状态，为研究我国能源产品价格合理性问题提供了分析工具。三是实现了"十二五"节能目标的方案测算。本书从结构节能和技术节能两方面进行分析，提出了高、中、低三种目标方案。四是提出了具体可行的对策建议。作者通过对能源利用效率及其影响因素的系统分析，得出结构节能、技术节能和价格因素是影响能源效率的主要因素，从产业结构调整节能、技术进步节能和价格管理节能三个方面提出具体对策建议，并尝试提出了一些保障措施，为我国实现"十二五"节能目标和持续提高能源利用效率提供了重要参考依据。

书名：《中国生物质能源产业：突破困境的战略选择》

作者：马晓河等著

出版时间：2013 年 10 月

出版社：中国计划出版社

内容提要：《中国生物质能源产业：突破困境的战略选择》一书围绕中国生物质能源产业发展的难题与前景进行了系统研究和分析。重点对当前生物质能源产业发展现状、面临的难题进行深入细致的分析，力图找出症结，解开迷惘，帮助各界进一步清楚地认识生物质能源这一新兴产业，冷静思考，客观判断，科学地谋求产业健康成长和长远发展。

《中国生物质能源产业：突破困境的战略选择》一书共分为十章。第一章为我国生物质产业发展现状、矛盾与政策框架，包括中国生物质能源产业发展现状、生物质能源产业的供求关系分析、生物质能源产业发展的技术前景和模式选择、推动我国生物质能源产业健康发展的政策支持框架。第二章为生物质能源发展的供求前景分析，本章初步评价了我国生物质能源总量潜力，并在此基础上分析了我国生物质能源开发利用现状和开发利用的需求，最后根据生物质能源的总量、分散特点以及面临的技术和土地瓶颈等方面，总结了我国大规模发展生物质能源面临的挑战。第三章为我国生物质能源产业发展面临的矛盾和挑战，主要包括生物质能源产业发展现状及作用、影响我国生物质能源产业发展的制约因素、我国生物质能源产业当前面临的挑战、促进我国生物质能源产业发展的建议。第四章为我国生物质能源与粮食安全的关系研究，主要包括生物质能源产业发展与粮食安全关系的理论分析、生物质能源产业发展对粮食贸易的影响、促进生物质能源产业与粮食安全协调发展的国际经验、我国生物质能源产业与粮食安全协调发展的现状和问题、促进生物质能源产业与粮食安全协调发展的对策。第五章为我国生物质能源产业服务体系研究，本章分析了我国生物质能源服务体系建设的现状，揭示了其面临的主要问题，提出加强生物质能源服务体系建设的具体措施。第六章至第八章分别分析了我国在沼气业、燃料乙醇、生物柴油等方面的发展现状、未来前景和发展思路。第九章为生物质能源产业发展国际经验研究，总结了国外推进生物质能源产业发展的主要经验和启示。第十章为当前我国生物质能源发展的政策评述，总结了当前我国生物质能源产业的发展政策法规，评价了政策实施效果，分析了当前政策存在的问题，并提出了相关建议。

本书的独特之处在于以下几点。一是系统地分析了中国生物质能源产业及细分产业（包括沼气、燃料乙醇、生物质发电）的发展现状和存在的问题，提出了推动生物质能源产业健康发展的政策支持框架。二是从理论上论述了生物质能源产业发展与粮食安全的关系，提出简单认为生物质能源产业发展会危及粮食安全的观点有失偏颇。生物质能源产业发展主要通过影响农产品价格、加剧农业资源竞争、引发生态风险等途径对粮食安全造成影响。我国粮食供给处于脆弱平衡、强制平衡和紧张平衡状态，应坚持粮食安全优于能源安全的原则，适时调整陈化粮生产燃料乙醇的补贴政策。三是总结了我国生物质能源服务体系建设的主要问题，即生物质能源配套服务体系薄弱、生物质能源技术研究能力不足、城乡结构转型和劳动力成本提高加剧了服务体系的供求矛盾、农业发展方式转变日益挑战传统的生物质能源服务体系建设思路；并且，提出了加强生物质能源服务体系建设需要拓宽生物质能源产业发展思路，着力完善建设其服务体系的长效机制；顺应城乡经济社会结构的变化和农村发展方式转变，调整支持生物质能源服务体系的方向和重点；加强财税支持，完善其他配套支持和监管措施。

书名：《中国东部地区能源发展模式研究》
作者：聂锐、李强、王迪著
出版时间：2013 年 10 月
出版社：中国矿业大学出版社

内容提要：《中国东部地区能源发展模式研究》一书提出东部地区能源发展的战略目标是构建"3E"协调的能源发展模式，以"节能、低碳、整体保障"为指导原则，以合理控制能源消费总量、提高能源绿色生产效率、建立能源综合保障体系为切入点，正确认识和处理好能源与经济发展、环境保护之间的关系。基于此目标，该书研究东部地区能源发展模式，从需求角度探讨东部地区节能型产业体系构建问题，从供给角度探讨环境友好型能源工业构建问题，并从供需平衡角度探讨能源保障体系构建问题。

《中国东部地区能源发展模式研究》一书共九章内容。第一章为引言，主要说明本书研究选题的背景和意义，对国外相关研究现状进行综述，并对研究内容、技术路线进行说明；第二章为东部地区能源发展现状分析，主要分析东部地区能源生产、消费、储备和运输现状，在此基础上，明确了东部地区能源发展的战略目标以及需要解决的关键问题；第三章为东部地区能源消费、结构变动与经济增长关系分析。利用东部地区能源消费与经济发展的相关数据，对东部区域经济系统按照六部门经济系统进行划分，在此基础上，分别对能源消费与区域经济的动态均衡发展、产业结构与经济增长的影响、能源消费与结构变动对经济增长的影响因素进行了实证分析；第四章为东部地区节能产业构建及其节能效应分析。考察了东部地区节能型产业体系构建的背景。第五章为环境规制与东部地区能源工业生产率增长分析。首先基于灰色理论分析了东部地区能源生产与环境破坏的关联性；其次介绍了环境规制的内涵及工具，并从直接作用和间接作用两个角度分析了环境规制对能源工业生产率的作用机制；最后构建实证分析模型检验驱动东部地区能源工业生产率增长的关键因素。第六章为东部地区能源战略性开发模式构建。构建多元化的能源供应体系，立足国内，积极参与国际能源开发，实施能源跨区域开发战略，改善东部能源消费状况。第七章为中国东部地区能源保障的综合体系构建。从构建节能产业体系、促进区域产业联动、实现能源工业低碳增长、优化能源供应结构、推进高碳能源低碳化利用和新能源发展以及差异化区域能源发展战略六个方面进行了具体的政策设计。第八章为东部地区能源发展实践：以江苏省为例。构建了江苏省能源—经济—环境的协调度评价模型，提出江苏省优化能源结构的对策。第九章为总结和展望。

《中国东部地区能源发展模式研究》一书的独特之处在于：第一，区分了东部地区在经济发展水平、环境承载力、资源禀赋、国际化、市场化程度等方面的差异，从区域产业合理分工的节能型产业体系构建、"整体保障，分省实施"的能源发展模式梯度战略、环境承载力约束下的"3E"协调发展模式以及经济持续增长的能源保障体系四个方面对东部地区能源发展模式进行了深入研究；第二，运用多部门经济模型并结合基于统计角度的产业结构贡献度测算方法，研究了中国东部地区 11 个省份之间产业结构变动对经济增长的影响效应；第三，构建了分部门经济增长内生模型，并结合因素分解的方法，从产业结构变动与能源技术进步两个方面考察东部经济增长的影响。第四，设计了中国东部地区能源保障的综合体系。

书名：《能源管理体制比较与研究》
作者：林卫斌、方敏著
出版时间：2013 年 12 月
出版社：商务印书馆

内容提要：《能源管理体制比较与研究》一书从"为什么管"、"怎么管"和"谁来管"三个层面建立了一个形式规范的、便于对能源管理体制进行分析和比较的基本框架，深入剖析了八个有代表性国家的能源管理模式，并在此基础上探讨了我国能源管理体制的改革方向和可行的政策措施。

《能源管理体制比较与研究》一书包括三篇、十二章内容。第一篇为能源管理体制分析框架，共一章。从"为什么管"、"怎么管"、"谁来管"三个层面建立一个形式规范的理论分析框架。第二篇为代表性国家能源管理体制，包括第二章至第九章共八章内容。利用分析框架，比较和分析了美国、英国、法国、德国、日本、俄罗斯、印度和巴西八个有代表性国家的能源管理体制。具体包括这些典型国家的能源发展概况与管理目标侧重点、能源产业组织结构、能源管理机构设置与职能分配、能源管理政策体系、能源管理体制特征与启示。第三篇为中国能源管理体制：历史、现状与改革方向，共分三章。第十章梳理了计划经济时期以来中国管理体制的历史沿革。第十一章分析了中国能源管理体制现状与问题。第十二章提出了健全与完善能源管理体制的基本思路和政策建议。

《能源管理体制比较与研究》一书的独特之处在于：一是建立了一个形式规范、便于对能源管理体制进行分析和比较的基本框架，并从中提炼出能源管理职能的基本类型；二是结合哈佛大学施莱弗教授等提出的比较经济学分析框架和斯蒂格利茨提出的关于监管的分析框架，提炼出政府从事能源管理的职能和手段，包括四种基本类型——提供公共服务，通过税收、补贴政策引导企业行为，通过监管规范企业行为，资源管理；三是在理论分析和国际比较基础上，提出中国当前的能源管理体制除了包含市场经济条件下的政策、监管和资源管理三大职能外，还包含了行使国有资产所有权的国资管理职能和推进能源管理方式变革的体制改革职能。结合五个方面的职能及其对应的机构设置，本书提出的政策建议与 2013 年国务院机构改革不谋而合。

书名：《能源安全评价》

作者：陈凯、郑畅、史红亮编著

出版时间：2013 年 12 月

出版社：经济科学出版社

　　内容提要：《能源安全评价》一书基于经济学和政治学角度，分析了影响中国能源安全的因素，并且对中国能源运输安全、能源消费环境安全、区域能源安全进行了系统的评价，最终提出中国能源安全路径的选择。

　　《能源安全评价》一书共十一章内容。第一章对国际主要能源的可采储量、国际能源的消费和生产现状、国内能源的生产和消费现状进行了比较分析。第二章对世界能源供需格局的新变化的各种冲击因素、世界主要大国的能源安全形势进行了比较评价。基于我国能源对外依存度的不断提高，分析了我国在石油进口路径和储备、能源消费的结构和利用效率，"蓝色圈海运动"与"绿色能源革命"对我国能源安全造成的挑战，评价了我国能源安全面临的新形势。第三章对能源消费与经济增长中的相互作用机制和评价模型，基于我国能源消费与经济增长进行实证研究。第四章基于国际能源市场、能源价格、能源效率与节能政策评价了影响我国能源安全的主要因素。第五章与第六章基于朴素指标法、弹性系数法、ARIMA 法、灰色 CM 法，对我国能源需求和能源供给进行了评价研究，考察了我国能源供需的缺口。第七章在对能源效率的相关研究进行了综述的基础上，对我国单要素能源效率和全要素能源效率、高耗能产品的能耗进行了跨国比较评价；基于省际层面对国内 28 个省市区的全要素能源效率进行了评价，并对我国高耗能的钢铁行业能源效率的"回弹效应"进行了具体的评价。第八章对国内外能源运输的安全特征和风险因素进行了研究，对国内各种能源运输方式的效率进行了对比评价，对国外海上能源运输划分了等级并进行了安全评价，提出国内外运输安全的政策选择路径。第九章基于能源的消费结构与可再生能源的供给、环境对能源消费的承载能力，评价了我国能源消费环境的安全。第十章使用区域能源安全风险系数，基于能源实物贸易和服务贸易的视角，对能源的区域安全进行了跨国的比较评价。第十一章基于我国能源安全框架，讨论了如何通过能源进口安全、运输安全、结构安全、国际能源投资和新型能源国际秩序的建设，保障我国能源安全。

　　《能源安全评价》一书的独特之处在于：一是提出了"中国能源安全的路径应从能源供给安全、能源生产和使用安全、能源运输安全、能源环境安全及能源安全预警机制等方面进行选择"的观点；二是提出了能源安全战略框架的重要内容——健全能源管理体制、能源政策、能源市场、能源技术、能源战略储备、提高输送能力、能源环境与节能；三是构建指标评价体系分别对国内各种能源运输方式的效率、国外海上能源运输等级、中国能源消费环境的安全进行了对比评价。

书名:《中国能源安全的新问题与新挑战》
作者: 史丹等著
出版时间: 2013 年 12 月
出版社: 社会科学文献出版社

内容提要:《中国能源安全的新问题与新挑战》一书对当前时期与能源安全相关的热点和重点问题进行了系统研究,致力于分析我国能源安全的新形势、新问题、新挑战、新举措,深入探究以下几个内容:能源贸易形式与贸易摩擦的应对及对能源安全的影响,海外能源投资及其能源安全保障作用,能源金融发展及其对能源安全的影响,能源安全中的金融因素以及能源价格波动对能源安全的影响,能源储备与能源安全的关系,低碳经济形势下能源安全面临的挑战。通过专题研究,探索适应新形势下我国的能源安全战略。

《中国能源安全的新问题与新挑战》一书共七章内容。第一章为低碳发展条件下的能源安全问题。本章首先系统地介绍了能源安全的概念及其演变,其次分析了低碳发展条件下能源安全的新问题,最后提出了低碳发展条件下我国能源安全的应对措施。第二章为能源安全状况评价与比较。本章构建了能源安全评价指标体系,并且对能源安全状况进行了测算与国际比较。第三章为能源金融发展及其对能源安全的影响。本章首先提出了能源安全正在面临新的形势——能源市场金融化趋势,其次分析了中国发展能源金融的现状和问题以及能源金融化背景下中国能源安全面临的挑战,最后提出了中国发展能源金融的相关政策建议。第四章为能源价格波动影响及风险控制。本章主要基于 GSGE 模型模拟了石油价格冲击对中国经济的影响。第五章为中国能源贸易、海外投资与国际环境。本章分析了中国能源贸易与投资的国际环境、规模、贸易对象,以及中国能源对外投资现状与问题。第六章为能源安全之能源贸易与投资策略。本章着重分析了国际环境变化对中国能源安全的新挑战、新形势下的能源对外投资战略、确保中国能源供应安全的贸易战略。第七章为能源储备与能源安全。本章介绍了国外能源储备体系发展的经验,分析了我国能源储备体系的现状与问题,并提出完善我国能源储备体系的政策建议。

《中国能源安全的新问题与新挑战》一书的独特之处在于以下两点。一是提出了与 20 世纪七八十年代相比,能源安全概念已有所拓展,内涵更加丰富。除了石油供给安全外,还包括电力安全、天然气安全以及能源环境安全。二是提出了能源安全的风险不仅源于能源地缘政治动荡而造成的供应中断,而且还源于能源市场中价格的异常波动对能源投资的影响,能源安全供需市场呈现金融化趋势;环境问题和气候变化问题使能源供应出现结构性短缺,清洁能源发展成为能源安全供应保障的重要途径。

第二节

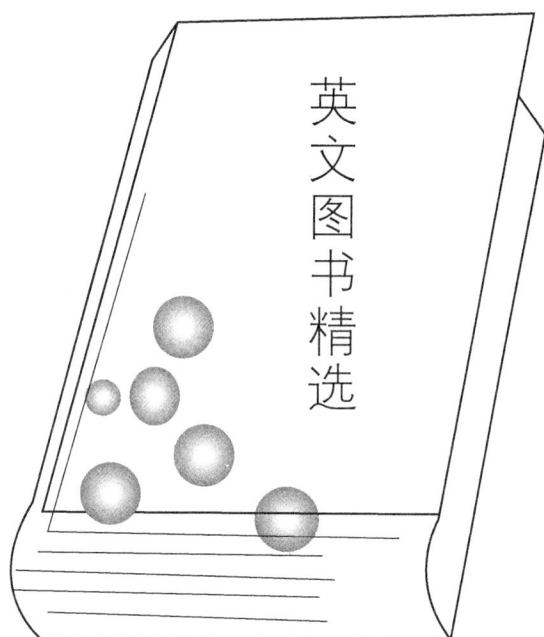

英文图书精选

　　通过对 2013 年国外出版的关于能源行业问题的书籍或研究报告的主题进行梳理归纳，不难发现，"转型"、"改革"、"合作"、"治理"等成为重要关键词，而成就这些关键词背后的内容，一方面，涉及越来越多的关于能源行业当前面临的诸多问题、能源形势和能源未来的理性思考与实践探索；另一方面，能源的基础性地位和能源集各属性于一体的复杂性，使得不同国家在探索能源行业转型发展的思路和路径上出现显著差异。基于此，如何形成有效的治理和合作模式成为当下国际社会共同关注的新议题。与此同时，中国作为世界上最大的发展中国家和能源消费大国，对中国能源行业改革发展议题的关注也越来越多，对中国在全球能源转型和合作治理等中担当的角色和责任也给予越来越多的期待。

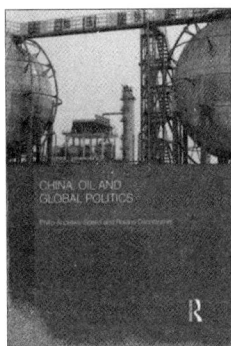

书名：《中国、石油和全球政治》"China，Oil and Global Politics"

作者： Philip Andrews – Speed，Roland Dannreuther

出版社： Routledge

出版时间： 2013 年 1 月 31 日

内容摘要： 作为世界能源消费大国之一，中国对世界能源格局正在发挥着重要的影响。在此大背景下，对中国能源政策、能源消费和供求形势，以及中国能源企业的海外行为进行深入全面分析则无疑是国际社会的迫切需要。

从 1993 年中国成为石油进口国起，中国石油进口量呈现出加速增长的态势，鉴于石油产品的特殊性和地缘政治的影响，石油安全问题越发成为中国政府考虑的重要问题。可以说，如何妥善处理石油供应安全问题关系到中国的政治经济利益和长远战略定位。《中国、石油和全球政治》一书采用跨学科研究方法，结合国际利益相关性分析方法对上述问题以及中国能源政策演变等问题进行了深入细致的研究，成为关注中国能源对外政策的不可或缺的重要书籍。

从本书内容架构来看，本书旨在为读者提供关于中国能源国际化战略（尤其是石油）的全面但非完全理论化的阐释。全书共分为十一章。第一章主要介绍了本书写作的背景和写作的内容安排。第二章至第六章主要介绍的是中国的能源政策、政府决策和中国石油企业问题，具体而言：第二章主要描述的是中国面临的能源问题和挑战，在此挑战下中国政策的侧重点和战略考量；第三章是从广义视角探讨中国的能源政策形成（制定）问题；第四章具体为能源政策的特点、能源政策的制定和实施问题，以及结合长期路径依赖和短期不可预期因素探讨了中国能源政策的走向等；第五章和第六章作为本书第七章至第十一章内容的过渡内容，重点对中国石油和天然气国际化战略的演变、重要影响因素和未来展望给予全景展示。第七章至第十一章的主题内容是中国的能源政策和能源外交政策。其中，第七章首先概述了中国针对西方的外交政策，然后探讨中国基于能源需求和日益强大实力而积极推动与西方关系和平合作的方式以及相关的约束或限制。第八、第九、第十这三章内容主要是中国能源对外政策的选择与具体应对问题（包括企业的对外战略问题）。例如，如何处理与平衡西方与反西方的伊朗、俄罗斯的外交关系，以及针对所谓的新殖民主义的批评应该如何约束中国能源企业行为。作者最后指出，应对这些不同层面的问题和挑战，中国需要更为系统地全面思考和有效应对。整体而言，本书将为关心并希望了解中国能源政策演变、政策制定和实施情况，以及随着中国崛起和能源需求不断增长的情况下如何有效应对国际关切和妥善处理与相关国家的利益等诸多问题感兴趣的相关领域专家、中国学者、政策制定者和能源投资群体提供有益参考。

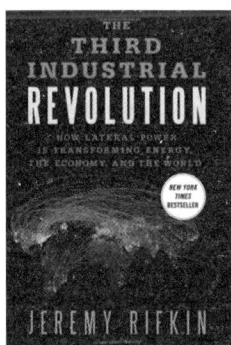

书名:《第三次工业革命:能源、经济和世界如何转变》
"The Third Industrial Revolution: How Lateral Power Is Transforming Energy, the Economy, and the World"

作者: Jeremy Rifkin

出版社: St. Martin's Griffin

出版时间: 2013 年 1 月 8 日

内容摘要: 我们是否已经或将进入一个新的时代?在这个时代里能源生产方式、输配方式或输配的载体将发生怎样的变化?新的能源革命将给我们的社会经济生产生活带来怎样的影响?关于未来的一切变革我们该做些什么样的准备?在当前处于工业文明十字路口的大背景下,亟须我们对未来进行思考、展望与预测。

《第三次工业革命:能源、经济和世界如何转变》一书是由享誉全球的未来预测大师 Jeremy Rifkin 通过预言第三次工业革命给予我们生产生活带来的不可思议的变化来写作的。换言之,本书是作者对未来能源与经济发展前景的一种理论展望。作者认为,正如 19 ~ 20 世纪的工业革命一样,新一轮的工业革命(能源革命)将会把人类社会和经济发展带入新的高度。作者指出,过往的依靠化石能源生产生活、依靠化石燃料驱动的技术已经陈旧,由化石燃料支持的产业结构也将随着化石能源在环境规制越发严厉和不可持续的约束下面临增长困境。因此,必须转变过往的能源结构、产业结构和技术结构,以此更好地推动生产生活变迁。

本书共分为三个部分、九个章节。第一部分主要是对即将爆发的第三次工业革命进行构想。第一章主要介绍了 20 世纪 70 年代以来的几次危机事件,潜在地指出了我们已经处于第二次工业革命的尾声。第二章的侧重点是第三次工业革命的新构想。作者提出了支持第三次工业革命的五大支柱:①转向可再生能源;②家庭、办公室和建筑成为清洁电力生产的微型电厂;③间歇式能源的储能技术;④智能电网;⑤电动汽车。第三章探讨第三次工业革命从理论到实践的必然趋势。推动这一趋势的重要影响因素具体为:核电站危机、"去碳化",以及已经实践的绿色商业模式等。第二部分主要探讨的是新能源如何对我们现实的经济社会产生怎样的影响。第四章主要介绍了新能源如何改变昔日的能源企业、我们做生意的方式,以及适应新能源的经济革命等。第五章是基于无法避免的新能源革命,我们该如何应对,以及不同国家不同的应对方式所带来的成本与收益。作者着重指出美国当下采取的一系列政策举措是没有真正懂得第三次工业革命的发展趋势。第六章作者主要探讨的是在第三次工业革命影响下,各大洲将成为经济生活的新舞台,洲际性政治联盟将成为新型的治理模式,如欧盟、非洲联盟等。第三部分主要探讨了基于新能源革命推动,全球将进入一个合作的时代。第七章探讨了传统经济学在牛顿物理学定率影响下改变的困难,以及未来新工业革命将对其进行颠覆的可能性。第八章作者基于人们如何进入新一代工业革命的疑问而探讨了合理的可行的路径就是更好地利用教育这一工具。第九章作者认为随着工业时代的结束和新工业革命时代的到来，人们的生活生产方式将摆脱过往僵化的机械模式，而进入一种共享、娱乐、互动和开放的生态圈中。整体而言，本书基于第三次工业革命的预判而进行的愿景展示极具现实意义，尤其是对于当下我国在经济新常态下所制定或实施的"互联网＋"、"工业 2025"战略以及能源生产和消费革命等战略极具理论指导意义。

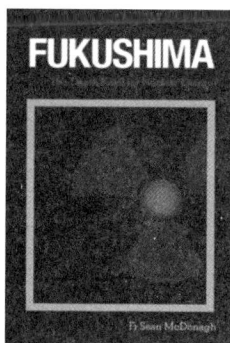

书名：《福岛：核能的丧钟？》 "Fukushima：The Death Knell for Nuclear Energy？"

作者：Sean McDonagh

出版社：Columba Press

出版时间：2013 年 1 月 21 日

内容摘要：数个世纪以来，人类试图像普罗米修斯一样掌控能源，并把煤炭、石油、天然气、木材以及水能等作为能源来利用。核能作为一种后期发现的能源资源，从发现伊始就被人类视为满足能源需求的完美解决方案——具备最小的成本和最大的能量。然而，不幸的是，乐观常常伴随灾难。例如，1958 年英国爆发了世界首次核电事故，美国 1979 年爆发了三哩岛核泄漏事故，1986 年乌克兰切尔诺贝利核事故，以及 2011 年爆发的日本福岛核事故。所有这些事故表明了核能更像是一个潘多拉魔盒。

《福岛：核能的丧钟？》一书清晰、真实和简洁地向我们提供了关于后福岛时代核能我们应该如何做出道德评判的重要信息。同时，本书全面、系统地阐释了核工业运营和对于后代具有长期危害的核废料处置问题。在当前核工业监管不完善、政治性自利色彩主导的背景下，本书关于核能问题的辩证思考无疑是发出了一种科学的质问。

《福岛：核能的丧钟？》一书共分为九章。在前言部分中作者对人类利用核能的历程和核事故带来的危害以及福岛核事故引发的关于核能未来发展的争议和道德评判等进行了逻辑清晰的描述。第一章主要内容是福岛核事故发生的前因后果，以及关于福岛 3 号机组是否发生核泄漏等问题，日本政府与国际社会之间关于真相的争议等诸多问题。作者指出，显然随着更多信息的披露，日本政府不仅低估了核事故的危害，而且也存在对于一些关键的信息进行不完整披露的失信行为。第二章主要探讨的是核辐射问题，侧重于指出核能带给人类、其他物种以及自然生态等的负面甚至不可逆转的危害性。基于福岛核事故引发的后续生态社会等灾难，作者在第三章探讨了福岛事件对其他国家核能利用（主要是核电）的不同影响，显然，福岛核事故的爆发将成为人类重新思考核能利用的重要转折点。第四章作者直指核能开发利用过程中存在明显的监管不到位和监管体系不完善的问题。第五章的描述无疑是批判性的，作者指出核电的发展历程是一部混合了隐藏、欺骗和无能为力的历史。重点围绕这一批判，作者提供了大量真实的事例和翔实的证据。第六章主要探讨的是核电的真实成本问题，涉及核电引发的一系列负外部性。第七章的侧重点是核废料处置，如何妥善安全无污染地保存核废料是全人类面对的共同问题。第八章作者基于福岛核电事故，提出后福岛时代人类能源利用的方向选择——继续核电还是新能源。

整体来看，本书关于福岛核事故和后福岛时代人类能源选择所进行的一些思考值得我们重新对当前的能源开发利用思路进行再考量。

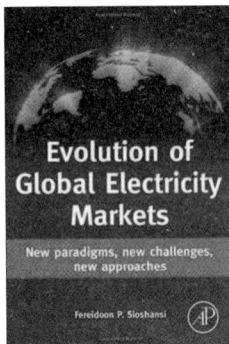

书名：《全球电力市场的演变：新模式、新挑战、新途径》
"Evolution of Global Electricity Markets：New paradigms，new challenges，new approaches"

作者： Fereidoon P. Sioshansi

出版社： Academic Press

出版时间： 2013 年 7 月 5 日

内容摘要： 电力市场化改革的初衷是通过增强市场在电力部门中的作用而减少政治力量的影响。主要的方式是产权私有化、结构重组、竞争和激励性规制。如果实施得当，电力改革能够实现生产效率的提升（成本最小化）和消费者福利的提高（更可靠的电力供应和消费者服务）。然而，由于电力的经济技术特征和电力系统的复杂性，使得电力市场化进程充满着争议和不确定性。

《全球电力市场的演变：新模式、新挑战、新途径》一书全景展示了已进行 15 年左右电力市场化的改革进程和相关进展，作者指出按照 Paul Joskow 于 2006 年提出的电力改革"标准模式"（textbook model），目前相关国家推进的状况可以分为：进入电改深水区、电改进行中和未试水。为什么会出现情况不一的状况，作者在全书中根据各个国家分别进行了认真研究分析。

全书按照国家地理属性和发展状况分成四部分，共二十五章。第一部分主要介绍的是欧洲国家电力市场化改革。第一章和第二章围绕英国电力市场化进程展开。作者重点分析了作为最早推进电力行业自由化改革的英国，不同阶段面临的政策困境和施政难点，并就英国当前能源政策目标与去碳化和新能源发展之间的矛盾进行了分析。为了解决这一矛盾，英国当局新推出了电力市场改革计划，并就计划实施的环境和后续影响进行了分析。第三章介绍的是法国电力市场自由化推进的两大障碍因素：一是法国电力公司的绝对市场地位，二是双轨制的价格结构不利于竞争。第四章作者介绍的是 2005 年电力市场化改革之后的德国电力市场结构问题，重点关注的是德国宣布禁止核电和实现新能源替代战略之后对电力市场改革的影响。第五、第六和第七章三章重点围绕欧洲新能源发展、新能源对输电网络的影响以及新能源电源结构占比增长对电力市场竞争的影响等。第八章是欧洲电力市场管制的历史演变。

第二部分主要介绍的是美洲国家的电力市场化改革演变状况。第九、第十和第十一章三章主要介绍的是美国的 PJM、田纳西区域电力市场和美国竞争性零售市场。第十三章为加拿大电力部门改革后的不理想状况。第十四章则为拉美电力能源一体化问题，突出强调了当前的困境。

第三部分首次对金砖国家的电力市场化改革进行了翔实的对比分析。以此对巴西、俄罗斯、印度和中国的电改进展和面临的现实问题、未来进一步改革的政策导向进行了着重阐释。

第四部分则为澳大利亚和部分亚洲国家的电力市场建设演变的情况分析。第十九章和第二十章主要聚焦澳大利亚电力市场建设，分别就电力改革的历史演变和澳大利亚电力部门重构与气候政策的教训进行分析。第二十一章探讨了新西兰电力改革为什么会失败，从弱监管、上升的边际成本和资产评估等方面进行了分析。第二十二章则为韩国电力市场深陷转型之困的探讨。第二十三章为福岛核事故之后日本电力市场何去何从的研究。第二十四章探讨了新加坡电力市场如何从准竞争状态进入到完全竞争。第二十五章结合当前电源结构的多元化探讨了如何进行有效的市场设计问题。

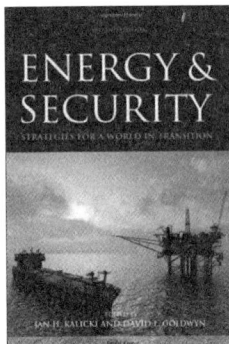

书名：《能源和安全：世界转型中的战略》"Energy and Security：Strategies for a World in Transition"

作者：Jan H. Kalicki，David L. Goldwyn

出版社：Woodrow Wilson Center Press

出版时间：2013 年 10 月 1 日

内容摘要：能源和安全问题始终相互伴随，美国页岩气革命、全球环境问题、地缘局势的错综复杂以及能源消费转向亚太地区等国际形势的深刻变迁使得能源和安全问题相比以往更成为不同国家对外政策的重中之重，也更能影响国家对外策略的选择与考量。

《能源和安全：世界转型战略》一书共分为六部分、二十三章。第一部分作者具体对能源供应多元化、对能源安全的影响，以及逐步减少对 OPEC 能源依赖的路径选择进行分析。能源安全问题既关系到安全中的关键事项或重大事件、不同地区的能源安全状况，也涉及全球能源治理的挑战。接下来的第二部分、第三部分、第四部分和第五部分这四个部分主要涉及的内容是世界重点地区的能源和能源安全问题——欧洲、苏联地区和北极，中东和非洲，太平洋沿线，以及西半球，具体而言，包括北极地区的能源前景和环境问题的挑战，新欧洲的能源前景，中东伊拉克的石油潜力和面临挑战的问题评估，以及从澳大利亚生产到中国能源消费的亚太地区。第六部分作者向我们阐释了既深入又极具前沿性的研究结论和美国新时期的能源安全战略的政策选择。在本部分既有对技术和能源变革的精彩评论，又有电力市场准入歧视的批判，亦有能源治理的挑战、政策的透明度和未来发展取向的思考，以及在新能源环境状况下，能源战略储备如何有效管理等。

整体来看，本书不仅向我们展示了关于能源、环境、气候变化和国家安全的深入思考，而且就能源生产和消费的不同观点之间的争论进行了精辟的记叙。对能源政策和国家乃至全球未来能源问题感兴趣的人们一定要读一读《能源和安全：世界转型中的战略》一书。换言之，本书不仅涵盖了领导、精英和智者（如丹尼尔·耶金）关于能源和安全问题的一系列精辟论述，而且本书涉及的内容包罗万象，并且见解独到、深入，如经济政策、外交政策、国家安全、外交和技术等。显然，本书对于政策制定者和相关领域的研究人员也是极有参考价值的。

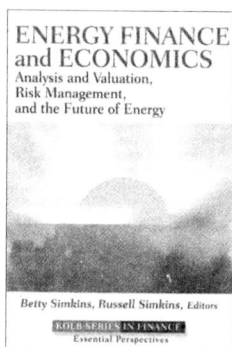

书名：《能源金融和经济学：分析和评估、风险管理及能源未来》"Energy Finance and Economics：Analysis and Valuation，Risk Management，and the Future of Energy"

作者： Betty Simkins，Russell Simkins

出版社： Wiley

出版时间： 2013 年 2 月 19 日

内容摘要： 一旦谈论起能源金融和经济学的相关话题，就会存在不同的观点看法，但是如何在这些众说纷纭的诸多争议中获取真正正确和通过无偏公正的论证来理解能源行业显然是极具挑战的。《能源金融和经济学：分析和评估、风险管理及能源未来》一书通过理论与实践结合、案例与数据的静心组织向我们解答了诸多疑惑。

全书共分为四部分，二十五章。从内容来看，涉及的问题可谓丰富多样，具体而言，包括地缘政治和世界能源市场、可再生能源的神秘和现实、石油和天然气公司的财务状况、重大能源项目的融资、石油经济学及风险与机遇分析、能源衍生品和市场，以及碳管理和环境问题等。具体来看，第一章为前言部分，主要介绍的是《能源金融和经济学：分析和评估、风险管理及能源未来》一书创作的背景，以及本书的框架结构。从正文来看，第一部分包括第二章到第七章，主要内容是对《能源金融和经济学：分析和评估、风险管理及能源未来》基于学科体系的框架来分类介绍能源金融和世界能源市场、能源经济学、石油产业、可再生能源经济学以及能源价格背后的政治视角。第二部分包括第八章到第十四章，主要内容是能源产业的金融与经济分析。本部分相关内容有石油和天然气会计知识介绍、相关企业的财务状况、实践视角下石油行业的风险和管理，以及能源行业金融衍生品的应用、重大项目的融资等。第三部分包括第十五章到第十九章，主要为不同主题内容下的案例研究，具体内容有能源衍生品市场、能源风险管理、碳管理和环境问题，以及美国航空业的金融套利和保值问题。第四部分依然为案例研究，涉及如何评估油气产权的价值、购置混合动力车的金融分析、埃克森美孚公司的能源收购、风电企业的金融分析，以及安然公司倒闭教训下的风险管理研究。

整体来看，本书充满了大量的富有趣味和即时有用的信息，而且每一章的安排都能够使读者轻松地获取相关的参考文献和完整的逻辑思路。通过阅读本书，有助于我们：一是获得能源供求、产业结构、可再生能源的现实，以及地缘政治和能源价格等极具价值的知识体系；二是形成价值创造的认知和能源行业的有效决策；三是熟悉不同能源衍生品和相关风险对冲的技术操作等。因此，《能源金融和经济学：分析和评估、风险管理及能源未来》不仅是一本专业领域的、使学生更多了解能源行业运营知识的经典教材，而且对于外行学习者了解能源金融以及获取更多扎实、准确专业领域数据提供了优越的入门引导。与此同时，深入地分析和专业的视角使本书有望成为专业领域研究所需参考的重要指导书。

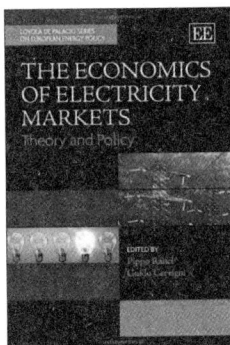

书名：《电力市场经济学：理论与政策》 "The Economics of Electricity Markets：Theory and Policy"

作者： Pippo Ranci，Guido Cervigni

出版社： Edward Elgar Pub

出版时间： 2013 年 8 月 30 日

内容摘要： 在过去的 20 年里，发达经济体为了在纵向一体化的具有典型垄断特征的电力产业中引入市场机制可谓不遗余力。推动从生产到供应再到终端消费者的市场化的动机因国家实际情况千差万别。纵向一体化的垄断模式已不符合时代要求。一是市场需求的变化要求竞争性的电力供应，二是技术的进步使得纵向分离成为可能。另外，对垄断性的电力供应服务和对应的电力监管责任的不满使得自由化政策取向越发显现。基于此，电力批发市场的建设可谓恰逢其时，电力开始被视为同其他商品一样具有可贸易性。然而，作为反映真实意识形态动力的自由化政策，例如深信竞争和私有化，将会促进有效投资、提供更高的服务和更低成本的电力供应，同时消费者面临的选择也更多。

作为从 20 世纪 90 年代到 21 世纪初在北美和英国实施的一系列的制度性实验的结果，合理而有效的电力批发市场已经在许多国家实践。截至 2010 年，全球超过一半的国家已经在批发市场进行改革，占到了全球电力生产的 60% 左右，零售环节的自由化也越发受到青睐。然而，电力的技术特点，例如缺乏可储存性，使得旨在促进电力贸易和电力竞争的电力市场安排极其复杂。《电力市场经济学：理论与政策》一书就是围绕这些问题而进行写作的。

《电力市场经济学：理论与政策》一书共分为七章，其中第一章围绕着电力工业发展、电力工业的基本特点（不同环节构成）、电力市场化进程等基础资料进行定量与定性的阐述。第二章主要为电力批发市场问题的探讨，作者针对电力批发市场建设的理论基础、推进的各国实践，以及电力的技术经济特点及其相关制度要求进行了充分的论证分析。第三章重点对当前装机容量情况的充裕性情况进行分析。第四章的侧重点则为阻塞管理与输电权的分配问题。显然，电力批发市场建设的关键在于输配网络的容量大小、时空分布与容量的配置以及配置的方式等内容。第五章基于电力行业发展的现实或竞争性市场的引入，探讨了如何促进竞争的政策或制度问题。第六章对零售市场竞争进行基于理论层面和实践层面的研究分析。第七章则是对电力市场未来取向的一种新思考，在当前气候变化和温室气体排放等因素影响下，电力行业如何契合环保政策的基础上实现电力市场的自由化进程是需要深入研究探讨的重要问题。

整体来看，《电力市场经济学：理论与政策》一书对涉及电力市场的关键性问题进行分析，并就欧洲、美国实施的替代性电力市场安排（重点为电力批发市场建设）进行评价。这对于试图充分理解电力贸易、生产和附着于电力工业的社会政治关切提供了重要参考。

书名：《石油和天然气的基础投资》"Fundamentals of Investing in Oil and Gas"

作者：Chris Termeer

出版社：Chris Termeer Publishing

出版时间：2013 年 5 月 2 日

内容摘要：石油和天然气行业作为重要的能源资源行业，在国民经济社会发展中发挥着重要的基础性作用，作为推动石油和天然气行业持续健康发展的投资更是至关重要。然而，由于石油和天然气行业的技术特点和产业链条多的经济产业属性，在不同产业结构的影响下，使得如何有效投资成为不同国家、不同企业主体面临的共同问题和共同挑战。如何科学地了解石油和天然气行业的产业特点、技术特征、不同环节的资本要素要求等，这些急需极具专业性的、内容全面的集成著作来解答。

《石油和天然气的基础投资》一书的作者作为石油和天然气行业的专业技术人员和管理人员，从专业视角对石油和天然气行业进行了全景性的透彻分析。具体而言，在《石油和天然气的基础投资》一书中，作者通过历史性的描述，对石油和天然气行业以及伴随的贸易市场建设和现代角色的演变原因进行了阐述。基于此研究框架，作者从石油和天然气行业的上游环节开始，对石油和天然气的形成、为发现而进行的勘探、商业价值的判断方法、开发前的详细规划、如何有效开采和废止油井，以及为成功开采所需要的人才和相关程序、储量的评估、石油和天然气的炼化等进行了全面的展示。围绕上述内容，《石油和天然气的基础投资》一书共分为 18 章，整体来看，相关章节内容围绕着产业链的上中下游进行了分别论述。其中，《石油和天然气的基础投资》一书的重点部分是油气行业的输送问题。作者针对油气资源的运输，以及从油、气井到炼化过程中如何储存、贸易和配送等内容给予了极大的关注。相关章节内容的重点议题包括：管道设施的重要性、航运港口、进口终端和交换枢纽，管道设施的规划、运营和维护，以及对影响贸易和运营的一些监管因素的简单介绍等。

整体来看，作者用非技术性语言对复杂的石油和天然气行业进行了清晰且非专业人员可以无障碍阅读的全面深入介绍。同时，为了便于读者对不同环节的技术特点和相关生产业务的理解进行了图表展示，即在《石油和天然气的基础投资》一书中，作者用大量的图片或可视化的内容翔实、全面地对石油和天然气行业复杂的内容进行了清晰的说明，既为相关人员快速了解石油、天然气行业提供了诸多便利，也为试图在石油和天然气行业进行投资的人士提供了重要的参考价值。

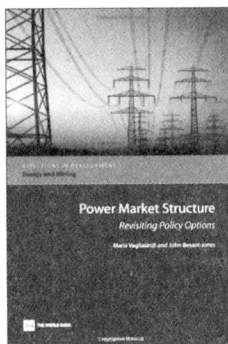

书 名：《电力市场结构：政策选择的回望》"Power Market Structure：Revisiting Policy Options"

作者： Maria Vagliasindi，John Besant – Jones

出版社： World Bank Publications

出版时间： 2013 年 4 月 4 日

内容摘要： 电力市场结构变动的一个重要实践取向是由过往的垂直一体化的垄断模式逐渐向纵向分离（Unbundling）的市场化推进。但实现分离并不意味着电力市场结构变迁的结束，而是通过分离这个途径或方式来实现电力市场绩效的提升。分离是否带来电力行业效益提升，如何确定效益是提升的（包括准入、价格、电能质量，以及技术和财务表现等）等，亟待进行创新性的理论解答。通常而言，要评判改进前后的绩效情况，需要形成一个探讨替代市场和实际市场关系的分析框架。基于框架指标下的比较，才能从政策含义上来探讨进一步推进电力市场改革的方向和政策建议。

《电力市场结构：政策选择的回望》作为世界银行的一项专题研究报告，从研究思路与内容安排来看，本报告研究的目标可以分为三个层面：一是形成关于当前电力市场结构的分类方法，即在已经推行电力系统重组的发展中国家试图探寻纵向分离和横向分离的程度；二是设计一个分析框架来评估不同国家在不同经济状况下电力结构分离的合理性；三是基于上述评判标准或相关指标为试图推进电力部门改革的国家提供可操作的行动指南。从研究内容上来看，本报告研究集中检验了电力系统规模和人均国民收入是否可以成为电力市场结构指导政策的可靠性指标。报告基于人均收入和电力市场规划情况把考察的国家分为三种类别，分别为较大规模和高收入国家、中型经济体和小规模与低收入国家，针对不同组别的国家，分别从电力改革的历程、电力部门的结构以及基于报告分析框架而对电改后电力部门的绩效进行分析。

为了评判效率和基于实际经验教训基础得出更好的政策启示，本报告的分析框架涉及的指标体系包括：居民入网率（电力贫困程度）、运营效率（人均售电量水平）、环境可持续性（每千瓦时碳排放）、纵向分离的程度、分散程度、私人部门参与比重，以及监管机构情况。基于此，本报告在上述设计的分析框架基础上通过实证研究的方法，利用可测度的指标体系，对上述三个层面的研究目标进行了实证检验分析，最终得出以下结论。①几个用来表示结构分离绩效表现的指标作为探讨更全面电力系统改革的切入点是合意的，从政策启示来看，积极引入健康的监管框架，减少发电部门和配电部门的市场集中度，以及不断通过增量的形式来吸引公共部门和私人部门积极参与到发电和配电环节中，可以提高私人部门的参与率。②实验表明可能存在一个阈值，使得低于某一水平的电力规模和人均收入的国家推进电力供应链纵向分离是成本大于收益的。

书名:《电力行业公私伙伴关系的回顾》"Revisiting Public – Private Partnerships in the Power Sector"

作者: Maria Vagliasindi

出版社: World Bank Publications

出版时间: 2013 年 3 月 22 日

内容摘要: 随着全世界对能源需求的继续增长,如何获得能源和能源价格将呈现什么样的走势成为一个重大的问题。根据世界能源署(IEA)的预计,2011~2035 年,全球在能源供应基础设施中的投资规模将达到 38 万亿美元,其中 17 万亿美元将进入电力行业。除此之外,电力部门也将在逐渐满足绿色增长和相关政策的基础上加大投资规模。例如,2008年,在电力部门投资中,可再生能源(包括水电)首次超过化石能源投资规模,到 2035 年,这一投资规模将增长三倍。在本报告看来,支撑这一增长的全球因素包括:一是新兴市场国家能源需求大幅增长;二是能源资源的竞争明显增加;三是石油和天然气价格不断攀升;四是对化石能源供应安全问题的考量重新回归;五是《京都议定书》和气候变迁的政治关切使得能源转型成为必然。基于此,可再生能源在能源转型推动下乐观的前景和大规模的投资需求使得公私伙伴关系(Public – Private Partnerships,PPP)成为发挥作用的关键性所在。

基于电力部分投资分化趋势和可再生能源发展前景的判断,《电力行业公私伙伴关系的回顾》的报告结合金融危机后融资风险的担心和对 PPP 运作模式的不了解,对电力行业公私伙伴关系开展的实践、实施的积极意义等进行了分析梳理。具体来看,本报告在对电力部门改革实践和不同变迁环境的基础上,对公共部门和私营部门如何在以下领域发挥作用进行了翔实的研究论证:①通过公共部门和私营部门的合作,增强公司治理能力;②有助于帮助政府部门建立法律、规则、合约和财务框架;③提升吸引投资的市场治理。

《电力行业公私伙伴关系的回顾》报告共分为三章。第一章重点比较了此次金融危机与早期金融危机分别对 PPP 投资的影响,同时,基于气候变化和融资渠道的可行性,探讨了新增电力投资的项目情况。第二章重点考察了电力部门 PPP 投资进展的状况。同时,基于计量的实证研究,探讨了进入新能源的 PPP 动力机制(激励机制)和不同的影响因素问题。相关的研究结论将为政府和政策制定者评估相关内容提供基准性的参考。第三章是案例的研究分析,重点对中国、巴西、秘鲁和墨西哥四个国家的 PPP 实践,以及如何进一步有效推进 PPP 进行了具体分析,并提出了相关的政策含义。

整体来看,作为研究电力部门 PPP 的专题研究报告,《电力行业公私伙伴关系的回顾》不仅重点分析了世界能源供求形势、能源结构低碳化转型的趋势和公私伙伴关系融资模式的积极意义和发展潜力,而且结合不同国家的实践和可行性路径提出了有针对性的对策思路,有助于为不同主体部门积极推进电力部门的 PPPs 提供极具价值的参考。

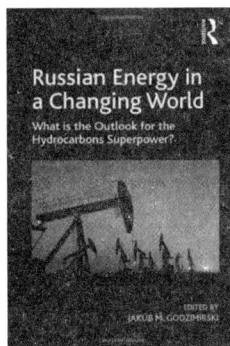

书名：《变化世界中的俄罗斯能源：碳氢化合物超级大国的前景？》"Russian Energy in a Changing World：What is the Outlook for the Hydrocarbons Superpower?"

作者：Jakub M. Godzimirski

出版社：Routledge

出版时间：2013 年 12 月 24 日

内容摘要：2007～2009 年，围绕着金融危机爆发，俄罗斯关于能源政策的争议一直不断，能源政策导向因争议而发生了显著变化。经济危机对于俄罗斯政治精英而言确实是一场令人痛苦和发人深省的经历，当油价在 2008 年 7 月接近 150 美元/桶时，政治精英视其为国家的美好时光，而到了 2009 年夏天，俄罗斯则被此次经济危机深深刺痛。这种前后悬殊的境况，使得俄罗斯陷入关于经济与能源关系的深入思考。在金融危机之前，俄罗斯被外界称为"不可或缺的能源强国"，更有甚者称其为能源超级大国，然而，2009 年时任俄罗斯总统梅德韦杰夫描述俄罗斯对能源商品的依赖像是"无羞耻的上瘾"，并且事后采取了旨在减少能源部门在经济中的作用和推进国民经济更加多元化与创新的具有雄心壮志的现代化项目。自然，根据初衷，这些现代化项目被赋予了多重功能——帮助俄罗斯成为一个具有竞争力的国家就是其中之一。

《变化世界中的俄罗斯能源：碳氢化合物超级大国的前景？》一书旨在更好地向我们展示后金融危机时代俄罗斯政策制定者如何制定和实施能源政策，并对当前俄罗斯面临的突出经济问题进行了深入的分析。同时，本书探讨了金融危机是如何改变形成俄罗斯能源政策的框架性条件，改变后的框架性条件又如何影响能源政策，以及与其他国家的能源关系。本书对应的章节内容考察了能源部门在塑造俄罗斯时所发挥的作用及其在后危机时代与外部世界的关系。

围绕着上述内容，《变化世界中的俄罗斯能源：碳氢化合物超级大国的前景？》一书共分为九章来讨论俄罗斯能源政策在后金融危机时代的取向问题。具体而言，第一章主要探讨了能源政策形成的影响因素，这些因素既包括国内的，又有国外的；在研究内容的思路设计上，作者对能源政策的分析偏向于"制度—行为—绩效"的芝加哥学派，从行动者、思路建议和行动层面来探讨俄罗斯的能源政策变动的原因、变迁的取向等诸多问题。第二章重点介绍的是俄罗斯石油产业结构和丰富资源禀赋基础上的产业发展。第三章着重探讨的是金融危机之后，俄罗斯能源行业发展面临的市场环境变迁问题。第四章围绕着金融危机对俄罗斯能源和经济冲击的影响而进行了思考，着重探讨了俄罗斯现代化的争议和能源该何去何从。第五章侧重于对资源诅咒的分析，并对俄罗斯的能源外交政策（尤其是欧盟）进行了重点分析。第六章基于当前的问题和俄罗斯现代化进程的考量，探讨了俄罗斯能源多元化问题。第七章侧重于能源体制机制改革问题，重点对俄罗斯国内天然气价格改革、价格改革对天然气出口的影响等内容进行了研究分析。第八章则为不同情境设定下俄罗斯天然气生产情况的分析。第九章探讨了俄罗斯能源前景问题。整体来看，本书对于深入了解俄罗斯能源政策的复杂性、俄罗斯能源与世界能源市场的复杂关系，尤其是普京时代的俄罗斯与世界能源市场的复杂关系极具参考价值。

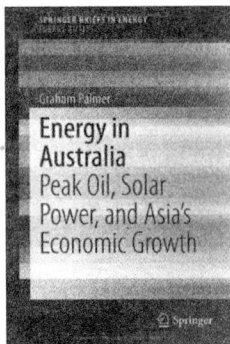

书名：《澳大利亚能源：石油峰值、太阳能和亚洲经济增长》
"Energy in Australia: Peak Oil, Solar Power, and Asia's Economic Growth"

作者： Graham Palmer

出版社： Springer

出版时间： 2013 年 11 月 10 日

内容摘要： 随着越来越多的"容易石油"（easy oil）被勘探并开发出来，石油产量呈现出递减的趋势，全球石油行业的资本投资在过去的 10 年里增长了三倍，但是石油产量却鲜有明显增长。石油生产商必须通过挖更深的油井、在更艰苦的环境运营，以及使用横向钻孔和改善性、恢复性技术来生产过去简单化操作就可以获得同样的石油产量。非常规石油和页岩油在产量中的比重越来越高的同时，所需要的投资也同样大幅增加。不难推断，如此就不可避免地会造成能源成本的日益增长，对国民财富的消耗也就增加，很有可能造成反映生活质量水平的下降或逆转。这就要求推进技术进步和能源结构转型，需要对可再生能源进行培育和发展，澳大利亚太阳能发展计划就是这种背景的一个体现，截至2013 年 3 月底，澳大利亚使用太阳能系统的家庭数量超过 100 万户。

《澳大利亚能源：石油峰值、太阳能和亚洲经济增长》一书共分为七章，其中第一章为前言部分，第七章为结论部分。前言主要对澳大利亚政府推动实施的家庭太阳能计划的背景、取得的进展（或成效）以及面临的各种现实问题进行了概述性的介绍，作者把气候排放计划推出的标志性事件认定为"澳大利亚的未来——太阳能"报告的公布。第二章重点对澳大利亚的主导能源——煤炭当前及未来的地位进行了讨论，作者对 1965～2013 年澳大利亚煤炭供应情况进行了历史性的分析，并就当前气候变化等现实要求，探讨了澳大利亚煤炭资源的前景问题，发出了煤炭是澳大利亚的救世主还是诅咒的疑问。第三章侧重于对新能源的优化利用问题进行分析。围绕着可能性能源的间歇性特点，作者对能源最优化组合问题进行了着重研究，同时，就智能电网和需求管理、能源效率以及其他国家的经验实践进行了对应的分析。第四章探讨的是电力波峰时的需求管理。作者不仅对电网阻塞进行了定义，而且对电网阻塞的表现进行了分析，同时，就负荷图以及不同产品或服务下的负荷图差异进行了对比分析，在此基础上探讨了储能的意义或应用。第五章重点为太阳能发电的分析。基于投资效益、投资产出分析、不同情境条件下太阳能发电的效益进行了研究论证，试图探讨最优的组合以此满足现实需要。第六章重点对碳定价对于节能减排的作用进行了研究分析。

整体来看，读者通过阅读本书将获得一次系统性学习和理解澳大利亚能源部门的机会，本书不仅有助于读者极富兴趣地掌握澳大利亚能源行业发展的历史，而且还将激发对能源产品经济学和能源生产的环境效应等问题的兴趣。同时，本书提供的参考文献丰富而且完备，有助于读者进一步就其所感兴趣的章节内容进行深入学习和对相关背景知识的了解掌握。

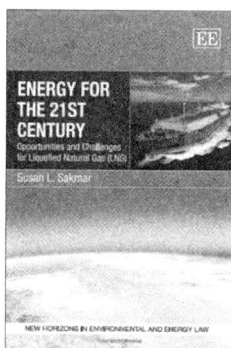

书名：《21 世纪能源：液化天然气的机遇与挑战》"Energy for the 21st Century：Opportunities and Challenges for Liquefied Natural Gas（LNG）"

作者：Susan L. Sakmar

出版社：Edward Elgar Pub

出版时间：2013 年 7 月 31 日

内容摘要： 全球能源政策制定者继续紧紧盯住与能源安全、能源可负担和更加多元化地获得日益增长的多元化的能源资源等相关的议题。与此同时，在人类社会试图重构可持续能源未来的路径上，对全球气候变化和减少温室气体排放的关注依旧。考虑到丰富的、可负担的和清洁燃烧的能源资源，世界上许多国家越发关注天然气，并视其为未来能源的关键角色。鉴于天然气的可观前景，IEA 认为 21 世纪将是天然气的黄金时代，到 2035 年，天然气的需求将在 2010 年的基础上增长 50%，占世界能源供应的比重将超过 25%。天然气需求的增加，将直接推动 LNG 方式贸易的增加，LNG 将为全球能源市场的供求均衡提供重要的途径。

如何理解全球能源市场（影响全球能源市场的因素和如何定义全球能源市场）对于任何试图评估能源发展和技术导向的专业人士而言都是极为关键的，而问题的关键在于如何形成一个语境框架。《21 世纪能源：液化天然气的机遇与挑战》一书作者向我们提供了一个深入解析液化天然气（LNG）产业发展的框架体系。这一涉及十二章的书籍，向我们清晰展示了 LNG 产业的历史、演变和当前发展态势，LNG 的供应和需求，全球化，安全和主体间的博弈，页岩气的作用、新出现的问题，以及全球 LNG 的未来等内容。具体来看，第一章作者针对当前的化石能源资源情况和可再生能源发展趋势，探讨了天然气和 LNG 在 21 世纪的作用。第二章对 LNG 的完整价值链进行了描述，作者认为 LNG 价值链具体包括天然气的液化过程、LNG 集装船及运输、LNG 再气化，并对天然气和 LNG 计量标准进行了探讨。第三章为 LNG 市场的演化回顾与展望，重点对 LNG 的历史、三个 LNG 区域市场（亚太 LNG 市场、欧洲 LNG 市场和北美/大西洋盆地 LNG 市场）进行整体概述。第四章重点对全球重要 LNG 供应项目进行描述。第五章则为全球范围推动 LNG 需求增长的主要市场情况。第六章重点探讨了 LNG 市场日益全球化的趋势，以及这种趋势下 LNG 能否称为全球性可贸易的商品等。第七章对 LNG 设施建设引发的生态环境以及安全问题进行分析。第八章、第九章分别对 LNG 重大项目、全球 LNG 主要博弈主体和重点项目进行概述。第十章对页岩气革命进行了深入分析。第十一章则是页岩气对全球天然气市场（包括北美 LNG 出口）的影响分析。第十二章探讨的问题层面比较多，作者分别对北美是否成为 LNG 出口地区、巴拿马运河为扩大 LNG 出口扩容项目的潜在影响、天然气出口国家论坛是否成为"天然气 OPEC"，以及其他问题。整体来看，本书非技术性表述且极具可读性，使其能为实践者、政府官员、能源专家和其他对 21 世纪能源解决方案感兴趣的读者提供重要的参考。

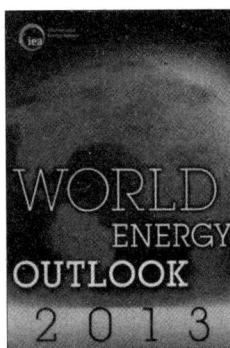

书名：《世界能源展望2013》"World Energy Outlook 2013"

作者： Organisation for Economic Co – Operation and Development
（Corporate Author）, International Energy Agency

出版社： Organization for Economic Cooperation & Devel

出版时间： 2013 年 12 月 1 日

内容摘要： 2013 年 11 月 12 日，国际能源署（IEA）发布了《世界能源展望2013》。在报告中 IEA 认为曾在能源领域被长期坚守的信条正被改写，能源进口国变为出口国，曾经的能源出口国则成了全球能源需求增长的中心，能源需求的重心正向新兴经济体转移，尤其是中国、印度和中东地区。

报告要点如下。①不同地区间的能源价格有着巨大差异，已经引发人们对能源会促进还是束缚经济增长的争论。以天然气为例，即使其价格已经有所回落，但美国天然气的价格仍然只是欧洲天然气进口价格的 1/3，是日本进口天然气价格的 1/5。类似的情形还出现在电价上，日本企业平均要支付的电价，约为美国同行的三倍；中国企业稍低一些，但也几乎为美国的两倍。能源价格的变化直接影响着工业竞争力，间接影响着投资决策和企业战略。②虽然各国可以通过推进更高效、更具竞争力和联动的能源市场来降低能源价格的冲击，重点在于提高能源效率，其能带来的效益远超能源竞争力的提高。但能源竞争力的提高并不意味着对气候变化的努力可以减少。③报告中预测轻质致密油将震撼未来的10 年，但长期影响不大。目前轻质致密油和超深海洋石油等的开采，以及油田采收率的提高，使得剩余可采石油储量的规模在增加。报告还预测 2035 年石油消费增长趋势的保持有赖于交通运输和石化产业的需求，但增长趋势将放缓。④石油炼制和贸易将会发生转移。石油供需结构的改变，将会使全球炼油厂面临前所未有的复杂挑战，全球石油贸易重心将转向亚洲市场，这将给石油安全带来诸多影响。⑤电力部门由于风电和太阳能等可再生能源而重获新生，报告预计到 2035 年可再生能源将占全球发电能力增长的一半，而风电和太阳能光伏这样的间歇性供电占比将达到 45%，届时中国将会成为可再生能源发电绝对增幅最大的国家，超过欧盟、美国和日本的增长总和。⑥天然气和煤炭的前景取决于不同组合的经济性和政策导向。虽然世界各地市场环境差异明显，但由于天然气的灵活性和环境效益，使其较之其他化石能源，长期来看将会处于繁荣发展的地位；而煤炭发电虽然比天然气廉价，但其长期发展将受限于对空气污染控制的力度和对减缓气候变化的努力，中国的举动将极大影响着煤炭的未来长期发展，因为中国的煤炭消费几乎等于世界其他地区煤炭使用量的总和。

最后，值得一提的是报告认为巴西正处于深海油田开发和低碳发展的前沿，它将成为一个石油出口大国和全球领先的能源生产国。其国内多样化的丰富能源资源支持着该国

80%的能源消费增长，对其电力普及有着很大贡献。2035 年，巴西的可再生能源将翻番，在其国内能源结构中占据43%的比例，其生物燃料净出口会占到世界生物燃料贸易总量的40%。

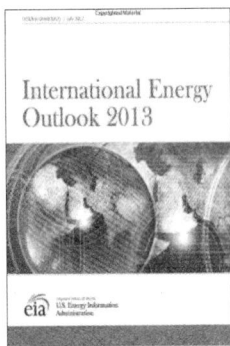

书名:《国际能源展望 2013》 "International Energy Outlook 2013"

作者: US Energy Information Administration

出版社: Create Space Independent Publishing Platform

出版时间: 2013 年 7 月 1 日

内容摘要:《国际能源展望 2013》是由美国能源信息署通过国际能源模型在利用已有数据的基础上对中长期能源供应、需求和价格进行预测而形成的报告。从整个报告的框架内容来看,共分为四个部分:其中第一部分是执行摘要,主要侧重于报告内容预测部分的重要观点和重要问题的处理情况;第二部分是法律和规制,重点讨论法律和监管问题的演化,包括最近所实施的法律或者立法与规制的情况或简述,例如,美国环保署相关环保法律等;第三部分是重点问题的探讨,重点是围绕所选择的能源话题开展,包括基于不同情境假定下的政策实施效果,其他的讨论包括石油价格和产量趋势,美国化石能源进口依赖,煤炭和天然气在发电部门的竞争,以及 2040 年预测背景下核能发展的不同情景、液化天然气产量大幅增长的影响等;第四部分是对能源市场前景的预测判断分析。报告的分析主要是三种场景的模拟比较,即基准情景、低经济增长和高经济增长、低石油价格和高石油价格。同时,报告还对其他场景的预测结果进行了展示。

美国能源信息署的能源形势预测关注的是塑造美国能源系统的长期重要因素,在假定当前法律和规制不变的前提下,参照组提供了考察和讨论未来能源生产、消费、技术和市场趋势的研究基础,其他情景则探讨了市场、技术和美国能源经济政策等不确定性领域的情况。

整体来看,《国际能源展望 2013》主要研究结论如下。①在未来数十年美国原油生产将继续保持强劲增长,主要归因为致密油的开发;同时,天然气产量也将保持增长。②不同场景下美国石油生产的潜力。③随着天然气在发电和交通部门中应用的日益增长,天然气市场将会进一步演化,天然气出口市场将会得到有效拓展。④鉴于美国汽车企业执行更加严格的平均油耗标准(CAFE),未来交通部门中汽油和柴油的消费将会进一步下降,依靠天然气作为动力源的交通工具将推动天然气消费增长。⑤未来电力需求将减缓,但天然气和可再生能源作为燃料的电力装机容量将进一步提升,自然这也是环境规制对煤炭发电施压的结果。基于情景的模拟结果表明,如果这种趋势继续保持,未来煤炭的装机容量份额将被天然气超越。

尽管预测在未来充满不确定性的现实环境下会出现偏差,但无可置疑的是《国际能源展望 2013》总体上对于美国 2013~2040 年美国能源供求形势、价格趋势、能源结构转型取向,以及美国与市场能源市场的关系等诸多方面进行了探讨和情景模拟分析,相关的研究结论对于认识美国长期能源政策取向和能源发展重点具有重要的启示意义,值得给予相关的思考和讨论。

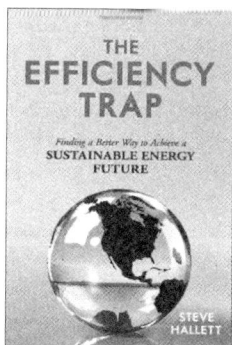

书名：《效率陷阱：寻找可持续能源未来的更好路径》"The Efficiency Trap：Finding a Better Way to Achieve a Sustainable Energy Future"

作者： Steve Hallett

出版社： Prometheus Books

出版时间： 2013 年 4 月 23 日

内容摘要： "效率"一词对于不同的语境、不同的专业人士而言存在不同的内涵。对于工程师而言，效率是单位能源对应的产出量；经济学家对于效率的使用通常是考虑 GDP 增长的经济效率，而帕累托效率指的是一种经济现象——一个人福利变好的同时另一个人的福利并不受到削减。近年来，效率在新形势下被赋予了更富有新鲜感的意蕴，更成为产品最佳品质或标准的体现。例如，每一个人都知道如果你购买一个电冰箱、一个加热器或者一个洗碗机，你自然希望对应设备上的铭牌表明该款机器的能效标准是最高的。

然而，从能源效率的角度来看，效率问题的讨论却又是比较困难的，因为其涉及环境意识和价值观念，甚至道德的义务等层面。基于此，从逻辑上来讲，违反效率的表现就是反环保主义者、工业企业者等。鉴于此，作者认为有必要就效率对环保运动而言是梦魇，以及新技术无法扭转环境形势的原因进行阐述。

《效率陷阱：寻找可持续能源未来的更好路径》一书共分为四部分、十三章。其中，第一部分重点探讨的是效率困境，包括第一章、第二章、第三章，第一章重点介绍了石油革命以来的能源利用状况，并探讨了现代文明下的热力学问题，同时从"双刃剑"的视角阐释了化石能源引发的问题。第二章对世俗观点进行剖析，如增长重要。第三章则是对非世俗观点进行剖析，例如效率与进步、供应下降下的效率问题等。第二部分重点介绍的是效率陷阱，分别探讨了能源效率陷阱（第四章）、能源替代陷阱（第五章）和粮食效率陷阱（第六章）。第三部分是基于前述内容的系统性思考，重点探讨的是如何系统性地应对能源效率问题。第七章是自然的启示，探讨了世界自我改造和经济增长"上瘾症"等。第八章探讨的是世界石油问题，对外部性、石油节约的必要性和不可行性、全球气候变化和碳排放等进行了深入分析。第九章重点探讨的是商业效率和经济陷阱，讨论了效率市场的秘诀、全球经济效率以及效率的公共制度问题。第十章是生态崩溃论。第四部分作者对效率之外的问题——未来怎么办这一重要问题进行了探讨。第十一章探讨的是可持续发展问题，重点介绍了仿生科技、稳态经济增长以及多样性与平等。第十二章是如何增强关键系统问题，包括做好环境和社会的诊视、更好地设计和可持续的食物链条。第十三章则为社区系统的坚强性恢复。

总体来看，如果对人类社会面临的全球变暖、石油峰值、水资源危机、粮食危机等问题的处理很感兴趣，《效率陷阱：寻找可持续能源未来的更好路径》一书无疑为我们提供了基于系统性研究方法运用而得出的诸多经典结论。

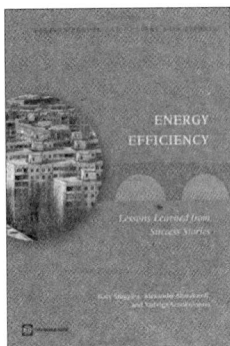

书名：《能源效率：成功经验的启示》"Energy Efficiency：
Lessons Learned from Success Stories"

作者：Gary Stuggins, Alexander Sharabaroff, Yadviga Semiko-
lenova

出版社：World Bank Publications

出版时间：2013 年 1 月 15 日

内容摘要：《能源效率：成功经验的启示》的研究目的是分析能源效率政策，即对成功实施降低能源强度或者大幅度减少能源强度的七个国家进行案例研究。该项研究重点分析了七个国家从 1990~2007 年能源强度的历史演变情况，并对能源强度提升具有关键性意义的重要节点进行了确认，在此基础上对自上而下采取的能源政策与能源效率提升间的因果关系进行了探讨。

从研究结论来看，1990~2007 年，欧洲与中亚地区国家（主要是苏联国家）和欧盟15 国的能源效率大幅度提升，能源强度下降了 32%。平均而言，欧盟 15 国的能效提升水平较高，尤其是在 1990 年开始时能效已经大幅提升的国家提升水平更是不一般。受此影响，在欧盟 15 国中，有 12 个国家的能源强度在此期间提升水平超过了 40%。然而，对于欧洲和中亚国家（ECA）而言，情况不容乐观——六个国家的能源强度在此期间增长了一倍。其中乌兹别克斯坦、土库曼斯坦、乌克兰和哈萨克斯坦四个国家位列全球能源强度排名最差的 11 个国家之中（其他 7 个国家为低收入的非洲国家）。从长期经济增长与能源使用的弹性系数来看，一些国家的实证结果表明经济增长和能源效率之间并不相关。那么，这一不相关性是如何造成的？是否存在能源对于经济增长的新范式？基于对上述问题和国家的长期研究，可以从一些成功的国家在提升能效方面的措施或经验中获得有益启示，具体而言：

一是能源定价正确。显然得出这一结论是毫无疑问的，然而，价格调整的方式方法同样是有吸引力的。一些成功的国家在调整价格上可以很快速地实现，波兰和立陶宛在价格波动时实施的灵活的干预政策被实践证实是极为有效的。其他国家——尤其是丹麦、德国和瑞典——通常是通过公民社会在决策过程中的主动参与来达成社会可接受的价格调整。随着收入增加，能源价格调整要反映的不只是直接的供应成本，在高收入国家，能源使用过程中对环境影响相关的间接成本同样以环境税的形式加入到能源价格中。

二是良善治理极为重要。具体而言，①制定一个可行性的框架体系。成功的国家开始时是形成能效政策，然后是在政策的指导下进行实践行动以此实施政策，之后是设定中长期能效目标，最后是通过法律、规章和规制手段等方式来激励行动方案的实施。②建立制度性安排。成功的国家均设立了针对能效问题的职能部门，并给予预算支持其人员队伍建设。③形成有效的协调机制。能效项目良好运转需要不同部门、不同主体之间的协调，能源部门、住建部门、基础设施部门、环境部门、金融部门、教育部门和医疗健康部门等在有效提升能效问题上能够发挥积极的作用。④确保充足的、低成本的资金用于支持能效提升的投资。

三是为实现能效提升，持续的监测和评估是必要的。所有成功的国家都应主动地评估和跟踪能效项目，并基于实际情况进行调整。

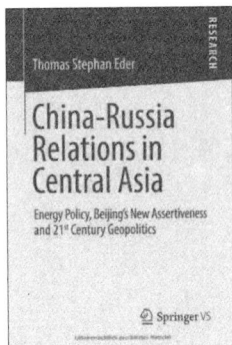

书名：《中俄在中亚的关系：能源政策、北京新自信和21世纪的地缘政治》"China – Russia Relations in Central Asia：Energy Policy，Beijing's New Assertiveness and 21st Century Geopolitics"

作者：Thomas Stephan Eder

出版社：Edward Elgar Pub

出版时间：2013年8月31日

内容摘要：随着中国崛起并成为全球重要大国，其与其他大国的关系在不断重塑中，例如与俄罗斯的关系。对于中国与俄罗斯两国而言，对外能源政策是两国对外政策的重要内容。与此同时，越来越多的研究和实践证实中国对于中亚化石能源储备的热情越来越高，中国与中亚基于"服务于能源安全"的关系也越发增强。然而，中亚作为俄罗斯的"传统势力范围"（sphere of influence），随着中国与中亚关系的走近，这种排他性无疑将会挤压俄罗斯的影响，基于长远的视角，中国很有可能将会替代俄罗斯成为中亚能源部门的决定性力量，造成克里姆林宫对此威胁的担忧。基于此，中俄关系将如何发展，尤其是围绕着中亚能源不同的外交政策该如何开展相对的政策显得越发重要。

《中俄在中亚的关系：能源政策、北京新自信和21世纪的地缘政治》基于当前研究的不足从两个方面进一步完善了针对中国与俄罗斯关系的研究，一是利用新古典现实主义理论方法重新定义研究基础；二是对中国关于中俄关系的研究或文献进行了深入分析，研究的历史范围仅限于1997～2012年。从内容安排来看，本书共分为五章。第一章侧重于考察中俄（苏联）关系的历史背景和政治环境分析，回顾了不同阶段下中国与前苏联、中国与俄罗斯的双边关系，在苏联时期，中国和苏联关系是分阶段呈现出联盟与对抗的状态；在俄罗斯时期，则恢复到正常的基于平等的合作关系，叶利钦时期为战略伙伴关系和共同反对美国的单一霸权主义，普京时期加强双边经贸关系，到梅德韦杰夫时期为基于地缘战争、上合组织和金融危机等不同事件下的合作。第二章主要介绍的是1991～2011年双方的能源政策和重大能源项目。按照时间阶段或重大影响时间，从不同时段对外政策、能源政策以及中国地位的转变等情况进行了分析。具体而言，分为苏联解体和中国能源自足状态的结束、20世纪90年代俄罗斯回归欧洲梦想破裂、21世纪中国的崛起、金融危机和当前发展态势。第三章侧重于对后苏联时期中俄双边关系的分析。几对关系的结论如下：政治大于经济、能源高于一切、区域威胁是东亚高于中亚。第四章是研究的设计，作者从理论框架、方法和假设前提出发重构了认识或阐释中俄关系的理论基础。在本章中，作者回顾了现实主义思想的根源、新古典现实主义和认知理论（perception theory），在此基础上构建了本研究的理论框架和方法。第五章是经验研究，探讨中俄关系的走向：对抗美国的合作还是走向对抗的相互替代。鉴于经验事实表明，中国与中亚国家的能源双边合作将是长期的，显然在此关系下，双边的深入合作将会推动中国与中亚国家关系的深入开展，但俄罗斯作为中亚国家的重要合作伙伴，以此简单判断中国将取代俄罗斯显然是过于线性的思考。

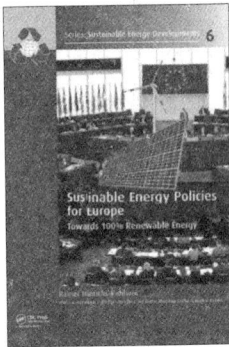

书名：《欧洲的可持续能源政策：走向 100% 的可再生能源》
"Sustainable Energy Policies for Europe：Towards 100%
Renewable Energy"
作者： Rainer Hinrichs – Rahlwes
出版社： CRC Press
出版时间： 2013 年 9 月 25 日

内容摘要： 关于能源展望 2020 年、2030 年甚至 2050 年的讨论已经开始，然而，虽然相关讨论在气候变化、温室气体减排等必要性方面达成了口头上的一致意见，但是如何在限定的时间内实现对应的预期目标却缺乏可信服的且具有指导政策决定的视角或观点。实现温室气体减排和在不同可再生能源比例目标（100%）下能源安全的方法或路径在于制定合适的政策框架，用来实施混合的可再生能源组合（即所谓的清洁燃料和核能）。《欧洲的可持续能源政策：走向 100% 的可再生能源》一书向我们展示了欧洲旨在实现100% 可再生能源目标的不同方式并对可持续能源替代方案并不存在的原因进行了深入分析。

《欧洲的可持续能源政策：走向 100% 的可再生能源》一书共分为三个部分，共十一章。第一部分重点探讨的是欧洲气候和能源政策框架，其中第一章重点介绍的是具有突破性的立法框架体系，分别描述了当前政策框架形成的过程、框架体系的界定和实施，以及造成的后续问题的处理等。第二章重点探讨的是 2007 年之前欧洲气候和能源政策的成长历程。第三章探讨的重点是 2020 年欧洲气候和能源计划，介绍了该计划出台的背景、重要内容和相关指令等。基于第三章的描写，第四章重点讨论的是如何有效实现 2020 年计划，分别基于现实和展望对可再生能源资源、能源效率和温室气体减排等进行了翔实分析。第五章重点对国家支持下的"歧视性市场障碍"进行研究，介绍了制度性障碍对商品自由流通造成的困难、相关解除歧视性障碍的立法或法令。第六章是对国家强力支持政策和欧洲范围内的政策的对比分析，并对不同层面的支持政策的竞争和趋同情况进行了评估。第七章则是区域能源市场一体化面临的阻碍问题，分别对第一区域、第二区域和第三区域内能源市场计划进行了阐释，并基于当前面临的问题，探讨了如何实现一体化市场的计划。第二部分重点介绍的是欧洲 2020 年和 2020 年之后的可再生能源发展计划。其中第八章则是情景描述和政策争议。第九章则为到达 2050 年场景下的假定、数据和相关内容，具体而言，包括用于 2020 年场景的分析、用于 2030 年场景的分析及在此背景下对 2020 年计划的评估、2050 年场景一下的低碳和可再生能源发展、2050 年场景二下实现 80% 温室气体排放的分析、欧盟委员会 2050 年路线图。第十章重点描述的是欧洲立法和政策发展这些有益实践对世界可再生能源发展的启示。第十一章则是对后 2020 年框架实现的展望。

　　总体来看，《欧洲的可持续能源政策：走向 100% 的可再生能源》一书对于欧洲可再生能源发展这一日益受到关注的问题进行了宏观、深入的分析，并描述了旨在提升可再生能源比例的 2020 年目标下的政策框架，用于提升能源效率和减少温室气体排放，以及如何实施这一目标的政策框架。此外，本书的描述和分析也涉及未来能源系统和旨在实现 2030 年更长远目标的必要步骤和路径选择。

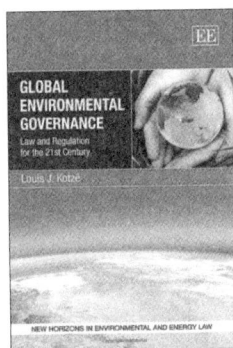

书名：《全球环境治理：21 世纪的法律和管制》"Global Environmental Governance：Law and Regulation for the 21st Century"

作者：Louis J. Kotze

出版社：CRC Press

出版时间：2013 年 1 月 30 日

内容摘要：人类的生存离不开环境，这是因为人类需要依赖环境商品、服务和维持生命的条件，并且人类自身就是环境的一部分。人类多年来也一直试图在最大化自己利益的同时，管制其与生态环境的关系，尽量避免或试图最小化生态环境的破坏。基于此目的，人类已经在社会行为上采取行动，通过一系列法律等管制手段影响人们对待环境的行为方式。可以说，针对环境的有关管制干预并不是一个新现象，丰富的学院研究和文献著作已经对此进行了翔实的记载。事实上，试图影响人类对环境行为的管制也带来许多后果，相关的调查研究表明社会对环境的认知与其对环境问题的行为反应之间存在显著的关联性。由此来看，积极推动环境治理对于实现人类社会与生态环境包容性的可持续发展是极有成效的，循此推论，如何形成有效的治理手段、形成清晰的治理思路就显得越发重要。

《全球环境治理：21 世纪的法律和管制》一书诚如其名所表达的，是试图从法律的视角来审视当前的全球环境治理。简而言之，作者写作此书就是希望在环境规制领域更专业地理解管制这一概念，以此来理解管制和法律在当前全球环境管制中的作用。从内容上来看，《全球环境治理：21 世纪的法律和管制》共分为九章，第一章是引言部分，重点介绍了作者写作此书的缘由、环境管制概念的模糊性，以及写作此书的方法论等。第二章重点介绍了当前的全球化背景，全球化的特点，如何界定全球（global）、环境与全球化的关系，全球化与治理，以及全球化与法律等。第三章是本书的重点，作者对治理框架体系进行了认真研究，首先回顾了治理的历史演变、治理的层面和不同领域治理的定义描述，然后比较了管制（regulation）与治理（governance）、治理（governance）与政府（government）、治理（governance）与官僚机构（bureaucracy）、治理（governance）与管理（management），以及治理（governance）与法律（law）的关系。第四章重点探讨的是全球治理问题，重点围绕国家与非国家、制度主义与全球治理、全球治理的概念界定、组织体系、全球化组织、区域治理等内容进行论述。第五章是法律与治理问题的研究。第六章在前述研究分析的基础上，试图探讨的是如何形成全球性的环境治理，涉及治理的层面、治理的主体部门以及法律要求等。第七章在第六章的基础上试图描画出全球环境治理体系。第八章则是法律与全球环境治理，重点探讨的是如何形成全球环境治理法律体系。第九章是对全球环境治理重构的思考。

整体来看,《全球环境治理:21 世纪的法律和管制》一书认真地对全球环境治理和环境法之间的关系进行了考察、分析,并就如何寻找一个可视的方法来规制人类与环境的关系这一问题提供了重要和及时的研究贡献。

第四章　2013 年能源经济学会议综述

第一节　国内会议

2013 年是全面贯彻落实中共十八大精神的开局之年，面对世界经济复苏艰难、国内经济下行压力加大的复杂形势，我国经济运行总体平稳，开始出现向发展新常态转变的积极迹象。能源经济的总体形势也在进一步好转。中国能源的需求总体平稳，能源消费的增速也在降低，煤炭、石油呈低增长的态势，最主要的就是挤掉了中国在过去粗放式经济增长模式下能源虚增的很多消费需求。新能源和可再生能源得到了进一步的发展，能源结构得到优化。国内召开的与能源经济相关的较为重要的学术会议有 12 个。其具体内容综述如下：

1. 第三届中国智慧能源高峰会议

时间：2013 年 1 月 16 日

地点：北京市

主办方：智慧能源高峰会议组委会

主要内容：近年来，全国多数地区环境质量堪忧，PM2.5 屡次达到重度污染水平，如何节能减排建设美丽中国再一次成为民众关注的焦点。此次会议深入探讨了如何利用信息通信技术（ICT），加速节能减排，促进能源优化，助力智慧城市建设等焦点话题。

在峰会上，蔡国雄就我国电动汽车和智能电网的相互关系及发展现状阐述了自己的观点。他指出，电动汽车不仅是无污染的交通工具，还是平衡绿色能源的核心设备，如果把北京的汽车都变为电动汽车，其电容量则相当于几个三峡发电站，假设白天不使用它们作为交通工具，就可以把夜间充好的电输送给电网以缓解其他设备使用电力作为能源的负担。由此看来，结合物联网和充放电控制技术可以让城市中的能源控制系统起到关键的节能环保作用。他还提到，利用智能电网技术可以管理国家用电水平，它通过 ICT 通信技术收集用户的用电需求，比如何时用电、如何用电等信息使用户清晰得知自己的用电习惯，从而选择更经济实惠的用电方式。从另一个角度上讲，这也为国家降低了能耗。徐小伟也在演讲中提到，能源问题不仅是控制的问题，更多还在于管理。通过智慧的 IT 技术，可以实现精细化的能源管控，从而达到控制能源消耗快速增长的目的。王忠敏、杨泽民、华宁及刘东在会上都指出，在目前轰轰烈烈的智慧城市建设中，需要从全面的标准化视角去规划智慧城市蓝图，以提升智慧城市的兼容性和可扩展性。会议现场，多位与会专家对已经通过并出台的由中国企业主导的 IEEE1888 绿色国际标准进行了解读，李文杰和谷晨分别阐述了 IEEE1888 标准在智慧能源领域中的应用。会上，刘航也表示，如今国内外50多家单位已支持该标准，已初步形成产业链，在未来五年内，基于 IEEE1888 标准有可能形成以中国企业为主体、年产值超过 500 亿元人民币的泛在绿色社区网络产业。此外，吴财军、董文生以及郭献峰等专家也在现场分享了相关智慧能源整体解决方案。

2. 2013 年全国新能源技术博士生论坛

时间：2013 年 7 月 11～13 日
地点：北京市
主办方：教育部
主题：化工技术是新能源技术的核心与关键
主要内容：在传统能源日益枯竭的今天，如何拓展新能源是关系到人类生存的首要问题，新能源技术的研究与发展成为我国能否迈向发达国家行列的关键。本次论坛围绕以煤、石油为主的传统能源的清洁利用，生物质能、核能、化学电池、太阳能，特别是影响新能源转化、利用及提高效率的纳米学技术进行了深入交流。

会上，金涌给大家展现了能源化工如何开启传统能源煤、石油、天然气三足鼎立新格局。谭天伟以"生物炼制和生物能源"为题，给大家展现了国际特别是我国生物质能的研究现状。李景虹就新型石墨烯材料在电化学和传感领域的应用进展做了"石墨烯电化学与传感"的专题报告。顾忠茂展示了清洁能源——核燃料循环和分离工程在新能源技术研究领域的最新进展以及我国能源战略未来必须加强的核能源之路。魏飞做了"碳纳米多级结构及其在储能中的应用"专题报告，展示了流态化、多相催化及纳米管在新能源技术中的应用前景。张新波以"新型无机储能材料的设计、合成及性能研究"为题，全面介绍了清洁能源材料和高能化学电源等高效能量储存与转化方面的研究进展。曲良体结合自己的科研实践，向与会者介绍了碳纳米管、石墨烯等的可控制备、功能化修饰及其应用研究方面的最近成果。严乙铭做了"新型生物质燃料电池研究"进展报告。

3. 2013 中国分布式能源国际研讨会

时间：2013 年 8 月 8～9 日
地点：北京市
主办方：中国电机工程学会、中国城市燃气协会、中国沼气学会、中国可再生能源

学会

主题：推进分布式能源多元发展·新思路、新技术、新模式

主要内容：分布式能源就地利用一切可利用的能源（一次能源、二次能源），定制区域能源供应方案，并以能源梯级利用的方式实现能效最大化，是"小"能源利用模式的最佳实践者。中国的分布式能源一直在等待一个能源环境与政策双重有利的好时机以"一鸣惊人"，当今中国的能源供应形势严峻，环境污染问题严重，中国迫切需清洁的能源利用模式助力"美丽中国"的建设。

在会议上，陈峰做了题为"分布式能源发展潜力巨大"的演讲，华贲做了"中国为什么要搞分布式冷热电联供"的主题演讲；王天锡做了题为"如何推进分布式能源的标准体系建设"的演讲；周孝信做了题为"我国未来电网发展的愿景与展望"的演讲；周支柱做了关于"南网能源分布式能源的探索与实践"的演讲，在演讲中他分享了关于南网关注分布式能源发展的一点体会和经验；冯江华主要就近年来影响分布式能源发展的体制问题进行了探讨；陶光远做了题为"可再生能源并网技术和管理办法的探讨"的演讲，他主要从中德对比的角度来看待分布式能源未来的发展。此外，在发改委上调国内非民用天然气价格的大背景下，天然气分布式能源产业链企业有没有更好的办法来应对，针对如何降低项目成本提高经济效益、如何加快推进更加深刻的天然气市场化改革等问题，中国能源研究会分布式能源专业委员会以及中国能源网组织了一场主题为"分布式能源如何应对气价上涨带来的影响"的闭门讨论会。

4. 第三届中国能源与资源"6 + 2"经济管理论坛会议

时间：2013 年 10 月 11 日

地点：北京市

主办方：中国国土资源经济研究院、中国地质大学（北京）、中国石油大学（北京）、中国石油大学（华东）、中国地质大学（武汉）、中国矿业大学（徐州）、中国矿业大学（北京）、中国科学院科技政策与管理科学研究所

主题：中国能源资源安全与管理创新

主要内容：21 世纪以来，我国的经济总量、综合国力得到了极大的提升，同时经济社会发展与能源资源供求之间的矛盾也越来越突出，我国能源与资源安全面临新的严峻挑战。在论坛上陈甲斌、王震、武剑、张磊、葛建平、徐向阳、朱磊分别就矿产资源市场监测与形势分析、能源革命与我国石油安全战略、技术创新对矿产资源密集型区域发展影响研究、中国煤炭经济系统（CCES）构建思路和方法、北京市服务业发展的碳排放效应分解及其对碳排放权交易的政策启示、中国煤层气生产中的非地质约束研究、碳捕获与封存技术减排潜力评估等内容做了主题报告。分论坛中，共有 50 位师生和科研人员，围绕经济发展与矿业市场走势、能源资源形势与安全战略、地质找矿与能源资源保障能力评价、生态文明建设与能源资源节约集约利用、能源资源对外合作与风险防控、矿业金融与能源

资源市场、矿业科技与矿业转型、能源资源管理改革与创新等方面的议题做专题学术报告。

5. 第三届能源经济与管理学术年会暨第七届中国能源资源开发利用战略学术研讨会

时间：2013 年 10 月 17~18 日

地点：武汉市

主办方：国家自然科学基金委员会管理科学部、中国"双法"研究会能源经济与管理分会主办，武汉大学经济与管理学院、中国社会科学院经济研究所《经济研究》编辑部、武汉大学气候变化与环境能源研究中心协办

主题：气候变化与能源战略管理

主要内容：近年来，能源短缺和环境污染问题成为世界关注的焦点问题，气候变化深刻影响着人类的生存和发展，是世界各国共同面临的重大挑战。能源既是经济快速发展必不可少的物质保障，又是重要的污染源。进一步加强节能减排工作，也是应对全球气候变化的迫切需要，是我们应该承担的责任。

本次会议通过大会主题讲座与互动、分会场报告与讨论等多种形式对气候变化的应对和适应策略、能源效率与经济增长、能源效率与节能管理、碳市场与碳金融、碳强度与碳生产率、低碳经济转型、气候经济学与能源经济学的理论与方法、气候政策与能源经济模型、气候变化与能源战略管理等方面的内容进行了广泛而深入的探讨。刘燕华首先做了题为"可持续发展的能源出路"的发言。他认为，实现生态文明的最大障碍是"能源结构"病，而第三次工业革命已对未来能源发展产生巨大影响，他提出解决能源资源制约问题的根本出路是发展可再生能源和分布式能源。何建坤则深刻分析了我国能源发展与应对气候变化的形势与对策，由于经济快速增长，我国能源消费和 CO_2 排放仍呈快速增长趋势，单位 GDP 能耗仍处于较高水平，以煤为主的一次能源结构尚未根本性转变，因此，推动能源生产和消费革命，推动新能源革命对我国实现低碳发展至关重要。裴长洪从宏观经济形势的特征与政策走向进行了分析，认为当前我国经济形势的基本特征是进入增长速度的换挡期，从以往的"结构性增速"阶段进入现在的"结构性减速"阶段。新的宏观经济政策框架将包括两个基点，一是潜在增长率是确定目标经济增长率的决定因素，二是在宏观经济政策诸目标中，就业优先。随后，戴彦德、王毅、薛进军、齐绍洲、张希良、沈波、吴力波、田立新等专家学者均做了大会主题发言。17 日下午，与会学者就能源与资源的战略利用围绕"低碳经济转型与新能源"、"能源经济与管理"、"能源产业发展与政策"、"碳市场和绿色财税"、"能源与环境经济复杂系统建模"等议题进行了分会场报告和讨论，交流了能源、环境领域的最新研究成果。

6. 中国能源国际合作二十年研讨会

时间：2013 年 9 月 24 日

地点：北京市

主办方：中国人民大学

主题：国际能源金融发展与中国

主要内容：自 1993 年成为石油进口国开始，中国就开始探索如何开展有效的国际能源合作。目前，中国已在全球 33 个国家执行了 100 多个国际油气合作项目，建成了五大国际油气合作区，中国已成为世界各国重要的能源合作伙伴，同时也推动着国际能源秩序的多极化。

此次会议探讨及研究了国际能源合作中的诸多问题，并在此基础上进一步对当前国际能源形势及国际能源合作给出评估。会上，勒诺表示，1993 年，中国成为石油进口国，我们希望通过国际能源合作为中国能源的可持续发展和经济高速发展提供支撑。许勤华表示，总结二十年的发展历程有三大特征：一是中国能源国际合作的品种多元化，二是国际合作对象不断扩大，三是合作方式不断创新。李鑫炜表示，在国际能源领域中国确实是一个新手，尽管已经是世界油气市场最大的国际买家，但缺乏相应的话语权。吴宗鑫表示核能发展目标预计下调到 5800 万千瓦。在议题———能源国际合作的可持续发展上，詹国枢表示："习主席提出建立'丝绸之路'经济圈这种方法非常好，我们是一个共同的经济体，在这样一个情况下我们的能源可能就更有保证、更能够安全。"王震表示，2012 年石油企业海外的并购活动、投资活动已经完全扩展到这三种经营模式中的第三种，即类似于加拿大、澳大利亚等发达的经济体模式。在议题二——未来国际能源合作的模式探讨方面，管清友表示，在过去这些年中，中国"走出去"战略取得了非常大的进步，但是也有很多血淋淋的教训。车长波分析了常规油气储量仍然持续增长的原因。孙贤胜表示国际化运作是全球化背景下的包容性发展。关于议题三——国际能源治理的再构建，王广辉表示，能源危机并不反映能源的利用、现实和未来。王海运表示，目前能源合作机构都是由单一的消费国或资源国组成的机构，上海合作组织能源俱乐部有希望组成由三方组成的不同类型国家构成的新型能源合作机构。Neil Hirst 表示，现在中国有很多的机会可以更加充分地参与到现有的国际机制当中去，对于中国来说必须加强能源外交能力建设。

7. 2013 节能与新能源汽车产业发展高峰论坛

时间：2013 年 10 月 18 日

地点：北京市

主办方：国务院发展研究中心产业经济研究部、中国国际贸易促进委员会机械行业分会、中国电工技术学会

主题：选择行动——未来从现在开始

主要内容：新能源汽车是国务院确定的重要战略性新兴产业，是我国最具发展潜力的重要领域之一。近年来，新能源汽车产业蓬勃发展，展现出良好的发展态势，积累了一些宝贵的经验，同时也出现了在技术路径、政策导向、基础设施、商业模式、行业标准等方面的一些突出问题，急需解决。

论坛就新能源汽车关键技术发展与应用、产业创新研发机制、示范运营与市场推广、基础配套设施建设、国际合作与交流等一系列热点问题展开广泛的探讨与合作，推动新能源汽车产业化、市场化、国际化。与会嘉宾围绕节能与新能源汽车产业发展的宏观视角、政策与管理、战略目标与方向、汽车企业的节能与新能源战略和行动、节能与新能源汽车发展中的新竞争以及商业探索与经验交流等议题进行深入研讨和交流。

会上，陈清泰认为，电动车面临走出产业化困境难题。同时提出，走出产业化困境有两条道路：一是政府主导，依托财政的买方补贴，这是厂商开发电动车立足的基础；二是依托市场，政府调控，走内生成长的道路。以丰田的混合动力汽车普瑞斯为例，就产品技术和节能效果来看，都达到很高的水平，但是成本比较高，面世十多年尚未走出过渡期。离开政府的补贴，用户仍较少接受，这个过程值得深思和研究。在谈到新能源汽车产业如何发展时，吴敬琏明确表示，要建设统一开放竞争有序的市场体系，为企业创造一个有利于创新和创业的环境。张德宝在会上表示特斯拉不代表电动车未来方向。冯飞认为，中国发展电动汽车有四大优势。钱明华指出，加强对新能源财政的监督，建立与油耗挂钩的奖惩管理制度。会上还对商业探索与经验交流、中国—瑞典电动汽车合作展望展开了交流。

8. 2013 年能源与可持续发展峰会

时间：2013 年 6 月 20 日

地点：北京市

主办方：Agrion

主要内容：近年来，中国切实转变发展方式，着力建设资源节约型、环境友好型社会，依靠能源科技创新和体制创新，全面提升能源效率，大力发展新能源和可再生能源，推动化石能源的清洁高效开发利用，努力构建安全、稳定、经济、清洁的现代能源产业体系，为中国全面建成小康社会提供了更加坚实的能源保障，为世界经济发展做出了巨大贡献。本次会议聚集了来自政府、企业、NGO 组织等多个领域的与会代表，就能源安全、可持续发展、企业社会责任以及政府绿色激励政策等话题展开了卓有成效的讨论，并分享了各自领域内的绿色实践经验。在上午的主论坛发言中，徐焕东以政府绿色采购这一概念为核心，从市场经济的角度阐述了政府在可持续发展中应该扮演何种角色。他表示，目前国内各级政府在绿色采购方面还存在一些问题，例如采购涵盖范围小、采购措施简单单调、没有相应的法律追责措施等。除绿色采购之外，在主论坛上发言的各位嘉宾还就企业的可持续发展战略、企业履行社会责任以及 NGO 与企业良性互动等议题表达了各自观点并进行了深入交流。

在下午举行的以企业社会责任为主题的分论坛上，来自企业和政府的发言嘉宾从各自的角度出发，阐述了对于企业社会责任和未来可持续发展趋势的见解。刘静表示小企业也有自己独特的方式来做社会公益项目。高峰在随后的发言中说道："绿色发展是中国经济发展的必由之路，是我们整个国家现在面临的一项非常紧迫的任务。企业应该将其视为展现自己社会责任的一个重要的方面，绿色发展也必将成为企业维持自身生存和发展的一个必要条件。"

在分论坛上，与会代表就国内外智能电网、清洁能源政策分析及市场前景、新型发电站建设与运营、光伏分布式发电与光电建筑一体化、新能源与环境保护等议题展开讨论。

9. 2013 中国（国际）生物质能源与生物质利用高峰论坛

时间：2013 年 4 月 22 ~ 23 日

地点：上海市

主办方：中国农业部沼气研究所、中国农业科学院生物质能源研究中心、中国科学院过程工程研究所、中国科学院青岛生物能源与过程研究所

主题：日照光合，生生不息

主要内容：生物质能源技术的研究与开发应用已成为世界重大热门课题之一，许多国家都制定了相关的发展计划，形成了各具特色的发展模式，产业规模持续扩大，技术水平逐步提高，呈现出良好的发展前景。此次论坛就全球生物质能产业规划、市场趋势、合作发展战略、政策环境和前沿技术发展应用状况进行了剖析和讨论，以加快生物质能源产业的发展。

Heinz Kopetz 在开幕式上做了演讲：世界生物质能源产业的发展——未来新的市场机会。他阐述了生物质能源产业在全球的发展情况、结构组成、对节能减排的贡献，并且对该产业在未来的发展趋势做出了展望。

会议首先就世界主要国家生物质能源与生物质利用现状、发展规划和政策环境做了主题报告。其次对九项专题进行了深入的探讨和论证，包括探索未来生物质能源与生物质利用技术投资前景与风险预测；生物基化工品制备技术、市场与商业化；生物质燃料电池技术、市场与商业化；生物质固体成型燃料技术、市场与商业化；第二代生物燃料技术、市场与商业化；航空生物燃料技术、市场与商业化；秸秆发电、沼气发电及气化发电技术、市场与商业化道路；垃圾发电与废弃物处理技术、市场与商业化；头脑风暴——对第三代生物能源技术开发利用问题的思考。

会议就生物质能源产业发展的进程中出现的许多技术上的障碍和行业难题，例如，如何充分利用更多的"非粮"植物，摆脱对玉米、甘蔗等粮食食物的依赖；如何打破燃料原料收购地域限制，建立新的原料收购模式，正确引导使用生物质发电等问题，与会嘉宾和专家都进行了探讨。

10. 2013 第九届中国能源投资论坛

时间：2013 年 4 月 10 日

地点：北京市

主办方：中国企业投资协会、中国投资协会、中国可再生能源学会和中国能源网

主题：中国能源企业海外投资策略

主要内容：近年来，我国能源自给率不断下滑，对外依存度持续上升。在国内市场增长空间相对有限的情况下，为确保能源供应和企业自身的良性发展，加速"走出去"的进程就成为中国能源企业发展的必然选择。2012 年，中国油气企业海外并购热潮掀起，新能源企业也积极涉足海外投资市场，主动参与国际合作与竞争，增加了其在全球能源市场的供应，促进了供应渠道多元化。针对在"走出去"道路中，中国能源企业应当采取何种投资策略，以把握机遇、规避风险，本届论坛聚焦中国企业在海外投资所面临的挑战与机遇。

本届论坛从多方视角分析，全面阐述当下中国能源安全、国际环境与海外能源市场的情况。其中，唐廷川对我国境外非常规油气合作情况做了详细分析；史丹以"国际环境与中国能源安全的道路"为主题展开了深度分析；韩晓平对美国能源独立与中国投资的优先选择发表了演讲；缪信山从金融服务的角度介绍能源企业国际合作的有关事宜；石定寰针对"可再生能源开拓海外市场"的问题进行了全面阐述；张智康阐述了在美能源投资的挑战和机遇；王海运在演讲中指出为确保中国能源企业"走出去"的战略实施、优化能源企业"走出去"的国际环境，有必要进一步强化官方能源外交和公共能源外交的运筹；杜采诗介绍了美能源部关于发展页岩气和清洁能源的政策；李侃对加拿大能源的概况与投资机遇做了介绍。此外，主办方特别围绕"油气国际投资合作建议"这一主题，以高端对话形式展开讨论。

11. 2013 中国能源战略高峰论坛

时间：2013 年 1 月 19 ~ 20 日

地点：北京市

主办方：中国能源报

主题：迎接挑战，推进中国能源可持续发展

主要内容：当前，世界能源形势发生了巨大变化，能源安全问题受到世界各国的高度关注，许多国家纷纷调整和完善自己的能源战略和能源政策。为适应世界能源形势变化，着眼于促进经济社会科学发展，我国正在加快制定和实施能源可持续发展战略。中共十八大报告也提出"建设生态文明，是关系人民福祉、关乎民族未来的长远大计"，将生态文明建设提升到更高的战略层面，向全世界表明了建设"美丽中国"的信心和决心。

为了贯彻中共十八大会议精神，增强能源企业把握未来发展趋势的水平，融入中国能源可持续发展战略的实施之中，本届论坛分别聚焦当前经济形势与能源环境可持续发展、传统能源的绿色变革与可持续发展战略和新能源、替代能源的可持续发展潜力三大议题，分析了我国目前能源行业的发展现状，共同探讨了未来中国能源可持续发展的路径。

韩文科在开篇演讲中回顾了 2012 年中国能源供需形势，并对 2013 年的能源行业做出展望，他指出，2013 年国家将主要聚焦在转变职能和能源价格形成机制的改革上；随后贾承造现场解读了中国石油天然气工业的发展现状与可持续发展战略；冯飞在谈到中国能源市场化改革和能源产业政策时，强调中国能源产业市场化是十分迫切、极为必要的。然后，张国宝就经济形势对未来中国能源行业的影响及应对策略发表演讲，他从宏观层面上解读了中国能源行业的未来发展，强调我国能源行业需要调整产业结构，增加能耗较少的服务业的比重，提倡能效和调整能源结构，大力发展可再生能源。徐锭明围绕推动能源生产革命和消费革命，提出第三次工业革命的主题是以绿色技术为核心，主线是保护生态建设适合人类宜居的生物圈，目标是推动绿色低碳循环发展最终实现人类的持续发展。蒋莉萍和胡振琪分别详细地介绍了中国电力工业与中国煤炭工业的发展现状，并对能源工业的可持续发展提出了思考建议。

会议第二天，石定寰对当前经济形势下新能源产业发展现状进行了描述；陈卫东从世界能源转型角度阐述了中国能源转型的必要性；刘显明分享了华电集团在分布式能源领域发展中的经验；李佐军通过对中国碳交易市场机制的解读，勾画出中国碳市场建设前景；江怀友对发展非常规油气做出思考与展望。

12. 2013 国际能源战略智库峰会

时间： 2013 年 10 月 17 ~ 18 日
地点： 北京市
主办方： 中国社会科学院研究生院国际能源安全研究中心、中国能源报社及知金教育咨询有限公司
主题： 国际与（中国）能源大战略·大格局·大趋势
主要内容： 近年来，全球范围内围绕"能源"的话题持续升温，特别是最近几年，"新能源"已经成为全球热议、争论的焦点。全球高度关注的能源问题，特别是能源战略发展、能源外交策略、能源品牌构建、能源体制改革等重大问题都引起人们的关注。

高全立在致辞中强调，能源问题始终是战略性问题、全球性问题，当前的全球气候变化、国际能源危机等问题对国际能源形势产生了重要影响。中国的能源发展也处于一个新的历史起点上，面临诸多机遇与挑战。中共十八大报告指出，要推动能源生产和消费革命。

张国宝在发言中表示，能源问题对世界政治、经济、外交都有重要影响。中国已经崛起为世界能源大国，对国际能源事务的影响也越来越大，但仍需探索全球能源治理的有效

模式。而在全球能源事务的谈判中，中国等新兴国家的参与不可或缺。他还阐述了美国页岩气革命带来的蝴蝶效应：美国能源结构已发生重要变化，美国天然气价格大幅下降，能源自给率提高，改变了世界能源市场及能源结构。

格拉乔夫在发言中也强调了能源的重要性，还强调应更加充分地利用太阳能等可再生能源。他表示，能源价格机制的形成较为复杂，而国家间开展长期合作至关重要。

王海运分析了当前国际能源形势，提出中国的快速崛起对能源的生产及消费都具有重大影响力，应当制定适应国际能源格局变化的国家能源战略，在推动全球能源治理、构建新型能源秩序中有更多作为，将国际能源合作的重点更多转向陆上周边地区，将经略海洋作为能源发展战略新的进取方向，并争取在新能源革命中走在世界大国的前列。

韩保江认为，目前中国在能源利用方面体现出"富煤、少油、少气"的特点，应立足于中国的实际进行调整，着力于提高煤炭的使用效率，利用新能源的同时在传统能源方面多下功夫。他说，中国要实现可持续发展，实行能源体制改革很重要，应充分发挥市场的作用以实现对资源的合理利用；同时，应拓展国际能源合作，尤其是可以加强同拉美国家在能源方面的合作，但也应注意不要走西方掠夺式发展的老路。

此外，与会专家还就民营能源装备企业"走出去"战略、中俄能源合作等问题发表了看法。

第二节　国际会议

当前，世界能源领域正发生深刻变革，全球能源格局面临能源安全、社会公平和环境可持续发展的三重困境。同时，面对化石能源枯竭和环境污染压力、非常规油气资源的兴起、新能源的发展、全球能源需求增长中心转变等问题，全球能源领域的复杂性和不确定性也日益增强。在此背景下，国际能源署、世界能源理事会等国际能源组织在2013年针对未来能源发展趋势、能源安全、全球能源合作、能源领域去碳化、推动清洁能源发展、智能能源系统等能源特点领域问题召开了一系列国际能源会议，旨在推动全球能源、经济和环境实现可持续发展。

1. 第六届世界未来能源峰会（World Future Energy Summit）

时间：2013年1月15～17日
地点：阿联酋　阿布扎比
主办方：Reed Exhibitions、Elsevier
主题：人人享有可持续能源
主要内容：世界未来能源峰会（WFES）致力于为世界寻求可持续发展的未来能源解

决方案提供平台，在这个平台上业内的领导者、投资人、能源解决方案供应商、科学家、专家、决策者和学者们将聚集一堂共同探讨日益增长的能源需求与气候变化带来的挑战，寻求实际的和可持续应用的可再生能源解决方案，推动在可再生能源和环保领域的技术创新，创造更多贸易投资机会。本次会议集聚了150多个国家和地区的领导人、高级官员和专家学者交流可持续发展领域的最新成果和构想，共同探讨了加快可再生能源利用、解决干旱地区水资源匮乏问题、提升水资源与能源的关系等热点领域问题。会上，阿布扎比王储谢赫穆罕默德·本·扎耶德·阿勒纳哈扬表示，世界各国需要共同携手应对水资源安全、能源安全、粮食安全和气候变化等各方面挑战，阿联酋将正视这些挑战并加快发展清洁能源，实现可持续发展；阿联酋马斯达尔城首席执行官苏尔坦·艾哈迈德·阿尔贾巴尔表示，实现可持续发展的两个最关键因素是能源和水，必须将水的问题和能源问题合为一体，通过综合战略手段统一解决，才可以推动经济可持续增长，保障资源安全，缓解地区局势。同时，会议期间还举办了"2013世界未来能源展"，展示了可再生能源、能源智能利用与存储技术、清洁运输、绿色建筑和环保等领域产品，其中阿布扎比城市规划委员会的"绿色能源屋"模型成为亮点。

2. 2013 年美国能源利用与环境会议（The Energy Utility & Environment Conference 2013）

时间：2013 年 1 月 28 ~ 30 日
地点：美国 菲尼克斯市
主办方：美国能源利用与环境会议组委会
主题：能源利用与环境
主要内容：能源利用与环境会议（EUEC）是一年一度美国专业能源利用和环境领域最大的联络和交流平台，2013 年共吸引了 600 位演讲者在十场平行论坛中表达观点，来自 200 家公司的约 2000 名代表参展，与会官员、业内专家和投资者就他们感兴趣的话题进行交流。本届会议涉及的议题包括：空气政策和法规、污染监控和模型建设、汞污染排放、页岩气及能源政策和安全、新能源、生物燃料和生物质能、可持续发展和水、节能等。发言者就美国以及世界环境治理领域的最前沿科技在交通工具、生产、生活等方面的最新应用，本国以及全球环境政策法规现状和可行性，未来几年的趋势等方面进行发言，促进政、学、商的深度交流，以达到成果转化、政策引导、市场化运作等目的。

3. 第四届清洁能源部长级会议（4th Clean Energy Ministerial）

时间：2013 年 4 月 17 ~ 18 日
地点：印度 新德里
主办方：清洁能源部长级会议委员会

主题：加快推动清洁能源发展

主要内容：清洁能源部长级会议（CEM）是一个高层次的全球性论坛合作机制，旨在推动能源发展向低碳和气候友好型技术转型，在全球加快推广部署清洁能源技术。来自中国、美国、巴西、德国、俄罗斯等 23 个国家及欧盟、国际能源署（IEA）的部长及高级别代表参加了第四届清洁能源部长级会议。会议听取了清洁能源进展报告、13 个 CEM 合作倡议进展，并讨论如何通过有效的政策、项目和创新战略来促进能效和清洁能源供应，深化清洁能源技术的创新合作。会议就推动相关合作倡议之间的协同、完成清洁能源融资报告、组建高级别咨询组等下一步行动达成了共识，并决定第五届清洁能源部长级会议将于 2014 年在韩国举办。

会议集聚了能源部长、经济领导者、非政府组织专家和学术界等组织机构，针对六大清洁能源领域热点问题举办了六场公共—私营部门圆桌会议，主题分别是"太阳能光伏：降低软成本"、"加速清洁车辆使用"、"新兴经济体电力市场"、"可再生能源政策和金融"、"能源管理系统"、"发展微型电网"。相关组织和专家在会议上做了以下报告：彭博新能源财经 Michael Liebreich 的《清洁能源投资全球趋势 2013》；国际能源署 Maria van der Hoeven 的《清洁能源进展跟踪》；碳捕获、利用与封存（CUUS）行动组的《全球推进碳捕获和存储：专注于工业应用》；发布了《全球电动汽车发展展望》，明确了电动汽车重要的市场发展趋势和推动全球电动汽车发展的最佳实践模式。

4. 第三届国际生物能源大会（BIT's 3rd Annual World Congress of Bioenergy）

时间：2013 年 4 月 25～27 日

地点：中国　南京

主办方：世界生物能源协会

主题：为人类释放绿色生物能源

主要内容：面对化石能源枯竭和环境污染，生物能源开发利用为经济可持续发展带来了曙光。生物能源作为可再生、污染小的能源，具有无可比拟的优越性，必将为 21 世纪的经济发展和环境保护注入强大的推动力。借此，世界生物能源协会召开了以"为人类释放绿色生物能源"为主题的第三届国际生物能源大会，共同探讨生物能源的重要性、前沿技术、开发利用现状、发展趋势等热点问题。会议组织了全球生物能源经济与政策，工业领导者论坛，生物燃料技术的最新研究进展，生物质原料，生物酒精，生物柴油，藻类生物燃料，生物燃气与发电，生物燃料汽车，航空生物燃料及其他燃料，生物精炼和生物加工技术，生物燃料标准，网际协议与规则，生物燃料金融、投资、贸易和市场质谱等科技论坛和分会活动。主题论坛上，世界生物能源协会主席 Heinz Kopetz 博士做了题为"生物能源在气候兼容的能量系统中的作用"的报告，强调发展生物能源对经济可持续发展和环境保护的重要性；藻类生物燃料分论坛分享了小球藻代谢、蓝藻光合作用、微藻转化二氧化碳等先进技术；生物沼气论坛分享了大型沼气生产案例、低温系统沼气液化、高效气体与膜技术升级等领域发展现状；生物柴油分论坛介绍了抗氧化、磁性固体催化剂、合成抗氧化剂等技术。

5. 第三届国际电动汽车示范城市与产业发展论坛（3rd International Electric Vehicle Pilot City and Industry Development Forum）

时间：2013 年 5 月 30 ~ 31 日
地点：中国　上海
主办方：中华人民共和国科学技术部、国际能源署
主题：交通电动化、城市更清洁
主要内容：国际电动汽车示范城市及产业发展论坛是电动汽车发展行动倡议（EVI）中的重要内容，论坛单年在上海举办，双年在 EVI 其他成员国举办。本次论坛旨在进一步推进新能源产业经济更快更好发展，建立互通信息、技术交流、研发、生产平台，为国际新能源产业发展注入新的理论指导和信心，推进我国新能源产业经济的可持续发展。会议由"主论坛"、"国际电动汽车示范城市创新实践论坛"、"电动汽车商业模式与用户研究论坛"、"电动汽车产业发展论坛"组成，围绕电动汽车发展倡议（EVI）各国在电动汽车示范中的实践案例、电动汽车商业模式创新、基础设施建设、消费者识别研究、产业发展等热点话题展开深入交流和探讨。

科技部万钢部长出席了本次论坛开幕式并做了"加强国际交流与合作、共同谱写电动汽车产业发展新篇章"的主旨演讲，强调未来几年既是全球汽车产业转型升级的重要战略机遇期，也是我国新能源汽车战略、新兴产业发展的培育和攻坚时期，需要各方面协同配合，共同努力。德国国际合作机构可持续交通项目主任 Christian Hochfeld 做了"德国电动汽车：对中德战略伙伴关系的展望"的主题演讲；通用汽车副总裁 Steve Clarke 做了"通用：引领中国电气化进程"的主题演讲；普天新能源公司总经理曹宏斌做了"以创新驱动与两化融合实现新能源汽车的突破"的主题演讲。

6. 第 32 届国际能源研讨会（The 32nd Edition of the International Energy Workshop）

时间：2013 年 6 月 19 ~ 21 日
地点：法国　巴黎
主办方：国际能源署
主题：能源领域去碳化面临的挑战、新兴经济体经济增长对能源需求的评估
主要内容：当今世界面临环境保护和经济增长受资源制约的问题，能源建模（Energy Modeling）已成为解决能源规划和政策制定等复杂性问题越来越重要的工具。国际能源研

讨会（IEW）是国际能源建模研究领域的主要会议之一，为能源需求预测、理解未来能源发展的不同观点、观察全球能源生产和消费新趋势等研究提供了一个平台。第 32 届国际能源研讨会举办了两场全体会议和多场分论坛会议，选取了 120 篇论文讨论缓解和适应气候变化、低碳技术经济学、碳捕获和存储、新兴经济体经济增长和能源的关系、可再生能源在发达国家和发展中国家的角色等重点领域问题。会议开幕式强调需要了解能源市场发展过程中发生的改变；第一场全体会议主题为"未来能源领域去碳化面临的挑战"，第二场全体会议主题为"新兴经济体经济增长对能源需求的评估"；同时，会议分别以碳捕获和存储、化石能源、能源和气候建模、温室气体排放交易制度、可再生能源和电力、能源效率、可再生能源技术经济学、碳关税、能源建模挑战、电力市场、缓解气候变化等为主题开展了多场分论坛。

7. 2013 年发展中国家可持续能源工程国际会议（ESEDC 2013）

时间：2013 年 9 月 6 日

地点：中国　广州

主办方：世界工程组织联合会（WFEO）能源委员会

主题：绿色能源与智能电力

主要内容：面对当前的能源和环境压力，经济可持续发展成为全球热议的话题。为此，世界工程组织联合会联合中国电机工程学会、中国科学技术协会（CAST）、香港工程师学会（HKIE）、联合国教科文组织（UNESCO）举办了此次会议，共议应对能源和环境危机的有效路径，为能源的可持续发展出谋划策。为期两天的会议中，共有 11 位报告人针对可持续发展、低碳绿色能源、新能源安全等议题做了主题报告。

可持续发展议题方面，高校的专家学者更看重实用新技术在推动可持续发展中的重要作用。南开大学校长龚克表示，随着用电量的逐步增加，ICT 技术已成为推动可持续能源发展的重要工具，并将在未来发挥更重要的效力；北京邮电大学原校长钟义信强调，IT 技术对可持续发展的帮助体现在能源管理、产品输出、寻找新能源等多个方面，在未来，我们必须依靠 IT 技术才能发展。

低碳绿色能源议题方面，联合国亚太经济社会委员会的 Hala Razian 做了题为"亚太地区低碳绿色增长路线图"的报告，表示亚太国家必须摆脱过去只追求数量的模式，转变为绿色的、更加强调质量的模式，为经济发展赢得新的机会；香港工程师学会的陈福祥分享了实现生态文明的能效技术和行为改变方面的话题，介绍了香港的实践经验及政策措施；国家环保部巡视员牟广丰做了题为"城市化路径与能源安全"的报告，提出了关于如何走新型城市化道路、建设低碳节约型城市方面的思考。

新能源安全议题方面，WFEO 联合国关系委员会的 Jorge Spitalnik 讨论了福岛核电事故之后核电在可持续能源结构中的地位和作用，可再生能源和核能可以帮助能源实现最快增长，因此各国需要做的是升级现有的基础设施，不断进行创新和改造，以应对环境变化带来的灾害。就核电而言，最主要的是解决安全和废料处理问题。日本东京大学的 Shintaro Furusaki 介绍了日本能源电力系统应对灾难的思路和实践案例，以及对核电站的安全和可再生能源发展方面的思考。

会议期间还组织了八场专题研讨会，主题分别为"太阳能和风能的自然影响和战略"、"中国核电发展路线图"、"绿色建筑和节能住宅"、"城市未来交通"、"清洁燃煤技术和实践"、"先进能源技术"、"空气污染之成因、证据及减缓措施"和"能源系统——效率、经济和多样性"。

8. 第二十二届世界能源大会（22nd World Energy Conference）

时间：2013 年 10 月 13～17 日
地点：韩国　大邱
主办方：世界能源理事会
主题：保障明天的能源安全
主要内容：世界能源大会是由世界能源理事会主办的能源领域规模最大、最具影响力的会议，有"能源奥运会"之称，大会每三年举行一次。第二十二届世界能源大会以"保障明日的能源安全"为主题，就国际能源结构变化、能源产业及政策主导策略、能源安全、国际能源困境等焦点问题进行深入探讨，大会同期还举办了世界能源理事会执行委员会会议、入选论文作者技术交流论坛和未来能源领袖峰会等相关会议和活动。

（1）会议成果和报告

国际能源署、世界能源理事会（WEC）等多家国际能源组织及研究机构在会上发布了系列报告和成果，为能源行业变革发展提供智力支持并寻求解决方案。一是 WEC 发布了《揭示真相，定义未来——面对现实，保障明日能源安全》声明，表示能源领域的复杂性和不确定性正在日益增强，当前在保障未来能源安全方面的做法不能使我们达到实现能源公平、安全和环境可持续的愿望。二是 WEC 发布了《世界能源情境：构建到 2050 年的能源前景》报告，评估了两个对比鲜明的政策情境：偏向于消费者驱动的"爵士乐"情境和偏向于选民驱动的"交响乐"情境。三是 WEC 发布了《世界能源三重困境：面对现实的时刻——改革议程》报告，为创建一个全球性的政策框架提供了详细的指导。四是 WEC 发布了最新能源效率研究报告——《世界能源角度：能源效率政策》，报告表示能源效率提高总体趋势放缓。五是 WEC 发布的能源可持续指数为各国施行能源政策提供参考，其已为世界上的 129 个国家按照能源公平、能源安全和环境可持续性三个标准进行了从 A 到 D 的评分。

（2）专家言论和观点

大会期间，各国部长级代表和专家针对能源保障供应、公平利用以及环境保护三大议题积极发言。联合国秘书长潘基文在会上重申保证到 2030 年世界 10 亿人民人人享有能源的承诺，表示清洁、现代、可承担的能源服务是促进全球可持续发展和实现联合国新千年发展目标的基础保障。朴槿惠表示，为应对全球能源挑战必须加强国际合作，大力推进"创造性能源经济"。WEC 主席皮埃尔·加多内（Pierre Gadonneix）在大会上紧急呼吁国际社会在碳捕获技术方面通力合作，以缓解二氧化碳排放造成的气候变化。国际能源署执行董事 Maria Van der Hoeven 表示，对于欧洲或者目前的能源困境来说，能源效率是解决问题的核心与关键，政府及能源行业应合力解决能源三重困境（国家该如何协同政策制定以实现能源安全、可持续性和能源公平三个目标）。

（3）热点议题和领域

大会针对能源领域七个热点议题进行了讨论：一是电动汽车发展前景任重而道远，目前仍存在建设电动汽车系统成本高和储能技术研究不够深入等问题；二是制定碳捕集技术实施政策，由于未来几十年世界能源需求仍将在很大程度上依赖于化石燃料，因此碳捕集、利用和封存技术（CCUS）将是未来能源供应的必要因素；三是可再生能源未来前景良好，但发展现状不理想，短期内无法完全利用可再生能源来满足全球电力需求；四是探讨发展页岩油气是否能对石油和天然气产业产生变革；五是加大水电投资力度代替燃煤电厂，从长期来看，有利于降低发电成本和减少环境污染；六是探讨构建"超级电网"，整合东北亚地区发电与配电系统的关键问题；七是探讨如何克服欧洲不同国家的政治和经济需要，构建统一的欧洲能源市场。

9. IEEE 智能能源系统国际研讨会（IEEE International Workshop on Intelligent Energy Systems）

时间： 2013 年 11 月 14 日
地点： 奥地利　维也纳
主办方： 电气和电子工程师协会（IEEE）
主题： 智能能源系统
主要内容： 当今，为了应对分布式能源的大规模集成（DER）、电动汽车电网负荷的智能可控，能源和电力系统正在向智能电网慢慢转变，且先进的信息通信技术（ICT）解决方案和管理理念也成为未来智能电网发展的关键技术。同时，为了应对智能电网本身及其相应的网络物理组件和设备日益增加的复杂性，发展新的智能电网架构、概念、算法和程序是必要的。因此，本次研讨会的主要目的是集聚学术界、工业界、标准化和公共部门的研究人员共同探讨智能能源系统和智能电网在架构、概念、算法、管理等领域的最新进展和方法。会议共举办了六场分论坛，主题分别是"智能电网中的智能组件和分布式发电机"、"智能能源系统中高级和基于代理的控制"、"能源管理系统"、"电网与需求侧管理"、"智能能源系统的算法"、"智能电网的智能算法"。同时，会议还针对智能能源系统算法和智能电网控制等研究领域进行论文征集，如复杂能源系统的智能计算方法（如进化/遗传算法，神经网络，模糊逻辑等）、复杂能源系统建模、智能电网发展的先进仿真方法、先进控制与优化算法、应用程序和设备的验证方法、SCADA 系统和分布式控制技术的最新发展（如全能的概念、多智能体系统、面向服务的体系结构）、市场参与的自动算法、智能电网控制、设备集成和存储及智能负载等。

10. 《联合国气候变化框架公约》第 19 次缔约方会议（COP19）

时间： 2013 年 11 月 11 ~ 23 日

地点： 波兰　华沙

主办方： 世界能源委员会

主题： 巴厘路线图、普遍气候协议

主要内容： 当前，气候变化的现实情况发人深省，我们需要增强能力、采取行动，达成新的协议，走向低碳路径。因此，为期两周的《联合国气候变化框架公约》第 19 次缔约方会议暨《京都议定书》第 9 次缔约方会议集聚了 190 多个国家和地区的代表团、专家学者以及国际机构和非政府组织人员，针对帮助发展中国家减少来自毁林和森林退化导致的温室气体排放和就损失损害补偿机制问题达成协议。华沙气候变化大会是落实"巴厘路线图"的各项谈判成果，推动各方尽快批准《京都议定书》第二承诺期修正案，围绕减缓、适应、资金、技术转让等各国关注点，开启"德班平台"实质性谈判进程的一次重要会议。本次会议包括五个部分：公约第 19 次缔约方大会（COP19）、议定书第 9 次缔约方会议（CMP9）、附属履约机构第 39 次会议（SBI39）、附属科技咨询机构第 39 次会议（SBSTA39）和德班增强行动平台特设工作组第二次会议第 3 次分会（ADP2 - 3）。

会议聚焦于解决三个问题，第一是资金问题，发达国家要向发展中国家承诺提供资金援助；第二是建立损失损害补偿机制；第三是 2020 年之后，新气候条约确定明确的时间表和路线图。新气候条约方面，大会为各国政府达成新的普遍气候协议提供了草案文本，并要求在 2015 年前达成新协议且新的协议将于 2020 年生效。同时，会议还要求各缔约方于 COP21 前提交清晰和透明的减排草案。损失损害补偿机制方面，大会决定成立一个"国际机制"，旨在为最易遭受因全球变暖而引起的极端气候事件和受海平面上升等缓慢发生事件袭击的国家和地区提供资助，帮助他们对抗气候变化造成的损失和损害。资金援助方面，大会宣布即将运用公共气候融资以支持发展中国家采取应对气候变化的行动，资金来源国家包括挪威、英国、欧盟、美国、韩国、日本、瑞典、德国和芬兰。与此同时，绿色气候基金董事会正在加快快速启动资金进程，要求发达国家在 2014 年 12 月 COP20 召开前兑现承诺。

11. 2013 年国际能源署部长级会议（2013 International Energy Agency Ministerial）

时间： 2013 年 11 月 19 ~ 20 日

地点： 法国　巴黎

主办方：国际能源署（IEA）

主题：全球合力建设未来能源

主要内容：当前，世界能源领域正发生深刻变革。长期被定位为主要能源出口国的国家正在逐渐转变为全球能源需求增长中心、非常规油气资源的兴起、新能源的发展都在改变我们对世界能源结构的认知。在此背景下，国际能源署召开了以"全球合力建设未来能源"为主题的2013年部长级会议。会议围绕IEA最新发布的《2013年世界能源展望》重点探讨了全球能源格局变迁、气候版图、石油和天然气贸易及供需情况、全球非常规天然气浪潮、中东化石能源补贴、东南亚能源形势等热点话题并形成了一系列共识和观点。会议期间，中国与国际能源署签署了双边合作联合声明，并与国际能源署、俄罗斯、巴西、印度、印度尼西亚、南非共同发布了关于启动建立联盟磋商的多边联合声明。国家能源局副局长张玉清参加会议并介绍了我国可再生能源和页岩气的发展情况，强调为应对气候变化、促进经济发展、维护能源安全，世界各国需要更加注重可再生能源和天然气等清洁能源的发展。

第五章　2013 年能源经济学研究文献索引

第一节　中文期刊文献索引

（一）能源效率

[1] 师博，沈坤荣．政府干预、经济集聚与能源效率 [J]．管理世界，2013（10）：6 – 18.

[2] 林伯强，杜克锐．要素市场扭曲对能源效率的影响 [J]．经济研究，2013（9）：125 – 136.

[3] 范丹，王维国．中国区域全要素能源效率及节能减排潜力分析——基于非期望产出的 SBM 模型 [J]．数学的实践与认识，2013，43（7）：12 – 21.

[4] 赵金楼，李根，苏屹，刘家国．我国能源效率地区差异及收敛性分析——基于随机前沿分析和面板单位根的实证研究 [J]．中国管理科学，2013，21（2）：175 – 184.

[5] 贾军，张卓．中国高技术产业技术创新与能源效率协同发展实证研究 [J]．中国人口·资源与环境，2013，23（2）：36 – 42.

[6] 赵楠，贾丽静，张军桥．技术进步对中国能源利用效率影响机制研究 [J]．统计研究，2013，30（4）：63 – 69.

[7] 陈夕红，张宗益，康继军，李长青．技术空间溢出对全社会能源效率的影响分析 [J]．科研管理，2013，34（2）：62 – 68.

[8] 汪克亮，杨力，杨宝臣，程云鹤．能源经济效率、能源环境绩效与区域经济增长 [J]．管理科学，2013，26（3）：86 – 99.

[9] 王雄，岳意定，刘贯春．基于 SFA 模型的科技环境对中部地区能源效率的影响研究 [J]．经济地理，2013，33（5）：37 – 42.

[10] 周春应，杨红强．中国工业能源利用效率的行业差异与节能潜力研究 [J]．山西财经大学学报，2013（9）：84 – 93.

[11] 孟晓，孔群喜，汪丽娟．新型工业化视角下"双三角"都市圈的工业能源效率

差异——基于超效率 DEA 方法的实证研究 [J]. 资源科学, 2013, 35 (6): 1202 - 1210.

[12] 齐绍洲, 王班班. 开放条件下的技术进步、要素替代和中国能源强度分解[J]. 世界经济研究, 2013 (9): 3 - 9.

[13] 高志刚. 低碳背景下资源型城市能源效率与节能潜力分析——以克拉玛依为例 [J]. 城市发展研究, 2013, 20 (5): 152 - 156.

[14] 王玉燕, 林汉川. 我国西部地区能源效率: 趋同、节能潜力及其影响因素[J]. 经济问题探索, 2013 (4): 38 - 44.

[15] 王兆华, 丰超, 郝宇, 康玉臣, 刘营. 中国典型区域全要素能源效率变动走向及趋同性分析——以八大经济区域为例 [J]. 北京理工大学学报 (社会科学版), 2013, 15 (5): 1 - 9.

[16] 范丹, 王维国. 中国省际工业全要素能源效率——基于四阶段 DEA 和 Bootstrapped DEA [J]. 系统工程, 2013 (8): 72 - 80.

[17] 黄纯灿, 胡日东. 技术进步、能源效率及反弹效应——基于索洛中性技术进步的再检验 [J]. 宏观经济研究, 2013 (4): 44 - 52.

[18] 尤济红, 高志刚. 政府环境规制对能源效率影响的实证研究——以新疆为例 [J]. 资源科学, 2013, 35 (6): 1211 - 1219.

[19] 步瑞, 郭秀珍. 能源危机与资源效率提升能力建设研究 [J]. 求索, 2013 (5): 199 - 201.

[20] 赵领娣, 郝青. 人力资本和科技进步对能源效率的影响效应——基于区域面板数据 [J]. 北京理工大学学报 (社会科学版), 2013, 15 (1).

[21] 聂普焱, 黄利. 环境规制对全要素能源生产率的影响是否存在产业异质性? [J]. 产业经济研究. 2013 (4): 50 - 58

[22] 李锴, 齐绍洲. FDI 影响中国工业能源效率的传导渠道分析——基于水平、前向和后向关联 [J]. 中国地质大学学报 (社会科学版), 2013, 13 (4): 27 - 33.

[23] 范丹, 王维国. 基于低碳经济的中国工业能源绩效及驱动因素分析 [J]. 资源科学, 2013, 35 (9): 1790 - 1800.

[24] 曾胜, 靳景玉. 能源消费结构视角下的中国能源效率研究 [J]. 经济学动态, 2013 (4): 81 - 88.

[25] 詹国华, 陈治理. 我国技术进步对能源效率影响的实证分析 [J]. 统计与决策, 2013 (1): 150 - 153.

[26] 薛静静, 沈镭, 刘立涛, 高天明. 中国区域能源利用效率与经济水平协调发展研究 [J]. 资源科学, 2013, 35 (4): 713 - 721.

[27] 李静, 汪克亮. 多重目标约束下我国能源效率变动分解、区域差异与影响因素研究 [J]. 华东经济管理, 2013 (10): 66 - 71.

[28] 王喜平, 姜晔. 环境约束下中国能源效率地区差异研究 [J]. 长江流域资源与环境, 2013, 22 (11): 1419 - 1425.

〔29〕李科.中国产业结构对全要素能源效率的阈值效应分析〔J〕.管理学报，2013，10（11）：1671－1680.

〔30〕孙庆刚，郭菊娥，师博.中国省域间能源强度空间溢出效应分析〔J〕.中国人口·资源与环境，2013，23（11）：137－143.

〔31〕许珊，范德成，王韶华.环境约束下我国区域全要素能源利用效率的再估算〔J〕.华东经济管理，2013（3）：60－64.

〔32〕吕斌，王科，徐志强.针对能源效率问题的中国地区聚类〔J〕.经济地理，2013，33（4）：15－21.

〔33〕朱鹏，卢爱珍.FDI对我国能源效率的影响分析——基于能源资源丰裕度差异的比较〔J〕.山西财经大学学报，2013（S1）.

〔34〕陈夕红，李长青，张国荣，籍卉林，白双柱.经济增长质量与能源效率是一致的吗？〔J〕.自然资源学报，2013，28（11）：1858－1868.

〔35〕杜雯翠.工业化视角下的能源效率、技术进步与空气质量——来自工业国与准工业国的比较〔J〕.软科学，2013，27（12）：109－113.

〔36〕张同斌，宫婷.中国工业化阶段变迁、技术进步与能源效率提升——基于时变参数状态空间模型的实证分析〔J〕.资源科学，2013，35（9）：1772－1781.

〔37〕刘琪林，李富有.基于Malmquist－DEA的中国能源产业技术进步与技术效率研究〔J〕.中国科技论坛，2013，1（10）：67－73.

〔38〕王锋，冯根福.基于DEA窗口模型的中国省际能源与环境效率评估〔J〕.中国工业经济，2013（7）：56－68.

〔39〕雷明，虞晓雯.资本跨期效应下中国区域能源—经济—环境效率研究〔J〕.经济理论与经济管理，2013（11）：5－17.

（二）能源消费

〔1〕于灏，杨瑞广，张跃军，汪寿阳.城市客运交通能源需求与环境排放研究——以北京为例〔J〕.北京理工大学学报（社会科学版），2013，15（5）：10－15.

〔2〕毕清华，范英，蔡圣华，夏炎.基于CDECGE模型的中国能源需求情景分析〔J〕.中国人口·资源与环境，2013，23（1）：41－48.

〔3〕崔庆安.基于主成分分析与支持向量机的能源需求预测方法〔J〕.统计与决策，2013（17）：70－72.

〔4〕卢俊宇，黄贤金，陈逸，肖潇.基于能源消费的中国省级区域碳足迹时空演变分析〔J〕.地理研究，2013，32（2）：326－336.

〔5〕王晓，齐晔.经济结构变化对中国能源消费的影响分析〔J〕.中国人口·资源与环境，2013，23（1）：49－54.

〔6〕张文玺.中日韩GDP、人口、产业结构对能源消费的影响研究〔J〕.中国人口·资源与环境，2013，23（5）：125－134.

［7］王韶华，于维洋．一次能源消费结构变动对碳强度影响的灵敏度分析［J］. 资源科学，2013，35（7）：1438－1446.

［8］宋锋华，罗夫永．西部能源消费与经济增长关系的实证研究［J］. 干旱区资源与环境，2013，27（5）：7－13.

［9］郭雅恒，谢德泳．产业结构、经济增长及能源消耗的计量分析［J］. 统计与决策，2013（16）：102－105.

［10］梁经纬，刘金兰，柳洲．基于半参数估计的能源消费与经济增长关系研究［J］. 统计与信息论坛，2013，28（7）：49－53.

［11］董会忠，王志松，吴宗杰，孙秀梅．基于时变参数状态空间模型的能源消费影响因素研究［J］. 统计与决策，2013（23）：148－151.

［12］杨威，王成金，金凤君，李玲玲．中国工业能源消费强度的影响因素研究——基于省域工业数据的实证分析［J］. 自然资源学报，2013（1）：81－91.

［13］于凤玲，周扬，陈建宏，周智勇．中国能源消费与经济发展关系的实证研究［J］. 中南大学学报（社会科学版），2013（3）：29－35.

［14］吴江，孙彤，石磊．基于偏离份额法的河北省能源终端消费结构研究［J］. 资源科学，2013，35（1）：109－114.

［15］马颖．能源消费与经济增长——基于马尔科夫区制转移向量自回归模型的研究［J］. 北京交通大学学报（社会科学版），2013（1）：35－41.

［16］吕钦．中国能源消费及结构与经济增长的关系研究［J］. 科技管理研究，2013，33（9）：179－182.

［17］张馨，牛叔文．城乡居民家庭生活能源消费需求的实证分析［J］. 中国人口·资源与环境，2013（S1）：1－5.

［18］傅崇辉，王文军，曾序春，张玲华，雷光和．生活能源消费的人口敏感性分析——以中国城镇家庭户为例［J］. 资源科学，2013，35（10）：1933－1944.

［19］岳婷，龙如银．我国居民生活能源消费量的影响因素分析［J］. 华东经济管理，2013（11）：57－61.

［20］李鹏．能源消费与我国的经济增长——基于动态面板数据的实证分析［J］. 经济管理，2013（1）：1－10.

［21］贾云翔，郭丕斌．我国能源消费结构与经济增长的关系研究［J］. 科技管理研究，2013（23）：228－231.

［22］李小胜，张焕明．中国经济增长、污染排放与能源消费间动态关系研究——基于面板 VAR 模型的实证［J］. 山西财经大学学报，2013（11）：25－34.

［23］张宇，蒋殿春．FDI、环境监管与能源消耗：基于能耗强度分解的经验检验［J］. 世界经济，2013（3）：103－123.

［24］宁亚东，蔡靖雍，丁涛．我国城市住宅能源消费特征研究［J］. 北京理工大学学报（社会科学版），2013，15（1）：26－33.

［25］孙岩，江凌．居民能源消费行为研究评述［J］．资源科学，2013，35（4）：697－703.

［26］陈卫东，朱红杰．基于粒子群优化算法的中国能源需求预测［J］．中国人口·资源与环境，2013，23（3）：39－43.

［27］杨波，谭章禄．基于 Logistic 模型的中国国家能源消费总量预测研究［J］．科技管理研究，2013，33（12）：45－48.

［28］徐盈之，王进．我国能源消费与经济增长动态关系研究——基于非参数逐点回归分析［J］．软科学，2013，27（8）：1－5.

［29］李艳梅，杨涛．城乡家庭直接能源消费和 CO_2 排放变化的分析与比较［J］．资源科学，2013，35（1）：115－124.

［30］宁自军，吴德彪，杨松．基于 LMDI 模型的浙江省能源强度变动影响因素分析［J］．统计与信息论坛，2013，28（2）：80－83.

［31］金艳清，卢晓勇．FDI、R&D 投入与能源消费——基于省际面板数据的实证分析［J］．科学管理研究，2013，31（1）：113－116.

［32］席建超，赵美风，李连璞，陈鹏．旅游诱导下乡村能源消费模式转型与综合效益评估——六盘山旅游扶贫试验区的案例实证［J］．自然资源学报，2013（6）：898－910.

［33］李岩岩，赵湘莲，陆敏．碳税与能源补贴对我国农村能源消费的影响分析［J］．农业经济问题，2013，34（8）：100－104.

［34］尹晶晶，杨德刚，霍金炜，于良，张豫芳．新疆能源消费强度空间公平性分析及节能潜力评估［J］．资源科学，2013，35（11）：2151－2157.

（三）碳排放

［1］程叶青，王哲野，张守志，叶信岳，姜会明．中国能源消费碳排放强度及其影响因素的空间计量［J］．地理学报，2013，68（10）：1418－1431.

［2］武红，谷树忠，关兴良，鲁莎莎．中国化石能源消费碳排放与经济增长关系研究［J］．自然资源学报，2013（3）：381－390.

［3］张伟，张金锁，邹绍辉，许建．基于 LMDI 的陕西省能源消费碳排放因素分解研究［J］．干旱区资源与环境，2013，27（9）：26－31.

［4］韩岳峰，张龙．中国农业碳排放变化因素分解研究——基于能源消耗与贸易角度的 LMDI 分解法［J］．当代经济研究，2013（4）：47－52.

［5］樊星，马树才，朱连洲．中国碳减排政策的模拟分析——基于中国能源 CGE 模型的研究［J］．生态经济，2013（9）：50－54.

［6］秦翊，侯莉．广东能源消费碳排放影响因素分解分析——基于 LMDI 方法［J］．科技管理研究，2013，33（12）：224－227.

［7］翟石艳，王铮．基于 ARDL 模型长三角碳排放、能源消费和经济增长关系研究

[J]. 长江流域资源与环境，2013，22（1）：94 – 103.

[8] 王喜平，孟明，刘剑，蒋理. 碳排放约束下京津冀都市圈全要素能源效率研究 [J]. 工业技术经济，2013（1）：11 – 19.

[9] 李科. 我国城乡居民生活能源消费碳排放的影响因素分析 [J]. 消费经济，2013 （2）：73 – 76.

[10] 吴普，岳帅. 旅游业能源需求与二氧化碳排放研究进展 [J]. 旅游学刊，2013，28（7）：64 – 72.

[11] 袁宇杰. 中国旅游间接能源消耗与碳排放的核算 [J]. 旅游学刊，2013，28 （10）：81 – 88.

[12] 王兵，於露瑾，杨雨石. 碳排放约束下中国工业行业能源效率的测度与分解 [J]. 金融研究，2013（10）：128 – 141.

[13] 蔡荣生，刘传扬. 碳排放强度差异与能源禀赋的关系——基于中国省际面板数据的实证分析 [J]. 烟台大学学报（哲学社会科学版），2013，26（1）：104 – 110.

[14] 王凯，李娟，唐宇凌，刘浩龙. 中国服务业能源消费碳排放量核算及影响因素分析 [J]. 中国人口·资源与环境，2013，23（5）：21 – 28.

[15] 高标，许清涛，李玉波，何欢. 吉林省交通运输能源消费碳排放测算与驱动因子分析 [J]. 经济地理，2013，33（9）：25 – 30.

[16] 张小平，郭灵巧. 甘肃省经济增长与能源碳排放间的脱钩分析 [J]. 地域研究与开发，2013，32（5）：95 – 98.

[17] 张旺，周跃云. 基于结构分解法的北京市能源碳排放增量分析 [J]. 资源科学，2013，35（2）：115 – 122.

[18] 张伟，朱启贵，李汉文. 能源使用、碳排放与我国全要素碳减排效率 [J]. 经济研究，2013（10）：138 – 150.

[19] 邢玉升，曹利战. 中国的能耗结构、能源贸易与碳减排任务 [J]. 国际贸易问题，2013（3）：78 – 87.

[20] 林涛，李灵. 天津市碳排放与能源强度影响因素研究 [J]. 北京理工大学学报（社会科学版），2013，15（6）：33 – 38.

[21] 查冬兰，周德群，孙元. 为什么能源效率与碳排放同步增长——基于回弹效应的解释 [J]. 系统工程，2013（10）：105 – 111.

[22] 王建军，周晓唯. 人口、能源消耗、碳排放与经济增长关系实证分析 [J]. 统计与决策，2013（23）：144 – 147.

[23] 阎浩，周德群，周鹏. 基于能源投入产出分析的节能减排政策研究 [J]. 北京理工大学学报（社会科学版），2013，15（4）.

[24] 万庆，曾菊新，杨振. 能源消费碳排放与经济增长关系实证研究 [J]. 统计与决策，2013（16）：112 – 116.

[25] 王亮，赵涛. 中国可再生能源消费、经济增长与碳排放的动态关系 [J]. 技术

经济，2013，32（11）：99 - 104.

（四）新能源

［1］徐枫，陈昭豪. 金融支持新能源产业发展的实证研究［J］. 宏观经济研究，2013（8）：78 - 85.

［2］陈利强，屠新泉. 美国对华新能源产业实施"双轨制反补贴"战略研究［J］. 国际贸易问题，2013（5）：67 - 77.

［3］史丹，夏晓华. 新能源产业融资问题研究［J］. 经济研究参考，2013（7）：23 - 43.

［4］方国昌，田立新，傅敏，孙梅. 新能源发展对能源强度和经济增长的影响［J］. 系统工程理论与实践，2013，33（11）：2795 - 2803.

［5］王颖，李英. 基于感知风险和涉入程度的消费者新能源汽车购买意愿实证研究［J］. 数理统计与管理，2013，32（5）：863 - 872.

［6］姜姝，李庆四. 从光伏拉锯到风能之争——中美新能源合作的博弈解读［J］. 国际论坛，2013（2）：61 - 66.

［7］李婧舒，刘朋. WTO 法律框架下的新能源补贴问题研究——以美国对华新能源产业"301 调查"为视角［J］. 国际商务（对外经济贸易大学学报），2013（1）：119 - 128.

［8］徐忆斌. 光伏产品反补贴贸易争端透析——兼析 WTO 可再生能源补贴问题［J］. 现代经济探讨，2013（6）：78 - 82.

［9］王海啸，缪小明. 我国新能源汽车研发补贴的博弈研究［J］. 软科学，2013，27（6）：29 - 32.

［10］吴志忠. 日本新能源政策与法律及其对我国的借鉴［J］. 法学杂志，2013，34（1）：100 - 107.

［11］孙冰，袭希，余浩. 网络关系视角下技术生态位态势研究——基于东北三省新能源汽车产业的实证分析［J］. 科学学研究，2013，31（4）：518 - 528.

［12］甄晓非，孟凡生. 低碳经济驱动下的中国新能源产业战略发展研究［J］. 苏州大学学报（哲学社会科学版），2013，34（2）：115 - 119.

［13］郭立伟，沈满洪. 基于区位商和 NESS 模型的新能源产业集群水平识别与评价——以浙江省为例［J］. 科学学与科学技术管理，2013，34（5）：70 - 79.

［14］刘兰剑，宋发苗. 国内外新能源汽车技术创新政策梳理与评价［J］. 科学管理研究，2013，31（1）：66 - 70.

［15］陈军，张韵君. 基于政策工具视角的新能源汽车发展政策研究［J］. 经济与管理，2013（8）：77 - 83.

［16］符贵兴. 结构调整中的新能源汽车产业政策创新［J］. 科技进步与对策，2013，30（20）：103 - 107.

［17］兰凤崇，黄维军，陈吉清，陈晓伟，杨柳，曾繁波，唐甜甜．新能源汽车产业专利分析综述［J］．科技管理研究，2013（21）：104 – 119.

［18］陈衍泰，张露嘉，汪沁，欧忠辉．基于二阶段的新能源汽车产业支持政策评价［J］．科研管理，2013（S1）：167 – 174.

［19］门丹．美国推进新能源发展的财政支出政策研究［J］．生态经济，2013（4）：80 – 83.

［20］张庆彩，吴椒军，张先锋．我国新能源汽车产业链协同发展升级的运行机制及路径探究［J］．生态经济，2013（10）：122 – 125.

［21］雷鸣．日本与德国新能源产业结构转型的比较分析［J］．现代日本经济，2013（1）：79 – 86.

［22］蔡立亚，郭剑锋，姬强．基于 G8 与 BRIC 的新能源及可再生能源发电绩效动态评价［J］．资源科学，2013，35（2）：250 – 260.

［23］李勃昕，惠宁．战略性新兴产业指标体系的省际区别：新能源汽车例证［J］．改革，2013（3）：45 – 52.

［24］吴昱，边永民．新能源产业链激励政策及其补贴合规性——以太阳能光伏产业为例［J］．求索，2013（4）：1 – 4.

［25］薛楠，刘舜．新能源战略性新兴产业投融资问题探讨［J］．中国流通经济，2013，27（6）：116 – 120.

［26］宋晓晶．完善财税政策推动我国新能源产业发展［J］．生态经济，2013（6）：127 – 130.

［27］王军，王朝全．新能源、传统能源与经济增长关系的实证研究——以四川省为例［J］．科技管理研究，2013（19）：51 – 54.

［28］王月辉，王青．北京居民新能源汽车购买意向影响因素——基于 TAM 和 TPB整合模型的研究［J］．中国管理科学，2013（S2）：691 – 698.

［29］缪小明，王海啸．基于破坏性创新视角的新能源汽车发展研究［J］．情报杂志，2013（2）：62 – 66.

［30］杨泽伟．台湾新能源法律政策及其对大陆的启示［J］．中国地质大学学报（社会科学版），2013，13（1）：44 – 49.

［31］孙鹏，聂普焱．新能源产业规制：研发补贴与支持价格的相机抉择［J］．当代财经，2013（4）：94 – 105.

［32］王世进．新能源汽车推广商业模式研究［J］．经济体制改革，2013（3）：101 – 104.

［33］马少辉，谭慧，代逸生．新能源汽车市场的消费者特征与偏好分析［J］．工业技术经济，2013（11）：113 – 121.

［34］陈文俊，贺正楚，寻舸，周震虹．湖南省新能源产业商业模式创新研究［J］．经济地理，2013，33（1）：126 – 130.

［35］郭兴磊，史乐锋．新能源汽车产业化发展研究［J］．管理现代化，2013（4）：37－39．

［36］殷正远，王方华．消费者对于新能源汽车购买意愿差异比较［J］．上海管理科学，2013，35（4）：15－19．

［37］吴淑凤．财政政策与新能源产业发展：政策效果被弱化的财政社会学分析［J］．中央民族大学学报（哲学社会科学版），2013（6）：101－108．

［38］孙增芹，刘芳．完善我国可再生能源法律制度的几点建议［J］．干旱区资源与环境，2013，27（2）：6－10．

［39］吴海涛，周晶，陈玉萍．秸秆能源化利用中资源供应持续性分析［J］．中国人口·资源与环境，2013，23（2）：51－57．

［40］张树民．关于推动新能源产业发展的思考［J］．价格理论与实践，2013（1）：52－53．

［41］张古鹏，陈向东．新能源技术领域专利质量研究——以风能和太阳能技术为例［J］．研究与发展管理，2013，25（1）：73－81．

［42］陈玲，张剑，何海燕，姜李丹．发达各国（地区）新能源汽车运行管理模式与特点［J］．北京工业大学学报（社会科学版），2013，13（4）：16－21．

［43］陈军华，李心，温馨．我国地方新能源产业发展的现状及支撑机制创新研究［J］．探索，2013（4）：98－102．

（五）能源价格、能源战略与其他

［1］邵帅，杨莉莉，黄涛．能源回弹效应的理论模型与中国经验［J］．经济研究，2013（2）：96－109．

［2］韩文科，朱松丽，高翔，姜克隽．从大面积雾霾看改善城市能源环境的紧迫性［J］．价格理论与实践，2013（4）：27－29．

［3］徐丽娜，赵涛，刘广为，孙金帅．中国能源强度变动与能源结构、产业结构的动态效应分析［J］．经济问题探索，2013（7）：40－44．

［4］唐雄，李世祥，何通通．我国工业化中的能源问题解决措施研究［J］．理论月刊，2013（1）：124－128．

［5］范世涛，赵峥，周键聪．世界能源格局：四大趋势［J］．经济研究参考，2013（2）．

［6］史丹．当前能源价格改革的特点、难点与重点［J］．价格理论与实践，2013（1）：18－20．

［7］刘希颖，林伯强．改革能源定价机制以保障可持续发展——以煤电联动政策为例［J］．金融研究，2013（4）：112－126．

［8］刘纪显，张宗益，张印．碳期货与能源股价的关系及对我国的政策启示——以欧盟为例［J］．经济学家，2013（4）：43－55．

[9] 商惠敏，李朝庭. 美国合同能源管理融资模式及经验探析与启示 [J]. 科技管理研究，2013，33（13）：48 – 51.

[10] 李友田，李润国，翟玉胜. 中国能源型企业海外投资的非经济风险问题研究 [J]. 管理世界，2013（5）：1 – 11.

[11] 王海运. 世界能源格局的新变化及其对中国能源安全的影响 [J]. 上海大学学报（社会科学版），2013，30（6）：1 – 11.

[12] 李国平，郭江. 能源资源富集区生态环境治理问题研究 [J]. 中国人口·资源与环境，2013，23（7）：42 – 48.

[13] 王平，刘致秀，朱帮助，李军，肖健华. 能源结构优化对广东省碳强度目标的贡献潜力 [J]. 中国人口·资源与环境，2013，23（4）：49 – 54.

[14] 赵楠. 中国地区能源回弹效应测度及集聚性研究 [J]. 财经问题研究，2013（2）：109 – 114.

[15] 沈镭，高丽. 中国西部能源及矿业开发与环境保护协调发展研究 [J]. 中国人口·资源与环境，2013，23（10）：17 – 23.

[16] 于立宏，贺媛. 能源替代弹性与中国经济结构调整 [J]. 中国工业经济，2013（4）：30 – 42.

[17] 曾先峰，李国平. 非再生能源资源使用者成本：一个新的估计 [J]. 资源科学，2013，35（2）：439 – 446.

[18] 牛衍亮，黄如宝，常惠斌. 基于学习曲线的能源技术成本变化 [J]. 管理工程学报，2013，27（3）：74 – 80.

[19] 王韶华. 基于低碳经济的能源结构和产业结构协调度评价研究 [J]. 工业技术经济，2013（10）：55 – 63.

[20] 李根，黄辉，程逸飞. 我国能源价格对能源强度影响的实证研究——基于1980 ~ 2011 年29 个省市自治区的面板数据协整分析 [J]. 价格理论与实践，2013（2）：73 – 74.

[21] 王世进. 国内外能源价格波动溢出效应研究 [J]. 资源科学，2013，35（4）：690 – 696.

[22] 张华明，赵国浩，靳然. 中国能源价格与相关产业价格影响机制实证分析——基于投入产出价格模型 [J]. 北京理工大学学报（社会科学版），2013，15（3）：32 – 38.

[23] 谢海棠，张旭昆. 节能减排的作用效果有多大——基于能源回弹效应的思考 [J]. 科技管理研究，2013，33（4）：208 – 213.

[24] 萨涅耶夫，罗巴金娜，孙名蕊. 俄罗斯远东和中国能源合作的优先方向 [J]. 学习与探索，2013（2）：98 – 101.

[25] 刘文革，王磊. 金砖国家能源合作机理及政策路径分析 [J]. 经济社会体制比较，2013（1）：74 – 82.

［26］王琛，王兆华，卢密林．能源直接回弹效应经济学分析：微观视角［J］．北京理工大学学报（社会科学版），2013，15（2）：28–33.

［27］曹玲，张慧智．韩国能源产业政策分析及启示［J］．社会科学战线，2013（2）：256–258.

［28］黄芳，江可申．中国能源结构、产业结构与碳强度的动态关系——基于 VAR模型的实证研究［J］．技术经济，2013，32（3）：100–104.

［29］黄一玲．石油经济学：国际油价波动机制与我国的能源安全［J］．求索，2013（8）：18–20.

［30］陈征澳，李琦，张贤．欧洲能源复兴计划 CCS 示范项目实施进展与启示［J］．中国人口·资源与环境，2013，23（10）：81–86.

［31］徐海燕．中国与中亚的能源"双轨"合作［J］．国际问题研究，2013（6）：90–99.

［32］徐小杰．美国能源独立趋势的全球影响［J］．国际经济评论，2013（2）：34–45.

［33］张永凯，张楠．西部欠发达地区能源开发利用与经济环境协调发展研究——以陕西省延安市为例［J］．资源开发与市场，2013，29（1）：56–60.

［34］孔祥永．奥巴马政府能源政策调整的成效与影响［J］．现代国际关系，2013（1）.

［35］郑猛，罗淳．论能源开发对云南经济增长的影响——基于"资源诅咒"系数的考量［J］．资源科学，2013，35（5）：991–1000.

［36］徐友萍，丁希丽．浅析普京时期俄罗斯在中亚里海地区的能源外交活动［J］．中国地质大学学报（社会科学版），2013（S1）：192–194.

［37］吴海兵，肖地楚，王欣欣，邹安全，王建平．基于固定效应模型的能源资源禀赋与产业结构关系研究［J］．宏观经济研究，2013（10）：59–66.

［38］公维凤，王传会，周德群，曾昭鹏，朱佩枫．能耗强度与能源结构优化对内生经济增长影响研究［J］．运筹与管理，2013（3）：115–121.

［39］张坤，张丽颖，赵玉，曾昭志，温建中．能源资源价格长期关系与短期动态调整研究：1985～2011 年［J］．自然资源学报，2013，28（6）：911–921.

［40］吕荣胜，聂铟，洪帅．我国能源回弹效应研究综述［J］．经济问题探索，2013（1）：159–163.

［41］郭丕斌，王婷．能源技术创新促进煤炭资源型经济转型的作用机制分析［J］．重庆大学学报（社会科学版），2013，19（6）：36–41.

［42］杨解君．当代中国能源立法面临的问题与瓶颈及其破解［J］．南京社会科学，2013（12）：92–99.

［43］庄伟卿，刘震宇．信息能源危机与经济增长关联性分析——基于系统动力学方法［J］．科学学与科学技术管理，2013，34（2）：86–94.

[44] 段小萍. 低碳经济情境的合同能源管理与融资偏好 [J]. 改革, 2013 (5): 120-126.

[45] 闫世刚. 世界城市清洁能源发展模式及借鉴 [J]. 科技管理研究, 2013, 33 (13): 52-55.

[46] 赵领娣, 张磊, 李荣杰, 杨明晔. 能源禀赋、人力资本与中国绿色经济绩效 [J]. 当代经济科学, 2013, 35 (4): 74-84.

[47] 张士杰. 区域经济增长的能源尾效分析——以皖江城市带为例 [J]. 华东经济管理, 2013 (7): 58-61.

[48] 尚天成, 刘培红, 李欣欣, 郭俊雄. 节能量保证型合同能源管理项目的收益分配 [J]. 天津大学学报 (社会科学版), 2013, 15 (4): 298-301.

第二节　英文期刊文献索引

[1] Shortall, O. K. "Marginal land" for energy crops: Exploring definitions and embedded assumptions [J]. Energy Policy, 2013 (62): 19-27.

[2] Reeve, I., et al. "This is not a burning issue for me": How citizens justify their use of wood heaters in a city with a severe air pollution problem [J]. Energy Policy, 2013 (57): 204-211.

[3] Hong, L., et al. 2050 pathway to an active renewable energy scenario for Jiangsu province [J]. Energy Policy, 2013 (53): 267-278.

[4] Liu, J., et al. A barrier analysis for the development of distributed energy in China: A case study in Fujian province [J]. Energy Policy, 2013 (60): 262-271.

[5] Zugno, M., et al. A bilevel model for electricity retailers' participation in a demand response market environment [J]. Energy Economics, 2013 (36): 182-197.

[6] Kato, T., et al. A case study of economic incentives and local citizens' attitudes toward hosting a nuclear power plant in Japan: Impacts of the Fukushima accident [J]. Energy Policy, 2013 (59): 808-818.

[7] Baxter, J., R. Morzaria and R. Hirsch. A case-control study of support/opposition to wind turbines: Perceptions of health risk, economic benefits, and community conflict [J]. Energy Policy, 2013 (61): 931-943.

[8] Keles, D., et al. A combined modeling approach for wind power feed-in and electricity spot prices [J]. Energy Policy, 2013 (59): 213-225.

[9] Ciscar, J., et al. A comparability analysis of global burden sharing GHG reduction scenarios [J]. Energy Policy, 2013 (55): 73-81.

［10］ Morlet, C. and J. Keirstead. Acomparative analysis of urban energy governance in four European cities ［J］. Energy Policy, 2013 (61): 852 – 863.

［11］ Aoki, M. and G. Rothwell. A comparative institutional analysis of the Fukushima nuclear disaster: Lessons and policy implications ［J］. Energy Policy, 2013 (53): 240 – 247.

［12］ Rose, L. , et al. A comparative life cycle assessment of diesel and compressed natural gas powered refuse collection vehicles in a Canadian city ［J］. Energy Policy, 2013 (52): 453 – 461.

［13］ Sueyoshi, T. and M. Goto. A comparative study among fossil fuel power plants in PJM and California ISO by DEA environmental assessment ［J］. Energy Economics, 2013 (40): 130 – 145.

［14］ Zhang, N. and Y. Choi. A comparative study of dynamic changes in CO_2 emission performance of fossil fuel power plants in China and Korea ［J］. Energy Policy, 2013 (62): 324 – 332.

［15］ Schade, J. , et al. A comparative study of the design and construction process of energy efficient buildings in Germany and Sweden ［J］. Energy Policy, 2013 (58): 28 – 37.

［16］ Lin, C. , C. Yang and J. Z. Shyua. A comparison of innovation policy in the smart grid industry across the pacific: China and the USA ［J］. Energy Policy, 2013 (57): 119 – 132.

［17］ Sun, X. , S. Fujimoto and T. Minowa. A comparison of power generation and ethanol production using sugarcane bagasse from the perspective of mitigating GHG emissions ［J］. Energy Policy, 2013 (57): 624 – 629.

［18］ Shereef, R. M. and S. A. Khaparde. A comprehensive method to find RPO trajectory and incentive scheme for promotion of renewable energy in India with study of impact of RPO on tariff ［J］. Energy Policy, 2013 (61): 686 – 696.

［19］ Lazarus, M. , C. Chandler and Erickson. A core framework and scenario for deep GHG reductions at the city scale ［J］. Energy Policy, 2013 (57): 563 – 574.

［20］ O Mahoney, A. , F. Thorne and E. Denny. A cost – benefit analysis of generating electricity from biomass ［J］. Energy Policy, 2013 (57): 347 – 354.

［21］ Wittmann, N.. A critical microeconomic analysis of modelling the interaction of WCTS and EU ETS ［J］. Energy Policy, 2013 (60): 840 – 843.

［22］ Chen, C.. A critique of non – parametric efficiency analysis in energy economics studies ［J］. Energy Economics, 2013 (38): 146 – 152.

［23］ Erdogdu, E.. A cross – country analysis of electricity market reforms: Potential contribution of New Institutional Economics ［J］. Energy Economics, 2013 (39): 239 – 251.

［24］ Wyatt, P.. A dwelling – level investigation into the physical and socio – economic drivers of domestic energy consumption in England ［J］. Energy Policy, 2013 (60):

540 – 549.

［25］ Oladosu, G. and K. Kline. A dynamic simulation of the ILUC effects of biofuel use in the USA ［J］. Energy Policy, 2013 (61): 1127 – 1139.

［26］ Carlsson, F., et al. A fair share: Burden – sharing preferences in the United States and China ［J］. Resource and Energy Economics, 2013, 35 (1): 1 – 17.

［27］ Yang, C.. A framework for allocating greenhouse gas emissions from electricity generation to plug – in electric vehicle charging ［J］. Energy Policy, 2013 (60): 722 – 732.

［28］ Wright, D. G., P. K. Dey and J. G. Brammer. A fuzzy levelised energy cost method for renewable energy technology assessment ［J］. Energy Policy, 2013 (62): 315 – 323.

［29］ Hayward, J. A. and P. W. Graham. A global and local endogenous experience curve model for projecting future uptake and cost of electricity generation technologies ［J］. Energy Economics, 2013 (40): 537 – 548.

［30］ Gorsevski, P. V., et al. A group – based spatial decision support system for wind farm site selection in Northwest Ohio ［J］. Energy Policy, 2013 (55): 374 – 385.

［31］ Gambhir, A., et al. A hybrid modelling approach to develop scenarios for China's carbon dioxide emissions to 2050 ［J］. Energy Policy, 2013 (59): 614 – 632.

［32］ Villalba, G., et al. A life – cycle carbon footprint of Yosemite National Park ［J］. Energy Policy, 2013 (62): 1336 – 1343.

［33］ Khademvatani, A. and D. V. Gordon. A marginal measure of energy efficiency: The shadow value ［J］. Energy Economics, 2013 (38): 153 – 159.

［34］ Tapia – Ahumada, K., I. J. Pérez – Arriaga and E. J. Moniz. A methodology for understanding the impacts of large – scale penetration of micro – combined heat and power ［J］. Energy Policy, 2013 (61): 496 – 512.

［35］ Wittmann, N. and Ö. Yildiz. A microeconomic analysis of decentralized small scale biomass based CHP plants—The case of Germany ［J］. Energy Policy, 2013 (63): 123 – 129.

［36］ Vespucci, M. T., M. Innorta and G. Cervigni. A Mixed Integer Linear Programming model of a zonal electricity market with a dominant producer ［J］. Energy Economics, 2013 (35): 35 – 41.

［37］ Coulon, M., W. B. Powell and R. Sircar. A model for hedging load and price risk in the Texas electricity market ［J］. Energy Economics, 2013 (40): 976 – 988.

［38］ Affuso, E. and D. Hite. A model for sustainable land use in biofuel production: An application to the state of Alabama ［J］. Energy Economics, 2013 (37): 29 – 39.

［39］ Pillai, U. and J. McLaughlin. A model of competition in the solar panel industry ［J］. Energy Economics, 2013 (40): 32 – 39.

［40］ Newsham, G. R. and C. L. Donnelly. A model of residential energy end – use in Canada: Using conditional demand analysis to suggest policy options for community energy planners [J]. Energy Policy, 2013 (59): 133 – 142.

[41] Farrahi Moghaddam, R., F. Farrahi Moghaddam and M. Cheriet. A modified GHG intensity indicator: Toward a sustainable global economy based on a carbon border tax and emissions trading [J]. Energy Policy, 2013 (57): 363 – 380.

[42] Mourmouris, J. C. and C. Potolias. A multi – criteria methodology for energy planning and developing renewable energy sources at a regional level: A case study Thassos, Greece [J]. Energy Policy, 2013 (52): 522 – 530.

[43] Zhang, D., et al. A multi – period optimization model for planning of China's power sector with consideration of carbon dioxide mitigation—The importance of continuous and stable carbon mitigation policy [J]. Energy Policy, 2013 (58): 319 – 328.

[44] Nelson, T. and F. Orton. A new approach to congestion pricing in electricity markets: Improving user pays pricing incentives [J]. Energy Economics, 2013 (40): 1 – 7.

[45] Ye, X. and C. Li. A novel evaluation of heat – electricity cost allocation in cogenerations based on entropy change method [J]. Energy Policy, 2013 (60): 290 – 295.

[46] Kosugi, T.. A paradox regarding economic support to deploy renewable energy technologies [J]. Energy Policy, 2013 (61): 1111 – 1115.

[47] Mansouri, N. Y., R. J. Crookes, and T. Korakianitis. A projection of energy consumption and carbon dioxide emissions in the electricity sector for Saudi Arabia: The case for carbon capture and storage and solar photovoltaics [J]. Energy Policy, 2013 (63): 681 – 695.

[48] Tavana, M., et al. A Promethee – goss for oil and gas pipeline planning in the Caspian Sea basin [J]. Energy Economics, 2013 (36): 716 – 728.

[49] Baskaran, R., S. Managi and M. Bendig. A public perspective on the adoption of microgeneration technologies in New Zealand: A multivariate probit approach [J]. Energy Policy, 2013 (58): 177 – 188.

[50] Sovacool, B. K.. A qualitative factor analysis of renewable energy and Sustainable Energy for All (SE4ALL) in the Asia – Pacific [J]. Energy Policy, 2013 (59): 393 – 403.

[51] Oltra, C., et al. A qualitative study of users' engagement with real – time feedback from in – house energy consumption displays [J]. Energy Policy, 2013 (61): 788 – 792.

[52] Lee, H., et al. A real option – based model for promoting sustainable energy projects under the clean development mechanism [J]. Energy Policy, 2013 (54): 360 – 368.

[53] Fridolfsson, S. and T. P. Tanger ås. A reexamination of renewable electricity policy in Sweden [J]. Energy Policy, 2013 (58): 57 – 63.

[54] Currier, K. M.. A regulatory adjustment process for the determination of the optimal percentage requirement in an electricity market with Tradable Green Certificates [J]. Energy Policy, 2013 (62): 1053 – 1057.

[55] Bradley, P. , M. Leach and J. Torriti. A review of the costs and benefits of demand response for electricity in the UK [J]. Energy Policy, 2013 (52): 312 - 327.

[56] Chaudry, M. , J. Wu, and N. Jenkins. A sequential Monte Carlo model of the combined GB gas and electricity network [J]. Energy Policy, 2013 (62): 473 - 483.

[57] Rouillon, S. . A simple characterization of the optimal extraction policy of a non - renewable resource when extraction cost is stock - independent [J]. Energy Economics, 2013 (37): 100 - 103.

[58] Villada, J. and Y. Olaya. A simulation approach for analysis of short - term security of natural gas supply in Colombia [J]. Energy Policy, 2013 (53): 11 - 26.

[59] Dassisti, M. and L. Carnimeo. A small - world methodology of analysis of interchange energy - networks: The European behaviour in the economical crisis [J]. Energy Policy, 2013 (63): 887 - 899.

[60] Jennings, M. G. . A smarter plan? A policy comparison between Great Britain and Ireland's deployment strategies for rolling out new metering technologies [J]. Energy Policy, 2013 (57): 462 - 468.

[61] Burnett, J. W. , J. C. Bergstrom and J. H. Dorfman. A spatial panel data approach to estimating U. S. state - level energy emissions [J]. Energy Economics, 2013 (40): 396 - 404.

[62] Zachmann, G. . A stochastic fuel switching model for electricity prices [J]. Energy Economics, 2013 (35): 5 - 13.

[63] Oh, S. , et al. A support strategy for the promotion of photovoltaic uses for residential houses in Korea [J]. Energy Policy, 2013 (53): 248 - 256.

[64] Caputo, P. , G. Costa, and S. Ferrari. A supporting method for defining energy strategies in the building sector at urban scale [J]. Energy Policy, 2013 (55): 261 - 270.

[65] Lachman, D. A. . A survey and review of approaches to study transitions [J]. Energy Policy, 2013 (58): 269 - 276.

[66] Manley, D. K. , et al. A survey of energy policy priorities in the United States: Energy supply security, economics, and the environment [J]. Energy Policy, 2013 (60): 687 - 696.

[67] Movilla, S. , L. J. Miguel and L. F. Blázquez. A system dynamics approach for the photovoltaic energy market in Spain [J]. Energy Policy, 2013 (60): 142 - 154.

[68] Ansari, N. and A. Seifi. A system dynamics model for analyzing energy consumption and CO_2 emission in Iranian cement industry under various production and export scenarios [J]. Energy Policy, 2013 (58): 75 - 89.

[69] Ge, F. and Y. Fan. A system dynamics model of coordinated development of central and provincial economy and oil enterprises [J]. Energy Policy, 2013 (60): 41 - 51.

[70] Mulvaney, K. K. , Woodson and L. S. Prokopy. A tale of three counties: Under-

standing wind development in the rural Midwestern United States [J]. Energy Policy, 2013 (56): 322 – 330.

[71] Seyfang, G. , J. J. Park, and A. Smith. A thousand flowers blooming? An examination of community energy in the UK [J]. Energy Policy, 2013 (61): 977 – 989.

[72] Aloui, R. , S. Hammoudeh and K. duc Nguyen. A time – varying copula approach to oil and stock market dependence: The case of transition economies [J]. Energy Economics, 2013 (39): 208 – 221.

[73] Breyer, C. , et al. A top – down analysis: Determining photovoltaics R&D investments from patent analysis and R&D headcount [J]. Energy Policy, 2013 (62): 1570 – 1580.

[74] Schneider, E. , et al. A top – down assessment of energy, water and land use in uranium mining, milling, and refining [J]. Energy Economics, 2013 (40): 911 – 926.

[75] Ko, L. , et al. Abatement cost analysis in CO_2 emission reduction costs regarding the supply – side policies for the Taiwan power sector [J]. Energy Policy, 2013 (61): 551 – 561.

[76] Schaffer, M. B. . Abundant thorium as an alternative nuclear fuel: Important waste disposal and weapon proliferation advantages [J]. Energy Policy, 2013 (60): 4 – 12.

[77] Siegrist, M. and V. H. M. Visschers. Acceptance of nuclear power: The Fukushima effect [J]. Energy Policy, 2013 (59): 112 – 119.

[78] Majcen, D. , L. Itard and H. Visscher. Actual and theoretical gas consumption in Dutch dwellings: What causes the differences? [J]. Energy Policy, 2013 (61): 460 – 471.

[79] Cradden, L. C. and G. P. Harrison. Adapting overhead lines to climate change: Are dynamic ratings the answer? [J]. Energy Policy, 2013 (63): 197 – 206.

[80] He, G. and R. Morse. Addressing carbon Offsetters' Paradox: Lessons from Chinese wind CDM [J]. Energy Policy, 2013 (63): 1051 – 1055.

[81] Harish, S. M. , et al. Adoption of solar home lighting systems in India: What might we learn from Karnataka? [J]. Energy Policy, 2013 (62): 697 – 706.

[82] Fiorese, G. , et al. Advanced biofuels: Future perspectives from an expert elicitation survey [J]. Energy Policy, 2013 (56): 293 – 311.

[83] Tseng, H. , J. S. Wu and X. Liu. Affordability of electric vehicles for a sustainable transport system: An economic and environmental analysis [J]. Energy Policy, 2013 (61): 441 – 447.

[84] Sarica, K. and W. E. Tyner. Alternative policy impacts on US GHG emissions and energy security: A hybrid modeling approach [J]. Energy Economics, 2013 (40): 40 – 50.

[85] Mosnier, A. , et al. Alternative U. S. biofuel mandates and global GHG emissions: The role of land use change, crop management and yield growth [J]. Energy Policy, 2013 (57): 602 – 614.

［86］ Lasserre, and S. Smulders. An ABC of nonrenewable – renewable resource interactions: Antibiotics, Biofuels, Carbon Decay, Expropriation, Forestry ［J］. Resource and Energy Economics, 2013, 35 (4): 558 – 571.

［87］ Sorda, G. , Y. Sunak and R. Madlener. An agent – based spatial simulation to evaluate the promotion of electricity from agricultural biogas plants in Germany ［J］. Ecological Economics, 2013 (89): 43 – 60.

［88］ Thompson, A. . An almost ideal supply system estimate of US energy substitution ［J］. Energy Economics, 2013 (40): 813 – 818.

［89］ Nelson, T. , et al. An analysis of Australia's large scale renewable energy target: Restoring market confidence ［J］. Energy Policy, 2013 (62): 386 – 400.

［90］ Wang, J. , L. Feng and G. E. Tverberg. An analysis of China's coal supply and its impact on China's future economic growth ［J］. Energy Policy, 2013 (57): 542 – 551.

［91］ Tian, Y. , Q. Zhu and Y. Geng. An analysis of energy – related greenhouse gas emissions in the Chinese iron and steel industry ［J］. Energy Policy, 2013 (56): 352 – 361.

［92］ Park, N. , S. Yun and E. Jeon. An analysis of long – term scenarios for the transition to renewable energy in the Korean electricity sector ［J］. Energy Policy, 2013 (52): 288 – 296.

［93］ Liu, X. , et al. An analysis of the demonstration projects for renewable energy application buildings in China ［J］. Energy Policy, 2013 (63): 382 – 397.

［94］ Yin, Y. , S. Mizokami and T. Maruyama. An analysis of the influence of urban form on energy consumption by individual consumption behaviors from a microeconomic viewpoint ［J］. Energy Policy, 2013 (61): 909 – 919.

［95］ Singh, M. K. , S. Mahapatra and J. Teller. An analysis on energy efficiency initiatives in the building stock of Liege, Belgium ［J］. Energy Policy, 2013 (62): 729 – 741.

［96］ Cappers, P. , et al. An assessment of market and policy barriers for demand response providing ancillary services in U. S. electricity markets ［J］. Energy Policy, 2013 (62): 1031 – 1039.

［97］ Varigonda, K. C. . An assessment of the impact of energy insecurity on state stability in India ［J］. Energy Policy, 2013 (62): 1110 – 1119.

［98］ Di Castelnuovo, M. and E. Fumagalli. An assessment of the Italian smart gas metering program ［J］. Energy Policy, 2013 (60): 714 – 721.

［99］ Massetti, E. and E. C. Ricci. An assessment of the optimal timing and size of investments in concentrated solar power ［J］. Energy Economics, 2013 (38): 186 – 203.

［100］ Wei, C. , A. Löschel and B. Liu. An empirical analysis of the CO_2 shadow price in Chinese thermal power enterprises ［J］. Energy Economics, 2013 (40): 22 – 31.

［101］ Benth, F. E. , R. Biegler – König and R. Kiesel. An empirical study of the information premium on electricity markets [J]. Energy Economics, 2013 (36): 55 – 77.

[102] Shin, J. , W. Shin and C. Lee. An energy security management model using quality function deployment and system dynamics [J]. Energy Policy, 2013 (54): 72 – 86.

[103] Münnich Vass, M. , K. Elofsson and I. Gren. An equity assessment of introducing uncertain forest carbon sequestration in EU climate policy [J]. Energy Policy, 2013 (61): 1432 – 1442.

[104] Zhang, J. , B. Ge and H. Xu. An equivalent marginal cost – pricing model for the district heating market [J]. Energy Policy, 2013 (63): 1224 – 1232.

[105] Zhang, H. , Q. Ji and Y. Fan. An evaluation framework for oil import security based on the supply chain with a case study focused on China [J]. Energy Economics, 2013 (38): 87 – 95.

[106] Usher, W. and N. Strachan. An expert elicitation of climate, energy and economic uncertainties [J]. Energy Policy, 2013 (61): 811 – 821.

[107] Bai, Y. and Y. Liu. An exploration of residents' low – carbon awareness and behavior in Tianjin, China [J]. Energy Policy, 2013 (61): 1261 – 1270.

[108] Chen, C. , Y. P. Li and G. H. Huang. An inexact robust optimization method for supporting carbon dioxide emissions management in regional electric – power systems [J]. Energy Economics, 2013 (40): 441 – 456.

[109] Li, Z. , J. Sun and S. Wang. An information diffusion – based model of oil futures price [J]. Energy Economics, 2013 (36): 518 – 525.

[110] Holahan, R. and G. Arnold. An institutional theory of hydraulic fracturing policy [J]. Ecological Economics, 2013 (94): 127 – 134.

[111] Scherer, M. , M. Zima and G. Andersson. An integrated pan – European ancillary services market for frequency control [J]. Energy Policy, 2013 (62): 292 – 300.

[112] Sovacool, B. K.. An international assessment of energy security performance [J]. Ecological Economics, 2013 (88): 148 – 158.

[113] Hyytiäinen, K. , et al. An optimization framework for addressing aquatic invasive species [J]. Ecological Economics, 2013 (91): 69 – 79.

[114] Jouvet, and B. Solier. An overview of CO_2 cost pass – through to electricity prices in Europe [J]. Energy Policy, 2013 (61): 1370 – 1376.

[115] Thompson, E. , Q. Wang and M. Li. Anaerobic digester systems (ADS) for multiple dairy farms: A GIS analysis for optimal site selection [J]. Energy Policy, 2013 (61): 114 – 124.

[116] den Elzen, M. G. J. , A. F. Hof and M. Roelfsema. Analysing the greenhouse gas emission reductions of the mitigation action plans by non – Annex I countries by 2020 [J]. Energy Policy, 2013 (56): 633 – 643.

[117] López – Rodríguez, M. A. , et al. Analysis and modeling of active occupancy of the

residential sector in Spain: An indicator of residential electricity consumption [J]. Energy Policy, 2013 (62): 742 – 751.

[118] Mu, H., et al. Analysis of China's carbon dioxide flow for 2008 [J]. Energy Policy, 2013 (54): 320 – 326.

[119] González Palencia, J. C., T. Furubayashi and T. Nakata. Analysis of CO_2 emissions reduction potential in secondary production and semi – fabrication of non – ferrous metals [J]. Energy Policy, 2013 (52): 328 – 341.

[120] Robinson, A. P., et al. Analysis of electric vehicle driver recharging demand profiles and subsequent impacts on the carbon content of electric vehicle trips [J]. Energy Policy, 2013 (61): 337 – 348.

[121] Tang, X., S. Snowden and M. Höök. Analysis of energy embodied in the international trade of UK [J]. Energy Policy, 2013 (57): 418 – 428.

[122] Okajima, S. and H. Okajima. Analysis of energy intensity in Japan [J]. Energy Policy, 2013 (61): 574 – 586.

[123] Homma, T. and K. Akimoto. Analysis of Japan's energy and environment strategy after the Fukushima nuclear plant accident [J]. Energy Policy, 2013 (62): 1216 – 1225.

[124] Zhang, H., et al. Analysis of low – carbon industrial symbiosis technology for carbon mitigation in a Chinese iron/steel industrial park: A case study with carbon flow analysis [J]. Energy Policy, 2013 (61): 1400 – 1411.

[125] Jacobs, D., et al. Analysis of renewable energy incentives in the Latin America and Caribbean region: The feed – in tariff case [J]. Energy Policy, 2013 (60): 601 – 610.

[126] Lind, A., et al. Analysis of the EU renewable energy directive by a techno – economic optimisation model [J]. Energy Policy, 2013 (60): 364 – 377.

[127] Bueno – Lorenzo, M., M. á. Moreno and J. Usaola. Analysis of the imbalance price scheme in the Spanish electricity market: A wind power test case [J]. Energy Policy, 2013 (62): 1010 – 1019.

[128] Kang, M. J. and J. Park. Analysis of the partnership network in the clean development mechanism [J]. Energy Policy, 2013 (52): 543 – 553.

[129] Aman, M. M., et al. Analysis of the performance of domestic lighting lamps [J]. Energy Policy, 2013 (52): 482 – 500.

[130] Kalantzis, F. G. and N. T. Milonas. Analyzing the impact of futures trading on spot price volatility: Evidence from the spot electricity market in France and Germany [J]. Energy Economics, 2013 (36): 454 – 463.

[131] Zhang, Y., Z. Wang and G. Zhou. Antecedents of employee electricity saving behavior in organizations: An empirical study based on norm activation model [J]. Energy Policy, 2013 (62): 1120 – 1127.

［132］Huang, S. , S. Lo and Y. Lin. Application of a fuzzy cognitive map based on a structural equation model for the identification of limitations to the development of wind power ［J］. Energy Policy, 2013（63）: 851 –861.

［133］Gallo – Rivera, M. T. , T. Mancha – Navarro and R. Garrido – Yserte. Application of the counterfactual method to assess of the local economic impact of a nuclear power station ［J］. Energy Policy, 2013（62）: 1481 –1492.

［134］Liu, H. and J. Shi. Applying ARMA – GARCH approaches to forecasting short – term electricity prices ［J］. Energy Economics, 2013（37）: 152 –166.

［135］Perrons, R. K. and M. G. Richards. Applying maintenance strategies from the space and satellite sector to the upstream oil and gas industry: A research agenda ［J］. Energy Policy, 2013（61）: 60 –64.

［136］Voltes – Dorta, A. , J. Perdiguero and J. L. Jiménez. Are car manufacturers on the way to reduce CO_2 emissions? A DEA approach ［J］. Energy Economics, 2013（38）: 77 –86.

［137］White, L. V. , B. Lloyd and S. J. Wakes. Are Feed – in Tariffs suitable for promoting solar PV in New Zealand cities? ［J］. Energy Policy, 2013（60）: 167 –178.

［138］Böhringer, C. , A. Keller and E. van der Werf. Are green hopes too rosy? Employment and welfare impacts of renewable energy promotion ［J］. Energy Economics, 2013（36）: 277 –285.

［139］Krupa, J. . Are large – scale photovoltaic arrays truly within our grasp? ［J］. Energy Policy, 2013（61）: 1608 –1609.

［140］Zhang, B. . Are the crude oil markets becoming more efficient over time? New evidence from a generalized spectral test ［J］. Energy Economics, 2013（40）: 875 –881.

［141］Barkhordar, Z. A. and Y. Saboohi. Assessing alternative options for allocating oil revenue in Iran ［J］. Energy Policy, 2013（63）: 1207 –1216.

［142］Antimiani, A. , et al. Assessing alternative solutions to carbon leakage ［J］. Energy Economics, 2013（36）: 299 –311.

［143］Malagueta, D. , et al. Assessing incentive policies for integrating centralized solar power generation in the Brazilian electric power system ［J］. Energy Policy, 2013（59）: 198 –212.

［144］Einsiedel, E. F. , et al. Assessing socio – technical mindsets: Public deliberations on carbon capture and storage in the context of energy sources and climate change ［J］. Energy Policy, 2013（53）: 149 –158.

［145］Gass, V. , et al. Assessing the economic wind power potential in Austria ［J］. Energy Policy, 2013（53）: 323 –330.

［146］Asteriou, D. and Y. Bashmakova. Assessing the impact of oil returns on emerging stock markets: A panel data approach for ten Central and Eastern European Countries [J]. Energy Economics, 2013 (38): 204 – 211.

[147] Forrest, S. and I. MacGill. Assessing the impact of wind generation on wholesale prices and generator dispatch in the Australian National Electricity Market [J]. Energy Policy, 2013 (59): 120 – 132.

[148] Bernardos, E. , et al. Assessing the potential of hybrid fossil – solar thermal plants for energy policy making: Brayton cycles [J]. Energy Policy, 2013 (62): 99 – 106.

[149] Milhau, A. and A. Fallot. Assessing the potentials of agricultural residues for energy: What the CDM experience of India tells us about their availability [J]. Energy Policy, 2013 (58): 391 – 402.

[150] Jenner, S. , F. Groba and J. Indvik. Assessing the strength and effectiveness of renewable electricity feed – in tariffs in European Union countries [J]. Energy Policy, 2013 (52): 385 – 401.

[151] Alcántara, V. , M. Tarancón, anddel Río. Assessing the technological responsibility of productive structures in electricity consumption [J]. Energy Economics, 2013 (40): 457 – 467.

[152] Brown, S. P. A. and H. G. Huntington. Assessing the U. S. oil security premium [J]. Energy Economics, 2013 (38): 118 – 127.

[153] Vithayasrichareon, and I. F. MacGill. Assessing the value of wind generation in future carbon constrained electricity industries [J]. Energy Policy, 2013 (53): 400 – 412.

[154] Basavaraj, G. , et al. Assessing viability of bio – ethanol production from sweet sorghum in India [J]. Energy Policy, 2013 (56): 501 – 508.

[155] Cho, I. and H. Kim. Assessing welfare impact of entry into power market [J]. Energy Policy, 2013 (61): 1046 – 1054.

[156] Hong, L. , et al. Assessment of China's renewable energy contribution during the 12th Five Year Plan [J]. Energy Policy, 2013 (62): 1533 – 1543.

[157] Ren, Z. , et al. Assessment of end – use electricity consumption and peak demand by Townsville's housing stock [J]. Energy Policy, 2013 (61): 888 – 893.

[158] Jeong, G.. Assessment of government support for the household adoption of micro – generation systems in Korea [J]. Energy Policy, 2013 (62): 573 – 581.

[159] Telsnig, T. , et al. Assessment of selected CCS technologies in electricity and synthetic fuel production for CO_2 mitigation in South Africa [J]. Energy Policy, 2013 (63): 168 – 180.

[160] Pacheco, M. and R. Lamberts. Assessment of technical and economical viability for large – scale conversion of single family residential buildings into zero energy buildings in Brazil: Climatic and cultural considerations [J]. Energy Policy, 2013 (63): 716 – 725.

［161］Guisández, I. , J. I. Pérez – Díaz and J. R. Wilhelmi. Assessment of the economic impact of environmental constraints on annual hydropower plant operation ［J］. Energy Policy, 2013（61）: 1332 – 1343.

［162］Lise, W. , et al. Assessment of the required share for a stable EU electricity supply until 2050 ［J］. Energy Policy, 2013（59）: 904 – 913.

［163］Liu, Y. and Y. Xie. Asymmetric adjustment of the dynamic relationship between energy intensity and urbanization in China ［J］. Energy Economics, 2013（36）: 43 – 54.

［164］Kim, J. and E. Heo. Asymmetric substitutability between energy and capital: Evidence from the manufacturing sectors in 10 OECD countries ［J］. Energy Economics, 2013（40）: 81 – 89.

［165］Chung, W. and I. M. H. Yeung. Attitudes of Hong Kong residents toward the Daya Bay nuclear power plant ［J］. Energy Policy, 2013（62）: 1172 – 1186.

［166］Griffin, R. . Auction designs for allocating wind energy leases on the U. S. outer continentalshelf ［J］. Energy Policy, 2013（56）: 603 – 611.

［167］Meybodi, M. A. and M. Behnia. Australian coal mine methane emissions mitigation potential using a Stirling engine – based CHP system ［J］. Energy Policy, 2013（62）: 10 – 18.

［168］Holden, S. . Avoiding the resource curse the case Norway ［J］. Energy Policy, 2013（63）: 870 – 876.

［169］Glithero, N. J. , S. J. Ramsden and Wilson. Barriers and incentives to the production of bioethanol from cereal straw: A farm business perspective ［J］. Energy Policy, 2013（59）: 161 – 171.

［170］Zhang, Y. and Y. Wang. Barriers' and policies' analysis of China's building energy efficiency ［J］. Energy Policy, 2013（62）: 768 – 773.

［171］Steinbach, A. . Barriers and solutions for expansion of electricity grids—the German experience ［J］. Energy Policy, 2013（63）: 224 – 229.

［172］Verbruggen, A. . Belgian nuclear power life extension and fuss about nuclear rents ［J］. Energy Policy, 2013（60）: 91 – 97.

［173］Keirstead, J. . Benchmarking urban energy efficiency in the UK ［J］. Energy Policy, 2013（63）: 575 – 587.

［174］Dietz, S. and C. Hepburn. Benefit – cost analysis of non – marginal climate and energy projects ［J］. Energy Economics, 2013（40）: 61 – 71.

［175］Ribeiro, B. E. . Beyond commonplace biofuels: Social aspects of ethanol ［J］. Energy Policy, 2013（57）: 355 – 362.

［176］Xiong, T. , Y. Bao, and Z. Hu. Beyond one – step – ahead forecasting: Evaluation of alternative multi – step – ahead forecasting models for crude oil prices ［J］. Energy Economics, 2013 (40): 405 – 415.

[177] Ritchie, H., et al. Big Pylons: Mixed signals for transmission. Spatial planning for energy distribution [J]. Energy Policy, 2013 (63): 311 – 320.

[178] Serra, T. and D. Zilberman. Biofuel – related price transmission literature: A review [J]. Energy Economics, 2013 (37): 141 – 151.

[179] Negash, M. and J. F. M. Swinnen. Biofuels and food security: Micro – evidence from Ethiopia [J]. Energy Policy, 2013 (61): 963 – 976.

[180] Laude, A. and C. Jonen. Biomass and CCS: The influence of technical change [J]. Energy Policy, 2013 (60): 916 – 924.

[181] White, E. M., et al. Biomass production from the U. S. forest and agriculture sectors in support of a renewable electricity standard [J]. Energy Policy, 2013 (58): 64 – 74.

[182] Wilson, J., et al. Blame the exurbs, not the suburbs: Exploring the distribution of greenhouse gas emissions within a city region [J]. Energy Policy, 2013 (62): 1329 – 1335.

[183] Altenburg, T. and T. Engelmeier. Boosting solar investment with limited subsidies: Rent management and policy learning in India [J]. Energy Policy, 2013 (59): 866 – 874.

[184] César, A. D. S. and M. O. Batalha. Brazilian biodiesel: The case of the palm's social projects [J]. Energy Policy, 2013 (56): 165 – 174.

[185] Rego, E. E. and V. Parente. Brazilian experience in electricity auctions: Comparing outcomes from new and old energy auctions as well as the application of the hybrid Anglo – Dutch design [J]. Energy Policy, 2013 (55): 511 – 520.

[186] Huijben, J. C. C. M. and G. P. J. Verbong. Breakthrough without subsidies? PV business model experiments in the Netherlands [J]. Energy Policy, 2013 (56): 362 – 370.

[187] Salvo, A. and C. Huse. Build it, but will they come? Evidence from consumer choice between gasoline and sugarcane ethanol [J]. Journal of Environmental Economics and Management, 2013, 66 (2): 251 – 279.

[188] Xu, L., et al. Building energy saving potential in Hot Summer and Cold Winter (HSCW) Zone, China—Influence of building energy efficiency standards and implications [J]. Energy Policy, 2013 (57): 253 – 262.

[189] Jiang, P., et al. Building low carbon communities in China: The role of individual's behaviour change and engagement [J]. Energy Policy, 2013 (60): 611 – 620.

[190] Richter, M.. Business model innovation for sustainable energy: German utilities and renewable energy [J]. Energy Policy, 2013 (62): 1226 – 1237.

[191] Hosseini, H. M. and S. Kaneko. Can environmental quality spread through institutions? [J]. Energy Policy, 2013 (56): 312 – 321.

[192] Trainer, T.. Can Europe run on renewable energy? A negative case [J]. Energy Policy, 2013 (63): 845 – 850.

［193］ Ohimain, E. I.. Can the Nigerian biofuel policy and incentives (2007) transform Nigeria into a biofuel economy? ［J］. Energy Policy, 2013 (54): 352 – 359.

［194］ Lecuyer, O. and Quirion. Can uncertainty justify overlapping policy instruments to mitigate emissions? ［J］. Ecological Economics, 2013 (93): 177 – 191.

［195］ Talbot, D. and O. Boiral. Can we trust corporates GHG inventories? An investigation among Canada's large final emitters ［J］. Energy Policy, 2013 (63): 1075 – 1085.

［196］ Fertel, C., et al. Canadian energy and climate policies: A SWOT analysis in search of federal/provincial coherence ［J］. Energy Policy, 2013 (63): 1139 – 1150.

［197］ Pierru, A., S. Roussanaly and J. Sabathier. Capital structure in LNG infrastructures and gas pipelines projects: Empirical evidences and methodological issues ［J］. Energy Policy, 2013 (61): 285 – 291.

［198］ Abdul – Majeed, M. A., et al. Captive power generation in Saudi Arabia—Overview and recommendations on policies ［J］. Energy Policy, 2013 (62): 379 – 385.

［199］ Darshini, D., Dwivedi and K. Glenk. Capturing stakeholders' views on oil palm – based biofuel and biomass utilisation in Malaysia ［J］. Energy Policy, 2013 (62): 1128 – 1137.

［200］ Ding, Y., et al. Car dieselization: A solution to China's energy security? ［J］. Energy Policy, 2013 (62): 540 – 549.

［201］ Chih Chang, C. and T. Chia Lai. Carbon allowance allocation in the transportation industry ［J］. Energy Policy, 2013 (63): 1091 – 1097.

［202］ Wang, Y., et al. Carbon dioxide emission drivers for a typical metropolis using input – output structural decomposition analysis ［J］. Energy Policy, 2013 (58): 312 – 318.

［203］ Halkos, G. E. and N. G. Tzeremes. Carbon dioxide emissions and governance: A nonparametric analysis for the G – 20 ［J］. Energy Economics, 2013 (40): 110 – 118.

［204］ Wang, Y. and S. Liang. Carbon dioxide mitigation target of China in 2020 and key economic sectors ［J］. Energy Policy, 2013 (58): 90 – 96.

［205］ Ometto, J. P., et al. Carbon emission as a function of energy generation in hydroelectric reservoirs in Brazilian dry tropical biome ［J］. Energy Policy, 2013 (58): 109 – 116.

［206］ Dong, G., et al. Carbon footprint accounting and dynamics and the driving forces of agricultural production in Zhejiang Province, China ［J］. Ecological Economics, 2013 (91): 38 – 47.

［207］ Dong, H., et al. Carbon footprint evaluation at industrial park level: A hybrid life cycle assessment approach ［J］. Energy Policy, 2013 (57): 298 – 307.

［208］ Allen, and T. Chatterton. Carbon reduction scenarios for 2050: An explorative analysis of public preferences ［J］. Energy Policy, 2013 (63): 796 – 808.

［209］ Di Cosmo, V. and M. Hyland. Carbon tax scenarios and their effects on the Irish energy sector [J]. Energy Policy, 2013 (59): 404 - 414.

[210] Orlov, A., H. Grethe and S. McDonald. Carbon taxation in Russia: Prospects for a double dividend and improved energy efficiency [J]. Energy Economics, 2013 (37): 128 - 140.

[211] Stern, D. I. and K. Enflo. Causality between energy and output in the long - run [J]. Energy Economics, 2013 (39): 135 - 146.

[212] Sung, B. and W. Song. Causality between public policies and exports of renewable energy technologies [J]. Energy Policy, 2013 (55): 95 - 104.

[213] Papież, M. and S. Śmiech. Causality - in - mean and causality - in - variance within the international steam coal market [J]. Energy Economics, 2013 (36): 594 - 604.

[214] Iye, E. and Bilsborrow. Cellulosic ethanol production from agricultural residues in Nigeria [J]. Energy Policy, 2013 (63): 207 - 214.

[215] Cao, W. and C. Bluth. Challenges and countermeasures of China's energy security [J]. Energy Policy, 2013 (53): 381 - 388.

[216] Doblinger, C. and B. Soppe. Change - actors in the U. S. electric energy system: The role of environmental groups in utility adoption and diffusion of wind power [J]. Energy Policy, 2013 (61): 274 - 284.

[217] Shahiduzzaman, M. and K. Alam. Changes in energy efficiency in Australia: A decomposition of aggregate energy intensity using logarithmic mean Divisia approach [J]. Energy Policy, 2013 (56): 341 - 351.

[218] Das, A. and S. K. Paul. Changes in energy requirements of the residential sector in India between 1993 - 94 and 2006 - 07 [J]. Energy Policy, 2013 (53): 27 - 40.

[219] Wang, C.. Changing energy intensity of economies in the world and its decomposition [J]. Energy Economics, 2013 (40): 637 - 644.

[220] Lo Schiavo, L., et al. Changing the regulation for regulating the change: Innovation - driven regulatory developments for smart grids, smart metering and e - mobility in Italy [J]. Energy Policy, 2013 (57): 506 - 517.

[221] Kessides, I. N.. Chaos in power: Pakistan's electricity crisis [J]. Energy Policy, 2013 (55): 271 - 285.

[222] Meng, B., et al. China's inter - regional spillover of carbon emissions and domestic supply chains [J]. Energy Policy, 2013 (61): 1305 - 1321.

[223] Zhou, N., et al. China's energy and emissions outlook to 2050: Perspectives from bottom - up energy end - use model [J]. Energy Policy, 2013 (53): 51 - 62.

[224] Jiang, Z. and B. Lin. China's energy demand and its characteristics in the industrialization and urbanization process: A reply [J]. Energy Policy, 2013 (60): 583 - 585.

[225] Ming, Z., et al. China's large - scale power shortages of 2004 and 2011 after the

electricity market reforms of 2002: Explanations and differences [J]. Energy Policy, 2013 (61): 610 – 618.

[226] Tan, X.. China's overseas investment in the energy/resources sector: Its scale, drivers, challenges and implications [J]. Energy Economics, 2013 (36): 750 – 758.

[227] Ma, G., Andrews – Speed, and J. Zhang. Chinese consumer attitudes towards energy saving: The case of household electrical appliances in Chongqing [J]. Energy Policy, 2013 (56): 591 – 602.

[228] Yi, H.. Clean energy policies and green jobs: An evaluation of green jobs in U. S. metropolitan areas [J]. Energy Policy, 2013 (56): 644 – 652.

[229] Perry, N., S. Rosewarne and G. White. Clean energy policy: Taxing carbon and the illusion of the equity objective [J]. Ecological Economics, 2013 (90): 104 – 113.

[230] Beyene, A. D. and S. F. Koch. Clean fuel – saving technology adoption in urban Ethiopia [J]. Energy Economics, 2013 (36): 605 – 613.

[231] Mundaca T, L.. Climate change and energy policy in Chile: Up in smoke? [J]. Energy Policy, 2013 (52): 235 – 248.

[232] Reiche, D.. Climate policies in the U. S. at the stakeholder level: A case study of the National Football League [J]. Energy Policy, 2013 (60): 775 – 784.

[233] Tan, H., A. Sun, and H. Lau. CO_2 embodiment in China – Australia trade: The drivers and implications [J]. Energy Policy, 2013 (61): 1212 – 1220.

[234] Andersson, F. N. G. and Karpestam. CO_2 emissions and economic activity: Short – and long – run economic determinants of scale, energy intensity and carbon intensity [J]. Energy Policy, 2013 (61): 1285 – 1294.

[235] Omri, A.. CO_2 emissions, energy consumption and economic growth nexus in MENA countries: Evidence from simultaneous equations models [J]. Energy Economics, 2013 (40): 657 – 664.

[236] Kohler, M.. CO_2 emissions, energy consumption, income and foreign trade: A South African perspective [J]. Energy Policy, 2013 (63): 1042 – 1050.

[237] Sevigné Itoiz, E., et al. CO_2 ZW: Carbon footprint tool for municipal solid waste management for policy options in Europe. Inventory of Mediterranean countries [J]. Energy Policy, 2013 (56): 623 – 632.

[238] Ding, Y., et al. Coal – based synthetic natural gas (SNG): A solution to China's energy security and CO_2 reduction? [J]. Energy Policy, 2013 (55): 445 – 453.

[239] Eto, R., et al. Co – benefits of including CCS projects in the CDM in India's power sector [J]. Energy Policy, 2013 (58): 260 – 268.

[240] Leinert, S., et al. Co – benefits? Not always: Quantifying the negative effect of a CO_2 – reducing car taxation policy on NOx emissions [J]. Energy Policy, 2013 (63): 1151 –

1159.

[241] Faber, A. and T. Hoppe. Co – constructing a sustainable built environment in the Netherlands—Dynamics and opportunities in an environmental sectoral innovation system [J]. Energy Policy, 2013 (52): 628 – 638.

[242] Dumortier, J.. Co – firing in coal power plants and its impact on biomass feedstock availability [J]. Energy Policy, 2013 (60): 396 – 405.

[243] Ehrig, R. and F. Behrendt. Co – firing of imported wood pellets – An option to efficiently save CO_2 emissions in Europe? [J]. Energy Policy, 2013 (59): 283 – 300.

[244] McKitrick, R. and J. Wood. Co – fluctuation patterns of per capita carbon dioxide emissions: The role of energy markets [J]. Energy Economics, 2013 (39): 1 – 12.

[245] Carvajal, S. X., J. Serrano, and S. Arango. Colombian ancillary services and international connections: Current weaknesses and policy challenges [J]. Energy Policy, 2013 (52): 770 – 778.

[246] Bordignon, S., et al. Combining day – ahead forecasts for British electricity prices [J]. Energy Economics, 2013 (35): 88 – 103.

[247] Gilbraith, N., et al. Comments on Jacobson et al. 's proposal for a wind, water, and solar energy future for New York State [J]. Energy Policy, 2013 (60): 68 – 69.

[248] Xu, P., et al. Commercial building energy use in six cities in Southern China [J]. Energy Policy, 2013 (53): 76 – 89.

[249] Liu, X., et al. Company's affordability of increased energy costs due to climate policies: A survey by sector in China [J]. Energy Economics, 2013 (36): 419 – 430.

[250] Bobinaite, V., et al. Comparative analysis of features of Polish and Lithuanian Day – ahead electricity market prices [J]. Energy Policy, 2013 (63): 181 – 196.

[251] Wei, T.. Comparing approaches to valuing sectoral net investments [J]. Resource and Energy Economics, 2013, 35 (3): 316 – 328.

[252] Li, A. and B. Lin. Comparing climate policies to reduce carbon emissions in China [J]. Energy Policy, 2013 (60): 667 – 674.

[253] Chaton, C. and M. Guillerminet. Competition and environmental policies in an electricity sector [J]. Energy Economics, 2013 (36): 215 – 228.

[254] Kost, C., C. M. Flath and D. Möst. Concentrating solar power plant investment and operation decisions under different price and support mechanisms [J]. Energy Policy, 2013 (61): 238 – 248.

[255] Sander, M.. Conceptual proposals for measuring the impact of international regimes on energy security [J]. Energy Policy, 2013 (63): 449 – 457.

[256] Daziano, R. A.. Conditional – logit Bayes estimators for consumer valuation of electric vehicle driving range. Resource and Energy Economics, 2013, 35 (3): 429 – 450.

［257］ Wicker, and S. Becken. Conscientious vs. ambivalent consumers: Do concerns about energy availability and climate change influence consumer behaviour? ［J］. Ecological Economics, 2013 （88）: 41 – 48.

［258］ Holtmeyer, M. L. , S. Wang, and R. L. Axelbaum. Considerations for decision – making on distributed power generation in rural areas ［J］. Energy Policy, 2013 （63）: 708 – 715.

［259］ Bazhanov, A. V. . Constant – utility paths in a resource – based economy. Resource and Energy Economics, 2013, 35 （3）: 342 – 355.

［260］ Moreira, J. M. L. , B. Gallinaro, and Carajilescov. Construction time of PWRs ［J］. Energy Policy, 2013 （55）: 531 – 542.

［261］ Gangale, F. , A. Mengolini and I. Onyeji. Consumer engagement: An insight from smart grid projects in Europe ［J］. Energy Policy, 2013 （60）: 621 – 628.

［262］ Pr ůša, J. , A. Klimešová and K. Janda. Consumer loss in Czech photovoltaic power plants in 2010 – 2011 ［J］. Energy Policy, 2013 （63）: 747 – 755.

［263］ Chorus, C. G. , M. J. Koetse and A. Hoen. Consumer preferences for alternative fuel vehicles: Comparing a utility maximization and a regret minimization model ［J］. Energy Policy, 2013 （61）: 901 – 908.

［264］ Serra, P. . Contract market power and its impact on the efficiency of the electricity sector ［J］. Energy Policy, 2013 （61）: 653 – 662.

［265］ Hayes – Labruto, L. , et al. Contrasting perspectives on China's rare earths policies: Reframing the debate through a stakeholder lens ［J］. Energy Policy, 2013 （63）: 55 – 68.

［266］ Meng, M. , J. E. Payne and J. Lee. Convergence in per capita energy use among OECD countries ［J］. Energy Economics, 2013 （36）: 536 – 545.

［267］ He, Y. , et al. Correlation between Chinese and international energy prices based on a HP filter and time difference analysis ［J］. Energy Policy, 2013 （62）: 898 – 909.

［268］ Al – Kasim, F. , T. Søreide and A. Williams. Corruption and reduced oil production: An additional resource curse factor? ［J］. Energy Policy, 2013 （54）: 137 – 147.

［269］ Silva – Send, N. , S. Anders and A. Narwold. Cost effectiveness comparison of certain transportation measures to mitigate greenhouse gas emissions in San Diego County, California ［J］. Energy Policy, 2013 （62）: 1428 – 1433.

［270］ Harris, G. , et al. Cost estimates for nuclear power in the UK ［J］. Energy Policy, 2013 （62）: 431 – 442.

［271］ Morrissey, J. , et al. Cost – benefit assessment of energy efficiency investments: Accounting for future resources, savings and risks in the Australian residential sector ［J］. Energy Policy, 2013 （54）: 148 – 159.

［272］ Peterson, S. B. and J. J. Michalek. Cost – effectiveness of plug – in hybrid electric vehicle battery capacity and charging infrastructure investment for reducing US gasoline consumption ［J］. Energy Policy, 2013 (52): 429 –438.

［273］ Burgos – Payán, M., et al. Costs and benefits of the renewable production of electricity in Spain ［J］. Energy Policy, 2013 (56): 259 –270.

［274］ Christoforidis, G. C., et al. Covenant of Mayors initiative—Public perception issues and barriers in Greece ［J］. Energy Policy, 2013 (60): 643 –655.

［275］ Mani, S. and T. Dhingra. Critique of offshore wind energy policies of the UK and Germany—What are the lessons for India ［J］. Energy Policy, 2013 (63): 900 –909.

［276］ Ratti, R. A. and J. L. Vespignani. Crude oil prices and liquidity, the BRIC and G3 countries ［J］. Energy Economics, 2013 (39): 28 –38.

［277］ Souček, M.. Crude oil, equity and gold futures open interest co – movements ［J］. Energy Economics, 2013 (40): 306 –315.

［278］ Natanelov, V., A. M. McKenzie and G. Van Huylenbroeck. Crude oil – corn – ethanol – nexus: A contextual approach ［J］. Energy Policy, 2013 (63): 504 –513.

［279］ Akman, U., E. Okay, and N. Okay. Current snapshot of the Turkish ESCO market ［J］. Energy Policy, 2013 (60): 106 –115.

［280］ Shereef, R. M. and S. A. Khaparde. Current status of REC mechanism in India and possible policy modifications to way forward ［J］. Energy Policy, 2013 (61): 1443 –1451.

［281］ Kaufmann, S., K. Künzel and M. Loock. Customer value of smart metering: Explorative evidence from a choice – based conjoint study in Switzerland ［J］. Energy Policy, 2013 (53): 229 –239.

［282］ Sueyoshi, T. and M. Goto. DEA environmental assessment in a time horizon: Malmquist index on fuel mix, electricity and CO_2 of industrial nations ［J］. Energy Economics, 2013 (40): 370 –382.

［283］ Sueyoshi, T., M. Goto and M. Sugiyama. DEA window analysis for environmental assessment in a dynamic time shift: Performance assessment of U. S. coal – fired power plants ［J］. Energy Economics, 2013 (40): 845 –857.

［284］ Jägemann, C., et al. Decarbonizing Europe's power sector by 2050 — Analyzing the economic implications of alternative decarbonization pathways ［J］. Energy Economics, 2013 (40): 622 –636.

［285］ Ferrell, S. L. and E. A. DeVuyst. Decommissioning wind energy projects: An economic and political analysis ［J］. Energy Policy, 2013 (53): 105 –113.

［286］ Mulder, M. and L. Schoonbeek. Decomposing changes in competition in the Dutch electricity market through the residual supply index ［J］. Energy Economics, 2013 (39): 100 –107.

［287］Holzmann, A. , et al. Decomposing final energy use for heating in the residential sector in Austria ［J］. Energy Policy, 2013（62）：607 – 616.

［288］Zhang, X. , J. Zhang and Q. Tan. Decomposing the change of CO_2 emissions：A joint production theoretical approach ［J］. Energy Policy, 2013（58）：329 – 336.

［289］Mahony, T. O. . Decomposition of Ireland's carbon emissions from 1990 to 2010：An extended Kaya identity ［J］. Energy Policy, 2013（59）：573 – 581.

［290］Sudarshan, A. . Deconstructing the Rosenfeld curve：Making sense of California's low electricity intensity ［J］. Energy Economics, 2013（39）：197 – 207.

［291］Lester, T. W. . Dedicating new real estate transfer taxes for energy efficiency：A revenue option for scaling up Green Retrofit Programs ［J］. Energy Policy, 2013（62）：809 – 820.

［292］Deetman, S. , et al. Deep greenhouse gas emission reductions in Europe：Exploring different options ［J］. Energy Policy, 2013（55）：152 – 164.

［293］Grünewald and J. Torriti. Demand response from the non – domestic sector：Early UK experiences and future opportunities ［J］. Energy Policy, 2013（61）：423 – 429.

［294］Höök, M. and X. Tang. Depletion of fossil fuels and anthropogenic climate change— A review ［J］. Energy Policy, 2013（52）：797 – 809.

［295］Zhao, X. and C. Ma. Deregulation, vertical unbundling and the performance of China's large coal – fired power plants ［J］. Energy Economics, 2013（40）：474 – 483.

［296］Li, Y. and Y. Xia. DES/CCHP：The best utilization mode of natural gas for China's low carbon economy ［J］. Energy Policy, 2013（53）：477 – 483.

［297］Irz, X. , J. Niemi and X. Liu. Determinants of food price inflation in Finland—The role of energy ［J］. Energy Policy, 2013（63）：656 – 663.

［298］Mac Pherson, R. and I. Lange. Determinants of green electricity tariff uptake in the UK ［J］. Energy Policy, 2013（62）：920 – 933.

［299］Gerpott, T. J. and M. Paukert. Determinants of willingness to pay for smart meters：An empirical analysis of household customers in Germany ［J］. Energy Policy, 2013（61）：483 – 495.

［300］McKenna, R. , S. Gantenbein and W. Fichtner. Determination of cost – potential – curves for wind energy in the German federal state of Baden – Württemberg ［J］. Energy Policy, 2013（57）：194 – 203.

［301］Moore, S. , V. Durant and W. E. Mabee. Determining appropriate feed – in tariff rates to promote biomass – to – electricity generation in Eastern Ontario, Canada ［J］. Energy Policy, 2013（63）：607 – 613.

［302］Kubota, H. , et al. Determining barriers to developing geothermal power generation in Japan：Societal acceptance by stakeholders involved in hot springs ［J］. Energy Policy, 2013

(61): 1079 – 1087.

[303] Davis, C. D. , et al. Determining the impact of wind on system costs via the temporal patterns of load and wind generation [J]. Energy Policy, 2013 (60): 122 – 131.

[304] Taylor, P. G. , et al. Developing pathways for energy storage in the UK using a co-evolutionary framework [J]. Energy Policy, 2013 (63): 230 – 243.

[305] Asdrubali, F. , A. Presciutti and F. Scrucca. Development of a greenhouse gas accounting GIS – based tool to support local policy making—application to an Italian municipality [J]. Energy Policy, 2013 (61): 587 – 594.

[306] Shafie – khah, M. , M. Parsa Moghaddam and M. K. Sheikh – El – Eslami. Development of a virtual power market model to investigate strategic and collusive behavior of market players [J]. Energy Policy, 2013 (61): 717 – 728.

[307] Ming, Z. , et al. Development of China's pumped storage plant and related policy analysis [J]. Energy Policy, 2013 (61): 104 – 113.

[308] Zhou, G. , X. Ou and X. Zhang. Development of electric vehicles use in China: A study from the perspective of life – cycle energy consumption and greenhouse gas emissions [J]. Energy Policy, 2013 (59): 875 – 884.

[309] Carmignani, F. . Development outcomes, resource abundance, and the transmission through inequality [J]. Resource and Energy Economics, 2013, 35 (3): 412 – 428.

[310] Lu, S. , et al. Development strategy of green energy industry for Taipei—A modern medium – sized city [J]. Energy Policy, 2013 (62): 484 – 492.

[311] Steckel, J. C. , et al. Development without energy? Assessing future scenarios of energy consumption in developing countries [J]. Ecological Economics, 2013 (90): 53 – 67.

[312] Chen, K. , S. Huang and S. Liu. Devising a framework for energy education in Taiwan using the analytic hierarchy process [J]. Energy Policy, 2013 (55): 396 – 403.

[313] Virkki – Hatakka, T. , M. Luoranen and M. Ikävalko. Differences in perception: How the experts look at energy efficiency (findings from a Finnish survey) [J]. Energy Policy, 2013 (60): 499 – 508.

[314] Matisoff, D. C. . Different rays of sunlight: Understanding information disclosure and carbon transparency [J]. Energy Policy, 2013 (55): 579 – 592.

[315] Kriesky, J. , et al. Differing opinions about natural gas drilling in two adjacent counties with different levels of drilling activity [J]. Energy Policy, 2013 (58): 228 – 236.

[316] Omu, A. , R. Choudhary and A. Boies. Distributed energy resource system optimisation using mixed integer linear programming [J]. Energy Policy, 2013 (61): 249 – 266.

[317] Rao, N. D. . Distributional impacts of climate change mitigation in Indian electricity: The influence of governance [J]. Energy Policy, 2013 (61): 1344 – 1356.

[318] Jaunky, V. C. . Divergence in technical efficiency of electric utilities: Evidence

from the SAPP ［J］. Energy Policy, 2013 (62): 419 – 430.

［319］ Cooke, H. , I. Keppo and S. Wolf. Diversity in theory and practice: A review with application to the evolution of renewable energy generation in the UK ［J］. Energy Policy, 2013 (61): 88 – 95.

［320］ Ye, D. , S. Liu and D. Kong. Do efforts on energy saving enhance firm values? Evidence from China's stock market ［J］. Energy Economics, 2013 (40): 360 – 369.

［321］ Gardebroek, C. and M. A. Hernandez. Do energy prices stimulate food price volatility? Examining volatility transmission between US oil, ethanol and corn markets ［J］. Energy Economics, 2013 (40): 119 – 129.

［322］ Polemis, M. L. and P. N. Fotis. Do gasoline prices respond asymmetrically in the euro zone area? Evidence from cointegrated panel data analysis ［J］. Energy Policy, 2013 (56): 425 – 433.

［323］ van Dam, S. S. , C. A. Bakker and J. C. Buiter. Do home energy management systems make sense? Assessing their overall lifecycle impact ［J］. Energy Policy, 2013 (63): 398 – 407.

［324］ Arora, V. and M. Tanner. Do oil prices respond to real interest rates? ［J］. Energy Economics, 2013 (36): 546 – 555.

［325］ Valadkhani, A. . Do petrol prices rise faster than they fall when the market shows significant disequilibria? ［J］. Energy Economics, 2013 (39): 66 – 80.

［326］ Zhao, Y. , K. K. Tang and L. Wang. Do renewable electricity policies promote renewable electricity generation? Evidence from panel data ［J］. Energy Policy, 2013 (62): 887 – 897.

［327］ Sadorsky, P. . Do urbanization and industrialization affect energy intensity in developing countries? ［J］. Energy Economics, 2013 (37): 52 – 59.

［328］ Rao, N. D. . Does (better) electricity supply increase household enterprise income in India? ［J］. Energy Policy, 2013 (57): 532 – 541.

［329］ Sorsa, R. and S. Soimakallio. Does bio – oil derived from logging residues in Finland meet the European Union greenhouse gas performance criteria? ［J］. Energy Policy, 2013 (53): 257 – 266.

［330］ Chang, K. and S. Yu. Does crude oil price play an important role in explaining stock return behavior? ［J］. Energy Economics, 2013 (39): 159 – 168.

［331］ Baek, J. and G. Gweisah. Does income inequality harm the environment?: Empirical evidence from the United States ［J］. Energy Policy, 2013 (62): 1434 – 1437.

［332］ Tabi, A. . Does pro – environmental behaviour affect carbon emissions? ［J］. Energy Policy, 2013 (63): 972 – 981.

［333］ Gupta, R. and M. P. Modise. Does the source of oil price shocks matter for South African stock returns? A structural VAR approach [J]. Energy Economics, 2013 (40): 825 – 831.

[334] Matsika, R., B. F. N. Erasmus and W. C. Twine. Double jeopardy: The dichotomy of fuelwood use in rural South Africa [J]. Energy Policy, 2013 (52): 716 – 725.

[335] Conlon, T. and J. Cotter, Downside risk and the energy hedger's horizon [J]. Energy Economics, 2013 (36): 371 – 379.

[336] Egging, R.. Drivers, trends, and uncertainty in long – term price projections for energy management in public buildings [J]. Energy Policy, 2013 (62): 617 – 624.

[337] Rahman, M. M., et al. Driving and hindering factors for rural electrification in developing countries: Lessons from Bangladesh [J]. Energy Policy, 2013 (61): 840 – 851.

[338] Mulder, and H. L. F. de Groot. Dutch sectoral energy intensity developments in international perspective, 1987 – 2005 [J]. Energy Policy, 2013 (52): 501 – 512.

[339] Jeffers, R. F., J. J. Jacobson and E. M. Searcy. Dynamic analysis of policy drivers for bioenergy commodity markets [J]. Energy Policy, 2013 (52): 249 – 263.

[340] Hasani – Marzooni, M. and S. H. Hosseini, Dynamic analysis of various investment incentives and regional capacity assignment in Iranian electricity market [J]. Energy Policy, 2013 (56): 271 – 284.

[341] Benhmad, F.. Dynamic cyclical comovements between oil prices and US GDP: A wavelet perspective [J]. Energy Policy, 2013 (57): 141 – 151.

[342] Dütschke, E. and A. Paetz. Dynamic electricity pricing—Which programs do consumers prefer? [J]. Energy Policy, 2013 (59): 226 – 234.

[343] Awartani, B. and A. I. Maghyereh. Dynamic spillovers between oil and stock markets in the Gulf Cooperation Council Countries [J]. Energy Economics, 2013 (36): 28 – 42.

[344] Rezai, A., L. Taylor and R. Mechler. Ecological macroeconomics: An application to climate change [J]. Ecological Economics, 2013 (85): 69 – 76.

[345] Méndez – Piñero, M. I. and M. Colón – Vázquez. Economic analysis of alternatives for optimizing energy use in manufacturing companies [J]. Energy Economics, 2013 (40): 146 – 154.

[346] Özcan, K. M., E. Gülay and Ş. Üçdo g ruk. Economic and demographic determinants of household energy use in Turkey [J]. Energy Policy, 2013 (60): 550 – 557.

[347] Silva, S., I. Soares and O. Afonso. Economic and environmental effects under resource scarcity and substitution between renewable and non – renewable resources [J]. Energy Policy, 2013 (54): 113 – 124.

[348] Hong, L., D. Liang and W. Di. Economic and environmental gains of China's fossil energy subsidies reform: A rebound effect case study with EIMO model [J]. Energy Policy, 2013 (54): 335 – 342.

［349］Tuominen, P. , J. Forsström and J. Honkatukia. Economic effects of energy efficiency improvements in the Finnish building stock［J］. Energy Policy, 2013（52）: 181 – 189.

［350］de Lopes, D. C. , et al. Economic feasibility of biodiesel production from Macauba in Brazil［J］. Energy Economics, 2013（40）: 819 – 824.

［351］Mudasser, M. , E. K. Yiridoe and K. Corscadden. Economic feasibility of large community feed – in tariff – eligible wind energy production in Nova Scotia［J］. Energy Policy, 2013（62）: 966 – 977.

［352］Ak1n Olçum, G. and E. Yeldan. Economic impact assessment of Turkey's post – Kyoto vision on emission trading［J］. Energy Policy, 2013（60）: 764 – 774.

［353］Prüggler, N. . Economic potential of demand response at household level—Are Central – European market conditions sufficient?［J］. Energy Policy, 2013（60）: 487 – 498.

［354］Li, H. , R. Long and H. Chen. Economic transition policies in Chinese resource – based cities: An overview of government efforts［J］. Energy Policy, 2013（55）: 251 – 260.

［355］Galvin, R. and M. Sunikka – Blank. Economic viability in thermal retrofit policies: Learning from ten years of experience in Germany［J］. Energy Policy, 2013（54）: 343 – 351.

［356］Kung, C. , B. A. McCarl and X. Cao, Economics of pyrolysis – based energy production and biochar utilization: A case study in Taiwan［J］. Energy Policy, 2013（60）: 317 – 323.

［357］Timilsina, G. R. , O. O. Chisari and C. A. Romero. Economy – wide impacts of biofuels in Argentina［J］. Energy Policy, 2013（55）: 636 – 647.

［358］Su, M. , et al. Ecosystem health pattern analysis of urban clusters based on emergy synthesis: Results and implication for management［J］. Energy Policy, 2013（59）: 600 – 613.

［359］Escribano, G. . Ecuador's energy policy mix: Development versus conservation and nationalism with Chinese loans［J］. Energy Policy, 2013（57）: 152 – 159.

［360］Kim, Y. , M. Kim and W. Kim. Effect of the Fukushima nuclear disaster on global public acceptance of nuclear energy［J］. Energy Policy, 2013（61）: 822 – 828.

［361］Zhang, Z. , et al. Effects and mechanism of influence of China's resource tax reform: A regional perspective［J］. Energy Economics, 2013（36）: 676 – 685.

［362］Leepa, C. and M. Unfried. Effects of a cut – off in feed – in tariffs on photovoltaic capacity: Evidence fromGermany［J］. Energy Policy, 2013（56）: 536 – 542.

［363］Rübbelke, D. and S. Vögele. Effects of carbon dioxide capture and storage in Germany on European electricity exchange and welfare［J］. Energy Policy, 2013（59）: 582 – 588.

［364］Kumar, R. R. and R. Kumar. Effects of energy consumption on per worker output: A study of Kenya and South Africa［J］. Energy Policy, 2013（62）: 1187 – 1193.

［365］Schleich, J. , et al. Effects of feedback on residential electricity demand—Findings from a field trial in Austria [J]. Energy Policy, 2013 (61): 1097 – 1106.

[366] Wong – Parodi, G., W. Bruine de Bruin and C. Canfield, Effects of simplifying outreach materials for energy conservation programs that target low – income consumers [J]. Energy Policy, 2013 (62): 1157 – 1164.

[367] Nasiri, M., R. Ramazani Khorshid – Doust and N. Bagheri Moghaddam. Effects of under – development and oil – dependency of countries on the formation of renewable energy technologies: A comparative study of hydrogen and fuel cell technology development in Iran and the Netherlands [J]. Energy Policy, 2013 (63): 588 – 598.

[368] Çelen, A.. Efficiency and productivity (TFP) of the Turkish electricity distribution companies: An application of two – stage (DEA& Tobit) analysis [J]. Energy Policy, 2013 (63): 300 – 310.

[369] Park, W. Y., et al. Efficiency improvement opportunities in TVs: Implications for market transformation programs [J]. Energy Policy, 2013 (59): 361 – 372.

[370] Cavaliere, A., V. Giust and M. Maggi. Efficient mechanisms for access to storage when competition in gas markets is imperfect [J]. Energy Economics, 2013 (36): 481 – 490.

[371] Losekann, L., et al. Efficient power generating portfolio in Brazil: Conciliating cost, emissions and risk [J]. Energy Policy, 2013 (62): 301 – 314.

[372] Steffen, B. and C. Weber. Efficient storage capacity in power systems with thermal and renewable generation [J]. Energy Economics, 2013 (36): 556 – 567.

[373] Baranzini, A. and S. Weber. Elasticities of gasoline demand in Switzerland [J]. Energy Policy, 2013 (63): 674 – 680.

[374] Sarbassov, Y., et al. Electricity and heating system in Kazakhstan: Exploring energy efficiency improvement paths [J]. Energy Policy, 2013 (60): 431 – 444.

[375] Srinivasan, S.. Electricity as a traded good [J]. Energy Policy, 2013 (62): 1048 – 1052.

[376] Béla ïd, F. and F. Abderrahmani, Electricity consumption and economic growth in Algeria: A multivariate causality analysis in the presence of structural change [J]. Energy Policy, 2013 (55): 286 – 295.

[377] El – Shazly, A.. Electricity demand analysis and forecasting: A panel cointegration approach [J]. Energy Economics, 2013 (40): 251 – 258.

[378] Herrerias, M. J. and G. Liu. Electricity intensity across Chinese provinces: New evidence on convergence and threshold effects [J]. Energy Economics, 2013 (36): 268 – 276.

[379] O' Mahoney, A. and E. Denny. Electricity prices and generator behaviour in gross pool electricity markets [J]. Energy Policy, 2013 (63): 628 – 637.

[380] Fiorio, C. V. and M. Florio. Electricity prices and public ownership: Evidence from the EU15 over thirty years [J]. Energy Economics, 2013 (39): 222 – 232.

[381] Binkley, D. , et al. Electricity purchase agreements and distributed energy policies for anaerobic digesters [J]. Energy Policy, 2013 (53): 341 – 352.

[382] Bahn, O. , et al. Electrification of the Canadian road transportation sector: A 2050 outlook with TIMES – Canada [J]. Energy Policy, 2013 (62): 593 – 606.

[383] Li, J. S. , et al. Embodied greenhouse gas emission by Macao [J]. Energy Policy, 2013 (59): 819 – 833.

[384] Giannetti, B. F. , et al. Emergy diagnosis and reflections towards Brazilian sustainable development [J]. Energy Policy, 2013 (63): 1002 – 1012.

[385] Gil – Moltó, M. J. and D. Varvarigos. Emission taxes and the adoption of cleaner technologies: The case of environmentally conscious consumers [J]. Resource and Energy Economics, 2013, 35 (4): 486 – 504.

[386] Lu, Y. , A. Stegman and Y. Cai. Emissions intensity targeting: From China's 12th Five Year Plan to its Copenhagen commitment [J]. Energy Policy, 2013 (61): 1164 – 1177.

[387] El Fadel, M. , et al. Emissions reduction and economic implications of renewable energy market penetration of power generation for residential consumption in the MENA region [J]. Energy Policy, 2013 (52): 618 – 627.

[388] Castelo Branco, D. A. , et al. Emissions reduction potential from CO_2 capture: A life – cycle assessment of a Brazilian coal – fired power plant [J]. Energy Policy, 2013 (61): 1221 – 1235.

[389] Wang, C. , et al. Employment impacts of CDM projects in China's power sector [J]. Energy Policy, 2013 (59): 481 – 491.

[390] O' Sullivan, K. C. , et al? Empowered. Examining self – disconnection in a postal survey of electricity prepayment meter consumers in New Zealand [J]. Energy Policy, 2013 (52): 277 – 287.

[391] Geelen, D. , A. Reinders and D. Keyson. Empowering the end – user in smart grids: Recommendations for the design of products and services [J]. Energy Policy, 2013 (61): 151 – 161.

[392] Pueyo, A. . Enabling frameworks for low – carbon technology transfer to small emerging economies: Analysis of ten case studies in Chile [J]. Energy Policy, 2013 (53): 370 – 380.

[393] Wilkerson, J. T. , et al. End use technology choice in the National Energy Modeling System (NEMS): An analysis of the residential and commercial building sectors [J]. Energy Economics, 2013 (40): 773 – 784.

[394] Keçebaş, A. , et al. Energetic and economic evaluations of geothermal district heating systems by using ANN [J]. Energy Policy, 2013 (56): 558 – 567.

[395] Johnson, C. and T. Boersma. Energy (in) security in Poland the case of shale gas

[J]. Energy Policy, 2013 (53): 389 –399.

[396] Coelho, S. T. and J. Goldemberg. Energy access: Lessons learned in Brazil and perspectives for replication in other developing countries [J]. Energy Policy, 2013 (61): 1088 –1096.

[397] Tang, Y., et al. Energy analysis and environmental impacts of a MSW oxy – fuel incineration power plant in China [J]. Energy Policy, 2013 (60): 132 –141.

[398] Xu, P., T. Xu and Shen. Energy and behavioral impacts of integrative retrofits for residential buildings: What is at stake for building energy policy reforms in northern China? [J]. Energy Policy, 2013 (52): 667 –676.

[399] Oliver – Solà, J., et al. Energy and environmental evaluation of municipal facilities: Case study in the province of Barcelona [J]. Energy Policy, 2013 (61): 920 –930.

[400] Aste, N., et al. Energy and environmental impact of domestic heating in Italy: Evaluation of national NOx emissions [J]. Energy Policy, 2013 (53): 353 –360.

[401] Damette, O. and M. Seghir. Energy as a driver of growth in oil exporting countries? [J]. Energy Economics, 2013 (37): 193 –199.

[402] Liu, B., et al. Energy balance and GHG emissions of cassava – based fuel ethanol using different planting modes in China [J]. Energy Policy, 2013 (56): 210 –220.

[403] Chang, C. and C. Chang. Energy conservation for international dry bulk carriers via vessel speed reduction [J]. Energy Policy, 2013 (59): 710 –715.

[404] Lo, K.. Energy conservation in China's higher educationinstitutions [J]. Energy Policy, 2013 (56): 703 –710.

[405] Kostka, G. and K. Shin. Energy conservation through energy service companies: Empirical analysis from China [J]. Energy Policy, 2013 (52): 748 –759.

[406] Bozoklu, S. and V. Yilanci. Energy consumption and economic growth for selected OECD countries: Further evidence from the Granger causality test in the frequency domain [J]. Energy Policy, 2013 (63): 877 –881.

[407] Fondja Wandji, Y. D.. Energy consumption and economic growth: Evidence from Cameroon [J]. Energy Policy, 2013 (61): 1295 –1304.

[408] Ouedraogo, N. S.. Energy consumption and economic growth: Evidence from the economic community of West African States (ECOWAS) [J]. Energy Economics, 2013 (36): 637 –647.

[409] Dergiades, T., G. Martinopoulos and L. Tsoulfidis. Energy consumption and economic growth: Parametric and non – parametric causality testing for the case of Greece [J]. Energy Economics, 2013 (36): 686 –697.

[410] Leng Wong, S., W. Chia and Y. Chang. Energy consumption and energy R& D in OECD: Perspectives from oil prices and economic growth [J]. Energy Policy, 2013

(62): 1581 – 1590.

[411] Salamaliki, P. K. and I. A. Venetis. Energy consumption and real GDP in G – 7: Multi – horizon causality testing in the presence of capital stock [J]. Energy Economics, 2013 (39): 108 – 121.

[412] Liu, W., et al. Energy consumption practices of rural households in north China: Basic characteristics and potential for low carbon development [J]. Energy Policy, 2013 (55): 128 – 138.

[413] Alkhathlan, K. and M. Javid. Energy consumption, carbon emissions and economic growth in Saudi Arabia: An aggregate and disaggregate analysis [J]. Energy Policy, 2013 (62): 1525 – 1532.

[414] Wong, S. L., Y. Chang and W. Chia. Energy consumption, energy R&D and real GDP in OECD countries with and without oil reserves [J]. Energy Economics, 2013 (40): 51 – 60.

[415] Perobelli, F. S. and C. C. C. de Oliveira. Energy development potential: An analysis of Brazil [J]. Energy Policy, 2013 (59): 683 – 701.

[416] He, F., et al. Energy efficiency and productivity change of China's iron and steel industry: Accounting for undesirable outputs [J]. Energy Policy, 2013 (54): 204 – 213.

[417] Hasanbeigi, A., et al. Energy efficiency improvement and CO_2 emission reduction opportunities in the cement industry in China [J]. Energy Policy, 2013 (57): 287 – 297.

[418] Hamilton, I. G., et al. Energy efficiency in the British housing stock: Energy demand and the Homes Energy Efficiency Database [J]. Energy Policy, 2013 (60): 462 – 480.

[419] Lipscy, P. Y. and L. Schipper. Energy efficiency in the Japanese transport sector [J]. Energy Policy, 2013 (56): 248 – 258.

[420] Sprei, F. and S. Karlsson. Energy efficiency versus gains in consumer amenities—An example from new cars sold in Sweden [J]. Energy Policy, 2013 (53): 490 – 499.

[421] Zhang, N., Zhou and Y. Choi. Energy efficiency, CO_2 emission performance and technology gaps in fossil fuel electricity generation in Korea: A meta – frontier non – radial directional distance functionanalysis [J]. Energy Policy, 2013 (56): 653 – 662.

[422] Boussena, S. and C. Locatelli. Energy institutional and organisational changes in EU and Russia: Revisiting gas relations [J]. Energy Policy, 2013 (55): 180 – 189.

[423] Elliott, R. J. R., Sun and S. Chen. Energy intensity and foreign direct investment: A Chinese city – level study [J]. Energy Economics, 2013 (40): 484 – 494.

[424] Herrerias, M. J., A. Cuadros and V. Orts. Energy intensity and investment ownership across Chinese provinces [J]. Energy Economics, 2013 (36): 286 – 298.

[425] Brounen, D., N. Kok and J. M. Quigley. Energy literacy, awareness and conservation behavior of residential households [J]. Energy Economics, 2013 (38): 42 – 50.

［426］Parkinson, A. , et al. Energy performance certification as a signal of workplace quality ［J］. Energy Policy, 2013 (62): 1493 – 1505.

［427］Santos, G. F. , E. A. Haddad and G. J. D. Hewings. Energy policy and regional inequalities in the Brazilian economy ［J］. Energy Economics, 2013 (36): 241 – 255.

［428］Sovacool, B. K. . Energy policymaking in Denmark: Implications for global energy security and sustainability ［J］. Energy Policy, 2013 (61): 829 – 839.

［429］Shaw, I. and R. Ozaki. Energy provision and housing development: Re – thinking professional and technological relations ［J］. Energy Policy, 2013 (60): 427 – 430.

［430］Ramos, H. M. , et al. Energy recovery in SUDS towards smart water grids: A case study ［J］. Energy Policy, 2013 (62): 463 – 472.

［431］Wiedenhofer, D. , M. Lenzen and J. K. Steinberger, Energy requirements of consumption: Urban form, climatic and socio – economic factors, rebounds and their policy implications ［J］. Energy Policy, 2013 (63): 696 – 707.

［432］Herrera, R. . Energy risk management through self – exciting marked point process ［J］. Energy Economics, 2013 (38): 64 – 76.

［433］Sweeney, J. C. , et al. Energy saving behaviours: Development of a practice – based model ［J］. Energy Policy, 2013 (61): 371 – 381.

［434］Eyre, N. . Energy saving in energy market reform—The feed – in tariffs option ［J］. Energy Policy, 2013 (52): 190 – 198.

［435］Diaz Arias, A. and C. van Beers. Energy subsidies, structure of electricity prices and technological change of energy use ［J］. Energy Economics, 2013 (40): 495 – 502.

［436］Behl, P. , et al. Energy substitution: When model selection depends on the focus ［J］. Energy Economics, 2013 (39): 233 – 238.

［437］Mata, É. , A. Sasic Kalagasidis and F. Johnsson. Energy usage and technical potential for energy saving measures in the Swedish residential building stock ［J］. Energy Policy, 2013 (55): 404 – 414.

［438］Zhou, S. , et al. Energy use and CO_2 emissions of China's industrial sector from a global perspective ［J］. Energy Policy, 2013 (58): 284 – 294.

［439］Dedeoğlu, D. and H. Kaya. Energy use, exports, imports and GDP: New evidence from the OECD countries ［J］. Energy Policy, 2013 (57): 469 – 476.

［440］Farooq, M. K. , S. Kumar and R. M. Shrestha. Energy, environmental and economic effects of Renewable Portfolio Standards (RPS) in a Developing Country ［J］. Energy Policy, 2013 (62): 989 – 1001.

［441］Hamamoto, M. . Energy – saving behavior and marginal abatement cost for household CO_2 emissions ［J］. Energy Policy, 2013 (63): 809 – 813.

［442］Xu, Y. , C. Yang and X. Xuan. Engineering and optimization approaches to enhance the thermal efficiency of coal electricity generation in China [J]. Energy Policy, 2013 (60): 356 – 363.

[443] Lang, C. and M. Siler. Engineering estimates versus impact evaluation of energy efficiency projects: Regression discontinuity evidence from a case study [J]. Energy Policy, 2013 (61): 360 – 370.

[444] Gorecki, P. K.. Ensuring compatibility of the all – island electricity system with the target model: Fitting a square peg into a round hole? [J]. Energy Policy, 2013 (52): 677 – 688.

[445] Fang, C., J. Hu and T. Lou. Environment – adjusted total – factor energy efficiency of Taiwan's service sectors [J]. Energy Policy, 2013 (63): 1160 – 1168.

[446] Spinelli, D., et al. Environmental and life cycle analysis of a biodiesel production line from sunflower in the Province of Siena (Italy) [J]. Energy Policy, 2013 (59): 492 – 506.

[447] Marshall, B. M., et al. Environmental assessment of plug – in hybrid electric vehicles using naturalistic drive cycles and vehicle travel patterns: A Michigan case study [J]. Energy Policy, 2013 (58): 358 – 370.

[448] Lan, J. and A. Munro. Environmental compliance and human capital: Evidence from Chinese industrial firms [J]. Resource and Energy Economics, 2013, 35 (4): 534 – 557.

[449] Saboori, B. and J. Sulaiman. Environmental degradation, economic growth and energy consumption: Evidence of the environmental Kuznets curve in Malaysia [J]. Energy Policy, 2013 (60): 892 – 905.

[450] Chang, Y., et al. Environmental efficiency analysis of transportation system in China: A non – radial DEA approach [J]. Energy Policy, 2013 (58): 277 – 283.

[451] Kanjilal, K. and S. Ghosh. Environmental Kuznet's curve for India: Evidence from tests for cointegration with unknown structuralbreaks [J]. Energy Policy, 2013 (56): 509 – 515.

[452] Meyer, A. and G. Pac. Environmental performance of state – owned and privatized eastern European energy utilities [J]. Energy Economics, 2013 (36): 205 – 214.

[453] Brzeskot, M. and A. Haupt. Environmental policy and the energy efficiency of vertically differentiated consumer products [J]. Energy Economics, 2013 (36): 444 – 453.

[454] Arbuthnott, K. D. and B. Dolter. Escalation of commitment to fossil fuels [J]. Ecological Economics, 2013 (89): 7 – 13.

[455] Lin, B. and G. Zhang. Estimates of electricity saving potential in Chinese nonferrous metals industry [J]. Energy Policy, 2013 (60): 558 – 568.

[456] Lin, B. and P. K. Wesseh Jr. Estimates of inter – fuel substitution possibilities in Chinese chemical industry [J]. Energy Economics, 2013 (40): 560 – 568.

［457］ See, K. F. and T. Coelli. Estimating and decomposing productivity growth of the electricity generation industry in Malaysia: A stochastic frontier analysis ［J］. Energy Policy, 2013 (62): 207 – 214.

［458］ Mueller, J. M.. Estimating Arizona residents' willingness to pay to invest in research and development in solar energy ［J］. Energy Policy, 2013 (53): 462 – 476.

［459］ Thomas, B. A. and I. L. Azevedo. Estimating direct and indirect rebound effects for U. S. households with input – output analysis Part 1: Theoretical framework ［J］. Ecological Economics, 2013 (86): 199 – 210.

［460］ Thomas, B. A. and I. L. Azevedo. Estimating direct and indirect rebound effects for U. S. households with input – output analysis. Part 2: Simulation ［J］. Ecological Economics, 2013 (86): 188 – 198.

［461］ Coelli, T. J., et al. Estimating the cost of improving quality in electricity distribution: A parametric distance function approach ［J］. Energy Policy, 2013 (53): 287 – 297.

［462］ Yang, T., et al. Estimating the energy saving potential of telecom operators in China ［J］. Energy Policy, 2013 (61): 448 – 459.

［463］ Webb, A., et al. Estimating the energy use of high definition games consoles ［J］. Energy Policy, 2013 (61): 1412 – 1421.

［464］ Tashpulatov, S. N.. Estimating the volatility of electricity prices: The case of the England and Wales wholesale electricity market ［J］. Energy Policy, 2013 (60): 81 – 90.

［465］ Ke, J., et al. Estimation of CO_2 emissions from China's cement production: Methodologies and uncertainties ［J］. Energy Policy, 2013 (57): 172 – 181.

［466］ Okajima, S. and H. Okajima. Estimation of Japanese price elasticities of residential electricity demand, 1990 – 2007 ［J］. Energy Economics, 2013 (40): 433 – 440.

［467］ Bian, Y., He and H. Xu. Estimation of potential energy saving and carbon dioxide emission reduction in China based on an extended non – radial DEA approach ［J］. Energy Policy, 2013 (63): 962 – 971.

［468］ Zhou, S. and F. Teng. Estimation of urban residential electricity demand in China using household survey data ［J］. Energy Policy, 2013 (61): 394 – 402.

［469］ Lin, B. and C. Xie. Estimation on oil demand and oil saving potential of China's road transport sector ［J］. Energy Policy, 2013 (61): 472 – 482.

［470］ Kratochvíl, and L. Tichy. EU and Russian discourse on energy relations ［J］. Energy Policy, 2013 (56): 391 – 406.

［471］ Kanellakis, M., G. Martinopoulos and T. Zachariadis. European energy policy—A review ［J］. Energy Policy, 2013 (62): 1020 – 1030.

［472］ Maltby, T., European Union energy policy integration: A case of European Commission policy entrepreneurship and increasing supranationalism ［J］. Energy Policy, 2013

（55）：435 – 444.

［473］Bakhat，M. and J. Rosselló. Evaluating a seasonal fuel tax in a mass tourism destination：A case study for the Balearic Islands［J］. Energy Economics，2013（38）：12 – 18.

［474］Van Den Wymelenberg，K.，et al. Evaluating direct energy savings and market transformation effects：A decade of technical design assistance in the northwestern USA［J］. Energy Policy，2013（52）：342 – 353.

［475］Walker，R.，et al. Evaluating fuel poverty policy in Northern Ireland using a geographic approach［J］. Energy Policy，2013（63）：765 – 774.

［476］Spiecker，S.，Vogel and C. Weber. Evaluating interconnector investments in the north European electricity system considering fluctuating wind power penetration［J］. Energy Economics，2013（37）：114 – 127.

［477］Hong，S.，C. J. A. Bradshaw and B. W. Brook. Evaluating options for the future energy mix of Japan after the Fukushima nuclear crisis［J］. Energy Policy，2013（56）：418 – 424.

［478］de Melo，C. A.，G. M. de Jannuzzi and A. Ferreira Tripodi. Evaluating public policy mechanisms for climate change mitigation in Brazilian buildings sector［J］. Energy Policy，2013（61）：1200 – 1211.

［479］Yu，B.，J. Zhang and A. Fujiwara. Evaluating the direct and indirect rebound effects in household energy consumption behavior：A case study of Beijing［J］. Energy Policy，2013（57）：441 – 453.

［480］Bonenti，F.，et al. Evaluating the EU ETS impacts on profits，investments and prices of the Italian electricity market［J］. Energy Policy，2013（59）：242 – 256.

［481］de la Hoz，J.，et al. Evaluating the impact of the administrative procedure and the landscape policy on grid connected PV systems（GCPVS）on – floor in Spain in the period 2004 – 2008：To which extent a limiting factor?［J］. Energy Policy，2013（63）：147 – 167.

［482］Davidson，C. and D. Steinberg. Evaluating the impact of third – party price reporting and other drivers on residential photovoltaic price estimates［J］. Energy Policy，2013（62）：752 – 761.

［483］Purohit，I.，Purohit and S. Shekhar. Evaluating the potential of concentrating solar power generation in Northwestern India［J］. Energy Policy，2013（62）：157 – 175.

［484］Khanna，N. Z.，et al. Evaluation of China's local enforcement of energy efficiency standards and labeling programs for appliances and equipment［J］. Energy Policy，2013（63）：646 – 655.

［485］Rahman，M. M.，J. V. Paatero and R. Lahdelma. Evaluation of choices for sustainable rural electrification in developing countries：A multicriteria approach［J］. Energy Policy，2013（59）：589 – 599.

［486］Palzer, A. , G. Westner and R. Madlener. Evaluation of different hedging strategies for commodity price risks of industrial cogeneration plants ［J］. Energy Policy, 2013（59）: 143 - 160.

［487］Ozen, M. and H. Tuydes - Yaman. Evaluation of emission cost of inefficiency in road freight transportation in Turkey ［J］. Energy Policy, 2013（62）: 625 - 636.

［488］Safarian, S. , Y. Saboohi and M. Kateb. Evaluation of energy recovery and potential of hydrogen production in Iranian natural gas transmission network ［J］. Energy Policy, 2013 （61）: 65 - 77.

［489］Tsita, K. G. and P. A. Pilavachi. Evaluation of next generation biomass derived fuels for the transport sector ［J］. Energy Policy, 2013（62）: 443 - 455.

［490］Diffney, S. , S. Lyons and L. Malaguzzi Valeri. Evaluation of the effect of the Power of One campaign on natural gas consumption ［J］. Energy Policy, 2013（62）: 978 - 988.

［491］Min, D. and J. Chung. Evaluation of the long - term power generation mix: The case study of South Korea's energy policy ［J］. Energy Policy, 2013（62）: 1544 - 1552.

［492］Stua, M. . Evidence of the clean development mechanism impact on the Chinese electric power system's low - carbon transition ［J］. Energy Policy, 2013（62）: 1309 - 1319.

［493］Barros, C. P. , et al. Examining the cost efficiency of Chinese hydroelectric companies using a finite mixture model ［J］. Energy Economics, 2013（36）: 511 - 517.

［494］Jacobson, M. Z. , et al. Examining the feasibility of converting New York State's all - purpose energy infrastructure to one using wind, water and sunlight ［J］. Energy Policy, 2013（57）: 585 - 601.

［495］Cologni, A. and M. Manera. Exogenous oil shocks, fiscal policies and sector reallocations in oil producing countries ［J］. Energy Economics, 2013（35）: 42 - 57.

［496］Lu, B. . Expedited patent examination for green inventions: Developing countries' policy choices ［J］. Energy Policy, 2013（61）: 1529 - 1538.

［497］Thurner, T. W. and A. Varughese. Experiences of project developers around CDM projects in South Africa ［J］. Energy Policy, 2013（61）: 1271 - 1275.

［498］Pfeiffer, B. and Mulder. Explaining the diffusion of renewable energy technology in developing countries ［J］. Energy Economics, 2013（40）: 285 - 296.

［499］Padilla, E. and J. A. Duro. Explanatory factors of CO_2 per capita emission inequality in the European Union ［J］. Energy Policy, 2013（62）: 1320 - 1328.

［500］Geng, Y. , et al. Exploring driving factors of energy - related CO_2 emissions in Chinese provinces: A case of Liaoning ［J］. Energy Policy, 2013（60）: 820 - 826.

［501］Rootzén, J. and F. Johnsson. Exploring the limits for CO_2 emission abatement in the EU power and industry sectors—Awaiting a breakthrough ［J］. Energy Policy, 2013（59）: 443 - 458.

［502］ Friebe, C. A. , von Flotow and F. A. Täube. Exploring the link between products and services in low – income markets—Evidence from solar home systems ［J］. Energy Policy, 2013 （52）: 760 – 769.

［503］ Saysel, A. K. and M. Hekimoğlu. Exploring the options for carbon dioxide mitigation in Turkish electric power industry: System dynamics approach ［J］. Energy Policy, 2013 （60）: 675 – 686.

［504］ Borozan, D. . Exploring the relationship between energy consumption and GDP: Evidence from Croatia ［J］. Energy Policy, 2013 （59）: 373 – 381.

［505］ Rabl, A. and V. A. Rabl. External costs of nuclear: Greater or less than the alternatives? ［J］. Energy Policy, 2013 （57）: 575 – 584.

［506］ Sigauke, C. , A. Verster and D. Chikobvu. Extreme daily increases in peak electricity demand: Tail – quantile estimation ［J］. Energy Policy, 2013 （53）: 90 – 96.

［507］ Hofmann, M. and K. Khatun. Facilitating the financing of bioenergy projects in sub – Saharan Africa ［J］. Energy Policy, 2013 （52）: 373 – 384.

［508］ DeCicco, J. M. . Factoring the car – climate challenge: Insights and implications ［J］. Energy Policy, 2013 （59）: 382 – 392.

［509］ Yue, T. , R. Long and H. Chen. Factors influencing energy – saving behavior of urban households in Jiangsu Province ［J］. Energy Policy, 2013 （62）: 665 – 675.

［510］ Qiu, Y. , L. Ortolano and Y. David Wang. Factors influencing the technology upgrading and catch – up of Chinese wind turbine manufacturers: Technology acquisition mechanisms and government policies ［J］. Energy Policy, 2013 （55）: 305 – 316.

［511］ Di Zhang, et al. Fair electricity transfer price and unit capacity selection for microgrids ［J］. Energy Economics, 2013 （36）: 581 – 593.

［512］ Li, X. , H. Li and X. Wang. Farmers' willingness to convert traditional houses to solar houses in rural areas: A survey of 465 households in Chongqing, China ［J］. Energy Policy, 2013 （63）: 882 – 886.

［513］ Del Bo, C. F. . FDI spillovers at different levels of industrial and spatial aggregation: Evidence from the electricity sector ［J］. Energy Policy, 2013 （61）: 1490 – 1502.

［514］ Huo, J. , et al. Feasibility analysis and policy recommendations for the development of the coal based SNG industry in Xinjiang ［J］. Energy Policy, 2013 （61）: 3 – 11.

［515］ do Sacramento, E. M. , et al. Feasibility study for the transition towards a hydrogen economy: A case study in Brazil ［J］. Energy Policy, 2013 （62）: 3 – 9.

［516］ Ayompe, L. M. and A. Duffy. Feed – in tariff design for domestic scale grid – connected PV systems using high resolution household electricity demand data ［J］. Energy Policy, 2013 （61）: 619 – 627.

［517］ Kılıç, O. , B. Acarkan and S. Ay. FGD investments as part of energy policy: A case study for Turkey [J]. Energy Policy, 2013 (62): 1461 – 1469.

[518] Halasah, S. A. , D. Pearlmutter and D. Feuermann. Field installation versus local integration of photovoltaic systems and their effect on energy evaluation metrics [J]. Energy Policy, 2013 (52): 462 – 471.

[519] Date, P. , R. Mamon and A. Tenyakov. Filtering and forecasting commodity futures prices under an HMM framework [J]. Energy Economics, 2013 (40): 1001 – 1013.

[520] Rudolf, V. and K. D. Papastergiou. Financial analysis of utility scale photovoltaic plants with battery energy storage [J]. Energy Policy, 2013 (63): 139 – 146.

[521] Henriot, A. . Financing investment in the European electricity transmission network: Consequences on long – term sustainability of the TSOs financial structure [J]. Energy Policy, 2013 (62): 821 – 829.

[522] Chan, H. S. R. , S. Li and F. Zhang. Firm competitiveness and the European Union emissions trading scheme [J]. Energy Policy, 2013 (63): 1056 – 1064.

[523] Tsilingiridis, G. and A. Ikonomopoulos. First results of incentives policy on grid interconnected photovoltaic systems development in Greece [J]. Energy Policy, 2013 (58): 303 – 311.

[524] Eichler, M. and D. Türk. Fitting semiparametric Markov regime – switching models to electricity spot prices [J]. Energy Economics, 2013 (36): 614 – 624.

[525] Eichner, T. and R. D. Pethig. Flattening the carbon extraction path in unilateral cost – effective action [J]. Journal of Environmental Economics and Management, 2013, 66 (2): 185 – 201.

[526] Du, X. and M. A. Carriquiry. Flex – fuel vehicle adoption and dynamics of ethanol prices: lessons from Brazil [J]. Energy Policy, 2013 (59): 507 – 512.

[527] Tiefenbeck, V. , et al. For better or for worse? Empirical evidence of moral licensing in a behavioral energy conservation campaign [J]. Energy Policy, 2013 (57): 160 – 171.

[528] Byun, S. J. and H. Cho. Forecasting carbon futures volatility using GARCH models with energy volatilities [J]. Energy Economics, 2013 (40): 207 – 221.

[529] Nøstbakken, L. . Formal and informal quota enforcement [J]. Resource and Energy Economics, 2013, 35 (2): 191 – 215.

[530] Higgins, P. A. T. . Frameworks for pricing greenhouse gas emissions and the policy objectives they promote [J]. Energy Policy, 2013 (62): 1301 – 1308.

[531] Falbo, P. , D. Felletti and S. Stefani. Free EUAs and fuel switching [J]. Energy Economics, 2013 (35): 14 – 21.

[532] Krahé, M. , et al. From demonstration to deployment: An economic analysis of support policies for carbon capture and storage [J]. Energy Policy, 2013 (60): 753 – 763.

［533］Bohl, M. T. , Kaufmann and P. M. Stephan. From hero to zero: Evidence of performance reversal and speculative bubbles in German renewable energy stocks ［J］. Energy Economics, 2013 （37）: 40 – 51.

［534］Gosens, J. and Y. Lu. From lagging to leading? Technological innovation systems in emerging economies and the case of Chinese wind power ［J］. Energy Policy, 2013 （60）: 234 – 250.

［535］Venditti, F.. From oil to consumer energy prices: How much asymmetry along the way? ［J］. Energy Economics, 2013 （40）: 468 – 473.

［536］Santos, G. F.. Fuel demand in Brazil in a dynamic panel data approach ［J］. Energy Economics, 2013 （36）: 229 – 240.

［537］Rosenow, J. , R. Platt and B. Flanagan. Fuel poverty and energy efficiency obligations – A critical assessment of the supplier obligation in the UK ［J］. Energy Policy, 2013 （62）: 1194 – 1203.

［538］Cozad, M. and J. LaRiviere. Fuel price increases and the timing of changes in household driving decisions ［J］. Journal of Environmental Economics and Management, 2013, 65 （2）: 194 – 207.

［539］Srinivasan, T. N. and T. S. Gopi Rethinaraj. Fukushima and thereafter: Reassessment of risks of nuclear power ［J］. Energy Policy, 2013 （52）: 726 – 736.

［540］Selosse, S. , O. Ricci and N. Maïzi. Fukushima's impact on the European power sector: The key role of CCS technologies ［J］. Energy Economics, 2013 （39）: 305 – 312.

［541］Karimu, A. and R. Brännlund. Functional form and aggregate energy demand elasticities: A nonparametric panel approach for 17 OECD countries ［J］. Energy Economics, 2013 （36）: 19 – 27.

［542］Wang, Y.. Functional sensitivity of testing the environmental Kuznets curve hypothesis ［J］. Resource and Energy Economics, 2013, 35 （4）: 451 – 466.

［543］Sephton and J. Mann. Further evidence of an Environmental Kuznets Curve in Spain ［J］. Energy Economics, 2013 （36）: 177 – 181.

［544］Bermúdez, A. , et al. Gas transport networks: Entry – exit tariffs via least squares methodology ［J］. Energy Policy, 2013 （63）: 252 – 260.

［545］Lin, C. Y. C. and L. Prince. Gasoline price volatility and the elasticity of demand for gasoline ［J］. Energy Economics, 2013 （38）: 111 – 117.

［546］Burke, P. J. and S. Nishitateno. Gasoline prices, gasoline consumption and new – vehicle fuel economy: Evidence for a large sample of countries ［J］. Energy Economics, 2013 （36）: 363 – 370.

［547］Madowitz, M. and K. Novan. Gasoline taxes and revenue volatility: An application to California ［J］. Energy Policy, 2013 （59）: 663 – 673.

［548］Lunden, L. P. , et al. Gazprom vs. other Russian gas producers: The evolution of the Russian gas sector ［J］. Energy Policy, 2013 （61）: 663 - 670.

［549］Locatelli, G. , M. Mancini and N. Todeschini. Generation IV nuclear reactors: Current status and future prospects ［J］. Energy Policy, 2013 （61）: 1503 - 1520.

［550］Bridge, G. , et al. Geographies of energy transition: Space, place and the low - carbon economy ［J］. Energy Policy, 2013 （53）: 331 - 340.

［551］Sun, Y. , et al. GIS - based approach for potential analysis of solar PV generation at the regional scale: A case study of Fujian Province ［J］. Energy Policy, 2013 （58）: 248 - 259.

［552］Ricci, O. and S. Selosse. Global and regional potential for bioelectricity with carbon capture and storage ［J］. Energy Policy, 2013 （52）: 689 - 698.

［553］Adenle, A. A. , G. E. Haslam and L. Lee. Global assessment of research and development for algae biofuel production and its potential role for sustainable development in developing countries ［J］. Energy Policy, 2013 （61）: 182 - 195.

［554］Harvey, L. D. D. . Global climate - oriented transportation scenarios ［J］. Energy Policy, 2013 （54）: 87 - 103.

［555］Timilsina, G. R. , G. Cornelis van Kooten and P. A. Narbel. Global wind power development: Economics and policies ［J］. Energy Policy, 2013 （61）: 642 - 652.

［556］Catenacci, M. , et al. Going electric: Expert survey on the future of battery technologies for electric vehicles ［J］. Energy Policy, 2013 （61）: 403 - 413.

［557］Stattman, S. L. , O. Hospes and A. P. J. Mol, Governing biofuels in Brazil: A comparison of ethanol and biodiesel policies ［J］. Energy Policy, 2013 （61）: 22 - 30.

［558］Nolden, C. . Governing community energy—Feed - in tariffs and the development of community wind energy schemes in the United Kingdom and Germany ［J］. Energy Policy, 2013 （63）: 543 - 552.

［559］Eyraud, L. , B. Clements and A. Wane. Green investment: Trends and determinants ［J］. Energy Policy, 2013 （60）: 852 - 865.

［560］Shahsavari Alavijeh, H. , et al. Greenhouse gas emission measurement and economic analysis of Iran natural gas fired power plants ［J］. Energy Policy, 2013 （60）: 200 - 207.

［561］Pérez - López, P. , et al. Greenhouse gas emissions from Spanish motorway transport: Key aspects and mitigation solutions ［J］. Energy Policy, 2013 （60）: 705 - 713.

［562］Dijkstra, B. R. and D. T. G. Rübbelke. Group rewards and individual sanctions in environmental policy ［J］. Resource and Energy Economics, 2013, 35 （1）: 38 - 59.

［563］Menegaki, A. N. and I. Ozturk. Growth and energy nexus in Europe revisited: Evidence from a fixed effects political economy model ［J］. Energy Policy, 2013 （61）: 881 - 887.

［564］Bale, C. S. E. , et al. Harnessing social networks for promoting adoption of energy technologies in the domestic sector ［J］. Energy Policy, 2013 （63）: 833 – 844.

［565］Finnan, J. and D. Styles. Hemp: A more sustainable annual energy crop for climate and energy policy ［J］. Energy Policy, 2013 （58）: 152 – 162.

［566］Pompei, F. . Heterogeneous effects of regulation on the efficiency of the electricity industry across European Union countries ［J］. Energy Economics, 2013 （40）: 569 – 585.

［567］Ferraro, P. J. and J. J. Miranda. Heterogeneous treatment effects and mechanisms in information – based environmental policies: Evidence from a large – scale field experiment ［J］. Resource and Energy Economics, 2013, 35 （3）: 356 – 379.

［568］Wilson, I. A. G. , et al. Historical daily gas and electrical energy flows through Great Britain's transmission networks and the decarbonisation of domestic heat ［J］. Energy Policy, 2013 （61）: 301 – 305.

［569］Buehn, A. and M. R. Farzanegan. Hold your breath: A new index of air pollution ［J］. Energy Economics, 2013 （37）: 104 – 113.

［570］Qu, J. , et al. Household carbon dioxide emissions from peasants and herdsmen in northwestern arid – alpine regions, China ［J］. Energy Policy, 2013 （57）: 133 – 140.

［571］Malla, S. . Household energy consumption patterns and its environmental implications: Assessment of energy access and poverty in Nepal ［J］. Energy Policy, 2013 （61）: 990 – 1002.

［572］Lee, L. Y. . Household energy mix in Uganda ［J］. Energy Economics, 2013 （39）: 252 – 261.

［573］Chun, N. and Y. Jiang. How households in Pakistan take on energy efficient lighting technology ［J］. Energy Economics, 2013 （40）: 277 – 284.

［574］Paz Antolín, M. J. and J. M. Ramírez Cendrero. How important are national companies for oil and gas sector performance? Lessons from the Bolivia and Brazil case studies ［J］. Energy Policy, 2013 （61）: 707 – 716.

［575］Li, A. , et al. How large are the impacts of carbon – motivated border tax adjustments on China and how to mitigate them? ［J］. Energy Policy, 2013 （63）: 927 – 934.

［576］Modahl, I. S. , et al. How methodological issues affect the energy indicator results for different electricity generation technologies ［J］. Energy Policy, 2013 （63）: 283 – 299.

［577］Harmsen, R. and W. Graus. How much CO_2 emissions do we reduce by saving electricity? A focus on methods ［J］. Energy Policy, 2013 （60）: 803 – 812.

［578］Cheng, Y. S. , W. K. Wong and C. K. Woo. How much have electricity shortages hampered China's GDP growth? ［J］. Energy Policy, 2013 （55）: 369 – 373.

［579］Rajcaniova, M. , D. Drabik and Ciaian. How policies affect international biofuel price linkages ［J］. Energy Policy, 2013 （59）: 857 – 865.

［580］Adofo, Y. O. , J. Evans and L. C. Hunt. How sensitive to time period sampling is the asymmetric price response specification in energy demand modelling? ［J］. Energy Economics, 2013 (40): 90 – 109.

［581］Moura, M. C. P. , et al. How the choice of multi – gas equivalency metrics affects mitigation options: The case of CO_2 capture in a Brazilian coal – fired power plant ［J］. Energy Policy, 2013 (61): 1357 – 1366.

［582］Jiang, Z. and J. Tan. How the removal of energy subsidy affects general price in China: A study based on input – output model ［J］. Energy Policy, 2013 (63): 599 – 606.

［583］Cepeda, M. and D. Finon, How to correct for long – term externalities of large – scale wind power development by a capacity mechanism? ［J］. Energy Policy, 2013 (61): 671 – 685.

［584］van der Zwaan, B. , I. Keppo and F. Johnsson. How to decarbonize the transport sector? ［J］. Energy Policy, 2013 (61): 562 – 573.

［585］Li, Y. , et al. How to reduce energy intensity in China: A regional comparison perspective ［J］. Energy Policy, 2013 (61): 513 – 522.

［586］Chiarella, C. , et al. Humps in the volatility structure of the crude oil futures market: New evidence ［J］. Energy Economics, 2013 (40): 989 – 1000.

［587］Fink, J. D. and K. E. Fink. Hurricane forecast revisions and petroleum refiner equity returns ［J］. Energy Economics, 2013 (38): 1 – 11.

［588］Proença, S. and M. St Aubyn. Hybrid modeling to support energy – climate policy: Effects of feed – in tariffs to promote renewable energy in Portugal ［J］. Energy Economics, 2013 (38): 176 – 185.

［589］Forsberg, C.. Hybrid systems to address seasonal mismatches between electricity production and demand in nuclear renewable electrical grids ［J］. Energy Policy, 2013 (62): 333 – 341.

［590］Axsen, J. and K. S. Kurani, Hybrid, plug – in hybrid, or electric—What do car buyers want? ［J］. Energy Policy, 2013 (61): 532 – 543.

［591］Le Duigou, A. , et al. Hydrogen pathways in France: Results of the HyFrance3 Project ［J］. Energy Policy, 2013 (62): 1562 – 1569.

［592］Galvez – Martos, J. , D. Styles and H. Schoenberger. Identified best environmental management practices to improve the energy performance of the retail trade sector in Europe ［J］. Energy Policy, 2013 (63): 982 – 994.

［593］Kang, H. , T. C. Haab and M. G. Interis. Identifying inconsistent responses in dichotomous choice contingent valuation with follow – up questions ［J］. Resource and Energy Economics, 2013, 35 (3): 396 – 411.

［594］Janczura, J. , et al. Identifying spikes and seasonal components in electricity spot price data: A guide to robust modeling [J]. Energy Economics, 2013 (38): 96 - 110.

[595] Lou, B. and S. Ulgiati. Identifying the environmental support and constraints to the Chinese economic growth—An application of the Emergy Accounting method [J]. Energy Policy, 2013 (55): 217 - 233.

[596] Pozo, D. , J. Contreras and E. Sauma. If you build it, he will come: Anticipative power transmission planning [J]. Energy Economics, 2013 (36): 135 - 146.

[597] Alexander and D. Moran. Impact of perennial energy crops income variability on the crop selection of risk averse farmers [J]. Energy Policy, 2013 (52): 587 - 596.

[598] Van den Bergh, K. , E. Delarue and W. D. haeseleer. Impact of renewables deployment on the CO_2 price and the CO_2 emissions in the European electricity sector [J]. Energy Policy, 2013 (63): 1021 - 1031.

[599] Cai, D. W. H. , et al. Impact of residential PV adoption on Retail Electricity Rates [J]. Energy Policy, 2013 (62): 830 - 843.

[600] Moya, J. A. . Impact of support schemes and barriers in Europe on the evolution of cogeneration [J]. Energy Policy, 2013 (60): 345 - 355.

[601] Aatola, P. , M. Ollikainen and A. Toppinen. Impact of the carbon price on the integrating European electricity market [J]. Energy Policy, 2013 (61): 1236 - 1251.

[602] Bruninx, K. , et al. Impact of the German nuclear phase - out on Europe's electricity generation—A comprehensive study [J]. Energy Policy, 2013 (60): 251 - 261.

[603] Silva Junior, D. . Impacts of biodiesel on the Brazilian fuel market [J]. Energy Economics, 2013 (36): 666 - 675.

[604] Turner, G. M. , B. Elliston and M. Diesendorf. Impacts on the biophysical economy and environment of a transition to 100% renewable electricity in Australia [J]. Energy Policy, 2013 (54): 288 - 299.

[605] Therkelsen and A. McKane. Implementation and rejection of industrial steam system energy efficiency measures [J]. Energy Policy, 2013 (57): 318 - 328.

[606] Abeelen, C. , R. Harmsen and E. Worrell. Implementation of energy efficiency projects by Dutch industry [J]. Energy Policy, 2013 (63): 408 - 418.

[607] Blindheim, B. . Implementation of wind power in the Norwegian market: the reason why some of the best wind resources in Europe were not utilised by 2010 [J]. Energy Policy, 2013 (58): 337 - 346.

[608] Bukarica, V. and S. Robić. Implementing energy efficiency policy in Croatia: Stakeholder interactions for closing the gap [J]. Energy Policy, 2013 (61): 414 - 422.

[609] Hill, D. and E. Rode. Implications for energy infrastructure to support electrical pathways to petrochemical intermediates using CO_2 and H_2O [J]. Energy Policy, 2013 (56): 466 - 479.

［610］ Asafu – Adjaye, J. and R. Mahadevan. Implications of CO_2 reduction policies for a high carbon emitting economy ［J］. Energy Economics, 2013 (38): 32 – 41.

［611］ Lucas, P. L. , et al. Implications of the international reduction pledges on long – term energy system changes and costs in China and India ［J］. Energy Policy, 2013 (63): 1032 – 1041.

［612］ Ely, C. R. , et al. Implications of the North Atlantic Oscillation for a UK – Norway Renewable power system ［J］. Energy Policy, 2013 (62): 1420 – 1427.

［613］ Mendoza, D. , et al. Implications of uncertainty on regional CO_2 mitigation policies for the U. S. onroad sector based on a high – resolution emissions estimate ［J］. Energy Policy, 2013 (55): 386 – 395.

［614］ Troncoso, K. , C. Armendáriz and S. Alatorre. Improved cook stove adoption and impact assessment: A proposed methodology ［J］. Energy Policy, 2013 (62): 637 – 645.

［615］ Papaemmanouil, A. , et al. Improved cost – benefit analysis for market – based transmission planning, a European perspective ［J］. Energy Policy, 2013 (63): 215 – 223.

［616］ Stoilov, D. and L. Stoilov. Improving inter – transmission compensation in EU ［J］. Energy Policy, 2013 (62): 282 – 291.

［617］ Quaas, M. F. , et al. Incentives for optimal management of age – structured fish populations ［J］. Resource and Energy Economics, 2013, 35 (2): 113 – 134.

［618］ Heeter, J. and L. Bird. Including alternative resources in state renewable portfolio standards: Current design and implementation experience ［J］. Energy Policy, 2013 (61): 1388 – 1399.

［619］ Desroches, L. , et al. Incorporating experience curves in appliance standards analysis ［J］. Energy Policy, 2013 (52): 402 – 416.

［620］ Rowangould, D. , M. Eldridge and D. Niemeier. Incorporating regional growth into forecasts of greenhouse gas emissions from project – level residential and commercial development ［J］. Energy Policy, 2013 (62): 1288 – 1300.

［621］ Bode, J. L. , et al. Incorporating residential AC load control into ancillary service markets: Measurement and settlement ［J］. Energy Policy, 2013 (56): 175 – 185.

［622］ Morimoto, R. . Incorporating socio – environmental considerations into project assessment models using multi – criteria analysis: A case study of Sri Lankan hydropower projects ［J］. Energy Policy, 2013 (59): 643 – 653.

［623］ Lee, T. and R. Yao. Incorporating technology buying behaviour into UK – based long term domestic stock energy models to provide improved policy analysis ［J］. Energy Policy, 2013 (52): 363 – 372.

［624］ Cambini, C. and D. Franzi. Independent regulatory agencies and rules harmonization for the electricity sector and renewables in the Mediterranean region ［J］. Energy Policy, 2013

(60)：179 – 191.

［625］ Xu, X. Y. and B. W. Ang. Index decomposition analysis applied to CO_2 emission studies ［J］. Ecological Economics, 2013 (93)：313 – 329.

［626］ Emmann, C. H. , L. Arens and L. Theuvsen. Individual acceptance of the biogas innovation：A structural equation model ［J］. Energy Policy, 2013 (62)：372 – 378.

［627］ Murtagh, N. , et al. Individual energy use and feedback in an office setting：A field trial ［J］. Energy Policy, 2013 (62)：717 – 728.

［628］ Siggelsten, S. and S. Olander. Individual metering and charging of heat and hot water in Swedish housing cooperatives ［J］. Energy Policy, 2013 (61)：874 – 880.

［629］ Brauneis, A. , R. Mestel and S. Palan. Inducing low – carbon investment in the electric power industry through a price floor for emissions trading ［J］. Energy Policy, 2013 (53)：190 – 204.

［630］ Wang, Y. , et al. Industrial CO_2 emissions in China based on the hypothetical extraction method：Linkage analysis ［J］. Energy Policy, 2013 (62)：1238 – 1244.

［631］ Fang, H. , et al. Industrial waste heat utilization for low temperature district heating ［J］. Energy Policy, 2013 (62)：236 – 246.

［632］ Nakajima, T. . Inefficient and opaque price formation in the Japan Electric Power Exchange ［J］. Energy Policy, 2013 (55)：329 – 334.

［633］ Karabasoglu, O. and J. Michalek. Influence of driving patterns on life cycle cost and emissions of hybrid and plug – in electric vehicle powertrains ［J］. Energy Policy, 2013 (60)：445 – 461.

［634］ Delmas, M. A. , M. Fischlein and O. I. Asensio. Information strategies and energy conservation behavior：A meta – analysis of experimental studies from 1975 to 2012 ［J］. Energy Policy, 2013 (61)：729 – 739.

［635］ Trianni, A. , E. Cagno and E. Worrell. Innovation and adoption of energy efficient technologies：An exploratory analysis of Italian primary metal manufacturing SMEs ［J］. Energy Policy, 2013 (61)：430 – 440.

［636］ Herrmann, M. , B. Nkuiya and A. Dussault. Innovation and antibiotic use within antibiotic classes：Market incentives and economic instruments ［J］. Resource and Energy Economics, 2013, 35 (4)：582 – 598.

［637］ Haase, R. , J. Bielicki and J. Kuzma. Innovation in emerging energy technologies：A case study analysis to inform the path forward for algal biofuels ［J］. Energy Policy, 2013 (61)：1595 – 1607.

［638］ Altwies, J. E. and G. F. Nemet. Innovation in the U. S. building sector：An assessment of patent citations in building energy control technology ［J］. Energy Policy, 2013 (52)：819 – 831.

［639］Aalbers, R. , V. Shestalova and V. Kocsis. Innovation policy for directing technical change in the power sector ［J］. Energy Policy, 2013 (63): 1240 – 1250.

［640］Brouhle, K. , B. Graham and D. R. Harrington. Innovation under the Climate Wise program ［J］. Resource and Energy Economics, 2013, 35 (2): 91 – 112.

［641］Su, B. , B. W. Ang and M. Low. Input – output analysis of CO_2 emissions embodied in trade and the driving forces: Processing and normal exports ［J］. Ecological Economics, 2013 (88): 119 – 125.

［642］de Costa, H. K. M. and E. M. D. Santos. Institutional analysis and the "resource curse" in developing countries ［J］. Energy Policy, 2013 (63): 788 – 795.

［643］Sarasini, S. . Institutional work and climate change: Corporate political action in the Swedish electricity industry ［J］. Energy Policy, 2013 (56): 480 – 489.

［644］Hansen, L. G. , F. Jensen and C. Russell. Instrument choice when regulators are concerned about resource extinction ［J］. Resource and Energy Economics, 2013, 35 (2): 135 – 147.

［645］O' Mahony, T. , Zhou and J. Sweeney. Integrated scenarios of energy – related CO_2 emissions in Ireland: A multi – sectoral analysis to 2020 ［J］. Ecological Economics, 2013 (93): 385 – 397.

［646］Li, L. , et al. Integrated technology selection for energy conservation and PAHs control in iron and steel industry: Methodology and case study ［J］. Energy Policy, 2013 (54): 194 – 203.

［647］Turan Katircioglu, S. . Interactions between energy and imports in Singapore: Empirical evidence from conditional error correction models ［J］. Energy Policy, 2013 (63): 514 – 520.

［648］Zhang, S. , et al. Interactions between renewable energy policy and renewable energy industrial policy: A critical analysis of China's policy approach to renewable energies ［J］. Energy Policy, 2013 (62): 342 – 353.

［649］Chang, H. , L. Huang and M. Chin. Interactive relationships between crude oil prices, gold prices and the NT – US dollar exchange rate—A Taiwan study ［J］. Energy Policy, 2013 (63): 441 – 448.

［650］Haney, A. B. and M. G. Pollitt. International benchmarking of electricity transmission by regulators: A contrast between theory and practice? ［J］. Energy Policy, 2013 (62): 267 – 281.

［651］Duro, J. A. . International mobility in carbon dioxide emissions ［J］. Energy Policy, 2013 (55): 208 – 216.

［652］Carvalho, T. S. , F. S. Santiago and F. S. Perobelli. International trade and emissions: The case of the Minas Gerais state 2005 ［J］. Energy Economics, 2013 (40):

383 – 395.

[653] Riesch, H., et al. Internet – based public debate of CCS: Lessons from online focus groups in Poland and Spain [J]. Energy Policy, 2013 (56): 693 – 702.

[654] Jacques, D. A., et al. Inter – provincial clean development mechanism in China: A case study of the solar PV sector [J]. Energy Policy, 2013 (57): 454 – 461.

[655] Han, Q., et al. Intervention strategy to stimulate energy – saving behavior of local residents [J]. Energy Policy, 2013 (52): 706 – 715.

[656] Ruble, I. and S. Karaki. Introducing mandatory standards for select household appliances in Lebanon: A cost – benefit analysis [J]. Energy Policy, 2013 (52): 608 – 617.

[657] de Souza, C. D. R., et al. Inventory of conventional air pollutants emissions from road transportation for the state of Rio de Janeiro [J]. Energy Policy, 2013 (53): 125 – 135.

[658] Al – mulali, U. and C. Foon Tang. Investigating the validity of pollution haven hypothesis in the gulf cooperation council (GCC) countries [J]. Energy Policy, 2013 (60): 813 – 819.

[659] Leete, S., J. Xu and D. Wheeler. Investment barriers and incentives for marine renewable energy in the UK: An analysis of investor preferences [J]. Energy Policy, 2013 (60): 866 – 875.

[660] Dockner, E. J., D. Kucsera and M. Rammerstorfer. Investment, firm value and risk for a system operator balancing energy grids [J]. Energy Economics, 2013 (37): 182 – 192.

[661] Abbaszadeh, P., et al. Iran's oil development scenarios by 2025 [J]. Energy Policy, 2013 (56): 612 – 622.

[662] Jennings, M., B. P. ó Gallachóir and L. Schipper. Irish passenger transport: Data refinements, international comparisons and decomposition analysis [J]. Energy Policy, 2013 (56): 151 – 164.

[663] Carrie Armel, K., et al. Is disaggregation the holy grail of energy efficiency? The case of electricity [J]. Energy Policy, 2013 (52): 213 – 234.

[664] Baek, J. and H. S. Kim. Is economic growth good or bad for the environment? Empirical evidence from Korea [J]. Energy Economics, 2013 (36): 744 – 749.

[665] Apergis, N. and C. F. Tang. Is the energy – led growth hypothesis valid? New evidence from a sample of 85 countries [J]. Energy Economics, 2013 (38): 24 – 31.

[666] Nelson, J. andSimshauser. Is the Merchant Power Producer a broken model? [J]. Energy Policy, 2013 (53): 298 – 310.

[667] Beckmann, J. and R. Czudaj. Is there a homogeneous causality pattern between oil prices and currencies of oil importers and exporters? [J]. Energy Economics, 2013 (40): 665 – 678.

[668] Wianwiwat, S. and J. Asafu – Adjaye. Is there a role for biofuels in promoting energy

self sufficiency and security? A CGE analysis of biofuel policy in Thailand [J]. Energy Policy, 2013 (55): 543 – 555.

[669] Ackerman, F. and J. Fisher. Is there a water – energy nexus in electricity generation? Long – term scenarios for the western United States [J]. Energy Policy, 2013 (59): 235 – 241.

[670] Delina, L. L. and M. Diesendorf. Is wartime mobilisation a suitable policy model for rapid national climate mitigation? [J]. Energy Policy, 2013 (58): 371 – 380.

[671] Saunders, H.. Is what we think of as "rebound" really just income effects in disguise? [J]. Energy Policy, 2013 (57): 308 – 317.

[672] West, J.. Japanese investment in Australian coal assets through the demise of concessional financing [J]. Energy Policy, 2013 (52): 513 – 521.

[673] Nesheiwat, J. and J. S. Cross. Japan's post – Fukushima reconstruction: A case study for implementation of sustainable energy technologies [J]. Energy Policy, 2013 (60): 509 – 519.

[674] Stoutenborough, J. W., S. G. Sturgess and A. Vedlitz. Knowledge, risk and policy support: Public perceptions of nuclear power [J]. Energy Policy, 2013 (62): 176 – 184.

[675] Elliston, B., I. Mac Gill and M. Diesendorf. Least cost 100% renewable electricity scenarios in the Australian National Electricity Market [J]. Energy Policy, 2013 (59): 270 – 282.

[676] Karteris, M. and A. M. Papadopoulos. Legislative framework for photovoltaics in Greece: A review of the sector's development [J]. Energy Policy, 2013 (55): 296 – 304.

[677] He, H. Z. and H. W. Kua. Lessons for integrated household energy conservation policy from Singapore's southwest Eco – living Program [J]. Energy Policy, 2013 (55): 105 – 116.

[678] Mohr, A. and S. Raman. Lessons from first generation biofuels and implications for the sustainability appraisal of second generation biofuels [J]. Energy Policy, 2013 (63): 114 – 122.

[679] Spagnoletti, B. and T. O Callaghan. Let there be light: A multi – actor approach to alleviating energy poverty in Asia [J]. Energy Policy, 2013 (63): 738 – 746.

[680] Bayer, P., C. Marcoux and J. Urpelainen. Leveraging private capital for climate mitigation: Evidence from the Clean Development Mechanism [J]. Ecological Economics, 2013 (96): 14 – 24.

[681] Chen, B. and S. Chen. Life cycle assessment of coupling household biogas production to agricultural industry: A case study of biogas – linked persimmon cultivation and processing system [J]. Energy Policy, 2013 (62): 707 – 716.

[682] Klein, S. J. W. and E. S. Rubin. Life cycle assessment of greenhouse gas emissions,

water and land use for concentrated solar power plants with different energy backup systems [J]. Energy Policy, 2013 (63): 935 – 950.

[683] Sharma, R. and G. N. Tiwari. Life cycle assessment of stand – alone photovoltaic (SAPV) system under on – field conditions of New Delhi, India [J]. Energy Policy, 2013 (63): 272 – 282.

[684] Chen, G., et al. Life cycle carbon emission flow analysis for electricity supply system: A case study of China [J]. Energy Policy, 2013 (61): 1276 – 1284.

[685] Tarnoczi, T.. Life cycle energy and greenhouse gas emissions from transportation of Canadian oil sands to future markets [J]. Energy Policy, 2013 (62): 107 – 117.

[686] Garg, A., S. Vishwanathan and V. Avashia. Life cycle greenhouse gas emission assessment of major petroleum oil products for transport and household sectors in India [J]. Energy Policy, 2013 (58): 38 – 48.

[687] Chang, Y., R. J. Ries and Y. Wang. Life – cycle energy of residential buildings in China [J]. Energy Policy, 2013 (62): 656 – 664.

[688] Lin, C., et al. Life – cycle private costs of hybrid electric vehicles in the current Chinese market [J]. Energy Policy, 2013 (55): 501 – 510.

[689] Bosetti, V. and T. Longden. Light duty vehicle transportation and global climate policy: The importance of electric drive vehicles [J]. Energy Policy, 2013 (58): 209 – 219.

[690] Stephen, J. D., W. E. Mabee and J. N. Saddler. Lignocellulosic ethanol production from woody biomass: The impact of facility siting on competitiveness [J]. Energy Policy, 2013 (59): 329 – 340.

[691] Trainer, T.. Limits to solar thermal energy set by intermittency and low DNI: Implications from meteorological data [J]. Energy Policy, 2013 (63): 910 – 917.

[692] Pearman, G. I.. Limits to the potential of bio – fuels and bio – sequestration of carbon [J]. Energy Policy, 2013 (59): 523 – 535.

[693] Kimmich, C.. Linking action situations: Coordination, conflicts and evolution in electricity provision for irrigation in Andhra Pradesh, India [J]. Ecological Economics, 2013 (90): 150 – 158.

[694] Jeong, K. and S. Kim. LMDI decomposition analysis of greenhouse gas emissions in the Korean manufacturing sector [J]. Energy Policy, 2013 (62): 1245 – 1253.

[695] Arteconi, A. and F. Polonara. LNG as vehicle fuel and the problem of supply: The Italian case study [J]. Energy Policy, 2013 (62): 503 – 512.

[696] Soland, M., N. Steimer and G. Walter. Local acceptance of existing biogas plants in Switzerland [J]. Energy Policy, 2013 (61): 802 – 810.

[697] Kahn, M. E.. Local non – market quality of life dynamics in new wind farms communities [J]. Energy Policy, 2013 (59): 800 – 807.

[698] Ek, K. , et al. Location of Swedish wind power—Random or not? A quantitative a-nalysis of differences in installed wind power capacity across Swedish municipalities [J]. Energy Policy, 2013 (58): 135 – 141.

[699] Fairuz, S. M. C. , et al. Long term strategy for electricity generation in Peninsular Malaysia – Analysis of cost and carbon footprint using MESSAGE [J]. Energy Policy, 2013 (62): 493 – 502.

[700] Lampin, L. B. A. , et al. Long – term fuel demand: Not only a matter of fuel price [J]. Energy Policy, 2013 (62): 780 – 787.

[701] Pregger, T. , J. Nitsch and T. Naegler. Long – term scenarios and strategies for the deployment of renewable energies in Germany [J]. Energy Policy, 2013 (59): 350 – 360.

[702] Dou, X. . Low Carbon – Economy Development: China's Pattern and Policy Selec-tion [J]. Energy Policy, 2013 (63): 1013 – 1020.

[703] Xydis, G. A. , E. A. Nanaki and C. J. Koroneos. Low – enthalpy geothermal re-sources for electricity production: A demand – side management study for intelligent communities [J]. Energy Policy, 2013 (62): 118 – 123.

[704] Hoefnagels, R. , et al. Macro – economic impact of large – scale deployment of bio-mass resources for energy and materials on a national level—A combined approach for the Nether-lands [J]. Energy Policy, 2013 (59): 727 – 744.

[705] Slabá, M. , Gapko and A. Klimešová. Main drivers of natural gas prices in the Czech Republic after the market liberalisation [J]. Energy Policy, 2013 (52): 199 – 212.

[706] Egbendewe – Mondzozo, A. , et al. Maintaining environmental quality while expan-ding biomass production: Sub – regional U. S. policy simulations [J]. Energy Policy, 2013 (57): 518 – 531.

[707] Mintz – Habib, N. . Malaysian biofuels industry experience: A socio – political anal-ysis of the commercial environment [J]. Energy Policy, 2013 (56): 88 – 100.

[708] Pani, R. and U. Mukhopadhyay. Management accounting approach to analyse energy related CO_2 emission: A variance analysis study of top 10 emitters of the world [J]. Energy Pol-icy, 2013 (52): 639 – 655.

[709] Gunningham, N. . Managing the energy trilemma: The case of Indonesia [J]. En-ergy Policy, 2013 (54): 184 – 193.

[710] Dinwoodie, J. , S. Tuck and Rigot – Müller. Maritime oil freight flows to 2050: Delphi perceptions of maritime specialists [J]. Energy Policy, 2013 (63): 553 – 561.

[711] Charles, A. , O. Darné and J. Fouilloux. Market efficiency in the European carbon markets [J]. Energy Policy, 2013 (60): 785 – 792.

[712] Doni, N. and G. Ricchiuti. Market equilibrium in the presence of green consumers and responsible firms: A comparative statics analysis [J]. Resource and Energy Economics,

2013（35（3）：380 – 395.

［713］Oggioni，G. and Y. Smeers. Market failures of Market Coupling and counter – trading in Europe：An illustrative model based discussion ［J］. Energy Economics，2013（35）：74 – 87.

［714］Dormady，N. C.. Market power in cap – and – trade auctions：A Monte Carlo approach ［J］. Energy Policy，2013（62）：788 – 797.

［715］Tanaka，M. and Y. Chen. Market power in renewable portfolio standards ［J］. Energy Economics，2013（39）：187 – 196.

［716］Yates，A. J.，et al. Market power，private information and the optimal scale of pollution permit markets with application to North Carolina's Neuse River ［J］. Resource and Energy Economics，2013，35（3）：256 – 276.

［717］Liu，M.，D. Margaritis and Y. Zhang. Market – driven coal prices and state – administered electricity prices in China ［J］. Energy Economics，2013（40）：167 – 175.

［718］West，J. and H. Schandl. Material use and material efficiency in Latin America and the Caribbean ［J］. Ecological Economics，2013（94）：19 – 27.

［719］Schneider，E.，et al. Measures of the environmental footprint of the front end of the nuclear fuel cycle ［J］. Energy Economics，2013（40）：898 – 910.

［720］Graf，C. and D. Wozabal. Measuring competitiveness of the EPEX spot market for electricity ［J］. Energy Policy，2013（62）：948 – 958.

［721］Dike，J. C.. Measuring the security of energy exports demand in OPEC economies ［J］. Energy Policy，2013（60）：594 – 600.

［722］Byrd，H.，et al. Measuring the solar potential of a city and its implications for energy policy ［J］. Energy Policy，2013（61）：944 – 952.

［723］Jacobsson，S. and K. Karltorp. Mechanisms blocking the dynamics of the European offshore wind energy innovation system – Challenges for policy intervention ［J］. Energy Policy，2013（63）：1182 – 1195.

［724］Brancucci Martínez – Anido，C.，et al. Medium – term demand for European cross – border electricity transmission capacity ［J］. Energy Policy，2013（61）：207 – 222.

［725］Li，M.，J. Zhao and N. Zhu. Method of checking and certifying carbon trading volume of existing buildings retrofits in China ［J］. Energy Policy，2013（61）：1178 – 1187.

［726］Jenkins，D. P.，et al. Methods for assessing domestic overheating for future building regulation compliance ［J］. Energy Policy，2013（56）：684 – 692.

［727］Clark，T. A.. Metropolitan density，energy efficiency and carbon emissions：Multi – attribute tradeoffs and their policy implications ［J］. Energy Policy，2013（53）：413 – 428.

［728］Ewald，C.，R. Nawar and T. K. Siu. Minimal variance hedging of natural gas derivatives in exponential Lévy models: Theory and empirical performance [J]. Energy Economics, 2013 (36): 97 – 107.

[729] Hoolohan, C., et al. Mitigating the greenhouse gas emissions embodied in food through realistic consumer choices [J]. Energy Policy, 2013 (63): 1065 – 1074.

[730] Azevedo, I., E. Delarue and L. Meeus. Mobilizing cities towards a low – carbon future: Tambourines, carrots and sticks [J]. Energy Policy, 2013 (61): 894 – 900.

[731] Zhang, L.. Model projections and policy reviews for energy saving in China's service sector [J]. Energy Policy, 2013 (59): 312 – 320.

[732] Paul, A., K. Palmer and M. Woerman. Modeling a clean energy standard for electricity: Policy design implications for emissions, supply, prices and regions [J]. Energy Economics, 2013 (36): 108 – 124.

[733] Kang, S. H. and S. Yoon. Modeling and forecasting the volatility of petroleum futures prices [J]. Energy Economics, 2013 (36): 354 – 362.

[734] Edoli, E., et al. Modeling and valuing make – up clauses in gas swing contracts [J]. Energy Economics, 2013 (35): 58 – 73.

[735] Reboredo, J. C.. Modeling EU allowances and oil market interdependence. Implications for portfolio management [J]. Energy Economics, 2013 (36): 471 – 480.

[736] Hunter, K., S. Sreepathi and J. F. DeCarolis. Modeling for insight using Tools for Energy Model Optimization and Analysis (Temoa) [J]. Energy Economics, 2013 (40): 339 – 349.

[737] di Wu and D. C. Aliprantis. Modeling light – duty plug – in electric vehicles for national energy and transportation planning [J]. Energy Policy, 2013 (63): 419 – 432.

[738] Morken, J., Z. Sapci and J. E. T. Strømme, Modeling of biodiesel production in algae cultivation with anaerobic digestion (ACAD) [J]. Energy Policy, 2013 (60): 98 – 105.

[739] Salisu, A. A. and H. Mobolaji. Modeling returns and volatility transmission between oil price and US – Nigeria exchange rate [J]. Energy Economics, 2013 (39): 169 – 176.

[740] Tong, B., C. Wu and C. Zhou. Modeling the co – movements between crude oil and refined petroleum markets [J]. Energy Economics, 2013 (40): 882 – 897.

[741] Adom, P. K. and W. Bekoe. Modelling electricity demand in Ghana revisited: The role of policy regime changes [J]. Energy Policy, 2013 (61): 42 – 50.

[742] Zvingilaite, E.. Modelling energy savings in the Danish building sector combined with internalisation of health related externalities in a heat and power system optimisation model [J]. Energy Policy, 2013 (55): 57 – 72.

[743] Salisu, A. A. and I. O. Fasanya. Modelling oil price volatility with structural breaks [J]. Energy Policy, 2013 (52): 554 – 562.

[744] Jones, and A. Salter. Modelling the economics of farm – based anaerobic digestion in

a UK whole – farm context [J]. Energy Policy, 2013 (62): 215 – 225.

[745] Calnan, P., J. P. Deane and B. P. ó Gallachóir. Modelling the impact of EVs on e-lectricity generation, costs and CO$_2$ emissions: Assessing the impact of different charging regimes and future generation profiles for Ireland in 2025 [J]. Energy Policy, 2013 (61): 230 – 237.

[746] Chiodi, A., et al. Modelling the impacts of challenging 2020 non – ETS GHG emissions reduction targets on Ireland's energy system [J]. Energy Policy, 2013 (62): 1438 – 1452.

[747] Chiodi, A., et al. Modelling the impacts of challenging 2050 European climate mitigation targets on Ireland's energy system [J]. Energy Policy, 2013 (53): 169 – 189.

[748] Nazifi, F.. Modelling the price spread between EUA and CER carbon prices [J]. Energy Policy, 2013 (56): 434 – 445.

[749] Liu, W., H. Lund and B. V. Mathiesen. Modelling the transport system in China and evaluating the current strategies towards the sustainable transport development [J]. Energy Policy, 2013 (58): 347 – 357.

[750] Ackom, E. K., et al. Modern bioenergy from agricultural and forestry residues in Cameroon: Potential, challenges and the way forward [J]. Energy Policy, 2013 (63): 101 – 113.

[751] Waisman, H., J. Rozenberg and J. C. Hourcade. Monetary compensations in climate policy through the lens of a general equilibrium assessment: The case of oil – exporting countries [J]. Energy Policy, 2013 (63): 951 – 961.

[752] Arango, S., J. A. Castañeda and E. R. Larsen. Mothballing in power markets: An experimental study [J]. Energy Economics, 2013 (36): 125 – 134.

[753] Michelsen, C. C. and R. Madlener. Motivational factors influencing the homeowners' decisions between residential heating systems: An empirical analysis for Germany [J]. Energy Policy, 2013 (57): 221 – 233.

[754] Giuliano, G. and A. Linder. Motivations for self – regulation: The clean air action plan [J]. Energy Policy, 2013 (59): 513 – 522.

[755] Davies, J. and K. S. Kurani. Moving from assumption to observation: Implications for energy and emissions impacts of plug – in hybrid electric vehicles [J]. Energy Policy, 2013 (62): 550 – 560.

[756] Ibrahim, O., et al. Multi – variable optimization for future electricity – plan scenarios in Lebanon [J]. Energy Policy, 2013 (58): 49 – 56.

[757] Gössling, S.. National emissions from tourism: An overlooked policy challenge? [J]. Energy Policy, 2013 (59): 433 – 442.

[758] Krishnan, V., et al. Nation – wide transmission overlay design and benefits assessment for the U. S [J]. Energy Policy, 2013 (56): 221 – 232.

［759］ Cunha － e － Sá, M. A. , R. Rosa and C. Costa － Duarte. Natural carbon capture and storage (NCCS) : Forests, land use and carbon accounting ［J］. Resource and Energy Economics, 2013, 35 (2) : 148 － 170.

［760］ Heidari, H. , S. T. Katircioglu and L. Saeidpour. Natural gas consumption and economic growth: Are we ready to natural gas price liberalization in Iran? ［J］. Energy Policy, 2013 (63) : 638 － 645.

［761］ Logan, J. , et al. Natural gas scenarios in the U. S. power sector ［J］. Energy Economics, 2013 (40) : 183 － 195.

［762］ Shaffer, B. . Natural gas supply stability and foreign policy ［J］. Energy Policy, 2013 (56) : 114 － 125.

［763］ Libman, A. . Natural resources and sub － national economic performance: Does sub － national democracy matter? ［J］. Energy Economics, 2013 (37) : 82 － 99.

［764］ Vazquez, M. and M. Hallack. Need and design of short － term auctions in the EU gas markets ［J］. Energy Policy, 2013 (63) : 484 － 493.

［765］ Parag, Y. , et al. Network approach for local and community governance of energy: The case of Oxfordshire ［J］. Energy Policy, 2013 (62) : 1064 － 1077.

［766］ Ahamad, M. and F. Tanin. Next power generation － mix for Bangladesh: Outlook and policy priorities ［J］. Energy Policy, 2013 (60) : 272 － 283.

［767］ Ajayi, O. O. and O. O. Ajayi. Nigeria's energy policy: Inferences, analysis and legal ethics toward RE development ［J］. Energy Policy, 2013 (60) : 61 － 67.

［768］ Kisswani, K. M. and S. A. Nusair. Non － linearities in the dynamics of oil prices ［J］. Energy Economics, 2013 (36) : 341 － 353.

［769］ Lutz, B. J. , U. Pigorsch and W. Rotfu. Nonlinearity in cap － and － trade systems: The EUA price and its fundamentals ［J］. Energy Economics, 2013 (40) : 222 － 232.

［770］ Chen, Y. H. . Non － nuclear, low － carbon, or both? The case of Taiwan ［J］. Energy Economics, 2013 (39) : 53 － 65.

［771］ Blumer, Y. B. , et al. Non － technical success factors for bioenergy projects— Learning from a multiple case study in Japan ［J］. Energy Policy, 2013 (60) : 386 － 395.

［772］ Bjertnæs, G. H. , M. Tsygankova and T. Martinsen. Norwegian climate policy reforms in the presence of an international quota market ［J］. Energy Economics, 2013 (39) : 147 － 158.

［773］ Chignell, S. and R. J. K. Gross. Not locked － in? The overlooked impact of new gas － fired generation investment on long － term decarbonisation in the UK ［J］. Energy Policy, 2013 (52) : 699 － 705.

［774］ Heffron, R. J. . Nuclear energy policy in the United States 1990 － 2010: A federal or state responsibility? ［J］. Energy Policy, 2013 (62) : 254 － 266.

［775］Hartmann, P. , et al. Nuclear power threats, public opposition and green electricity adoption: Effects of threat belief appraisal and fear arousal ［J］. Energy Policy, 2013 (62): 1366 – 1376.

［776］Below, A. . Obstacles in energy security: An analysis of congressional and presidential framing in the United States ［J］. Energy Policy, 2013 (62): 860 – 868.

［777］Jargstorf, J. and M. Wickert. Offer of secondary reserve with a pool of electric vehicles on the German market ［J］. Energy Policy, 2013 (62): 185 – 195.

［778］Mani, S. and T. Dhingra. Offshore wind energy policy for India—Key factors to be considered ［J］. Energy Policy, 2013 (56): 672 – 683.

［779］Ramos, S. B. and H. Veiga. Oil price asymmetric effects: Answering the puzzle in international stock markets ［J］. Energy Economics, 2013 (38): 136 – 145.

［780］Wang, Y. S. . Oil price effects on personal consumption expenditures ［J］. Energy Economics, 2013 (36): 198 – 204.

［781］Le, T. and Y. Chang. Oil price shocks and trade imbalances ［J］. Energy Economics, 2013 (36): 78 – 96.

［782］Noguera, J. . Oil prices: Breaks and trends ［J］. Energy Economics, 2013 (37): 60 – 67.

［783］Rajagopal, D. and D. Zilberman. On market – mediated emissions and regulations on life cycle emissions ［J］. Ecological Economics, 2013 (90): 77 – 84.

［784］Goebel, C. . On the business value of ICT – controlled plug – in electric vehicle charging in California ［J］. Energy Policy, 2013 (53): 1 – 10.

［785］Hotte, L. , R. McFerrin and D. Wills. On the dual nature of weak property rights ［J］. Resource and Energy Economics, 2013, 35 (4): 659 – 678.

［786］Holmes, M. J. , J. Otero and T. Panagiotidis, On the dynamics of gasoline market integration in the United States: Evidence from a pair – wise approach ［J］. Energy Economics, 2013 (36): 503 – 510.

［787］Niu, S. and M. Insley. On the economics of ramping rate restrictions at hydro power plants: Balancing profitability and environmental costs ［J］. Energy Economics, 2013 (39): 39 – 52.

［788］Daskalakis, G. . On the efficiency of the European carbon market: New evidence from Phase II ［J］. Energy Policy, 2013 (54): 369 – 375.

［789］Jamil, F. . On the electricity shortage, price and electricity theft nexus ［J］. Energy Policy, 2013 (54): 267 – 272.

［790］Mercure, J. andSalas. On the global economic potentials and marginal costs of non – renewable resources and the price of energy commodities ［J］. Energy Policy, 2013 (63): 469 – 483.

[791] Creti, A. , M. Joëts and V. Mignon. On the links between stock and commodity markets' volatility [J]. Energy Economics, 2013 (37): 16 – 28.

[792] Nässén, J. and J. Holmberg. On the potential trade – offs between energy supply and end – use technologies for residential heating [J]. Energy Policy, 2013 (59): 470 – 480.

[793] Arouri, M. E. H. , et al. On the short – and long – run efficiency of energy and precious metal markets [J]. Energy Economics, 2013 (40): 832 – 844.

[794] Benth, F. E. and C. M. I. C. Taib. On the speed towards the mean for continuous time autoregressive moving average processes with applications to energy markets [J]. Energy Economics, 2013 (40): 259 – 268.

[795] Jobert, T. , F. Karanfil and A. Tykhonenko. On the structure and form of the GDP – nuclear nexus: New perspectives and new findings [J]. Energy Policy, 2013 (62): 1553 – 1561.

[796] Wittmann, N. . OPEC: How to transition from black to green gold [J]. Energy Policy, 2013 (62): 959 – 965.

[797] Hu, D. and S. Xu. Opportunity, challenges and policy choices for China on the development of shale gas [J]. Energy Policy, 2013 (60): 21 – 26.

[798] Kiani, B. , et al. Optimal electricity system planning in a large hydro jurisdiction: Will British Columbia soon become a major importer of electricity? [J]. Energy Policy, 2013 (54): 311 – 319.

[799] Prieur, F. , M. Tidball and C. Withagen. Optimal emission – extraction policy in a world of scarcity and irreversibility [J]. Resource and Energy Economics, 2013, 35 (4): 637 – 658.

[800] Lu, X. , et al. Optimal integration of offshore wind power for a steadier, environmentally friendlier, supply of electricity in China [J]. Energy Policy, 2013 (62): 131 – 138.

[801] Armstrong, M. , et al. Optimal recharging strategy for battery – switch stations for electric vehicles in France [J]. Energy Policy, 2013 (60): 569 – 582.

[802] Vazhayil, J. P. and R. Balasubramanian. Optimization of India's power sector strategies using weight – restricted stochastic data envelopment analysis [J]. Energy Policy, 2013 (56): 456 – 465.

[803] Gugler, K. , M. Rammerstorfer and S. Schmitt. Ownership unbundling and investment in electricity markets — A cross country study [J]. Energy Economics, 2013 (40): 702 – 713.

[804] Zhang, C. and J. Nian. Panel estimation for transport sector CO_2 emissions and its affecting factors: A regional analysis in China [J]. Energy Policy, 2013 (63): 918 – 926.

[805] Matinga, M. N. and H. J. Annegarn. Paradoxical impacts of electricity on life in a rural South African village [J]. Energy Policy, 2013 (58): 295 – 302.

［806］López, L. A. , G. Arce and J. E. Zafrilla. Parcelling virtual carbon in the pollution haven hypothesis ［J］. Energy Economics, 2013 （39）: 177 – 186.

［807］Gujba, H. , Y. Mulugetta and A. Azapagic. Passenger transport in Nigeria: Environmental and economic analysis with policy recommendations ［J］. Energy Policy, 2013 （55）: 353 – 361.

［808］Müller, L. and T. Berker. Passive House at the crossroads: The past and the present of a voluntary standard that managed to bridge the energy efficiency gap ［J］. Energy Policy, 2013 （60）: 586 – 593.

［809］Kahrl, F. , D. Roland – Holst and D. Zilberman. Past as Prologue? Understanding energy use in post – 2002 China ［J］. Energy Economics, 2013 （36）: 759 – 771.

［810］Kennedy, C. and J. Corfee – Morlot. Past performance and future needs for low carbon climate resilient infrastructure – An investment perspective ［J］. Energy Policy, 2013 （59）: 773 – 783.

［811］Lee, K. and S. Lee. Patterns of technological innovation and evolution in the energy sector: A patent – based approach ［J］. Energy Policy, 2013 （59）: 415 – 432.

［812］Krause, R. M. , et al. Perception and reality: Public knowledge of plug – in electric vehicles in 21 U. S. cities ［J］. Energy Policy, 2013 （63）: 433 – 440.

［813］Sarasa – Maestro, C. J. , R. Dufo – López and J. L. Bernal – Agustín. Photovoltaic remuneration policies in the European Union ［J］. Energy Policy, 2013 （55）: 317 – 328.

［814］Brudermann, T. , et al. Photovoltaics in agriculture: A case study on decision making of farmers ［J］. Energy Policy, 2013 （61）: 96 – 103.

［815］Kiuila, O. and T. F. Rutherford. Piecewise smooth approximation of bottom – up abatement cost curves ［J］. Energy Economics, 2013 （40）: 734 – 742.

［816］Nathan, H. S. K. , S. S. Kulkarni and D. R. Ahuja. Pipeline politics—A study of India's proposed cross border gas projects ［J］. Energy Policy, 2013 （62）: 145 – 156.

［817］Brookshire, D. and N. Kaza, Planning for seven generations: Energy planning of American Indian tribes ［J］. Energy Policy, 2013 （62）: 1506 – 1514.

［818］Yearwood Travezan, J. , R. Harmsen and G. van Toledo. Policy analysis for energy efficiency in the built environment in Spain ［J］. Energy Policy, 2013 （61）: 317 – 326.

［819］Heffron, R. J. , et al. Policy delivery for low carbon energy infrastructure in the UK, april 5th 2013: Conference overview ［J］. Energy Policy, 2013 （61）: 1367 – 1369.

［820］Clò, S. , S. Battles and Zoppoli. Policy options to improve the effectiveness of the EU emissions trading system: A multi – criteria analysis ［J］. Energy Policy, 2013 （57）: 477 – 490.

［821］Zhang, S. , Andrews – Speed and X. Zhao. Political and institutional analysis of the successes and failures of China's wind power policy ［J］. Energy Policy, 2013 （56）:

331 – 340.

[822] Moser, S. . Poor energy poor: Energy saving obligations, distributional effects and the malfunction of the priority group [J]. Energy Policy, 2013 (61): 1003 – 1010.

[823] Ni, C. C. . Potential energy savings and reduction of CO_2 emissions through higher efficiency standards for polyphase electric motors in Japan [J]. Energy Policy, 2013 (52): 737 – 747.

[824] van der Zwaan, B. , L. Cameron and T. Kober. Potential for renewable energy jobs in the Middle East [J]. Energy Policy, 2013 (60): 296 – 304.

[825] Åström, S. , et al. Potential impact on air pollution from ambitious national CO_2 emission abatement strategies in the Nordic countries – environmental links between the UNFC-CC and the UNECE – CLRTAP [J]. Energy Policy, 2013 (53): 114 – 124.

[826] Zhang, Z. , Y. Sun and L. Cheng. Potential of trading wind power as regulation services in the California short – term electricity market [J]. Energy Policy, 2013 (59): 885 – 897.

[827] de Ribeiro, M. F. D. S. and A. P. Raiher. Potentialities of energy generation from waste and feedstock produced by the agricultural sector in Brazil: The case of the State of Paraná [J]. Energy Policy, 2013 (60): 208 – 216.

[828] Bakhtyar, B. , et al. Potentials and challenges in implementing feed – in tariff policy in Indonesia and the Philippines [J]. Energy Policy, 2013 (60): 418 – 423.

[829] Moyo, B. . Power infrastructure quality and manufacturing productivity in Africa: A firm level analysis [J]. Energy Policy, 2013 (61): 1063 – 1070.

[830] Diboma, B. S. and T. Tamo Tatietse. Power interruption costs to industries in Cameroon [J]. Energy Policy, 2013 (62): 582 – 592.

[831] Andersen, T. B. and C. Dalgaard. Power outages and economic growth in Africa [J] . Energy Economics, 2013 (38): 19 – 23.

[832] Ketter, W. , J. Collins and Reddy. Power TAC: A competitive economic simulation of the smart grid [J]. Energy Economics, 2013 (39): 262 – 270.

[833] Alonso – Pippo, W. , et al. Practical implementation of liquid biofuels: The transferability of the Brazilian experiences [J]. Energy Policy, 2013 (60): 70 – 80.

[834] Aini, M. S. , S. C. Chan and O. Syuhaily. Predictors of technical adoption and behavioural change to transport energy – saving measures in response to climate change [J]. Energy Policy, 2013 (61): 1055 – 1062.

[835] Golombek, R. , S. A. C. Kittelsen and K. E. Rosendahl. Price and welfare effects of emission quota allocation [J]. Energy Economics, 2013 (36): 568 – 580.

[836] Aatola, P. , M. Ollikainen and A. Toppinen. Price determination in the EU ETS market: Theory and econometric analysis with market fundamentals [J]. Energy Economics,

2013 (36): 380 – 395.

[837] Schultz, E. and J. Swieringa. Price discovery in European natural gas markets [J]. Energy Policy, 2013 (61): 628 – 634.

[838] Bosco, B., L. Parisio and M. Pelagatti. Price – capping in partially monopolistic electricity markets with an application to Italy [J]. Energy Policy, 2013 (54): 257 – 266.

[839] Murphy, F. and F. S. Oliveira. Pricing option contracts on the strategic petroleum reserve [J]. Energy Economics, 2013 (40): 242 – 250.

[840] Gillenwater, M.. Probabilistic decision model of wind power investment and influence of green power market [J]. Energy Policy, 2013 (63): 1111 – 1125.

[841] Tonn, B., et al. Process evaluation of the home performance with ENERGY STAR Program [J]. Energy Policy, 2013 (56): 371 – 381.

[842] Yang, D., et al. Process – based investigation of cross – boundary environmental pressure from urban household consumption [J]. Energy Policy, 2013 (55): 626 – 635.

[843] Vause, J., et al. Production and consumption accounting of CO_2 emissions for Xiamen, China [J]. Energy Policy, 2013 (60): 697 – 704.

[844] Hu, Z. and Z. Hu. Production function with electricity consumption and its applications [J]. Energy Economics, 2013 (39): 313 – 321.

[845] Kagawa, S., et al. Production possibility frontier analysis of biodiesel from waste cooking oil [J]. Energy Policy, 2013 (55): 362 – 368.

[846] Killip, G.. Products, practices and processes: exploring the innovation potential for low – carbon housing refurbishment among small and medium – sized enterprises (SMEs) in the UK construction industry [J]. Energy Policy, 2013 (62): 522 – 530.

[847] Di Corato, L.. Profit sharing under the threat of nationalization [J]. Resource and Energy Economics, 2013, 35 (3): 295 – 315.

[848] Hwang, W. and J. Lee. Profitability and productivity changes in the Korean electricity industry [J]. Energy Policy, 2013 (52): 531 – 542.

[849] Panagiotidou, M. and R. J. Fuller. Progress in ZEBs—A review of definitions, policies and construction activity [J]. Energy Policy, 2013 (62): 196 – 206.

[850] Whitfield Aslund, M. L., C. A. Ollson and L. D. Knopper. Projected contributions of future wind farm development to community noise and annoyance levels in Ontario, Canada [J]. Energy Policy, 2013 (62): 44 – 50.

[851] Smith, W. J.. Projecting EU demand for natural gas to 2030: A meta – analysis [J]. Energy Policy, 2013 (58): 163 – 176.

[852] Zhou, L., J. Li and Y. H. Chiang. Promoting energy efficient building in China through clean development mechanism [J]. Energy Policy, 2013 (57): 338 – 346.

[853] Ding, Y. and H. Yang. Promoting energy – saving and environmentally friendly gen-

eration dispatching model in China: Phase development and case studies [J]. Energy Policy, 2013 (57): 109 – 118.

[854] Dong, L., et al. Promoting low – carbon city through industrial symbiosis: A case in China by applying HPIMO model [J]. Energy Policy, 2013 (61): 864 – 873.

[855] Becker, B. and D. Fischer. Promoting renewable electricity generation in emerging e-conomies [J]. Energy Policy, 2013 (56): 446 – 455.

[856] Gawel, E. and A. Purkus. Promoting the market and system integration of renewable energies through premium schemes—A case study of the German market premium [J]. Energy Policy, 2013 (61): 599 – 609.

[857] Zhou, X., T. Yano and S. Kojima. Proposal for a national inventory adjustment for trade in the presence of border carbon adjustment: Assessing carbon tax policy in Japan [J]. Energy Policy, 2013 (63): 1098 – 1110.

[858] De Oliveira, L. S., R. A. Shayani and M, A. G. De Oliveira. Proposed business plan for energy efficiency in Brazil [J]. Energy Policy, 2013 (61): 523 – 531.

[859] Yusoff, M. H. M., et al. Prospects and current status of B5 biodiesel implementation in Malaysia [J]. Energy Policy, 2013 (62): 456 – 462.

[860] von Borgstede, C., M. Andersson and F. Johnsson. Public attitudes to climate change and carbon mitigation—Implications for energy – associated behaviours [J]. Energy Policy, 2013 (57): 182 – 193.

[861] Warziniack, T. W., D. Finnoff and J. F. Shogren. Public economics of hitchhiking species and tourism – based risk to ecosystem services [J]. Resource and Energy Economics, 2013, 35 (3): 277 – 294.

[862] Poortinga, W., M. Aoyagi and N. F. Pidgeon. Public perceptions of climate change and energy futures before and after the Fukushima accident: A comparison between Britain and Japan [J]. Energy Policy, 2013 (62): 1204 – 1211.

[863] Handgraaf, M. J. J., M. A. Van Lidth de Jeude and K. C. Appelt. Public praise vs. private pay: Effects of rewards on energy conservation in the workplace [J]. Ecological Economics, 2013 (86): 86 – 92.

[864] Hobman, E. V. and Ashworth. Public support for energy sources and related technologies: The impact of simple information provision [J]. Energy Policy, 2013 (63): 862 – 869.

[865] Ng, A. and H. Donker. Purchasing reserves and commodity market timing as take-over motives in the oil and gas industry [J]. Energy Economics, 2013 (37): 167 – 181.

[866] van der Vleuten, F., N. Stam and R. van der Plas. Putting rural energy access projects into perspective: What lessons are relevant? [J]. Energy Policy, 2013 (61): 1071 – 1078.

［867］Wheatley, J.. Quantifying CO_2 savings from wind power ［J］. Energy Policy, 2013 (63): 89 – 96.

［868］Zhang, D. , et al. Quantifying regional economic impacts of CO_2 intensity targets in China ［J］. Energy Economics, 2013 (40): 687 – 701.

［869］McCubbin, D. and B. K. Sovacool. Quantifying the health and environmental benefits of wind power to natural gas ［J］. Energy Policy, 2013 (53): 429 – 441.

［870］Thomson, H. and C. Snell. Quantifying the prevalence of fuel poverty across the European Union ［J］. Energy Policy, 2013 (52): 563 – 572.

［871］Ge, F. and Y. Fan. Quantifying the risk to crude oil imports in China: An improved portfolio approach ［J］. Energy Economics, 2013 (40): 72 – 80.

［872］Quintino, D. D. and S. A. David. Quantitative analysis of feasibility of hydrous ethanol futures contracts in Brazil ［J］. Energy Economics, 2013 (40): 927 – 935.

［873］Escudero, M. , et al. Quantitative analysis of potential power production and environmental benefits of Biomass Integrated Gasification Combined Cycles in the European Union ［J］. Energy Policy, 2013 (53): 63 – 75.

［874］Edvardsson Björnberg, K.. Rational climate mitigation goals ［J］. Energy Policy, 2013 (56): 285 – 292.

［875］Jansson, Å.. Reaching for a sustainable, resilient urban future using the lens of ecosystem services ［J］. Ecological Economics, 2013 (86): 285 – 291.

［876］Detert, N. and K. Kotani. Real options approach to renewable energy investments in Mongolia ［J］. Energy Policy, 2013 (56): 136 – 150.

［877］Souček, M. and N. Todorova. Realized volatility transmission between crude oil and equity futures markets: A multivariate HAR approach ［J］. Energy Economics, 2013 (40): 586 – 597.

［878］Salies, E.. Real – time pricing when some consumers resist in saving electricity ［J］. Energy Policy, 2013 (59): 843 – 849.

［879］Simsek, H. A. and N. Simsek. Recent incentives for renewable energy in Turkey ［J］. Energy Policy, 2013 (63): 521 – 530.

［880］Sopinka, A. , G. Cornelis van Kooten and L. Wong. Reconciling self – sufficiency and renewable energy targets in a hydro dominated system: The view from British Columbia ［J］. Energy Policy, 2013 (61): 223 – 229.

［881］Hirth, L. and F. Ueckerdt. Redistribution effects of energy and climate policy: The electricity market ［J］. Energy Policy, 2013 (62): 934 – 947.

［882］Li, C. , H. Peng and J. Sun. Reducing CO_2 emissions on the electric grid through a carbon disincentive policy ［J］. Energy Policy, 2013 (60): 793 – 802.

［883］Cohen, N. and M. Naor. Reducing dependence on oil? How policy entrepreneurs utilize the national security agenda to recruit government support: The case of electric transportation in Israel [J]. Energy Policy, 2013 (56): 582 – 590.

[884] Dartanto, T. . Reducing fuel subsidies and the implication on fiscal balance and poverty in Indonesia: A simulation analysis [J]. Energy Policy, 2013 (58): 117 – 134.

[885] Schueftan, A. and A. D. González. Reduction of firewood consumption by households in south – central Chile associated with energy efficiency programs [J]. Energy Policy, 2013 (63): 823 – 832.

[886] Kawase, R. and Y. Matsuoka. Reduction targets under three burden – sharing schemes for 50% global GHG reduction toward 2050 [J]. Energy Policy, 2013 (63): 1126 – 1138.

[887] Lindstad, H. , E. Jullumstrø and I. Sandaas. Reductions in cost and greenhouse gas emissions with new bulk ship designs enabled by the Panama Canal expansion [J]. Energy Policy, 2013 (59): 341 – 349.

[888] Tsvetanov, T. and K. Segerson. Re – evaluating the role of energy efficiency standards: A behavioral economics approach [J]. Journal of Environmental Economics and Management, 2013, 66 (2): 347 – 363.

[889] Lin, B. and X. Liu. Reform of refined oil product pricing mechanism and energy rebound effect for passenger transportation in China [J]. Energy Policy, 2013 (57): 329 – 337.

[890] Sun, C. and B. Lin. Reforming residential electricity tariff in China: Block tariffs pricing approach [J]. Energy Policy, 2013 (60): 741 – 752.

[891] Ferreira, J. , M. D. Pinheiro and J. de Brito. Refurbishment decision support tools review—Energy and life cycle as key aspects to sustainable refurbishment projects [J]. Energy Policy, 2013 (62): 1453 – 1460.

[892] Wang, K. , et al. Regional allocation of CO_2 emissions allowance over provinces in China by 2020 [J]. Energy Policy, 2013 (54): 214 – 229.

[893] Brown, T. R. , et al. Regional differences in the economic feasibility of advanced biorefineries: Fast pyrolysis and hydroprocessing [J]. Energy Policy, 2013 (57): 234 – 243.

[894] Kanada, M. , et al. Regional disparity and cost – effective SO2 pollution control in China: A case study in 5 mega – cities [J]. Energy Policy, 2013 (61): 1322 – 1331.

[895] Magnani, N. and A. Vaona. Regional spillover effects of renewable energy generation in Italy [J]. Energy Policy, 2013 (56): 663 – 671.

[896] Gius, M. . Regulatory restrictions and energy: The impact of the Jones Act on spot gasoline prices [J]. Energy Policy, 2013 (62): 1058 – 1063.

[897] Tang, C. F. , M. Shahbaz and M. Arouri. Re – investigating the electricity consumption and economic growth nexus in Portugal [J]. Energy Policy, 2013 (62): 1515 – 1524.

[898] Lohwasser, R. and R. Madlener, Relating R& D and investment policies to

CCS market diffusion through two – factor learning [J]. Energy Policy, 2013 (52): 439 – 452.

[899] Burtraw, D., et al. Reliability in the U. S. electricity industry under new environmental regulations [J]. Energy Policy, 2013 (62): 1078 – 1091.

[900] Zhao, X., et al. Remotely sensed thermal pollution and its relationship with energy consumption and industry in a rapidly urbanizing Chinese city [J]. Energy Policy, 2013 (57): 398 – 406.

[901] Shrimali, G., et al. Renewable deployment in India: Financing costs and implications for policy [J]. Energy Policy, 2013 (62): 28 – 43.

[902] Neuhoff, K., et al. Renewable electric energy integration: Quantifying the value of design of markets for international transmission capacity [J]. Energy Economics, 2013 (40): 760 – 772.

[903] Kim, J., et al. Renewable electricity as a differentiated good? The case of the Republic of Korea [J]. Energy Policy, 2013 (54): 327 – 334.

[904] Schmid, E., M. Pahle and B. Knopf. Renewable electricity generation in Germany: A meta – analysis of mitigation scenarios [J]. Energy Policy, 2013 (61): 1151 – 1163.

[905] Partridge, I.. Renewable electricity generation in India—A learning rate analysis [J]. Energy Policy, 2013 (60): 906 – 915.

[906] Rivers, N.. Renewable energy and unemployment: A general equilibrium analysis [J]. Resource and Energy Economics, 2013, 35 (4): 467 – 485.

[907] Kumar, R. and A. Agarwala. Renewable Energy Certificate and Perform, Achieve, Trade mechanisms to enhance the energy security for India [J]. Energy Policy, 2013 (55): 669 – 676.

[908] Dulal, H. B., et al. Renewable energy diffusion in Asia: Can it happen without government support? [J]. Energy Policy, 2013 (59): 301 – 311.

[909] Blenkinsopp, T., S. R. Coles and K. Kirwan. Renewable energy for rural communities in Maharashtra, India [J]. Energy Policy, 2013 (60): 192 – 199.

[910] Shirley, R. and D. Kammen. Renewable energy sector development in the Caribbean: Current trends and lessons from history [J]. Energy Policy, 2013 (57): 244 – 252.

[911] Kalkuhl, M., O. Edenhofer and K. Lessmann. Renewable energy subsidies: Second – best policy or fatal aberration for mitigation? [J]. Resource and Energy Economics, 2013, 35 (3): 217 – 234.

[912] Kirkman, G. A., S. Seres and E. Haites. Renewable energy: Comparison of CDM and Annex I projects [J]. Energy Policy, 2013 (63): 995 – 1001.

[913] Lay, J., J. Ondraczek and J. Stoever. Renewables in the energy transition: Evidence on solar home systems and lighting fuel choice in Kenya [J]. Energy Economics, 2013

(40): 350 – 359.

[914] Kontogianni, A., C. Tourkolias and M. Skourtos. Renewables portfolio, individual preferences and social values towards RES technologies [J]. Energy Policy, 2013 (55): 467 – 476.

[915] Fuinhas, J. A. and A. C. Marques. Rentierism, energy and economic growth: The case of Algeria and Egypt (1965 – 2010) [J]. Energy Policy, 2013 (62): 1165 – 1171.

[916] Rego, E. E., Reserve price: Lessons learned from Brazilian electricity procurement auctions [J]. Energy Policy, 2013 (60): 217 – 223.

[917] Gilbraith, N. and S. E. Powers. Residential demand response reduces air pollutant emissions on peak electricity demand days in New York City [J]. Energy Policy, 2013 (59): 459 – 469.

[918] Blázquez, L., N. Boogen and M. Filippini. Residential electricity demand in Spain: New empirical evidence using aggregate data [J]. Energy Economics, 2013 (36): 648 – 657.

[919] Briggs, R. J. and A. Kleit. Resource adequacy reliability and the impacts of capacity subsidies in competitive electricity markets [J]. Energy Economics, 2013 (40): 297 – 305.

[920] Jacobson, M. Z., et al. Response to comment on paper examining the feasibility of changing New York state's energy infrastructure to one derived from wind, water and sunlight [J]. Energy Policy, 2013 (62): 1212 – 1215.

[921] Campbell, E.. Response to embodied energy and emergy analyses of a concentrating solar power (CSP) system (2012) [J]. Energy Policy, 2013 (60): 424 – 426.

[922] Krumdieck, S. and S. Page. Retro – analysis of liquid bio – ethanol and bio – diesel in New Zealand [J]. Energy Policy, 2013 (62): 363 – 371.

[923] Hasanbeigi, A., et al. Retrospective and prospective decomposition analysis of Chinese manufacturing energy use and policy implications [J]. Energy Policy, 2013 (63): 562 – 574.

[924] McConnell, D., et al. Retrospective modeling of the merit – order effect on wholesale electricity prices from distributed photovoltaic generation in the Australian National Electricity Market [J]. Energy Policy, 2013 (58): 17 – 27.

[925] Suter, J. F. and M. R. Shammin. Returns to residential energy efficiency and conservation measures: A field experiment [J]. Energy Policy, 2013 (59): 551 – 561.

[926] Hu, Z., et al. Review of wind power tariff policies in China [J]. Energy Policy, 2013 (53): 41 – 50.

[927] Segerstedt, A. and J. Bobert. Revising the potential of large – scale Jatropha oil production in Tanzania: An economic land evaluation assessment [J]. Energy Policy, 2013 (57): 491 – 505.

[928] Kaufmann, R. K., et al. Revisiting the weather effect on energy consumption: Im-

plications for the impact of climate change [J]. Energy Policy, 2013 (62): 1377 –1384.

[929] Brown, M. A. , M. Cox and Baer. Reviving manufacturing with a federal cogeneration policy [J]. Energy Policy, 2013 (52): 264 –276.

[930] Bertoldi, P. , S. Rezessy and V. Oikonomou. Rewarding energy savings rather than energy efficiency: Exploring the concept of a feed – in tariff for energy savings [J]. Energy Policy, 2013 (56): 526 –535.

[931] Bolat, and J. Yongxing. Risk assessment of potential catastrophic accidents for transportation of special nuclear materials through Turkish Straits [J]. Energy Policy, 2013 (56): 126 –135.

[932] Meunier, G. . Risk aversion and technology mix in an electricity market [J]. Energy Economics, 2013 (40): 866 –874.

[933] Song, J. , et al. Risk identification for PPP waste – to – energy incineration projects in China [J]. Energy Policy, 2013 (61): 953 –962.

[934] Hammoudeh, S. , et al. Risk spillovers in oil – related CDS, stock and credit markets [J]. Energy Economics, 2013 (36): 526 –535.

[935] Fagiani, R. , J. Barquín and R. Hakvoort. Risk – based assessment of the cost – efficiency and the effectivity of renewable energy support schemes: Certificate markets versus feed – in tariffs [J]. Energy Policy, 2013 (55): 648 –661.

[936] Lynch, M. á. , et al. Risk – return incentives in liberalised electricity markets [J]. Energy Economics, 2013 (40): 598 –608.

[937] Rashid, A. . Risks and financing decisions in the energy sector: An empirical investigation using firm – level data [J]. Energy Policy, 2013 (59): 792 –799.

[938] Mraihi, R. , K. ben Abdallah and M. Abid. Road transport – related energy consumption: Analysis of driving factors in Tunisia [J]. Energy Policy, 2013 (62): 247 –253.

[939] Nowotarski, J. , J. Tomczyk and R. Weron. Robust estimation and forecasting of the long – term seasonal component of electricity spot prices [J]. Energy Economics, 2013 (39): 13 –27.

[940] Lo Prete, C. and C. S. Norman. Rockets and feathers in power futures markets? Evidence from the second phase of the EU ETS [J]. Energy Economics, 2013 (36): 312 –321.

[941] Gurung, A. , et al. Roles of renewable energy technologies in improving the rural energy situation in Nepal: Gaps and opportunities [J]. Energy Policy, 2013 (62): 1104 –1109.

[942] Kretzschmar, G. L. , E. Simpson and M. Haque. Russia's resource capitalism – Market vs political signalling [J]. Energy Policy, 2013 (61): 771 –782.

[943] Panzone, L. A. . Saving money vs investing money: Do energy ratings influence consumer demand for energy efficient goods? [J]. Energy Economics, 2013 (38): 51 –63.

［944］Ba sta, M. and K. Helman. Scale – specific importance of weather variables for explanation of variations of electricity consumption: The case of Prague, Czech Republic ［J］. Energy Economics, 2013 (40): 503 – 514.

［945］Chen, F. , S. Chou and T. Lu. Scenario analysis of the new energy policy for Taiwan's electricity sector until 2025 ［J］. Energy Policy, 2013 (61): 162 – 171.

［946］Wang, H. , Zhou and D. Q. Zhou. Scenario – based energy efficiency and productivity in China: A non – radial directional distance function analysis ［J］. Energy Economics, 2013 (40): 795 – 803.

［947］Veldman, E. , et al. Scenario – based modelling of future residential electricity demands and assessing their impact on distribution grids ［J］. Energy Policy, 2013 (56): 233 – 247.

［948］Valadkhani, A. . Seasonal patterns in daily prices of unleaded petrol across Australia ［J］. Energy Policy, 2013 (56): 720 – 731.

［949］Tang, C. F. and M. Shahbaz. Sectoral analysis of the causal relationship between electricity consumption and real output in Pakistan ［J］. Energy Policy, 2013 (60): 885 – 891.

［950］Mujiyanto, S. and G. Tiess. Secure energy supply in 2025: Indonesia's need for an energy policy strategy ［J］. Energy Policy, 2013 (61): 31 – 41.

［951］Mason, I. G. , S. C. Page and A. G. Williamson. Security of supply, energy spillage control and peaking options within a 100% renewable electricity system for New Zealand ［J］. Energy Policy, 2013 (60): 324 – 333.

［952］Littlefield, S. R. . Security, independence and sustainability: Imprecise language and the manipulation of energy policy in the United States ［J］. Energy Policy, 2013 (52): 779 – 788.

［953］Maraseni, T. N. . Selecting a CDM investor in China: A critical analysis ［J］. Energy Policy, 2013 (53): 484 – 489.

［954］Sanda, G. E. , E. T. Olsen and S. Fleten. Selective hedging in hydro – based electricity companies ［J］. Energy Economics, 2013 (40): 326 – 338.

［955］Davis, A. L. , et al. Setting a standard for electricity pilot studies ［J］. Energy Policy, 2013 (62): 401 – 409.

［956］José Vinagre Díaz, J. , M. Richard Wilby and A. Belén Rodríguez González. Setting up GHG – based energy efficiency targets in buildings: The Ecolabel ［J］. Energy Policy, 2013 (59): 633 – 642.

［957］Jenner, S. and A. J. Lamadrid. Shale gas vs. coal: Policy implications from environmental impact comparisons of shale gas, conventional gas and coal on air, water and land in the United States ［J］. Energy Policy, 2013 (53): 442 – 453.

［958］Chang, N. . Sharing responsibility for carbon dioxide emissions: A perspective on border tax adjustments [J]. Energy Policy, 2013 (59): 850 – 856.

[959] Ramana, M. V.. Shifting strategies and precarious progress: Nuclear waste management in Canada [J]. Energy Policy, 2013 (61): 196 – 206.

[960] Kaldellis, J. K. and M. Kapsali. Shifting towards offshore wind energy—Recent activity and future development [J]. Energy Policy, 2013 (53): 136 – 148.

[961] Chaves – ávila, J. P. , R. A. Hakvoort and A. Ramos. Short – term strategies for Dutch wind power producers to reduce imbalance costs [J]. Energy Policy, 2013 (52): 573 – 582.

[962] Karplus, V. J. , et al. Should a vehicle fuel economy standard be combined with an economy – wide greenhouse gas emissions constraint? Implications for energy and climate policy in the United States [J]. Energy Economics, 2013 (36): 322 – 333.

[963] Choquette – Levy, N. , H. L. MacLean and J. A. Bergerson. Should Alberta upgrade oil sands bitumen? An integrated life cycle framework to evaluate energy systems investment tradeoffs [J]. Energy Policy, 2013 (61): 78 – 87.

[964] Driscoll, á. , et al. Simulating demand for electric vehicles using revealed preference data [J]. Energy Policy, 2013 (62): 686 – 696.

[965] Ochoa, C. , I. Dyner and C. J. Franco. Simulating power integration in Latin America to assess challenges, opportunities and threats [J]. Energy Policy, 2013 (61): 267 – 273.

[966] Gans, W. , A. Alberini and A. Longo. Smart meter devices and the effect of feedback on residential electricity consumption: Evidence from a natural experiment in Northern Ireland [J]. Energy Economics, 2013 (36): 729 – 743.

[967] Carillo – Aparicio, S. , J. R. Heredia – Larrubia and F. Perez – Hidalgo, Smart City Málaga, a real – living lab and its adaptation to electric vehicles in cities [J]. Energy Policy, 2013 (62): 774 – 779.

[968] Agrell, P. J. , Bogetoft and M. Mikkers. Smart – grid investments, regulation and organization [J]. Energy Policy, 2013 (52): 656 – 666.

[969] Cifarelli, G. . Smooth transition regime shifts and oil price dynamics [J]. Energy Economics, 2013 (38): 160 – 167.

[970] Balta – Ozkan, N. , et al. Social barriers to the adoption of smart homes [J]. Energy Policy, 2013 (63): 363 – 374.

[971] Popkin, J. H. , et al. Social costs from proximity to hydraulic fracturing in New York State [J]. Energy Policy, 2013 (62): 62 – 69.

[972] Hall, N. , Ashworth and Devine – Wright. Societal acceptance of wind farms: Analysis of four common themes across Australian case studies [J]. Energy Policy, 2013 (58): 200 – 208.

［973］Steinhilber，S.，Wells and S. Thankappan. Socio – technical inertia：Understanding the barriers to electric vehicles［J］. Energy Policy，2013（60）：531 – 539.

［974］Otte，P. P. . Solar cookers in developing countries—What is their key to success?［J］. Energy Policy，2013（63）：375 – 381.

［975］Tveten，Å. G.，et al. Solar feed – in tariffs and the merit order effect：A study of the German electricity market［J］. Energy Policy，2013（61）：761 – 770.

［976］Rahman，S. M. and M. M. Ahmad. Solar Home System（SHS）in rural Bangladesh：Ornamentation or fact of development?［J］. Energy Policy，2013（63）：348 – 354.

［977］Chang，K.，W. Lin and K. Chung. Solar thermal market in Taiwan［J］. Energy Policy，2013（55）：477 – 482.

［978］Kumar Singh，B. . South Asia energy security：Challenges and opportunities［J］. Energy Policy，2013（63）：458 – 468.

［979］Du，X. and M. A. Carriquiry. Spatiotemporal analysis of ethanol market penetration［J］. Energy Economics，2013（38）：128 – 135.

［980］Lammerding，M.，et al. Speculative bubbles in recent oil price dynamics：Evidence from a Bayesian Markov – switching state – space approach［J］. Energy Economics，2013（36）：491 – 502.

［981］Hache，E. and F. Lantz. Speculative trading and oil price dynamic：A study of the WTI market［J］. Energy Economics，2013（36）：334 – 340.

［982］Bjørner，T. B. and J. Mackenhauer. Spillover from private energy research［J］. Resource and Energy Economics，2013，35（2）：171 – 190.

［983］Setiawan，A. D. and E. Cuppen. Stakeholder perspectives on carbon capture and storage in Indonesia［J］. Energy Policy，2013（61）：1188 – 1199.

［984］Berardi，U. . Stakeholders' influence on the adoption of energy – saving technologies in Italian homes［J］. Energy Policy，2013（60）：520 – 530.

［985］Krasko，V. A. and E. Doris. State distributed PV policies：Can low cost（to government）policies have a market impact?［J］. Energy Policy，2013（59）：172 – 181.

［986］Ahern，C.，Griffiths and M. O. Flaherty. State of the Irish housing stock—Modelling the heat losses of Ireland's existing detached rural housing stock & estimating the benefit of thermal retrofit measures on this stock［J］. Energy Policy，2013（55）：139 – 151.

［987］Fischlein，M.，et al. States of transmission：Moving towards large – scale wind power［J］. Energy Policy，2013（56）：101 – 113.

［988］Staid，A. and S. D. Guikema. Statistical analysis of installed wind capacity in the United States［J］. Energy Policy，2013（60）：378 – 385.

［989］Caurla，S.，et al. Stimulating fuelwood consumption through public policies：An assessment of economic and resource impacts based on the French Forest Sector Model［J］. Energy Policy, 2013 (63): 338 - 347.

[990] Trüby, J.. Strategic behaviour in international metallurgical coal markets [J]. Energy Economics, 2013 (36): 147 - 157.

[991] Lucio, N. R. , W. Q. de Lamas and J. R. de Camargo. Strategic energy management in the primary aluminium industry: Self - generation as a competitive factor [J]. Energy Policy, 2013 (59): 182 - 188.

[992] Shah, A. N. , M. Palacios and F. Ruiz, Strategic rigidity and foresight for technology adoption among electric utilities [J]. Energy Policy, 2013 (63): 1233 - 1239.

[993] Yuan, X. , et al. Strategic route map of sulphur dioxide reduction in China [J]. Energy Policy, 2013 (60): 844 - 851.

[994] Tang, A. , J. E. Taylor and A. Mahalingam, Strategic structure matrix: A framework for explaining the impact of superstructure organizations on the diffusion of wind energy infrastructure [J]. Energy Policy, 2013 (63): 69 - 80.

[995] Tian, X. , et al. Structural decomposition analysis of the carbonization process in Beijing: A regional explanation of rapid increasing carbon dioxide emission in China [J]. Energy Policy, 2013 (53): 279 - 286.

[996] Goto, M. , T. Inoue and T. Sueyoshi. Structural reform of Japanese electric power industry: Separation between generation and transmission & distribution [J]. Energy Policy, 2013 (56): 186 - 200.

[997] Gao, J. , R. Nelson and L. Zhang. Substitution in the electric power industry: An interregional comparison in the eastern US [J]. Energy Economics, 2013 (40): 316 - 325.

[998] Risholt, B. and T. Berker. Success for energy efficient renovation of dwellings—Learning from private homeowners [J]. Energy Policy, 2013 (61): 1022 - 1030.

[999] Salazar - Ordóñez, M. , P. P. Pérez - Hernández and J. M. Martín - Lozano. Sugar beet for bioethanol production: An approach based on environmental agricultural outputs [J]. Energy Policy, 2013 (55): 662 - 668.

[1000] Blarke, M. B. and B. M. Jenkins. SuperGrid or SmartGrid: Competing strategies for large - scale integration of intermittent renewables? [J]. Energy Policy, 2013 (58): 381 - 390.

[1001] Lehmann, P.. Supplementing an emissions tax by a feed - in tariff for renewable electricity to address learning spillovers [J]. Energy Policy, 2013 (61): 635 - 641.

[1002] Amador, F. J. , R. M. González and F. J. Ramos - Real. Supplier choice and WTP for electricity attributes in an emerging market: The role of perceived past experience, environmental concern and energy saving behavior [J]. Energy Economics, 2013 (40): 953 - 966.

[1003] Méjean, A. and C. Hope. Supplying synthetic crude oil from Canadian oil sands: A comparative study of the costs and CO_2 emissions of mining and in - situ recovery [J]. Energy

Policy, 2013 (60): 27 – 40.

[1004] Greene, D. L. , D. H. Evans and J. Hiestand. Survey evidence on the willingness of U. S. consumers to pay for automotive fuel economy [J]. Energy Policy, 2013 (61): 1539 – 1550.

[1005] Hähnlein, S. , et al. Sustainability and policy for the thermal use of shallow geo-thermal energy [J]. Energy Policy, 2013 (59): 914 – 925.

[1006] Gosens, J. , et al. Sustainability effects of household – scale biogas in rural China [J]. Energy Policy, 2013 (54): 273 – 287.

[1007] Yang, P. , et al. Sustainability needs and practices assessment in the building industry of China [J]. Energy Policy, 2013 (57): 212 – 220.

[1008] ástmarsson, B. , P. A. Jensen and E. Maslesa. Sustainable renovation of residential buildings and the landlord/tenant dilemma [J]. Energy Policy, 2013 (63): 355 – 362.

[1009] Perdiguero – García, J.. Symmetric or asymmetric oil prices? A meta – analysis approach [J]. Energy Policy, 2013 (57): 389 – 397.

[1010] Dave, S. , M. Sooriyabandara and M. Yearworth. System behaviour modelling for demand response provision in a smart grid [J]. Energy Policy, 2013 (61): 172 – 181.

[1011] Viju, C. and W. A. Kerr. Taking an option on the future: Subsidizing biofuels for energy security or reducing global warming [J]. Energy Policy, 2013 (56): 543 – 548.

[1012] Costantini, V. , et al. Taxing international emissions trading [J]. Energy Economics, 2013 (40): 609 – 621.

[1013] McHenry, M. P.. Technical and governance considerations for advanced metering infrastructure/smart meters: Technology, security, uncertainty, costs, benefits and risks [J]. Energy Policy, 2013 (59): 834 – 842.

[1014] Bampatsou, C. , S. Papadopoulos and E. Zervas. Technical efficiency of economic systems of EU – 15 countries based on energy consumption [J]. Energy Policy, 2013 (55): 426 – 434.

[1015] Panwar, N. L. , S. Kothari and S. C. Kaushik. Techno – economic evaluation of masonry type animal feed solar cooker in rural areas of an Indian state Rajasthan [J]. Energy Policy, 2013 (52): 583 – 586.

[1016] Li, J. , et al. Technological, economic and financial prospects of carbon dioxide capture in the cement industry [J]. Energy Policy, 2013 (61): 1377 – 1387.

[1017] Lin, B. and K. Du. Technology gap and China's regional energy efficiency: A parametric metafrontier approach [J]. Energy Economics, 2013 (40): 529 – 536.

[1018] Zhang, X. , J. Fan and Y. Wei. Technology roadmap study on carbon capture, utilization and storage in China [J]. Energy Policy, 2013 (59): 536 – 550.

[1019] Popp, D. , et al. Technology variation vs. R&D uncertainty: What matters most for energy patent success? [J]. Resource and Energy Economics, 2013, 35 (4): 505 – 533.

[1020] Liu, Y., Y. Wang and H. Huo. Temporal and spatial variations in on – road energy use and CO_2 emissions in China, 1978 – 2008 [J]. Energy Policy, 2013 (61): 544 – 550.

[1021] Sullivan, R. and A. Gouldson. Ten years of corporate action on climate change: What do we have to show for it? [J]. Energy Policy, 2013 (60): 733 – 740.

[1022] Chiu, M.. Tensions in implementing the "energy – conservation/carbon – reduction" policy in Taiwanese culture [J]. Energy Policy, 2013 (55): 415 – 425.

[1023] Nakajima, T. and S. Hamori. Testing causal relationships between wholesale electricity prices and primary energy prices [J]. Energy Policy, 2013 (62): 869 – 877.

[1024] Brown, Z., et al. Testing the effect of defaults on the thermostat settings of OECD employees [J]. Energy Economics, 2013 (39): 128 – 134.

[1025] Thepkhun, P., et al. Thailand's Low – Carbon Scenario 2050: The AIM/CGE analyses of CO_2 mitigation measures [J]. Energy Policy, 2013 (62): 561 – 572.

[1026] Alexander, C., M. Prokopczuk and A. Sumawong. The (de) merits of minimum – variance hedging: Application to the crack spread [J]. Energy Economics, 2013 (36): 698 – 707.

[1027] Manninen, K., et al. The applicability of the renewable energy directive calculation to assess the sustainability of biogas production [J]. Energy Policy, 2013 (56): 549 – 557.

[1028] Heffron, R. J.. The application of contrast explanation to energy policy research: UK nuclear energy policy 2002 – 2012 [J]. Energy Policy, 2013 (55): 602 – 616.

[1029] Price, R. R., et al. The application of systems engineering principles to the prioritization of sustainable nuclear fuel cycle options [J]. Energy Policy, 2013 (53): 205 – 217.

[1030] Cherry, T. L., S. J. Cotten and L. R. Jones. The appropriation of endogenously provided common – pool resources [J]. Resource and Energy Economics, 2013, 35 (3): 329 – 341.

[1031] Amigues, J. and M. Moreaux. The atmospheric carbon resilience problem: A theoretical analysis [J]. Resource and Energy Economics, 2013, 35 (4): 618 – 636.

[1032] de Lamas, W. Q. and G. E. O. Giacaglia. The Brazilian energy matrix: Evolution analysis and its impact on farming [J]. Energy Policy, 2013 (63): 321 – 327.

[1033] Palm, J.. The building process of single – family houses and the embeddedness (or disembeddedness) of energy [J]. Energy Policy, 2013 (62): 762 – 767.

[1034] Friedrichs, J. and O. R. Inderwildi. The carbon curse: Are fuel rich countries doomed to high CO_2 intensities? [J]. Energy Policy, 2013 (62): 1356 – 1365.

[1035] Kalkuhl, M. and R. J. Brecha. The carbon rent economics of climate policy [J].

Energy Economics, 2013 (39): 89 – 99.

[1036] Fanone, E. , A. Gamba and M. Prokopczuk. The case of negative day – ahead electricity prices [J]. Energy Economics, 2013 (35): 22 – 34.

[1037] Kandemir Kocaaslan, O. . The causal link between energy and output growth: Evidence from Markov switching Granger causality [J]. Energy Policy, 2013 (63): 1196 – 1206.

[1038] Balcilar, M. and Z. A. Ozdemir. The causal nexus between oil prices and equity market in the U. S. : A regime switching model [J]. Energy Economics, 2013 (39): 271 – 282.

[1039] Pao, H. and H. Fu. The causal relationship between energy resources and economic growth in Brazil [J]. Energy Policy, 2013 (61): 793 – 801.

[1040] Baranzini, A. , et al. The causal relationship between energy use and economic growthin Switzerland [J]. Energy Economics, 2013 (36): 464 – 470.

[1041] Sultan, N. . The challenge of shale to the post – oil dreams of the Arab Gulf [J]. Energy Policy, 2013 (60): 13 – 20.

[1042] Kim, J. E. , D. Popp and A. Prag. The Clean Development Mechanism and neglected environmental technologies [J]. Energy Policy, 2013 (55): 165 – 179.

[1043] Hannon, M. J. , T. J. Foxon and W. F. Gale. The co – evolutionary relationship between Energy Service Companies and the UK energy system: Implications for a low – carbon transition [J]. Energy Policy, 2013 (61): 1031 – 1045.

[1044] Mohseni, F. , M. Görling and Alvfors. The competitiveness of synthetic natural gas as a propellant in the Swedish fuel market [J]. Energy Policy, 2013 (52): 810 – 818.

[1045] Su, L. , X. Li and Z. Sun. The consumption, production and transportation of methanol in China: A review [J]. Energy Policy, 2013 (63): 130 – 138.

[1046] Lee, J. W. . The contribution of foreign direct investment to clean energy use, carbon emissions and economic growth [J]. Energy Policy, 2013 (55): 483 – 489.

[1047] Alcott, B. . The conundrum: How scientific innovation, increased efficiency, and good intentions can make our energy and climate problems worse, David Owen. Riverhead Books, New York (2011) [J]. Ecological Economics, 2013 (88): 180 – 181.

[1048] Linares, and L. Rey. The costs of electricity interruptions in Spain. Are we sending the right signals? [J]. Energy Policy, 2013 (61): 751 – 760.

[1049] Goldemberg, J. and L. T. Siqueira Prado. The decline of sectorial components of the world's energy intensity [J]. Energy Policy, 2013 (54): 62 – 65.

[1050] Fernández Fernández, P. , E. V. Ortiz and J. X. Bernat. The deployment of electricity generation from renewable energies in Germany and Spain: A comparative analysis based on a simple model [J]. Energy Policy, 2013 (57): 552 – 562.

[1051] Hori, S. , et al. The determinants of household energy – saving behavior: Survey and comparison in five major Asian cities [J]. Energy Policy, 2013 (52): 354 – 362.

[1052] Ma, L., et al. The development of natural gas as an automotive fuel in China [J]. Energy Policy, 2013 (62): 531 – 539.

[1053] Röpke, L.. The development of renewable energies and supply security: A trade – off analysis [J]. Energy Policy, 2013 (61): 1011 – 1021.

[1054] Heinz, B., M. Graeber and A. J. Praktiknjo. The diffusion process of stationary fuel cells in a two – sided market economy [J]. Energy Policy, 2013 (61): 1556 – 1567.

[1055] Fraser, I. and R. Waschik. The Double Dividend hypothesis in a CGE model: Specific factors and the carbon base [J]. Energy Economics, 2013 (39): 283 – 295.

[1056] Shahbaz, M., S. Khan and M. I. Tahir. The dynamic links between energy consumption, economic growth, financial development and trade in China: Fresh evidence from multivariate framework analysis [J]. Energy Economics, 2013 (40): 8 – 21.

[1057] Khodr, H. and K. Uherova Hasbani. The dynamics of energy policy in Lebanon when research, politics, and policy fail to intersect [J]. Energy Policy, 2013 (60): 629 – 642.

[1058] Saunoris, J. W. and B. J. Sheridan. The dynamics of sectoral electricity demand for a panel of US states: New evidence on the consumption – growth nexus [J]. Energy Policy, 2013 (61): 327 – 336.

[1059] Mideksa, T. K.. The economic impact of natural resources [J]. Journal of Environmental Economics and Management, 2013 (65 (2): 277 – 289.

[1060] Doorman, G. L. and D. M. Frøystad. The economic impacts of a submarine HVDC interconnection between Norway and Great Britain [J]. Energy Policy, 2013 (60): 334 – 344.

[1061] Kemp, A. G. and S. Kasim. The economics of CO_2 – EOR cluster developments in the UK Central North Sea [J]. Energy Policy, 2013 (62): 1344 – 1355.

[1062] Bahel, E., W. Marrouch and G. Gaudet. The economics of oil, biofuel and food commodities [J]. Resource and Energy Economics, 2013, 35 (4): 599 – 617.

[1063] Peri, M. and L. Baldi. The effect of biofuel policies on feedstock market: Empirical evidence for rapeseed oil prices in EU [J]. Resource and Energy Economics, 2013, 35 (1): 18 – 37.

[1064] Ekholm, T., et al. The effect of financial constraints on energy – climate scenarios [J]. Energy Policy, 2013 (59): 562 – 572.

[1065] Webster, A. and S. Ayatakshi. The effect of fossil energy and other environmental taxes on profit incentives for change in an open economy: Evidence from the UK [J]. Energy Policy, 2013 (61): 1422 – 1431.

[1066] Çelen, A.. The effect of merger and consolidation activities on the efficiency of electricity distribution regions in Turkey [J]. Energy Policy, 2013 (59): 674 – 682.

[1067] Karahan, H. and M. Toptas. The effect of power distribution privatization on electricity prices in Turkey: Has liberalization served the purpose? [J]. Energy Policy, 2013 (63): 614 – 621.

[1068] Lilley, J. and J. Firestone. The effect of the 2010 Gulf oil spill on public attitudes toward offshore oil drilling and wind development [J]. Energy Policy, 2013 (62): 90 – 98.

[1069] Sahoo, A. and G. Shrimali. The effectiveness of domestic content criteria in India's Solar Mission [J]. Energy Policy, 2013 (62): 1470 – 1480.

[1070] Sugino, M., T. H. Arimura and R. D. Morgenstern. The effects of alternative carbon mitigation policies on Japanese industries [J]. Energy Policy, 2013 (62): 1254 – 1267.

[1071] Lee, M.. The effects of an increase in power rate on energy demand and output price in Korean manufacturing sectors [J]. Energy Policy, 2013 (63): 1217 – 1223.

[1072] Du, L., Y. He and J. Yan. The effects of electricity reforms on productivity and efficiency of China's fossil – fired power plants: An empirical analysis [J]. Energy Economics, 2013 (40): 804 – 812.

[1073] Shahbaz, M., A. Kumar Tiwari and M. Nasir. The effects of financial development, economic growth, coal consumption and trade openness on CO_2 emissions in South Africa [J]. Energy Policy, 2013 (61): 1452 – 1459.

[1074] Kollias, C., C. Kyrtsou and S. Papadamou. The effects of terrorism and war on the oil price – stock index relationship [J]. Energy Economics, 2013 (40): 743 – 752.

[1075] Lin, C. Y. C. and J. J. Zeng. The elasticity of demand for gasoline in China [J]. Energy Policy, 2013 (59): 189 – 197.

[1076] Polemis, M. L. and A. S. Dagoumas. The electricity consumption and economic growth nexus: Evidence from Greece [J]. Energy Policy, 2013 (62): 798 – 808.

[1077] Suhonen, N. and L. Okkonen. The Energy Services Company (ESCo) as business model for heat entrepreneurship – A case study of North Karelia, Finland [J]. Energy Policy, 2013 (61): 783 – 787.

[1078] Zhang, F.. The energy transition of the transition economies: An empirical analysis [J]. Energy Economics, 2013 (40): 679 – 686.

[1079] Coers, R. and M. Sanders. The energy – GDP nexus; addressing an old question with new methods [J]. Energy Economics, 2013 (36): 708 – 715.

[1080] Herrerias, M. J.. The environmental convergence hypothesis: Carbon dioxide emissions according to the source of energy [J]. Energy Policy, 2013 (61): 1140 – 1150.

[1081] Kaika, D. and E. Zervas. The environmental Kuznets curve (EKC) theory—Part B: Critical issues [J]. Energy Policy, 2013 (62): 1403 – 1411.

[1082] Kaika, D. and E. Zervas. The Environmental Kuznets Curve (EKC) theory—Part

A: Concept, causes and the CO_2 emissions case [J]. Energy Policy, 2013 (62): 1392 – 1402.

[1083] Salant, S. W.. The equilibrium price path of timber in the absence of replanting: does Hotelling rule the forests too? [J]. Resource and Energy Economics, 2013, 35 (4): 572 – 581.

[1084] Hübler, M. and A. Löschel. The EU Decarbonisation Roadmap 2050—What way to walk? [J]. Energy Policy, 2013 (55): 190 – 207.

[1085] Zhi, Q. , et al. The evolution of China's National Energy R&D Programs: The role of scientists in science and technology decision making [J]. Energy Policy, 2013 (61): 1568 – 1585.

[1086] Barton, J. , et al. The evolution of electricity demand and the role for demand side participation, in buildings and transport [J]. Energy Policy, 2013 (52): 85 – 102.

[1087] Rahmadi, A. , L. Aye and G. Moore. The feasibility and implications for conventional liquid fossil fuel of the Indonesian biofuel target in 2025 [J]. Energy Policy, 2013 (61): 12 – 21.

[1088] Hayashi, M. and L. Hughes. The Fukushima nuclear accident and its effect on global energy security [J]. Energy Policy, 2013 (59): 102 – 111.

[1089] Dodds, P. E. and W. McDowall. The future of the UK gas network [J]. Energy Policy, 2013 (60): 305 – 316.

[1090] Khan, I. , F. Alam and Q. Alam. The global climate change and its effect on power generation in Bangladesh [J]. Energy Policy, 2013 (61): 1460 – 1470.

[1091] Tsuchiya, H. . The global resource balance table, an integrated table of energy, materials and the environment [J]. Energy Policy, 2013 (61): 1107 – 1110.

[1092] Phillips, J. and P. Newell. The governance of clean energy in India: The clean development mechanism (CDM) and domestic energy politics [J]. Energy Policy, 2013 (59): 654 – 662.

[1093] Danias, N. , J. Kim Swales and P. McGregor. The Greek Electricity Market Reforms: Political and Regulatory Considerations [J]. Energy Policy, 2013 (62): 1040 – 1047.

[1094] Tsai, C. . The high – frequency asymmetric response of stock returns to monetary policy for high oil price events [J]. Energy Economics, 2013 (36): 166 – 176.

[1095] Sandt, C. J. and M. W. Doyle. The hydrologic and economic feasibility of micro hydropower upfitting and integration of existing low – head dams in the United States [J]. Energy Policy, 2013 (63): 261 – 271.

[1096] Islam, T. and N. Meade. The impact of attribute preferences on adoption timing: The case of photo – voltaic (PV) solar cells for household electricity generation [J]. Energy Policy, 2013 (55): 521 – 530.

［1097］ Dong, C. and R. Wiser. The impact of city – level permitting processes on residential photovoltaic installation prices and development times: An empirical analysis of solar systems in California cities ［J］. Energy Policy, 2013 (63): 531 – 542.

［1098］ Markaki, M., et al. The impact of clean energy investments on the Greek economy: An input – output analysis (2010 – 2020) ［J］. Energy Policy, 2013 (57): 263 – 275.

［1099］ Dowling, P.. The impact of climate change on the European energy system ［J］. Energy Policy, 2013 (60): 406 – 417.

［1100］ Zhang, B., et al. The impact of domestic trade on China's regional energy uses: A multi – regional input – output modeling ［J］. Energy Policy, 2013 (63): 1169 – 1181.

［1101］ Thema, J., et al. The impact of electricity demand reduction policies on the EU – ETS: Modelling electricity and carbon prices and the effect on industrial competitiveness ［J］. Energy Policy, 2013 (60): 656 – 666.

［1102］ Lim, S. and S. Yoo. The impact of electricity price changes on industrial prices and the general price level in Korea ［J］. Energy Policy, 2013 (61): 1551 – 1555.

［1103］ Nyamdash, B. and E. Denny. The impact of electricity storage on wholesale electricity prices ［J］. Energy Policy, 2013 (58): 6 – 16.

［1104］ Jenn, A., I. L. Azevedo and P. Ferreira. The impact of federal incentives on the adoption of hybrid electric vehicles in the United States ［J］. Energy Economics, 2013 (40): 936 – 942.

［1105］ Wu, N., J. E. Parsons and K. R. Polenske. The impact of future carbon prices on CCS investment for power generation in China ［J］. Energy Policy, 2013 (54): 160 – 172.

［1106］ Britz, W. and R. Delzeit. The impact of German biogas production on European and global agricultural markets, land use and the environment ［J］. Energy Policy, 2013 (62): 1268 – 1275.

［1107］ Zhang, X., et al. The impact of government policy on preference for NEVs: The evidence from China ［J］. Energy Policy, 2013 (61): 382 – 393.

［1108］ Huimin, L.. The impact of human behavior on ecological threshold: Positive or negative? —Grey relational analysis of ecological footprint, energy consumption and environmental protection ［J］. Energy Policy, 2013 (56): 711 – 719.

［1109］ Berry, S., K. Davidson and W. Saman. The impact of niche green developments in transforming the building sector: The case study of Lochiel Park ［J］. Energy Policy, 2013 (62): 646 – 655.

［1110］ Kim, J. and D. Brownstone. The impact of residential density on vehicle usage and fuel consumption: Evidence from national samples ［J］. Energy Economics, 2013 (40): 196 – 206.

［1111］ Wakamatsu, H. and K. Aruga. The impact of the shale gas revolution on the

U. S. and Japanese natural gas markets [J]. Energy Policy, 2013 (62): 1002 – 1009.

[1112] Førsund, F. and G. Granderson. The impacts of the Clean Air Act on production cost, and the substitution between inputs in the electric utility industry [J]. Energy Economics, 2013 (40): 785 – 794.

[1113] Santos, R. L. P. D., et al. The importance of nuclear energy for the expansion of Brazil's electricity grid [J]. Energy Policy, 2013 (60): 284 – 289.

[1114] Vahl, F. P., R. Rüther and N. Casarotto Filho. The influence of distributed generation penetration levels on energy markets [J]. Energy Policy, 2013 (62): 226 – 235.

[1115] Wasi, N. and R. T. Carson. The influence of rebate programs on the demand for water heaters: The case of New South Wales [J]. Energy Economics, 2013 (40): 645 – 656.

[1116] Grothe, O. and F. Müsgens. The influence of spatial effects on wind power revenues under direct marketing rules [J]. Energy Policy, 2013 (58): 237 – 247.

[1117] Tiwari, A. K., M. I. Mutascu and C. T. Albulescu. The influence of the international oil prices on the real effective exchange rate in Romania in a wavelet transform framework [J]. Energy Economics, 2013 (40): 714 – 733.

[1118] Mizobuchi, K. and K. Takeuchi. The influences of financial and non – financial factors on energy – saving behaviour: A field experiment in Japan [J]. Energy Policy, 2013 (63): 775 – 787.

[1119] Schroeder, A., et al. The integration of renewable energies into the German transmission grid—A scenario comparison [J]. Energy Policy, 2013 (61): 140 – 150.

[1120] Harsem, Ø. and D. Harald Claes. The interdependence of European – Russian energy relations [J]. Energy Policy, 2013 (59): 784 – 791.

[1121] Gulbrandsen, L. H. and C. Stenqvist. The limited effect of EU emissions trading on corporate climate strategies: Comparison of a Swedish and a Norwegian pulp and paper company [J]. Energy Policy, 2013 (56): 516 – 525.

[1122] Pickard, W. F.. The limits of HVDC transmission [J]. Energy Policy, 2013 (61): 292 – 300.

[1123] Sklavos, K., L. Dam and B. Scholtens. The liquidity of energy stocks [J]. Energy Economics, 2013 (38): 168 – 175.

[1124] Ozturk, I. and A. Acaravci. The long – run and causal analysis of energy, growth, openness and financial development on carbon emissions in Turkey [J]. Energy Economics, 2013 (36): 262 – 267.

[1125] Kovacs, K. F., et al. The marginal cost of carbon abatement from planting street trees in New York City [J]. Ecological Economics, 2013 (95): 1 – 10.

[1126] Hirth, L.. The market value of variable renewables: The effect of solar wind power variability on their relative price [J]. Energy Economics, 2013 (38): 218 – 236.

［1127］ Ramírez – Camperos, A. M. , V. Rodríguez – Padilla and P. A. Guido – Aldana. The Mexican electricity sector: Policy analysis and reform (1992 – 2009) ［J］. Energy Policy, 2013 (62): 1092 – 1103.

［1128］ Closson, S. . The military and energy: Moving the United States beyond oil ［J］. Energy Policy, 2013 (61): 306 – 316.

［1129］ Müller, H. K. , et al. The need for a common standard for voltage levels of HVDC VSC technology ［J］. Energy Policy, 2013 (63): 244 – 251.

［1130］ Anderson, C. . The networked minority: How a small group prevailed in a local windfarm conflict ［J］. Energy Policy, 2013 (58): 97 – 108.

［1131］ Ozcan, B. . The nexus between carbon emissions, energy consumption and economic growth in Middle East countries: A panel data analysis ［J］. Energy Policy, 2013 (62): 1138 – 1147.

［1132］ Çoban, S. and M. Topcu. The nexus between financial development and energy consumption in the EU: A dynamic panel data analysis ［J］. Energy Economics, 2013 (39): 81 – 88.

［1133］ Klitkou, A. and H. Godoe. The Norwegian PV manufacturing industry in a Triple Helix perspective ［J］. Energy Policy, 2013 (61): 1586 – 1594.

［1134］ Hirte, G. and S. Tscharaktschiew. The optimal subsidy on electric vehicles in German metropolitan areas: A spatial general equilibrium analysis ［J］. Energy Economics, 2013 (40): 515 – 528.

［1135］ Kurakawa, Y. . The optimal vertical structure in the electricity industry when the incumbent has a cost advantage ［J］. Energy Policy, 2013 (63): 622 – 627.

［1136］ Kahrl, F. , J. H. Williams and J. Hu. The political economy of electricity dispatch reform in China ［J］. Energy Policy, 2013 (53): 361 – 369.

［1137］ Gullberg, A. T. . The political feasibility of Norway as the ‘green battery’ of Europe ［J］. Energy Policy, 2013 (57): 615 – 623.

［1138］ Stokes, L. C. . The politics of renewable energy policies: The case of feed – in tariffs in Ontario, Canada ［J］. Energy Policy, 2013 (56): 490 – 500.

［1139］ Lin, B. and L. Yang. The potential estimation and factor analysis of China's energy conservation on thermal power industry ［J］. Energy Policy, 2013 (62): 354 – 362.

［1140］ Hyland, M. , E. Leahy and R. S. J. Tol. The potential for segmentation of the retail market for electricity in Ireland ［J］. Energy Policy, 2013 (61): 349 – 359.

［1141］ Iveroth, S. P. , S. Johansson and N. Brandt. The potential of the infrastructural system of Hammarby Sjöstad in Stockholm, Sweden ［J］. Energy Policy, 2013 (59): 716 – 726.

［1142］ Moss, R. L. , et al. The potential risks from metals bottlenecks to the deployment of Strategic Energy Technologies ［J］. Energy Policy, 2013 (55): 556 – 564.

［1143］Pacini, H. , et al. The price for biofuels sustainability ［J］. Energy Policy, 2013 (59): 898 – 903.

［1144］Carson, R. T. and K. Novan. The private and social economics of bulk electricity storage ［J］. Journal of Environmental Economics and Management, 2013, 66 (3): 404 – 423.

［1145］Jaraitė, J. and A. Kažukauskas. The profitability of electricity generating firms and policies promoting renewable energy ［J］. Energy Economics, 2013 (40): 858 – 865.

［1146］Reichelstein, S. and M. Yorston. The prospects for cost competitive solar PV power ［J］. Energy Policy, 2013 (55): 117 – 127.

［1147］Chou, K. T. . The public perception of climate change in Taiwan and its paradigm shift ［J］. Energy Policy, 2013 (61): 1252 – 1260.

［1148］Gately, D. , N. Al – Yousef and H. M. H. Al – Sheikh. The rapid growth of OPEC's domestic oil consumption ［J］. Energy Policy, 2013 (62): 844 – 859.

［1149］Horta Nogueira, L. A. , et al. The rationality of biofuels ［J］. Energy Policy, 2013 (61): 595 – 598.

［1150］Evans, A. and A. Schäfer. The rebound effect in the aviation sector ［J］. Energy Economics, 2013 (36): 158 – 165.

［1151］Asche, F. , B. Misund and M. Sikveland. The relationship between spot and contract gas prices in Europe ［J］. Energy Economics, 2013 (38): 212 – 217.

［1152］Eisgruber, L. . The resource curse: Analysis of the applicability to the large – scale export of electricity from renewable resources ［J］. Energy Policy, 2013 (57): 429 – 440.

［1153］Zhang, Y. . The responsibility for carbon emissions and carbon efficiency at the sectoral level: Evidence from China ［J］. Energy Economics, 2013 (40): 967 – 975.

［1154］Bezdek, R. H. and R. M. Wendling. The return on investment of the clean coal technology program in the USA ［J］. Energy Policy, 2013 (54): 104 – 112.

［1155］Conway, J. E. . The risk is in the relationship (not the country): Political risk management in the uranium industry in Kazakhstan ［J］. Energy Policy, 2013 (56): 201 – 209.

［1156］Cormier, A. and V. Bellassen. The risks of CDM projects: How did only 30% of expected credits come through? ［J］. Energy Policy, 2013 (54): 173 – 183.

［1157］Duarte, R. , A. Mainar and J. Sánchez – Chóliz. The role of consumption patterns, demand and technological factors on the recent evolution of CO_2 emissions in a group of advanced economies ［J］. Ecological Economics, 2013 (96): 1 – 13.

［1158］Viardot, E. . The role of cooperatives in overcoming the barriers to adoption of renewable energy ［J］. Energy Policy, 2013 (63): 756 – 764.

［1159］Ciupuliga, A. R. and E. Cuppen. The role of dialogue in fostering acceptance of transmission lines: The case of a France – Spain interconnection project ［J］. Energy Policy,

2013 (60): 224 – 233.

[1160] Siderius, H.. The role of experience curves for setting MEPS for appliances [J]. Energy Policy, 2013 (59): 762 – 772.

[1161] Evans, L., G. Guthrie and A. Lu. The role of storage in a competitive electricity market and the effects of climate change [J]. Energy Economics, 2013 (36): 405 – 418.

[1162] Mah, D. N., et al. The role of the state in sustainable energy transitions: A case study of large smart grid demonstration projects in Japan [J]. Energy Policy, 2013 (63): 726 – 737.

[1163] Kolodziej, M. and R. K. Kaufmann. The role of trader positions in spot and futures prices for WTI [J]. Energy Economics, 2013 (40): 176 – 182.

[1164] Futcher, J. A. and G. Mills. The role of urban form as an energy management parameter [J]. Energy Policy, 2013 (53): 218 – 228.

[1165] Bidwell, D.. The role of values in public beliefs and attitudes towards commercial wind energy [J]. Energy Policy, 2013 (58): 189 – 199.

[1166] Song, X. and X. Mu. The safety regulation of small – scale coal mines in China: Analysing the interests and influences of stakeholders [J]. Energy Policy, 2013 (52): 472 – 481.

[1167] Kaup, F. and K. Selbmann. The seesaw of Germany's biofuel policy – Tracing the evolvement to its current state [J]. Energy Policy, 2013 (62): 513 – 521.

[1168] Martin, N. and J. Rice. The solar photovoltaic feed – in tariff scheme in New South Wales, Australia [J]. Energy Policy, 2013 (61): 697 – 706.

[1169] Mir – Artigues, P.. The Spanish regulation of the photovoltaic demand – side generation [J]. Energy Policy, 2013 (63): 664 – 673.

[1170] Su, T., et al. The status of energy conservation in Taiwan's cement industry [J]. Energy Policy, 2013 (60): 481 – 486.

[1171] Mirantes, A. G., J. Población and G. Serna. The stochastic seasonal behavior of energy commodity convenience yields [J]. Energy Economics, 2013 (40): 155 – 166.

[1172] Willigers, B. J. A. and K. Hausken. The strategic interaction between the government and international oil companies in the UK: An example of a country with dwindling hydrocarbon reserves [J]. Energy Policy, 2013 (57): 276 – 286.

[1173] Hagelskjær Lauridsen, E. and J. Stissing Jensen. The strictest energy requirements in the world: An analysis of the path dependencies of a self – proclaimed success [J]. Energy Policy, 2013 (53): 97 – 104.

[1174] Ondraczek, J.. The sun rises in the east (of Africa): A comparison of the development and status of solar energy markets in Kenya and Tanzania [J]. Energy Policy, 2013 (56): 407 – 417.

[1175] Kauffman, N. S. and D. J. Hayes. The trade – off between bioenergy and emissions with land constraints ［J］. Energy Policy, 2013 (54)：300 - 310.

［1176］ Mediavilla, M. , et al. The transition towards renewable energies：Physical limits and temporal conditions ［J］. Energy Policy, 2013 (52)：297 - 311.

［1177］ Palit, D. , et al. The trials and tribulations of the Village Energy Security Programme (VESP) in India ［J］. Energy Policy, 2013 (57)：407 - 417.

［1178］ Lozano Maya, J. R.. The United States experience as a reference of success for shale gas development：The case of Mexico ［J］. Energy Policy, 2013 (62)：70 - 78.

［1179］ Shi, Y. , et al. The use of green waste from tourist attractions for renewable energy production：The potential and policy implications ［J］. Energy Policy, 2013 (62)：410 - 418.

［1180］ Wächter, P.. The usefulness of marginal CO_2 - e abatement cost curves in Austria ［J］. Energy Policy, 2013 (61)：1116 - 1126.

［1181］ Thorsnes, P. and T. Bishop. The value of basic building code insulation ［J］. Energy Economics, 2013 (37)：68 - 81.

［1182］ Hyland, M. , R. C. Lyons and S. Lyons. The value of domestic building energy efficiency—evidence from Ireland ［J］. Energy Economics, 2013 (40)：943 - 952.

［1183］ Liu, X.. The value of holding scarce wind resource—A cause of overinvestment in wind power capacity in China ［J］. Energy Policy, 2013 (63)：97 - 100.

［1184］ McMichael, M. and D. Shipworth. The value of social networks in the diffusion of energy - efficiency innovations in UK households ［J］. Energy Policy, 2013 (53)：159 - 168.

［1185］ Reichl, J. , M. Schmidthaler and F. Schneider. The value of supply security：The costs of power outages to Austrian households, firms and the public sector ［J］. Energy Economics, 2013 (36)：256 - 261.

［1186］ Smith Stegen, K. and M. Seel. The winds of change：How wind firms assess Germany's energy transition ［J］. Energy Policy, 2013 (61)：1481 - 1489.

［1187］ Majcen, D. , L. C. M. Itard and H. Visscher. Theoretical vs. actual energy consumption of labelled dwellings in the Netherlands：Discrepancies and policy implications ［J］. Energy Policy, 2013 (54)：125 - 136.

［1188］ Vacha, L. , et al. Time - frequency dynamics of biofuel - fuel - food system ［J］. Energy Economics, 2013 (40)：233 - 241.

［1189］ Bhattacharyya, S. C.. To regulate or not to regulate off - grid electricity access in developing countries ［J］. Energy Policy, 2013 (63)：494 - 503.

［1190］ Zhao, X. , et al. To what extent does wind power deployment affect vested interests? A case study of the Northeast China Grid ［J］. Energy Policy, 2013 (63)：814 - 822.

［1191］ Di Lucia, L.. Too difficult to govern? An assessment of the governability of transport biofuels in the EU ［J］. Energy Policy, 2013 (63)：81 - 88.

［1192］ Zhang, N. and Y. Choi. Total - factor carbon emission performance of fossil fuel power plants in China: A metafrontier non - radial Malmquist index analysis ［J］. Energy Economics, 2013 (40): 549 - 559.

［1193］ Kramers, A. , et al. Towards a comprehensive system of methodological considerations for cities' climate targets ［J］. Energy Policy, 2013 (62): 1276 - 1287.

［1194］ Ang, B. W. and X. Y. Xu. Tracking industrial energy efficiency trends using index decomposition analysis ［J］. Energy Economics, 2013 (40): 1014 - 1021.

［1195］ Färe, R. , S. Grosskopf and C. A. Jr Pasurka. Tradable permits and unrealized gains from trade ［J］. Energy Economics, 2013 (40): 416 - 424.

［1196］ Tsoutsos, T. , et al. Training and certification of PV installers in Europe: A transnational need for PV industry's competitive growth ［J］. Energy Policy, 2013 (55): 593 - 601.

［1197］ Ofei - Mensah, A. and J. Bennett. Transaction costs of alternative greenhouse gas policies in the Australian transport energy sector ［J］. Ecological Economics, 2013 (88): 214 - 221.

［1198］ Cacho, O. J. , L. Lipper and J. Moss. Transaction costs of carbon offset projects: A comparative study ［J］. Ecological Economics, 2013 (88): 232 - 243.

［1199］ Vine, E. . Transforming the energy efficiency market in California: Key findings, lessons learned and future directions from California's market effects studies ［J］. Energy Policy, 2013 (59): 702 - 709.

［1200］ Jaehnert, S. , et al. Transmission expansion planning in Northern Europe in 2030—Methodology and analyses ［J］. Energy Policy, 2013 (61): 125 - 139.

［1201］ Brand, B. , Transmission topologies for the integration of renewable power into the electricity systems of North Africa ［J］. Energy Policy, 2013 (60): 155 - 166.

［1202］ Pickard, W. F. . Transporting the terajoules: Efficient energy distribution in a post - carbon world ［J］. Energy Policy, 2013 (62): 51 - 61.

［1203］ Kruzner, K. , et al. Trends in observable passive solar design strategies for existing homes in the U. S ［J］. Energy Policy, 2013 (55): 82 - 94.

［1204］ Solarin, S. A. and M. Shahbaz. Trivariate causality between economic growth, urbanisation and electricity consumption in Angola: Cointegration and causality analysis ［J］. Energy Policy, 2013 (60): 876 - 884.

［1205］ Chitnis, M. , et al. Turning lights into flights: Estimating direct and indirect rebound effects for UK households ［J］. Energy Policy, 2013 (55): 234 - 250.

［1206］ Barros, C. P. , L. A. Gil - Alana and J. E. Payne. U. S. Disaggregated renewable energy consumption: Persistence and long memory behavior ［J］. Energy Economics, 2013 (40): 425 - 432.

［1207］ Singer, C.. U. S. spent nuclear fuel management: Political, fiscal and technical feasibility ［J］. Energy Policy, 2013 (61): 1521 – 1528.

［1208］ Mollick, A. V. and T. A. Assefa. U. S. stock returns and oil prices: The tale from daily data and the 2008 – 2009 financial crisis ［J］. Energy Economics, 2013 (36): 1 – 18.

［1209］ Haydt, G. , V. Leal and L. Dias. Uncovering the multiple objectives behind national energy efficiency planning ［J］. Energy Policy, 2013 (54): 230 – 239.

［1210］ Davies, L. L. , K. Uchitel and J. Ruple. Understanding barriers to commercial – scale carbon capture and sequestration in the United States: An empirical assessment ［J］. Energy Policy, 2013 (59): 745 – 761.

［1211］ Karakosta, C. and J. Psarras. Understanding CDM potential in the Mediterranean basin: A country assessment of Egypt and Morocco ［J］. Energy Policy, 2013 (60): 827 – 839.

［1212］ Liu, J. and D. Goldstein. Understanding China's renewable energy technology exports ［J］. Energy Policy, 2013 (52): 417 – 428.

［1213］ Pereira, I. M. and E. S. de Assis. Urban energy consumption mapping for energy management ［J］. Energy Policy, 2013 (59): 257 – 269.

［1214］ Barthel, S. and C. Isendahl. Urban gardens, agriculture and water management: Sources of resilience for long – term food security in cities ［J］. Ecological Economics, 2013 (86): 224 – 234.

［1215］ Fry, M.. Urban gas drilling and distance ordinances in the Texas Barnett Shale ［J］. Energy Policy, 2013 (62): 79 – 89.

［1216］ Hyysalo, S. , J. K. Juntunen and S. Freeman. User innovation in sustainable home energy technologies ［J］. Energy Policy, 2013 (55): 490 – 500.

［1217］ Lin, J. , et al. Using hybrid method to evaluate carbon footprint of Xiamen City, China ［J］. Energy Policy, 2013 (58): 220 – 227.

［1218］ Hu, J. , et al. Using natural gas generation to improve power system efficiency in China ［J］. Energy Policy, 2013 (60): 116 – 121.

［1219］ Vantoch – Wood, A. and P. M. Connor. Using network analysis to understand public policy for wave energy ［J］. Energy Policy, 2013 (62): 676 – 685.

［1220］ Xu, Y.. Using performance indicators to reduce cost uncertainty of China's CO_2 mitigation goals ［J］. Energy Policy, 2013 (53): 454 – 461.

［1221］ Hennings, W. , S. Mischinger and J. Linssen. Utilization of excess wind power in electric vehicles ［J］. Energy Policy, 2013 (62): 139 – 144.

［1222］ McInerney, C. and D. Bunn. Valuation anomalies for interconnector transmission rights ［J］. Energy Policy, 2013 (55): 565 – 578.

［1223］ Kosenius, A. and M. Ollikainen. Valuation of environmental and societal trade –

offs of renewable energy sources [J]. Energy Policy, 2013 (62): 1148 – 1156.

[1224] Monjas – Barroso, M. and J. Balibrea – Iniesta. Valuation of projects for power generation with renewable energy: A comparative study based on real regulatory options [J]. Energy Policy, 2013 (55): 335 – 352.

[1225] Doucet, J., A. Kleit and S. Fikirdanis. Valuing electricity transmission: The case of Alberta [J]. Energy Economics, 2013 (36): 396 – 404.

[1226] Jain, S., F. Roelofs and C. W. Oosterlee. Valuing modular nuclear power plants in finite time decision horizon [J]. Energy Economics, 2013 (36): 625 – 636.

[1227] Koch, N. and A. Bassen. Valuing the carbon exposure of European utilities. The role of fuel mix, permit allocation and replacement investments [J]. Energy Economics, 2013 (36): 431 – 443.

[1228] Nazlioglu, S., C. Erdem and U. Soytas. Volatility spillover between oil and agricultural commodity markets [J]. Energy Economics, 2013 (36): 658 – 665.

[1229] Haixia, W. and L. Shiping. Volatility spillovers in China's crude oil, corn and fuel ethanol markets [J]. Energy Policy, 2013 (62): 878 – 886.

[1230] Wakabayashi, M.. Voluntary business activities to mitigate climate change: Case studies in Japan [J]. Energy Policy, 2013 (63): 1086 – 1090.

[1231] Tanaka, M. and T. Ida. Voluntary electricity conservation of households after the Great East Japan Earthquake: A stated preference analysis [J]. Energy Economics, 2013 (39): 296 – 304.

[1232] Ari, İ.. Voluntary emission trading potential of Turkey [J]. Energy Policy, 2013 (62): 910 – 919.

[1233] Mundaca T, L., A. Markandya and J. Nørgaard. Walking away from a low – carbon economy? Recent and historical trends using a regional decomposition analysis [J]. Energy Policy, 2013 (61): 1471 – 1480.

[1234] Sima, L. C., et al. Water flows, energy demand and market analysis of the informal water sector in Kisumu, Kenya [J]. Ecological Economics, 2013 (87): 137 – 144.

[1235] Nguyen, N. P., et al. Water quality trading with asymmetric information, uncertainty and transaction costs: A stochastic agent – based simulation [J]. Resource and Energy Economics, 2013, 35 (1): 60 – 90.

[1236] Duro, J. A.. Weighting vectors and international inequality changes in environmental indicators: An analysis of CO_2 per capita emissions and Kaya factors [J]. Energy Economics, 2013 (39): 122 – 127.

[1237] Kumar Biswas, P. and S. Pohit. What ails India's biodiesel programme? [J]. Energy Policy, 2013 (52): 789 – 796.

[1238] Kesicki, F.. What are the key drivers of MAC curves? A partial – equilibrium modelling approach for the UK [J]. Energy Policy, 2013 (58): 142 – 151.

[1239] Scott, V.. What can we expect from Europe's carbon capture and storage demonstrations? [J]. Energy Policy, 2013 (54): 66 – 71.

[1240] Anderson, S. T. , R. Kellogg and J. M. Sallee. What do consumers believe about future gasoline prices? [J]. Journal of Environmental Economics and Management, 2013, 66 (3): 383 – 403.

[1241] Talbot, E. , T. Artiach and R. Faff. What drives the commodity price beta of oil industry stocks? [J]. Energy Economics, 2013 (37): 1 – 15.

[1242] Murray, C. K.. What if consumers decided to all "go green"? Environmental rebound effects from consumption decisions [J]. Energy Policy, 2013 (54): 240 – 256.

[1243] Bruns, S. B. and C. Gross. What if energy time series are not independent? Implications for energy – GDP causality analysis [J]. Energy Economics, 2013 (40): 753 – 759.

[1244] Kuosmanen, T. , A. Saastamoinen and T. Sipiläinen. What is the best practice for benchmark regulation of electricity distribution? Comparison of DEA, SFA and StoNED methods [J]. Energy Policy, 2013 (61): 740 – 750.

[1245] Kaenzig, J. , S. L. Heinzle and R. Wüstenhagen. Whatever the customer wants, the customer gets? Exploring the gap between consumer preferences and default electricity products in Germany [J]. Energy Policy, 2013 (53): 311 – 322.

[1246] Sims, C. and D. Finnoff. When is a "wait and see" approach to invasive species justified? [J]. Resource and Energy Economics, 2013, 35 (3): 235 – 255.

[1247] Schmidt, J. , et al. Where the wind blows: Assessing the effect of fixed and premium based feed – in tariffs on the spatial diversification of wind turbines [J]. Energy Economics, 2013 (40): 269 – 276.

[1248] Bertoldi, P. , et al. Where to place the saving obligation: Energy end – users or suppliers? [J]. Energy Policy, 2013 (63): 328 – 337.

[1249] Fujii, H. and S. Managi. Which industry is greener? An empirical study of nine industries in OECD countries [J]. Energy Policy, 2013 (57): 381 – 388.

[1250] Büchs, M. and S. V. Schnepf. Who emits most? Associations between socio – economic factors and UK households' home energy, transport, indirect and total CO_2 emissions [J]. Ecological Economics, 2013 (90): 114 – 123.

[1251] Bergek, A. , I. Mignon and G. Sundberg. Who invests in renewable electricity production? Empirical evidence and suggestions for further research [J]. Energy Policy, 2013 (56): 568 – 581.

[1252] Liu, Y. , K. Jayanthakumaran and F. Neri. Who is responsible for the CO_2 emissions that China produces? [J]. Energy Policy, 2013 (62): 1412 – 1419.

[1253] Cheon, A. , J. Urpelainen and M. Lackner. Why do governments subsidize gasoline consumption? An empirical analysis of global gasoline prices, 2002 – 2009 [J]. Energy Policy, 2013 (56): 382 – 390.

[1254] Bryngelsson, D. K. and K. Lindgren. Why large – scale bioenergy production on marginal land is unfeasible: A conceptual partial equilibrium analysis [J]. Energy Policy, 2013 (55): 454 – 466.

[1255] Lehmann, P. and E. Gawel. Why should support schemes for renewable electricity complement the EU emissions trading scheme? [J]. Energy Policy, 2013 (52): 597 – 607.

[1256] Miller, D.. Why the oil companies lost solar [J]. Energy Policy, 2013 (60): 52 – 60.

[1257] de Sena, M. F. M., L. P. Rosa and A. Szklo. Will Venezuelan extra – heavy oil be a significant source of petroleum in the next decades? [J]. Energy Policy, 2013 (61): 51 – 59.

[1258] Kotchen, M. J., K. J. Boyle and A. A. Leiserowitz. Willingness – to – pay and policy – instrument choice for climate – change policy in the United States [J]. Energy Policy, 2013 (55): 617 – 625.

[1259] Pepermans, Y. and I. Loots. Wind farm struggles in Flanders fields: A sociological perspective [J]. Energy Policy, 2013 (59): 321 – 328.

[1260] Hitaj, C.. Wind power development in the United States [J]. Journal of Environmental Economics and Management, 2013, 65 (3): 394 – 410.

[1261] Galetovic, A. and C. M. Muñoz. Wind, coal and the cost of environmental externalities [J]. Energy Policy, 2013 (62): 1385 – 1391.

[1262] Fjaestad, M.. Winds of time: Lessons from Utö in the Stockholm Archipelago, 1990 – 2001 [J]. Energy Policy, 2013 (62): 124 – 130.

后 记

一部著作的完成需要许多人的默默奉献，闪耀着的是集体的智慧，其中铭刻着许多艰辛的付出，凝结着许多辛勤的劳动和汗水。

本书在编写过程中，借鉴和参考了大量的文献和作品，从中得到了不少启悟，也汲取了其中的智慧精华，谨向各位专家表示崇高的敬意——因为有了大家的努力，才有了这本书的诞生。凡被本书选用的材料，我们都将按相关规定向原作者支付稿酬，但因为有的作者通信地址不详或者变更，尚未取得联系。敬请您见到本书后及时函告您的详细信息，我们会尽快处理相关事宜。

由于编写时间仓促以及编者水平有限，书中不足之处在所难免，诚请广大读者指正，特驰惠意。